国家社会科学基金重大项目“互联网平台的社会影响及治理路径研究”
（项目批准号：21&ZD195）阶段性成果

智慧法治文库

智慧社会中个人信息权益的法律保护

齐延平　主编

法律出版社 LAW PRESS · CHINA
北京

图书在版编目(CIP)数据

智慧社会中个人信息权益的法律保护 / 齐延平主编
. -- 北京 : 法律出版社, 2024
(智慧法治文库)
ISBN 978 - 7 - 5197 - 7652 - 7

Ⅰ. ①智… Ⅱ. ①齐… Ⅲ. ①个人信息 - 法律保护 - 研究 - 中国 Ⅳ. ①D923.74

中国国家版本馆 CIP 数据核字(2023)第 037180 号

智慧社会中个人信息权益的法律保护
ZHIHUI SHEHUI ZHONG GEREN XINXI QUANYI DE FALÜ BAOHU

齐延平 主编

策划编辑 陈 妮
责任编辑 陈 妮 张思婕
装帧设计 鲍龙卉

出版发行 法律出版社
编辑统筹 法治与经济出版分社
责任校对 晁明慧
责任印制 吕亚莉
经　　销 新华书店

开本 710 毫米 × 1000 毫米 1/16
印张 24.25 **字数** 519 千
版本 2024 年 4 月第 1 版
印次 2024 年 4 月第 1 次印刷
印刷 固安华明印业有限公司

地址:北京市丰台区莲花池西里 7 号(100073)
网址:www.lawpress.com.cn
投稿邮箱:info@lawpress.com.cn
举报盗版邮箱:jbwq@lawpress.com.cn
销售电话:010 - 83938349
客服电话:010 - 83938350
咨询电话:010 - 63939796

书号:ISBN 978 - 7 - 5197 - 7652 - 7
定价:99.80 元

凡购买本社图书,如有印装错误,我社负责退换。电话:010 - 83938349

总　序

数字化、网络化、智能化技术不断迭代，大数据、云计算、物联网、人工智能、区块链等应用不断创新，基于数据、网络、算法的经济与社会新形态初具规模。在此背景下，社会的生产、分配、交换、消费诸环节以及知识与观念、经验与文化、财富与权力正在被重塑，人们的行动组织样态、社会合作模式、人际互动关系以及认识、把握和干预世界的方式正在被重建，规范人们行为、调整社会关系的法律之架构形态、功能定位、规范构造亦须被重整。人类文明进入智慧时代，智慧时代需要智慧法治。

我们拥抱智慧时代，我们被智慧时代裹挟。数字化、网络化、智能化促进了人类文明形态升级换代，同时将人类带入了前所未有的风险之中。数据泄露引致隐私裸奔，网络攻击引发安全风险，智能系统暗藏道德隐患，基于自动化算法决策的公共与商业领域歧视问题显现，基于集群协同、智能感知的无人作战模式伦理困境重重。智能科技风险的来源主要包含两个方面：一是以科学理论不确定、科技功能不确定、科学研究不确定和科技使用者主观不确定为内容的科学技术本身的不确定性；二是以科学技术风险向社会转化和社会将科技风险放大为主要特质的科学技术风险社会化。代码至上、算法黑箱、技术霸权使挑战倍增，信息茧房、数据垄断、平台强权使风险叠加。

数据安全风险与数据"要素化、市场化"进程相伴。数据是智慧时代的能源、资源和生产生活要素。数字经济急速发展，资本之逐利性与无序性暴露无遗。在数据的收集、存储、使用、加工、传输、提供和公开诸环节，数据泄露、数据篡改、数据滥用、违规传输、非法访问等数据安全风险无处不在。数据安全风险步步紧逼，传统治理逻辑已捉襟见肘。各类数据的全生命周期管理必须满足安全技术标准，其安全性、可信赖性、可追溯性与合法性目标之实现必须要以智慧法治为支撑。

网络安全风险与网络“超大规模化、超复杂化”趋势并存。网络是智慧时代生产生活赖以组织和开展的基础架构。以5G、物联网、工业互联网、卫星互联网为代表的通信网络基础设施，以大数据、云计算、人工智能、区块链为代表的新技术基础设施，以数据中心、智能计算中心为代表的计算基础设施，共同搭建起了我们赖以生存的人机互融、虚实同构、算法主导新生境。伴随网络信息基础设施的日趋超大规模化和超复杂化，传统安全与非传统网络安全因素二元叠加，网络基础设施安全面临的挑战与日俱增。实现网络可信、身份可信、实体可信的网络基础设施安全的基本目标必须要以智慧法治为后盾。

智能系统安全风险与系统“物联化、智能化”发展同步。智能系统将机械化、电气化、信息化、智能化融为一体，将人类认识世界、改造世界、利用世界的能力提高到一个新的历史水平，推动生产方式、生活方式、社会治理路径乃至作战模式等发生颠覆性变革。智能系统存在自主性、难预测性、难解释性与因果关系脆弱性等特点，国家安全、公共安全、社会安全乃至人的自由与尊严面临前所未有的风险。在智能系统由“单点自动化”向“深度智能化”迈进过程中，“安全可控”发展目标需要智慧法治来守护。

智慧时代需要技术之治与法律之治的同构。我们正在步入一个以数字化、网络化、智能化为特征的技术时代，但技术时代需要以法律为王，技术之治需要法律之治的统摄。技术手段是实现目的的工具，其在本质上是实现伦理和法律目的之工具，是伦理和法律治理策略的延伸。技术之治是智慧社会区别于传统社会的优势，但其强制性、合法性和正当性必须由法律赋予。在智慧时代，法律代码化和技术法律化，即法律之治与技术之治的一体化，是必要和必然的。

智慧时代需要伦理之治与法律之治的协同。智能科技本身并不必然包涵“善”的价值，智能科技在赋能经济与社会的同时也在输出异化风险。为了增进善的效用并减少恶的可能，应当使智能科技得到“向善”价值导引，得到“法治”有效保障。在智慧时代，既要依靠法律保障智能科技健康发展，通过法律设定其应用之硬边界，又要依靠科技社群自身的力量实现自我规制，通过伦理与道德规范赋予其向善之心。

智能科技开辟文明新形态，智慧法治引导文明新航向。“智慧法治文库”应智慧时代风险与挑战而生，亦为重建智慧时代法理与法治而生！

齐延平

2024年4月6日

目　录

导 言

智慧社会生产生活以信息和数据为主导要素，以互联网络为基础架构，以算法决策为核心逻辑，这势必对传统社会关系和基于其上的法律关系构成重大挑战。智慧社会的运行过程归根到底是一个信息的处理过程。信息的采集、加工、存储、传输等环节都需要通过合宪性与合法性审查，这是法治国家的应有之义。本书聚焦智慧社会个人信息处理领域日益凸显的风险与挑战，以问题为导向，以法理为基础，以实操为目标，围绕个人信息处理的核心原则与规则、典型场景下个人信息权益以及信息弱势群体信息权益保护等方面进行初步探讨。

本书分为三大板块：第一大板块是智慧社会中个人信息权益保护的必要性原则、知情同意机制以及敏感个人信息保护规则。第二大板块是场景化的个人信息权益保护，主要选择了比较有代表性的智慧执法、智慧安检、智能换脸、智慧贸易等场景，基于场景的特定性分析个人信息权益面临的风险与挑战，进而提出有针对性的法律保护策略。第三大板块是弱势群体的信息权益保护，主要聚焦劳动者、长者、患者等在智慧社会处于弱势地位的特殊群体的信息权益以及逝者的信息权益的法律保护，因为此类群体的信息权益保护问题已经引发社会广泛关注，亟须法律与法学作出及时有效回应。

必要性原则是个人信息权益保护法治中的帝王原则。基于人机互融、虚实同构、算法主导的信息收集、加工、存储、传输是数字化智能时代的动能机制。经济和社会的发展需要以信息处理为依托，平台企业的经营发展、产品迭代、精准服务和基于公共数字平台的社会治理需要以信息处理为基本条件。但是，由于个人信息直接关涉个人人格尊严和基本权利，因此必须以必要性原则为个人信息处理划定边界。从目前情形看,起顶层宏观指引作用的必要性原则可操作性规则体系支撑明显不足,其在具体实践中存在"虚化"危险。对个人信息处理必要性原则内涵的理解,应从"必要的原则""必要的限度""最小范围(不得过度处理)"这几个视角切入。判断信息处理行为是否"必要",关键在于处理行为所涉及的信息与平台所提供的服务之间是否具有足够的关联关系。必要性原则不仅要求信息处理者"不得侵犯"信息主体的个人信息权益,更要求其对个人信息权益积极主动地履行"注意保护"义务。必要性原则体现了信息主体对所属信息的自主决定权,其法律价值和功能不仅表现在对公民人格尊严和基本权利的保护,还表现在对多方利益的平衡以及对特定风险的控制。应当关注这一原则的多方利益平衡和特定危险控制功能,以场景化目的匹配规则和最小化处理规则等为支撑,从规范化视角对落实必要性原则的具体规则进行优化与建构。场景化目的匹配规则可以划分为商业利益目的适用规则和公共利益目的适用规则,其中商业利益目的适用规则又可进一步区分为基本服务目的适用规则和扩展服务目的适用规则。最小化处理规则应包括处理频率最低、收集数量最少、处理后的个人信息识别程度最低三个基本适用要件。

知情同意机制是个人信息权益保护法治的核心工具。在大数据和万物互联的智慧社会中,隐私泄露与侵权风险已经成为紧迫的问题,传统上处理此问题所依赖的知情同意机制已失灵。在"知情"环节,信息处理者的机会主义告知行为泛滥,具体表现为制定晦涩冗长的隐私政策或者设置违规违法的告知弹窗。在"同意"环节,部分信息处理者利用默认勾选隐私政策剥夺了用户决策自由,或者通过设置"不同意即退出政策"销蚀了用户的决策空间,这实质上是架空了用户的决策权利,导致用户的有效同意决策输出困难。数字技术的不断迭代加深了知情同意机制所面临的问题,向谁告知、获取谁的同意已成为一项棘手难题,告知同意内容充斥着种种不确定性,知情同意机制碎片化及粗糙化现象也十分严重,相关国家标准位阶偏低且内容与上位法冲突。因此,欲对知情同意机制实施全面、有效的解困,需要进行规范层面的重整与实施机制层面的重建。在规范重整方面,应当以全过程规制为原则,秉持政府强监管模式,夯实知情同意法律价值底线之基;提升知情同意规范法律效力位阶,制定具有法律强制力保障的高位阶规范;完善知情同意法律规范体系,细化全过程告知规则,构建全过程同意规则。在机制重建层面,应当以用户为中心,用短篇隐私政策分层告知的方式取代长篇隐私政策的一揽子告知;以数据全生命周期为依据进行场景分类,以个人信息分级为依据,灵活适用"选择退出同意+选择进入同意",构建动态化同意机制;引入个人隐私安全平台项目(P3P)辅助用户进行自动化决策,卸下用户阅读和理解重担。

敏感个人信息保护规则是个人信息权益保护法治中的关键一环。我国敏感个人信息的范围界定,采取的是"基本含义+简单列举"的界定方式。在保护原则层面,以知情权为该原则重要基础,强调"知情";将不满14周岁的未成年人个人信息确定为敏感个人信息。在保护路径与机制层面，我国采取统一立法模式，辅以"特定目的+充分必要"规则和单独同意规则共同保护个人信息。我国个人信息保护法相应细化规则亟须完善，应建立起以《中华人民共和国个人信息保护法》（以下简称《个人信息保护法》）为核心的个人信息保护体系，采用"法律列举+综合考量"界定方式，并引入"场景理论"弥补法律列举模式之不足，同时需要立足于敏感个人信息的处理方式，制定专门的未成年人信息处理规则。

智慧执法中个人信息权益需要刚性法律保护屏障。本书选取将无人机应用于监控等领域以完成特定执法任务的智慧执法场景，分析无人机执法存在的隐私信息侵害风险及其规制思路。无人机执法使执法活动更精准、高效、隐蔽和低成本，与人工执法方式形成有效互补，并通过可靠的数据信息收集与处理能力，实现执法信息的整合与共享最大化，但其无形中也打破了传统执法中形成的稳定监控关系，导致监控边界急速扩张，个人隐私信息受到公权力侵犯的风险剧增；使用外包无人机执法，公共服务过程中易造成个人数据、信息的不当泄露；无人机执法过程难以实现有效公开，易引发程序正当性问题。对于无人机在执法领域的应用，应当在价值目标导向上权衡个人权益与社会秩序、国家安全等价值之间的关系，有必要对无人机执法予以严格法律规制，兼顾公共安全、社会秩序与隐私信息保护法益之间的平衡。具体而言，无人机执法的法律规制需要强调三项原则：法律保留原则，要求执法部门不能轻易将无人机执法业务外包私人；比例原则，要求只有在安全、秩序等方面获得的收益明显大于个人权益方面受到的损失时才允许实施无人机执法行为，并应在同等条件下选取对个人权益影响最小的方式；正当程序原则，要求必须对违反正当程序、侵犯隐私信息的无人机执法行为予以程序性规制。对无人机执法实施全面、有效法律规制，应兼顾宏观层面的规制进路重塑与微观层面的规制策略选择。在规制进路重塑上，必须将目前仅仅作为技术性控制的规制手段升华为制度性控制的法律规制。而在规制策略选择上，应分别从作为执法工具的无人机和使用无人机的执法主体两方面入手：就前者而言，要以数据控制为重点制定无人机执法的技术规则、数据安全保护规则、外观可识别性标准；就后者而言，应要求其具备平衡监控关系各方利益诉求能力且满足法定的身份和资质要求，在执法中履行特殊程序性法定义务。

智慧安检中的个人信息权益保护需要行政法积极规制。智慧安检技术革命深刻影响国家智慧交通发展进程，如地铁智慧安检的应用与普及就为提高安检效率、保障公共安全提供了重要支撑，但其本身也存在异化风险。算法自动化分析决策系统在地铁智慧安检技术中的广泛应用，地铁智慧安检信息平台对乘客信息的巨量采集，海量乘客信息在多方信息主体之间的超速流动，极有可能给社会带来多维的结构性风险，如个人信息侵权行为更难被察觉、乘客平等博弈空间被算法技术挤压等，这都给传统的个人信息保护方案与反歧视规制架构造成了巨大冲击。传统私法救济模式已难以适应乘客个人信息权益保护新要求,加之现行的行政规制模式尚存在立法滞后于技术发展、正当程序法律保障不足、法律原则表述宽泛等诸多问题,难以发挥既定效能。因此,必须重新审视地铁智慧安检模式下乘客个人信息保护的逻辑,以个人信息保护与反歧视的双重价值为基础,探寻与地铁智慧安检相适配的乘客个人信息保护路径,地铁智慧安检场景中技术生态的不确定性、技术变革的驱动性以及技术治理的复杂性等种种因素都呼唤与之匹配的全新公法规制方案。地铁智慧安检的规制重点在于确立以风险防范、行为塑造为主的精细化法律规制策略。在此基础上,还需进一步细化地铁智慧安检监管义务,明确监管主体,坚持动态性的全过程监管模式;完善地铁智慧安检侵权的行政救济渠道,健全地铁智慧安检侵权的行政惩罚机制,确保地铁智慧安检规制有效,进而实现保护乘客个人信息权益和推动地铁智慧安检健康发展的双重目标。

智能换脸中个人信息保护主要聚焦个人肖像权益。伴随着仿生技术和大数据技术的快速发展与大规模利用,智能换脸技术作为在人工智能背景下借助深度学习技术来实现的产物,已经突破了原有的特效处理技术领域应用范围的限制,借助超低门槛的工具迅速市场化、大众化。智能换脸技术应用表象是新兴技术的泛娱乐化,但实质上已经触及更深层的肖像权侵权乃至新型犯罪问题。由于智能换脸技术具有高度真实性、广泛适应性和进化迅速性的特征,其中承载着大量的肖像信息,因此其滥用将无可避免地威胁个人信息安全,乃至会对社会伦理道德产生冲击。智能换脸技术的应用可能产生的不良影响主要有以下四个方面:第一,滥用技术手段制作他人肖像,违背个体意愿,使人的自由意志遭受外部性扭曲;第二,未经本人同意擅自使用他人专有肖像,甚至歪曲、污化他人形象,侵害他人精神利益;第三,擅自使用他人未公开肖像,同时侵害他人的肖像和隐私权利;第四,以营利为目的使用智能换脸技术,损害他人的财产性利益。智能换脸技术应用中的侵权行为具有行为双向性、客体多元性、行为人低龄化、行为跨国性等特点。我国目前在肖像权保护方面存在的立法局限性使智能换脸技术侵权的违法成本相当低廉,维权成本恰恰又十分高昂,这便造成了现行法律制度对于智能换脸技术的风险防范效用不足。应通过界定智能换脸技术肖像权保护范畴、明确智能换脸技术应用相关主体责任、强调智能换脸技术侵权救济的行政介入、确立智能换脸技术侵权的民刑并行路径等四个方面来完善我国的肖像权保护与智能换脸技术规制相关法律规范,提升智能换脸技术应用的科技治理能力,在实现智慧社会中公民肖像权更全面、有效保护的同时,助力智能换脸技术的持续健康发展。

智慧贸易中的个人信息跨境权益保护面临多重挑战。信息通信技术的发展与全球经济一体化程度的加深,使数字贸易成为了全球贸易经济的“领头羊”,引领着大数据时代下各个国家和地区的贸易经济发展。个人信息作为新时代背景下一项重要的生产要素,能够在跨境流动过程中释放出巨大的经济价值。然而,大规模的个人信息跨境流动也给个人信息权益和国家数据主权带来了巨大安全风险。为了保护个人信息相关权益,也为了捍卫国家的数据主权,同时还为了获得更多的经济利益,不同国家根据自身发展需求和文化传统,对个人信息跨境流动采用了不同的立法模式。我国个人信息跨境流动的法律保护起步较晚,有关规范有些宽泛和模糊,并呈现碎片化趋势,缺乏可操作性,也欠缺相应健全的监管体系以及域外效力,致使数据本地化强度较高而国际保护参与度较低。我国个人信息跨境流动的法律保护应以平衡个人信息保护、国家数据主权与数据自由流动为核心目标,统筹推进国内法治与涉外法治的建设与发展,对敏感个人信息采取更严格的保护措施,对非敏感个人信息则采用利于促进数据自由流动的保护措施。为应对不同国家法律保护模式间的差异和冲突,还需积极参与个人信息跨境流动法律保护的双边、多边以及区域性合作,寻找国家特色与经贸利益共存的发展方向,例如以加入跨境隐私规则体系(CBPRs)为突破口与世界各国家和地区建立合作桥梁;积极推动本领域国际规则制定,促进我国个人信息跨境流动的国内立法与相关国际规则接轨,协调推进相关领域的国内治理和国际治理,推动我国在该领域内国际话语权的提升。

智慧社交时代劳动者隐私权益风险日益加剧。以智能媒体应用为主要表现形式的智慧社交不仅使人们的生活方式发生深刻变革,还对人们的隐私保护发起新的挑战。在资强劳弱的背景下,劳动者在守护隐私方面处于弱势地位,智慧社交的技术优势使用人单位更轻易跳脱出"知情同意"机制,劳动者被透视、被操控的风险与日俱增,劳动者隐私权有别于一般隐私权的特殊性尚未得到充分重视。劳动者隐私被滥用的侵权风险场景屡见不鲜,如用人单位监控求职者和劳动者的私密社交信息、用人单位强制劳动者以个人信息注册企业社交账号、用人单位强制劳动者在社交媒体进行广告宣传、用人单位基于社交媒体信息不当解雇劳动者。用人单位借助智慧社交实现对劳动者信息的超强渗透,突破了既有的基本权利保护底层逻辑,仅靠反就业歧视和知情同意来建构单一的法律保护治理机制,难以遏制用人单位对劳动者的侵扰,必须发掘、控制与修正传统隐私保护机制的失灵部分,从个人信息保护和数据控制权、自决权视角来构建劳动者隐私权的权利构成和保护体系。应建立以劳动法为核心、民法救济为主、行政监管为辅的公私法并行路径。将智慧时代的劳动者隐私保护立法视为一个开放系统,基于耗散结构理论构建其监管体系与法律规制进路,以期明确劳动者隐私保护的合理期待。通过最小必要原则加强用人单位对劳动者信息的使用限制,赋予离职劳动者"被遗忘权",配合系统的个人信息敏感等级制度和隐私风险防控体制设计,实现保护劳动者个人信息权益、促进社会保障体系有序发展等多重目标间之平衡。

智慧生活中长者数字可及性权益单薄而脆弱。人类社会已然进入以数字化、网络化和智能化为基本特征的数字社会,与之相伴随的社会的老龄化态势在不断加剧。长者数字可及性权益关涉生存权、社会公平分配、人格尊严、老人受国家保护等多项权益,已成为法律和法学界不得不关注的紧迫问题。当前对长者数字可及性权益的规范保护是政策先行的，应急特征比较明显。长者数字可及性权益正当性论证的基础是理性层面的客观真理和经验层面的多数同意；合法性论证的基础则是权利实现的可能性和权利冲突的可协调性。长者数字可及性权益的实现障碍可以划分为数字资源接入面临公平可及性难题、数字资源使用面临适老性缺乏境况和数字素养能力面临滞后性扩大窘境三个方面。长者数字可及性保障理念发生了由“基本保障”到“有效参与”的转变，长者数字可及性权益并不是一项单项权益，而是一个表征权利束的统合概念，主要包括数字资源接入得到优待的权利、数字服务使用得到照顾的权利以及数字素养提升得到帮助的权利。积极老化原则已具备入宪的普遍广泛性、现实重要性和规则适应性要件，应当成为贯穿长者数字权益保护始终的基本准则。应当重塑基于“适老化”原则的环境，适老实体环境建设须基于系统思维，敬老社会环境建设须基于普惠共享原则。

智慧医疗中的知情同意权与每一个患者的权益息息相关。相较于传统的患者个人医疗信息，智慧医疗背景下的个人医疗信息具有如下特点：一是个人医疗信息数据量正呈指数型增长；二是大量个人医疗信息生成于医患关系之外；三是个人医疗信息的数据应用价值渗透领域广泛。传统意义上的知情同意机制在个人医疗信息私法保护方面的弹性和适用性严重弱化，其局限性主要表现为：智慧医疗平台隐私政策冗长难懂导致用户同意难度加大；推定同意模式导致用户处于被动地位；个人医疗信息共享转让缺少二次同意或授权导致用户同意权利被架空；个人医疗信息被平台强制商业化利用导致用户同意形同虚设。形成上述问题的深层原因：一是智慧医疗服务平台的个人医疗信息处置权过大且过度集中；二是信息不对称导致用户知情能力和同意能力严重弱化。在直接应对路径上，作者主张采用持续披露与动态同意、分级分类与分层同意的模式，制定灵活通用的隐私政策，以此来对知情同意机制进行自我更新和优化。在间接完善路径上，作者主张引入隐私设计理念并融合信义法原则，通过组建新的公共医疗信息大数据交易中心，以跳出知情同意机制的传统框架，用更长远的眼光实现对知情同意机制的重塑和对用户知情同意权的持续保障，逐步提高我国智慧医疗服务平台对个人医疗信息的保护和利用能力，以助力于建设智慧医疗新生态。

智慧社会中的逝者个人信息权益保护是一个全新的课题。随着智慧社会进一步发展，如何处理已故网民遗留在虚拟空间中的个人信息关涉逝者尊严与自主价值、近亲属人格与财产利益的维护，也关涉对基于“事死如事生”传统的公序良俗原则和社会主义核心价值观的尊奉，已经成为一个法学理论和法律制度必须作出回应的重大现实问题。逝者个人信息权益保护的最大特殊性在于逝者不再具有法律权利能力以及由之引发的法律保护对象与行权主体相分离。逝者个人信息权益保护的最大必要性在于其承载多重价值，不仅涵盖逝者的人格利益和近亲属的追思悼念与财产权益，而且关乎公共福祉，具有权益复合性特征。我国传统的继承法保护与人格权益保护路径或缺乏相对清晰的规则，或采取过于消极的处理方式，无法给予逝者个人信息全面周延的保护。《个人信息保护法》虽然规定近亲属在逝者生前无特别安排的情况下,可为维护自身合法正当利益而对其信息享有部分权益,但该条规定仍较为模糊,缺乏现实可操作性。在逝者个人信息权益保护的理论支点构造上,笔者认为,依照现有民事权利能力制度理论,逝者不再具有法律主体地位和信息自决权的理论基础,故宜以间接方式予以保护,行权主体的范围与顺位规定需要理论再造,保护条件与内容构成、保护程序与行权期限基准有待进一步厘清。笔者认为,应首先确立多主体利益平衡原则、尊重逝者生前意志原则以及逝者与近亲属双重保护原则,构建以逝者近亲属为核心且无顺位限制的行权主体体系,细化逝者个人信息权益行使的条件,协调平台、逝者与其他利害关系人的利益;搭建以平台在线工具为依托、以完善近亲属行权程序为要旨的义务负担体系;明确逝者个人信息权益保护原则上应以近亲属的生存期为限,但出于利益平衡的要求,应允许网络服务平台仅在规定的信息存储期限内负担相应义务。

智慧社会中个人信息权益法律保护的原则与规则板块、场景化板块、弱势群体板块构成了本书的主要架构。但本书对这三大板块的研究不仅不是全面系统的,恰恰相反,可以说是挂一漏万的。在原则与规则板块,个人信息处理的合法正当诚信原则、目的特定原则、个体参与原则、保证质量原则、公开透明原则、安全保障原则是与必要原则、知情同意机制相互支撑的;在场景化板块,在数字化深度赋能经济与社会进程中,智慧执法、智慧安检、智能换脸、智慧贸易之外的场景正在徐徐展开,如智慧立法、智慧司法、智慧教育、智慧作战等,这些场景中的风险与挑战也许更为严峻;在弱势群体板块,劳动者、长者、患者、逝者仅仅是信息弱势群体中很小的一部分,甚至我们可以说在日新月异的信息技术迭代中,弱势群体不再是静态固化的,每一个人都是潜在的信息弱者,都需要开展专题性研究。智慧社会中无限衍生扩展、交织缠绕的问题,将是课题组下一步主攻的方向。

第一章　智慧社会中的个人信息处理必要原则

互联网、大数据及人工智能技术的快速发展给社会的认知、认同及管理模式带来了持续的冲击与变革。[①] 人机互融、虚实同构、算法主导的“数智化”逻辑正在从基础设施层面颠覆人类的生产生活模式。从基本架构层面改造社会合作和人际互动关系,从基石范畴层面重构我们认识、把握和干预世界的方式,法律调控社会的进路、策略与技术形态因之变革乃势所必然。[②] 国家可以通过信息处理行为将信息转化为规模化的数据,从而使其在政府的治理和决策中发挥作用;企业可以通过对数据资源的开发和利用在激烈的竞争中脱颖而出,并获得持续发展的不竭动力。但是,在数据信息红利尽显的同时,个人信息安全风险事件也不断爆发,某些组织或个人为谋取经济利益,屡次打破个人信息保护的底线。个人信息保护应当遵循的基本原则之一便是必要原则。个人信息处理必要原则在个人信息保护中发挥着个人人格权益保护以及对多重利益进行平衡的作用,但是作为一项基本原则,却也面临着被“虚化”的危险。因此,对个人信息处理必要原则进行规范性分析和适用性考察,不仅可以更清晰准确地对必要原则的内涵加以界定,也有利于司法裁判工作的开展。

一、个人信息处理必要原则的内涵与适用

在我国法律框架内,个人信息处理必要原则的基本内涵可

---

① 参见李友梅:《当代中国社会治理转型的经验逻辑》,载《中国社会科学》2018 年第 11 期。

② 参见齐延平:《数智化社会的法律调控》,载《中国法学》2022 年第1 期。

以从以下三个方面进行解读。首先,应从“必要原则”“必要的限度”“最小范围”及“不得过度处理”的视角切入来认识必要原则的内涵。其次,应从内涵意旨层面认识到现行法律规定中的“必要”指的是所处理的信息与平台所提供的服务之间是否具有必要关联关系。最后,应从本质上将必要原则解析为个人信息处理者应当履行的注意义务,不仅含有个人信息处理者“不得侵犯”义务之意,更含有“注意保护”义务之意。

必要原则在适用上体现了公法与私法的交融。《中华人民共和国宪法》(以下简称《宪法》)第51条有关“权利限度”的规定,为必要原则的适用提供了宪法基础。个人信息处理行为需要遵循“禁止过度”的限制,适当的个人信息处理行为,可以更好地满足人们对便利生活的需要,提高企业的服务品质和竞争能力,推动社会经济的快速发展。但是,必要原则在具体的司法实践中也面临着一系列适用难题,即该原则在司法实践适用时的主要依据是相关国家标准和规范,存在效力层级低、适用主体单一、适用环节缺失的问题,难以为必要原则的适用提供强有力的具备较强法律位阶的指引。

(一)个人信息处理必要原则的基本内涵

首先,从规范表达角度来看,我国民法体系中对必要原则的主要表述是“必要原则”“必要的限度”“最小范围”和“不得过度处理”等。在《中华人民共和国消费者权益保护法》[①](以下简称《消费者权益保护法》)和《中华人民共和国网络安全法》[②](以下简称《网络安全法》)中,使用的是“必要的原则”的表述。《中华人民共和国民法典》(以下简称《民法典》)第1035条将个人信息的收集、存储、使用、加工、传输等过程概括为“处理”,并在此基础上提出了“处理个人信息的,应当遵循合法、正当、必要原则,不得过度处理”。《中华人民共和国数据安全法》(以下简称《数据安全法》)第32条第2款进一步强调,“法律、行政法规对收集、使用数据的目的、范围有规定的,应当在法律、行政法规规定的目的和范围内收集、使用数据”。《个人信息保护法》规定了“必要”原则,例如,对个人信息的收集,应限定在实现处理目的所需的最小范围。

在国际公约或者一些立法基础较好的国家的法律法规中,必要原则主要被表述为“限制收集原则”。英国《2018数据保护法案》(Data Protection Act 2018,DPA2018)第3条清楚地表明:“就其处理的目的来说,个人信息是充分和相关的,并且不会超过所需的限度。”经济合作与发展组织(OECD)制定的《保护隐私与跨境个人数据流动准则》是欧盟关于个人信息保护的基本原则中最有影响力的规范性文件,这些原则包括:(1)限制收集原则;(2)完整正确原则;(3)目的明确化原则;(4)限制利用原则;(5)安全保护原

---

① 《消费者权益保护法》第29条规定:“经营者收集、使用消费者个人信息,应当遵循合法、正当、必要的原则……”

② 《网络安全法》第41条规定:“网络运营者收集、使用个人信息,应当遵循合法、正当、必要的原则……”

则;(6)公开原则;(7)个人权利原则;(8)责任原则。其中,第一项即是“限制收集原则”。欧盟《一般数据保护条例》(General Data Protection Regulation, GDPR)第5条也规定了处理个人信息的最小化原则①,即为了数据处理的目的,数据控制者所收集的个人信息应当满足适当性、相关性、必要性的要求,与信息处理目的无关的个人信息不能被处理。然而,依据GDPR第89条规定,基于公共利益、科技创新、历史研究或社会统计等目的,采取了必要措施对所收集到的信息进行了进一步的处理,并不被认为是违背了目的限制原则,而且可以超出为处理个人数据而必需的储存时间。同时,GDPR第89条规定,出于特定目的,比如公众利益等,可以适当地减少信息主体的部分权利。英国为配合GDPR制定的《2018数据保护法案》中有关个人信息处理的相关条款,实际上完全移植于欧盟的GDPR条例,该法案第34条规定,信息处理者必须遵守的关于个人数据的保护原则是:“处理个人数据必须充分、有关联且不超过必要限度。”尽管该法并未对“必要”作出明确界定,但从这一原则可以看出,该原则强调的是,处理个人数据的行为必须与收集目标有关,并且信息处理者绝不能持有超出其收集目标所需要的数据。

其次,在内涵意旨上,根据现行法律规定,必要原则主要指信息处理者所处理的应是必要的个人信息。“必要”指的是所处理的信息与平台所提供的服务之间具有关联关系。针对这一问题,2021年工业和信息化部及国家互联网信息办公室等四个部门联合发布了《常见类型移动互联网应用程序必要个人信息范围规定》,对此作出了详细的说明。该规定第3条②明确了必要个人信息的概念,第5条列出了39类常用类型的应用软件(App)必需的个人信息的范围。比如,地图导航类应用软件能够采集使用者的路线轨迹信息,却不能采集指纹信息;网络支付类应用软件能够采集到使用者的银行卡信息,但不能采集使用者的行踪、面部特征等信息。这是由于在地图导航类应用软件中,指纹信息的收集并非保证其提供“基本功能服务”所必需的信息,而行踪、面部特征等信息的收集也不是保证网络支付类应用软件提供“基本功能服务”所必需的信息。滴滴出行在2021年被国家互联网信息办公室要求下架并进行整改,原因就在于其不仅违反了有关跨境信息流动的规定,而且还涉嫌大量非法收集、使用、处理非必要的个人信息。必要原则不仅要求网络平台仅处理必要的个人信息,而且要求其在用户不愿提供非必要的个人信息时,不得以此为由拒绝为其提供基础的功能服务。

最后,从本质上讲,必要原则是个人信息处理者应该承担的注意义务。它是一种法定注意义务,是相对的、有限的、审慎的,是一种合理的注意义务,是与信息处理者本身

---

① 《一般数据保护条例》第5条规定:“个人数据的处理应充分、相关以及以该处理目的之必要为限度进行处理。”

② 《常见类型移动互联网应用程序必要个人信息范围规定》第3条规定:“本规定所称必要个人信息,是指保障App基本功能服务正常运行所必需的个人信息,缺少该信息App即无法实现基本功能服务……”

的专业能力相适应的。张新宝把网络平台看作"守门人"。具体而言,网络平台对互联网生态产生了巨大的影响,因而负有特殊的安全保障责任,对其所控制的个人信息进行特殊的保护与管理,是应对信息风险社会的一条有效途径。① 我国法律注重对个人信息处理的全程监管。个人信息处理行为的责任要求贯穿信息收集、利用以及处理的整个过程,它包含了事先对显著性恶意侵权行为更高层次的谨慎审查义务,同时也包含了在事件发生时和发生后立即采取必要措施的安全保障义务。在个人信息保护方面,其注意义务主要体现在:在事前,其承担有限而非普遍性的审查责任,其主要目标是限制非法信息的传播以及防止侵权事件的发生;在事后,其履行对侵权行为的监督救济责任,如发现侵权后及时采取删除、屏蔽、断开链接等必要措施。

在事前,个人信息处理的"必要",意味着网络平台负有预防个人信息免遭侵害的防范义务。"数智化"时代,信息处理者在处理他人信息时先行义务的履行,既是对个人信息权益的保护,也是对网络信息安全的直接维护。马民虎认为,"信息处理者的基本义务是履行风险告知,保证信息主体的知情权和安全权"②。当前的立法重点是对个人信息的处理过程进行风险管理。在个人信息收集阶段,必须遵循"合法、正当、必要"的原则。除上文法律中提到的关于必要原则的规定,全国人民代表大会常务委员会《关于加强网络信息保护的决定》第 2 条③也明确对必要原则进行了规定。在该项决定的基础上,《信息安全技术 个人信息安全规范》从"直接关联""最低频率""最少数量"三个维度对必要原则进行了详细的阐释。④

在事后,个人信息处理的"必要"意味着已与信息主体发生一定关系的网络平台承担保护个人信息的义务。信息处理者所承担的是事后及时行动的义务,是一项安全保障和监控风险发生及风险一旦发生后的救济义务。这项注意义务具有很强的普遍性特征,它要求社会性场所的管理者和群体性活动的组织者不仅要被动地避免对他人进行伤害,而且要在合理的范围内主动地对他人进行保护。⑤ 张新宝提出:"互联网平台运营者对其所控制的网络空间有适当的控制责任。"⑥尤其是超级互联网平台,因其本身

---

① 参见张新宝:《互联网生态"守门人"个人信息保护特别义务设置研究》,载《比较法研究》2021 年第 3 期。

② 马民虎:《网络信息安全保障的法律监管研究》,陕西科学技术出版社 2007 年版,第 133 页。

③ 全国人民代表大会常务委员会《关于加强网络信息保护的决定》第 2 条规定:"网络服务提供者和其他企业事业单位在业务活动中收集、使用公民个人电子信息,应当遵循合法、正当、必要的原则……"

④ 《信息安全技术 个人信息安全规范》第 5.2 条指出:"收集个人信息的最小必要"对个人信息控制者的要求包括:(a)收集的个人信息的类型应与实现产品或服务的业务功能有直接关联。直接关联是指没有上述个人信息的参与,产品或服务的功能无法实现;(b)自动采集个人信息的频率应是实现产品或服务的业务功能所必需的最低频率;(c)间接获取个人信息的数量应是实现产品或服务的业务功能所必需的最少数量。

⑤ 参见王胜明主编:《中华人民共和国侵权责任法释义》,法律出版社 2010 年版,第 199 页。

⑥ 张新宝:《互联网生态"守门人"个人信息保护特别义务设置研究》,载《比较法研究》2021 年第 3 期。

具有组织架构庞大复杂、技术升级快速迅猛的特点，其对网络交易及信息安全的影响是巨大的、不可预估的，所以更应承担起防范风险发生的义务。“在侵权责任范围中，监督人有义务对潜在的危害进行控制，这往往是由于其具备对危险源进行控制的能力。”[①]陈堂发指出，“互联网运营平台负有保障用户数据安全的义务，不得任意将用户的个人信息提供给第三方使用或处理。”[②]对此，《数据安全法》第 27 条中也有明确的规定。[③]较事前的注意义务，事后信息处理平台负有的安全义务的要求较低，仅需要在知道或者应当知道侵权行为发生的情况下，及时采取措施，阻止侵权行为的发生并实施救济。[④]

（二）必要原则适用上的公法与私法的交融

在数字化、网络化和智能化时代，基于人机互融、虚实同构、算法主导的信息收集、存储、使用、加工、传输成为这一时代的动脉。信息处理既为数字化智能时代经济和社会发展所凭借，又为平台企业经营发展、产品迭代、精准服务和基于公共数字平台的社会治理所必需，但因为个人信息关涉个人基本权利、尊严与价值，个人信息处理遵循必要原则就成为个人信息保护领域立法的“帝王原则”。必要原则所保护的是相对的权利，而非绝对的权利。[⑤] 必要原则的适用是出于对相对弱势的当事人的合法权益的保护以及在实质上对公平正义的兼顾。[⑥] 我国《宪法》第 51 条[⑦]关于“权利限度”的条款蕴含了必要原则，这一条规定了公民在行使自己的权利时，不得损害国家、社会、集体和个人的权益。这为必要原则的适用提供了宪法基础。

个人信息的处理需要通过“禁止过度”原则加以限制。个人信息处理者一般是拥有雄厚资源或技术优势的大型互联网企业或政府部门，信息主体本身处于劣势地位。因此，在对自然人的个人信息进行保护时，必要原则应该发挥其对信息处理者信息处理行为的限制作用，防止因过度的处理导致侵权行为的发生，防止私法自治的滥用。[⑧] 适当处理个人信息，可以为人们的生活提供诸多便利，为企业服务品质的提升、核心竞争

---

① ［德］克雷斯蒂安·冯·巴尔：《欧洲比较侵权行为法》（下），焦美华译，法律出版社 2001 年版，第 269 页。

② 陈堂发：《新媒体环境下隐私保护法律问题研究》，复旦大学出版社 2018 年版，第 72 页。

③ 《数据安全法》第 27 条规定：“开展数据处理活动应当依照法律、法规的规定，建立健全全流程数据安全管理制度，组织开展数据安全教育培训，采取相应的技术措施和其他必要措施，保障数据安全。利用互联网等信息网络开展数据处理活动，应当在网络安全等级保护制度的基础上，履行上述数据安全保护义务。”

④ 参见于志强主编：《中国网络法律规则的完善思路·民商法卷》，中国法制出版社 2016 年版，第 192 页。

⑤ 参见梅扬：《比例原则的适用范围与限度》，载《法学研究》2020 年第 2 期。

⑥ 参见李海平：《比例原则在民法中适用的条件和路径——以民事审判实践为中心》，载《法制与社会发展》2018 年第 5 期。

⑦ 《宪法》第 51 条规定：“中华人民共和国公民在行使自由和权利的时候，不得损害国家的、社会的、集体的利益和其他公民的合法的自由和权利。”

⑧ 参见刘权：《论个人信息处理的合法、正当、必要原则》，载《法学家》2021 年第 5 期。

力的增强提供支持,从而推动社会和经济的快速发展;反之,过度处理个人信息会打破人们生活的安宁,基于算法的自动决策会侵犯到个人的信息自决权的行使,增加个人隐私泄露的风险,更严重的是,个人信息处理行为可能会导致新型诈骗、绑架、敲诈勒索等犯罪行为的发生,较普通案件相比,这类犯罪案件的破案难度更高。综上所述,个人信息处理行为应该控制在合理的限度内,个人信息处理适用"必要原则"是《宪法》中"权利限制"原则的体现。

目前,各国立法机关及相关部门已逐渐意识到在个人信息保护领域适用必要原则的重要性。个人信息所承载的利益是多元的,它包含信息主体的个人利益,信息处理者的合法利用利益以及公众利益,需要在利益多元化的基础上实现利益的平衡。① 然而,对个人信息的保护并不宜采用单一或绝对授权的方式,如经合组织(OECD)等,都是以规范个人信息处理的方式来保障信息权益。②

我国法律虽然对个人信息进行了保护,但在保护强度方面并不像隐私权保护那样将其作为一项绝对权。③ "数智化"时代,大数据、人工智能等技术的发展,都离不开对个体信息的处理,因此个人信息法律制度应该对个人信息处理行为进行规范。

2012 年,全国人民代表大会常务委员会发布了《关于加强网络信息保护的决定》。这是我国构建个人信息保护制度的起点,个人信息处理的基本原则由此提出,其中就包含了必要原则。在这以后,我国《消费者权益保护法》第 29 条、《网络安全法》第 41 条均再次明确个人信息处理行为应遵循必要原则。此外,《App 违法违规收集使用个人信息行为认定方法》(2019 年)中明确了违反必要原则的具体情形;④《信息安全技术 个人信息安全规范》(GB/T 35273—2020)第 4 条 d 项⑤对最小必要原则作了具体化的规定。《常见类型移动互联网应用程序必要个人信息范围规定》(2021 年)第 3 条⑥对必要个人信息作了界定、第 4 条⑦进一步规定了信息处理者不能拒绝用户使用平台基本功能服

---

① 参见张新宝:《从隐私到个人信息:利益再衡量的理论与制度安排》,载《中国法学》2015 年第 3 期。

② 参见高富平:《个人信息处理:我国个人信息保护法的规范对象》,载《法商研究》2021 年第 2 期。

③ 参见程啸:《论大数据时代的个人数据权利》,载《中国社会科学》2018 年第 3 期。

④ 《App 违法违规收集使用个人信息行为认定方法》第 4 条规定:"以下行为可被认定为'违反必要原则,收集与其提供的服务无关的个人信息' 1. 收集的个人信息类型或打开的可收集个人信息权限与现有业务功能无关;……"

⑤ 《信息安全技术 个人信息安全规范》第 4 条 d 项规定:"个人信息控制者开展个人信息处理活动应遵循合法、正当、必要的原则,具体包括:……最小必要——只处理满足个人信息主体授权同意的目的所需的最少个人信息类型和数量。目的达成后,应及时删除个人信息……"

⑥ 《常见类型移动互联网应用程序必要个人信息范围规定》第 3 条规定:"本规定所称必要个人信息,是指保障 App 基本功能服务正常运行所必需的个人信息,缺少该信息 App 即无法实现基本功能服务。具体是指消费侧用户个人信息,不包括服务供给侧用户个人信息。"

⑦ 《常见类型移动互联网应用程序必要个人信息范围规定》第 4 条规定:"App 不得因为用户不同意提供非必要个人信息,而拒绝用户使用其基本功能服务。"

务的情形。

《民法典》首次将个人信息列入人格权的法律保护范围,并从这一点出发,确认了信息主体的个人信息应该在民事法律中被赋予人格权益并加以保护。《民法典》在原《民法总则》的基础上,参照欧盟 GDPR 的相关条款,对个人信息处理原则作出了明确的规定,其中第 1035 条第 1 款规定,“处理个人信息应当遵循合法、正当、必要的原则,不得过度处理……”。从文义上讲,《民法典》中必要原则的含义与全国人民代表大会常务委员会发布的《关于加强网络信息保护的决定》第 2 条、《消费者权益保护法》第 29 条、《网络安全法》第 41 条中的含义相一致。由此可以看出,《民法典》作为基本法律已经明确必要原则作为个人信息处理基本原则的重要地位。《个人信息保护法》中必要原则的提出,对个人信息的收集范围、处理方式和保存期限进行了严格的规定。

然而,上述法律都有待对必要原则的法律内涵、具体标准、适用类型等作出明确解释和具体说明,这使得其在某种意义上只是立法上的延伸和权利的抽象表述,很难真正起到实质作用。《信息安全技术 个人信息安全规范》(GB/T 35273—2020)是国家推荐标准,并未进入法定层面,效力层级较低,不具备任何强制效力;《App 违法违规收集使用个人信息行为认定方法》和《常见类型移动互联网应用程序必要个人信息范围规定》属于部门规章,规范内容只限于互联网平台信息处理者收集和使用用户个人信息的行为,并不能完全适用于“个人信息处理”的所有主体和全部环节。

《民法典》第 1035 条关于必要原则的规定较为抽象,必须经过解释才能适用,否则容易导致司法与执法上的混淆。《个人信息保护法》的颁布,对当前我国个人信息保护所面临的问题和挑战作出了系统回应,从个人信息收集范围①、处理方式②、保存期限③等方面对必要原则进行了进一步的细化,但并未对个人信息处理必要原则相关规则的具体化操作进行规定,必要原则体现和渗透在个人信息处理的各项具体制度和规范中,这就给法律适用问题带来了新的挑战。

因此,本章的研究旨在解决两个问题:第一,从规范体系的角度分析个人信息处理必要原则,使其能更好地适用于司法实践;第二,对落实个人信息处理必要原则的全程路径与穿透监管展开分析,提出具体的解决建议。

---

① 《个人信息保护法》第 6 条第 2 款规定:“收集个人信息,应当限于实现处理目的的最小范围,不得过度收集个人信息。”

② 《个人信息保护法》第 6 条第 1 款规定:“处理个人信息应当具有明确、合理的目的,并应当与处理目的直接相关,采取对个人权益影响最小的方式。”

③ 《个人信息保护法》第 19 条规定:“除法律、行政法规另有规定外,个人信息的保存期限应当为实现处理目的所必要的最短时间。”

二、个人信息处理必要原则的价值与功能

从法理的角度来看(见图1－1),个人信息处理必要原则的法律价值主要表现为:保护公民的人格尊严、信息主体对所属信息的自决。对信息主体人格完整性的维护制约着个人信息处理行为,体现了宪法保障个体人格尊严的最高价值追求;个人信息自决是相对意义上的自决,而非绝对管控,必要原则并非完全禁止各种社会组织对个人信息进行收集、利用,而是限制其用途和使用范围。

个人信息处理必要原则的法律功能主要表现为:对多方面利益冲突的平衡、对特定危险的控制。技术的进步带来了时代的发展,信息在各个方面都展现了其独特的价值,但同时引发了矛盾,因此需要个人信息处理必要原则在多元的利益冲突中起到平衡的作用。在"数智化"时代,企业利用全新的生产方式来获取利益,这使得人们在享受到便利生产与生活方式的同时,也面对着"新的特定的危险"。这种风险源于企业自身的先行行为,所以企业有责任对其进行有效管控,以避免因不必要的信息处理行为导致信息主体权益受到损害。

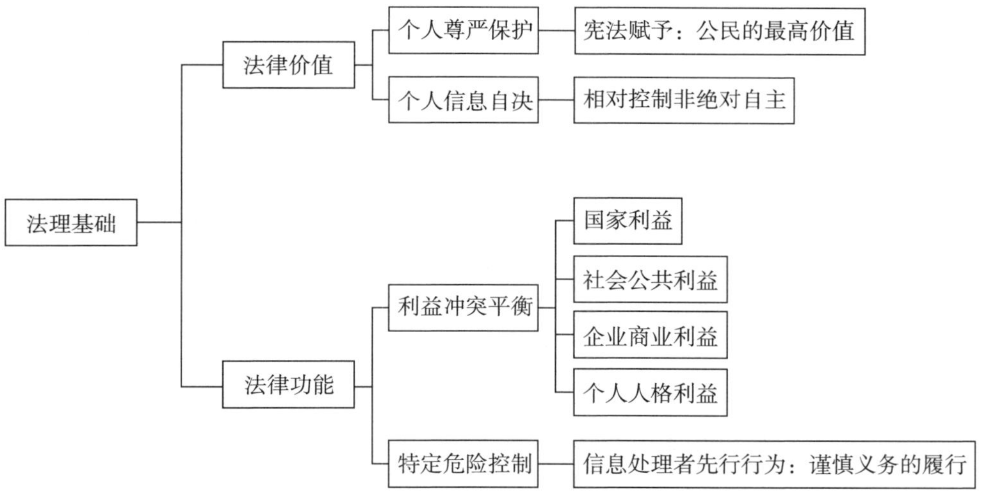

图1－1　个人信息处理必要原则的价值与功能

(一)"人格尊严保护"与"个人信息自决"法律价值

个人信息处理必要原则的法律价值,主要表现为保护公民的人格尊严和人格完整性,体现信息主体对所属信息的自决权。但个人信息自决是相对的而非绝对的。

必要原则源于对公民个人尊严的保护。个人信息权益是一项需要设立法律用以保护信息主体人格尊严的权益,其服务对象为公民的人格利益。人格尊严体现的是宪法所赋予公民的最高价值,在国家与人民的关系中,人为根本。每个人都应该得到良好的

对待,并得到对他们的内在价值的尊重。[①] 信息主体对其个人信息在何种程度上被获取、被收集、被披露,以及可否向他人公开、公开的程度和范围等方面拥有自主权,这对于人格尊严的保护来讲是一个重要的问题。在当今社会,"数字化生活"已趋于常态,个人信息与肖像、名誉、隐私等权益要素相似,承载着安宁、尊严、独立等人格价值,是个人的一个重要组成部分。有学者认为:"在信息时代,个人信息保护是保证个人尊严完备和免遭侵犯的必要构成成分,既要保证自然人在信息时代的独处自由,又要保证其安全、尊严地参与到社会生活中来。"[②]对个人信息处理的这种限制反映了信息主体对人格尊严的渴望,如果丧失了对个人信息处理的合理限制,就意味着信息主体失去了对私人信息和私密空间的自主性,那么以此为基础的社会关系和其他权利就很难得到保障。

必要原则源自主体对个人信息的相对自主而非绝对控制。信息自决这一概念起源于德国,德国学界对信息自决的界定是:信息自决的权利是指个人有权在相关原则下自主决定何时、采取何种方式、在何种范围内公开与自己生活相关信息的权利。

必要原则并不排斥他人对个人信息的收集和利用,而是通过不同的方式控制信息处理的目的和范围,从而达到不同的、相对的控制效果,促进与实现信息主体对信息的自主和自治权。从社群理念的角度来看,普通法界定了个人隐私的界限,其作用不过是维护社会准则,也就是建立个体与社会共同体认同的"文明准则"。[③] 在个人信息保护这一问题中,自主权并非完全控制权,也不应将信息的自主和绝对控制相混淆。有研究认为:绝对控制是指在数据收集和使用过程中,个体在任何情况下都具有完全的决定权,即不受他人干扰的排他控制与不受他人限制的完全控制;而自决权仅为控制的程度表现,取决于法律所赋予的权利大小。[④] 与权利并非不受限制一样,权利带来的责任不可能也不会没有限制。[⑤] 在这一层面上,高富平甚至提倡分离个人信息的人格属性与社会属性间的关联,并提出个人信息的应用应该是由社会来控制而不是依据个人意愿。[⑥]

我国现有立法中所确立的必要原则并非完全禁止各种社会团体对个人信息进行收集、利用,而是对信息处理的用途和范围进行了限定。除《民法典》中"不得过度处理个人信息"的规定外,《儿童个人信息网络保护规定》第 7 条也对有关儿童个人信息的收集、存储、使用、转移、披露等方面作出了规定,即应遵守正当必要原则。《常见类型移动互联网应用程序必要个人信息范围规定》也在《民法典》的基础之上进一步明确与说明

① 参见莫纪宏主编:《宪法学》,社会科学文献出版社 2004 年版,第 296 页。
② 谢永汪、李欲晓主编:《网络安全法学》,北京邮电大学出版社 2017 年版,第 147 页。
③ 参见王处辉、朱焱龙:《中国社会治理的道德基础构建》,载《社会学评论》2020 年第 6 期。
④ 参见蔡星月:《数据主体的"弱同意"及其规范结构》,载《比较法研究》2019 年第 4 期。
⑤ 参见谢晖:《法学范畴的矛盾辩思》,山东人民出版社 1999 年版,第 278 页。
⑥ 参见高富平:《个人信息保护:从个人控制到社会控制》,载《法学研究》2018 年第 3 期。

了必要个人信息的适用范围。2021 年出台的《个人信息保护法》第 6 条也规定：处理个人信息的目的应当是明确的、合理的，应当与目的直接相关，且以影响个人权益最小的方式来进行。个人信息的收集必须限制在实现处理目的的最低限度内，不能过分收集。地方法院在审理案件时也表示：在消费领域，我国的立法并未对个人信息的收集、使用采取禁止的态度，而是更注重对这一过程的管理监控。①

（二）"利益冲突平衡"与"特定危险控制"法律功能

个人信息处理必要原则的法律功能主要表现在对多方面利益冲突的平衡、对特定危险的控制。其中，对特定危险的控制也包括对危险的允许。

必要原则源于对利益冲突的平衡。在信息处理的过程中，信息处理者与信息主体之间极易发生利益冲突。除少数信息主体出于享受免费服务的目的而自愿公开自己的个人信息外，大多数的信息主体可能并不愿意甚至排斥网络平台和有关部门对其信息进行收集和利用。然而，不同类型的网络服务商，在进行市场调研、提高产品功效时，都会对使用者的个人信息进行收集，甚至需要使用大量的个人信息训练智能算法，以不断提高服务质量并推动产业进步。在这样的利益冲突下，必要原则成为了平衡信息处理平台与个人信息主体两者之间关系的一项重要法则。有学者认为，尽管保护信息控制者合法的信息处理权益并不能直接反映于《个人信息保护法》的目标条款中，但可以通过间接的方式，在其他条款和法律条文中得到体现。立法机关寻求的是既能保障信息使用者的个人信息权益，又能保障信息处理者的合法信息处理权益的平衡点。② 一些学者认为，合理路径不仅应界定隐私权与个人信息，还应该达到"场景性公正"，即在现实的场景中仍可完成信息合理流通。③

"数智化"时代背景下，个人信息的保护不仅关系到自然人自身权利的保护，而且具有很高的社会公共利益性质。④ 同时，在我国实施大数据战略的现实背景下，数据价值的释放和以数据为导向的企业的发展也对社会公共利益有重要贡献。我国现有的有关个人信息保护的法律规范并没有禁止对个人信息进行收集和利用，而是规定个人信息的处理必须合法、正当、必要，从而搭建起一种利益平衡的法则秩序。在权衡个人信息流动和保护之间的关系时，我国司法机关认为：要注重对自然人信息权利的保护，同时也要考虑信息技术的提升、经营模式的创新与大数据产业的进步对推动社会发展所起到的促进作用；⑤隐私权作为人格权，虽具备强大的效力，但为平衡权益和自由两项

---

① 杭州市富阳区人民法院民事判决书，(2019)浙 0111 民初 6971 号。

② 参见李媛：《大数据时代个人信息保护研究》，华中科技大学出版社 2019 年版，第 182 页。

③ 参见范为：《大数据时代个人信息保护的路径重构——初探欧美改革法案中的场景与风险理念》，载《网络信息法学研究》2017 年第 1 期。

④ 四川省自贡市中级人民法院民事判决书，(2020)川 03 民初 16 号。

⑤ 江苏省苏州市中级人民法院民事判决书，(2019)苏 05 民终 4745 号。

基本价值间的关系，其也会受到一定限制；[①]在涉及多个基本原则与权利主体利益冲突的情况下，法院不应仅因一项权利就否定另一项权利，而应平衡与兼顾多种法律原则与权利主体的利益。当然，如果不能进行平衡，法院应考虑更重要的核心价值。[②]

必要原则源于对特定危险的控制。虽然风险更多是潜在意义上的和适用于将来的，但人们还是希望立法能够控制更多特定的已经被识别的风险，或者使风险控制在安全范围之内，让人们获得更多立法保护带来的安全感。[③] 风险控制论认为，作为危险的制造者和控制者，我们应该采取必要的措施，并承担相应的风险责任。[④] 不作为责任的最初形态，即在侵权人的责任范围内，监督人有义务对潜在的危险进行控制，该义务源自其对危险源的管控能力。在当代网络世界中，网络平台作为网络服务的提供方，与实体设备紧密结合，开创了一种新型的社交和实践活动。通过这种交流活动，平台的拥有者和运营商能够从平台及相关的活动中获得收益。而作为这一特殊和抽象危险的开创者，网络平台在运行时应针对现实情况，采取相应的防范措施，使用户及自身权益不受侵犯。同时，网络平台具有强大的资源和能力，应具备可以预测潜在危险和损失，并采取相应技术手段来预防或减少损失的能力。所以，网络平台对个人信息负有一定的保护义务，通过这种义务的落实，从而得以避免因信息的不当和过度收集而导致用户主体的权益受到损害。

值得指出的是，对于特定危险的控制也包括了对危险的许可。所谓准许危险，是指许可生命中的某些潜在危险存在。比如，尽管公共运输、轨道交通可能会带来危险，但是政府依然容许其普及；网络平台在一定程度上可能对个人隐私、名誉等造成损害，但国家还是会让其继续发展。有学者认为："对于伴随着社会生活但必然有可能产生危险的行为，根据社会效用，即便在会产生侵害的情况下，仍然可以在一定范围内被容许。"[⑤]随着科学技术的进步，人民的生活水平的提高，对个人权益造成损害的行为时有发生。[⑥] 尤其是在大数据技术日益普及的今天，个人信息受到侵犯的概率日益提高。网络平台等机构对个人信息的处理，是一种有可能损害信息主体权利的危险行为，必须对其加以限制，但从促进网络行业发展的角度来看，它也是推动创新、发展经济的必要手段。在这样的背景下，应对此类信息处理的危险给予必要的准许，因而个人信息处理者必须承担

---

① 江苏省扬州市中级人民法院民事判决书，(2018)苏10民终1556号。

② 上海市普陀区人民法院民事判决书，(2013)普民二(尚)初字第642号。

③ 参见于兆波：《风险社会视角下的立法决策观念转变——以权力和权利为中心展开》，载《地方立法研究》2017年第1期。

④ 参见[德]克雷斯蒂安·冯·巴尔：《欧洲比较侵权行为法》(下)，焦美华译，法律出版社2001年版，第269页。

⑤ [日]中山研一：《刑法的基本思想》，姜伟、毕英达译，国际文化出版公司1988年版，第25页。

⑥ 参见程皓：《注意义务比较研究——以德日刑法理论和刑事判例为中心》，武汉大学出版社2009年，第128～147页。

"在危险行动中的谨慎义务"。这并非要求行为人履行完整意义上的谨慎义务，而是仅需在社会生活中承担起能够预防危险发生的必要的谨慎义务。[①] 若危险增加，则个人信息主体权益将会受到更大程度的损害，平台应负有的谨慎义务就越大。[②]

三、个人信息处理必要原则的规则体系

规则往往是原则的具体化与外在化表现，隐藏着原则的逻辑架构。因而通过对规则的深入研究，可以对必要原则进行更有效的界定及清晰的认知。本节以场景化目的匹配规则、最小化处理规则、最短保存期限规则为支撑，从规范视角对个人信息处理必要原则的具体规则进行了建构（见图1－2）。其一，从利益主体划分的角度将场景化目的匹配规则划分为基于商业利益目的的基本服务目的和扩展服务目的的适用规则以及基于公共利益目的的适用规则；其二，最小化处理规则的三个适用要件包括处理频率最低、收集数量最少、处理后的个人信息识别程度最低的内容；其三，明确信息处理者告知保存期限的义务，以立法形式细化各行业个人信息保存的最短期限。

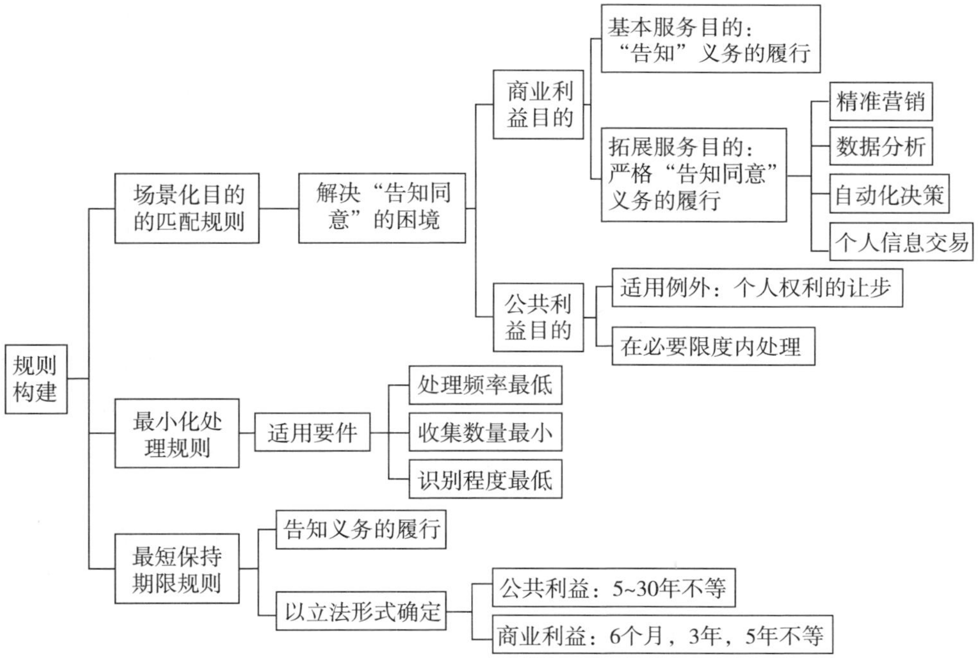

图1－2　个人信息处理必要原则的规则体系

---

① 参见程皓：《注意义务比较研究——以德日刑法理论和刑事判例为中心》，武汉大学出版社2009年，第128～147页。

② 参见丁晓东：《个人信息私法保护的困境与出路》，载《法学研究》2018年第6期。

(一)场景化目的匹配规则

美国《消费者隐私权利法案(草案)》将个人信息处理的场景化界定为根据不同场景区分个人信息保护限度,以实现对个人信息的合理化应用,进而对个人信息处理行为予以严格规范。欧盟于2018年颁布的GDPR也以场景为指引,引入了一系列新的信息保护机制。场景理论的应用可以更好地解决信息保护的问题,在不同场景中,信息流动的规律性具有明显的差异,个人信息处理所要达到的目的也不相同,因此信息处理者的行为规制手段也应有所转换,规制程度也有不同。这意味着对个人信息的处理应当严格限定在处理目的必要限度框架之中。最小化处理必须在特定的合法目的范围内,因此目的特定是最小化处理规则的前提。

《个人信息保护法》第6条详细进行了规定。[①] 从主体划分的角度出发,场景化目的匹配规则包括以互联网企业为代表的基于商业利益目的的适用规则,以及以公众为代表的基于公共利益目的的适用规则。

1. 基于商业利益目的的适用规则

为解决"告知同意规则"的适用问题,基于商业利益目的的适用规则被进一步划分为"基本服务目的"和"拓展服务目的"。基本服务目的是指商家在交易过程中所提供的基础服务,以满足买家也就是信息主体的基本使用需求。例如,对于快递公司来说,邮寄快递就是其所应提供的基本服务。知情同意是对个人信息予以合法处理的前提。[②] 也就是说,在处理用户个人信息前,个人信息处理方必须明确清晰告知基本的服务目的,而非仅仅粗略告知收集范围,其只有在征得信息主体同意后才能够进行信息处理。

一些商家在为了实现提供基本服务目的的情况下,需要对个人信息进行必要的收集处理,这种处理并非放弃告知同意规则的履行。这是因为如果用户一旦拒绝处理个人信息,基本服务目的将无法达成。比如,在邮寄快递中,如果想要实现这一服务,必然要提供邮寄者与接收者的姓名、电话等详细信息,否则这一基本服务目的根本无法实现。这也就是《个人信息保护法》第13条对于"合同所必需"的实际体现,在这种情况下,商家无须征得用户同意便能够对个人信息加以收集和使用。同时,个人信息的提供与否会直接影响到该服务的进行。

目前,《网络安全法》《消费者权益保护法》《民法典》《个人信息保护法》等法律法规中均明确规定了个人信息处理目的告知的具体要求。此外,《常见类型移动互联网应

---

① 《个人信息保护法》第6条规定:个人信息处理必须基于合理的处理目的,其手段的应用必须以对个人权益的最小影响方式进行。

② 参见于柏华:《处理个人信息行为的合法性判准——从〈民法典〉第111条的规范目的出发》,载《华东政法大学学报》2020年第3期。

用程序必要个人信息范围规定》对常用应用程序的基本功能和必需的个人信息进行了详细的列举，比如在运动类、浏览性 App 中无须获取个人信息就应该实现预期服务目的。区分不同应用场景下的告知同意规则，有助于解决告知同意规则的难题与问题。①

基于扩展服务目的进行个人信息处理必须严格遵循告知同意规则，非经信息主体同意，不得进行基于扩展服务目的的个人信息处理。扩展服务是指为提升或改善与基本服务相关的服务，包括精准营销、数据分析、基于数据画像的自动化决策、信息交易等。下面笔者将对四种典型的拓展服务予以论述，以期深化对扩展服务的理解。

第一，精准营销。立法中一般同意“经用户授权后以定向广告推荐或精准投放推送来达成服务质量的提升与营销效率的提高”这一终极目的。目前，我国司法实践也已认识到，有针对性的广告推荐不会侵犯信息主体的个人信息隐私权。② 第二，数据分析。借助此项手段有助于提高科研产出水平，实现个性化定制，促进效率提升。③ 在现实生活中，商家往往借助数据分析结果对消费者需求加以分类，进而促进服务效率的提高，及时调整销售对策，而此种行为已得到多数国家的认可。④ 第三，自动化决策。商业机构通常借此提升企业决策效率，如银行以个人征信记录分析是否同意客户贷款，保险公司依据健康信息确立是否与客户签订人身保险合同，但自动化决策过程很有可能对信息主体带来人身或财产权益的直接现实性影响。⑤ 因而大多数国家或地区规定采取该项方式前必须经过信息主体的明示同意。⑥ 自动化决策不能剥夺用户重大事项的决策权，必须保证信息主体拥有充分表达的权利。⑦ 对此，《个人信息保护法》第 24 条中有明确的规定。⑧ 第四，信息交易。个人信息交易主要是通过信息分享、转让、许可使用和公开披露等形式提供给第三方，比如不同的社交软件与消费软件之间的并联是为了给用户带来更方便的使用感与体验感。但是，信息共享、转让、公开披露等系列行为需

---

① 参见陆青：《个人信息保护中“同意”规则的规范构造》，载《武汉大学学报（哲学社会科学版）》2019 年第 5 期。

② 参见朱芸阳：《定向广告中个人信息的法律保护研究——兼评“Cookie 隐私第一案”两审判决》，载《社会科学》2016 年第 1 期。

③ 参见李国杰、程学旗：《大数据研究：未来科技及经济社会发展的重大战略领域——大数据的研究现状与科学思考》，载《中国科学院院刊》2012 年第 6 期。

④ 1995 年欧盟《数据保护指令》第 6 条规定：“利用个人信息进行数据分析或统计具有合法性。”2016 年欧盟《一般数据保护条例》第 5 条规定：“为统计分析目的而利用个人信息具有合法性。”德国《联邦个人数据保护法》第 28 条第（3）、（4）项规定：“意见调查和市场意见研究都符合正当目的。”

⑤ 参见项定宜：《商业利用中个人信息的民法保护研究》，人民出版社 2019 年版，第 35 页。

⑥ 欧盟 GDPR 第 22 条规定：“信息主体有权不受对其产生影响的自动化决策限制，但如果是信息主体与个人信息处理者之间合同建立或履行必要、联盟或成员国的法律所规定或基于数据主体的明确同意除外。”1999 年西班牙《个人数据保护基本法》第 13 条有类似规定。

⑦ 参见郭瑜：《个人数据保护法研究》，北京大学出版社 2012 年版，第 173 页。

⑧ 《个人信息保护法》第 24 条规定：“信息主体认为通过自动化决策作出的决定对其个人权益有重大影响时，有权请求信息处理者予以说明，并有权拒绝仅通过自动化决策作出决定。”

要有信息主体的明确授权，或者是在严格的法律框架内展开，并对委托或信息转让的第三方的信息进行详细明示。

上述四种典型的扩展服务并非对扩展服务类型的穷尽，凡是被排除在基本服务体系外的均属于“拓展服务”这一概念范畴。比如，手机银行 App 发展之初就是为“转账”等基本项目而服务，此外的服务如“购物”等均属于扩展服务。为充分保障用户个人信息安全，用户有权主张关闭扩展服务业务，更有权拒绝基本服务之外的个人信息处理行为。如果是没有严格知情同意机制的应用，App 收集方不得以扩展服务为借口对用户个人信息进行收集。同样以手机银行为例，虽然不能否认，自动识别手机中的存储信息的确可以促进用户服务体验质量的改善，但这种做法也可能会导致信息主体手机中的部分或全部重要信息被曝光，因此使用者有权拒绝非必要情况下的个人信息识别行为。《常见类型移动互联网应用程序必要个人信息范围规定》对不同 App 的用途和信息处理范围进行了间接的划分。《信息安全技术 个人信息安全规范》附录 C 中也有关于扩展服务目的的明确规定。[①]《App 违法违规收集使用个人信息行为认定方法》也作出同样的规定。[②]《京东隐私政策》列出了包括推荐商品、收集购物需求等扩展服务目的，用户有权自主根据自身需要对相关权限进行关闭或开通。但实际生活中，确有一些企业有意回避扩展服务目的的告知，例如新浪微博、百度、微信等互联网企业均未充分履行此方面的告知义务。在此情况下，《信息安全技术 个人信息安全规范》附录 C 表 C1 提供了扩展服务目的的告知模板，并且建议相关企业可以以“弹窗”等形式单独告知用户，以引起用户的关注，进而促使知情同意机制的落实。

2. 基于公共利益目的的适用规则

各个国家或地区保护个人信息的相关法律规定均有适用例外的情况存在。个人信息权利不是绝对的，在保护个人信息权利的同时，还要保护他人的权利和社会公共利益。公共利益是指个人信息保护中的国家利益和社会利益，其代表社会绝大多数人的共同利益，公权力机关为了职能需要的诉求不在该范畴内。[③] 基于公共利益目的的个

---

① 《信息安全技术 个人信息安全规范》附录 C.4 规定：“扩展业务功能的告知和明示同意的实现方法如下：a)在扩展业务功能首次使用前，应通过交互界面或设计(如弹窗、文字说明、填写框、提示条、提示音等形式)，向个人信息主体逐一告知所提供扩展业务功能及所必要收集的个人信息，并允许个人信息主体对扩展业务功能逐项选择同意；b)个人信息主体不同意收集扩展业务功能所必要收集的个人信息的，个人信息控制者不应反复征个人信息主体的同意。除非个人信息主体主动选择开启扩展功能，在 48h 内向个人信息主体征求同意的次数不应超过一次；c)个人信息主体不同意收集扩展业务功能所必要收集的个人信息的，不应拒绝提供基本业务功能或降低基本业务功能的服务质量；d)a)所要求的交互界面或设计应方便个人信息主体再次访问及更改其同意的范围。”

② 《App 违法违规收集使用个人信息行为认定方法》规定：“信息处理者必须将扩展服务目的进行准确告知。”

③ 参见郭姜兰：《个人信息保护制度的反思与改进：以主体利益冲突与衡平为视角》，载《科技与法律(中英文)》2021 年第 6 期。

人信息处理可以不征得信息主体同意。

平台企业应国家主管部门要求，为维护公共安全、公共卫生等公共利益要求，对个人信息的收集、处理、加工可以全面地掌握当下社会的发展情况，有数据支撑的公共决策才能提供更好的公共服务。可以说，个人信息开发应用中的公共利益关系到全社会的整体生存与发展。例如，公共卫生、科学研究、数字政府等需要数据样本，需要通过对个人信息的分析发现社会中存在的问题，从而提出应对之策。例如，在新冠疫情常态化背景下，我国政府和医院通过商业平台收集感染者的个人信息（包括家庭住址、活动轨迹、感冒用药史等个人信息），公布感染者的家庭住址和活动轨迹等信息，以便于其他公民防范感染。除了公共卫生目的外，高校、医院等科研机构通过商业平台收集大量个人信息进行科研活动，也有利于整个社会的创新与发展。①

《民法典》第 1036 条第 3 项规定信息处理者可以基于公共利益的目的对个人信息进行处理，而无须信息主体的同意，且无须承担相应的法律责任。《个人信息保护法》第 13 条第 4、5 款②均规定出于公共利益目的需要，无须信息主体同意，也可以对个人信息予以处理。信息处理者一般也会提前告知此收集过程的公共目的。《个人信息保护法》第 26 条规定，如果进行生物识别信息采集，必须以维护公共安全目的为理由。③ 这就意味着出于公共利益需要，对个人信息的收集依然需要遵循必要原则，控制在“合理范围”内，而不能过度。个人信息权益并非当然受到保护，其需要在公共利益面前做出一定的让步。只有更好地遵循必要原则，个人利益与社会公共利益才可以得到平衡。新冠疫情期间，对个人信息的处理与使用并非无法可依，相关职能部门在此过程中必须尊重个人信息权益，权衡个人信息保护与社会公共卫生权益关系，将对个人信息的收集与使用控制在够用的最小区间。在收集时，排除个人无关信息，采取加密保护措施，保证疫情过后及时删除，尽力维护相关公民的隐私安全。与此同时，透明性原则也应受到重视，及时公布信息收集的用途与存储规则，充分保障个人信息安全。

（二）最小化处理规则

信息处理目的与手段都要严格遵循“禁止过度”的规定。必要原则强调的不仅是目的匹配，在信息处理过程中，信息处理者还必须采取审慎态度：收集个人信息的频率应是实现处理目的所必需的最低频率，获取个人信息的数量应是实现处理目的所必需

---

① 参见高富平：《个人信息使用的合法性基础——数据上利益分析视角》，载《比较法研究》2019 年第 2 期。

② 《个人信息保护法》第 13 条第 4、5 款规定：“为应对突发公共卫生事件，或者紧急情况下为保护自然人的生命健康和财产安全所必需；为公共利益实施新闻报道、舆论监督等行为，在合理的范围内处理个人信息。”

③ 《个人信息保护法》第 26 条规定：“在公共场所安装图像采集、个人身份识别设备，应当为维护公共安全所必需，遵守国家有关规定，并设置显著的提示标识。所收集的个人图像、身份识别信息只能用于维护公共安全的目的，不得用于其他目的；取得个人单独同意的除外。”

的最少数量，且应对获取个人信息采取假名化、匿名化处理方式降低可识别性。

1. 与场景化目的匹配规则相辅相成

场景化目的匹配规则能从根本上保障个人信息收集使用与处理目的相匹配，保障在必要范围内处理个人信息。但即便与处理目的相关也不意味着可以任意处理个人信息，还要求个人信息处理者在最小范围内收集个人信息，采取对个人权益影响最小的处理方式。《信息安全技术 个人信息安全规范》第5.2条规定必要原则不仅要求个人信息类型与处理目的紧密相关，且要求个人信息采集频率应为最低频率，严格控制获取的个人信息为必需的最少数量。2021年“3·15”晚会曝光“手机管家PRO”App以清理手机垃圾为由，大量获得手机私密信息，早已超出必要的个人信息收集范围。[①]

场景化目的匹配规则与最小化处理规则通常是相伴而行的，国内外法律都体现了这一规律。例如，1980年OECD《隐私保护与个人数据跨国流通指南》、欧盟GDPR第5条[②]、德国《联邦数据保护法》第3a条[③]等都对目的特定与最小处理有详细说明。现实生活中，App过度索取个人信息的行为是对以上规则的违背。我国《常见类型移动互联网应用程序必要个人信息范围规定》除了规定各类App基本服务目的外，还规定与之相对应的必要个人信息范围，严禁过度索取的行为。但值得注意的是，场景化目的匹配规则与最小化处理两者内涵却并不完全相同。场景化目的匹配规则要求信息处理必须限制在经信息主体知情同意的合法、明确的处理目的范围内，信息处理者不得处理与目的无关的个人信息。而最小化处理规则要求信息处理者还应当保证个人信息在数量上尽量与实现处理目的相匹配，尽量最小化。例如，个人信息收集坚持最小化规则，只收集确诊者、疑似者等人群的相关个人信息，且不得公开特殊群体的姓名等非必要个人信息。[④]

2. 最小化处理规则适用要件

《民法典》第1035条对不得过度处理个人信息进行了规定，仍须予以具体阐述。过度处理不仅仅是超出特定的目的，也可以理解为与处理目的不成比例。与目的特定规

---

① 参见《工业和信息化部严厉查处“3·15”晚会曝光“诱导老年人下载App”“App违规收集老年人个人信息”等违规行为》，载中华人民共和国工业和信息化部网站2021年3月16日，https://www.miit.gov.cn/xwdt/gxdt/sjdt/art/2021/art_e715fc49f7bb439688fdb53326e1d3ea.html。

② 《一般数据保护条例》第5条规定：“个人数据处理原则。”

③ 德国《联邦数据保护法》第3a条规定：“减少使用数据和数据经济，应设计和选择不收集、处理和使用或最小限度收集、处理和使用个人数据的数据处理系统。特定情形下，如可能和合理，可用假名和匿名以达到满意的保护程度。”

④ 中共中央网络安全和信息化委员会办公室于2020年2月4日发布的《关于做好个人信息保护利用大数据支撑联防联控工作的通知》第2条明确规定：“收集联防联控所必需的个人信息应参照国家标准《个人信息安全规范》，坚持最小范围原则，收集对象原则上限于确诊者、疑似者、密切接触者等重点人群，一般不针对特定地区的所有人群，防止形成对特定地域人群的事实上歧视。”

则相较而言，个人信息最小化处理范围较难界定，最小化规则较难操作。从立法目的角度出发，最小化处理规则不仅需要保障信息主体人格权益，更应有助于个人信息处理，推动合理利用。因此，最小化处理规则要满足以下要件：一是处理频率最低，信息处理人员在收集、加工、共享、转让信息等方面的频率要尽量减少，包含减少征询信息对象同意的次数；二是收集数量最小，处理个人信息的量级要符合处理的目的；三是识别程度最低，个人信息上承载的信息主体的基本利益是识别利益，而个人的身份、特征或行为轨迹一旦被发现，个人尊严或隐私即被侵害。所以，最小化规则能够作为个人信息识别程度的标准，识别程度越高的个人信息，就越应该对其处理行为进行限制或禁止，以达到最小化规则的要求。2020 年"人脸识别第一案"判例①反映了被告对原告人脸信息的收集超出了入园所必要的范围，2021 年"央视 3·15 晚会"曝光了摄像头频繁且过度收集人脸信息的乱象，②这些均违背了最小化处理规则。

匿名化和假名化处理方式可以有效降低个人信息识别度，达到数据最小化规则要求。采用匿名化、假名化的方法，能有效地减少信息的辨识风险，所以大多数国家提倡以匿名或化名的形式将个人信息提供给第三人。如欧盟 GDPR 前言第 28 段所述。③ 欧盟第 29 条数据保护工作组于 2014 年通过的《第 05/2014 号意见书：匿名化技术》都作出匿名化规定，④这也体现了对必要性原则的遵循。《个人信息保护法》第 73 条明确规定匿名化后的个人信息无法识别特定自然人且不能被复原。通过匿名化和假名化处理，个人信息利用行为对信息主体的侵害风险降至最小，体现了必要原则的要求。欧盟数据保护主管部门发布了《个人数据保护比例原则指南》，规定应当遵循比例原则来确定最小化规则，并规定系统的比例测试程序。我国可以参考该指南中确定的比例测试程序以实现数据最小化，充分保障信息主体权益。

（三）最短保存期限规则

个人信息处理必须遵循最短必要处理期限。众所周知，信息处理仅仅是达到特定目的的手段。通常情况下，个人信息处理必须符合最短期限要求，如果目的改变或者已经达成，个人信息处理行为应当终止。不定期或在较长期限内处理个人信息，不仅本身就难言符合信息主体对自身权益的合理期待，而且还可能徒增信息泄露或被不正当使

---

① 郭兵与杭州野生动物世界有限公司服务合同案，杭州市富阳区人民法院(2019)浙 0111 民初 6971 号民事判决书。

② 参见《315 晚会曝多家知名商店安装人脸识别摄像头，海量人脸信息已被搜集》，载百家号环球网 2021 年 3 月 15 日，https://baijiahao.baidu.com/s? id = 1694301292293152483&wfr = spider&for = pc。

③ 参见瑞柏律师事务所：欧盟《〈一般数据保护条例〉GDPR（汉英对照）》，法律出版社 2018 年版，第 7 页。

④ Article 29 Data Protection Working Party: Opinion 05 /2014 on Anonymisation Techniques[EB/OL].(2014 - 04 - 10)[2016 - 06 - 26]. http://ec.europa.eu/justice/data-protection/article - 29/documentation/opinion-recommendation/files/2014/wp216_en.pdf.

用的风险。

《信息安全技术 个人信息安全规范》第6.1条明确了最小化存储的相关规定,即个人信息的储存时间必须符合最低时限,一旦超出期限则应当立即被删除。保存期限规则以存储时间角度规定当目的得以满足时,必须删除、销毁个人信息或对个人可识别信息予以封存,①从而避免信息泄露事件的发生。如美国《公平信用报告法》所指出的,征信机构对客户的到期负面财物信息应及时销毁,防止因此而给客户所带来的征信影响。② 欧盟为打击恐怖主义等严重犯罪而出台的《数据留存指令》虽然在实践中发挥过举足轻重的效用,但却因数据留存会侵犯公民隐私权而一直受到德国和爱尔兰等国家的指责,截至2008年已有15个欧洲国家团体反对收集和保存公民的生物注册资料。③总而言之,个人信息在处理时必须基于特定目的要求,一旦超越原始预期,必须结束对个人信息的处理行为,否则就是违法行为。

1.保存期限的告知义务

《民法典》并未对个人信息的保存期限作出相关规定,也未能规定告知范围。对比之下,《个人信息保护法》已有较大的进步,因为该法在第17条第1款第2项④、第19条⑤、第47条第1款第2项⑥均对保存期限进行了说明。然而,在我国商业领域,绝大多数企业在个人信息保护政策的制定过程中均有意规避保存期限,在达成收集目的后依然将数据长期用于他处,给信息主体带来较大的未知风险。如《微博个人信息保护政

---

① 参见齐爱民:《拯救信息社会中的人格——个人信息保护法总论》,北京大学出版社2009年版,第171页。

② 这些负面信息包括:10年以上的破产信息,7年以上的任何民事诉讼、民事判决(刑事犯罪记录不受7年时间限制)、被捕记录、缴纳欠税滞纳金记录、被追收或被冲销坏账负面记录。参见[美]玛格里特·米勒编:《征信体系和国际经济》,王晓蕾、佟焱、穆长春译,中国金融出版社2004年版,第243页。

③ 参见齐爱民:《拯救信息社会中的人格——个人信息保护法总论》,北京大学出版社2009年版,第172页。

④ 《个人信息保护法》第17条规定:"个人信息处理者在处理个人信息前,应当以显著方式、清晰易懂的语言真实、准确、完整地向个人告知下列事项:(一)个人信息处理者的名称或者姓名和联系方式;(二)个人信息的处理目的、处理方式,处理的个人信息种类、保存期限;(三)个人行使本法规定权利的方式和程序;(四)法律、行政法规规定应当告知的其他事项。前款规定事项发生变更的,应当将变更部分告知个人。个人信息处理者通过制定个人信息处理规则的方式告知第一款规定事项的,处理规则应当公开,并且便于查阅和保存。"

⑤ 《个人信息保护法》第19条规定:"除法律、行政法规另有规定外,个人信息的保存期限应当为实现处理目的所必要的最短时间。"

⑥ 《个人信息保护法》第47条规定:"有下列情形之一的,个人信息处理者应当主动删除个人信息;个人信息处理者未删除的,个人有权请求删除:(一)处理目的已实现、无法实现或者为实现处理目的不再必要;(二)个人信息处理者停止提供产品或者服务,或者保存期限已届满;(三)个人撤回同意;(四)个人信息处理者违反法律、行政法规或者违反约定处理个人信息;(五)法律、行政法规规定的其他情形。法律、行政法规规定的保存期限未届满,或者删除个人信息从技术上难以实现的,个人信息处理者应当停止除存储和采取必要的安全保护措施之外的处理。"

策》对个人信息的保存时限进行了明确的界定，如超过一定时限，应予以删除或采用匿名化处理方式；《京东隐私政策》也规定了超过3年的交易记录，应该删除过期信息或做匿名处理。不难看出，多数企业只是对最低保护期限进行限定，而只字未提最高期限，更不会谈及具体的保存期限。面对现实中的实践需求以及立法上的不足，立法者应进一步明晰具体的保存期限以及公司应当履行的保存义务，兼顾信息处理者在保存过程中的可操作性，以及信息主体在维权过程中所拥有请求删除的权利。如欧盟GDPR第13.2条规定个人信息处理者必须准确告知用户保存期限，如不能确定具体日期，也必须遵循一定的保存标准。应进一步明确《个人信息保护法》第17条规定的信息主体对个人信息处理行为的抗辩权的行使条件，以便于在信息处理者未能主动履责时，由信息主体主动提出说明要求。个人信息保护在立法过程中应对信息主体予以充分尊重，提供信息主体与信息处理方之间可对保存期间进行约定或协商的空间。

2. 法定保存期限的确定

对未做出约定或者约定不明的个人信息保存期限，应以必要最短时间为限。基于公共利益的需要，如卫生、科研等领域的需要，可以规定较长的保存期限；但在商业领域，则需要遵循一般性规定。欧盟GDPR第5.1条(e)就对上述保存期限作出了具体的规定和要求。① 我国《民法典》以及《个人信息保护法》并未规定具体的必要时间处理规则。这就需要根据不同行业的性质采取不同的必要的最短时间标准。比如，我国《网络安全法》第21条要求与个人信息相关的网络日志保存期限最低为6个月。②《征信业管理条例》第16条规定征信机构对超过5年的不良个人征信记录予以消除。③《中华人民共和国电子商务法》(以下简称《电子商务法》)第31条规定电子商务平台在存储交易信息的保存期限最低为3年。④《房地产经纪管理办法》第26条规定房地产经纪

① 《一般数据保护条例》第5.1条(e)规定：对于能够识别数据主体的个人数据，其储存时间不得超过实现其处理目的所必需的时间；超过此期限的数据处理只有在如下情况下才能被允许：为了实现公共利益、科学或历史研究目的或统计目的等公共利益而处理个人信息且采取较妥当的数据安全保护措施的，可以适当延长存储时间。

② 《网络安全法》第21条规定："国家实行网络安全等级保护制度。网络运营者应当按照网络安全等级保护制度的要求，履行下列安全保护义务，保障网络免受干扰、破坏或者未经授权的访问，防止网络数据泄露或者被窃取、篡改：(一)制定内部安全管理制度和操作规程，确定网络安全负责人，落实网络安全保护责任；(二)采取防范计算机病毒和网络攻击、网络侵入等危害网络安全行为的技术措施；(三)采取监测、记录网络运行状态、网络安全事件的技术措施，并按照规定留存相关的网络日志不少于六个月；(四)采取数据分类、重要数据备份和加密等措施；(五)法律、行政法规规定的其他义务。"

③ 《征信业管理条例》第16条规定："征信机构对个人不良信息的保存期限，自不良行为或者事件终止之日起为5年；超过5年的，应当予以删除。在不良信息保存期限内，信息主体可以对不良信息作出说明，征信机构应当予以记载。"

④ 《电子商务法》第31条规定："电子商务平台经营者应当记录、保存平台上发布的商品和服务信息、交易信息，并确保信息的完整性、保密性、可用性。商品和服务信息、交易信息保存时间自交易完成之日起不少于三年；法律、行政法规另有规定的，依照其规定。"

服务合同最短保护期为5年,各房地产经纪机构需严格遵守此项规定。[①]《医疗机构管理条例实施细则》第53条对最短保存期进行分类,门诊最低期限是5年,住院病历的保存期最低则为30年。[②] 这样划分主要是由于患者出于就诊目的而查询病历中的基本信息,因而具有较强的公共目的,所以病历的保存期通常较长。总而言之,法律、行政法规必须尽快对各行业的最短保存期限加以界定,确定实现处理目的所必要的最短时间。

四、个人信息处理必要原则落实的全程路径与监管

必要原则具体规则的系统化研究在法律规范层面解决了必要原则的界定问题,而在具体实现环节中,个人信息处理必要原则的落实则需要互联网企业、相关行业自治组织、国家行政机关等的共同努力。首先,企业要在信息处理的全过程、全环节、全链条中落实必要原则,这一点具体体现在企业对自身义务的履行上。其次,应当鼓励行业自律,在个人信息处理具体环节上发挥行业自律组织的作用。最后,由于企业天然具有逐利性的特质、行业自律不具有强制执行力,需要发挥以政府为主导的"穿透式"监管的作用,全面落实必要原则。

(一)企业落实必要原则的全程路径

企业在信息处理的全过程、全环节、全链条中落实必要原则的具体体现:第一,企业履行告知义务应遵循强制化、规范化和法治化的要求,在收集个人信息之前应履行法定告知义务,使用过程中应履行完整传输义务,使用行为之后履行审查与保管义务,并应尽快完善属于履行上述义务的法律责任体系。第二,行业自律具有制度弹性高、专业性强和成本相对低的天然优势,应充分发挥行业自律和自治组织在技术升级、行为准则制定等方面的作用。

1. 企业义务的履行

企业义务主要包括告知义务、完整传输义务、审查义务与保管义务等方面。告知义务是指,企业在制定服务协议的过程中针对个人信息的获取,应当充分考虑相关条款的表述清晰度,保证其能够达到大众普遍理解的标准,且在服务协议中也应当绝对禁止为了获取个人信息而赋予双方不对等的权利义务,明确企业在对用户个人信息进行收集之前应对相关信息进行充分告知和解释。目前告知义务在履行中出现的主要问题是,软件使用过程中用户的"知情同意"具有不合理性,具体表现为企业提供的使用条款往往内容冗长、繁杂,用户无法从中精准获取真实有效的信息,这一问题的出现是企业为

---

① 《房地产经纪管理办法》第26条规定:"房地产经纪机构应当建立业务记录制度,如实记录业务情况。房地产经纪机构应当保存房地产经纪服务合同,保存期不少于5年。"

② 《医疗机构管理条例实施细则》第53条规定:"医疗机构的门诊病历的保存期不得少于十五年;住院病历的保存期不得少于三十年。"

使用户陷入“陷阱”而刻意为之，并非其过失所为。① 互联网产业在中国大规模发展迄今已有20余年，其中企业花费了大量的时间寻求在收集用户个人信息的过程中规避法律监管的方法。不仅仅是在我国，欧盟国家的企业在收集用户个人信息时也需要严格遵守GDPR中所规定的知情同意制度，为了规避该法的严格要求，很多企业通过将其提供给用户的服务协议模糊化、复杂化，实现推卸责任的目的，用户则因此更可能陷入企业布置的“陷阱”。以全球著名的相亲网站为例，该网站在服务协议中将本可以用一条条款写明的个人信息收集使用主体有目的地分为了8条，并通过这种分割的手段隐秘地在个人信息的收集、披露、更改主体中插入“第三方”。企业通过这种不合理的手段使在信息收集使用过程中处于弱势的用户在并非其真实意思表达的情形下提供了自身的个人信息。更有甚者则直接摒弃了这种隐匿含蓄的方式，而直接在服务协议中对用户规定不对等的权利义务。如我国某美图软件在协议中规定，用户若想注销其平台账户必须通过人脸识别确定是否为用户本人，经软件平台识别后才能注销其账户。这一获取人脸信息的程序无论是从必要性角度还是从合法性角度分析，都是不合理的。笔者认为，企业与用户作为使用某软件服务合同的双方主体，各自需要承担自身相应的责任才能使合同生效。大多数情况下，使用者都会在知情同意书上签字，然后支付一定的费用(如金钱或者私人信息)，如果使用者不超过该软件的使用权限，那么使用者就不应承担更多的责任。

告知义务是否切实落实，不应以是否存在相关内容的列举为判定标准，而应对其提出准确、清晰传达的较高要求。对此，需要从软件用户的视角进行评价。如果企业所提供的用户协议能够及时、准确、清晰地到达用户，并使具有一般理解能力的用户能理解，则可判定为企业尽到了相应的义务。此外，企业履行告知义务的时间点必须是在用户提供其个人信息、接受服务之前。在现实中，大部分企业都通过在账号注册时提供用户服务协议和隐私政策以履行告知义务实现知情同意，但这一方式是否合理且达到效果仍存疑。

就服务协议在软件平台所处的位置而言，笔者通过对常用软件的分析发现，部分软件的个人信息服务协议是较为合理的。如以我国拥有11亿多用户的社交软件“微信”为例，其发布的《微信隐私保护指引》在文件开头就明确了个人信息使用、收集相关的五项原则，用户能够通过清晰、明确的五项原则得知平台收集使用个人信息的方式以及不存在第三方能够获取个人信息的情形。除这五项原则外，还列明了信息收集、存储、

---

① 参见彭玉勇：《论网络服务提供者的权利与义务》，载《暨南学报(哲学社会科学版)》2014年第12期。

安全、保护等整个信息收集使用过程中涉及的各个事项共10项，[①]在隐私保护政策的布局呈现上较为合理。然而，也有部分平台存在刻意隐藏的嫌疑，其关于个人信息的协议或政策往往需经过多重查找才能获得，具有非常强的隐蔽性。很多软件在用户进行账号注册时往往以篇幅冗长的方式呈现个人信息使用条款，而用户为了能尽快使用软件，在注册时并不会花费很长的时间进行阅读，当用户闲下来进行查阅时，大多存在因找不到服务协议在该软件平台上的位置，最后被迫放弃阅读的现象。

除服务协议放置位置以及具体内容布局外，企业还需注意弹性条款的使用，应当禁止在隐私政策中制定过多的弹性条款。由于弹性条款不具有确定性，一旦涉及用户信息泄露等需要依据隐私政策界定的情形时，企业往往会对这些弹性条款作出更利于企业一方的解释，使得这些条款成为企业隐形的自保条款。事实上，软件正式投入市场之前都必须经过测试的阶段，在这一阶段软件的建设者已经能够预想到用户在正式使用过程中出现的各种场景。因此，在正式投入市场之前，企业事实上可以在信息隐私政策中写明所有可能出现的情形，根本无须制定过多的弹性条款来发挥兜底的作用。

个人信息部分损坏缺失或者流失都将对用户产生重大消极影响，因此保证信息数据传输过程中的完整性也是个人信息保护的重要环节。信息质量原则是OECD《保护隐私与跨境个人数据流动准则》中的八大原则之一，其规定："个人资料的收集必须与其用途有关，并且在其用途需要的限度内保持准确、完整和最新。"以征信信息为例，美国《公平信用报告法》中对不良个人信息的保存期限有具体的规定。[②] 澳大利亚的法律中有关于消费者失信记录保存期限的具体规定。[③] 由于信息在传输的过程中经常出现丢失、破损的现象，因此企业只有对所收集的信息进行及时快速的收集，才能够避免其丢失或过时，从而实现对用户个人信息的有效保护。这主要表现在对不良信息的存储上，如失信记录、犯罪记录等。这类不良信息的保存期限往往在相关文件中有明确规定，而相关企业的义务便是在其数据库中及时对这些信息进行更新收集，若有已届保存期限的情形也需及时进行删除，这样才能保证数据库中个人信息的客观性和完整性，防止因过慢传输更新导致个人权益的损害。

完整性包括两层含义：一是个人信息自身的完整性。信息内容本身的完备，需要做到及时地更正信息内容，然后对信息处理的各个环节加以记录，管理记录该过程的每步

---

① 参见深圳市腾讯计算机有限公司：《微信隐私保护指引》，载微信官网，https://weixin.qq.com/cgi-bin/readtemplate? spm = a1zaa.8153814.0.0.67abe7a3ddAz0R&t = weixin_agreement&s = privacy，2022年5月1日访问。

② 美国《公平信用报告法》规定："破产、法院判决、欠税和负债等各种负面信息在个人信用记录中的保存期限大致为7～10年。"

③ 澳大利亚相关法律规定："消费者的失信记录被允许保存5年，一旦消费者清偿了拖欠的贷款。在完全偿还贷款的45日之内，征信机构要将消费者的不良记录彻底清除。此期限后不再公开予以使用，并重新进行评估。"

操作,以保障信息的真实和完整性。二是确保被收集信息的存储系统与存储介质保持完整,并可以一直正常运行。有关报告表明,用户信息的大量泄露主要通过以下5种途径:(1)黑客入侵平台的安全漏洞,窃取用户信息;(2)网站内部员工利用职业便利倒卖用户信息;(3)通过撞库攻击的方式,盗取用户信息;(4)网络钓鱼攻击盗取用户信息;(5)植入木马、病毒盗取用户信息。以上数据丢失与损坏或个人信息数据被非法收集之情形的发生均为计算机系统被入侵导致,并且其发生原因皆在于许多规模小、实力薄弱的企业没有对其内部系统施加防护措施。因此,企业应与国际上有关信息安全的保护措施及时对接,评估自身信息系统中潜在的安全隐患,加强对信息共享过程的监察,确保用户的个人信息在被授权期间可得到有效保管。

企业的审查与保管义务是为了保障个人信息的真实性与完整性。目前,国内尚无相关的系统的审查制度,但参考各地政府的规范性文件,可以找到关于信息审查义务的零星条款,比如,《第三方电子商务交易平台服务规范》①关于保管义务,澳大利亚《隐私法》中的规定:"须为信息档案设立服务条款与保管人,可处理其权限范围内的所有合理事项。"②

保管义务主要指储存介质维护与保密技术更新,在处理个人信息时,须设立"自审者"与"监管者",并确认相应职责。与"保管人"被动的"防御"自身保管的信息不被泄露与利用相比,"收集者"在收集过程中通常不会展现"被动防御"姿态;就国内个人信息处理现状而言,企业为了获取更多利润,往往表现出极强的侵略性,因此明晰个人信息处理人员、部门的职责有利于企业自治。

此外,在信息的保存和传输环节中还会涉及技术问题,大多数企业在提供服务的同时,会收集用户的个人信息。手机与电脑用户在使用各类应用程序时,其个人信息会被企业持续地收集,其中涉及的技术方式十分复杂且样式繁多,如cookie、爬虫技术、移动分析、像素标识和网站信标以及移动设备等。其中移动设备还能够通过蓝牙、WLAN和蜂窝数据进行信息实时交换。许多人认为,通过限制企业获取个人信息的内容就可杜绝隐患,但事实上,在数据交流时利用技术手段收集个人信息的过程具有间接性和隐秘性。比如,企业对信息主体的地理位置信息的收集,就可在未被允许的情况下通过技术定位实现。所以,企业自身也要对其使用的信息收集的技术方式进行评判,即企业必须要采用相对最合理的、最能保护用户个人信息安全的方式来收集信息。

不同的收集方式和技术,其安全性和保密性各不相同,一方面,要保障个人信息的

---

① 商务部《第三方电子商务交易平台服务规范》第6.4条第4项规定:"平台运营者应当承担谨慎合理的信息审查义务,对明显侵权或违法的信息,应依法予以删除,并对站内经营者给予警告"。

② See Australia, Privacy Act, Information Privacy Principles (IPPs), principles4: Storage and Security of personal Information, §90(1988).

安全性足以抵抗外部侵入，另一方面，企业信息传输技术也应确保被收集用户个人信息的准确性和完整性。以 cookie 为例，cookie 是指一些网站存储在用户本地终端、以识别身份和进行 session 追踪的数据（一般为加密），本身为 Web 服务器储存在浏览器中的小型文本数据，上面会记录部分已被用户使用过的个人信息（比如邮箱、姓名、登录密码）。企业在收集用户个人信息时应避免收集这部分存储于终端的数据，而应直接通过软件从用户主体手中获取个人信息，因为黑客可直接入侵使用者的信息终端，故其上若存储较多的用户个人信息，对于用户主体来讲显然是不利的。对于信息主体而言，很难辨别哪种技术方式能够保障自身个人信息的相对安全，故信息领域中的信息处理者，尤其是拥有独立信息技术机构的企业，应根据信息的完整性与安全性，选择最合适的方式进行收集。以国家电网为例，我国在国家标准的基础上，将 79 个系统技术二级要求项增加至 134 个，136 个系统技术三级要求项增加至 184 个，以构成信息系统的安全等级防护要求。[①] 评估企业技术方式应使用当前已被行业内公认的技术标准，对企业采用符合现有技术标准的方式获取的个人信息应给予认可，而由超前技术或非常规方式引发的信息泄露、篡改风险不应由企业承担。

2. 行业自律与自治

哈耶克曾说过，“在安排我们的事务时，应该尽可能多地运用自发的社会力量，而尽可能少地借助于强制，这个基本原则能够作千变万化的应用”[②]。个人信息保护领域的行业自律指的是行业内部采取相应的自律手段来规范其在个人信息处理过程中的各环节的行为，以达到保护用户信息安全的目的。[③] 作为市场治理中的有效手段，行业自律在维护市场经济秩序的正常运转、约束企业主体自觉履行自身义务方面具备独特的调控优势，具体体现在制度弹性高、专业性强和具有“经济性”[④]三个方面。

第一，行业自律的制度弹性较高，即行业自律的自我调节机制具有很强的灵活性。理论上，在市场经济的运行过程中，充分发挥行业自律规范的规制作用，可以更有效率地实现市场秩序的建立。“数智化”时代，IT 产业的发展速度比传统产业要快得多，不管是互联网企业本身的发展，抑或与传统产业的融合发展，都有很强的灵活性，这就要求有一个灵活的管理机制，来应对可能出现的问题。与法律规范相比，自律规则在构建“内生机制”方面具有更大的优势，可以有效地减少政府监管的成本。[⑤] 我国现行的法律法规很难完全覆盖所有环节，而行业自律则可以在一定程度上弥补这一缺陷，并积极地促进信息产业的自律，从而提高其自身的适用性。第二，行业自律具有较高的专业

① 参见王志强：《信息系统安全等级保护研究与实践》，载《信息化建设》2011 年第 8 期。

② [英]哈耶克：《通往奴役之路》，毛明毅、冯兴元译，中国社会科学出版社 1997 年版，第 24 页。

③ 参见张秀兰：《网络隐私权保护研究》，北京图书馆出版社 2006 年版，137 页。

④ 高志明：《个人信息保护中的自律与监管》，载《青岛科技大学学报（社会科学版）》2016 年第 3 期。

⑤ 参见鲁篱：《行业协会经济自治权研究》，法律出版社 2003 年版，第 190 ~ 193 页。

性。要想从根本上解决个人信息保护方面的问题,就必须对计算机技术的深层逻辑进行分析,在这一方面,行业自律组织(行业协会/联盟)可以结合产业特点有针对性地制定行业规范、行业标准或者行业指引。第三,行业自律的优势也体现在"经济性"上。一方面,行业自律具有较高的效率。信息行业的发展速度导致立法在一定程度上具有滞后性,司法审判流程所需时间也较长,与之相反,行业自律具备高度的自主性,在程序设立、技术漏洞修补等方面具有更高效的处理方式。另一方面,行业自律的成本相对较低。行业自律在程序的实施和执行等方面较法律的运行成本更低,有利于减轻国家立法、行政、司法部门的压力。

美国1997年颁布的《全球电子商务框架》指出,鼓励行业自律行为。[①] 针对个人信息的保护,美国多采取"行业自律"和"分散立法"相结合的形式,将私人机构处理个人信息与行业自律相结合,按照不同行业、不同标准,分别制定不同的法律法规,对个人信息实施由内到外的双重保护机制。在保障个人信息安全的前提下,把个人信息处理的决定权转交给企业,以实现企业的利益最大化。

目前,由于我国有关个人信息保护的行业自律规则较少且基本集中在互联网或者金融等领域,行业自律的发展还不够健全。因此,在今后的发展中,应该在个人信息保护领域,提倡行业自我管理,鼓励行业自律。

宏观上,行业的技术标准和伦理自治有助于凝聚社会共识,并且影响伦理体系的形成,同时可作为国家立法趋势和程序要求的重要来源。[②] 第一,在技术保障方面,鼓励有关行业组织积极提升和推广平台隐私保护的技术;第二,在行为规范方面,鼓励行业内部积极探索隐私保护条例新方案,以探索各种不同的保护模式。经专业机构评估后,对比较成功的方式进行推广;第三,在适当的情况下,鼓励行业制定自律规范,建立技术标准,制定技术规范和社会规范。

微观上,在个人信息处理具体环节中,通过行业自律行为落实必要原则。第一,在信息存储的环节中,对于涉及个人信息二次转让的内容,行业内部必须形成需要获得当事人同意的共识。这种制度在某种程度上保护了权利人的信息自决。与此同时,应该及时对当事人同意发布、修改、删除和转让的内容进行登记,以便在发生争议时有证可查。第二,在失效信息的处理上,大部分企业都采用"删除"的方法来处理,但是否完全删除和删除的准确性却无从得知。因此,行业内需明确处理人员在处理之前应向有关部门报告,应以完全删除的方法处理,并且不能利用职务上的便利私自留存。处理时间

---

① 美国《全球电子商务框架》规定:"为了电子商务的发展,其主导应该是私人主体。联邦政府应当鼓励行业自律。网络应当成为竞争的自由贸易区,对于消费者的保护,不是由政府进行监管,而是由那些每天使用网络的人。"

② 参见陈姿含、郭琪:《人工智能法律规制变迁机理与价值导向》,载《人工智能》2020年第4期。

应在法律上规定或与具体情形相符的时期内进行,并对处理内容的准确性承担责任,以防止错误信息的二次使用。第三,在信息处理的过程中,必要原则落实的缺位会导致行业内部发生个人信息泄露的问题,为了解决"追责难"的问题,可以通过签订个人信息保护责任协议的方式,实行"谁利用谁负责"的原则。

(二)行政机关的穿透式监管及其限度

首先,商业行为的逐利性是个人信息处理中企业义务履行减损的重要原因。个人信息处理通过算法技术得以实现,而算法技术是企业竞争力的核心武器,往往具有非公开性的特点。其次,行业自律与自治行为往往是行业内部的自发行为,不具备强制力,这就会导致一系列弊端的产生。因此,需要发挥以政府为主导的"穿透式"监管模式的作用,从实质层面监督企业的行为,与行业自律模式相互补充,以促使商业平台等信息处理者在个人信息处理过程中遵循处理必要原则,但需要依法确定其地位和监管界线,以防过度监管伤害信息产业发展。

1. 行政机关的"穿透式监管"

现阶段推动行政机关实行"穿透式监管"是必要之举。一方面,企业生产经营的本质是对利益的追逐。企业的经营发展、产品的迭代、精准服务的提供,都需要大量的数据支持,对于企业来说,信息数据带来的巨大经济利益对信息使用的激励作用远大于对信息的保护作用,因此很多企业为了谋取经济利益,一次次地打破个人信息保护的底线。另外,"数智化"时代,企业经营的核心竞争力体现在对信息处理技术的掌握能力上,主要以算法技术为代表。出于对智力成果的尊重,以及对市场经济秩序的维护,算法技术公开具有局限性。此外,目前个人信息处理行为的实现,主要是基于合同双方的意思自治,但由于企业与信息主体在市场主体中的差异化和地位不平等性,前者在规模、技术、资源等方面在市场中处于支配地位,从而使信息不对等的状况恶化。

另一方面,行业自律和自治本身存在弊端。行业自律和自治往往由行业内部自发建立,一旦监督和执行部门缺位,就会导致行业自律难以维系,并且行业规范的执行者没有像政府部门一样的强制权力,在没有其他强制力量介入的情况下,行业自律就会成为各大行业成员之间相互提供数据、转移数据的工具,从而助长企业过度收集、使用个人信息的行为。①

从制度实践来看,穿透式监管的核心是"实质大于形式"的监管理念和侵入式的监管逻辑,进而形成"穿透式"的监管手段。② 一开始,"穿透式监管"模式主要是针对网络金融产业。2017 年第五次全国金融工作会议与党的十九大报告反复强调,防范化解金

---

① 参见张继红:《大数据时代个人信息保护行业自律的困境与出路》,载《财经法学》2018 年第 6 期。

② 参见白牧蓉:《穿透式监管的理论探讨与制度检视——私主体权利实现的视角》,载《兰州大学学报(哲学社会科学版)》2020 年第 3 期。

融风险,守住不发生系统性风险的底线是党和国家的重大任务与方针。在这一背景下,《互联网金融风险专项整治工作实施方案》第一次提出"穿透式监管"这一新的政策理念,要求各监管部门根据"实质大于形式"的原则对业务性质进行区分。[①] 2021 年 11 月 16 日国家互联网信息办公室 2021 年第 20 次室务会议审议通过了《互联网信息服务算法推荐管理规定》,这是国内和国际上首部关于算法治理的法规,它开创了一套具有中国特点的"穿透监管"制度。"实质大于形式"的"穿透式监管"模式与"侵入式监管措施",与近年来的"平台监管"有着异曲同工之妙。[②] "穿透式监管"的一个重要特征就是"穿透",即获得真实的信息,并对由于创新造成的管理漏洞进行修正。

"穿透式"监管的具体实施主要体现在以下几个方面:组建技术过硬的监管部门,掌握核心技术的内在逻辑。要想从根本上对企业个人信息的处理行为加以监管,需要相关部门掌握其背后的技术逻辑。目前我国对个人信息处理过度行为的监管主要采取以行为结果发生后对涉事企业进行处罚,并对利益受损主体进行救济的模式,尚未形成一个能够帮助行业实现自我管理的机构。

笔者认为,应该转变监管思路,穿透企业技术的外表,从个人信息处理内部逻辑的运行上规避风险的产生。对行业自律的"穿透式监管",既要包括对其建立和执行过程的监督,也包括为行业规范的制定提供可行性指导意见。如私法自治是民事法律关系的基础,但是在个人信息保护方面,为了保护弱势群体,私法自治应该受到公平原则的限制。企业在制定《隐私保护协议》等相关条款时,应该提前到相关部门备案,经审查后才能使用,以规避企业在制定《隐私保护协议》等合同时的不平等行为。

2. 行政机关"穿透式监管"的限度

行政机关"穿透式监管"的目的应该是促进数字经济的发展以及实现社会公平正义。[③] 一方面,"穿透式监管"的目的不是对互联网企业进行打压,而是为大力发展数字经济助力,为平台发展赋能。另一方面,行政机关"穿透式监管"是一项新兴的监管模式,目前的实践经验较少,容易出现矫枉过正的问题。行政监管部门应该及时划定"穿透式监管"的界线,避免过度监管阻碍行业技术的创新与进步。相关机关应该谨慎行使监管权能,把握限度,防止新风险的产生。

当前正值互联网平台传统监管模式与行政机关"穿透式监管"新模式的交接期。在这一期间,数字经济活力的保持,需要市场主体发挥主导作用,所以行政机关的"穿透

---

① 参见《国务院办公厅关于印发互联网金融风险专项整治工作实施方案的通知(国办发〔2016〕21 号)》,载中华人民共和国中央人民政府官网,http://www.gov.cn/zhengce/content/2016-10/13/content_5118471.htm。

② 参见张凌寒:《平台"穿透式监管"的理据及限度》,载《法律科学(西北政法大学学报)》2022 年第 1 期。

③ 参见郭江兰:《"大数据杀熟"行为反垄断责任的完善》,载《商业研究》2021 年第 4 期。

式监管”应该以常态化技术控制为主要手段。首先,要严格把控“穿透式监管”的“穿透”程度,在企业自主经营与社会经济良性发展之间寻求合理平衡。其次,应该充分考量“穿透式监管”的成本与收益是否成正比,行政监管机关的资源限度及其行政监管机关的信息处理能力。

在某种程度上,行政监管部门必须打破常规的行政程序,以最快的速度执行已经制定的制度,[①]在这一过程中,对平台的监管仍然要遵守程序正义的约束。[②] 首先,在运用“穿透”措施的同时,监管部门应当尽早地完善“穿透式监管”的程序规则。在获取平台企业的相关参数时,要严格遵守行政程序,尽早制定向平台企业调取数据的条件,企业参与规则制定、陈述申辩等程序规则。其次,要及时从法律的角度,明确行政法中的新型监管方式的法律性质、效力和救济方式。当然,监管部门实施“穿透式监管”的行政和执法手段也必须与正当的行政程序相适应。行政谈话和指导等行政行为缺乏法律规范上的约束,缺乏相应的程序规制,而且责任和救济机制也有待完善。所以监管机关应当重视行政指导的内容是否构成了实质意义上的行政命令。

个人信息处理必要原则的落实需要多方主体的参与。从信息处理主体的角度出发,相关企业自身义务的积极履行从根本上防止了因过度处理而导致的危险的发生。行业自律和自治因其独有的市场调控优势,可以在信息处理必要原则的落实中更快捷、更专业、更经济地发挥自身的价值和作用。但企业自身的逐利性必然导致义务履行的瑕疵,行业自律本身的局限性又会导致其不能充分发挥自身优势,因此,在这一过程中需要行政机关进行“穿透式监管”,从根本上监督企业义务的履行和指导行业自律自治的建设。

小　结

《个人信息保护法》必要原则的提出为个人信息保护相关问题的解决提供了法律依据,但是也存在一定的适用问题。原则的制定只能在顶层设计层面为个人信息处理行为提供宏观指引,微观的规制效用需要通过司法解释才能具体发挥。目前的裁判依据主要还是源于相关国家标准和部门规范,效力位阶较低。因此,从规范体系的维度对个人信息处理必要原则展开分析,可以更清晰、更准确地对必要原则加以界定,也有利于个人信息保护领域司法裁判工作的有序开展。

本章从场景化目的匹配规则、最小化处理规则和最短保存期限规则三个维度对必要原则的规则体系展开分析。其一,从利益主体划分的角度将场景化目的匹配规则划

---

① 参见戴昕、张永健:《比例原则还是成本收益分析法学方法的批判性重构》,载《中外法学》2018 年第 6 期。

② 参见孙晋:《数字平台的反垄断监管》,载《中国社会科学》2021 年第 5 期。

分为基于商业利益目的的基本服务目的和扩展服务目的适用规则、基于公共利益目的的适用规则；其二，处理个人信息应当采取对个人权益影响最小的方式。最小化处理规则的三个适用要件包括处理频率最低、收集数量最少、处理后的个人信息识别程度最低；其三，应当明确信息处理者告知保存期限的法定义务，以立法形式细化各行业个人信息保存的最短期限。

必要原则落实的具体化建议主要包括构建企业法律责任和行政机关“穿透式监管”体系两个方面。首先，需要企业自觉履行自身义务。第一，企业履行告知义务应予强制化、规范化和法治化，在收集个人信息之前应履行法定告知义务，使用过程中应履行完整传输义务，使用行为之后履行审查与保管义务，应尽快完善履行上述义务的法律责任体系。第二，需要充分发挥行业自律和自治组织在落实必要原则技术的升级、行为准则的制定等方面的作用，核心是发挥市场“良币驱逐劣币”的作用和行业组织“自我规制”功能。其次，需要发挥以政府为主导的“穿透式监管”模式的作用，“穿透”个人信息处理平台的“技术”及“合同”外衣；行业自律的“穿透式监管”，既包括对其建立和执行过程的监督，也包括为行业规范的制定提供可行性的指导意见，转变被动监管为主动监管。但需要依法确定其地位和监管界线，以防范过度监管阻碍信息产业的发展。

本章对个人信息处理必要原则展开研究，以期达到促进其在个人信息保护中更好地发挥个人人格权益保护以及对多重利益进行平衡的作用，从而推动智慧社会中个人信息保护的法治建设。

第二章　智慧社会中的个人信息处理知情同意机制

我国《个人信息保护法》第 13 条规定，个人信息处理者取得个人的同意后方可处理个人信息；第 14 条规定，基于个人同意处理个人信息的，该同意应当由个人在充分知情的前提下自愿、明确作出。由此正式确立了个人信息处理基于知情同意的合法性机制。在个人信息处理场景中，知情同意是指在信息处理者充分告知，用户具有充分理解能力并可以正确完整地理解告知内容的前提下，进行自主抉择的过程。然而，实践中大部分用户对隐私政策的同意过程与上述知情同意的适用过程完全不相符。生活中无处不在的隐私政策均等待着获取用户的同意，用户陷入深度的同意疲劳中，几乎不清楚自己都“同意”了什么。可以说，实践中用户的同意是在并未完全知情、理解下作出的“特别”同意。信息处理者为了以最低的成本在最大程度上满足法律上的合规要求，将所有需要用户知情的条款捆绑在一个晦涩烦琐的隐私政策中，致使用户知情困难。一方面，隐私政策中繁杂的法律术语为平均教育水平不高的用户设置了极高的理解门槛；另一方面，长达上万字的隐私政策需要消耗用户大量的时间和意志力，这就使得充分理解并且同意这份隐私政策的过程更加具有形式主义的特色而非法律最初想要达到的实质目的。

造成上述现象的原因究竟是什么，用户的不完全知情真的只是因为缺少权利意识吗？还是信息处理者起草的隐私政策本身就不易于阅读？这种不完全知情的同意还具有法律效力吗？以知情同意作为个人信息保护中抵抗隐私侵权风险、守护用户隐私权益的守门员是否还能充分发挥效用？如果不能，作为该套制度核心的知情同意机制是否需要废除或者改进？这一系列问题的背后是信息处理者与用户之间权利义务配置以及个人信息利用利益和个人信息保护利益之间的矛盾。本章旨在对个人信息保护中知情同意机制进行重塑研究，揭示对用户影响和冲击最大的知情同意难题，剖析其背后的催化与加剧成因，从而形成知情同意机制的修正方略与具体进路，使知情同意机制真正发挥保护个人信息的作用。

一、知情同意机制之适用困境

智慧社会时代随着智能设备的全面泛化，保障用户隐私安全的赋权系统备受冲击。① 其中，个人信息处理中的知情同意机制在实践适用中面临着全过程失灵境况。“知情”与“同意”是两个相互衔接且相互影响的保护用户个人隐私权益的环节，不充分、不完整的知情将会导致非自愿且无效的同意，非自愿且无效的同意将会使知情同意机制的效用彻底失灵。在知情环节上，信息处理者机会主义告知行为泛滥，制定可读性极低的隐私政策进行消极意义上的告知，会造成全面、频繁告知但却仍然低效率知情的问题；利用个体用户的“框架效应”“禀赋效应”“现状偏好”等心理弱势因素，设置具有内容虚假性、场景非必要性、索权强制性的告知弹窗，诓骗用户陷入“已知情”的虚假认知迷雾中；无视用户知情需求，在告知义务的履行上绕开信息处理风险、信息储存位置、信息传输情况等用户最为关心的核心内容，选择对次级重要和无关痛痒的内容进行长篇大论和频繁骚扰式的告知，会造成信息处理者告知义务与用户知情权之间的断层。

在同意环节上，用户的有效同意决策输出困难，信息处理者将冗长晦涩的隐私政策设置为默认同意的形式，间接剥夺了用户的同意权利；信息处理者掌握着先天形成的压制用户的天然强势权力，在处理用户个人信息时采用强制性的手段获取用户的同意授权，利用“不同意即退出”的隐性逼迫模式将用户的决策空间压缩为零；现有的个人信息保护同意规则并未考虑信息创新产生的外溢效应正在不断冲击着同意规则所规定的个人信息收集目的、范围和保护效果，随着大数据技术的精进，未来用户将会长时间处于“个人信息再创新”的黑箱之中。

（一）知情困境：信息处理者机会主义告知行为泛滥

在用户知情权实现层面上，法定的告知义务使信息处理者负担着一定的合规成本，同时有效阻止信息处理者进一步追逐信息利用利益。在庞大的用户数据利用价值的驱动下，滋生了信息处理者泛滥的机会主义行为，具体表现包括但不限于以下几方面：制定晦涩冗长的隐私政策增加用户知情负担；设置违规违法的告知弹窗诓骗用户选择；忽视信息安全风险告知规避用户知情需求，在最大程度上满足形式上的告知要求，降低实质上的告知质量。

---

① 参见高奇琦：《智能革命与国家治理现代化初探》，载《中国社会科学》2020 年第 7 期。

1. 隐私政策晦涩冗长增加用户知情负担

以隐私政策为主的告知方式,对用户施加了难以负担的高阅读和理解成本,造成了全面、频繁告知但却仍然低效率知情的问题。信息处理者通过制定可读性极低的隐私政策进行告知属于一种消极意义上的告知,也是一种变相地制造用户知情难题的投机行为。

隐私政策是信息处理者履行告知义务最重要的工具,透过隐私政策,用户可以对信息处理者如何使用、共享、转让、存储、保护个人信息等多种事项进行全面了解,然而,目前绝大部分的隐私政策内容冗长复杂,用户阅读负担沉重。笔者对移动应用商店下载量排名前三的产品的隐私政策字数进行统计发现,《微信隐私保护指引》有 12,039 字,阅读时长为 30.37 分钟;《京东隐私政策》有 13,402 字,阅读时长为 27.25 分钟;《天猫隐私权政策》有 12,329 字,阅读时长为 25.6 分钟,阅读三款产品的隐私政策平均每款需要花费 28 分钟。[①] 极光公司在《2021 年 Q1 移动互联网行业数据研究报告》中提到中国网民人均安装移动应用程序总量达 63 款。根据隐私政策平均阅读时间以及人均移动应用程序安装总量进行推算,不难发现中国互联网用户阅读隐私政策的时间成本人均每年将高达 1800 余分钟,甚至更高。这意味着用户如果想要了解手机上的移动应用程序是如何处理自己的数据和信息,需要付出高昂的时间成本。

不仅国内用户如此,国外用户也同样承担着不菲的时间成本。美国学者阿丽西亚 · 麦克唐纳关于阅读隐私政策成本的研究显示,美国所有的互联网用户如果将浏览过的网站的隐私政策全部阅读完,将会花费 538 亿小时,以经济成本为衡量维度的话大概是 7810 亿元。[②] 冗长的隐私政策为用户的阅读带来了难以接受的时间成本,导致用户通常不会仔细阅读或者直接跳过阅读环节,[③]以达到可以快速进入移动应用程序使用页面的目的。"我已阅读并同意隐私政策"被媒体戏称为世界上最大的骗局。可见,高达万字的隐私政策并没有促成用户全面知情的效果,反而加重了用户的知情负担,作为知情同意最重要表现形式的隐私政策已越来越形同虚设。

隐私政策除字数繁多外,文件中需要用户了解的信息类目也十分杂乱,变相打击了用户对隐私政策进行阅读的积极性;据笔者统计,隐私政策大多分为 8 到 10 个板块,包括名词解释、个人信息收集说明、个人信息使用说明、cookie 和同类技术说明、个人信息共享、转让、公开披露说明、个人信息存储和保护说明、未成年人保护说明等。此外,信

① 三款 App 隐私政策字数统计版本均为截至 2022 年 5 月 8 日的最新版本,阅读时间为算筹引擎计算结果。

② See AM Mcdonald & LF Cranor, *The Cost of Reading Privacy Policies*, Journal of Law and Policy for the Information Society, Vol. 4:3, p. 543(2008).

③ See Nissenbaum, Helen, *Privacy in Context: Technology, Policy, and the Integrity of Social Life*, Stanford University Press, 2009.

息处理者披露的隐私政策中大多会加入如《第三方共享及 SDK 清单》《账号注销协议》《儿童个人信息保护规则》《应用权限清单》《Cookie 政策》《信息共享清单》等多个与隐私相关的文件。如此多的信息类目同时告知用户，不仅导致用户理解消化困难，更会使用户难以抓住隐私政策中需要关注的要点。

同时，隐私政策中存在大量使用法律术语和计算机名词的现象。[①] "文件中专业的法律术语和计算机名词遍布，仅依赖个人的独立判断来决定个人信息中隐私利益的使用，这是一种信息产业的失效。"[②]实践中，信息处理者常常在未进行名词解释的前提下直接告知用户其会使用该技术收集个人信息，如隐私政策中提到的 cookie 技术；信息处理者在告知用户其收集的个人信息种类时使用英文缩写术语更是让用户一头雾水，如隐私政策中提到的 IMEI/MEID/AndroidID/OpenUDID/IMSI/IDFA/IDFV/OAID/ICCID。类目繁多且充斥着专业术语的隐私政策，从法律层面而言是一份详细而严密的声明，但从用户角度来看无疑是一份保障知情权的摆设。这会迫使用户放弃阅读隐私政策，直接同意授权使信息处理者获得处理个人信息的合法性基础，用户的知情权面临着被架空的境况。

2. 告知弹窗违规违法诓骗用户知情选择

信息处理者利用个体用户的"框架效应""禀赋效应""现状偏好"等心理弱势因素，[③]设置具有内容虚假性、场景非必要性、索权强制性的告知弹窗，诓骗用户陷入"已知情"的认知迷雾中，导致用户在作出同意选择时并不具备充分知情的条件。除隐私政策外，移动应用程序页面内的消息弹窗是知情同意机制的另一种实现形式。信息处理者通过在移动应用程序内部设置各种弹窗来实现信息收集和索取权限的目的，以弹窗告知的形式来履行《个人信息保护法》规定的告知义务，并在弹窗上设置"同意"或"不同意"的操作按钮以供用户进行选择，用户点击"同意"按钮后信息处理者即获得了处理个人信息的合法性基础。这条看似严谨且符合法律的行为链条在实践中却存在诸多漏洞，并不能作为信息处理者合法处理用户个人信息充分的法律基础。

首先，多数移动应用程序的消息弹窗存在告知内容虚假的问题。根据《个人信息保护法》的规定，消息弹窗中的内容应当向用户传达收集和处理个人信息的方式、内容、目的等规则，且告知用户的内容应具备真实性。目前，部分信息处理者为实现个人信息的最大化商业利用目的，在弹窗信息不具备真实性的前提下诱导和欺骗用户授予同意。其中最常见的是为了收集用户的精确地址位置信息，谎称收集目的是提供同城推荐服

---

① 参见李美燕、卢卫：《数据时代用户知情同意规则的实践运用》，载《传媒》2018 年第 16 期。

② 郑维炜：《个人信息权的权利属性、法理基础与保护路径》，载《法制与社会发展》2020 年第 6 期。

③ 框架效应是指心理学上对相同问题进行不同表述会产生不同结果的一种认知偏差效应；禀赋效应指的是一种"厌恶损失的心理"，对于同等价值的东西人们失去的痛苦远大于得到的快乐；现状偏好是指人类倾向于维持现有的状况。

务,然而事实上该移动应用程序根本没有同城推荐的功能板块。信息处理者为了进行广告投放和获得用户画像进而获取商业利益,在移动应用程序基础功能的实现并不需要读取用户的精确地理位置的前提下,仍然通过虚构索取权限的方式来获取这一关键信息。用户基于信息处理者告知的虚假信息而作出的同意也就不符合知情同意机制的要求。虚假性的告知弹窗使数字技术原本的消除信息有限障碍的功能①大为消减,甚至又重新筑起信息处理者和用户之间信息障碍的高墙。

其次,即使移动应用程序消息弹窗告知的内容具备充足真实性,这种形式的告知同意留给用户自主选择的空间也非常狭窄,通常用户处于被动同意的状态中。用户在浏览消息弹窗的内容后,如果选择同意则可以继续正常使用移动应用程序,如果选择不同意弹窗申请的权限,多数情况下移动应用程序会自动退出停止服务。看似信息处理者为用户预留了两种选择,用户可以充分表达自由意志,实际上两种选择的背后,用户中唯有授权同意者才能继续使用移动应用程序。

最后,信息处理者的消息弹窗表面上是知情同意机制的实现形式,通过合法途径获得处理个人信息的权限,这使用户会先入性地认为信息处理者的个人信息处理行为具备合理性,但实际上很多信息处理者处理个人信息的行为并不具备合理性。自 2020 年始,工业和信息化部开展了移动应用程序侵害用户权益专项整治行动。仅 2020 年一个年度,在对 52 万款移动应用程序的检测中,工业和信息化部就发现违规处理个人信息的移动应用程序共计 1571 款;2021 年,工业和信息化部累计通报了 13 批次的违规移动应用程序名单,其中抖音、快手等移动应用程序均被点名。被通报的移动应用程序中大多存在超范围收集用户个人信息的通病,即信息处理者在非服务所必须或无合理应用场景的情况下收集用户的个人信息。这种情况下获取用户同意的消息弹窗的意义显然已经置空,对于不具备合理性的处理个人信息的行为即使获得了用户的同意,也不意味着取得了信息处理行为的合法性基础。消息弹窗这一知情同意机制的实现形式变成了信息处理者违规处理个人信息的遮羞布,没有发挥其本应具有的保护用户个人信息权益的作用。

智慧社会中坐拥垄断性资源和处于策略性位置的平台和组织极有可能为服务于特定目标,投放选择性信息或误导性信息。② 互联网平台的信息处理者设置的隐私政策和消息弹窗正在将这一可能性扩大。就保障用户知情权和同意权而言,隐私政策和消息弹窗产生的正面效应已经微乎其微,偏离了设计初衷,成为"知情"与"同意"之间天然的屏障,造成无效的"告知"和无奈的"同意",从用户知情同意权利的"守护者"变成信息处理者的免责"帮凶"。

① 参见江小涓:《数字时代的技术与文化》,载《中国社会科学》2021 年第 8 期。
② 参见王天夫:《数字时代的社会变迁与社会研究》,载《中国社会科学》2021 年第 12 期。

3. 信息安全风险怠于告知规避用户知情需求

信息处理者无视用户知情需求，在告知义务的履行上绕开信息处理风险、信息储存位置、信息传输情况等用户最为关心的核心内容，选择对次级重要和无关痛痒的内容进行长篇大论和频繁骚扰式的告知，造成了信息处理者告知义务与用户知情权之间的断层。我国《个人信息保护法》中对告知义务的主要定位，是在个人信息处理前让信息主体对之后出现的风险及后果有所预判，并据此作出是否参与相关活动的决定，告知义务的设置需在实际信息处理之前方能实现该制度目标。① 然而，纵观移动应用商店中的大部分产品，均存在怠于告知信息利用风险、信息共享详情等关键内容的问题，在对信息处理风险闭口不提的基础上，信息处理者的告知重点可凝结为一句武断性的保证：请相信我们会合法利用您的信息并保障您的信息安全。② 换言之，个人信息处理中信息处理者低估且漠视了用户的知情理解能力，将告知目的从"请用户知情"异化为"请相信我们"。"用户无须知道、不想知道、无法知道自己的信息处理情况，只需告诉用户要相信信息处理者"的告知目的，是目前市面上所有移动应用程序正在践行的共识认知。

信息处理者对用户最为关心的信息处理风险缄口不言。大数据时代，现代化风险的棘手局面跨越了国界，风险由于其不可掌控性，更让消费者几乎难以作出决策。风险善于"搭便车"，常常随呼吸吞咽潜入人体，风险是日常消费的"无票乘客"，它随风而动，逐波而行。③ 在作出对个人利益影响极大的重要决策前，人们最关心的就是风险构成，只有在对风险阈值进行评估和管理后，才会输出有效性决策。长达上万字的隐私政策对信息处理风险三缄其口，通篇都是信息处理者合法合规性保证和宣誓口号的表述。个人信息处理中用户始终处于充满着不确定风险的环境中。④ 如此安排是因为大数据利用过程中毫无风险吗？还是全球所有信息处理者的信息安全保障技术足以应对任何攻击和风险？答案是否定的。大数据利用的核心风险和威胁就是通过数据背后的规模剧增来改变现状，并且这种风险随着数据价值潜力的扩大而扩大，数据价值不断刺激着信息处理者们采集、储存、循环利用数据的逐利野心。但是信息处理者在处理用户的个人信息前却从未告知这些风险，用户对于如此关键的信息也不知情。知情是同意的唯一且必要的前提，用户在知情需求上被忽略的问题是知情同意机制现有问题中亟待解决的。

信息处理者在用户个人信息的提供、共享、存储等情况的告知阶段呈隐匿状态。在个人信息保护法律框架中，信息处理者取得个人同意后方可进行个人信息处理，个人信

---

① 参见万方：《算法告知义务在知情权体系中的适用》，载《政法论坛》2021 年第 6 期。

② 参见郑佳宁：《知情同意原则在信息采集中的适用与规则构建》，载《东方法学》2020 年第 2 期。

③ 参见［德］乌尔里希·贝克：《风险社会》，何博闻译，译林出版社 2004 年版，第 3 页。

④ 参见姚佳：《知情同意原则抑或信赖授权原则——兼论数字时代的信用重建》，载《暨南学报（哲学社会科学版）》2020 年第 2 期。

息的处理包括个人信息的收集、存储、使用、加工、传输、提供、公开、删除等阶段。简言之,至少在前述列举的8个个人信息处理阶段,信息处理者是需要告知用户具体的信息处理规则并征求用户同意的。然而在个人信息处理实践中,用户几乎仅在收集个人信息阶段感知到信息处理者告知义务的履行。除收集个人信息阶段外,用户对个人信息的共享、存储、提供等阶段的具体处理情况可以说是一无所知,信息处理者在信息共享、存储、提供等阶段的告知义务履行处于空白状态,用户对个人信息失控多半是因为信息处理者在前述阶段中的行为缺乏透明度。[①] 对此,信息处理者可能会辩解道,隐私政策中已经涵盖了个人信息共享、存储、提供等阶段规则,履行了《个人信息保护法》要求的告知义务,并且用户也基于此授予了同意,故其并没有忽略知情同意机制的适用。但信息处理者所提供的行为逻辑看似合法合规,实则经不起推敲。

以爱奇艺的隐私政策为例,其隐私文本中虽然单列出"如何共享、转让、公开披露您的个人信息"板块,但实际的内容介绍却十分模糊,用户很难真正知情。如其隐私政策中写道:爱奇艺可能会向广告主提供用户的设备信息、群体标签、用户主动填写并授权给爱奇艺提供给合作商的相关个人信息。[②] 这条个人信息共享规则的描述概括性十足,对于影响用户选择的决定性信息如具体的共享方、共享信息、共享次数等只字未提,只强调了其提供给广告主的个人信息是经过用户授权的。这条信息共享规则的合规性不容置否,但对用户而言却缺乏温度,无法使用户对其个人信息将会被如何共享充分知情,基于不充分的知情用户作出的同意也随之丧失了有效性基础。

在个人信息的存储、提供、销毁等阶段信息处理者告知义务的履行也并不充分。以作为处理方式的存储为例,存储技术自身的原因,个人信息极有可能在存储期间被窃取或泄露,但是因为未告知相应风险,普通用户根本无法预测该处理行为可能引发的风险及其程度。而根据目前我国法律之规定,"用户需要自行对处理行为的风险加以判断或预测,然后做出是否同意的决定。在缺乏对行为风险预见能力的基础上的同意,难以被视为具有法律意义"[③]。此外,在个人信息的提供阶段,信息处理者很少在对外提供用户个人信息前通知用户。知情同意机制在个人信息处理中的核心功能是为了保障用户的本体权益实现,而信息处理者在关键信息和关键阶段的告知缺位将导致用户知情防御手段的效果崩塌。

(二)同意困境:用户的有效同意决策输出困难

智慧时代,在互联网和大数据的裹挟下,用户严重依赖于互联网移动应用程序,在

① 参见李鑫:《大数据时代隐私协议中个人信息的保护进路——以互联网分层为视角》,载《苏州大学学报(哲学社会科学版)》2020年第3期。

② 参见《爱奇艺隐私政策》,载爱奇艺官网2022年12月6日,https://privacy.iqiyi.com/policies。

③ 李立丰:《〈个人信息保护法〉中"知情同意条款"的出罪功能》,载《武汉大学学报(哲学社会科学版)》2022年第1期。

使用移动应用程序提供的服务时，对于信息处理者发起的同意授权申请，用户除了同意之外几乎别无选择。此外，信息处理者还会进一步利用默认勾选的隐私政策剥夺用户决策自由，设置不同意即退出政策销蚀用户决策空间，信息创新同意缺位架空用户决策权利，进一步架空用户“同意”意思表示之下的自愿理性基础，导致用户的有效同意决策输出困难。

1. 默认勾选隐私政策实为剥夺用户决策自由

信息处理者将冗长晦涩的隐私政策设置为默认同意的形式，间接剥夺了用户的决策权利。合规情况下，运营商应在移动应用程序的首次登录和注册页面上设置“我已阅读并同意用户协议和隐私政策”的选择按钮，用户通过手动勾选等肯定性的动作授权表示同意隐私政策中个人信息处理规则等条款。然而实践中，信息处理者出现过代替用户进行同意授权的违规情况，通过“默认勾选”的形式追求“用户阅读并同意隐私政策”这一功能的高效率。同意本是用户决策自由和制约信息处理者私权力的保障，①但是在默认勾选政策中，无论是决策自由还是权利保障均遭到限制。

以默认勾选的形式获取到的同意授权具有瑕疵，一方面，默认勾选意味着用户很难注意到隐私政策的存在而忽略阅读，另一方面，默认勾选获取的同意并不是用户主动作出的肯定性行为，不能认定为用户同意隐私政策中的所有条款，默认勾选侵害了用户的同意权利。2018 年，支付宝的隐私风波即是因为在年度账单底部添加了一行不显著的小字选项“我同意《芝麻信用协议》”，同意选项前的选择框被设置成默认勾选的形式。“一经勾选协议，用户在平台中的行为就要受到平台规则的约束，要服从平台管制”②。随后，支付宝因这一事件被工业和信息化部约谈，工业和信息化部指出支付宝的行为违反了国家标准《信息安全技术 个人信息安全规范》，更违背了支付宝早前签署的《个人信息保护倡议》的承诺，要求其整改用户个人信息处理规则告知不明确不充分等问题，并提出信息处理者应充分尊重和保障用户的知情权和选择权。在支付宝作为互联网头部企业被曝出忽视用户知情同意权的丑闻后，人们不禁联想到行业内其他移动应用程序的隐私合规状况是否也一样令人担忧？

2018 年，南都个人信息保护研究中心以“知情同意”为主题展开了调查，发布了《关于收集个人信息“明示同意”的测评报告与建议》。调查报告显示 100 个参与测试的移动应用程序中，47% 的移动应用程序采取“注册即代表同意隐私政策”的形式，此外有 29 款移动应用程序都采取了默认勾选的形式，今日头条、美团外卖等知名移动应用程序赫然在列。为防止这一违规现象继续扩散，2018 年至 2021 年间，工业和信息化部先

---

① 参见王琳琳：《个人信息处理“同意”行为解析及规则完善》，载《南京社会科学》2022 年第 2 期。

② 刘权：《网络平台的公共性及其实现——以电商平台的法律规制为视角》，载《法学研究》2020 年第 2 期。

后开展了多批次针对移动应用程序侵害用户个人信息权益的专项整治行动,发现并督促整改了大量采取“默认勾选”获取同意的违规移动应用程序。然而由于移动应用程序市场体量庞大且移动应用程序自身具有不断更新发展的特质,默认勾选的违规行为尚未完全杜绝。2021 年的专项检查中仍然有腾讯游戏管家等知名移动应用程序被查出有默认同意这一违规行为。2022 年该现象也继续存在,2022 年 3 月“OTMS 到哪了”在首次运行时未通过弹窗等明显方式提示用户阅读隐私政策等收集使用规则,或以默认选择同意隐私政策等非明示方式征求用户同意,涉嫌隐私政策不合规,被国家计算机病毒应急处理中心通报。由此可见,在智慧社会时代,传统监管中用户个人信息知情同意领域“一管就死一放就乱”的治乱循环现象①已异化并患上了“屡管屡犯,屡改屡犯”的痼疾。

在信息不对称、非法的处理行为可以通过有问题的同意条款而得以合法化的情况下,用户给出同意的合理性就是应当深受质疑的,因为给出同意的重要前提应当是信息对称与信息公平。同理,通过默认同意的方式获取的授权其本身并不具备合理性,继而在合法性和有效性上也无法获得正当化基础。默认勾选是信息处理者与用户在信息不对称与不公平的关系中进一步剥夺用户决策自由的典型范例,是削弱甚至是剥夺用户信息自决权的主要凶手,更是信息处理者对自我管理责任和约束的放纵行为。默认勾选模式应在法律上予以明确制止,否则用户将会丧失主体性地位,在智慧社会系统和技术系统中沦为无关紧要的“附庸”。②

2. 不同意即退出政策销蚀用户决策空间

信息处理者作为移动应用程序智力成果的所有权人,掌握着先天形成的压制用户的天然强势权力,可以在处理用户个人信息时采用强制性的手段获取用户的同意授权,利用“不同意即退出的隐性逼迫模式”从用户处获取处理个人信息的合法性授权,将用户的决策空间压缩为零。《个人信息保护法》中设置处理个人信息时需获得同意授权行为的初衷,在于尊重和强调数智化时代个体选择和决策权利的重要性,防止信息处理者利用天然能力势差侵蚀用户个人隐私权益。但是,实践中信息处理者对于同意机制的扭曲设计和广泛适用看似是符合了合规要求,实际上是利用立法语言的局限性给予用户假定的决策权利,进一步加剧了信息处理者和用户之间能力势差上鸿沟的形成。“不同意即退出”将同意机制形塑成用户的被动防御工具,“这种模式很可能是一种诡计,用来扩大用户有信息自决权的错误信念”③。

---

① 参见孙晋:《数字平台的反垄断监管》,载《中国社会科学》2021 年第 5 期。

② 参见孙伟平:《人工智能与人的“新异化”》,载《中国社会科学》2020 年第 12 期。

③ AM Mcdonald & LF Cranor, *The Cost of Reading Privacy Policies*, Journal of Law and Policy for the Information Society, Vol. 4:3, p. 543(2008).

"不同意即退出"这种失效性的同意机制在产品设计上体现为三方面:其一,在产品初次使用前,用户如果不同意隐私政策、用户协议、个人信息共享协议,那么将不能进入产品内部体验具体功能;其二,在产品使用过程中,如果用户不同意产品即时性、频繁性、无理性的权限申请弹窗,那么将无法使用预期的深度功能;其三,在更新隐私政策时,信息处理者提供给用户的选择通常是"同意"或者"我知道了"的单向性、引导性选择,也意味着如果用户不接受该种选择的引导,那么产品的使用也就到此为止。宾夕法尼亚州立大学法学院教授克拉克·阿萨伊(Clark D. Asay)曾总结出用户同意与隐私政策之间隔阂的维度:"(1)阅读通知,(2)理解通知,(3)有时间做(1)或(2),(4)做出符合其隐私偏好的选择,(5)有能力影响隐私结果,(6)一般关心隐私通知或隐私。"①从上述六种维度评价"不同意即退出"的选择机制,用户根本没有决策空间可以做出符合其隐私偏好的选择,同时根本没有能力影响隐私结果。

观瞻市场上所有移动应用程序在需要获取处理个人信息合法性授权的同意机制设计,均只提供"同意"或"不同意"的二元选择项,一旦用户作出不同意的选择,那么与之相对应的是信息处理者将撤回用户使用其产品的权利或者取消提供产品的核心功能。"不同意即退出"已经成为移动应用程序市场的普遍现象,在万物皆可程序化的今天,这意味着为了获得使用满足基本生活需要类移动应用程序的权利,用户不得不牺牲和让渡自我的选择、判断的能力和权利。此种异化现象滋生着人服务于虚拟物、人服务于互联网、人服务于智能化的主体性危机和风险。然而更加危险的是,互联网巨头的经营者们还将此定义为用户自愿为了便捷性而放弃对个人隐私的保护,②将用户被裹挟、被架空、被逼迫而作出的同意决策解读为自愿,乃是信息处理者之间最大的合谋。"用户即使有心想维护自己的个人隐私,他们也没有足够的能力、方法和路径。"③对于信息处理者侵蚀用户权益并试图通过以用户自愿为利器将不法行为正当化的合谋行为,工业和信息化部2021年发布了《移动互联网应用程序个人信息保护管理暂行规定(征求意见稿)》,禁止"不同意即退出"机制在移动应用程序使用过程中出现。④ 但是对于初次使用和更新隐私政策时"不同意即退出"机制的禁止适用尚无法律规定。"不同意即退出"的同意机制是个人信息处理中最典型的"同意"难题,信息处理者提供的二元对立的选择模式导致用户的同意更具有无奈性、非真实性、不自由性的特征。欧盟GDPR规

---

① Asay C D, *Consumer Information Privacy and the Problem(s) of Third - Party Disclosures*, Social Science Electronic Publishing, Vol. 11:5, p. 358(2013).

② 中国人愿意用隐私换取便捷的观点来自2018年的中国发展高层论坛,百度董事长兼CEO李彦宏的发言,"中国人对隐私问题的态度更开放,也相对来说没那么敏感。如果他们可以用隐私换取便利、安全或者效率,在很多情况下,他们就愿意这么做"。

③ 马长山:《智慧社会背景下的"第四代人权"及其保障》,载《中国法学》2019年第5期。

④ 《移动互联网应用程序个人信息保护管理暂行规定(征求意见稿)》第7条第3款规定。

定同意必须是自由作出的,其通过一系列的规则来辅助判断信息主体的同意是否为其内心真实的表达。① 换言之,如果用户的同意不是自由作出的真实意思表示,那么该意思表示则无存在价值。② "对于个人信息的控制能力,我们不能简单地理解为数据主体在事实层面的实际控制力。"③我们不能局限于信息处理者提供的假定性同意权利行使模式,而应着眼于考察个人信息处理中用户是否真正享有同意的权利以及行权空间范围。

3. 信息创新同意缺位架空用户决策权利

个人信息创新价值是信息处理者追求的最大商业利益之一,也是用户最担忧不已、希望参与决策却毫无路径的环节。不同于传统物质层的固态物品,"液态"的个人信息所体现的商业价值不会随着使用次数的增加而减少,反而会在不断地被创新后愈发增值。然而,在信息创新中无论是信息再利用、信息再重组还是信息再扩展阶段,目前均无有效机制支撑用户进行同意决策。现有的个人信息保护同意规则并未考虑到企业与企业(B2B)之间的信息创新交易,也就无法有效回应信息创新中用户同意路径的问题。

智慧时代,信息处理者收集用户个人信息的目的已经不仅仅局限于基本用途,而是更加关注信息在未来的潜在用途及新生价值。用户的个人信息价值如同南北极海洋中的庞大冰山,在收集之初仅仅显示冰山一角,其隐藏在表面之下的巨量价值则在信息创新中被信息处理者予以挖掘。④ 信息再利用中,信息处理者通过在线的方式就可以收集到海量的个人信息,即使是最平凡的信息经过再分析后也可以挖掘出商业价值;信息再重组中,在信息处理者将已收集的用户个人信息经过深度加工处理和分析输出,并与其他信息处理者进行撞库重组后,处于休眠的个人信息就可以重新释放新的价值;信息再扩展中,信息处理者追求能够最长时间内储存用户的个人信息,以便寻找相同信息集的多种用途从而寻找到"一分钱两分货"的潜在价值,这也是谷歌一直拒绝将互联网协议地址从旧的搜索查询中完全删除的原因。作为大势所趋的信息创新活动利用用户的元数据进行再利用、再分析、再扩展,但是却绕过了用户本身,用户在信息创新活动中并未获得实际利益反而要承担着难以预料的风险。

对于个人信息的创新利用,用户并非毫不关心,而是被信息处理者架空了行权途径。以欧洲为例,超过70%的人表示他们关心在线服务商如何使用他们的数据,同时超

① General Data Protection Regulation §7(2016).

② 参见谢增毅:《劳动者个人信息保护的法律价值、基本原则及立法路径》,载《比较法研究》2021年第3期。

③ 陆青:《个人信息保护中"同意"规则的规范构造》,载《武汉大学学报(哲学社会科学版)》2019年第5期。

④ 参见[英]维克托·迈尔-舍恩伯格、[英]肯尼思·库克耶:《大数据时代:生活、工作与思维的大变革》,盛杨燕、周涛译,浙江人民出版社2013年版,第127页。

过74%的人希望在他们的网上数据被收集或处理时,能够给出他们自己特别的有关同意的意见表达。[①] "个人信息难以甚至没有被信息主体控制,并不意味着个人信息不应当由信息主体进行控制。"[②]实践中,一方面,信息处理者以信息匿名化为合法化根据绕过用户的同意授权,具体表现为在隐私政策中声称会对个人信息进行去标识化或匿名化处理后再进行利用,然而早已有研究证明匿名化和去标识化的数据仍能重新复原并定位用户真实身份。[③] 被再创新利用的用户去标识化个人信息虽然显著区别于隐私政策所保障的"一次利用"的原始信息,但是其演变而来的基础仍是"一次利用"的元数据。另一方面,信息处理者通过在隐私政策中将个人信息处理目的概括化,随着用户点下同意隐私政策与用户协议的按钮,就可以获取用户全过程的授权同意。事实上,用户并不认为自己作出的同意是贯穿产品使用全过程的,用户的真实同意表示是具有时效性和场景限定性的。换言之,点击同意隐私政策并不意味着用户与信息处理者就处理用户全部个人信息事项达成一致合意,如允许信息处理者对用户的个人信息进行毫无保留的二次创新。

信息本身所具有的创生性、涌现性、相互性和共享性特征,[④]导致现有的个人信息保护同意规则并未考虑企业与企业(B2B)之间的信息创新交易,也没有考虑信息创新产生的外溢效应正在不断冲击着同意规则所规定的个人信息收集目的、范围和保护效果。"随着大数据技术的精进,未来用户将会长时间处于'个人信息再创新'的黑箱之中,被加工处理过的个人隐私信息脱离用户的控制,游离在网络危险空间之中,这显然没有满足用户的合理隐私期待。"[⑤]同意规则的权益保障作用受到这种未预期、未获授权的个人信息使用方式的强烈冲击,原本同意规则在授信双方之间建立的信任基础势将会面临崩塌的风险。

二、知情同意机制适用困境之成因

问题重重的知情同意机制该何去何从,无论是废除还是改良均不能轻易论断,需剖析问题背后的成因是短暂性可解的还是根本性无解的。从技术维度来看,数据技术不断迭代加剧了知情同意难题,大数据技术变革知情同意行为客体,向谁告知获取谁的同

---

① See Amaya Noain - Sánchez, *Privacy by default and active informed consent" by layers: Essential measures to protect ICT users' privacy*, Journal of Information, Communication and Ethics in Society, Vol. 14:2, p124 - 138(2003).

② 王成:《个人信息民法保护的模式选择》,载《中国社会科学》2019年第6期。

③ See Rocher L & Hendrickx J M & De Montjoye Y A, *Estimating the success of re-identifications in incomplete datasets using generative models*, Nature communications, Vol. 10:1, p1 - 9(2019).

④ 参见王天恩:《信息及其基本特性的当代开显》,载《中国社会科学》2022年第1期。

⑤ 范海潮、顾理平:《探寻平衡之道:隐私保护中知情同意原则的实践困境与修正》,载《新闻与传播研究》2021年第2期。

意将会成为更棘手的问题;大数据技术变革知情同意确定目的,告知同意的内容也将充斥着不确定性。从法律维度来看,可以发现知情同意机制的法律要求散落于各大法律、条例、规定之中,知情同意机制的碎片化立法现象严重,并且现行法对信息处理者赋予的告知义务不够具体,对同意规则的立法表达较绝对化;相关的国家标准位阶偏低且内容与上位法冲突,以"中国 cookie 隐私第一案"①为代表的司法实践为信息处理者留有较大的自由裁量空间,致使知情同意机制支配下的《个人信息保护法》逐渐偏离"信息自决"的美好初衷,陷入"信息他决"②的境况。

(一)数据技术迭代加剧知情同意困境

2012 年 2 月 12 日,《纽约时报》在一篇专栏文章中发声称大数据时代已经到来,小数据时代一去不复返,由此,2012 年被称为大数据元年。③ 大数据技术以雷霆万钧之速转变了人类社会的生产、生活与发展方式,传统的知情同意模式也受到其强烈冲击。传统的知情同意以稳定的内在关系预设为运作前提,在尊重个体自主性价值的基础上平衡双方主体的利益矛盾。然而在大数据时代,海量的个人信息经过集散处理与辗转相传后,知情同意原本的主体发生了重构,且知情同意携带的确定目的被未知目的取代,从而使传统的知情同意在大数据时代步履维艰。

1. 大数据技术变革知情同意行为客体

在大数据技术的冲击下,知情同意中的行为主体(信息处理者)将会呈隐匿状态,致使无人履行告知义务。一般来讲,大数据技术是通过信息归纳处理来实现数据价值的挖掘,主要步骤包括信息采集、信息处理、信息共享等。与小数据时代相同的是,大数据技术指导下的信息处理行为同样需要经过信息主体的知情同意程序。一套完整的知情同意过程由三个要素组成:行为主体、行为客体和行为目的。"当行为主体(信息处理者)选择的行为可能作用于行为客体(用户)的时候,便需要将行为性质、目的等相关信息告知行为客体,在行为客体同意后,行为主体的行为才会得到道德和法律上的辩护,此时行为客体也被称为知情同意主体。"④在小数据时代,信息处理行为中的行为主体是显性的,医学实验和生命科学常使用的队列研究便是一个典型的例子。然而,在大数据时代,数据在经过收集和处理后被大范围分享和扩散,此种状态下本应履行告知义务的行为主体处于消失或隐匿状态,也导致在信息创新阶段行为主体告知义务的缺位。

同时,在大数据技术的冲击下,知情同意中的行为客体即本章讨论的用户,其本身具有的个人隐私性转为集体隐私性,故无法确定向谁告知。在个体进行大数据分析时,

---

① 参见南京市鼓楼区人民法院民事判决书,(2013)鼓民初字第 3031 号。

② 丁晓强:《个人数据保护中同意规则的"扬"与"抑"——卡 - 梅框架视域下的规则配置研究》,载《法学评论》2020 年第 4 期。

③ 参见龙卫球:《数据新型财产权构建及其体系研究》,载《政法论坛》2017 年第 4 期。

④ 王国豫、黄斌:《论大数据技术对知情同意的挑战》,载《自然辩证法研究》2020 年第 4 期。

与其相关的所有属性都将被数据化，通过数据来完成对单独个体的表达，从而描绘出特定个体的身份形象。例如，大数据可以根据个体的性别、工作、兴趣、生活习惯等标签进行分类。在算法的帮助下，可以对不同类别的个体数据进行挖掘和分析，从而得出与这一类别相关的结论选择。布兰特·米特尔施泰德认为，大数据技术拥有者可以依据人的属性，把人们置于不同的临时群组；通过临时群组，大数据拥有者可以分析群组成员的特征。[①] 在大部分情况下，大数据技术的操作都是针对各种临时群组。布兰特·米特尔施泰德集中讨论了大数据技术的拥有者对群组的道德责任。由于群组不是个体简单地叠加，它与个体有着本质上的区别，群组还具有群体隐私，这种群体隐私不能通过分别保护群组里的成员的隐私而得到保护，它必须以群组作为对象来保护。[②] 然而，这一点并不在基于保护个体权利和个体自主性的传统知情同意模式涵盖的范围之内。大数据技术在分析数据和挖掘数据的同时将个体重新排列组合，创建出一个个类似的隐形群组，继而引发了"群体隐私"问题。在个人信息处理场景中，群体隐私问题同样存在，在对一个具有共同个性化特征的用户群组数据进行分析时，信息处理者必须获得群组的同意。当个人的行为对群组的其他成员、群组有影响的时候，信息处理者需要获取群组中其他成员的知情同意。那么，谁能代表群组做知情同意？在技术上，很难确定具体是哪些人被置于这个临时群组中，那么该如何获取群组中其他个体的知情同意？这都是大数据技术给实现知情同意机制提出的极其困难的问题。

2. 大数据技术改变知情同意确定目的

在小数据时代，知情同意实现的逻辑链条是行为主体将行为目的告知给行为客体并获得其同意，然而在大数据时代，先前确定的行为目的在大数据技术的冲击下变成了未知目的。在大数据技术挖掘数据之间不可预料的关系时，负责处理和挖掘这些数据的企业或个人往往并不需要这些信息，其会通过将数据处理结果转让给第三方来获取价值。换言之，数据收集者在收集数据之初对数据的后续利用目的并不知情，继而也无法告知数据主体明确的数据处理目的。但是即便在这种前提下，很多信息处理者为了能够在合规的情况下获取最大利润，仍然要求用户同意转让数据的使用权，而用户为了能够获取使用的自由和便利，也不得不让渡自己的权利。结果就造成了没有被"告知"目的的不得不"同意"，即数据主体不能被告知数据未来做何种用途，因为这些情况在收集数据的时候都是未知的。[③] 很明显，在某种程度上这是施加给用户的一种霸王条

---

① See Mittelstadt B, *From individual to group privacy in big data analytics*, Philosophy & Technology, Vol. 30:475, p. 475 – 494(2017).

② See Linnet Taylor, Luciano Floridi & Bart van der Sloot, *Group privacy: New challenges of data technologies*, Springer, Vol. 14:131, p. 131 – 136(2017).

③ See Mittelstadt B D & Floridi L, *The ethics of big data: current and foreseeable issues in biomedical contexts*, Governance and Technology Series, vol. 29, p. 312(2016).

款。此外,很多隐私政策声明中提到,对于去除标识的数据进行再利用将不再请求用户的授权同意。然而,已有研究发现通过生成式模型(generative models)能够准确识别匿名化的数据,从而使数据匿名化不足以保护个人隐私、也不能够满足GDPR的数据保护要求。① 也就是说,数据去识别化并不能消除知情同意的需求。

综上所述,大数据技术对于知情同意机制的挑战不仅仅在一般程度上增加了其落地难度,而且对传统知情同意机制的理论结构有着根本性的冲击。一方面,大数据将个体置于许多不同且临时的群组中进行分析和挖掘,群组内的成员构成几乎无法判断,使获得群组成员的知情同意难上加难;另一方面,大数据在不断挖掘数据之间的相关性和将无序的数据转化为有价值的数据,原本确定的信息利用目的被泯灭,无数未知的目的随着大数据技术应用的深入而产生,使数据主体在面临大数据分析时,其自身的自主性被忽略。建构在个体基础上的知情同意模式,如果无法应对大数据技术的变革性冲击,那么未来信息处理者的行为将很难在法律与道德上获取有效辩护。

(二)法律疏漏与司法滞后加剧知情同意困境

我国现行的以知情同意为建构基础的个人信息保护法律体系意在平衡信息主体与信息处理者之间的不对等关系,然而由于法律条文和司法实践仍存在疏漏,信息主体与信息处理者之间的不对等关系仍然处于失衡状态。在复杂的个人信息处理场景中,信息处理者对既有的个人信息保护法律法规中模糊的知情同意规则的理解多种多样,粗糙的法律条文对复杂的个人信息处理情况的指导意义有限。同时以"中国cookie隐私第一案"为代表的司法实践与立法精神割裂,为信息处理者留有较大的自由裁量空间,致使知情同意变成了信息处理者侵犯用户个人信息权益的合法抗辩,知情同意机制遭受侵蚀。

1.法律疏漏导致知情同意缺乏落地细则

知情同意机制粗糙化及碎片化立法。就时序逻辑而言,可以发现知情同意规则散落于各处规范之中,立法呈碎片化。2012年通过的全国人民代表大会常务委员会《关于加强网络信息保护的决定》第2条,2013年修正的《消费者权益保护法》第29条,工业和信息化部2013年通过的《电信和互联网用户个人信息保护规定》第9条,2014年最高人民法院《关于审理利用信息网络侵害人身权益民事纠纷案件适用法律若干问题的规定》第12条,2016年全国人大常委会通过的《网络安全法》第41条和第42条,均提及在收集、使用或利用个人信息时原则上须经个人(用户)同意。2013年的《信息安全技术 公共及商用服务信息系统个人信息保护指南》以及2017年国家标准化管理委员会首次颁布并于2020年更新的《信息安全技术 个人信息安全规范》则对同意规则有着丰

---

① See Rocher L, Hendrickx J M & De Montjoye Y A, *Estimating the success of re-identifications in incomplete datasets using generative models*, Nature communications, Vol. 10:1, p1 - 9(2019).

富细致的表述。2020 年 5 月 28 日颁布的《民法典》第 1035 条规定处理个人信息应征得该自然人或者其监护人同意,2021 年 8 月 20 日颁布的《个人信息保护法》第 14 条首次对知情同意规则进行了最为详细的表述,该条规定基于个人同意处理个人信息的,该同意应当由个人在充分知情的前提下自愿、明确作出。据统计,《个人信息保护法》中共计 27 处提到"同意"这一术语,分别阐述了信息主体享有撤回同意权、重新获取同意的情形、获取单独同意的情形以及处理敏感个人信息的同意要求。此外,另有一部针对知情同意规则的国家标准《信息安全技术 个人信息处理中告知和同意的实施指南》于 2022 年征求意见,于 2023 年正式发布,国内涉及知情同意条款的法律规范参见表 2-1。

表 2-1 国内涉及知情同意条款的法律规范

序号	文件名称	相关条款	具体内容	效力级别	法律状态	生效时间
1	《个人信息保护法》	第 13、14、15、16、17、18、21、22、23、25、27、29、30、31、39、47 条	应当告知的内容、告知要求;应当取得同意、取得单独同意、重新取得同意的情形、撤回同意权等	法律	现行生效	2021.11.1
2	《民法典》	第 1035 条	处理个人信息应征得该自然人或者其监护人同意,但是法律、行政法规另有规定的除外;公开处理信息的规则;明示处理信息的目的、方式和范围	法律	现行生效	2021.1.1
3	《信息安全技术 个人信息处理中告知和同意的实施指南》	全文	从如何告知、如何获得同意以及如何适用不同场景三方面提出具体要求	推荐性国家标准	现行生效	2023.12.1
4	《App 违法违规收集使用个人信息行为认定方法》	第 1、2、3、4、5 条	未公开收集使用规则,未明示收集使用个人信息的目的、方式和范围,未经用户同意收集使用个人信息的情形,未经同意向他人提供个人信息等	政策文件	现行生效	2019.11.28

续表

序号	文件名称	相关条款	具体内容	效力级别	法律状态	生效时间
5	《儿童个人信息网络保护规定》	第9、10、21、23条	告知内容、信息泄露时告知要求、停止服务时告知要求等	部门规章	现行生效	2019.10.1
6	《App违法违规收集使用个人信息自评估指南》	评估项1、2、5、6、7	隐私政策合规性要求、明示告知要求、自主同意与一揽子同意审查办法等	政策文件	现行生效	2019.3
7	《信息安全技术 个人信息安全规范》	3.6、3.7、5.4、5.6、8.4、附录C	明示同意与授权同意概念,收集个人信息时的授权同意要求,征得授权同意的例外;个人信息主体撤回授权同意要求;实现个人信息主体自主意愿的办法	推荐性国家标准	现行生效	2020.10.1
8	《网络安全法》	第22、41、42条	网络运营者收集、使用个人信息,应当遵循合法、正当、必要的原则,公开收集、使用规则,明示收集、使用信息的目的、方式和范围,并经被收集者同意	法律	现行生效	2017.6.1
9	《移动互联网应用程序信息服务管理规定》	第12条	应用程序提供者不得以任何理由强制要求用户同意个人信息处理行为,不得因用户不同意提供非必要个人信息,而拒绝用户使用其基本功能服务	部门规章	现行生效	2022.8.1
10	《消费者权益保护法》	第29条	经营者收集、使用消费者个人信息,应当遵循合法、正当、必要的原则,明示收集、使用信息的目的、方式和范围,并经消费者同意	法律	现行生效	2014.3.15

续表

序号	文件名称	相关条款	具体内容	效力级别	法律状态	生效时间
11	《电信和互联网用户个人信息保护规定》	第9条	未经用户同意,不得收集、使用用户个人信息,收集、使用个人信息的应当明确告知用户收集、使用信息的目的、方式和范围,查询、更正信息的渠道以及拒绝提供信息的后果等事项	部门规章	现行生效	2013.9.1
12	《全国人民代表大会常务委员会关于加强网络信息保护的决定》	第2条	收集、使用公民个人电子信息,应当遵循合法、正当、必要的原则,明示收集、使用信息的目的、方式和范围,并经被收集者同意	法律	现行生效	2012.12.18

表2-1是我国现行法中知情同意规则的分布现状,可以发现涵盖或涉及移动应用程序相关的知情同意规则散落于各大规范之中,立法碎片化现象明显;同时每部规范对知情同意规则的描述并未深入。

此外,各个规范中关于知情同意的条文规定也较粗糙,将诸多法律规范中的知情同意规则条款拼接起来后,知情同意的落地规则也仍然存在漏洞。《个人信息保护法》主要对适用知情同意规则的情形进行了规范表述,然而对于知情同意的形式要求和实质要求却并没有给予详细的描述,导致部分信息处理者貌似遵循知情同意机制,但实际上侵犯用户个人信息权益的现象较多,形成"有令不行,有禁不止"的局面。

在告知规则方面,现行法对信息处理者赋予的告知义务规定较笼统。第一,现行法对于告知的形式要求仅以显著方式、清晰易懂的语言为要求,给予了信息处理者过度的操作空间,忽略了简洁精炼、逐一传达、适时充分等核心要求,导致告知文件淹没了用户最关心的决定性内容;第二,就告知形式而言,现行法并未对书面告知和口头告知进行区分,也未提倡口头告知形式,导致实践中信息处理者均采取隐私政策、用户协议等消耗大量经济成本的告知方式,这不仅对信息处理者苛以过高的经济负担,也使用户的信息知情权难以有效行使;第三,就告知内容而言,现行法并未规定在直接收集信息与间接收集信息的不同阶段的告知内容需要有所不同,同时现行法也并未区分必要的基本告知和增强式的进阶告知,这也是导致用户"知情"难题产生的主要原因。万方教授曾言,“告知”已逐渐成为信息处理者的一种公法上的义务,[1]现行法中对于告知规则的寥寥几句描述导致信息处理者在履行告知义务上呈现消极性与懈怠性,因此亟须对信息处理者需要履行的告知义务规则进行专门性的立法表达,以提供明确的实践指引。

在同意规则方面,《个人信息保护法》对同意规则的立法表达过于绝对化。理论上,同意可以分为明示(expressly)同意和默示(implied)同意两种形式。我国《个人信息保护法》规定,基于个人同意处理个人信息的,该同意应当由个人在充分知情的前提下自愿、明确作出。换言之,在我国个人信息保护法律体系中,同意必须是明示的,默示或者不作为均不构成同意。[2] 所谓明示同意是指用户以言语、文字等积极作为的方式作出对信息处理者实施的个人信息处理行为的同意。同时,现行法规定信息处理者负有举证证明已取得用户同意的义务,故而信息处理者多采用纸质或者电子方式获取同意,常见的形式包括同意隐私政策和用户协议。这便导致信息处理者为了以最低成本满足法律合规要求而将所有需要获得用户明示同意的信息处理行为不做分类、不进行分层,通过数万字的隐私政策来获得合法授权。《个人信息保护法》提出“单独同意”这一创设性概念,要求在处理敏感个人信息等五类情形下要取得用户的单独同意,这一创举可以解决一揽子同意的问题,将需要单独同意的个人信息和不需要单独同意的个人信息分开保护。由此观之,我国现行法对于同意的要求已形成从一般的明示同意到单独同意再到书面同意以及单独的书面同意这一严格程度递增的格局。但这一格局将默示同意隔离在合法范围之外,导致明示同意绝对化适用,这一制度安排显然过于苛刻,并未考量一般数据利用会给社会带来不可估量的价值,影响信息的“集合效应与规模化效应”[3]。

知情同意专门性立法尚付阙如,导致信息处理者缺乏落地指导细则。马克思曾言:“社会不是以法律为基础的,那是法学家的幻想,相反地,法律应该以社会为基础。”[4]传统的以调整对象和调整方法为划分标准的部门法学分类在解决大数据时代的新兴问题上力有不足。面对不断迭代更新的大数据时代个人信息保护问题,以问题和领域为基本定位的“领域法学”为互联网领域的法学研究提供了科学指导。因此,针对个人信息处理场景中的知情同意难题进行专门性立法以提供法律指导的方法也并不突兀。此外,即使《个人信息保护法》已经颁布,但知情同意机制在落地过程中仍然存在许多实践问题法律均尚未给出回应,以解决知情同意两难境况为问题导向进行专门性立法符合社会发展需求。

---

① 参见万方:《个人信息处理中的“同意”与“同意撤回”》,载《中国法学》2021 年第 1 期。

② 《App 违法违规收集使用个人信息行为认定方法》第 3 条第 4 款。

③ 丁晓冬:《个人信息保护:原理与实践》,法律出版社 2021 年版,第 79 页。

④ [德]马克思、恩格斯:《马克思恩格斯全集(第六卷)》,人民出版社 1961 年版,第 291 ~292 页。

与知情同意机制相关的国家标准位阶偏低且内容与上位法冲突。目前,推荐性国家标准《信息安全技术 个人信息安全规范》中对知情同意机制从如何告知、如何获得同意以及如何适用不同场景三方面提出具体要求,其内容无论是横向还是纵向均较完备,是广大信息处理者保护用户个人信息主要依据的法律范本。但是由于该规范本身是2020年完成修订,晚于《个人信息保护法》颁布时间,其内容存在与《个人信息保护法》相冲突之处,亟须完善。第一,《个人信息保护法》中没有承认默示同意的合法地位,《App违法违规收集使用个人信息行为认定方法》第3条第4款也明确将以默认选择同意隐私政策等非明示方式征求用户同意的行为,认定为"未经用户同意收集使用个人信息"。然而,《信息安全技术 个人信息安全规范》规定同意类型包括消极的不作为授权,如信息采集区域内的个人信息主体在被告知信息收集行为后没有离开该区域,这一规定与《个人信息保护法》的相关规定互为矛盾。虽然现实生活中信息处理者会根据法律位阶直接依照《个人信息保护法》的法律要求进行业务落地,但是《信息安全技术 个人信息安全规范》在实践中相当于信息处理者进行用户个人信息保护的业务手册,对信息处理者具有十分重要的指导性作用。因此,以《个人信息保护法》为指导重新修订《信息安全技术 个人信息安全规范》十分必要。第二,《信息安全技术 个人信息安全规范》目前属于推荐性国家标准,其不属于法律法规,仅有行政方面的管理职能,虽然《中华人民共和国标准化法》(以下简称《标准化法》)赋予了其一定的法律效力,但其约束力仍十分有限。自2020年起,工业和信息化部开展移动应用程序侵害用户权益的整治活动,连续两年整治了上万个违法违规处理用户个人信息的信息处理者,其中不乏腾讯、抖音等互联网巨头;而且在整治活动中工业和信息化部发现部分整改过的移动应用程序在检查结束后存在"死灰复燃"的情况,继而再次组织了"回头看"行动。由此可见,推荐性国家标准《信息安全技术 个人信息安全规范》在实践中由于其法律位阶较低,并未被多数信息处理者严格遵循。

2. 司法实践与立法精神不一致导致知情同意严格程度模糊

知情同意是个人信息保护中保障自然人的信息自决和信息自主的一道关键闸门,然而在司法实践中,知情同意并未完全发挥维护个体人格尊严和自由的作用。在某种程度上知情同意变成了信息处理者侵犯用户个人信息权益的合法抗辩,知情同意机制遭受侵蚀。笔者以引发学界重点关注的"中国cookie隐私第一案"为例,以窥知情同意机制的司法实践现状。原告朱某起诉北京百度网讯科技公司(以下简称百度)侵犯其隐私权的案件被称为"中国cookie隐私第一案",该案于2015年5月6日由南京市中级人民法院作出终审判决,驳回了原告朱某要求的判令百度立即停止侵害,赔偿精神损害抚慰金10,000元,承担公证费1000元的诉讼请求,法院认为百度并未侵犯原告的隐私权。

据原告朱某所述,经过观察,他发现在百度浏览器中输入的检索关键词,随后会在他浏览相关网站的时候以广告的形式出现。例如,朱某在百度浏览器中检索“减肥”“人工流产”“隆胸”等关键词后,再进入相关网站时就会出现减肥、人工流产和隆胸的广告。因此,朱某认为百度在未经过他本人的知情和同意授权下,擅自利用大数据技术收录、跟踪、分析自己的检索关键词,并将自己的兴趣爱好、生活需求等隐私信息暴露在相关网站上,进一步利用数据分析投放相关的商业广告,严重侵害了其本人的隐私权。原告朱某因百度的这一行为备受精神折磨,时常感到恐惧,生活和工作受到了极大影响。

针对百度是否保障了原告的知情权与同意权,一审法院和二审法院在事实层面达成了一致,但在法律的具体适用和最终结论上产生了重大分歧。事实层面,百度确实在浏览器首页提供了《使用百度前必读》的阅读链接,链接中涵盖“隐私权保护声明”,阅读该声明可以了解百度的cookie政策,即收集、使用cookie的目的以及收集的个人信息类型。在此基础上,还为用户提供了停止使用的关闭按钮。

对于百度的这一行为能否被认定为保障了用户的知情权与同意权,一审法院与二审法院作出了截然不同的法律判断。一审法院认为,百度通过“默示同意”的方式获得用户的同意授权,并未充分保障用户的知情权,尊重用户的决策权。而且,《使用百度前必读》位于网页下方最不起眼的位置,字体较小的同时还被相关标识包围,很难获得用户的显然注意,并未发挥预期的提醒和说明作用。判决书中阐述:由于百度在网站中默认的是网民同意百度使用cookie技术收集并利用网民的上网信息,网民可能根本就不知道自己的私人信息会被搜集和利用,更无从对此表示同意,这就要求百度在默认“选择同意”时要承担更多、更严格的说明和提醒义务,以便网民对百度的行为有充分的了解,进而作出理性选择。

与一审法院相反,二审法院认为百度的行为已经尽到了告知义务并且保障了用户的同意权利。二审法院引用国家推荐性标准《信息安全技术 公共及商用服务信息系统个人信息保护指南》(GB/Z 28828—2012)证明了百度采用的默示同意的合理性,认为除收集和处理个人敏感信息外,对于一般的个人信息可以采用默示同意的模式,并且该案中原告控诉百度未经同意收集的个人信息属于碎片化网络信息,并不能认定为个人信息,因此也不适用明示同意原则。

二审判决将一桩隐私侵权案逆转为不侵权案件,针对同一事实,两级法院作出互相对立的法律判断,两份判决书见证了利益天平两端的起落,一审法院从实质层面审视了个体用户知情权和同意权的实现,二审法院则是依据当时的网络环境作出了保守的判断。随着我国个人信息保护立法进程的推进,如果该案在《个人信息保护法》颁布后审理,恐怕会有不同的结果。

此外,我国《个人信息保护法》颁布后,可以明确的是无论是收集还是处理用户个人信息均需获得用户同意,并且以明示同意为主。监管部门严查适用默示同意的违规行为,有学者将此称为知情同意机制的绝对化适用。与立法上严格适用明示同意风格不同的是，司法实践中通过法律解释的方式践行了宽松的同意模式。[①] 如在"中国 cookie 隐私第一案"[②]中，法院援引《信息安全技术 公共及商用服务信息系统个人信息保护指南》论证默示同意也可以实现告知同意的目的和效用。再如，在"微信读书案"［黄某诉腾讯科技（深圳）有限公司、腾讯科技（北京）有限公司、深圳市腾讯计算机系统有限公司隐私权、个人信息权益网络侵权责任纠纷案］中，北京互联网法院虽然认为对手机通讯录中联系人姓名和手机号码这类个人信息的处理需要获取通讯录用户和联系人的双边同意，但随后又抛出双边同意难以实现的理由。认为如果任何场景下都不区分地适用严格的双边同意，将会导致该场景下的利益失衡，如果在特定场景中信息处理行为属于合理使用，并且未对信息主体造成不合理侵害，这种情况下部分个人信息处理行为可以不必征得信息主体的同意授权。[③]

上述司法案例中，"中国 cookie 隐私第一案"打开了默示同意的合法窗口，"微信读书案"创设了"在具体场景中如果信息处理行为具有合理性且没有造成不合理损害的情况下可以不必征得用户的同意"的全新同意标准，即场景风险理论。立法的"严格"与司法的"宽松"，将会导致信息处理者在实施知情同意机制的时候左右为难。严格的现行法可以回应个人信息保护中用户的隐私需求，宽松的司法可以平衡现行法对个人信息过度保护带来的负面影响。信息处理者对剩余价值的追求会刺激其滥用个人信息来剥削用户，二者之间是合作性和背叛性共存的关系，[④]因此在实践中需要明确知情同意适用的严格程度及具体落地标准。

三、知情同意机制之规范重整与机制重建

在智慧社会以及大数据浪潮的冲击下，曾经在个人信息保护体系中占据重要地位的知情同意机制如今问题重重，不复从前面貌。在前智慧时代，曾经充分的用户知情现在只剩空壳，早前有效且主动的同意如今变成了被迫的权利让渡，信息处理者和用户主体均陷入同意负累之中，知情同意机制难以为继，亟须进行规范重整与机制重建。在规范重整层面，秉承政府强监管模式，应当以全过程规制为原则进行规范重整，夯实知情同意法律价值底线之基，否定知情同意废除论正当性、强调知情同意坚守的法律价值；提升知情同意规范法律效力位阶，制定具有法律强制力保障的高位阶规范打击信息处理者的机会主义行为；完善知情同意法律规范体系，细化全过程的告知规则以保障告知的充分性，修正全过程的同意规则以保障同意的有效性。在机制重建层面，应当以用户

---

① 参见常宇豪：《论信息主体同意权的绝对化困境与相对性重构——兼论〈个人信息保护法（草案）〉（二审稿）同意制度的完善》，载《江西财经大学学报》2021 年第 5 期。

② 参见江苏省南京市中级人民法院民事判决书，(2014)宁民终字第 5028 号。

③ 参见北京互联网法院民事判决书，(2019)京 0491 民初 16142 号。

④ 参见吴伟光：《平台组织内网络企业对个人信息保护的信义义务》，载《中国法学》2021 年第 6 期。

为中心进行机制重建，解构隐私政策进行分层式告知，以短篇隐私政策分层式告知取代现长篇隐私政策的一揽子知情同意；构建分类场景下的动态化同意，以数据全生命周期为依据进行场景分类，以个人信息分级为依据，灵活适用“选择退出同意 + 选择进入同意”，构建动态化同意机制；以用户需求为中心，通过 P3P 技术辅助用户进行自动化决策，卸下用户阅读和理解信息处理规则的重担。

（一）以全过程规制为原则的规范重整

知情同意的规范重整需要以全过程规制为原则，全过程规制，一方面，是指知情同意的全环节规制，在每一个重要的实施节点都要有对应的法律规范指导；另一方面，是指规制规范的搭建要确保全面化，无论是告知的内容、频次、时间还是同意的程序、有效性认定等其他内容，都要输出对应的命令、允许或禁止规范。知情同意机制是大数据时代保护用户人格尊严和人格自由价值的关键防线，一旦轻言放弃将会引发一定的风险，各类个人信息侵权案件将会层出不穷。为此，从“价值 - 规则”的双层理论结构出发，秉承政府强监管模式，确定知情同意机制保护用户人格尊严和人格自由的价值基点，提升知情同意规范法律效力位阶；完善知情同意法律规范体系，使个人信息保护体系中的知情同意机制继续发挥隐私“护卫”的效用。

1. 知情同意正当性基础应予坚守

目前知情同意机制确实存在短暂性实践问题，但不足以对之进行定论，直言知情同意机制的无用性，而是有必要对提倡废除知情同意机制之言论审慎对待，揭示我国《个人信息保护法》之所以确立知情同意机制不可撼动的基础性地位背后的法理思考，于知情同意机制质疑论中去其糟粕，取其精华，继续探寻知情同意机制难题的破局之路。

部分学者对知情同意机制的批判，主要是认为该原则与大数据时代的发展需求不甚匹配，两者存在矛盾。在其看来，知情同意机制是为了防范个人信息权益被侵害的风险，然而这种风险在一定程度上是属于“不确定的恐惧”，比起个人信息处理带来不确定的损害，其产生的福祉成色更足。① 再者，知情同意机制目前存在过于绝对化之藩篱，在某些场景下，已经存在处理个人信息时不必经过个人同意的例外规定，在各国的个人信息保护法中这种例外规定普遍存在且逐渐增多，知情同意机制在这种趋势下进一步被蚕食。甚至有学者认为，同意不是个人信息处理的正当性基础。另有学者指出，知情同意机制受大数据的影响已经进入穷巷。② 还有学者认为，“大数据时代假定的理性人其实并不具备自主支配、自主决断、自己责任的能力，将自决定义为个人信息保护的基础是理念错误”③。结合上述学者对知情同意机制的批判以及当下技术与法治环

---

① 参见任龙龙：《论同意不是个人信息处理的正当性基础》，载《政治与法律》2016 年第 1 期。

② 参见范为：《大数据时代个人信息保护的路径重构》，载《环球法律评论》2016 年第 5 期。

③ 吴泓：《信赖理念下的个人信息使用与保护》，载《华东政法大学学报》2018 年第 1 期。

境的发展,我们必须承认的是知情同意机制发挥的效用确实是存在一定的局限性,但是其作为用户隐私保护所仰赖的核心人权保护制度,不能一味地进行否定,而是应在当下社会条件语境下对其进行新的阐释。

笔者认为,成本效益的经济考量不能完全优位于权利保护原则。前述学者对知情同意机制的种种质疑,归根到底是在利益博弈中进行的有代表性的偏向性的选择。个人信息处理中知情同意机制背后守护的无非就是两种利益:个人信息利用利益(公益)和个人信息保护利益(私益)。对于两种相互冲突的利益,在立法时如何进行取舍?张新宝教授认为:"利益博弈中零和游戏的结局是'你死我活',而立法上的利益衡量要达到的目的是'多赢'和'共和'。"①也就是说,在对个人隐私权益进行保护的同时不宜过度限制个人信息的利用,二者需要在天平的两端互相掣肘与平衡。个人信息保护的对象是个人在各种社会关系中身份建构的自主性和完整性,②而知情同意机制作为个人信息保护环节的"闸门"显然不能被废除。一旦被废除就相当于完全将个人信息利用价值优先于个人信息保护价值,将商业经济利益前置于个体的人格尊严和自由价值之上,将会造成隐私侵权案件增加。

而且,即使存在价值优位,知情同意机制所守护的人格尊严与自由价值应优先于个人信息利用所代表的经济与效率价值。庞德认为,法律的功能在于调节、调和与调解各种错杂和冲突的利益,以便使各种利益中大部分或我们文化中最重要的利益得到满足,而使其他的利益达到最少的牺牲。③ 也就是说,在进行利益平衡的同时,其实还是存在一个价值优位的问题,就是当两种利益同时存在时谁是第一顺位的价值。在法的价值衡量中,知情同意机制守护的是个人信息保护中的公正价值,个人信息利用代表的是效率价值,正常情况下公正的价值位阶显然是高于效率价值的。④ 从德国关于基本权利的教义学角度出发,人的尊严是法秩序的最高原则。⑤ 当今许多国家的法律制度,普遍以"人的尊严"为最高的伦理总纲。⑥ 此外,从制度经济学的角度出发,一项法律制度对相关主体的权益保障产生的利益如果大于其给社会带来的效益,那么这项制度即有存在的价值。知情同意机制的实施客观上确实为信息处理者带来一定的经济负担,在一定程度上减损了大数据利用产生的社会效益。但是任何一种法律制度的实施都难免会产生成本,况且知情同意机制适用带来的效益与价值是远远超出其产生的负担与成本

---

① 张新宝:《从隐私到个人信息:利益再衡量的理论与制度安排》,载《中国法学》2015 年第 3 期。

② 参见陆青:《数字时代的身份构建及其法律保障:以个人信息保护为中心的思考》,载《法学研究》2021 年第 43 期。

③ 参见[美]罗斯科·庞德:《通过法律的社会控制》,沈宗灵译,商务印书馆 2011 年版,第 41 页。

④ 参见张才琴、齐爱民、李仪:《大数据时代个人信息开发利用法律制度研究》,法律出版社 2015 年版,第 36 页。

⑤ 参见张翔:《基本权利的体系思维》,载《清华法学》2012 年第 4 期。

⑥ 参见胡玉鸿:《个人独特性与法律普遍性之调适》,载《法学研究》2010 年第 6 期。

的。同时,个人信息保护内容是以人格利益为主的,最终需要彰显到个体上,①而知情同意机制蕴含着对个体信息自决权的尊重,是个体实现信息自由的重要路径,②这决定了知情同意机制在个人信息保护框架中的不可替代性。如果对个体的人格尊严和自由价值弃之不顾,不经个体同意就处理个人信息,将会引发社会成员的寒蝉效应。正如以牺牲环境为代价而发展经济,其对个人带来的恶劣影响是持续且深远的,③社会也将因此付出难以估量的代价。

笔者认为,仅因知情同意机制呈现出短暂性难题而言称废除,是由于学者们对知情同意机制的效果产生了错误期待。在个人信息保护中多方利益相互冲突,继而也就决定了个人信息保护的图景必然是复杂的,④知情同意机制仅是其中一环,其无法也无力承载个人信息保护的全部内容,知情同意机制目前显现的暂时性难题仅是其在大数据挑战面前产生水土不服的应激性反应。采取直接埋葬知情同意机制的解决方案未免本末倒置,大数据面前知情同意机制的难题与挑战确实存在,但知情同意机制仍然在个人信息保护框架中具有不可替代的作用,“信息主体仍然是对其自身信息的最佳判断者”⑤。在个人信息处理的全生命周期中,应当坚持强调个体权益保护的重要程度,否则随着大数据技术的发展,人的自我尊严、自我人格将会被迫客体化、符号化,未来将会是一个数据驯化人类、人类沦为工具的社会。

2. 知情同意坚守的法律价值应予巩固

首先,知情同意机制是对人格独立性和自主性的尊重,人格尊严和人格利益首先是道德要求的集中体现,道德要求想要有意义地践行便要转化为法律权利的存在形式,没有国家强制力的保障,权利的存在便没有意义。因此,知情同意机制需要制度化,需要在法律权利与法定义务的关系中实现。由此,才能守护个体人格尊严和人格利益的独立性和完整性,才能使人格尊严和人格利益处于个体的完整支配之下。

其次,知情同意机制是保障信息相对自决的前提。知情同意规制是个人信息保护法律框架中其他原则派生或决定的基础,⑥其赋予信息主体守护个人信息权益,对抗信

---

① 参见徐丽枝:《个人信息处理中同意原则适用的困境与破解思路》,载《图书情报知识》2017 年第 1 期。

② 参见叶名怡:《论个人信息权的基本范畴》,载《清华法学》2018 年第5 期。

③ 参见[美]罗纳德·德沃金:《认真对待权利》,信春鹰、吴玉章译,中国大百科全书出版社 1998 年版,第 262 页。

④ 参见高志宏:《个人信息保护的公共利益考量——以应对突发公共卫生事件为视角》,载《东方法学》2022 年第 3 期。

⑤ 丁晓东:《什么是数据权利?——从欧洲〈一般数据保护条例〉看数据隐私的保护》,载《华东政法大学学报》2018 年第 4 期。

⑥ 参见齐爱民:《拯救信息社会中的人格——个人信息保护法总论》,北京大学出版社 2009 年版,第 261 页。

息处理者的权利。大数据时代,信息主体在信息处理者面前的话语权弱势进一步加深,在不对等的关系中,知情同意机制是个体对抗信息处理者强大意志最有效的手段。[①]试想,在信息处理者收集个人信息时,如果信息主体对后续的信息处理情况如信息是否完整、是否符合真实面貌不具有知情权和控制权,在侵权行为发生时又如何能够保障自己的人格利益和财产利益?如果信息主体连最基本的知情同意都无法做到,那么个人信息自决权的保障只能是一纸空文。

最后,知情同意机制作为事前防范机制具有不可替代性,“在个人信息保护框架中相当于意思自治原则在民法中的地位”[②]。在信息主体与信息处理者的博弈关系中,倘若没有赋予信息主体知情同意的权利,仅依赖事后救济的方式恐不足以制约信息处理者,并且其优势地位将会愈发扩大,个人信息安全的保障空间会进一步被挤压而直至接近于零。此外,知情同意机制为信息主体提起民事诉讼提供了请求权基础。信息处理者可以在侵权行为发生时行使自己的权利以制止侵权带来的损害。对知情同意机制在大数据面前遭遇困窘的反思,如果逻辑是遇到困难就放弃,颠覆基石性的自主价值可能引发价值滑坡的危机。审慎思考后不难发现,知情同意机制仍可通过改良与修正而保持生命力,自主始终是个人信息保护的中心价值。

3. 提升知情同意规范法律效力位阶

笔者认为,制定具有法律强制力保障的高位阶规范对打击信息处理者的机会主义行为具有强大的规制作用。个人信息保护中,由于个人信息蕴藏着不可估量的经济价值,并且信息处理者在技术、资源和话语等维度都具有相对于用户而言的巨大势能,因而形成一种事实上的平台权力。[③] 在这种能力势差的前提下,信息处理者的逐利性会力图使个人信息的商业价值性得到最大程度展现,[④]其会选择不告知且不经用户同意违法收集和利用用户个人信息。因此,作为个人信息保护闸门的知情同意制度,需要从简单的原则声明转化成详细的成文规则制度,对信息处理者在个人信息全生命周期中可能出现的机会主义行为进行围追堵截,截断信息处理者利用法律空白进行违法谋利行为。同时,作为规制工具的知情同意规范应当具有法律强制力。马克思曾经在《资本论》中提到,如果有百分之二十的利润,资本就会蠢蠢欲动;如果有百分之五十的利润,资本就会冒险;如果有百分之一百的利润,资本就敢于冒绞首的危险;如果有百分之三百的利润,资本就敢于践踏人间一切法律。[⑤] 可想而知,如果知情同意规范的法律位阶

---

① 参见徐丽枝:《个人信息处理中同意原则适用的困境与破解思路》,载《图书情报知识》2017年第1期。

② 齐爱民:《信息法原论——信息法的产生与体系化》,武汉大学出版社2010年版,第58页。

③ 参见王锡锌:《国家保护视野中的个人信息权利束》,载《中国社会科学》2021年第11期。

④ 参见孙莹:《大规模侵害个人信息高额罚款研究》,载《中国法学》2020年第5期。

⑤ 参见[德]马克思:《资本论》,郭大力、王亚南译,人民出版社1975年版,第829页。

不高且强制力不足，在个人信息利用商业价值的驱使下，信息处理者将会对相关规范视若无物。因此，无法律强制力的规范不足以打击信息处理者的投机行为。

制定具有法律强制力保障的高位阶规范不仅是要保障用户的知情同意权，更是要对用户个人信息的合理使用、共享和处理加以保护。① 考察欧盟立法可以发现，欧洲各国属于判例法系，对于个人信息保护中知情同意机制的落地主要依靠判例实现，其无须对知情同意机制在成文法上进行过于详细的规定。例如，德国某公司在推广在线游戏中使用预先勾选复选框取得用户同意以保存 cookies 的诉讼案中，德国联邦法院曾请求欧盟法院就欧盟有关保护电子通信隐私的法律进行解释。欧盟法院通过裁定，宣告了预先勾选征得用户的同意是无效的。

我国并不适用判例法机制。如果不对知情同意机制进行详细的立法规定，那么按照法无禁止即可为的原则，信息处理者势必会抓住法律漏洞最大化追逐利益，因此以知情同意落地细则为内容制定专门的具有法律强制力保障的高位阶规范十分有必要。根据我国的立法体制、立法实践以及社会需求，可以通过制定专门条例的形式为知情同意落地提供法律依据，无须制定更高位阶的法律，这是较为可行且灵活度更高的做法。

具言之，以《信息安全技术 个人信息处理中告知和同意的实施指南》为原本，提升其法律效力位阶，制定《个人信息告知同意条例》。《信息安全技术 个人信息告知同意指南》属于推荐性国家指南，其法律位阶较低且约束力有限。而且，《信息安全技术 个人信息处理中告知和同意的实施指南》本身并不属于法律法规，而是仅有行政方面的管理职能的国家标准，《中华人民共和国标准化法》赋予了其一定的法律效力，但是这种法律效力具有局限性，导致推荐性国家标准仍处于法律秩序“楼梯井结构”中的最底层，不足以约束信息处理者的信息处理行为。因此，在《信息安全技术 个人信息处理中告知和同意的实施指南》原有内容的基础上，结合社会实际需求对其规范内容进行升级解释和扩充修订，并且将其从推荐性国家标准上溯为具有法律强制力的法律条例，方可树立和传达知情同意规范之权威，以最大化保障用户的知情权和决策权。

4. 细化知情同意法律规则内容

在数智化社会中，“法律介入进路就必须由事后处置前移到对‘架构化’社会关系的规训与塑造上来，也就是说法律要先行深入数智化社会的底层逻辑，直接参与建设社会关系‘架构’”②。用户面临的知情同意难题，很大程度上是由于现有的法律规则不成熟不完善，导致信息处理者在落地实践过程中没有受到法律规制，机械地执行无意义的告知和同意要求，从而引发隐私安全风险。安全风险是法律治理与规范的对象，安全风

---

① 参见张勇：《App 个人信息的刑法保护：以知情同意为视角》，载《法学》2020 年第 8 期。
② 齐延平：《数智化社会的法律调控》，载《中国法学》2022 年第 1 期。

险越大，安全立法越迫切，相应的法律关系越重要。① 因此，十分有必要对现有的知情同意机制进行扩展和充实，对信息处理者进行先在规制，补充目前知情同意机制的缺憾，形成一部专门的条例以充分保障用户的知情权和决策权，树立政府强监管模式。知情同意的有效依赖于信息处理者全面的告知以及用户充分的知情。从这种意义上来说，法律需要对信息处理者是否真正履行了法定的告知义务建立一套完整的判断标准，即对信息处理者的告知时间、告知内容、告知可读性等环节进行规则细化。通过告知能够使用户充分理解信息处理行为背后的法律意义和后果，使告知规则真正成为信息处理者机会主义行为的有效约束手段。

首先，要在专门立法中明确告知的基本原则，形成告知全过程的指导原则闭环。个人信息处理者在实施告知时需考虑以下基本原则，保证告知过程真实有效：(1)简明性原则。信息处理者在履行告知义务时应当满足以显著方式、清晰易懂的语言进行告知的要求，应避免使用“改善服务质量”“提升用户体验”“研发新产品”“增强安全性”等非常模糊的语言，减轻用户的阅读成本，必要时候可以通过动画、图形标志等多元化方式进行生动式告知。(2)真实性原则。对个人信息处理行为的范围、目的等内容进行告知时应确保真实有效性，不能传递虚假性、欺骗性、诱导性信息。具有误导性甚至不合规的告知内容应当被认定为告知义务履行无效。(3)准确性原则。在处理用户个人信息的范围、目的等内容的告知上，信息处理者需要摒弃过往太过宽泛的告知方式。宽泛、模糊、抽象的信息处理目的即便告知给用户，也无法使用户形成合理预期从而始终处于“信息惶恐”状态。② 诸如为实现产品功能，改善用户体验等目的的表述一定程度上无法使用户充分理解后续的信息处理行为。真正有意义的告知，需要使用户知晓其具体的个人信息的详细处理用途。(4)整合性原则。相同类型的信息在告知时应当以整合性的文本或者分层示意图的形式出现，避免对相同信息采取外链的告知方式，避免有效的信息相互之间呈现一种分散化的现象，使得用户难以获取完整的信息概况，加大用户对于告知内容的理解难度，也使其难以注意到其中的不同表述内容之差异。(5)点对点原则。不允许采用一揽子的告知方式，将所有需要用户同意授权的内容倾泻给用户；在涉及具体业务功能收集、使用等个人信息处理场景时尽可能对用户进行点对点的告知，不应以隐私政策代替具体场景的告知义务履行。

其次，在专门立法中扩充告知内容，赋予信息处理者全过程告知义务。在现有《个人信息保护法》规定的告知内容基础上，增加进场告知内容和全过程告知内容。基本的进场告知内容包括但不限于：个人信息控制者基本情况，个人信息的收集、使用、存储、对外提供、安全保护情况，个人信息主体的权利和实现机制，处理个人信息主体询问、投

---

① 参见张龑：《网络空间安全立法的双重基础》，载《中国社会科学》2021 年第 10 期。
② 参见万方：《算法告知义务在知情权体系中的适用》，载《政法论坛》2021 年第 39 期。

诉的渠道和机制①以及信息安全风险等。全过程告知内容包括:在满足上述一般告知内容的要求后,信息处理者还应为用户提供24小时可沟通的告知渠道,即用户在使用产品期间对于个人信息利用情况有任何额外的疑问时,信息处理者需要承担全过程的告知义务,为用户的疑问如算法逻辑等进行解答和告知。由此,进场告知内容和全过程告知内容将会形成一个全方位的告知矩阵,避免出现告知不全面的现实难题,全过程告知内容也将用户知情负担转移给信息处理者,解决了用户认知与意志力有限的问题。此外,对于法律规定的信息处理者免于同意的情形,信息处理者也仍然要坚持告知义务的履行,全过程的告知并不因免除同意而失效。

最后,在专门立法中强申告知时间,监督信息处理者告知全过程的合规度。信息处理者必须在实行个人信息处理活动前进行告知,而不是"先行为,后告知",这是对信息处理者告知时间的严格要求。此外,在处理前告知的基础上,信息处理者还应秉承"同步告知"的原则,即告知时间应当具有时效性和场景一致性。时效性是指一次告知只对应一次的信息处理行为,无论信息处理行为是否完成,当信息处理者再次发起信息处理指令时应再次告知。场景一致性是指要在对应的场景进行告知,告知时间不可太过提前,以至于脱离当前场景。如果信息处理者告知时间与场景需要无法对应,应视为告知无效。在告知时如果遇到紧急情况导致无法告知,告知义务不因紧急情况的出现而免除,应在紧急情况消除后继续履行告知义务。

细化全过程告知规则是要求信息处理者在告知上履行高标准的法律要求。只有信息处理者充分、完整、适当地履行了告知义务,才能在客观上最大程度保证用户的知情,才能使同意规则建构于价值基础之上,保证个人信息处理活动符合公开透明的原则。

不仅需要细化全过程告知规则以保障告知的充分性,还需修正全过程的同意规则以保障同意的有效性。个人信息处理的全生命周期中,用户作出的同意决策必须满足特定条件才能视为有效。这是因为个人信息处理结果在客观上可能会对用户的隐私权益造成一定侵害以及各类型风险,为了对抗信息处理活动中用户可能会承担的负面风险,法律必须要明确用户同意决策的有效要件以及各项细则,保障用户有效性同意决策输出畅顺。

首先,在专门立法中对同意有效性要件要做进一步的严格解释。《个人信息保护法》第14条第1款第一句对同意的有效要件规定为:处理个人信息的同意,应当由个人在充分知情的前提下自愿、明确作出。换言之,有效同意的构成要件可分为:(1)自愿;(2)明确;(3)知情。但仅凭借上述三种有效要件不足以保障用户同意决策的有效性,需要在此基础上,进一步增加构成要件,以保证征得授权同意的全过程切实有效。具言

① 国家市场监督管理总局、国家标准化管理委员会《信息安全技术 个人信息处理中告知同意的实施指南》。

之,在判断同意有效性时应当考虑以下要件:(1)自愿。法律之所以要确保用户的同意决策要在自愿的前提下作出,盖因在智慧时代用户与信息处理者之间持续的信息不平等关系,如果用户的同意是在信息处理者的欺骗、强迫、诱导下作出的,那么该同意授权便不能成为个人信息处理的有效法律依据。信息处理者应主动向个人信息主体展示征得授权同意的选项,支持其自行做出选择,不给出同意时,仅影响当前服务类型的正常使用。(2)明确与具体。所谓明确是指清晰、明白而非含糊、模棱两可的同意方式,明确的同意方式包括:纸质形式的书面同意和电子形式的书面同意以及可记录的口头同意;所谓具体,一方面,是指征得授权同意的授权范围与所告知内容相一致;另一方面,是指区分产品或服务的服务类型后,分别征得用户同意,不采用捆绑方式强迫用户一次性接受或拒绝所有可能收集的个人信息。(3)知情。知情是指信息处理者应在充分履行告知义务的情况下申请用户同意的授权,如果信息处理者存在不告知或告知不充分的情况,而用户在完全不知情或不充分知情的情况下作出的同意就是无效的。(4)时机恰当。信息处理者需在个人信息收集行为发生前,且同步传达告知内容后,方可征得用户同意,以增进用户对业务功能与所收集的个人信息之间关联性的理解。此外,除上述有效性要件外,在判断用户同意是否有效时还应当进行个案分析,如果用户与信息处理者在个案中存在严重的地位不平等、信息不对称等情况,同意也不能作为信息处理行为的合法依据。

其次,在专门立法中应当明确以明示同意为原则,以默示同意为例外。在一般场景下用户所作出的同意必须是以明示的方式呈现,在法律规定的特定场景下,可以允许默示同意在有限范围内存在效力。[①] 所谓明示同意是指,用户在授权信息处理者处理其个人信息的动作必须是作为状态下的意思表示。默示同意则是用户可以通过某些不作为的行为间接给予授权。《个人信息保护法》中规定同意必须要具有明确性,而明确性的同意是一种行为规范要求而非同意类型。[②] 默示同意与明确性要求并非完全对立,在例外场景下,默示反而更能和用户的生活习惯保持一致,并为同意机制提供一定的灵活性。[③] 虽然 GDPR 第 32 条司法解释中对于默示同意的效力特别作出了解释说明,即默示、将勾选框空置或不作出反应行动,都不能构成同意。但从我国司法实践的需求角度出发,在“朱某诉百度隐私权纠纷案”的司法范例中,人民法院认可了默示同意的合法性,认为用户保持沉默,没有选择退出或表示反对即视为同意。因此,实践中默示同意具有需求场景,十分有必要在专门立法中明确以明示同意为原则,以默示同意为例

① 参见衣俊霖:《论个人信息保护中知情同意的边界——以规则与原则的区分为切入点》,载《东方法学》2022 年第 3 期。

② 参见程啸:《论个人信息处理中的个人同意》,载《环球法律评论》2021 年第 6 期。

③ 参见吕炳斌:《个人信息保护的“同意”困境及其出路》,载《法商研究》2021 年第 2 期。

外，解决司法实践与立法互相割裂的问题，保持法律精神在立法与司法上的一致性。

最后，在专门立法中增加同意举证条件。信息处理者应当承担证明用户已经授权同意信息处理行为的举证责任，证明形式可由信息处理者自主选择，不强制要求书面证明文件这一种证明形式，给予信息处理者充足的衡量与考虑空间。如果以书面文件的形式证明用户已授权同意，书面文件中包含2项及以上的事项声明，则应当将用户同意的部分与其他声明事项作显著区分，能够使当事人以及第三人清楚地识别当下同意事项与其他声明事项，避免信息处理者采用夹带和一揽子同意的方式骗取用户同意决定。

"完善法律规范体系，细化法律规范内容"是人类对抗智慧社会科技挑战最重要的方式，法律可以在各方观点和利益的交织博弈中实现最大程度的目的和手段的理想。①智慧时代，同意规则仍然是实现个人信息自主权的最优制度选择。在同意制度遭到外来因素冲击陷入困窘时，进一步细化同意规则以适应今时今日之形势也是时代的必然选择。个人信息保护依赖于个人信息自主权的实现，同意规则是个人信息自主权践行的主要制度设计。同意规则如若缺位，仅靠行业自律和公权力管制，个体价值将会泯灭于数字革命之中。

（二）以用户为中心的机制重建

以用户为中心，围绕用户的需求搭建所有技术系统，根据用户的评估和反馈进一步迭代系统，是唐·诺曼教授在《日常事物的设计》中提出的设计概念（Human – Centred Design，HCD），这也正是当前知情同意机制缺乏的核心理念。现有的知情同意机制根本无法满足用户的知情同意需求，信息处理者撰写隐私政策的目的及方针，更多是为达到自身的合规，而非照顾用户对信息透明及隐私保护的需求，用户难以从中感受到"温度"。为此，知情同意落实到产品层面需要重建"以用户为中心"的相关机制，解构隐私政策进行分层式告知，构建分类场景下的动态化同意，引入P3P技术推动知情同意自动化，基于用户需求和兴趣的哲学，搭建可用和易于理解的知情同意机制，守护用户自主面对不定的未来做出决定的自主资格和权力。②

1. 解构隐私政策进行分层式告知

解构长达上万字的隐私政策，减轻用户知情负担，取缔在产品登录之初便强迫用户同意包含所有信息处理行为授权的隐私政策的做法；根据实际场景需求将长篇隐私政策拆解形成多个简练的短篇隐私政策，结合使用场景进行分层式告知。长篇隐私政策在个人信息保护中彰显的正面效应已经微乎其微。在信息社会，几乎没有人有时间、能力或者决心浏览一遍网上复杂的条款和同意条件，更不用说要对每次给定的同意书都进行浏览。长篇隐私政策不仅为用户增加了难以卸除的阅读负担，也为信息处理者带

---

① 参见王成：《个人信息民法保护的模式选择》，载《中国社会科学》2019年第6期。

② 参见韩水法：《人工智能时代的人文主义》，载《中国社会科学》2019年第6期。

来潜在的合规风险和巨大的经济成本,以长篇隐私政策为载体一次性告知用户个人信息处理规则并获得全部授权同意的方式应该得到废除,转而使用分层式告知减轻用户知情负担。

长篇隐私政策阻碍用户知情权实现,学界对此基本达成共识。从法学到经济学再到计算机科学,各领域学者在"隐私政策既不好读,也不好写"这一结论上达成了高度一致。隐私政策的可读性和可视性效果较差,导致实践中几乎没有人会阅读隐私政策,或者即使读过隐私政策,大部分人也弄不清楚隐私政策的含义究竟为何,"知情同意"将难以得到有效贯彻。如果用户在"同意"隐私政策时难言"知情",这一点将同时损害用户和信息处理者双方的利益:其一,信息处理者可能借机攫夺用户对个人数据享有的权益;其二,信息处理者将因此始终面临数据合规层面的监管风险。

现有的长篇隐私政策改进方式均未生效。缩短隐私政策的篇幅并且简化表达语言以帮助用户知情的尝试已经被研究者证明毫无效果,研究结果表明未经简化及经过简化的隐私政策在影响实验者对政策的了解程度及对敏感个人信息的披露程度上不存在任何显著差别。① 更加有趣的是,还有研究表明在一定范围内,随隐私政策篇幅缩短而来的,是用户投入协议的注意力的减少,以及答题时更差的表现。② 也就是说,简化后的隐私政策可能产生"反效果"。此外,法学学者一度认为在隐私政策中加入警示标志会帮助用户知情权实现。③ 在荷兰超市实地进行的实验表明,在材料中加入颇为醒目的警示注记及标语,并不能阻止消费者披露邮件账号、购物记录等敏感信息,有无警示标记对披露比例并无显著影响。④ 与此相似的是,调整披露协议中关键条款的用语,对用户的最终决策也没有任何显著的影响,实际上用户根本察觉不到"我们将分析您的数据"及"我们保留对您的数据可能进行的各项操作的权利"之间的区别。⑤ 高亮、弹窗等更加灵活的改进方式也没有使隐私政策成功脱困,甚至实验表明相比更加尊重用户隐私但仅以普通文本形式展现的隐私协议,用户反而可能更信任那些一定程度上侵犯隐私但展现形式更漂亮的协议。在字号、留白、对比度等变量上下功夫,都能起到在内容

---

① See Ben－Shahar O & Chilton A, *Simplification of privacy disclosures: an experimental test*, The Journal of Legal Studies, Vol. 45:S2, S41－S67(2016).

② See Gluck Joshua et al., *How short is too short? Implications of length and framing on the effectiveness of privacy notices*, 12th Symposium on Usable Privacy and Security (SOUPS), June 2016, p. 321－340.

③ See Ian Ayres & Alan Schwartz, *The No－Reading Problem in Consumer Contract Law*, Stanford Law Review, Vol. 66:3, p. 545－610(2014).

④ See Junger M, Montoya L & Overink F J, *Priming and warnings are not effective to prevent social engineering attacks*, Computers in human behavior, Vol. 66, p. 75－87(2017).

⑤ See Strahilevitz, Lior Jacob & Matthew B. Kugler, *Is Privacy Policy Language Irrelevant to Consumers?*, The Journal of Legal Studies 45. Vol. S2, S69－S95(2016).

方面“瞒天过海”的效果。[①] 一言以蔽之,许多提升隐私阅读率的努力尚未取得成效,有的“改进”甚至可能分散用户的注意力,恶化要解决的问题。

以短篇隐私政策进行分层式告知取代现长篇隐私政策的一揽子告知或许是可行之路。隐私政策是信息处理者证明已获得用户同意授权最为主要的证据,因此其具有一定的存在必要性。但是由于其实现形式与用户实际需求的脱节,导致用户知情权难以充分发挥,十分有必要结合用户需求改进隐私政策在产品层面的实现方式。在产品登录之初便要求用户阅读三四万字的隐私政策并且理解信息处理规则给出授权同意无疑是对用户苛以过高的责任与要求。相比于用户,信息处理者具有更强大的经济凝聚力与实践创新力,在长篇隐私政策对用户造成知情压力的问题上,信息处理者应当承担更多的社会责任。具言之,信息处理者应当对长篇隐私政策进行解构,将告知事项进行分类,重新形成短篇隐私政策。在可读性层面,信息处理者应当保证将短篇隐私政策的阅读时间控制在10分钟以内,具体字数控制在5000字以内;在程序性层面,短篇隐私政策应当与个人信息处理场景相匹配,在需求场景出现时展示对应短篇隐私政策并获得用户特定的同意授权。例如,常见的个人信息处理场景包括注册场景、支付场景、营销场景等,信息处理者应当将短篇隐私政策的同意纳入向用户请求个人信息的每个关键场景中,达到分层式告知的效果。用户通过分层式的短篇隐私政策告知可以充分了解特定场景下自己需要授权的个人信息范围以及用途,如此既解决了信息过载使人脑宕机的问题,[②]也避免了信息处理者通过一揽子告知夹带不法信息的机会主义行为。

2. 构建分类场景下的动态化同意

构建分类场景下的动态化同意,缓解用户同意疲劳。国内外现有的同意机制由选择进入式同意(opt-in)和选择退出式同意(opt-out)共同构成,两种同意模式在实践中的适用目前是全有或全无的关系。[③] 同意机制的适用应当是高度场景化的,[④]僵化的同意机制无法适应不同场景下用户的同意需求,因此十分有必要构建不同场景下动态化的同意机制,使选择进入式同意和选择退出式同意联动使用。

选择进入式同意是指信息处理者在初始设定上不会自动默认包括用户,如果用户希望并同意被包含在信息处理者的系统中需要进行明确的意思表示,如发送邮件、拨打电话等。[⑤] 换言之,信息处理者每次的信息收集和处理行为都需要主动征求用户的同

---

① See Deaton A & Cartwright N, *Understanding and misunderstanding randomized controlled trials*, Social Science&Medicine, Vol. 210, p. 2 – 21(2018).

② 参见徐骏:《智能时代消费者知情权的困境与变革》,载《中南大学学报(社会科学版)》2021年第3期。

③ 参见徐玖玖:《数据交易法律规制基本原则的构建:反思与进路》,载《图书馆论坛》2021年第2期。

④ 参见赵婧薇、尹伟民:《个人信息保护中告知同意规则的立法纾困》,载《内蒙古社会科学》2022年第2期。

⑤ 参见万方:《隐私政策中的告知同意原则及其异化》,载《法律科学》2019年第2期。

意授权，无授权则无合法依据。选择退出式同意是移动应用程序的原始设定会自动将用户纳入系统，用户如果不同意系统的运行规则可以选择退出，个体享有自由退出的权利。在选择退出模式下，用户的不作为将会被推定为同意授权。相较于选择进入模式对个体隐私权益的严谨保护，利益天平上的选择退出模式则是偏向信息处理者，帮助信息处理者提高信息利用空间和自由度，但用户也会因此长期遭受弹窗和商业广告的骚扰。两种同意机制各有利弊，从利益平衡的角度来看，构建"选择退出＋选择进入"的动态化同意机制十分必要。

从数据的全生命周期来看，数据起源于用户的网络接入行为，对用户进行赋权应该成为数据权利配置的起点。[①] 以数据全生命周期为依据进行场景分类，根据不同场景需求匹配适合的同意机制。数据全生命周期涵盖收集、传输、存储、处理、共享、销毁六个阶段。数据收集场景作为当下隐私治理的主战场与其他五种信息处理场景不同。在数据收集场景中用户具有强感知度，信息处理者具有紧迫的合规压力，监管部门也负担着高强度的监管成本。数据收集场景下的知情同意为信息处理者带来了不可忽视的经济成本，也使用户在了解自身信息收集规则上耗费了大量的时间和精力。而且，当未来的技术发展到一定程度，数据收集范围和复杂度都会突破现有的局限性，大量信息可以被廉价地捕捉和记录，用户个人信息被动收集将会成为常态。届时，人们无法也无力投入太多精力来了解自身信息是如何被收集的以及鉴别出同意或拒绝收集个人信息的影响。如果继续在信息收集场景严格适用选择进入式的同意机制，隐私保护的成本与收益将会失衡。站在利益衡量的角度，应当以个人信息分级为分类标准，放宽信息收集场景下同意机制的适用，降低信息处理者征求用户授权同意的成本，减少用户需要做出的不必要的同意决策，实现信息处理者对数据的开放利用，以实现数据的流动。[②] 信息传输、存储、处理、共享、销毁场景与收集场景相比，其属于个人信息增值应用阶段。[③] 在同意机制的适用上不会对信息处理者和用户施加过高的成本，可以根据企业技术和成本的考量在选择进入式同意的基础上，对部分信息采取选择退出式同意。

具体而言，动态化同意机制可做如下安排：(1)数据收集场景，收集用户的一般信息采取选择退出式同意；(2)数据收集场景，收集用户的敏感信息采取选择进入式同意；(3)数据传输、存储、处理、共享、销毁场景，对于用户的一般信息信息处理者自主选择同意机制；(4)数据传输、存储、处理、共享、销毁场景，对于用户的敏感信息采取选择进入式同意。以数据全生命周期为依据进行场景分类，以个人信息分级为依据，灵活适

---

① 参见申卫星：《论数据用益权》，载《中国社会科学》2020年第11期。

② 参见肖君拥、谭伟民：《个人信息权利的法律属性再思考：从二元到三方》，载《网络空间安全》2019年第5期。

③ 参见何俊志、孙婧婧：《个人信息应用的保护设计与实证进路——基于〈民法典〉同意原则的博弈分析》，载《贵州社会科学》2020年第9期。

用“选择退出同意+选择进入同意”,构建动态化同意机制。旨在将原有僵硬的同意机制区分开来,构建不同的授权机制,打破不同意即退出的胁迫困局,将隐私政策条款分阶层、分时段与用户进行协商和缔约,避免信息处理者将“同意”作为责任转移工具。①

3. 推动告知同意自动化软件研发

以用户需求为中心,通过 P3P 技术辅助用户进行自动化决策,卸下用户阅读和理解信息处理规则的重担。智慧时代下随着生活与科技的不断交互,生活中需要用户阅读的个人信息处理规则将会越来越多且越来越复杂,用户按下“同意”将会成为家常便饭。在科技足够发达的未来,作为个体的用户是否仍然具有足够的知情能力和决策权利?显然,在大数据冲击下用户基于个体力量作出的知情同意决策将会越来越虚幻。随着数字技术逐步从既往的技术工具化的线性演变逻辑中脱离出来,未来将会呈现更强的智能性和自主性。② 信息技术逐步先进,人的智能和意识在吸收信号方面却永远受到限制,③用户不得不借助技术的力量来帮助他们管理复杂环境中的个人信息和隐私权益,隐私管理软件也将应运而生。

P3P 是一款可以辅助用户理解信息处理者的告知内容,帮助用户输出自动化同意决策的隐私管理软件,也被称作为个人隐私安全平台项目(The Platform for Privacy Preferences Project)。该软件可以自动化阅读隐私政策并代表用户采取措施,丝毫不会影响用户网上冲浪体验,旨在保护用户的线上隐私权。P3P 的工作原理为:用户可以在 P3P 软件中登记设置自己的专属隐私偏好,软件默认值设定为,当任何网站收集或贩卖个人网上信息的时候,禁止进入该站点或者提醒用户。当用户启动浏览器时,P3P 软件将会同步运行,每一个受访的站点都会发送某种形式的机器语言提议到用户的电脑中,这个提议包括了网站收集的用户个人信息以及处理这些个人信息的规则。如果该站点的信息收集和处理行为与 P3P 软件中用户设置的隐私偏好相符合,那么两者之间关于隐私信息的协议将会自动缔结,用户可以畅通无阻地浏览该站点。相反,如果 P3P 软件识别到该站点的信息收集行为与用户的隐私偏好不符,则会触发红绿灯提醒功能,提示用户是否需要修改自己的个人隐私策略以进入该网站。如果一个站点不遵守 P3P 标准的话,那么有关它的 cookies 将被自动拒绝,并且 P3P 还能够自动识破多种 cookies 的嵌入方式。

P3P 软件可以帮助用户自由使用和浏览符合自身隐私偏好的网站和移动应用程序,快速识别和拒绝使用不符合用户隐私期待的网站和移动应用程序,从技术层面解决了用户的理性人假设难题并且对抗了大数据的复杂性和革命性冲击。据悉,P3P 软件

---

① 参见王雪乔:《论欧盟 GDPR 中个人数据保护与“同意”细分》,载《政法论丛》2019 年第 4 期。

② 参见李训虎:《刑事司法人工智能的包容性规制》,载《中国社会科学》2021 年第 2 期。

③ 参见[美]肯尼斯·阿罗:《信息经济学》,何宝玉等译,北京经济学院出版社 1989 年版,第 168 页。

1.0 版本已经在2002 年开发完成,然而由于缺乏法规以及实施 P3P 的激励机制,该软件被放弃。根据社会心理学家马斯洛的"需求层次理论",人们只有在满足基本的物质需求后,才会开始对个人隐私等自尊需要有诉求。[①] 20 年前,人们的物质满足远远不及今日,对隐私保护的需求与现今的需求程度也不在一个维度之上。因此,20 年前 P3P 软件的出现具有超时代性,当时的隐私危机同今日不能比拟,现今智能手机以空前之势普及于生活之中,日常生活、劳动工作、经济运转无不依赖于个人信息的收集和利用,由此产生的隐私风险已是过往几十年都不曾有过的景象。时代的发展弥合了早期的实现差距,为 P3P 软件的适用提供了新生之地。

技术产生的问题归根结底需要技术来解决,智慧社会的治理体系需要建立在技术保障的基础之上。[②] 为此,应当对 P3P 软件继续研发,推出 P3P 软件 2.0 版本,实现机器可读的隐私政策功能,保证用户可以将事先理解并真实同意的隐私政策通过网络插件的形式添加到手机,对每一类新的移动应用程序都自动匹配用户有效同意的隐私设置;对于与用户隐私偏好不一致的移动应用程序,则不能运营。P3P 软件 2.0 版本预期可以帮助用户在知情同意上消耗较少的决策成本,激励信息处理者把更多的注意力放在提高告知信息透明度和同意授权人性化的设计上,进而捍卫用户的信息自决权,守护用户的"人格尊严"与"人格发展"[③],最终为社会福利带来净效应。

小　结

智慧时代的来临和大数据技术的发展将知情同意的应用场域从医疗领域延伸至个人信息保护领域,使其成为大数据时代用户信息自主权利彰显的核心法律规则,但人们也发现知情同意在个人信息保护的实践中出现了水土不服的症状,症状显而易见但灵药难寻。面对知情同意机制全过程失灵境况,修正方略亟待探寻,扭转知情同意机制在智慧时代个人信息权益守护上的无力与式微刻不容缓。

知情同意机制的全过程难题体现为知情环节中信息处理者制定晦涩冗长的隐私政策,设置违规违法的告知弹窗,忽视信息安全风险告知,机会主义行为泛滥;同意环节中信息处理者的默认勾选隐私政策,不同意即退出政策,信息创新同意缺位,导致用户的有效同意决策输出困难。海量的个人信息在大数据技术的集散处理与辗转相传后,知情同意原本的主体重构,知情同意确定目的被未知目的取代,从而使传统的知情同意在智慧时代步履维艰。为使个人信息保护体系中的知情同意机制继续行之有效,需以规范重整与机制重建为破局路径。

---

① 参见[美]马斯洛:《马斯洛人本哲学》,成明编译,九州出版社 2003 年版,第 52 ~ 61 页。

② 参见徐汉明、张新平:《网络社会治理的法治模式》,载《中国社会科学》2018 年第 2 期。

③ 沈建峰:《一般人格权研究》,法律出版社 2012 年版,第 78 页。

以全过程规制为原则进行规范重整,秉承政府强监管模式。首先,澄清废除派对知情同意机制的误解,强申知情同意机制是对人格独立性和自主性的尊重,是保障信息相对自决的前提,其作为事前防范机制具有不可替代性。其次,主张制定具有法律强制力保障的高位阶规范,以《信息安全技术 个人信息告知同意指南》为原本,提升其法律效力位阶,制定《个人信息告知同意条例》。最后,提倡对现有的知情同意机制进行扩展和充实,对信息处理者进行法律规制,明确以简明性原则、真实性原则、准确性原则、整合性原则、点对点原则为内容的告知基本原则,增加进场告知内容和全过程告知内容,强调告知时间;将同意有效性要件严格解释为自愿、明确与具体、知情与时机恰当;明确以明示同意为原则,以默示同意为例外,增加同意举证条件,以保障告知的充分性和同意的有效性。

以用户为中心进行知情同意机制重建。围绕用户的需求搭建知情同意机制,根据用户的评估和反馈进一步迭代机制。根据实际场景需求将长篇隐私政策拆解形成多个短篇隐私政策,结合使用场景进行分层式告知;以数据全生命周期为依据进行场景分类,在数据收集场景,收集用户的一般信息采取选择退出式同意,收集用户的敏感信息采取选择进入式同意;在数据传输、存储、处理、共享、销毁场景,对于用户的一般信息,信息处理者自主选择同意机制,用户的敏感信息采取选择进入式同意,构建动态化同意机制;开发可以自动化阅读隐私政策并代表用户采取措施的P3P软件2.0版本,推动告知同意自动化。

以上是笔者基于当前立法状况以及移动应用程序实践现状,对知情同意机制解困之路进行的研究,希望以此为知情同意机制专门性立法提供价值证成和可行性框架,推动信息处理者加快技术研发步伐,加大治理知情同意难题投入,改进知情同意落地形式,从而帮助知情同意机制能够更大程度地发挥保护个人信息的效用。知情同意机制的问题本质上是一个关于"如何使技术更好地为人们服务"的命题,大数据与信息技术的发展瞬息万变,笔者提出的解困之路具有时间与空间的双重局限性,无论是规范重整还是机制重建均需要紧随技术和法律的事态发展,在以人为本的基础上顺势而为。

第三章　智慧社会中的个人敏感信息保护规则

信息是智慧社会的基本元素,敏感个人信息保护规则是个人信息权益保护法治中的关键一环。在数智化社会中,信息要素不是孤立和孤单的,信息组成了新型技术的基本框架,信息与新型技术交互融合,为智慧社会的发展埋下了基石。① 智慧社会的前进与个人信息相互联系,正是由于个人信息的出现和使用,无数个人信息之细流汇成智慧社会之汪洋。信息的海洋或风平浪静,或波涛汹涌,其万千形态取决于个人信息的状态,而其中,敏感个人信息占据了不可替代的地位。在此意义上,敏感个人信息之保护如"定海神针",既能使个人信息的小河风平浪静,又能让智慧社会的汪洋大海万里安定。敏感个人信息保护欲行稳致远,其首要指引便是必须明晰敏感个人信息的内涵和范围的界定。本章立足国际视野,厘清中外敏感个人信息的基本内涵和范围,助推智慧社会下我国敏感个人信息界定方式的完善。

一、敏感个人信息的内涵与范围

在目前敏感个人信息内涵界定上,德国采用概括式的定义方式明确敏感个人信息的基本特征,确立"明示"为"同意"的核心表达方式。美国立足隐私安全港原则,并结合行业特点实现专门性立法。日本敏感个人信息范围界定融合多国经验,就使用前提、合理目的及豁免事项予以具体规定。在范围界定层面,域外敏感个人信息的保护范围已呈趋同性且注重现实性。

① 参见齐延平:《数智化社会的法律调控》,载《中国法学》2022 年第 1 期。

我国敏感个人信息的范围界定，区别于域外同质化、碎片化的敏感个人信息法律保护，采取“基本含义＋简单列举”的界定方式。我国制定《个人信息保护法》，回应了社会对于敏感个人信息保护诉求，但相应规则仍需完善，知情同意难题仍待破除。智慧时代下，我国应建立起以《个人信息保护法》为核心的敏感个人信息保护体系，采用“法律列举＋综合考量”界定方式。

（一）敏感个人信息内涵界定

1. 域外敏感个人信息的内涵界定

纵观域外敏感个人信息，欧盟因发展较早形成了较为完备的体系。早在互联网初期，欧盟相关部门通过了处理欧盟内部个人信息的《保护个人享有的与个人数据处理有关的权利以及个人数据自由流动的指令》（以下简称《保护个人权利指令》），此为欧盟隐私法律保护之肇始，亦是欧盟个人数据保护的具体表现。该规定首次加入敏感个人信息的内容，明晰其具体内涵，予以合理化保护。在《保护个人权利指令》中，敏感个人信息被较为清晰、明确定义为涉及个人六个具体层面、敏感程度较高、不正当使用对个人有危害的个人信息。[①] 此六类个人信息包含十分明显的社会敏感性质，通常不能使用，仅可在规定的特殊情形中进行合法使用。在当时，根据《保护个人权利指令》的规定，所要保护的内容仅限于列出的这六类个人信息。因此，在此基础上认定的个人信息，同时符合敏感个人信息的基本特征，应采用敏感个人信息的保护方式。该定义阐明了何为敏感个人信息，为敏感个人信息的内涵延展奠定了基础。

2016 年 4 月 27 日，欧盟议会与理事会通过了 GDPR，确保在欧盟内部实行统一的数据保护标准。GDPR 旨在通过扩大隐私权和赋予个人对其个人数据的掌控权，以强化欧盟居民的基本权利。自此，欧盟 GDPR 取代了 1995 年的《保护个人权利指令》，成为欧盟新的个人数据保护立法规范，开启了敏感个人信息保护的新时代。GDPR 在敏感个人信息的内涵上继承了《保护个人权利指令》的规定，同时对其进行了适应性调整和发展，丰富了敏感个人信息的种类。在 GDPR 第 9 条第 1 款中，敏感个人信息是指包含七大种类，反映出高度的个人敏感性，不合法利用对个人产生严重后果的信息。[②] GDPR 将基因数据和生物性识别数据确定并纳入其中，使得新的类型得以承认，彰显时代性的同时对现实关切予以回应，深刻契合智慧时代的新要求。

德国作为欧盟之创始成员之一，其个人信息保护体系比较完善，对敏感个人信息的保护也有所规定。从德国黑森州的有关个人信息保护法律开始出现“敏感数据”的概

---

① 参见陈飞等译：《个人数据保护：欧盟指令及成员国法律、经合组织指导方针（中英文对照）》，法律出版社 2006 年版，第 3 页。

② 参见李世刚、包丁裕睿、王峥编著：《GDPR 欧盟一般数据保护条例文本和实用工具》，人民日报出版社 2018 年版，第 9 页。

念,其中敏感数据是指具有极强的个人属性、能够识别个人身份、存在受歧视或损害风险的个人信息。[①] 德国黑森州采用了概括式定义的方式以明确敏感个人信息的基本特征,从而提供了一种内涵界定的新范式。2018 年,敏感个人信息的内容开始被德国《联邦数据保护法》所使用的,其被归纳为七个类型和层次的个人信息。[②] 此为德国敏感个人信息保护中的重要举措。该法参考欧盟 GDPR 敏感个人信息的内涵规定,采用穷尽式列举方式,明确规定了敏感个人信息的类型与定义。这并非对欧盟 GDPR 有关规定的生搬硬套,而是以观照本国国情为基本遵循实现了合理的调整与变通。

美国的个人信息保护亦关注敏感个人信息保护,然而缺乏统一的立法规定,相关保护条文散见于各州法律和有关单行立法之中。例如,其在美国和欧盟的关于隐私安全港原则的法律内容之中,以欧盟的规定为蓝本,立足自身社会实践,将本国的敏感个人信息具体内容概括为九大方面的个人信息。[③] 从具体内容分析,美国为敏感个人信息提供了新的内容和方向,依托其经济发达的市场,增加了贸易组织的成员资格信息内容。美国《消费者隐私权利法案(草案)》(本章以下简称《草案》)第 4a 条规定了敏感个人信息"关联性"定义方式[④]:所谓"关联性"强调界定应参考多种具体化的因素,例如个人信息所在的主体、客体等,建立在具体场景之中,不能脱离原有的情景,以此界定敏感个人信息。[⑤] "关联性"定义方式考虑到信息主体所处的具体场景与实际情况,一方面,这种根据现实情况界定敏感个人信息的方式符合实际需求,具有现实性和时效性。另一方面,这种方式有利于缓解"识别性"定义方式带来的机械性与滞后性,形成对"识别性"定义方式的有效补充,从而实现"全方位、多层次、多角度"定义敏感个人信息,达到保护敏感个人信息的目的。除此之外,在美国的法律中,一方当事人与另一方当事人可以就对于双方的某些个人信息保护协商达成一致,通过双方约定的形式,法律也给予这些信息保护。美国对于此类信息进行特殊化的处理与保护,推进了敏感个人信息的内涵扩展。

日本的个人信息保护以合法正当为核心,探索出了立足本国国情的敏感个人信息保护内容。日本在个人信息保护的法律内容之中,将个人信息界定为"个人情报"[⑥],最初并未规定敏感个人信息的内容。随着智慧时代和智慧社会的发展,日本《个人信息保

---

① 参见李爱君、苏桂梅主编:《国际数据保护规则要览》,法律出版社 2018 年版,第 1 ~ 45 页。

② 参见德国《联邦数据保护法》,载全国网络安全标准化技术委员会官网 2002 年 1 月 1 日,https://www.tc260.org.cn/front/postDetail.html? id = 20141016150339。

③ 参见齐爱民:《拯救信息社会中的人格——个人信息保护法总论》,北京大学出版社 2009 年版,第 103 页。

④ 参见丁晓东:《个人信息保护:原理与实践》,法律出版社 2021 年版,第 267 页。

⑤ 参见汤敏:《个人敏感信息保护的欧美经验及其启示》,载《图书馆建设》2018 年第 2 期。

⑥ 参见《日本个人信息保护法》,载中华人民共和国商务部官网,http://policy.mofcom.gov.cn/page/nation/Japan.html,2024 年 2 月 13 日访问。

护法》增加了敏感个人信息的具体规定。在日本《个人信息保护法》中，其内涵是指以歧视性标准为基础，具体分为六个种类的信息，在利用的过程之中必须做到合法与正当。[①] 日本敏感个人信息的内涵界定参考他国的相关规定，采用穷尽列举和概括定义的方法，综合分析敏感个人信息的基本含义。这既明确了敏感个人信息的种类，为敏感个人信息的界定提供依据，又说明了敏感个人信息的特点，有利于应对新的情况与形式，从而实现保护的价值。

2. 我国敏感个人信息的内涵界定

《信息安全技术 公共及商用服务信息系统个人信息保护指南》出台，意味着我国个人信息保护的方式和手段进入正轨，开始向法治化轨道迈进。《信息安全技术 公共及商用服务信息系统个人信息保护指南》开始对个人信息进行分类保护，适应不同信息的差异化要求，同时，对个人信息保护范围予以具体的说明。在第 3.2 条中，其规定明确了个人敏感信息的内涵及基本特征：第一，个人信息出现不正当、不合法的使用；第二，不当使用对该信息的个人产生了严重的危害后果。[②] 从该规定可以看出，敏感个人信息具有特殊性，即如果发生泄露或者修改，会对信息主体产生严重的危害，致使个人利益受损。

随着数智化社会的发展和网络技术的普及，信息网络平台逐渐增多，信息的使用愈加多元化。这些网络平台满足了人们的饮食、出行等需求，但也带来新的冲击与挑战，引发了人们对其信息安全的广泛担忧。《信息安全技术 个人信息安全规范》于 2020 年 3 月 6 日正式发布，并于 2020 年 10 月 1 日实施。它继承了《信息安全技术 公共及商用服务信息系统个人信息保护指南》的有关具体内容，同时对个人敏感信息内涵进行了补充与调整，详细具体的内容在第 3.2 条[③]之中，显然赋予个人敏感信息新意涵：其不当使用会危害人身与财产安全，产生损害性后果；或是导致歧视性待遇，引发不良影响。我国敏感个人信息的内涵逐步完善化、健全化，为保护目的的实现提供了动力。

智慧时代深入发展，个人保护深入人心，对此，我国个人信息保护的上位法出台已成顺应时代发展、回应人民需求的必然举措，《个人信息保护法》应运而生。我国将敏感个人信息的内容作单独专节规定，对其给予明确化的保护，体现出立法上的重视，这是我国进行个人信息保护的最新探索。该法的第 28 条[④]明确了敏感个人信息所包含的

---

① 参见《日本个人信息保护法》，载中华人民共和国商务部官网，http://policy. mofcom. gov. cn/page/nation/Japan. html，2024 年 2 月 13 日访问。

② 《信息安全技术 公共及商用服务信息系统个人信息保护指南》第 3.2 条。

③ 参见《信息安全技术 个人信息安全规范》第 3.2 条规定："一旦泄露、非法提供或滥用可能危害人身和财产安全，极易导致个人名誉、身心健康受到损害或歧视性待遇等的个人信息。"

④ 参见《个人信息保护法》第 28 条规定："敏感个人信息是一旦泄露或者非法使用，容易导致自然人的人格尊严受到侵害或者人身、财产安全受到危害的个人信息，包括生物识别、宗教信仰、特定身份、医疗健康、金融账户、行踪轨迹等信息，以及不满十四周岁未成年人的个人信息。"

基本特征,予以清晰定义,对其特点进行概括、列举。

在我国,敏感个人信息的基本定义有三层意涵:其一,从个人视角来看,敏感个人信息的“个人”强调了其主体性,从而体现了对于个人之必要性,敏感个人信息会对个人产生极大的影响,故此,对于其保护应当是特别化和特殊化的。其二,敏感个人信息的“敏感”2字使其高敏感性不言而喻,这也是其最明显的特征,倘若该个人信息被不正当使用,极有可能给个人产生不可逆转的危害与后果。其三,敏感个人信息事关“信息”安全,一旦遭遇不当使用造成严重危害,其产生的社会危害性也是极大的。一方面,敏感个人信息对于人格尊严具有重要价值和意义。敏感个人信息与人格尊严相互联系、息息相关,稍有不慎,会使个人的人格尊严受到侵犯,损害信息主体的自尊心,使其遭受社会和他人的不利评价,甚至是人格轰塌。另一方面,敏感个人信息遭遇难题也会给个人的人身安全和财产安全造成威胁。例如,个人的银行交易信息遭到泄露,将会对自身的资产安全产生威胁,易被盗取财产,更有甚者可能会产生谋财害命等违法犯罪想法,而使个人的人身安全遭受严重负面影响。

综上所述,从形式层面来看,域外的内涵界定主要包括两种方式:一是直接列举敏感个人信息的种类。这种方式建立在个人信息保护基础上,立法明确个人信息的基本内涵,结合特殊化保护,对敏感个人信息进行穷尽式列举。二是明确敏感个人信息的特点。这种方式是根据敏感个人信息的特殊“敏感度”,归纳概括出敏感个人信息的共性,为敏感个人信息的界定提供基础参考。我国兼采两种方式,以二维形式构成敏感个人信息内涵,既明确敏感个人信息的特点,又列举敏感个人信息的种类。从内容层面来看,域外敏感个人信息采用歧视标准和利益受损标准来作为敏感个人信息的内涵界定标准,当个人信息发生泄露、滥用或者非法使用后,对信息主体产生歧视性后果或者严重损害后果,则该个人信息是敏感个人信息。我国敏感个人信息的内涵界定标准是人格尊严标准和人身财产标准,即敏感个人信息会使个人的人格尊严和人身财产受到损害,进而影响信息主体的合法权益。我国敏感个人信息的内涵界定标准相较域外而言更加具体化、实践化。

(二)敏感个人信息的范围界定

敏感个人信息的范围界定是敏感个人信息保护体系的重要组成部分。在前文敏感个人信息内涵界定的基础上,分析敏感个人信息的范围界定,以求为界定方式提供基本的参考范畴,在敏感个人信息的范围界定内总结、概括和提炼其共有的、共在的特点、特征,凝练和打磨为敏感个人信息的界定方式。在智慧时代和智慧社会的背景下,我国敏感个人信息的范围界定,既区别于域外“同质化”的敏感个人信息内容倾向,又区别于域外“碎片化”的敏感个人信息法律保护,从而本章在汲取西方经验之基础上于我国社会实践中重塑敏感个人信息界定的中国范式。

1. 域外敏感个人信息的范围界定

欧盟敏感个人信息范围采取较为广泛的界定，其主要规定见于立法之中。欧盟《有关个人数据自动化处理的个人保护协定》中指出敏感个人信息的范围：种族、政治主张、宗教或其他信仰以及与健康、性生活或刑事判决有关的个人数据；1995 年欧盟《保护个人权利指令》扩大了敏感个人信息的范围，加入了“工会会员”的敏感个人信息，但是有关个人“刑事判决内容”未加入其中；2016 年欧盟 GDPR 基本确定敏感个人信息的范围，即那些显示种族或民族背景、政治观念、宗教或哲学信仰或工会成员的个人数据、基因数据、为了识别特定自然人的生物性识别数据，以及和自然人健康、个人性生活或性取向相关的数据。相较《保护个人权利指令》来看，GDPR 增加了“生物识别数据”“基因数据”的敏感个人信息，构筑起欧盟敏感个人信息的范围框架。

德国基于欧盟敏感个人信息范围细化处理，形成与公民信息需求相契合的敏感个人信息范围。作为欧洲个人信息保护比较早的国家，德国在欧盟的规定下对敏感个人信息的范围予以说明。德国《联邦数据保护法》第 3 条第 9 款①规定了敏感个人信息的范围。从德国敏感个人信息的范围来看，德国敏感个人信息的范围主要参考欧盟规定的具体内容，具有相似性，实现欧盟内部的统一性。同时，根据国家民众对不同个人信息的“敏感度”，对欧盟敏感个人信息的范围进行具体化，找寻适合自身的敏感个人信息范围。

美国缺乏专门的个人信息保护法，其敏感个人信息的范围规定于各州立法与单行法中。美国在欧盟关于敏感个人信息规定的基础上，对敏感个人信息范围加以丰富，将贸易组织的成员资格信息、关乎个人安全的信息、犯罪记录信息、教育信息、公务记录信息等纳入敏感个人信息的范围。美国敏感个人信息的范围基本涵盖了主要的敏感个人信息种类，在欧盟关于敏感个人信息规定的基础上，同时也有新的发展与进步，为美国敏感个人信息的保护提供了范围依据。

日本敏感个人信息的范围界定总结各国敏感个人信息范围界定的经验。人种信息、宗教信仰信息、社会身份信息、病历信息、犯罪经历信息等个人信息被日本归入敏感个人信息的范围。其敏感个人信息范围的内容立足于自身敏感个人信息保护的基本现状，界定适合自身保护需要的敏感个人信息范围，一定程度上有利于实现对个人信息权益的保障。

综上，域外敏感个人信息的范围界定具有两个特点：一是敏感个人信息的范围已呈趋同性。种族信息、政治主张信息、宗教或其他信仰信息、健康信息四类个人信息被普遍认可为敏感个人信息，敏感个人信息范围界定基本达成共识。二是敏感个人信息的

---

① 参见德国《联邦数据保护法》，载百度文库，https://wenku.baidu.com/view/742095805901020206409c83.html，2022 年 3 月 13 日访问。

范围注重现实性。在智慧时代和智慧社会的背景下，基因信息、生物识别信息、金融信息等新的敏感个人信息种类出现，这些原本不属于敏感个人信息的信息开始被接纳进来，这体现了社会对于这些信息“敏感度”的变化，以信息发展为脉络，以社会实践为界定基础，为敏感个人信息保护提供了新方向。

2. 我国敏感个人信息的范围界定

《信息安全技术 公共及商用服务信息系统个人信息保护指南》第3.7条①清晰规定了个人敏感信息的范围。从具体内容进行分析，其主要列举了七种敏感个人信息，可以将其归纳为三大主类：一是个人身份信息，包括身份证号码、手机号码和种族，明确身份信息的具体种类，保障身份信息的安全；二是思想观念信息，包含政治观点和宗教信仰，思想观念是一个人的精神寄托，思想观念信息的保护是敏感个人信息保护的一大进步；三是生物识别信息，主要有基因信息和指纹信息两种，这两种信息对个人的人身安全具有重要价值，生物识别信息纳入敏感个人信息范围符合智慧社会的要求。这为当时有效保护敏感个人信息、形成具体标准及后续的范围界定提供了参考与经验。同时，该指南允许各行业在规定的基础上，在许可的内容之下，有关行业根据自身具体特点进行差异化调整，增加了敏感个人信息范围的灵活性与变通性。

《信息安全技术 个人信息安全规范》也体现了敏感个人信息的内容，并在第3.2条②对其进行了说明。它参考和总结之前的具体规定，同时有了新的发展，增加了一系列关系个人信息安全与个人切身利益的敏感个人信息，丰富和扩展了敏感个人信息的范围。随着网络化、数据化和智慧化的发展，个人信息在新的情境下产生了新的敏感个人信息，《信息安全技术 个人信息安全规范》考虑到现实具体情况，综合新的敏感个人信息种类，是对《信息安全技术 公共及商用服务信息系统个人信息保护指南》的新思考、新总结和新发展。

《个人信息保护法》自2021年11月1日起正式施行。《个人信息保护法》对敏感个人信息的范围进行了明确的规定。在第28条后半部分中，规定了我国敏感个人信息的范围种类。由此可以看出，《个人信息保护法》是对《信息安全技术 个人信息安全规范》和《信息安全技术 公共及商用服务信息系统个人信息保护指南》的总结和概括，将敏感个人信息范围限定为生物识别、宗教信仰、特定身份、医疗健康、金融账户、行踪轨迹等

① 《信息安全技术 公共及商用服务信息系统个人信息保护指南》第3.7条规定：“一旦遭到泄露或修改，会对标识的个人信息主体造成不良影响的个人信息。各行业个人敏感信息的具体内容根据接受服务的个人信息主体意愿和各自业务特点确定。例如个人敏感信息可以包括身份证号码、手机号码、种族、政治观点、宗教信仰、基因、指纹等。”

② 参见《信息安全技术 个人信息安全规范》第3.2条规定：“一旦泄露、非法提供或滥用可能危害人身和财产安全，极易导致个人名誉、身心健康受到损害或歧视性待遇等的个人信息。注1：个人敏感信息包括身份证件号码、个人生物识别信息、银行账户、通信记录和内容、财产信息、征信信息、行踪轨迹、住宿信息、健康生理信息、交易信息、14岁以下(含)儿童的个人信息等……”

信息,以及不满14周岁未成年人的个人信息。手机的指纹识别、面部识别,支付宝的刷脸支付等功能的基础在于生物识别信息,因此其与个人信息安全有着千丝万缕的联系,将其纳入敏感个人信息,有其正当性和合理性的基础。《个人信息保护法》中的敏感个人信息范围规定是从社会公众的角度出发,是建基于公众的信息敏感度上,是符合我国敏感个人信息保护的基本国情的。简言之,从《信息安全技术 公共及商用服务信息系统个人信息保护指南》到《信息安全技术 个人信息安全规范》再到《个人信息保护法》,我国敏感个人信息范围界定实现了从零到整、逐渐规范化的嬗变。

我国敏感个人信息的范围包括具体的七大类敏感个人信息,并没有将贸易组织的成员资格信息、犯罪记录信息、与个人性生活有关信息纳入敏感个人信息的范围,对敏感个人信息的范围进行了一定程度的限缩。但我国将不满14周岁未成年人的个人信息直接纳入敏感个人信息的范围,是我国敏感个人信息保护的一大亮点所在。我国敏感个人信息在采取穷尽列举的方式上,规定"等"信息,这在一定程度上扩大了敏感个人信息的范围,①有助于将新的敏感个人信息种类纳入敏感个人信息的保护范围。

二、敏感个人信息的保护原则

保护原则是敏感个人信息的重要内容,其意涵丰富,如将必要原则、知情同意机制和未成年人信息处理原则等多个重要原则纳入其中,以打开敏感个人信息保护视野。本章选择将知情同意机制和未成年人信息处理原则进行比较,主要基于两个缘由:一是鲜明对比性,传统的知情同意机制与新进的未成年人信息处理原则具有差异;二是现实需要性,知情同意机制囿于形式、形同虚设,未成年信息处理原则与现实路径脱节,此二者已经成为具体实践中不得不面对的问题,亟须明确与优化。

(一)知情同意机制

1. 域外敏感个人信息的知情同意机制

知情同意机制是处理敏感个人信息的基础和前提。1995年欧盟在《保护个人权利指令》中提出保护个人数据的七项基本原则,知情同意机制就被包含在内。具体而言,表露信息主体的个人信息,除非获得其许可,否则不能进行。换言之,信息收集处理者利用个人信息,尤其是敏感个人信息,必须告知信息主体,并且征得信息主体的同意。基于个人信息自决权,欧盟GDPR应运而生,其中明确了"同意"的条件:第一是控制者的信息处理必须建立在同意的基础之上,同时控制者有足够的证据表明数据主体已经同意对其个人数据进行处理;第二是在特定的情形之下,控制者必须获得数据主体的书面同意,而且还要满足清晰、明白的要求,如果没有达到此要求和条件,控制者的信息处

① 参见何直橙:《敏感个人信息的概念界定及法律保护研究》,西南政法大学2017年硕士学位论文,第22~27页。

理不具有约束力;第三是数据主体享有同意的撤回权,撤回同意与表达同意的方式一样,在数据主体行使撤回权之前,如果想要进行信息的使用,其前提是获取个人信息者的同意;第四是数据主体的同意必须是真实自愿的,是基于自由做出的,其中,对于没有约定的次要内容,也应该符合同意的形式。由此,欧盟 GDPR 对知情同意机制的重视不言而喻,其规定是十分明确和完整的,并以知情同意机制为基础,构建起信息控制者的责任和义务,进而维护敏感个人信息的安全。

德国沿用了欧盟同意的条件,如同意的撤回权、自由决定权等。根据德国联邦关于个人信息保护的具体内容,收集、处理和使用个人数据必须要经过数据主体的同意。[①]德国《联邦数据保护法》第 4a 条第 3 款规定了敏感个人信息的同意原则,即敏感个人信息的收集、处理和使用应特别表明是否作出同意的意思表示。在德国《联邦数据保护法》中,“明示”是“同意”的核心表达方式,知情同意机制的基础地位毋庸赘述,这对德国敏感个人信息安全具有重要意义。

区别于欧盟、德国,美国知情同意机制并未采取综合立法模式,而是根据行业特点进行专门性立法。美国十分重视对公民个人隐私权的保护,其宪法第四修正案专门规定了公民的隐私权。美国为了规范网络上个人信息的收集、利用、发布和隐私权保护,相继出台了关于通信技术方面隐私保护的法案、关于通信纯净行动的法案、关于数据强化保密的法案、关于未成年人网络隐私保护的法案、关于网络技术保护的法案和关于网络的信息安全保护的法案,[②]正在逐步密织起信息安全的防护网体系。这些法律涉及美国的通信行业、儿童信息安全、网络安全等各个特定的行业与具体领域,在美国个人信息保护中发挥重要作用。这些法律都规定了知情同意机制,同时信息处理者在利用敏感个人信息时,必须获得信息主体的“知情”与“同意”,以保证敏感个人信息使用的合法性与正当性。

日本《个人信息保护法》充分肯定了知情同意机制的基础性地位,并就使用前提、合理目的及豁免事项予以具体规定。首先,个人信息处理从业者对敏感信息进行利用,必须要征得本人的同意,这是敏感个人信息利用的前提条件;其次,个人信息处理从业者不得未经本人的同意,实施超过原来利用目的所必要的范围的处理行为;最后,除了法令规定,保护人的生命、身体或者财产而有必要,提高公众卫生或者推进儿童的健康成长而有必要等特殊情形,个人信息处理从业者不得未事先取得本人的同意,而获取需注意的敏感个人信息。可见,知情同意机制在日本《个人信息保护法》中一以贯之,并

① 参见李琴:《中国和德国对个人信息保护的法律制度比较研究》,湖南大学 2019 年硕士学位论文,第 23 ~ 31 页。

② 参见《国外网络信息立法情况综述》,载中国人大网 2012 年 12 月 17 日,http://www.npc.gov.cn/npc/c16115/201211/a4fa87828d0444d7904a3372b1ad800e.shtml。

从多个方面得到了明确。

综上,域外以欧盟为代表提出了严格的知情同意机制内涵,主要体现在三个方面:第一,知情同意机制需要由信息收集处理者进行证明。信息收集处理者必须提供直接或者间接的证据进行说明,自身获得信息主体的"同意"。第二,信息主体享有"同意"撤回权。撤回权也是知情同意机制的表现形式,其本质还是知情同意机制的使用。第三,"同意"的基础是自由。信息主体在作出"同意"时,必须是自愿的,不能存在威胁、胁迫等不自由的情况,可以以合同协议中是否需要履行不必要的敏感个人信息处理为参考标准。德国《联邦数据保护法》关于知情同意机制参考和沿用了欧盟 GDPR 的规定。美国《草案》关于知情同意机制也作出规定,信息企业必须取得消费者的请求,才能在法律规定范围内使用消费者的敏感个人信息。同时,还引入"场景理论"处置化方式,"同意"要考虑到敏感信息的特殊情境,以此作出同意。

2. 我国敏感个人信息的知情同意机制

2013 年,我国《信息安全技术 公共及商用服务信息系统个人信息保护指南》施行,自此,知情同意机制作为重要原则之一的地位得以确立。这明确了数据处理的基本原则,其中包括个人同意原则。除此之外,其将知情同意机制具象化,坚持"全方位通知"[①]的理念,即在信息收集、加工、转移、删除各个阶段都应当保障数据主体的知情同意。[②] 随着新型互联网技术的深入发展,个人信息泄露、非法利用等问题的出现,严重威胁到个人信息安全。为应对新情况、新问题,进一步深化知情同意机制,2014 年最高人民法院出台了《关于审理利用信息网络侵害人身权益民事纠纷案件适用法律若干问题的规定》,明确了对"敏感信息"的收集和使用必须得到信息主体的事前同意。[③] 2017 年,我国《网络安全法》开始施行,知情同意机制作为个人信息收集利用的基本原则。在其第 41 条的规定中,个人信息的收集和使用都必须获得用户的知情同意。[④] 2020 年 5 月 28 日,我国《民法典》出台,第 1035 条第 1 款规定,个人信息的处理必须征得自然人

---

① 林洹民:《个人信息保护中知情同意原则的困境与出路》,载《北京航空航天大学学报(社会科学版)》2018 年第 3 期。

② 《信息安全技术 公共及商用服务信息系统个人信息保护指南》第 4.2 条。

③ 最高人民法院《关于审理利用信息网络侵害人身权益民事纠纷案件适用法律若干问题的规定》第 12 条规定:"网络用户或者网络服务提供者利用网络公开自然人基因信息、病历资料、健康检查资料、犯罪记录、家庭住址、私人活动等个人隐私和其他个人信息,造成他人损害,被侵权人请求其承担侵权责任的,人民法院应予支持。"

④ 《网络安全法》第 41 条规定:"网络运营者收集、使用个人信息,应当遵循合法、正当、必要的原则,公开收集、使用规则,明示收集、使用信息的目的、方式和范围,并经被收集者同意。网络运营者不得收集与其提供的服务无关的个人信息,不得违反法律、行政法规的规定和双方的约定收集、使用个人信息,并应当依照法律、行政法规的规定和与用户的约定,处理其保存的个人信息。"

或者监护人的同意。[①] 知情同意机制"入典",体现出知情同意机制在个人信息处理中的核心地位,为个人信息的处理提供了原则性依据,为个人信息保护提供了规范依据。

数智化社会的到来,敏感个人信息保护日益成为社会问题。我国出台专门的《个人信息保护法》,敏感个人信息保护发展到前所未有的新高度。该法第13条第1款规定,个人信息处理者处理个人信息必须以取得个人同意为前提,[②]明确将知情同意机制确立为个人信息保护的基本原则。同样在敏感个人信息的处理规则中,信息的收集处理利用者必须征得个人的单独同意;对于法律法规特别规定的情况,还必须取得书面同意。[③] 知情同意机制既符合理论化的要求,又推动实际情况的开展。[④] 敏感个人信息处理上的知情同意,强化了知情同意机制,对知情同意机制提出了高要求、高标准,实现了知情同意机制的新发展。

在我国,知情权是知情同意机制的重要内容,更是敏感个人信息保护必不可少的内容。我国《个人信息保护法》第29条明确了敏感个人信息的知情同意机制。姚佳教授认为,知情权是在整个个人信息保护体系中处于核心位置,具有辐射带动其他权能的作用,是个人信息权利体系"三阶构造"的"第二阶构造"[⑤]。以此视之,知情权也是敏感个人信息权利体系的核心内容,保障信息主体知情权的实现,要推进知情同意机制发展,构建敏感个人信息的权利体系,完善敏感个人信息的保护规则。要想对敏感个人信息进行使用,必须获得该信息主体的认可,同时在法律、行政法规有规定的情况下,必须有书面的同意方式。我国敏感个人信息的"单独同意"可以理解为禁止概括授权,信息的收集处理者应当就每一项敏感个人信息进行解释与说明,保证信息主体的知情权,在此基础上,征得或者获得信息主体的"同意",从而保证知情同意机制的最大化实现。

(二)未成年人信息处理原则

1. 域外未成年人信息的处理原则

随着互联网产业的年轻化,未成年人的个人信息逐渐进入域外国家个人信息保护的视野,对未成年人的个人信息保护的必要性日益凸显。欧盟GDPR中指明信息社会服务中关于适用儿童同意的条件,具体可以有三个方面的理解:其一,以16周岁为界限,如果儿童年满16周岁,信息收集利用者可以满足其合法的权益,在其同意下对其个

---

① 《民法典》第1035条第1款规定:"处理个人信息的,应当遵循合法、正当、必要原则,不得过度处理,并符合下列条件:(一)征得该自然人或者其监护人同意,但是法律、行政法规另有规定的除外……"

② 《个人信息保护法》第13条第1款规定:"符合下列情形之一的,个人信息处理者方可处理个人信息:(一)取得个人的同意……"

③ 《个人信息保护法》第29条规定:"处理敏感个人信息应当取得个人的单独同意;法律、行政法规规定处理敏感个人信息应当取得书面同意的,从其规定。"

④ 参见张新宝:《个人信息收集:告知同意原则适用的限制》,载《比较法研究》2019年第6期。

⑤ 参见姚佳:《个人信息主体的权利体系——基于数字时代个体权利的多维观察》,载《华东政法大学学报》2022年第2期。

人数据的处理是合法的，反之，当儿童不满16周岁时，只有当儿童的父母或负有监护责任的主体同意或者认可的情况下，此类处理才是合法的；其二，为成员提供较为灵活的年龄要求，即在满足13周岁的情况下，欧盟内部成员相关立法内容可根据自身的实际情况合理地降低年龄标准；其三，明确信息控制者的责任与义务。信息收集处理者必须采取合理的努力，同时结合结束可行性，确保儿童具有父母或负有监护责任的主体的授权或者认可。欧盟的GDPR从未成年人的年龄限定、成员具体情况以及信息控制者的责任等方面，对未成年人的信息保护作出规定，以此期待实现对未成年人信息安全的保护，保障未成年人基本权益的实现。

在未成年人网络安全相关的监管中，美国给予了网络用户及媒体很大的自由和发挥空间，同时制定相关法律，维护未成年人网络信息安全。美国政府先后出台了多部法律，形成了比较完善的儿童网络保护体系，其中包括《儿童在线保护法案》、《儿童在线隐私保护法案》和《儿童互联网络保护法》等专项法律，还有在《通信行为端正法》和《网络免税法》等网络相关立法中也有关于保护儿童网络安全的条例。美国关于未成年人信息保护的法律措施中，未成年人的隐私保护是最重要的内容。美国将未成年人的个人信息保护纳入隐私保护之中，为了最大化地实现对未成年人的隐私保护，美国联邦贸易委员会提出了立法规制和行业自律政策相结合的模式。一方面，美国通过立法规制方式保护未成年人的个人信息安全。美国设立专门的关于儿童信息保护的法律，对儿童的隐私内涵、范围和处理规则进行解释和说明，明确未成年人的隐私信息保护规则，强化对未成年人隐私信息安全的保护；另一方面，美国通过行业自律方式实现对未成年人隐私信息的保护。行业自律政策是美国未成年人隐私保护的重要环节。美国互联网产业起步较早，互联网企业规模大，例如谷歌、亚马逊、推特等，企业的行业规范对未成年人的隐私信息保护具有至关重要的作用和价值。美国企业根据自身的实际发展现状，结合对未成年人隐私保护的条件，制定合适的行业标准，通过不同的行业标准实现对未成年人的隐私的差异化保护。美国通过这两个方面的同时进行、相互促进，从不同的主体进行保护，发挥了各方的能力，实现了未成年人的信息安全。

日本未成年人的上网人数较多，未成年人的信息安全亟待保护。日本在《个人信息保护法》中并未对未成年人信息保护作出具体规定。从现实情况来看，日本对于未成年人的个人信息保护分散规定在各个不同法律之中。例如，日本出台了关于限制网络服务商责任和关于青少年网络规制等方面的法律，规定在未成年人的信息保护中，网络服务商要划分信息种类，分层推送适合未成年人的信息；同时，处理未成年人的信息必须符合法律的要求，有明确的目的。日本设立不同的法律，围绕“未成年人个人信息”的核心，主要是规制未成年人个人信息的收集处理者的义务，强化不同的信息控制主体规则，坚持从保护未成年人个人信息为出发点，保护未成年人个人信息的合法权益。在这个指导方向下，日本要求在网络等多个领域内实行保护的措施，具体表现为既要网络服务商设立保护屏障，又要搜索引擎提供合理信息服务。这主要通过对信息的控制者提出严格要求来达成，体现在未成年人个人信息的收集、处理和利用的全过程，并进行全过程的严格监管。

综上，域外大多数国家和地区并未将未成年人的个人信息规定为敏感个人信息，而依然是作为个人信息进行保护，只是作出了特殊性和特别性的规定。欧盟的 GDPR 中对儿童的同意条件进行说明，欧盟是以 16 周岁作为未成年人个人信息的年龄界限，同时还明确信息控制者的义务，信息控制者必须尽到合理的努力，达到相应的要求，以此获得父母等监护责任主体的同意。美国联邦没有出台未成年人信息保护法律，对于未成年人的信息保护规定于各个不同的法案之中。美国通过多个法案，从不同的层面和角度，对未成年人的隐私进行规定，保障未成年人的信息安全利益。日本在《个人信息保护法》中未对未成年人的个人信息保护作出相应的具体规定，而是在各个不同法律中，对未成年人的个人信息保护进行了说明，没有形成统一化的标准体系。

2. 我国对未成年人信息处理原则的规定

当今社会已经意识到，未成年人具有特殊的身份信息风险、痕迹信息风险、账户信息风险和服务信息风险，需要对其个人信息加以专门保护。[①] 在信息化智慧社会中，相较于成年人的信息，未成年人的信息更易遭受不合理、不正当和不合法的使用，从而对未成年人的身体和心理产生影响。在此背景之下，我国将不满 14 周岁未成年人的个人信息纳入敏感个人信息的范围，这是未成年人信息保护的里程碑，突出了我国对未成年人个人信息的保护和重视。

从《个人信息保护法》第 31 条来看，未成年人的敏感信息处理原则之意蕴有三层：一是适用一般敏感个人信息的处理规则，即信息收集处理者在收集、处理和使用未成年人的信息时，应当遵循“特定目的 + 充分必要”的处理规则，也要满足严格的保护措施，实现未成年人个人信息的合法使用。二是单独同意必须要取得父母或者其他监护人的同意。在单独同意的基础上，法律对未成年人的同意提出更高的要求，那就是由父母或者其他监护人担任起未成年人的信息安全的保护责任，这是未成年人的个人信息处理规则的核心内容所在。三是必须设立专门的未成年人的个人信息处理规则。未成年人与一般信息主体比较而言有其特殊性，如易受骗、内心脆弱等，必须要制定适合未成年人的专门处理规则，以此保障未成年人的个人信息安全。未成年人信息处理原则要求程度更高，更符合其特点，更利于发挥价值与作用。在未成年人信息处理原则基础上，建立具有中国特色的未成年人信息保护体系。[②]

---

① 参见王者鹏：《未成年读者个人信息保护政策的构建与实施——基于〈个人信息保护法〉》，载《图书馆》2022 年第 1 期。

② 参见程关松：《个人信息保护的中国权利话语》，载《法学家》2019 年第 5 期。

在未成年人的个人信息处理原则上,我国《个人信息保护法》直接将不满 14 周岁的未成年人个人信息确定为敏感个人信息。未成年人的个人信息属于敏感个人信息,是要按照敏感个人信息的处理规则进行利用。我国法律对于敏感个人信息的处理提出更高的要求,必须要有未成年人父母或者其他监护人的同意,才能对未成年人的个人信息进行合理合法的处理。不满 14 周岁的未成年人的个人信息处理原则是建立在敏感个人信息的处理原则的基础之上,但又高于敏感个人信息的处理原则。同时,在个人信息保护的立法之后,我国在未成年人个人信息保护上,开始进行体系化的建设,向全面完整的制度化迈进。

三、敏感个人信息的保护机制路径

智慧社会高速发展,信息技术从传统的互联网向大数据、云计算、区块链、人工智能和元宇宙等新兴技术迈进,使敏感个人信息保护机制路径遭遇前所未有的冲击与挑战,仅依赖传统保护机制路径难以为继,无法实现对敏感个人信息的有力保护。因而,敏感个人信息保护机制路径为了适应新的情形,应开始逐步调整与完善,主要包括三个方面:调整界定方式;改进知情同意;转变保护模式。

(一)域外敏感个人信息保护的机制路径

1. 由静态列举向动态情景界定方式调整

静态列举模式是域外敏感个人信息界定的基本方式,为世界部分国家和地区所使用。静态列举模式能够让人直接、清楚地了解和认识哪些属于敏感个人信息,哪些不属于敏感个人信息。但是,静态列举模式的列举是有限的,在限定的范围内,只能列举一部分的敏感个人信息,不能满足敏感个人信息的界定要求。这源于在某些具体的场景下,某些个人信息可能转变为敏感个人信息。以此反思,所有的个人信息在满足一定场景或者情景的要求下,都有可能成为敏感个人信息,而此时仅依赖静态列举模式显然是不足以支撑个人保护需求,其现实可操作性亦难以满足。

在这种实践情况下,敏感个人信息的界定方式开始发生调整,驱使传统的静态列举向动态情景界定方式转变。有学者提出"情境理论"①,认为在分析个人信息是否敏感时,其基础在于该个人信息原有的情景和环境,敏感个人信息的界定不能脱离于此,要从当时的场景或者情景中进行判断。"情境理论"是域外动态情景界定方式的理论基础。动态情景界定方式充分考虑敏感个人信息的环境、目的和情景等具体情形,将敏感个人信息与具体场景有机结合,从而实现敏感个人信息的界定。这种方式意在对静态列举模式进行补充与完善,实现了敏感个人信息界定方式的调整,并得到了较广泛应

---

① Helen Nissenbaum, *Privacy as Contextual Integrity*, Washington Law Review, Vol. 79:119, p. 119 - 158 (2004).

用。欧盟和美国在界定的方式上,加入了具体的现实因素,都体现了情景环境对于界定的影响。德国在宗教信仰、政治观点等个人信息是否为敏感个人信息上,也采用动态情景界定方式,根据特定的场景与情景去判定,以此界定敏感个人信息。①

2. 由静态知情同意向动态知情同意改进

知情同意机制作为敏感个人信息的基本原则,是信息主体实现信息安全的重要基础。然而,信息产业的发展使原有的静态知情同意难以满足敏感个人信息的现实保护需求。其中,静态的知情同意为问题存在的主要因素,具体包括:第一,信息过载及其规模效应夹带应用风险。信息收集利用者为了自身的便利与利益,在告知的文件中,规定内容过长且复杂的告知内容,有的甚至晦涩难懂,同时告知内容量过大,出现信息过载,导致知情同意难以为发挥真正作用。信息过载会使接受者不知所措,导致接受者随意浏览、挑读信息甚至放弃阅读,这干扰了告知同意背后的基本机制的实现。② 第二,数据聚合效应潜藏难以预测的未来风险。信息主体提供个人信息,尽管目前信息安全问题尚未爆发,但随着个人信息数量的增加,信息可能发生融合与变化,这些个人信息成为敏感个人信息,进而产生不可估量的危害与损失,造成严重的问题。第三,选择空间缺乏诱发"知情同意"失灵风险。在告知隐私条款上,信息主体的选择性是有限的,只能选择"同意"或者"不同意",否则无法使用该软件,极大地限制了知情同意的原有作用。

囿于静态知情同意,结合敏感个人信息与具体情景存在紧密关系,有学者提出,必须要考虑具体的场景或者情景,向动态的知情同意进行改进。一方面,根据敏感信息的风险高低进行风险评估,根据具体情况采用不同的知情同意,对知情同意进行划分,通过不同层级的知情同意,实现动态的知情与同意;另一方面,根据敏感信息的原有环境、时间、空间等具体因素进行分析,建立起动态的知情同意框架,实现知情同意的新发展,保护敏感个人信息。

3. 由统一立法保护向多方综合保护转变

统一立法保护模式是敏感个人信息保护的主要模式。这种保护模式在敏感个人信息保护过程中扮演了重要的角色,发挥了关键性的作用:第一,立法的明确性。国家通过立法,颁布有关敏感个人信息保护的法律。当敏感个人信息安全出现问题,个人可以根据有关立法规定,寻求法律帮助,维护自身敏感个人信息的合法权益。第二,法律的统一性。对于有关敏感个人信息保护,有的国家或地区的法律等文件可能存在交叉,法律保护不够清晰,导致无法选择合适的法律。而设置统一的法律,在整个国家形成一致

① See Wong, Rebecca, *Data Protection Online: Alternative Approaches to Sensitive Data*, Journal of International Commercial Law and Technology, Vol. 2:9, p. 9 - 16(2007).

② See Ben - Shahar. O, *Schneider. C. E. The Failure of Mandated Disclosure*, Actual Problems of Economics and Law, Vol. 2:170, p. 170 - 198(2017).

化的口径,有利于维护敏感个人信息的安全性。例如,德国黑森州最早设立有关个人信息保护的法律,后续各个州相继推出相关法律,在德国产生相对混乱的法律现状。为了解决这一问题,德国联邦推出了数据保护法,实现了国家信息保护的统一与规范。第三,法律的保障性。当敏感个人信息上升到法律层面,敏感个人信息就有了法律属性,其得以借助立法的力量和法律属性,实现自身的有效保护。

在智慧时代下,信息技术纵深发展,智慧社会逐步推进。原有方式虽然仍有效果与作用,但是面临新的实际情况,该模式不足以应对所有问题,还暴露了自身弊端。为了应对这种情形,有些国家或地区在统一立法模式的基础上,开始向多方综合保护模式进行转变。多方综合保护不仅仅依靠法律的强制性力量,同时还借助企业、行业等多方自律化管理,以全方位的姿态保护敏感个人信息,进而解决敏感个人信息的新问题。

德国的敏感个人信息保护体现了多方综合保护模式。德国不仅要求联邦等国家机关要对敏感个人信息进行保护,还要求有关信息行业对敏感个人信息进行保护,通过将两者有机结合,实现敏感个人信息的保护方式创新。美国将多方综合保护模式称为"安全港"模式,即将国家立法方式和行业主体的自律模式相结合的综合保护模式。一方面,美国有关个人信息保护的法律以州为单位,而非在联邦层面进行整体设计,如《草案》,以各州的法律保护为核心,政府应当展现在网络化下个人信息保护的规制能力;① 另一方面,在法律的规定之下,美国许可各个信息行业根据自身的情况制定合适的信息保护规范,辅助进行敏感个人信息的保护,实现敏感个人信息的多方保障,维护美国敏感个人信息的安全。日本保护敏感个人信息的法律体系采用统分结合的方式构筑而成,即在统一立法的同时鼓励行业自律。② "统"是指日本国内设立统一性法律,保护日本敏感个人信息安全;"分"是日本政府进行一定程度的权力下放,在法律许可的范围内,相关信息行业可以采取自律的方式,约束自身敏感个人信息的使用,做到程序合法、行为正当。

以此来看,敏感个人信息保护模式实现了由统一立法保护向多方综合保护的转变,创新了敏感个人信息的保护模式,完善了敏感个人信息保护路径。多方综合保护机制主要有两个方面的益处:首先,就其直接作用而言,明显弥补了传统保护方式的不足,以全新保护方式应对新的环境和情景变化,回应新的问题,发挥新方式的变通性;其次,间接推动了敏感个人信息的全面保护发展,通过主体保护的多元化,从传统的只靠国家、政府等进行保护,扩展到可以由信息行业、企业进行保护,扩大了敏感个人信息保护的

---

① 参见[美]劳伦斯·莱斯格:《代码2.0:网络空间中的法律》,李旭、沈伟伟译,清华大学院出版社2018年版,第27页。

② 参见魏健馨、宋仁超:《日本个人信息权利立法保护的经验及借鉴》,载《沈阳工业大学学报(社会科学版)》2018年第4期。

主体范围,调动公私领域多类型力量,实现信息行业、企业与政府共同作用的保护模式。

(二)我国敏感个人信息保护的机制路径

敏感个人信息之所以有其特殊性,是因为敏感个人信息具有特殊“敏感度”①。因而,在同样的条件、内容和情境之下,一般个人信息与敏感个人信息的影响范围、辐射广度和危害程度不同。基于此,敏感个人信息保护的机制路径相较一般个人信息来看,也应当是更特殊、更高层面和更高要求的。我国对敏感个人信息的保护处理规则单独成节,为敏感个人信息打造特殊保护网。我国敏感个人信息的保护机制路径主要由“基本定义 + 简单列举”界定方式、“特定目的 + 充分必要”规则和单独同意规则三个部分构成,下文将对这三个部分展开详细的论述,进而明确我国敏感个人信息的保护机制与保护路径。

1.“基本定义 + 简单列举”界定方式

敏感个人信息的界定方式是保护机制路径的重要内容。我国《个人信息保护法》采用了“基本定义 + 简单列举”的界定方式。这种方式将是我国敏感个人信息界定的主要方式。“基本定义”表明敏感个人信息的基本内涵。当个人信息发生泄露或者遭到非法使用,进而给信息主体造成人格尊严的损害或者人身、财产的危害后果时,那该个人信息就是敏感个人信息。借助敏感个人信息的基本定义可以有效判定个人信息是否为敏感个人信息,从而为后续敏感个人信息的处理奠定基础。“简单列举”阐明敏感个人信息的种类与范围。《个人信息保护法》列举了敏感个人信息的种类和范围,既包含传统的敏感个人信息,如宗教信仰信息等,又包含新型的敏感个人信息种类,如行踪轨迹信息等。我国敏感个人信息的列举是继承和发展的统一。

智慧时代下,信息是智慧社会的基本要素。信息的处理和使用将越来越频繁,尤其是敏感个人信息。“基本定义 + 简单列举”的界定方式能够区分一般个人信息与敏感个人信息的界限,为司法实践敏感个人信息的界定、判定和识别提供法律依据,将持续为我国敏感个人信息保护提供生命力,推进我国敏感个人信息保护机制路径的进步与发展。

2.“特定目的 + 充分必要”规则

《个人信息保护法》第 28 条第 2 款已经表明,个人信息收集处理者对敏感个人信息进行处理,必须满足三个方面的要求:一是具有特定的目的;二是符合充分的必要;三是采取严格的保护措施。由此得出,这三个要求是个人信息收集处理者对敏感个人信息进行处理的必要条件,不可或缺,于敏感个人信息保护有着举足轻重的影响,其中三者与敏感个人信息处理存在动态的联系,亟须梳理进行深入探讨。

---

① Highly responsive or susceptible: such as a (1): easily hurt or damaged; especially: easily hurt emotionally', https://www.merriam-webster.com/dictionary/sensitive (Last visited on Apr 14, 2022).

特定目的是处理敏感个人信息的核心。只有具有特定目的,才能依法处理敏感个人信息,充分的必要性和采取严格保护措施都是围绕特定目的而具体展开的。特定目的主要有三层含义:第一,特定目的必须是特定化的、具体的、明确的目的,而不是泛泛的目的。第二,特定目的可以是立法机关和执法机关明确指定的目的。第三,特定目的的判断应当与充分的必要性相结合。[①] 特定目的必须是具体而明确的,既要达到理论与实践相统一,又要符合内容与形式相统一,真正能服务于敏感个人信息保护的目的。当然,我国全国人大常委会和最高人民法院可以出台相应的立法解释与司法解释,明确告知敏感个人信息的目的。在达到前面两个要求时,还得与充分必要性有机结合,才能更好发挥价值与作用。故而,只有符合三个层面的含义,特定目的才能达到其应有的高度,才能成为敏感个人信息的核心。[②]

充分必要是处理敏感个人信息的关键。敏感个人信息的使用要在具有特定目的的前提下,同时必须要结合充分必要性,这才是能满足"特定目的 + 充分必要"的处理规则。充分必要能够让敏感信息更加具体、更加准确,利于实现敏感个人信息的精准保护。例如,在使用手机各种 App 时,允许该软件收集个人的喜爱、偏好,根据个人的实际情况该软件会进行精准推送,而此时该软件又要收集个人的地理位置信息,这显然是不具备充分必要性的。又如,在个人购买保险的时候,保险机构收集个人的健康信息是符合充分必要性的,但是保险机构增加特定身份的选项和条款,特定身份作为敏感个人信息,在此条件下同样也是不满足充分必要性的,因为购买保险产品与个人的特定身份之间不存在必然的联系。因此,收集、处理和利用敏感个人信息必须要满足充分必要性。

严格保护措施是处理敏感个人信息的保障。在满足"特定目的 + 充分必要"的基础上,敏感信息的收集处理者可以将个人的敏感信息归于手中,进行合理使用,从而实现经济效益。在敏感个人信息使用过程中,严格保护措施就形成堡垒、城墙,架起了敏感个人信息的安全之门。敏感个人信息的收集处理者必须要遵循严格的收集规则、处理规则和使用规则,形成敏感个人信息的全过程、全链条、特定性保护。同时,在敏感个人信息出现问题时,敏感个人信息的收集处理者会承担严厉的责任,敏感个人信息主体也享有救济的权利,以此构成敏感个人信息的保障。

3. 单独同意规则

《个人信息保护法》第 29 条明确了单独同意的规则。从法条字面含义分析,在利用敏感个人信息时必须要遵循信息主体的"点头"原则,必须获得个人的认同与许可;在法律等规定另有要求时,必须要有书面的同意,才符合基本的形式要件。单独同意具体

---

① 参见王利明:《敏感个人信息保护的基本问题——以〈民法典〉和〈个人信息保护法〉的解释为背景》,载《当代法学》2022 年第 1 期。

② 参见吕炳斌:《个人信息保护的"同意"困境及其出路》,载《法商研究》2021 年第 2 期。

可以理解为三个方面的内容:禁止一揽子授权;处理者负有明确告知义务;[①]拒绝提供禁止服务的限制规则,敏感个人信息的收集过程中,不能采取概括授权的方式掠夺主体大量个人信息,使信息主体难以甚至无法意识到侵权的发生,从而难以阻却侵害个人信息安全的不法行为实施。个人必须要对每一项信息进行审阅并进行授权,实现单独同意的要求。在特定的情况下,敏感个人信息的收集必须要有书面的同意,这也是个人单独同意规则的要求。敏感个人信息的收集处理者应当对信息主体负有明确的告知义务。在敏感个人信息的收集、处理等整个大过程之中,收集处理者必须将自己的收集要求、处理方式和使用手段进行合理、明确、充分的解释说明,使信息主体对其敏感个人信息有基本了解、认识,从而更好地维护自身的信息安全权益。但在现实生活中,大多数App要求使用者对其进行各个方面的授权,才能正常使用,这种"不同意即退出"的同意模式即是强制授权的表现。在这种情况下,就必须要有禁止服务的限制规则,从而保证敏感个人信息收集的合理、合法,保障信息主体的合法权利。在符合"特定目的+充分必要"的条件下,满足严格保护措施的情况下,不能采用默示授权的方式,应当以明示的单独同意为之。

我国敏感个人信息基本采用"基本定义+静态列举"界定标准,但是分析来看,我国敏感个人信息的界定标准与域外存在差异。我国敏感个人信息界定标准可以从三个方面理解:人格尊严标准;人身、财产安全标准;未成年人标准。[②] 从人格尊严角度来看,敏感个人信息与个人人格尊严有着不可割断的紧密联系。如果敏感个人信息发生泄露、非法使用,此时,个人的人格尊严会受到损害,人的基本权利也会受到侵害。同时,敏感个人信息泄露和不当使用会导致特定主体遭受不平等或不公平的待遇,产生歧视。[③] 例如,身体健康信息是敏感个人信息的重要组成部分。在就业过程中,如果一个人的身体健康信息发生泄露,可能会导致其无法就业,更为严重的是,导致整个社会对其产生的就业歧视。再如,各种实名认证方式,有的是对人脸信息进行采集,左右摆头,张口闭口,还有的是录制一段读文字的视频,这种生物识别信息如果被非法使用,不仅信息主体的肖像权会受到侵害,公之于众的视频也会对个人的尊严产生不利影响。从人身、财产安全标准来看,主要以"损害风险"[④]为核心构建,损害的内容包含身体、物质或非物质损害,损害来源主要包括信息被知道而给人带来心理或精神上的损害,信息被知道而引发歧视性待遇带来财产利益等损害,信息被非法利用于犯罪带来人身和财产损害等。具体而言,其一,敏感个人信息与人身安全相互依存、相互依赖。如一个人从

① 参见李爱君、苏桂梅主编:《国际数据保护规则要览》,法律出版社2018年版,第1~45页。

② 参见王利明:《敏感个人信息保护的基本问题——以〈民法典〉和〈个人信息保护法〉的解释为背景》,载《当代法学》2022年第1期。

③ 参见田野、张晨辉:《论敏感个人信息的法律保护》,载《河南社会科学》2019年第7期。

④ 谢琳、王漩:《我国个人敏感信息的内涵与外延》,载《电子知识产权》2020年第8期。

事某种特定的职业,当他的特定身份信息被获取,可能会危及他自身的生命安全。其二,敏感个人信息与财产安全是密不可分的。《个人信息保护法》将金融账户信息列为敏感个人信息,足以体现两者之间的关系。个人的财产安全,离不开敏感个人信息的保护;而敏感个人信息的保护得当,又反作用于个人的财产安全。从未成年人的角度来看,我国将未成年人信息列为敏感个人信息,充分考虑未成年人信息对于其个人、家庭以及整个社会的重要影响,保护未成年人的信息意味着保护国家和民族的未来,后文对此也会进行详尽的论述。

我国敏感个人信息的界定标准没有采用“场景理论”,没有考虑到在不同的场景下,个人信息是会发生转变的。如此看来,只依靠“基本定义+静态列举”的界定方式不能满足敏感个人信息界定的需求,不利于敏感个人信息的全面有效界定。因此,我国需重新审视兼采“场景理论”的界定方式,要重视具体情景的变化,进而完善敏感个人信息的界定标准。

我国敏感个人信息的保护模式主要采用信息保护与信息发展相结合的模式。我国敏感个人信息的保护模式可以从两个方面进行理解:一是从信息保护来看,敏感个人信息的安全性是第一位的,我国把敏感个人信息的安全摆在肩上,放在面前,时刻看得见、保得住、行得远。我国设立《个人信息保护法》,以此为核心逐步构筑起我国敏感个人信息保护体系,保障敏感个人信息的安全,对于敏感个人信息的内涵深入了解,挖掘其本质。同时,根据司法实践的具体情况,对敏感个人信息的内涵进行实践化与具体化。对敏感个人信息的处理规则进行细化,既遵循原有的法律处理规定,又根据时代发展的情况,逐步优化完善敏感个人信息的处理规则,确定敏感个人信息的处理原则。二是要注重信息的发展。在对敏感个人信息进行保护时,也要注重经济效益,确保敏感个人信息能够被合理合法正当使用,能够让信息流动起来,形成规模化经济,顺应信息经济的潮流,进而促进信息经济发展,抢占信息高地,引领信息社会变革。敏感个人信息保护与敏感个人信息发展不是对立冲突的,而是辩证统一的。一方面,敏感个人信息的保护为敏感个人信息的发展提供了前提和条件,是敏感个人信息发展的保护伞;另一方面,敏感个人信息的发展助推敏感个人信息的保护,为敏感个人信息提出新的要求,是敏感个人信息保护的动力机。因此,让信息安全与信息发展相互促进、相互融合,既要保护好敏感个人信息,又要推动信息的社会化发展,实现“两手抓”“两不误”“两促进”。

四、我国敏感个人信息保护之完善思路

前文深入研究敏感个人信息的内涵范围、保护原则和保护规制路径,目的在于完善敏感个人信息的界定方式,破除敏感个人信息知情同意机制难题,保护未成年人的信息安全,推进我国敏感个人信息的保护发展。

(一)敏感个人信息界定方式应予改进之处

1. 敏感个人信息的界定方式不够全面

从敏感个人信息的界定方式来看,我国主要采用的是“基本定义+简单列举”的界定方式,这是一种法律列举模式。法律列举模式的优点是直接识别性、快速性、准确性;缺点是机械化、僵硬化、缺乏灵活性。对于法律已经列举的敏感个人信息,如特定身份信息、金融账户信息等,可以快速有效地进行识别和界定。而对于法律没有列举的敏感个人信息,可能不好进行判定,甚至是无法进行判定,法律列举模式的作用就捉襟见肘了。这种界定方式虽然对敏感个人信息的界定和保护有重要意义,但其仍存在缺陷和不足,无法进行有效全面的识别,不利于敏感个人信息的研定与判定。

法律列举模式之所以存在问题和缺点,主要有三方面的原因:一是敏感个人信息因人而异。每个人对信息的“敏感度”是不同的。对于某一个特定的人来说,对这个信息的敏感度不高,但对那个信息却具有高敏感性,即同一个人对于不同的信息敏感度是不同的;换个角度看,对于某一个相同信息来说,这个特定的人和那个特定的人由于自身因素的不同、所处环境的差异,对于该信息有无敏感性,可能有不同的见解和理解,即该信息可能具有敏感性,但也可能一点敏感性也不存在。这就导致在界定敏感个人信息时产生困难,无法根据特定的情况进行有效的识别和界定。二是敏感个人信息的种类和范围是不断发展变化的。从种类上看,信息的环境是动态变化的,个人信息处于其中,新的敏感个人信息一定会出现。此时,新的敏感个人信息种类需要去进行保护,而法律并未进行说明,新的敏感个人信息要采用何种界定方式?从范围来看,随着信息化社会的发展,个人信息的范围不断扩大,新的个人信息不断出现。敏感个人信息亦是如此,自然在范围上也发生变化,开始涉及社会的各个领域。三是敏感个人信息的复杂性。有的个人信息单独来看不是敏感个人信息,但是将不同的个人信息进行汇集、杂糅,最终可能会形成新的敏感个人信息。在司法实践中,法官对于此种情况,单纯依靠法律列举模式显然不足以解决问题,也不利于法官主观能动性的发挥。由于以上原因的存在,我国的界定方式可能会受到影响,在敏感个人信息的界定上,单一化的界定方式满足不了现实多场景的需求。因此,敏感个人信息的界定方式仍需要进一步发展和完善,需要我们更深层次地探讨界定方式,完备敏感个人信息的界定方式,使得界定方式能够全面、综合,达到敏感个人信息识别的目的。

2. 采用“法律列举+综合考量”的界定方式

法律列举模式是传统界定敏感个人信息的方式,也是界定敏感个人信息的主要方式。因此,敏感个人信息的界定方式采用法律列举模式是普遍做法。例如,我国《个人信息保护法》、欧盟 GDPR、德国《联邦数据保护法》、美国《草案》和日本《个人信息保护法》都采用法律列举模式界定敏感个人信息。法律列举模式具有直接性、易定位性、稳定性等优点,可以为敏感个人信息界定的司法实践提供明确的法律保障。坚持以法律列举模式为主，是我国界定敏感个人信息的主要方法、方式和手段。但随着信息的发展变化、信息场景的动态转变，新的敏感个人信息种类出现，此时，单单依赖法律列举的模式力量是不够的，就必须引入综合考量模式，应对敏感个人信息的新变化、新发展。

综合考量模式是指敏感个人信息界定依据特定的情景或场景，综合分析多种具体因素，加以确定的方式，①即敏感个人信息的界定不再仅仅从"识别性"出发，而是从动态的"关联性"考虑，立足于具体的场景或者情景，充分考虑个人信息的原有环境、时间和空间因素，进而实现动态的敏感个人信息的界定。在大数据、云计算、人工智能、元宇宙时代，数据技术的发展使得个人信息与非个人信息在不同场景中不断切换，不同的个人信息在同一场景中不同，同一个人信息在不同的信息场景亦不同，一般个人信息与敏感个人信息在这个环境中相互转变、转化，形成新的敏感个人信息种类，而通过以"场景理论"为基础的综合考量模式②正好可以应对在界定敏感个人信息时所面临的这一问题与挑战，实现对法律列举模式的补充，实现敏感个人信息全面综合的界定。以动态情景为基础实行综合考量的模式能够进一步完备敏感个人信息的界定方式，对敏感个人信息的识别与判定具有重要意义。因而，在智慧社会背景下，通过分析敏感个人信息界定方式的差异性，笔者认为，我国敏感个人信息的界定方式要以法律列举模式为主，辅以综合考量模式。坚持法律列举模式的主体地位，同时辅以综合考量模式，从综合情形进行考虑，需要推进多元化保护。

敏感个人信息的法益内容是多元化的，不仅包括个人信息权益，还包括行业利益、社会利益和国家利益。相应地，敏感个人信息的保护方式也应该是多元化、多层次和多角度的。从主体来看，敏感个人信息的保护离不开信息主体自身的觉醒，更离不开信息行业和国家社会的作用；从内容来看，敏感个人信息的保护离不开私法的保护，也离不开公法的强力保护。《个人信息保护法》既有公法的属性，也有私法的属性，是敏感个人信息保护内容的核心。在《个人信息保护法》的基础上，构筑起敏感个人信息保护在公法与私法上的界定体系。③ 我国《民法典》人格权编第 1034 条对个人信息进行分类，将其划分为隐私信息与非隐私信息，对于隐私信息的保护优先适用隐私权的规定，无具体规定方可适用《个人信息保护法》的规定，④实现《民法典》与《个人信息保护法》的双向保护，避免两者发生抵牾和冲突。同时，要正确厘清敏感个人信息与隐私信息的关系，两者并不是包含与被包含的关系，而是交叉的关系。⑤ 有的个人信息既是敏感个人

---

① 参见徐磊、刘春：《敏感个人信息保护的实践困境与破解之道》，载《情报理论与实践》2022 年第 3 期。

② 参见姬蕾蕾：《大数据时代个人敏感信息的法律保护》，载《图书馆》2021 年第 1 期。

③ 参见张勇：《敏感个人信息的公私法一体化保护》，载《东方法学》2022 年第 1 期。

④ 《民法典》第 1034 条第 3 款规定："个人信息中的私密信息，适用有关隐私权的规定；没有规定的，适用有关个人信息保护的规定。"

⑤ 参见程啸：《民法典编纂视野下的个人信息保护》，载《中国法学》2019 年第 4 期。

信息,又是隐私信息,如健康信息、性相关信息等;有的个人信息是敏感个人信息,不是隐私信息,如宗教信仰、民族种族信息等。有的学者认为,在厘清个人信息的民法定位上,构建起行为规制模式,即个人信息流通的各个环节都应得到法律的合理介入和规制,确保个人信息不被他人非法收集或不当利用。① 唯有如此,敏感个人信息的民法界定和保护才能得到有效落实,才能实现有效识别保护。在刑法具体层面上,要以《个人信息保护法》等前置法为参照,对侵犯敏感个人信息的行为对象范围及入罪标准予以具体认定。② 敏感个人信息的界定离不开刑法的保护。在穷尽《个人信息保护法》等保护手段之后,对符合刑法要求的侵犯敏感个人信息的行为进行合理认定,给予相应的刑罚处罚,借助刑法手段实现敏感个人信息的权益保护。

推进多元化的保护,为我国敏感个人信息界定方式的完备奠定了基础。其一,多元化的保护方式厘清了敏感个人信息包含的法益保护内容,助推"法律列举+综合考量"界定方式的实现,有利于发挥界定方式作用;其二,多元化的保护方式为敏感个人信息界定方式提供保障,界定方式的实现离不开多元化保护方式,多元化保护对界定方式提出更高的标准与要求,推进我国界定方式的进一步完备。

(二)敏感个人信息知情同意之困境及突破

1.敏感个人信息的知情同意困境

知情同意机制是一般个人信息处理的核心原则,同样也是敏感个人信息处理的核心原则。从《个人信息保护法》来看,我国在敏感个人信息的处理规则中设置"单独同意"的处理规则,虽然是禁止一揽子授权,但是往往不能去贯彻执行。从具体实际情况进行分析,由于信息主体与信息收集处理者之间的信息不对称性,信息收集处理者往往处于优势的地位,信息主体处于劣势地位,这就破坏了同意的根本平衡。同时,信息收集处理者的信息内容繁多和复杂,往往将一系列的内容置于一处,使得信息主体在阅读和判断时,不会进行合理化的思考和抉择。这就导致了信息主体的知情同意只在同意的表层,没有真正进入同意的本质,不能体现同意的价值,最终使得个人信息受到影响。③ 例如,在使用手机各种App之前,我们需要对其进行注册,在登录界面往往会有"同意"与"不同意"的选项,对于个人信息的保护作出简单的介绍,"您可以访问、更正、删除您的个人信息,我们也将提供注销、投诉的方式",而且相关隐私协议篇幅和内容冗长,出现信息臃肿化的现象,这就使得信息主体只会选择"同意"选项。在此过程中,信息主体的同意是形式上的,同意是走向虚化的,是为了同意而同意,这显然与法律最初

---

① 参见郑晓剑:《个人信息的民法定位及保护模式》,载《法学》2021年第3期。

② 参见张勇:《敏感个人信息的公私法一体化保护》,载《东方法学》2022年第1期。

③ 参见丁晓强:《个人数据保护中同意规则的"扬"与"抑"——卡-梅框架视域下的规则配置研究》,载《法学评论》2020年第4期。

的目的是不符合的,信息主体的知情同意难以得到实现。在这种情况之下,知情同意的原则陷入窘境,知情同意机制无法在敏感个人信息的处理中发挥价值与意义。除此之外,知情同意机制的问题还与政府等有关机构存在一定的联系。在传统的知情同意机制中,政府等有关机构将知情同意机制的相关权力进行让与,①将其转让于信息收集处理者。而由于信息行业自身的局限性,对信息成本的降低、责任义务的规避和信息利益的追逐,传统知情同意机制只在于隐私政策内容的制定,政府等有关机构的审查也往往只看隐私政策内容,并未对知情同意机制进行有效化的理解和使用,致使知情同意陷入困局。

个人信息在不断发生改变,敏感个人信息也在发生改变,在不同的情境下,信息的前提和条件是不同的,敏感个人信息的知情同意可能也是不同的。但是,从我国的敏感个人信息的知情同意机制来看,它是前端的、静态的知情同意,②这不能实现动态场景的转换,不能支持敏感个人信息的动态保护。因此,我们要走出传统知情同意机制境况,在具体的场景、情景中去满足敏感个人信息保护的基本需求,达到敏感个人信息的保护,这是知情同意机制面临的问题,也是敏感个人信息保护应当去解决的问题。

2. 建构动态的知情同意机制

我国要通过强化信息主体对个人信息的控制权,③进而实现信息主体对"知情同意"的控制。因此,我国敏感个人信息的知情同意机制要体现在信息主体的各个权利之中。一方面,在反对权、被遗忘权和信息携带权等权利之中,信息主体要做到动态的"知情同意",即在权利行使之前个人享有知情权和同意权,同时,信息控制者应当尽到最大的告知义务。另一方面,信息主体享有动态的同意权,根据具体的场景或者情景的变化,信息主体的"知情同意"也应当进行合理的动态变化,以此确保信息主体能够"知情同意";信息主体的动态同意权还体现在同意的撤回权上。同意撤回权是知情同意的具体内容,是动态同意权的题中之义。有的学者认为,在参考同意撤回权经验的基础上,引入同意撤回权,构建我国的同意撤回权体系,完善个人信息保护。④ 同意撤回权助力动态的同意权,对敏感个人信息的保护具有重要价值。

从敏感个人信息知情同意机制的比较来看,有的知情同意机制正在发生变化与改变,由原来传统的静态知情同意机制向新进的动态知情同意机制改进,这对我国建构动态化的知情同意机制具有参照价值。在动态化的知情同意机制内容中,域外国家或地

---

① 参见万方:《隐私政策中的告知同意原则及其异化》,载《法律科学(西北政法大学学报)》2019 年第 2 期。

② 参见孙清白:《敏感个人信息保护的特殊制度逻辑及其规制策略》,载《行政法学研究》2022 年第 1 期。

③ 参见张衡:《大数据时代个人信息安全规制研究》,上海社会科学院出版社 2020 年版,第 93 ~97 页。

④ 参见万方:《个人信息处理中的"同意"与"同意撤回"》,载《中国法学》2021 年第 1 期。

区在知情同意机制设置中加大了信息控制者的说明、通知义务。同时，还增加了违约成本，这是激励信息控制者采取预防措施最有效的手段。[①] 因此，信息收集处理者在信息主体行使“知情同意”之前，必须要尽到合理的说明或者通知义务，否则会造成违约风险，造成经济利益的损害。

我国要想构建动态的“知情同意”，必须考虑信息收集处理者的主体地位，一定程度上加强信息收集处理者的责任义务。

信息行业是推动智慧社会前进的核心力量，信息行业在敏感个人信息的保护中起到关键性作用。从敏感个人信息保护来看，敏感个人信息正在向多方综合保护路径转变，其中，行业自律标准和规范逐渐突显出来。在政府主导[②]下的敏感个人信息保护，信息行业越来越成为敏感个人信息保护不可缺少的重要一环。因此，在参考行业自律标准和规范的基础之上，立足于我国的实际情况，充分考虑我国信息产业与行业的发展，建立起我国敏感个人信息的行业保护体系。笔者认为，敏感个人信息保护的行业体系应当分为两个具体层面：一是建立起敏感个人信息保护的行业规范。以统一立法的形式建立进入信息行业信息安全管理的门槛，相关行业必须遵守有关敏感个人信息的行业法律规范，从而推进信息行业来保障敏感个人信息的知情同意。二是构建起敏感个人信息的行业自律标准。一方面，可以对信息行业进行分类，推动信息行业细化，根据处理的敏感个人信息的不同，明确敏感个人信息处理的行业自律标准；另一方面，信息行业根据信息的发展和场景的变化，灵活调整自身的处理方式和处理手段，以保护敏感个人信息知情同意为前提，推动信息产业繁荣。正如我国有的学者认为，既要保障信息收集利用者的利益，又要强化其责任。[③] 其中对信息收集处理者作出具体要求：信息收集处理者要合理平衡个人利益与国家利益，以此实现自身的利益；信息收集处理者要尊重和保护敏感个人信息，获得明确性的同意，不能以沉默化的方式替代，[④]让信息主体享有充分的知情同意权利，满足信息主体的合理诉求，坚决抵制不良的社会风气，为国家营造积极健康的信息环境氛围。只有信息收集处理者尽到合理、充分和有效的说明或者通知的义务，才能为信息主体的“知情同意”提供保障。同时，信息收集处理者应当为信息主体的“知情同意”提供良好的环境，如设置简单清晰的隐私条款、平白易懂的文字内容，让信息主体摆脱信息过载等问题，真正做到知情与同意，保障信息主体的信息安全。

构建动态化的知情同意机制，除了实现信息主体动态的知情与同意和加强信息收

---

① 参见汤敏：《个人敏感信息保护的欧美经验及其启示》，载《图书馆建设》2018 年第 2 期。

② 参见王锡锌：《个人信息国家保护义务及展开》，载《中国法学》2021 年第 1 期。

③ 参见张新宝：《从隐私到个人信息：利益再衡量的理论与制度安排》，载《中国法学》2015 年第 3 期。

④ 参见陆青：《个人信息保护中“同意”规则的规范构造》，载《武汉大学学报(哲学社会科学版)》2019 年第 5 期。

集处理者的责任义务，还需要政府等有关机构的监督和管理。对于敏感个人信息知情同意机制，政府等有关机构应当做到两方面的努力，充分发挥在构建该机制上的积极性和参与性。一是要做到知情同意机制的合理化解释与应用。[①] 虽然《个人信息保护法》已经开始运行，但是我国敏感个人信息的知情同意机制缺少必要性的内容，需要进行完善与补充。在知情同意机制内容上，要厘清知情同意机制的基本含义，不能仅仅局限于知情同意机制的表面，要深入知情同意机制的本质，探究法律背后的保护利益取向，根据知情同意机制的内容作出合理化、正当化和全面化的解释。同时，在现实生活中，有关机构不能将知情同意机制只应用于信息收集处理者隐私政策内容的检视和审查，要将知情同意机制全方位贯彻和落实。在应用软件和程序的隐私条款中，不能仅把"有或无"作为信息收集处理者对知情同意机制的实施，而应该看到特殊性的内容。敏感个人信息的使用，信息收集处理者的知情同意应当进行特殊性的注意提醒，例如弹窗化内容、演示化内容，以此实现对知情同意机制的使用。二是要正确处理和平衡信息主体与信息收集者在知情同意机制上的关系。[②] 在敏感个人信息知情同意机制之上，无论是信息主体，还是信息收集处理者，都会出现各种问题。而政府等有关机构作为两者的中间人，要对两者的关系进行协调，保持两者的动态性平衡。对于信息主体，政府等有关机构要畅通信息渠道，激发信息主体的觉醒，要信息主体做到自觉的知情与同意，维护自身知情权与同意权；对于信息收集处理者，要进行不定时的检查，保证知情同意机制的动态实行。政府等有关机构的监督和管理，利于摆脱传统的知情同意境况，将推进敏感个人信息知情同意机制的动态化，构建起我国敏感个人信息知情同意的新体系。

（三）未成年人的信息处理规则之缺漏及健全

1. 未成年人信息处理规则亟待完善

我国《个人信息保护法》对敏感个人信息的处理规则进行设定，但也仅仅是制定初步的规划，仍需要进一步拓展与完善。从《个人信息保护法》来看，敏感个人信息的处理规则仅有 5 个条文，敏感个人信息的处理规则过于单薄和简略，其中关于未成年人的个人信息处理规则更显单薄和空白，难以支撑起未成年人信息安全的保护。

《个人信息保护法》在第 31 条中规定，在对未成年人的信息进行处理时，应当征得其父母或者其他监护人的同意，并且作出说明，要对未成年人制定专门的处理规则。这为未成年人的敏感个人信息保护描绘出基本的理想框架。但是，仅仅如此不能应对现实的具体情况。根据中国互联网络信息中心等 2021 年 7 月 20 日在北京共同发布的《2020 年全国未成年人互联网使用情况研究报告》，2020 年中国未成年人上网的人数接

---

① 参见张新宝：《个人信息收集：告知同意原则适用的限制》，载《比较法研究》2019 年第 6 期。

② 参见时明涛：《大数据时代个人信息保护的困境与出路——基于当前研究现状的评论与反思》，载《科技与法律》2020 年第 5 期。

近2亿,未成年人使用互联网的人数占未成年人总人数的94.9%,中国未成年网民规模连续两年保持增长。[①] 分析报告可以得出,未成年人正逐步成为网络时代的新生力量,正成为信息社会的重要力量。而在此基础上,未成年人群体产生的信息量是巨大的,未成年人的信息安全越来越重要。同时,未成年人还存在心理脆弱性、[②]危害深远性,一旦发生信息泄露等问题,可能对其产生难以弥补的损害后果。

智慧社会下,未成年人的个人信息安全正成为个人信息保护现实问题的重要组成部分。未成年人的个人信息俨然面临着严峻的形势,未成年人个人信息关涉各个领域,如信息领域、服务领域等,未成年人个人信息的盗用等不合法的现象不断出现,严重影响到未成年人的信息安全。例如,我国未成年人的个人信息出现泄露,未成年人在学习和生活中会受到非法性的骚扰、网络诈骗以及信息暴力等,[③]进一步影响未成年人的正常性发展,带来许多不必要的烦恼。伴随着我国信息技术的发展,未成年人对技术使用呈现高频化、常态化,信息行业对未成年人的个人信息使用也面临新的考验和挑战。

故此分析,有关未成年人的敏感个人信息处理规则必须要进行完善。在制定未成年人专门的处理规则时,未成年人的处理规则要参考何种标准?未成年人的处理规则如何进行制定?在现阶段下,我国还没有专门的有关未成年人的敏感个人信息处理规则,但如果在现实中发生未成年人的信息安全案件,我们又应该如何处理?如此视之,我国未成年人的敏感个人信息专门处理规则需要进行完善,以此保护未成年人的信息安全,维护未成年人的合法权益。

2. 制定专门的未成年人信息处理规则

首先,作为敏感个人信息的重要种类之一,未成年人的个人信息的处理规则和保护规则要遵循敏感个人信息的处理方式与方法,规则设置中也要关注其特殊性。第一,未成年人的个人信息处理规则必须符合"特定目的 + 充分必要"。在对未成年人的个人信息进行处理时,必须要有特定的目的,这个特定的目的必须是具体的、清晰的,不能是抽象的、模糊的,同时,也要考虑到充分必要性,不能无因而为、无由而为。第二,未成年人的个人信息处理规则必须采取严格的保护措施。严格的保护措施应该在未成年人的个人信息的收集、加工和利用等各个方面都要体现出来,而且应当是连续性的,一以贯之,不能只在某一个环节存在,不能是间断的。第三,未成年人的个人信息处理规则必须获得父母或者其他监护人的同意。未成年人由于年龄较小,其智力、心理等方面发展

---

① 参见《中国未成年网民规模达1.83亿》,载人民网,http://jx.people.com.cn/n2/2021/0721/c186330-34829812.html。

② 参见罗力:《新兴信息技术背景下我国个人信息安全保护体系研究》,上海社会科学院出版社2020年版,第119~120页。

③ 参见《违法犯罪活动频发:谁来保护未成年人个人信息》,载人民网,http://ln.people.com.cn/n2/2021/0311/c400014-34616030.html。

不够完善,需要父母或者其他监护人的辅助,维护自身的信息安全与信息权益。

我国未成年人的信息处理规则构建要做到三个具体的方面。首先,正确理解将不满14周岁的未成年人个人信息纳入敏感个人信息保护的范畴的意涵。在此之前,有的学者认为16周岁以下是未成年人个人信息获得保护的界限。① 我国最终采纳了14周岁的界限,主要是因为未成年人的身体心理的早熟化,以14周岁为界限,14周岁以上的未成年人具有一定的自主性和选择性,反之,在自主性和选择性上仍存在一定的差距,这符合实际情况。未成年人的个人信息有其特殊性,有其特定的敏感度,对未成年人的成长具有至关重要的影响。未成年人的个人信息作为敏感个人信息进行保护符合时代发展趋势。同时,应当正确理解14周岁的界限,14周岁只是可以进行特殊和特别保护的门槛,并不意味着14周岁以下的未成年人所有个人信息都要进行保护。当某个未成年人的个人信息没有满足14周岁的界限时,不能纳入保护的范围;而当某个未成年人的个人信息符合14周岁的关口时,就符合保护的基础性要求。此时,要对该未成年人的个人信息进行第二步的查验,即该信息是否对未成年人的人格上的尊严价值以及人身或者财产上的利益产生不可逆转的危害,如果符合要求,则应该纳入保护的范围,反之,则不能纳入保护的范围。正确解释和使用该界限,为未成年人的信息保护奠定了基础,利于我国未成年人信息处理规则的健全与完善。

其次,构建专门的未成年人信息保护法。国家通过立法的方式,设立相应法律,将未成年人的个人信息处理规则规定于内,建立起专门化的标准,满足特殊性的要求,提供持续稳定的法律保障。国务院和最高人民法院可以根据《个人信息保护法》的要求,制定有关未成年人个人信息保护的行政法规和司法解释。从国务院的角度进行分析,国务院要在对未成年人信息保护现状进行调查和了解后,可以根据我国未成年人个人信息保护的实际情况,在正当合理的范围之内,结合《个人信息保护法》的规定,先行制定有关未成年人信息保护的行政内容,可以作为未成年人信息保护的前行车;最高人民法院可以出台保护未成年人个人信息有关的司法解释,对未成年人个人信息的内涵和范围进行更加充分、详细的说明,从而为现实法律问题提供法律工具,达到完善未成年人信息处理方式的目的。

最后,细化未成年人的信息处理规则。参照未成年人的信息保护经验,加重信息控制者的责任,既要满足同意的证明条件,又要尽到最大的提醒义务,从而实现未成年人个人信息的安全。我国在未成年人信息保护方式上,要适当地加强信息收集处理者的义务,让信息收集处理者重视起来,发挥主要作用。在未成年人个人信息的使用方面,信息的收集处理者要负担证明责任,既要提供该个人信息的未成年人的同意证明,证明

---

① 参见傅宏宇:《论网络环境下未成年人的个人信息保护》,载《首都师范大学学报(社会科学版)》2019年第4期。

应当包括信息收集处理者提醒义务的落实以及合法性的引导,又要提供该未成年人的父母等监护人认同许可的证明,只有在满足双重证明之后,才能进行未成年人信息的合理合法正当使用。同时,未成年人监护人积极主动参与,发挥辅助作用。① 由于未成年人自身的限制,单纯依靠自身很难保护自己,此时,父母等其他监护人应当帮助其进行识别与选择,进而实现保护的目的。在具体司法实践中,根据制定的法律,使用未成年人个人信息保护标准,结合实际情形,解决未成年人的信息安全案件,为未成年人的健康发展保驾护航。

小 结

智慧时代和智慧社会的纵深发展,使信息化、数据化、算法化逐渐成为社会基本特征,信息技术不断更新、重塑和革新,使社会的结构形态、思想观念和治理模式发生变化,人类社会迈向以信息为主体的新的时代。② 个人信息正逐步成为智慧社会的基本元素,其中敏感个人信息因其特殊敏感度需要予以重点关照,尤其此类个人信息正面临着如信息泄露、滥用和非法采集、使用一系列问题。信息安全风险加剧,现有敏感个人信息的保护力度需求随之水涨船高,加强敏感个人信息保护已成共识。目前,个人信息保护问题在内涵范围界定、保护原则设定与机制路径选择三方面呈现出时代性、本土性与实践性差异。

我国制定《个人信息保护法》,明确敏感个人信息保护,突出了敏感个人信息的重要性,回应了社会对于敏感个人信息保护诉求,但其价值指引并未全面兼顾权利保护与经济、安全利益等因素。因而,有必要完善我国敏感个人信息保护的界定方式和未成年人信息处理规则,亟待破除知情同意难题,以期实现我国敏感个人信息的全方位、高强度保护。智慧时代下,我国应建立起以《个人信息保护法》为核心的敏感个人信息保护体系,采用"法律列举+综合考量"界定方式,构建动态的知情同意机制,制定专门的未成年人信息处理规则,立足我国敏感个人信息保护的现状,推进我国敏感个人信息保护,推动智慧社会个人信息的新发展。

---

① 参见王苑:《中国未成年人网络个人信息保护的立法进路——对"监护人或家长同意"机制的反思》,载《西安交通大学学报(社会科学版)》2019年第6期。

② 参见李友梅:《当代中国社会治理转型的经验逻辑》,载《中国社会科学》2018年第11期。

第四章 智慧执法中的个人隐私权益保护

无人机在执法中的应用对于现代社会而言就是一把“双刃剑”。一方面,无人机提升了执法部门保障公共安全、维护社会秩序的能力;另一方面,公权力也可能借助无人机变得更加容易被滥用,进而侵犯到公民的基本权利,特别是隐私权。想要在无人机智慧执法中趋利避害,唯有通过法律对无人机智慧执法行为予以规制。本章就是在探索划定无人机智慧执法中公权力与个人私生活之间的法律边界。

一、智慧执法的特殊性及隐私权风险

对于现代社会监控不断加强以及公民个人隐私权日益遭受侵蚀的问题,我国社会学学者较早提出了监控边界理论。[①]无人机进入执法领域深刻地改变了传统的执法模式,为执法权的行使带来了诸多便利。但是,如果结合社会学中的监控边界理论来观察无人机智慧执法问题,会发现这些便利当中也蕴含着国家监控权扩张与公民隐私权萎缩的问题。

(一)智慧执法及隐私权问题的范围

无人机其实只是日常生活中的叫法,更专业的名称应该是无人驾驶航空器(Unmanned Aerial Vehicle,UAV),通常是指不需要驾驶员登机驾驶的各式遥控或自主智能航空器。[②] 需要特别指出的是,与传统“无人驾驶汽车”场景中将“无人驾驶”定义为“完全不需要人的监控或操控”不同,从目前的科技水平来看,无人机的智能化程度即使再高,仍需要操控者进行监控或

---

① 参见王俊秀:《监控社会与个人隐私——关于监控边界的研究》,天津人民出版社2006年版,第2~3页。

② 参见邓涛:《无人机简史》,机械工业出版社2018年版,第62~64页。

者远程控制。因此,无人机的“无人驾驶”仅指的是无须驾驶人员在飞行器内部操控,但仍需通过远程操控实现一系列技术动作。

单纯从技术角度出发,现代无人机的正常运行离不开一整套相关设备、技术、平台的支持,所以虽然人们只能够看到无人机,但实际上其背后已经形成了一套完整的无人驾驶航空器系统(Unmanned Aircraft System,UAS)。一个典型的无人机系统至少应该包括飞行器,一个或多个地面控制系统和任务规划与控制站,有效载荷及数据链路。如果再具体些,除飞机本身外,还应该包括无人机控制站软件,无人机的状态监视设备,相关数据的通信链路(指挥、控制、数据),数据终端(载荷运行和操作);任务载荷;飞行终止系统,支持和维护设备;发射和回收设备;电(能)源产生,分配和供应;空中交通管制通信设备(语音数据);贮存和运输设备等。①

明确以上内容对于本章研究十分重要,不能实现独立的自我控制意味着人依然要在无人机操作与应用中扮演着重要角色。同时,单纯的无人机,其实并不会侵犯到隐私权,真正侵犯隐私权的是无人机系统。或者更准确地说,无人机系统中所搭载的视频监控、监听、热成像、GPS 等监控装置才是侵犯隐私权的元凶。而无人机则更像是“催化剂”,当与这些设备结合后不仅增强了这些设备本身的功效,也提升了其被用于窃取隐私的能力。

具体到执法无人机来说,目前并没有对之统一的定义,笔者参考警用无人机的定义认为,执法无人机是指,由执法机关装备的、适合于执行执法任务的、无机载驾驶员操控的航空器。其中包括自主航空器和遥控驾驶航空器,但不包括航空模型、无人驾驶自由气球、系留气球以及特殊执法需求的航空器等。

与监控摄像、执法仪器一样,作为一种新兴的人工智能装备,无人机只是执法主体的一种执法工具,而不是执法主体本身。具体来讲有两个原因:第一,无人机不具有法律主体地位。无人驾驶航空器需要人为发出指令才能完成指定路线飞行、收集信息数据等功能。其所进行的一系列行为,均是在执法人员操控下进行的,无人机驾驶飞行器始终缺少独立的意识和独自作出指令的能力,因而不具备作为人所独有的特性,因此无法成为执法主体。第二,无人机无法进行自主行为。无人机驾驶飞行器所进行的行为,本质上是执法人员意识或者行为的延伸。无人机智慧执法仅仅是执法人员利用人工智能所进行的执法行为,执法人员通过无人驾驶航空器将执法意志作用于执法目标。无人机本身缺乏情感认知与理性认同来从事执法行为,因此执法过程中所使用的无人机并不能成为执法主体。②

目前,最典型的无人机执法场景便是监控。监控是指个体或组织通过身体本身的

---

① 参见陈金良主编:《无人机飞行管理》,西北工业大学出版社 2014 年版,第 23 ~ 26 页。

② 参见王敏:《我国无人机智慧执法中正当程序研究》,上海师范大学 2020 年硕士学位论文,第 14 页。

机能或身体扩展的机能记录储存、处理和控制他人信息的过程,其结果是对他人施以有意或无意的控制。而“监控社会”则是指个人信息的收集、整理、储存和比对控制行为呈现普遍化和系统化态势的社会,在这一社会形态当中,信息科技和生物科技等新技术被更多地用来从事个人信息获取、储存、处理和控制等行为。社会科学中的“监控”概念,英文中对应的词是 surveillance,其含义可以理解为“密切注视、监视和密切观察”。在生产力不发达的年代,监控通常要靠人的原始感官监视来加以实现;而在现代社会中,监控一词已经不仅仅限定于原始的监视方式,而且涵盖了对数据信息进行收集、记录、储存和比对等众多的现象。①

监控的最终目的在于控制被监控人,监视只是达到这一目的所必需的手段。监控无非就是通过监视记录被监控人的行为,并将被监控人的行为与法律法规等社会规则进行对照,以避免被监控人出现违反这些规则的行为。现代监控可以分为三个步骤:首先是对被监控人有关的信息、数据进行采集;其次是对收集到的数据信息进行分析利用;最后是通过控制数据信息实现对人的控制。②

监控与隐私权保护之间存在难以调和的张力。英国作家乔治·奥威尔在他的小说《1984》中成功塑造了一个从未露面,却无时无刻不在监控着民众、无时无刻不让人感受到他的存在的“老大哥”(Big Brother),现代社会也习惯用“老大哥”来比喻滥用监控行为的政府。“Big Brother”具有正反两方面意思,监控行为恰恰也具有这种两面性。一方面,视频监控可以是保护性的,有利于维护社会稳定;另一方面,如果被滥用,视频监控也可能是干扰性的,会对自由形成非法限制。虽然政策法规的制定有助于平衡安全与隐私之间的关系,但安全与隐私之间的矛盾始终存在,而科技的进步和发展很有可能加深这种矛盾。③

在现实生活中,监控与隐私权保护之间的张力在美国表现得淋漓尽致。“9·11”事件后,美国政府出于反恐与国土安全的需求,加强了对本国公民的监控力度。但随着时间推移,监控的范围逐渐溢出反恐与国家安全的范围,美国公民生活的方方面面都暴露在本国政府的强权之下,公民隐私在 360 度无死角的政府监控中无处遁形。不仅如此,随着美国“棱镜计划”的曝光,人们才发现美国政府的监控早已超出了主权与领土范围,监听与监视的触角几乎遍布世界各个角落。美国政府不仅想要成为本国公民的“老大哥”,更想要成为全世界的“老大哥”。由此可见,当代的社会监控不仅关涉隐私,更关乎国际政治秩序的构建。

---

① 参见王俊秀:《监控社会与个人隐私:关于监控边界的研究》,天津人民出版社 2006 年版,第 16 页。

② 参见王俊秀:《监控社会与个人隐私:关于监控边界的研究》,天津人民出版社 2006 年版,第 122 页。

③ 参见[美]安德鲁·西尼尔:《视频监控中的隐私权保护》,王蓉、安翠丽、李冲译,中国人民公安大学出版社 2015 年版,第 78～83 页。

无人机执法中,公民个人隐私权问题成为重点问题。隐私权概念由美国学者路易斯·D. 布兰代斯和萨缪尔·D. 沃伦在1890年正式提出,①但是自此以后,隐私权的具体内涵却处于不断的变化发展当中,隐私权的内涵始终面临着新技术发展的挑战。从当前社会发展状况来看,隐私权的保护客体除了涵盖传统的住宅、通信秘密、个人私生活、家庭生活外,还包括个人数据资料、个人的网络活动和网络空间载体的相关信息、个人身体情况信息等。相较于传统的隐私权保护客体,这些新型的隐私权客体所面临的安全风险更大,更有可能受到高新技术的挑战和冲击。因此,本章的研究视角聚焦于此,更侧重于对这些新型隐私权保护客体进行研究。

政府需要更多地负担起照顾民众的义务,追求最大化公共福利实现,在这一过程中,民众需要主动向政府汇报自己的信息甚至隐私。因此,要求政府绝对化无涉民众隐私实际上很难做到。在互联网高速发展的背景下,个人隐私的保护越来越困难,特别是现代社会的正常运转很大程度上也依赖于个人信息的收集、存储、共享等处理活动,在这种情况下,国家对隐私权的保护,只能是一种相对的不侵犯状态。

换句话说,现代国家当然对个人隐私权负有保护义务,但是在高新技术的冲击下,这种义务不仅包括"人人有权要求尊重其隐私"的积极保护,更重要的是"公权力机关不得干预公民隐私权行使"的消极保护。本章的研究也将重点放在,无人机智慧执法中国家如何履行对公民隐私权的消极保护义务。

(二)智慧执法与监控边界理论

监控边界理论以监控边界为线索,具体分析了监控的两面性、边界与阈值、影响因素及效应,从而对现代社会条件下形成的监控关系进行了全面、深刻、动态的解构。借助监控关系理论这把钥匙,我们能够正确地打开无人机智慧执法规制的大门。

监控可以满足社会对于安全的渴求,但过度的监控无疑是对自由的威胁,并进而有可能伤害人类文明的核心价值观念。随着科技的发展,人们逐渐发现科学技术在解放人类的同时也在把人类变成它的奴隶,而监控技术的发展就是最好的例证。在工业革命中,监控也走上技术化的道路,大量新兴技术成果被运用到监控领域使得监控逐渐摆脱人体机能的束缚,日益渗透到日常的社会生活之中。监控技术的运用无疑给人们带来了相当大的利益,但这些利益也是人们让渡部分自由所换来的。人们逐渐发现自己陷入了一种进退维谷的境地:既希望拥有监控所带来的安全便捷,又担心让渡自由过度,沦为监控技术的奴隶。

正因为监控具备两面性,才有进一步研究监控关系、监控边界、监控阈值等问题的价值。两种预期的并存也就意味着无论是彻底放弃监控还是任凭监控泛滥都是不可取

① 参见[美]阿丽塔·L. 艾伦、[美]理查德·C. 托克音顿:《美国隐私法:学说、判例与立法》,冯建妹等编译,中国民主法制出版社2004年版,第2~3页。

的,那么如何在安全与自由、秩序与隐私之间寻求平衡,即如何进行适度监控,便成为一个具有研究价值的问题。如何调整监控关系、保持监控边界的稳定、不突破监控阈值等问题也便随之产生了意义。

监控关系是由监控者收集储存、加工和控制被监控者的个人信息而产生的,由监控者、被监控者和被监控者的监控信息所构成的关系。这一关系以信息的获得和控制为构成条件。当个人或团体收集了他人的信息,并对这些信息进行处理以达到控制他人的目的,就构成了监控关系,信息的收集和处理者就成为监控者,信息收集和处理的对象就成为被监控者。监控关系构成的要素是监控者、被监控者和被监控者的信息,而构成监控的关键是监控者对于被监控者信息的控制。这种控制包括信息的获得、信息的处理,也包括因为控制了被监控者的信息而控制被监控者。控制构成了监控关系的要件,把监控者、被监控者和被监控者的信息联结在了一起。①

在监控者与被监控者相互博弈之间形成了监控边界。监控者与被监控者虽然彼此对立但二者之间的博弈并不会一直持续下去。当这种博弈因为对立而趋于零和时,监控者与被监控者会选择彼此妥协,监控者会开始顾及被监控者对监控的态度与接受程度,并以此为依据调整监控方式以及监控收集的信息数据的内容。被监控者由于监控者的适度调整也逐渐适应了这种监控,对当前的监控采取默许的态度。由此曾经不断变动的监控关系趋于稳定,监控者与被监控者之间即形成了一个监控边界。

监控阈值出现在两条监控边界之间。监控边界反映了监控者与被监控者之间的分歧,因此在现实中除了存在被监控者实际所掌握的客观监控边界外,还存在被监控者心理上的主观边界。一般来说,监控者为了达到监控目的并不愿意让客观边界超过对方主观边界的临界线,而这个临界线就被称为监控阈值,也就是被监控者所能接受的最大监控极限。

监控阈值往往因人、因时、因地而异,但这并不意味着能够反映社会大众普遍心理的社会平均监控阈值不存在。由于阈值主要反映的是一种内心感受,具备很大的复杂性,极易受到社会、文化等因素的制约,所以相同的监控情境,有的人可能会轻易接受,并不认为超越了其监控界限;有些人则可能会激烈反对,难以接受。但由于受到相同的社会文化熏陶,在一定范围内的社会中,人们很容易形成相近的社会心理,而这种心理必然包含对于监控的反映,社会平均监控阈值由此而生。

社会平均监控阈值具有警示作用。由于无法划定绝对公正的监控边界,监控者往往倾向于扩大监控边界,不断推动监控边界外移,所以适度监控的正确发展方向应当是避免超过社会平均监控阈值。当监控超过社会平均监控阈值时也就意味着超过了绝大

---

① 参见王俊秀:《监控社会与个人隐私:关于监控边界的研究》,天津人民出版社2006年版,第24~26页。

多数人对于监控的心理底线，社会将处于一种焦虑之中，时刻担心自己的自由与隐私受到监控的侵犯，悲观情绪会在社会蔓延。

有监控的存在必然会引起一定的监控效应，有目的的监控可能会产生监控者预期的效应，但也可能事与愿违产生非预期的效应。故此，监控效应可分为预期的效应与非预期的效应。预期的效应是指监控目的与监控结果相一致的监控效应，非预期的监控效应是指监控目的与监控所达到的实际结果不相符合的监控效应。监控的目的可以是不同的，如安全目的、管理目的、商业目的，但合法的监控必须具有合法的目的。比如，视频监控从某种意义上讲就是现代社会一种典型的监控模式，通过推行视频监控达到维护社会秩序的目的，方便社会管理就是达到了监控目的产生了预期的监控效应。但如果因为视频监控过于泛滥而造成社会恐慌引发寒蝉效应，则属于非预期的效应。

一般来说，合理适度的监控应当使监控的结果与监控的目的相一致，同时避免引起非预期的监控效应。适度的监控是在被监控者阈值内的监控，一般能够引导被监控者向着合法、积极的方向发展，避免出现越轨行为，但如果监控超过必要的限度就意味着超越被监控者的阈值，进而侵犯到被监控者的合法权益，可能对被监控者造成身心上的伤害。监控还可能出现的情况是虽然达到了预期的监控效应，但是与此同时带来了预期外的负面效应，针对这种复杂情况就需要监控决策者进行综合考量，具体情况将在后文结合无人机智慧执法监控予以讨论。

无人机智慧执法当然地蕴含着监控关系，存在监控边界与监控阈值，无人机智慧执法本身又作为影响监控边界的因素，产生着监控效应，影响着监控边界与监控阈值。但想要通过监控边界理论，透视无人机智慧执法下的监控关系，还需要结合无人机智慧执法的特殊性进行分析。

（三）智慧执法与传统行政执法的差异

无人机智慧执法相较于传统执法方式有着诸多差异，具体而言集中体现在高效率高精度高速度与低成本、基于其强隐蔽性可以实现与执法人员的取长补短、可靠的数据信息收集与处理能力、全面的数据信息整合与共享体系这四个方面。

首先，无人机智慧执法具有高效率、高精度、高强度与低成本的特点。其一，灵巧便捷的无人机提升了执法速度。相较于其他行政行为，执法行为更加讲究效率性，要求情况发生后执法力量能在第一时间到达现场，而无人机的使用也同样能够满足这一需求。[①] 无人机体积小、重量轻，能够随车甚至随身携带，且起飞条件所受限制小，仅需要简单的准备便能够快速起飞前往现场。此外如果能够提前做好路径规划，在飞行途中也几乎不会遇到阻碍，进而在最短的时间内到达执法现场并抢占制高点，为执法人员的

---

① 参见吴强：《警用无人机引发的现实思考》，载《中国人民公安大学学报（自然科学版）》2015 年第 2 期。

到达做准备,或者直接做出执法措施,尽可能地缩短执法力量到达现场的时间。其二,无人机的应用使得执法行动更加精准化。无论在何种情况下,执法力量相对来说都是有限的,特别是在一些活动面积大、人员密集、情势紧急等复杂情况下,有限的执法力量更是显得捉襟见肘。而想要使有限的执法力量发挥最大的效用必须实现执法的精准化,无人机的使用正有利于实现这一目标。① 在执法复杂的情形下,数架无人机就可以实现对现场的全面监控,将实时监控画面传输给执法指挥中心,从而进行科学的执法力量部署,并根据情况发展作出及时调整,进而避免有限的执法资源的浪费,实现精准化执法。其三,无人机智慧执法具有高强度的特征。这尤其体现在无人机的应用能够实现平台化多功能执法方面。正如前文所述,执法无人机系统以其高兼容性、模块化、集约化等特点,已经逐渐发展为一种能够承载不同执法工具的综合执法平台,这也意味着执法无人机能够同时扮演多种执法角色,完成不同的执法任务。其四,无人机的采购与使用成本较低廉。目前无人机的价格已经为大众所接受,普通的消费级无人机仅几千元,而执法专用的特殊无人机价格也在万元左右,明显低于动辄数百万的执法专用有人机,甚至相较于摩托、汽车、舰船等大多数执法工具也是极为低廉的。无人机驾驶相对简单,安全系数更高,因而执法无人机驾驶员的培训时间短、培训费用低。此外低廉的运行与维护成本也是执法无人机所特有的优势。②

其次,无人机智慧执法的强隐蔽性特点可以与执法人员取长补短。受到影视作品等因素的影响,现在的不法分子已经具备了很强的反侦察意识,对于以往的视频监控极为敏感,甚至配备了专业的反侦查设备,给执法人员的侦查活动带来了不小的难题,稍有不慎就有可能打草惊蛇,甚至威胁执法人员的人身安全,而执法无人机的使用成功地解决了这一问题。③ 目前,已经应用的无人机均隐蔽性极强,尤其是多旋翼无人机,其科技水平先进,可以垂直起降飞行,适用于多个操作平台,能够执行一些特种任务,而且飞行高度越高,隐蔽性越好。但其目前的续航时间较短有待改进。另一种无人机,固定翼无人机则续航时间长,并且能够视察的范围面积更大、飞行速度更快、飞行高度更高、噪声更小、隐蔽性更为出色。但是因为其无法进行定向悬停,其在高楼多的城市难以发挥更好的效果,在楼层较低的城市,有着更好的巡查效果。在执法实践中,执法人员往往取长补短将二者结合使用。在四川"5·17"特大盗销汽车犯罪专案侦查中,四川警方

---

① See Pagallo Ugo & Bassi Eleonora, *The Governance of Unmanned Aircraft Systems (UAS): Aviation Law, Human Rights, and the Free Movement of Data in the EU*, Minds and machines, Vol. 30: 439, p. 245 (2020).

② 参见徐静:《警用无人机如何引领实战需求》,载《现代世界警察》2017 年第 2 期。

③ See Department Of Transportation: *Office Of The Secretary*: *Notices*: *Privacy Act of* 1974; *Department of Transportation*, *Federal Aviation Administration*; *DOT/FAA* 854, *Small Unmanned Aircraft Systems (sUAS) Waivers and Authorizations*: [*FR DOC* # 2019 - 14449], Vol. 84:32512, p. 32512 (2019).

就通过运用多型号无人机秘密进行现场勘查、侦查取证、跟踪布控和协助抓捕，在未惊动犯罪嫌疑人甚至未影响到当地群众正常生活的情况下，成功打掉专业的犯罪团伙，破获案件。① 与此同时，无人机智慧执法也能够保证执法人员的人身安全。相较于执法器械等执法工具而言，执法人员无疑是无法用金钱衡量的且最宝贵的执法资源。如何在最大限度内保障执法人员的人身安全一直是实务界与理论界所共同关心的重要问题，而无人机的使用无疑降低了执法人员遭受人身侵害的风险。目前的科技水平已经可以通过集中控制或者分散部署对无人机进行任务布置或者飞行路线规划，实现指定区域内的无人巡查。例如，目前使用的警用无人机，其持续飞行时间为 45 分钟，时速可达 20 公里甚至 30 公里，每天可视察面积有 10 平方公里，远高于其他巡逻方式。此外，执行特种任务的专业级无人机能够在高温、极寒、缺氧、剧毒、辐射等环境下正常作业，从而代替执法人员进入这些极端环境或者高山、丛林、湖海等复杂地貌完成执法任务，保证执法人员的人身安全。②

再次，无人机智慧执法具有可靠的数据信息收集与处理能力。执法机关通过使用无人机智慧执法，提升了收集到的数据信息的维度，将以往的二维信息数据提升到三维，数据信息收集与处理能力更加可靠。以往通过视频监控与街面巡逻所收集到的平面信息无论如何全面，终归都是二维的，或多或少会造成关键信息的遗漏。此外视频监控很有可能存在监控死角，易遭受物理打击，街面巡逻受到诸多客观因素影响很容易错过关键信息，所以无论怎样二维的信息终归是不全面的。而无人机由于其独特的视角与灵活性，通过立体收集不仅能够实现收集数据信息的三维化，更能够将这些数据信息汇总成 3D 立体模型图，从而保证所收集到的数据信息的全面性。③ 在确保收集数据信息全面性的同时，进一步保证了准确性。无人机的使用使得执法数据信息收集方式有了一个质的提升：传统的执法信息收集方式主要依靠的还是人力，即通过大范围的摸底走访，明察暗访收集可能有用的执法信息，这样的方式不仅成本高、效率低，还很有可能因为关键信息的遗漏而陷入僵局；之后，随着“天网”工程的实施，“信息增量由人海增量向技术增量转变”，执法人员通过调取事发地周边的视频监控，收集有用的信息，这样做虽然节省了人力，但仍存在视频数据体量大且有效信息少的问题；而无人机凭借其灵活机动、覆盖面广的特点，使得信息收集变“静”为“动”，根据实际情况调整信息数据收集范围与密度，从而在保证全面性的同时，提升了信息数据收集的准确性。此外，无人机和 5G 技术结合，可以实现超远距离图传演示。5G 技术提高了执法无人机收集信息

---

① 参见刘润南、魏乾、肖斌等：《无人机技术在打击盗抢汽车犯罪中的应用——以在四川藏区的执飞为例》，载《四川警察学院学报》2020 年第 3 期。

② 参见昝霖：《警用无人驾驶航空器实战应用探讨》，载《铁道警察学院学报》2019 年第 2 期。

③ 参见李娜、栾润生：《无人机在刑侦工作中的应用现状及发展趋势探索》，载《公安教育》2017 年第 10 期。

的处理能力。由于5G的高速网络传播速度，减少了无人机在执法时的云端信息搜索匹配时间，而且让执法人员的操作指令可以更快地传递给无人机，便于更好地进行执法。同时，基于5G的低空网络连接，使得无人机在远程控制、精准定位方面更为便捷，其传输的图片更为清晰、对无人机的状态监控更为精确，网络信息安全也得到了进一步的保障，从而保证执法人员对于无人机收集到的信息在最短的时间内作出处理。在2019年2月3日，成都市公安交警5G直升机+无人机飞行编队正式升空，在无人机的巡查范围内，各条路上的交通情况都在第一时间得以收集，这意味着城市交通管理开始向5G天地一体化协同作战转型。①

最后，无人机智慧执法具有全面的数据信息整合与共享体系。在未来无人机将与执法机关的诸多数据库联网，在最大限度上实现执法信息的整合与共享，形成更加全面的数据信息整合与共享体系。我们不能将执法无人机看作一个个孤身作战的"单兵"或者是"会飞的摄像头"，而应该将无人机智慧执法看作一个体系，甚至是信息化执法、智能化执法、大数据执法的一个重要环节。不过，无人机仅仅解决了执法侦查与数据信息收集的前端问题，收集完成后的具体决策依然要由执法人员作出，而正确决策的作出离不开数据信息后端，也就是执法信息平台与数据库的支持，所以将执法无人机与执法机关的数据信息平台联网已成为必然的选择。例如，目前的警用无人机，要将无人机作为重要信息来源，而不是单独的个体，将每个无人机收集的各项数据进行汇总整理，对接到相关的警务管理平台。同时，与警方的人口数据库、车辆数据库等平台进行信息共享，借助大数据平台的强大分析、匹配能力，提升城市的相关治安管理水平。②

（四）智慧执法可能引发的隐私风险

运用无人机进行执法相较于以往的执法方式具有诸多优越性，但如果运用监控边界理论重新审视无人机智慧执法的这些特性，就会发现运用无人机智慧执法也给公民隐私权保护带来了风险。无人机智慧执法当然地蕴含着监控关系，存在监控边界与监控阈值。

无人机加入执法过程，实现执法智慧化的同时，会对监控边界产生影响，推动监控边界向被监控者移动。前文已经提到运用无人机智慧执法具有高性价比，与之相伴随的自然也是监控的低成本、高效率。高性价比的执法器械可能引发执法者的过度依赖，对执法无人机的依赖目前可能还没有显现出来，但随着无人机技术不断成熟，执法机关也在执法实践中对于无人机技术的掌握愈加娴熟，执法机关对于执法无人机的依赖必

① 参见许发见：《智慧警务之无人机应用》，载《福建警察学院学报》2016年第4期。

② 参见李峰、刘宏、冯力：《警用无人机在公安立体防控体系中的创新应用》，载《中国安防》2019年第11期。

然逐渐加深。[①] 随之而来就很可能产生一种“无人机万能主义”，导致执法机关在面对不同的执法情形时，即使无人机智慧执法不是唯一或者最优的执法方式，也会选择无人机去完成执法任务，换句话说就是滥用无人机智慧执法。

智慧执法中无人机的滥用将很可能导致监控超过阈值。在智慧执法过程中无人机往往兼具“执法者”与“监控者”的双重身份，执法机关对于无人机这个“执法者”的滥用，也意味着对于“监控者”的放任。对于无人机的过度依赖必然降低执法者接受对无人机进行规制的意愿，即使立法者主动对无人机智慧执法进行立法规制也会招致执法者的不满情绪或抵触，进而在立法者与执法者之间产生矛盾。而这种矛盾如果结合监控边界理论来看属于监控者与被监控者进行激烈博弈的情形。所以执法无人机的滥用很有可能使得执法者（监控者）枉顾公民（被监控者）的意愿，不断外推监控边界直至超过监控阈值，破坏权力制衡平衡的架构。

无人机智慧执法可能会对监控中的“沟通”构成阻碍。无人机智慧执法过程中无人机与驾驶无人机的执法者之间的关系较为特殊，可以说是既分离又结合。之所以说二者之间是分离的，是因为执法者通过远程操纵无人机实现了二者在物理空间上的分离；之所以说是结合的，是因为执法者虽然无法亲临现场，但借助高清摄像等技术设备从某种意义上讲与亲临执法现场无异，甚至能借助无人机发挥比亲临现场更大的作用。无人机与执法者之间的这种微妙关系可能会产生一些令人意想不到的影响。比如，在现代军用无人机最初使用时，有的国家的军方发现很多从未到过战场的无人机驾驶员患上了战争创伤后遗症（PTSD）。而之所以会这样是因为这些军用无人机驾驶员大多部署在本国本土，驾驶无人机作战几乎就与普通上班族的工作无异，定点上下班，在下班后就可以回家休息，但这恰恰是PTSD产生的原因。因为驾驶员虽然不用亲临战场，但仍能够通过传送的实时画面感受到战争的血腥残酷，而这种残酷与家庭生活的温馨又显得格格不入，由此导致驾驶员巨大的心理落差，难以在短时间内完成从战士到家庭成员的角色转换，最终也就患上了PTSD。之后当发生战斗任务时军方会硬性要求无人机驾驶员留在军营过集体生活直至任务结束或者轮休假期。[②]

无人机与执法者之间的这种微妙关系也会影响执法者与被执法者对于监控的沟通交流。相较于传统执法，使用无人机的执法者虽然可以通过麦克风等技术设备与执法相对人沟通，但物理空间上的分离必然降低监控者的沟通意愿，无法如传统执法那样做到“如鱼饮水，冷暖自知”；相较于单纯的机器执法，无人机智慧执法过程中的监控沟通也是趋于弱化的。以传统的视频监控为例，通常在设置摄像头的时候都会设置警示标

---

① See Jan Drozd & Zdenek Flasar. *Unmanned Aerial Vehicle Influence of Troops Leading Procedure*, International conference KNOWLEDGE - BASED ORGANIZATION, Vol. 23:155, p. 589(2017).

② 参见邓涛：《无人机简史》，机械工业出版社2018年版，第198～200页。

语“您已进入摄像范围内”,即使没有警示摄像头本身的存在对被监控者来说也是一场无声的沟通,而与灵活轻便的无人机则很难进行一场这样的对话。智慧执法中,无人机所代表的高新技术赋予执法者以无法被察觉的监控能力,从执法者的角度来看甚至失去了沟通的必要性。无人机特有的“隐身”功能使被监控者仅凭感官的功能无法察觉已经处于被监控的状态,同时通过搭载技术装备即可实现对于个人的全方位监控甚至深入人体内部。以往的沟通有时可能有利于监控者监控目的的达成,但对于无人机智慧执法来说既然可以在不引起被监控者察觉的情况下完美地实现监控任务,那么与被监控者沟通对于监控者来说又有何意义,话不投机反而会失去完成监控的最佳时机。除此之外,无人机智慧执法给沟通带来的不利影响还可能会导致监控者忽略被监控者的意愿而盲目扩张监控范围,使监控关系重新回到震荡的状态之中。

无人机智慧执法可能引起的非预期效应,包括执法无人机对公民个人数据信息的过度收集,以及由此引发的数据信息泄露风险等。正如前文所述,执法中无人机的使用提高了执法机关的数据信息收集与处理能力,同时满足了对于数据信息全面性与精确性的要求。但是当收集的信息数据过于全面、准确时,反而可能侵犯公民的隐私权。因为执法无人机在收集执法信息数据的时候为了尽可能达到全面、准确的要求,除了收集执法相对人的有关数据信息外,还要收集大量与此无关的普通民众的数据信息,而且是精确的数据信息。所以对于如何防止执法无人机对于个人数据信息的过度收集,以及对于收集到的这些数据信息应做如何处理等问题的反应,会直接影响监控边界与监控阈值。

智慧执法中,执法无人机的使用提高了个人信息数据泄露的风险,特别是在未来执法无人机与执法信息平台或者执法机关的信息数据库联网之后,执法无人机会更容易受到黑客的攻击。比如,国外的 Dronesense 公司曾经在其提供的无人机服务中出现了安全漏洞,使得警局使用的飞行数据被泄露,相关无人机部署位置均被曝光,这对执法造成了极为恶劣的影响。国外媒体也多次报道过军用级无人机被黑客侵入控制,导致信息数据泄露的新闻。更令人担心的是,随着无人机的发展,反无人机技术也应运而生,当未来无人机与执法大数据库联网,实现执法信息数据高度整合与共享后,每一架执法机都会完成从信息“孤岛”向数据“海洋”的进化,其所蕴含的安全、政治、经济、商业等方面的价值将不可估量,若被不法分子所窥探,与此相关个人数据隐私所面临的形势将更加严峻。显然这些问题都属于监控的非预期效应。

二、智慧执法法律规制中的价值平衡

无人机在智慧执法领域的应用旨在满足个人、社会乃至国家对于安全的诉求,所以利用无人机智慧执法首先要满足保护公共安全的价值目标。但不应止步于此,还应当在利用无人机智慧执法过程中尽可能做到保护基本人权,特别是隐私权。虽然公共安全与隐私权在特定环境中会存在价值冲突，但在根本上是一致的，所以不能够偏废，在价值目标导向上应当寻求二者的平衡。

（一）“风险社会”中的国家安全、隐私及无人机智慧执法

“风险社会”的来临，决定了无人机在智慧执法中应用的必然性。但这种应用就像是打开了“潘多拉”魔盒，在赋能国家安全能力提升的同时，也随之带来了泛社会化的隐私问题。德国社会学家贝克曾巧妙地将当代世界形容为“建立在火上的文明”①，而他的著作《风险社会》首次提出了“风险社会”这一概念，从而也成为“风险社会”相关理论研究的开山之作。“风险社会”在20世纪80年代被首次提出之后，包括安东尼·吉登斯、尼克拉斯·卢曼、玛丽·道格拉斯、斯科特·拉什等在内的诸多学者都迅速投入“风险社会”相关的理论的研究之中，形成了众多的理论观点和研究范式。

对于“风险”“风险社会”“现代风险”等概念的定义，在不同的范式研究下存在差异。但对于“风险社会”的一些基本特征，大部分学者已经形成了共识。有学者认为可以将“风险社会”的基本特征概括为十个基本命题，笔者认为其中几点对本章研究有特殊意义。

第一，自然与传统的终结及现代风险的人为性。自然与传统的终结是指在进入“风险社会”后，自然世界“被人化”。就是说随着文明的发展，人类认识世界、改造世界的能力提高，自然界的万事万物都被打上了人类的烙印，自然与人类之间传统的规律也由此被打破，纯粹的自然世界走向终结。吉登斯曾经将风险划分为外部风险与人造风险，通俗理解就是中国传统中的概念——“天灾”与“人祸”。在“风险社会”“天灾”与“人祸”依然是并存的，但由于传统与自然的终结，“人祸”与“天灾”之间的界限趋于模糊，更多的“天灾”因“人祸”而起，在“风险社会”“人祸”远大于“天灾”，现代风险表现出强烈的人为性。

第二，风险分配的双重逻辑与“飞来器”效应。贝克认为，风险与财富相伴而生，但与财富向社会上层聚集恰恰相反，风险是向社会底层聚集的，因为社会上层往往会通过权力或财富将风险转嫁给社会底层。但从长远来看，现代风险更像是“飞来器”，即使能通过种种手段转嫁，但风险的危害最终还是会以直接或间接的方式回到始作俑者的手中。传统风险仅作用于个人或小部分群体，但是现代风险已经会对所有人产生危机。所以现代风险比商品更像“天生的平等派”，威胁着每一个人的安全。②

第三，人的个体化与风险的全球化。在“风险社会”中，传统的阶级、阶层、家庭等社会组织结构趋于解体，而原来隶属于其中的人也因此可以从中脱离。个人虽然摆脱

---

① ［德］乌尔里希·贝克：《风险社会》，何博闻译，译林出版社2004年版，第11～12页。

② 参见［德］乌尔里希·贝克：《世界风险社会》，吴英姿、孙淑敏译，南京大学出版社2004年版，第103～104页。

了与隶属关系相伴随的种种束缚，但是也失去了原有的庇护，当风险真正降临时便会显得孤立而无助，另外“风险社会”下人的个体化也使风险的数量增加，风险的类型更加多元。与人的个体化相伴随的却是风险的全球化，随着世界市场的不断扩展，现代风险也逐渐突破时空的限制，使原先形成的政治、经济、文化等固有边界被突破，发生在一城一地的偶然灾难，都有可能在全球范围内引发“蝴蝶效应”。在全球的风险事件中没有人不会被波及，只是有人尚未被波及，所以“风险社会”其实也是“全球风险社会”。[①]

第四，有组织的不负责任。有组织的不负责任是指，在“风险社会”中风险产生的原因极度复杂、扑朔迷离，而想要找到制造风险的“始作俑者”更是难上加难。之所以如此，是因为高度的社会分工与科层制管理模式的建立。高度的社会分工是现代社会的一个显著特征，也是提高社会生产力的重要手段。但在“风险社会”中，风险的形成原因是复杂的，很难归咎于某个单一主体，一般情况下只能在一定的范围内划定责任承担主体。高度的社会分工无疑增加了划定范围的难度，即使能够准确划定责任范围，但对于风险产生的危害如何计算、责任如何分担也是今天的归责原则所难以应对的。此外，真正的现代风险往往具有潜伏期，不会立竿见影，潜伏期可能长达几十年甚至上百年之久，时间在冲淡一切的同时无疑也冲淡了责任。

目前所面临的内外严峻安全形势从现实层面决定了无人机在执法中应用的必要性。当前世界正经历百年未有之大变局。

面对严峻的国内外安全形势，2014 年 4 月 15 日在中央国家安全委员会第一次会议上[②]，习近平总书记提出了“总体国家安全观”的概念。[③] 总体国家安全观的核心要义包括“五大要素”与“五对关系”。从外延上看，根据总体国家观要求而构建的国家安全体系既涵盖了政治安全、国土安全、军事安全这些传统安全领域，也涵盖了经济安全、文化安全、社会安全、科技安全、信息安全、生态安全、资源安全、核安全这些非传统领域。此外，生物安全也被纳入国家安全体系内。总体而言，“总体国家安全观擘画了维护国家安全的整体布局，实现了对传统国家安全理念的重大突破，深化和拓展了我们党关于国家安全问题的理论视野和实践领域，标志着我们党对国家安全问题的认识达到了新的高度”[④]。

无人机智慧执法的出现正是回应了构建国家安全体系这一时代的现实需求。维护

① [德]乌尔里希·贝克：《世界风险社会》，吴英姿、孙淑敏译，南京大学出版社 2004 年版，第 123 页。

② 《中央国家安全委员会第一次会议召开　习近平发表重要讲话》，载中华人民共和国中央人民政府网，https://www.gov.cn/xinwen/2014-04/15/content_2659641.htm。

③ 国家安全观是对国家安全及国家安全相关问题的历史、现状、发展、规律、本质的认知、评价和预期，客观反映国家安全状态。

④ 《深刻理解和把握总体国家安全观（深入贯彻习近平新时代中国特色社会主义思想）》，载人民网，http://sd.people.com.cn/n2/2020/0415/c386784-33950643.html。

国家安全和人民利益需要靠执法机关来保障，并且执法机关基于维护国家安全的目的行使执法权力、履行执法义务既是宪法法律的规定，也是维护国家安全的必然要求。但是在21世纪的今天，执法机关在面对国家问题时还需要考虑席卷全球的知识化和高科技浪潮，这波浪潮正在使世界发生前所未有的变动与调整，国家安全问题也受到这波浪潮的影响而变得更加错综复杂。在知识化和高科技的浪潮中，只有更多地掌握和控制了知识，特别是现代知识的核心——科学技术，才能够掌握主动权。同样，执法部门想要在维护国家安全的执法行动中掌握主动权也必须提升对高新技术的应用能力。党中央也对此提出了“提高社会治理社会化、法治化、智能化、专业化水平”①的要求。

在这样的大背景下，作为执法机关重要组成部门的公安部门首先提出了“智慧警务”②的理念。所谓“工欲善其事，必先利其器”，无人机正是在“智慧警务”理念下的警务信息化建设中被最先投入执法应用中。无人机在执行维护国家安全的执法任务中发挥了重要作用。除了维护传统的国家安全，协助执法人员打击犯罪、维护社会稳定、保护人民人身财产安全外，在应对信息安全、生态安全、资源安全、核安全这类非传统安全时，无人机也以其独特的优势发挥了难以替代的作用。特别是在应对生物安全危机中替代执法人员执行了包括运输物资、疏散聚集人群、安全监控、喷洒消毒液在内的大量任务。不仅提升了执法效率，更避免了执法人员在执法过程中交叉感染。在新冠疫情全球大暴发的背景下，中国能够迅速控制形势、妥善应对生物安全风险，执法无人机可谓功不可没。由此可见，将无人机运用到执法领域是执法部门面对高科技浪潮冲击下日趋复杂的国家安全形势所做出的必然选择。而随着相关实践的开展，执法无人机也逐渐成为执法机关维护国家安全不可或缺的“利器”，并日益深入渗透到国家安全体系之中。

将无人机运用于智慧执法，特别是执法监控，是政府为了应对“风险社会”而采取的本能反应。在“风险社会”当中，必须对风险进行有效的治理，而政府恰恰是“风险治理的核心主体”，在防范风险发生中发挥着不可替代的作用。虽然对于现代风险的治理离不开公民、企业、民间组织、政府等主体在内的多元主体的协同配合，但是由于不同主体与生俱来的差异，他们在风险治理中的任务与侧重必然存在差异。而在其中发挥统领全局、统筹协调作用的依然是政府。因为无论是政府所提供的法律还是规划方案，甚至是公共资源，都是风险治理的重要元素。同时，长期的历史经验也证明了一个有力而高效的政府是现代民族国家应对风险、度过危机不可或缺的坚强后盾。所以20世纪末以来，包括中国在内的大多数国家都把提升政府的“风险治理”能力或“风险管制”能力

① 《决胜全面建成小康社会　夺取新时代中国特色社会主义伟大胜利》，载中华人民共和国中央人民政府网，http://www.gov.cn/xinwen/2017-10/27/content_5234876.htm。

② 张兆端：《“智慧警务”：大数据时代的警务模式》，载《公安研究》2014年第6期。

纳入国家发展战略中,以应对“风险社会”的到来。

此外,就当代政府而言,与其思考如何在风险转换为实害后及时进行妥善处理,不如将更多的资源投入风险的防范中。想要实现有效的风险防范,政府必须改变以往“夜警国家”的做法。如果说尽可能少地干预市场或社会是“夜警国家”的行为准则,那么在“风险社会”阶段,当“大量行为处于一种暂时没有造成危害后果却又蕴含了严重危险,或者该类行为一旦实施将酿成巨大危害或无可挽回的灾难后果之际”①,秉持自由主义的“夜警国家”,显然难以承担防范、抑制、规制风险的重责,甚至有可能成为滋生风险的“温床”。

就现代风险而言,能够妥善地处理风险转化的实害并追究相关责任人责任固然重要,但是如果政府不能够履行及时发现、揭露和预防风险的职责,那么这样的风险治理模式,只能够起到警示人们行为自律,避免产生风险的作用。在工业化的起步阶段,这样的风险治理模式或许能够对可能产生风险并且风险转化为实害的行为进行有效规制。但是在踏入“风险社会”后,大量行为仅仅处于风险的萌芽阶段而并未带来实际损害,其中有些行为甚至处在很难被人察觉的隐秘状态。在这种情况下,如果政府继续坚持原有的风险治理路径,仅仅在事后处理风险和追究相关责任人的责任,那么极有可能在发生无法估量的风险性行为时便会无人问津,同时,“风险社会”“有组织的不负责任”又极容易为责任人开脱责任。由此可见,事后处理与追责的风险治理模式在“风险社会”当中可能处于一种失灵的状态。

进行防范的前提是能够及时发现风险,因此,加强监控成为了不二的选择,而无人机与监控技术的结合进一步建立起了监控与风险的共时性关系结构。共时性即同步性,监控与风险行为的共时性关系结构,意味着风险行为时刻处于政府的监控之下,而政府也时刻处于对风险行为的监控状态中。执法无人机监控强化了政府的监控能力,虽说政府具备监控的能力,但是以往的监控更多依靠传统人力来实施,即便在特殊情况下可以借助热成像、卫星跟踪等现代侦查技术,但是依然要受到时间、空间、特定监控环境等诸多条件的限制。有效的监控行动往往只能在风险已经转化为实害,责任人已经基本被锁定的情况下进行。无人机应用于执法监控领域,改变了监控与风险行为发生的时间关系。在与各种尖端的监控技术相结合后,无人机可以使得风险一旦初露端倪便能够处于政府的控制之下,政府进而也能够对风险予以初步干预。总之,借助无人机实现政府监控与风险发生的共时性,能够最大限度地避免风险向着不可控的方向恶化、有组织的不负责任等与“风险社会”基本特质直接相关的情况出现。

(二)智慧执法中安全与隐私权保护的平衡

维护安全不能成为在无人机智慧执法中忽视隐私权的理由,应当树立安全与隐私

① 韩德明:《风险社会中犯罪的规制和侦查》,中国人民公安大学出版社2016年版,第182页。

权保护相平衡的理念。在维护国家安全的过程中,不可避免地会与基本人权,特别是隐私权,发生冲突。国家监控的本义是维护整体国家安全,对可能威胁到国家、社会、公民的行为或事件进行控制。但是如果一味强调国家安全而忽略公民个人隐私,放任监控权不受限制的极度膨胀,就很有可能出现公众对于政府的普遍不信任,以及公民对于自身隐私权遭受公权力侵犯的担忧。

在高度网络化信息化的当代社会,隐私权保护存在困难。“在互联网环境中,个人数据极易暴露于公众视野。目前政府和相关公司对于个人信息的收集、处理、使用、保护等方面的规制并不完善,使得个人隐私受到侵害的行为更加多样和隐蔽。由于目前人们的沟通、工作、娱乐都依托于互联网,使得越来越多的个人痕迹留痕于网络,又使得平台提供者获取了个人信息,成为强势的政治或者商业力量争夺资源的资本。在此环境下个人与公共之间的界限变得模糊,私人空间受到排挤。”①隐私权关系到个人的人格尊严以及人格独立与自由,现代文明的发展应当以促进“独立之精神,自由之思想”为己任,而不是反其道而行之。所以任何权力的行使,任何科技的创新、应用,都必须尊重隐私权,且不能以任何借口推脱。

在“风险社会”中,监控的本义在于防范风险,减少风险的发生,但监控本身的存在就是隐私权的最大风险。在“风险社会”,人们普遍希望以控制风险的方式来控制未来,正如吉登斯所言,“我们控制将来的企图似乎对我们产生了意想不到的影响,它迫使我们寻找不同的方法来处理这种不确定性”②。人类理性地计算着可能的风险,希望把一切风险都加以控制,这一控制的过程不可避免会使用监控的手段。风险会存在于社会生活的各个领域,无论是管理安全、商业还是其他环境都存在大量风险,也就存在大量规避风险的努力和大量的监控行为。

但是正如前文提到的那样,自然与传统的终结及现代风险的人为性是“风险社会”的一大特征。对于现代社会最难以预料的是人造风险,人的不确定性是最大的,人的风险也是最大的,对人的风险要依靠监控来降低。监控发挥了防范风险的重要作用,但是人们没有意识到监控本身也已经成为一种新的风险。人们不知道自己的信息何时被采集,人们没有发现有无数只各种形状的眼睛时时刻刻注视着自己,人们不知道自己无形的足迹会被谁跟踪。监控中,任何人都无法完全控制信息收集、储存和处理的过程,信息一旦产生就不在自己的完全掌控之中,谁都无法预料信息会有怎样的流传过程。这正是现代性的后果,这也正是由监控产生的风险。

此外值得注意的是,“风险社会”中随着包括家庭在内的种种社会组织的解构,其

---

① 杨悦:《国家安全与公民隐私权的冲突与平衡——以 FBI 与苹果公司的解锁之争为例》,载《东南传播》2017 年第 6 期。

② 王俊秀:《监控社会与个人隐私:关于监控边界的研究》,天津人民出版社 2006 年版,第 147 ~ 153 页。

实也让一个个孤立的人暴露在强大的公权力之下,丧失了社会组织庇护的公民也更容易受到公权力的伤害。所以,当公民对政府以防控风险为名义实施监控、窥探隐私的行为进行质疑或反抗时,会明显感到力不从心。

(三)智慧执法规制应秉持“强化人权型执法”观念

出于保护隐私的目的对无人机智慧执法进行规制,首先应当完成与规制有关的法律理念的转化。对于应当如何定义法律理念,法学界莫衷一是,尚未形成统一的意见。但大多普遍承认法律理念兼具认识论与方法论的功效,反映着法律工具价值背后所蕴藏的内涵与精神。在法运行的各个环节都需要正确、合理的法律理念来进行引领,特别是对于执法者来说,如果缺乏正确的法律理念指引,很容易在执法中出现偏差。

在国家安全形势严峻,世界正在迈向风险社会等诸多复杂的大背景下,出于保护基本人权,特别是保护隐私权的需要,应当秉持“强化人权型执法”的规制理念。“强化人权型执法”是笔者参考美国经济学家奥尔森的“强化市场型政府”概念所提出的理论构想。奥尔森在遗著《权力与繁荣》中首次提出了“强化市场型政府”这一概念,其目的在于讨论政府与市场之间的关系对经济发展的影响。他认为政府在市场发展过程中起着至关重要的作用,权力先于繁荣,强制性规则先于自愿交换,政府决定经济增长。奥尔森认为“强化市场型政府”的模型包括两个方面:其一是政府要足够强大,能够保护私人契约和个人财产权;其二是政府要受到一定的约束,保证自身不会去侵害这些权利。[①]

对于政府与人权之间的关系而言道理也是相通的,政府在人权的实现中发挥着不可或缺的重要作用,公权力的合理实施是因,人权的实现是果,政府决定了人权的实现程度。只有一个足够强大、高效的政府才有足够的能力与资源构建良好的社会秩序,从而为人权的实现创造基础;同时根据“权力膨胀”定律,权力具有天生的膨胀性与向恶性,如果没有约束就会被滥用,所以它又最有可能威胁到基本人权。一个国家只有在人权的保障和政府的强权之间做好协调,国家才能繁荣。所以笔者认为,从人权保障的角度出发,理想的政府一方面应当足够强大、高效,拥有足够的能力与资源建立良好的社会秩序;另一方面,也要受到包括宪法与法律的约束,保证自己不会滥用权力去侵犯这些基本权利。

在“强化人权型政府”下的执法自然应当是“强化人权型执法”,也即执法必须严格、高效,能够及时控制不法行为人与不法事态,从而维护社会秩序;同时执法权必须受到宪法与法律的约束,不得滥用或者侵犯人权。具体到无人机智慧执法上,坚持“强化人权型”执法,最重要的是要处理好监控与隐私权的关系:在国家安全的语境中,既然不能简单地将国家安全与公民隐私中的任何一方凌驾于另一方之上,那么,一方面,就要

---

① 参见[美]曼瑟·奥尔森:《权力与繁荣》,苏长和、嵇飞译,上海人民出版社2018年版,第72~100页。

做到利用无人机智慧执法提升政府维护国家安全的能力,助推国家整体安全体系的完善;另一方面,又必须从多个层面对无人机智慧执法进行规制,避免权力借助无人机智慧执法而滥用或者侵犯人权。在"风险社会"语境中,就是要利用无人机智慧执法监控提升政府的风险监控能力,有效防范风险转化为实害,同时又要对这种监控行为作出规制,防止其成为侵犯隐私权的潜在最大风险。在监控边界的语境下,就是要有足够的监控能够满足公民对于安全与秩序的需求,同时又不能够突破监控阈值,引发社会普遍焦虑。

当然,以上的构想都是理论的预设,无人机在智慧执法应用中如何实现"强化人权型执法",兼顾安全与隐私权、秩序与自由,还需要具体的规制办法。同时,由于这种平衡始终是动态的,必须以时间、地点、条件为转移。所以笔者将在本章的后两节,从隐私权保护的角度,详细讨论无人机智慧执法给目前行政法律体系带来的现实挑战及其规制方法。

三、智慧执法中传统法律规制原则面临挑战

无人机在智慧执法领域的应用正在以隐私权为媒介冲击着目前的行政法律体系,而这种冲击集中表现为对传统法律规制原则的挑战。传统的行政执法原则已经很难约束无人机智慧执法,更遑论在无人机智慧执法侵犯公民隐私权时对违法侵犯隐私权的行为予以惩戒、制裁。所以,笔者重点讨论了无人机智慧执法给法律保留原则、比例原则、正当程序原则这三个行政法基本原则带来的挑战。相比较而言,无人机智慧执法给前两个原则带来的更多是实体法方面的挑战,对正当程序原则的挑战则是程序法方面的。当然,作为行政法领域的经典原则,它们都表现出了很强的制度韧性,对无人机智慧执法所带来的挑战予以了不同程度的回应,但面临的挑战正日益加剧。

(一)法律保留原则适用上的挑战及应对

德国公法学者奥托·麦耶在其著作《法国行政法原理》中首次提出法律保留原则。现代社会公私合作制(Public - Private Partnerships,PPP)行政模式的发展,尤其是行政合同、政府购买公共服务等行为的大量出现,使得行政法学界开始广泛关注如何在这种模式下适用法律保留原则。其中,比较有代表性的观点是"行政契约容许性理论"。学界也普遍认为该理论能够符合现代行政契约理论及实践的发展趋势。该理论认为,从行政契约的起源以及行政契约的功能特性来讲,除了法律对缔约权有特别规定,或者依公法关系的性质不得缔结行政契约者外,一般只要有宪法或组织法上的权限依据,并且在行政机关管辖的事务范围内,在能有效达成行政目的而又不与法律相抵触的情况下,应

允许缔结行政契约。① 但问题是，将无人机智慧执法方面的部分职权依照行政契约外包，可能构成对法律保留原则最大的挑战。

政府购买无人机业务服务于公共职能，需要基于法律保留原则审慎而行。从隐私权保护角度出发，政府在购买无人机智慧执法相关公共服务的过程中应当保持最大限度的克制。无人机在执法领域的应用尚处在起步阶段，想要实现深入应用以真正回应各方的需求还必须投入巨大的人力与物力成本。所以，无人机智慧执法的进一步深入应用无疑要耗费高昂的成本，对于执法机关来说，要将有限的执法资源分出一部分投入无人机智慧执法应用开发中需要极大的魄力。但与此同时，一条捷径出现在执法机关面前，那就是将无人机智慧执法方面的部分职权外包给专业研发无人机的私人公司，借助私人公司雄厚的物力、财力、技术力量迅速实现无人机与执法的深度融合，这样一来执法机关所要耗费的成本是较低廉的。

如果真的这样做，看似节约了政府的行政成本，但实际上消耗的却是作为公民基本权利重要组成部分的隐私权。私人公司之所以有巨大热情愿意承包无人机智慧执法的相关职责，究其原因还是看到了其中所蕴藏的巨大经济价值。因为通过无人机智慧执法，特别是无人机监控，能够收集到大量的个人数据信息，而在高度信息化、数据化的今天这些数据信息的价值是难以简单用数字标价的。相较于通过市场购买这些信息数据，通过承担无人机智慧执法相关职责来换取这些信息无疑是相当划算的。此外，有了执行公共职务的合法化理由加持，甚至能够不受限制地轻易获取到在正常市场所无法获取的个人数据信息。

毫无疑问，这种外包模式从短期来看，无论是执法机关还是无人机公司都能够得到利益。即便是公民感受到权利受到损害，但安全需求快速得到回应后的满足感足以对冲权利受损的失落。但从长远来看，无论是对于公民、政府还是公司而言都是不利的。

所以，无人机智慧执法必须坚持"公立性"。由上文可知，通过外包的方式加快无人机与智慧执法的融合无疑是一条捷径，但是所付出的代价却是人类所不能承受之重。笔者并不是彻底反对私人公司参与无人机智慧执法，但这种参与必须是官方主导下有限度的参与，如此方可保证无人机智慧执法的"公立性"。

总之，在无人机智慧执法方面我们必须恪守法律保留原则，必须坚持公权力在无人机智慧执法中的主导地位，将直接涉及人权、国家安全等重大事项的无人机智慧执法职权外包所订立的行政合同应当被认定为非法的。在推进无人机与智慧执法相融合的道路上，政府必然还会遇到很多难以想象的困难，但这些困难必须主要依靠政府自身的力

---

① 参见陈婉玲：《公私合作制的源流、价值与政府责任》，载《上海财经大学学报（哲学社会科学版）》2014 年第 5 期。

量来克服。因为这些困难都是发展道路上所必须承担的“成长痛”，而不能盲目借助“政府服务私有化”的方法解决，否则一旦开始，这种私有化就有可能积重难返。

在无人机智慧执法上恪守法律保留原则并不意味着因噎废食，彻底排除私人公司参与无人机智慧执法。恰恰相反，笔者认为应当有选择性地开放，因为公私合作的行政模式（PPP）背后所蕴含的价值理念是符合现代行政发展方向的。同时，通过引入竞争来降低行政成本，提高行政效率也是值得我们充分肯定的。所以笔者认为，可以采纳法律保留诸多学说中的“重要事项保留说”。使用这一学说，无论是干涉人民自由权力的行政领域，还是涉及人民基本权利的行使，抑或涉及公共利益的重要基本决定，都应该有明确的法律规定。根据“重要事项保留说”我们可以对无人机智慧执法有关事项，在综合考虑受影响人范围的大小、影响时间的长短、公共争议性的强弱、现状变革幅度的大小等因素后，将之分为重要事项与非重要事项。将其中无关乎公民基本权利、国家与社会重大利益的无人机智慧执法事项向私人公司开放，以减轻政府的财政负担并加快无人机与执法的融合，从而在恪守法律保留原则的基础上，开展无人机智慧执法领域的公私合作创新行政模式探索。

（二）比例原则适用上的挑战及应对

比例原则是行政法最重要的基本原则之一，有着“公法中的帝王条款”等美誉。在拨开高科技的“外衣”后，无人机智慧执法依然是典型的行政行为，理应遵循比例原则这一行政法基本原则。而其又由三个子原则组成，所以笔者将分别结合这三个子原则，来论述在应用无人机智慧执法中比例原则受到的挑战。

1. 妥当性原则在无人机智慧执法规制上的调试

所谓妥当性原则，是指行政主体实施行政行为时所采取的手段应该能够实现或者至少有助于实现行政目的。也就是说，行政主体所采取的行为手段和其意图达成的公法目的之间必须具有逻辑上的关联性。如果具备该种关联性，则该种行为手段就是妥当的，反之，就是不妥当的。当然，在具体适用这一原则时，我们不能苛求行政主体有先见之明，单纯以实际的行政结果来评价行政行为是否与行政目的有关联性。所以，对该种关联性的认定应该秉持相对较为宽松的标准，只要行政主体所采取的行为手段与行政目的的达成具有某种笼统意义上的关联，从常规意义上可以识别，即可认定该关联性的存在，不必过于苛求。①

根据监控边界理论，监控可能是监控者对被监控者主动实施的行为，也可能是监控者无意中对被监控者造成的结果。监控者有目的的监控行为可能会产生预期的监控结果，也可能不会产生预期的结果，或者除了预期的结果外还发生了其他的后果。一般来

---

① 参见许玉镇：《比例原则的法理研究：私人权益控制政府权力的法律维度》，中国社会科学出版社2009年版，第37页。

说，监控行为应该是有目的的行为，对于那些未预期的行为应该避免。采用监控行为后所产生的监控结果应该与监控的目的相一致，并避免目的外结果的产生。

所以用妥当性原则来评价监控行为，最理想的监控行为应当是实现了预期的监控目的，同时未产生监控目的外的结果；次理想的监控行为是虽然实现了监控预期的目的，但同时引发了监控目的之外的不良结果；最不理想的监控行为是在没有实现监控预期目的的同时，引发了监控目的之外的不良结果。

以此我们来看，妥当性原则在无人机智慧执法中的运用。笔者认为，无人机智慧执法所要达到的目的应与一般的行政执法目的无异，应当包括维护国家安全、维持社会秩序、保障公民权利与自由、提供公共服务。而其中最为核心且最为重要的应当是对公民权利与自由的充分保障，自然也应当包括对隐私权的保护。同时，从隐私权保护的角度来看，采用无人机智慧执法可能引发的不良结果有：过度监控超过社会一般监控阈值，引发社会普遍焦虑；民众因感受不到隐私权的存在而不敢自由发表言论，进而引发寒蝉效应；出于公共安全目的收集的个人数据、信息泄露，造成个人隐私被不当公开，甚至被用于商业目的或其他违法目的……因此，根据妥当性原则的理念对无人机智慧执法进行规制，从隐私权保护视角出发，就是执法主体应当努力借助无人机提升在维护公共安全、构建良好的社会秩序、保障公民权利与自由的实现、提供优质公共服务等方面的能力，促进这些执法目的的实现。同时，通过法律规制避免出现“焦虑社会”、“寒蝉效应”、个人信息被泄露等目的之外的不良结果，从而向妥当性原则下理想的无人机智慧执法行为趋近。此外，也应当极力避免虽达到无人机智慧执法目的但也引发侵犯隐私权的不良后果，或者未实现无人机智慧执法目的却侵犯到隐私权等诸多非理想型的无人机智慧执法行为出现。

2. 必要性原则在无人机智慧执法规制上的体现

所谓必要性原则，是指如果有多种手段可以实现目的，那么行政主体在最终决定选择适用的时候必须从中择出对公民权利侵害最小的一种，作为自己实施行政行为的手段。正所谓“条条大路通罗马，但最终选择的道路必须是最为便捷的道路”，该道路在多元的可供选择方案中具有最优的性价比。德国公法学中往往用“杀鸡焉用牛刀”“不能用大炮打蚊子”来比喻必要性原则。与妥当性原则相比，必要性关系不是从“目的取向”，而是从“结果取向”的角度来规范二者之间的关系。而且，它预设了一个前者没有的行为场景，即存在多元的可供选择的行为手段。该类行为手段固然都有助于公法目的的实现，但是其由此导致的后果是不一样的。在必要性原则之下行政主体行使行政职权的时候，必须注意两个相互关联的行为准则：一则要促使其意图达成的公法目的最大限度地实现；二则要尽量使行政相对人的利益受到最小程度的侵害。[①] 必要性原则

---

① 参见许玉镇：《比例原则的法理研究：私人权益控制政府权力的法律维度》，中国社会科学出版社2009年版，第40页。

在本质上反对过度行政,追求对人权的最大限度保障。

从必要性原则出发,应当摒弃"无人机万能主义"。"无人机万能主义"是指运用无人机智慧执法过程中,部分执法人员产生了无人机在执法运用中无所不能,执法中存在的所有问题都能依靠无人机来解决,凡是执法都必须运用到无人机的想法。"无人机万能主义"的后果将是面对不同的执法情形时,即使无人机智慧执法不是唯一或者最优的执法方式,也会选择无人机去完成执法任务。之所以会出现"无人机万能主义",是因为部分执法人员在初次运用无人机完成执法任务后,被无人机智慧执法相较于传统执法所产生的巨大效益所震撼,并对无人机应用的前景产生了不切实际的幻想,而忽视了无人机智慧执法可能引发的一系列问题。而比例原则中的必要性原则恰恰提醒我们,在借助无人机解决诸多执法难题的同时应当警惕由此可能引发的问题,从而否定了"无人机万能主义"。在执法实践中当能够达到相同的执法目的时,应从多种执法方式中理性地选择对公民基本权利伤害最小的方式,而不是在"无人机万能主义"的影响下盲目地去用无人机执行任务。我们"不能用大炮去打蚊子",当然也不能"用无人机去逮捕蚊子",即使这些都是技术层面完全可以实现的。

从隐私权保护的角度来看无人机智慧执法中的必要性原则,就是当存在包括无人机智慧执法在内的多种执法方式都能够达到相同执法效果的情形下,从是否使用无人机、使用哪种无人机、如何使用无人机等方面来进行思考、抉择。首先,思考是否应用无人机。当同时存在多种执法手段,并且每种手段所耗费的执法成本、达到的执法效果基本一致时,如果选择无人机来执行任务可能会侵犯到隐私权,或者在诸种执法手段中无人机对隐私权的威胁最大,则应当选择其他手段来执行任务,反之则可以选择无人机。其次,思考选择何种无人机。由前文可知当前存在不同类型、不同型号的执法无人机,同时无人机可以搭载摄像头、热成像、监听装置、GPS 等不同的执法装备。不同类型、不同型号的无人机搭载不同的监控设备所产生的对隐私权的威胁自然也是不同的。所以当必须使用无人机执行执法任务时,如果有条件我们也应当选择其中对隐私权威胁最小的无人机类型,搭载对隐私权威胁最小的监控设备来完成执法任务。最后,思考如何使用无人机。在运用无人机执行执法任务的过程中,也应当选择对执法相对人隐私权伤害最小的方式来完成任务。例如,当隐蔽与非隐蔽方式都可以完成任务时则选择非隐蔽的方式,无论告知相对人与否都能达到相同的执法效果时则告知相对人,是否收集当事人数据信息并不影响执法任务完成时则选择不收集。当然,笔者只是在这里做一简单例举,实际情况显然会复杂得多,也必须考虑更多的因素,但是复杂情形不能构成拒绝在无人机智慧执法中适用必要性原则的理由。

3. 均衡性原则在无人机智慧执法规制上的实现

均衡原则,又被称为狭义比例原则,是指行政主体实施行为之后,所得利益必须高于损失。与前面两个子原则不同,均衡原则是从"价值取向"的角度对行政权力进行规制。同时,其前提是行政行为已经具有正当性和必要性,在此基础上认定其成本和收益之间的差额。①

正如前文所提到的那样,在"风险社会"中监控的本义在于防范风险和减少风险的发生,但监控本身就是隐私权的最大风险。但如果换个角度,对均衡原则进行分析,就可以将风险的控制、公共安全、社会秩序看作通过监控所获得的利益,而隐私权受到侵害则是监控所附带的损失。如果监控要做到符合比例原则,就必须在风险控制、公共秩序、社会安全这些方面取得的利益大于隐私权受到侵害所产生的损失,反之则违反均衡原则,进而违反比例原则。

不过,监控所带来的利益还有待证明,监控未必能够达到防范风险发生和维护公共安全与社会秩序的目的。例如,2011 年的英国伦敦骚乱事件,充分表明了通过加强监控无法从根本上维护社会稳定。据英国《每日邮报》所述,英国有 420 万个摄像头,平均每 14 个人就分到一个探头,然而仍然无法避免骚乱的发生。英国是重视监控且相关制度较完善的国家,"国家情报模式"也有明文入法,为何仍有大量民众在监控下违法?可见监控的加强未必就一定能够带来公共安全、社会秩序稳定。

与此相反,隐私权对于现代社会的重要价值却是不言而喻的。传统理论认为隐私权是一项人格权,它基于人的独立性而产生,也可以将其认定为是人格尊严或者人身自由。同时,在隐私权追求人格尊严这一终极价值目标过程中,达成了维护个人安全与安宁的目标;通过对权力进行约束,也有助于政府与国家的民主发展;通过保障个人的自主自决,有助于实现社会多样化的和谐发展。而随着大数据时代的到来,个人信息、个人数据的价值与遭遇的风险同比大幅增加,这更加凸显了隐私权保护的重要意义。隐私权在受到国内法保护的同时,《世界人权宣言》和《公民权利和政治权利国际公约》、《欧洲人权公约》等国际人权文件也对其进行保护。所以隐私权的巨大价值是无法以任何标准来衡量的,以牺牲全部隐私权来换取某种社会整体利益既是不可取,也是不可能的。即便是通过让渡部分隐私权来换取这种整体公共利益也必须权衡再三,慎之又慎。

所获得的利益尚未可知,造成的损失却是真实而巨大的,所以通过分析均衡原则可知,在将无人机应用于执法,特别是执法监控领域时必须持一种谨慎态度。从隐私权保护角度而言,如果执法主体不能保证在某一无人机智慧执法过程中对隐私权的侵害能够进行有效控制,不能保证在无人机智慧执法过程中所收集到的信息、数据不被滥用,不能保证无人机收集到的这些数据、信息不会被用作执法以外的其他目的,不能确定某一次无人机智慧执法会对隐私权保护招致怎样的后果,就应当慎重考虑是否采取这类

① 参见许玉镇:《比例原则的法理研究:私人权益控制政府权力的法律维度》,中国社会科学出版社 2009 年版,第 59 页。

无人机智慧执法活动。如果忽视这些问题贸然行事,放任此类无人机智慧执法行为,不仅是对均衡原则、比例原则的违背,更是盲目和非理性的,很有可能引发波及全社会的危机。

(三)正当程序原则适用上的挑战及应对

隐私权自诞生以来就与正当程序原则有着千丝万缕的联系,正当程序原则可以称得上是保护隐私权的"传统武器"。在被称为"美国宪法史上隐私权保护第一案"的格丽斯沃德诉康涅狄格州案中,美国联邦最高法院就是以宪法第十四修正案为依据裁定康州侵犯隐私权的法律违宪。① 即使到今天,正当程序原则也并未过时,其仍然焕发着强大的生命力,但是在面对无人机智慧执法时,这件"传统武器"却显得有些捉襟见肘。

从隐私权保护的角度看,无人机智慧执法在形式上对正当程序的挑战,其实在实质上就是对隐私权的侵犯。有学者将正当程序原则应用于行政法领域,并进一步具象为程序中立性原则、程序参与性原则和程序公开性原则,笔者将重点围绕这三个行政法的正当程序子原则展开论述。此外,笔者还将述及以程序性制裁应对无人机智慧执法的挑战。

1. 程序中立性原则

程序中立性原则,要求法律主体在整个过程中应当处于中立地位,不能有偏见和歧视。这是对法律主体的"正当"要求。② 具体来说,程序中立原则要求,执法过程中执法主体要始终保持中立,不能掺杂个人情感或者个人利益,以此来保证执法结果公平公正。法律上对这一原则的体现主要为回避制度。在无人机智慧执法过程中,要保证执法人员保持中立,执法结果不存在偏颇,就要在适用回避制度时及时回避。

立法理应从制度上保障当事人对执法主体与行为的知情权,但因为无人机智慧执法的特殊性,当事人无法知晓当时具体进行执法行为的执法人员是谁,进而也无法确定执法人是否会保证程序中立。回避制度在无人机智慧执法过程中便存在应用困难。而且无人机智慧执法还会造成相对人单方面的信息无法对接,丧失了当场辩护的权利。

在这种状态下,隐私权自然也将受到影响。由于人机分离执法人员可以免于回避要求的限制,当执法人员与被当事人之间存在利益、情感等纠葛,并且这种纠葛与当事人的隐私相关时,很难保证执法人员足够自律主动要求回避。还有可能出现的情况是执法人员以利用无人机窥探当事人隐私、侵犯当事人隐私权的方式满足其私人利益。如果在传统执法过程中出现类似的情况,当事人尚有可能通过申辩、留存证据等方式为自己的隐私权而斗争。但无人机智慧执法的情况下由于信息资源的不对等,当事人很

---

① 参见[美]阿丽塔·L. 艾伦、[美]理查德·C. 托克音顿:《美国隐私法:学说、判例与立法》,冯建姝等编译,中国民主法制出版社2004年版,第156页。

② 参见周佑勇:《行政法的正当程序原则》,载《中国社会科学》2004年第4期。

可能都意识不到自己的数据、信息已经泄露。

2. 程序参与性原则

程序参与性原则,要求由于行政行为的作出会产生利害关系或者权利直接受到影响的主体参与具体的行政过程,并对最后作出的行为进行影响。这是接受程序法律结果的法律主体对法律程序"正当"的要求。①

程序参与就是公民在政府治理过程中的参与权,政府应当保障公民的该项权利。《中华人民共和国行政处罚法》(以下简称《行政处罚法》)和《中华人民共和国行政强制法》中对于听证的规定,其实就是对该权利的保护。因为无人机智慧执法的隐蔽性需求,可能存在行政不公开的问题,目前的法律法规也无法对此现象进行规制,进而引发行政行为出现有失公允的情况,侵害他人的参与权。须知,相对人的参与权对行政决定的作出具有重大的影响,只有充分听取当事人的意见,才能保障行政决定真正的公平公正、符合法律规定。保障相对人的参与权,也是对公权力进行一定程度的监督。从目前无人机智慧执法的情况来看,行政执法主体更多的是单方行使公权力,相对人无法表明其意志,进而造成行政行为的不准确性,并可能引发一系列矛盾。

无人机智慧执法妨碍了执法者与相对人之间有效沟通的形成。因为隐蔽执法、不公开执法而阻断有效沟通,不仅不利于在执法者与当事人之间形成合理的监控边界,更使得执法行为可能过分强调执法者的单方意志,而无法顾及当事人隐私权的保护。因为无人机的介入,当事人丧失了在执法者作出影响相对人切身利益的行政决定之前参与并充分表达意见、监督权力运作的权利,既无法保护自身权益,更无法保证行政决定的公正、合法,不利于对隐私权的保护。

3. 程序公开性原则

"阳光是最好的防腐剂,路灯是最好的警察。"②程序公开性要求,除依法不得进行公开的法律程序外,其他程序均应向社会和公众公开。这是法律程序的基本要求。公开原则的行使让正义得以体现,也让群众进行监督。行政执法过程中进行行政执法公开,接受社会监督和公众的申诉,可以完善执法的公平公正,减少权力的滥用。

行政主体作出的行政决定,都应当将其事实依据和法律依据通知到当事人,当事人也有权了解行政主体作出对其不利决定的原因和理由。然而,这一原则在无人机智慧执法领域内落实有较大困难,因为相对人无法知悉行政权力运行的依据以及执法过程,可能只收到一张冰冷的罚单,而无法对行政行为的正当性作出判断。③

---

① 参见周佑勇:《行政法的正当程序原则》,载《中国社会科学》2004 年第 4 期。

② [美]路易斯·布兰代斯:《别人的钱:投资银行家的贪婪真相》,胡凌斌译,法律出版社 2009 年版,第 54 页。

③ 参见周佑勇:《行政法的正当程序原则》,载《中国社会科学》2004 年第 4 期。

无人机智慧执法虽然是在公共场合下完成的,但对当事人来说很可能却是不公开的。由于良好的隐蔽性能,常人仅凭自身的力量是很难察觉无人机及其执法过程的存在。所以无人机智慧执法对当事人而言完全可以说是事实上的不公开执法,既然是不公开的,自然无法对执法过程是否合法、是否正当、是否履行了必要的程序作出判断,更难以认定执法过程中是否予以隐私权足够的尊重。

4. 程序性制裁

正所谓"皮之不存,毛将焉附",经过上文的分析可知在行政执法中正当程序和隐私权正是"皮"和"毛"的关系。而正当程序想要应对无人机智慧执法所带来的挑战,就必须对违反正当程序的无人机智慧执法行为施以程序性制裁。

在程序性制裁的处罚下,基于程序违法收集的证据、诉讼的裁判均丧失了其法律效力。这是最严厉的惩罚措施,因此往往被适用于存在严重程序性违法并侵害个人权益的场合。在无人机智慧执法中,对于程序性违法并侵犯公民隐私权的行为也应加以程序性制裁。因为隐私权是个人最重要的权利之一,隐私权侵权行为的恶劣程度足以匹配适用程序性制裁。同时,隐私权的设立目的是维护个人信息安全和保障生活自主等,其本质是维护个体的尊严和自由,这导致对于隐私权难以在事前加以保护,王利明教授也曾说"隐私权保护注重事后救济",而对于事后救济最好的办法就是程序性制裁。因此,通过程序性制裁在无人机智慧执法的应用,可以更好地减少侵犯个人隐私权的行为。①

应当在无人机智慧执法的过程中,适用程序性制裁,进而更好地实现对隐私权的保护。正如前文所述,隐私权的重要性足以适用这条严厉的惩罚措施。对违反正当程序收集的证据可予以排除和否定其证据能力。我国亦有必要通过司法解释或者指导性案例,明确违反正当程序的无人机智慧执法行为不合法,执法过程中所收集的证据应当予以排除。

四、智慧执法法律规制的进路重塑与策略选择

想要真正完成无人机智慧执法法律规制的进路重塑与策略选择,首先必须完成规制理念的相应转化,这是将"强化人权型执法"融入无人机智慧执法中的先决条件。对监控边界理论进行分析,想要在无人机智慧执法中达到"强化人权型执法"的标准,根本在于在无人机智慧执法中的监控者与被监控者之间划定一条合理的监控边界,以法律的方式明确无人机智慧执法中,执法者的权力极限与民众的相应权利。为了实现这一目标,关键在于将目前仅仅作为技术性控制的无人机智慧执法升华为作为制度性控制的无人机智慧执法。所以,无人机智慧执法法律规制的根本进路,在于借助法律将其

---

① 参见陈瑞华:《程序性制裁制度的法理学分析》,载《中国法学》2005 年第 6 期。

规制为制度性控制的一种。

在具体规制策略的选择上,应当分别从“人”与“物”的角度入手。相较于传统执法,在无人机智慧执法中不仅要处理好人与人之间的关系,同时还要处理好人与物之间的关系。同时,规制策略应当与当前大数据、区块链、智能化等时代背景相联系,与隐私权的发展相契合。就规制思路而言,也应坚持问题导向。就无人机智慧执法可能给隐私权带来的威胁,如执法中无人机的滥用、执法人员与当事人之间无法形成有效沟通、个人数据信息的泄露、对正当程序的挑战等,提出针对性意见。只有在不影响执法效率和效果的前提下,通过规制执法无人机及其操作者的方式来实现对公民隐私权的最大保护,才是一种正确的策略抉择。

(一)智慧执法规制理念的转化

若想实现无人机智慧执法规制理念的转化,要将更多的规制资源从交通管理移转到隐私权保护上。实现“交通管理法”向“人权保护法”的转化,从而完成无人机规制从“2.0时代”向“3.0时代”的升级。从总体来看,国内目前关于无人机的立法还只是一系列的“交通管理法”。这样的规制滞后于无人机应用实践的发展水平,单纯对执法无人机而言也无法体现出执法规制法的特色。

具体来讲,关于无人机,特别是执法无人机的相关规范还仅仅停留在“交通管理法”的层面。目前出台的法律法规大致分为两种:第一种是规范性文件,主要由中国民用航空局制定,包括《民用无人机驾驶员管理规定》(2018年)、《民用无人驾驶航空器实名制登记管理规定》(2017年)、《民用无人驾驶航空器系统空中交通管理办法》(2016年)等。上述文件对包含警用无人机在内的对民用无人机驾驶员的资质管理、民用无人机自身管理、民用无人机的空域管理三个主要方面予以规范。第二种是一系列试行规范,主要由公安部出台,包括《警用无人机驾驶航空器系统》[《公安部关于发布公共安全行业标准的公告(2017年度)》]、《警用无人驾驶航空器驾驶员培训及执照管理办法(试行)》(公警航〔2017〕21号)、《警用无人驾驶航空器管理暂行规定》(公装财〔2016〕834号)、《警用无人驾驶航空器登记管理办法(试行)》。这些规范已经对警用无人机及驾驶员的管理进行了初步的规定,《警用无人机驾驶航空器系统》(GA/T 1411.1—2017)对警用无人机进行了定义,同时明确了警用无人机的种类、检验规则、试验方法、技术要求、包装、运输及贮存。但是,这两种规范的着眼点都在于防范执法无人机可能带来的交通管理风险,无法从中找出可直接依循的关于隐私权保护的规范。相较于无人机智慧执法给隐私权保护带来的严峻威胁形势来说,这体现了规制资源分配的严重失衡。

法律界对于无人机技术发展的认识存在一定的滞后性。就无人机交通管理或者无人机交通安全问题而言,从根本上讲是一个技术问题,但在最初投入应用的阶段仅凭技术尚无法解决这一问题。可是实践又迫切需要无人机投入生产、生活中,实践的现实需要与技术的不成熟状态之间存在激烈的矛盾,此时只能希冀法律通过规制的手段满足无人机应用对于安全的需求,从而实现矛盾的调和。然而随着技术的进步,实践需求与技术进步两者本身之间的矛盾渐趋缓和,这些问题正逐渐回归到技术解决的道路上来,技术的进步突破了许多法律规制无法解决的难关,此时法律的身影就逐渐变得模糊。以无人机禁飞区为例,在过去,即使划定禁飞区,但因为空域面积大、无人机目标小且移动快而管理困难,一般情况下很难对于"黑飞"者进行阻拦或者事后追究责任。但是在今天,只要在无人机控制系统中进行一些设置,就很容易使无人机远离禁飞区,避免"黑飞"事件的发生。此外,5G技术缩短了指令从操纵者传达到无人机的延迟,感应与躲避技术减少了无人机有可能发生的碰撞……无人机意外事故发生率因此大大降低。但是法律界尚未对这一变化形成清醒的认识,依然认为,如何解决飞行安全问题才是法律界在无人机领域的首要任务,并将宝贵的规制资源投入其中。可能需要再经过一段时间才会发现,交通管理与交通安全问题已经不再是眼下的主要问题,取而代之的将是隐私权保护问题。

同样,法律界对于无人机在执法中应用的认识也还不够全面。目前,在法律界还有人将无人机仅仅看作一个单纯的飞行技术。但在实际应用中,特别是在执法领域,无人机早已完成了从单纯的飞行器向多功能执法搭载平台的升级。与其说在执法中得到运用的无人机为执法无人机,不如说是执法无人机系统。单纯的无人驾驶航空器几乎无法侵犯到隐私权,即使会给人们的日常生活带来些许困扰,但在一定的情况下也能够轻易地摆脱。但仅仅作为无人机驾驶飞行器是远远无法满足执法实践需要的。执法无人机从应用伊始就向着平台化、系统化、集约化的方向发展,目前已经在具体运用中逐渐通过使用热红外摄像机、高清晰度的实时摄像机等高精度摄像设备,以及装备热传感器和雷达等装置进行信号追踪,同时配套手机拦截、车牌识别、人脸识别、GPS跟踪装置等定位识别装置,共同形成了完整的无人机智慧执法系统。在未来,执法无人机更要实现与执法信息平台、数据平台的联网,甚至在某些运用中彻底实现智能化取代人工,最终彻底融入整个国家执法系统中。无人机就如同"催化剂",一旦与这些技术融合,在提升这些技术效用的同时,也会给隐私权带来难以预料的威胁。因此法学界应当认识到,未来法律规制的对象应当是执法无人机系统而非单纯的无人机,关注的重点自然也应当从飞行安全、空中交通秩序等问题转移到隐私权保护上面。

将执法无人机规制法等同于"交通安全法"的最大问题,还在于无法突出法益保护的重点。无论是军用无人机、民用无人机还是执法无人机,在技术上并没有什么本质的差别。无人机飞行安全在根本上依然是技术问题,所以在面对交通安全问题时,执法无人机与民用无人机相比并没有什么不同。对于执法无人机在交通安全方面的规制其实完全可以参照对民用无人机的规制,比如,执法无人机在一般情况下的飞行也应当遵循民用无人机的飞行规则,当发生非故意事件给他人造成人身、财产等损失时,亦可依照侵权法有关规定进行定责、赔偿，解决纠纷。即使在执法过程中可能会面对一些特殊的交通管理或安全问题，但只要在民用交通管理法中作出特别规定即可，而无须再专门制定一部关于执法无人机飞行管理的法规。根据我国行政法学的基本理论学说“平衡论”，行政法的要旨在于平衡好政府权力的有效行使与公民合法权益的保护。对执法无人机来说，这个问题就集中体现在隐私权问题上，所以对于执法无人机来说，只有将规制的重心放在隐私权保护上才能够突出法益保护的重点。

无人机技术从诞生于一百多年前烽火硝烟的战场发展到今天与生产生活高度融合，如果从应用领域不断扩展的角度来划分，大致可以分为三个阶段：军用无人机阶段；民用无人机阶段；公用无人机阶段。法律界其实很早就将目光投向了无人机，希望用法律的手段规制无人机，使无人机技术向着有利于全人类的方向发展与投入使用。与无人机应用扩展阶段相适应，无人机规制也可以分为三个阶段：重点在规制军用无人机的无人机规制“1.0 时代”；重点在规制民用无人机的无人机规制“2.0 时代”；重点在规制公用无人机的无人规制“3.0 时代”。

不同的无人机规制阶段也都有与之相对应并起主导作用的部门法，以及不同的规制主题。在无人机规制“1.0 时代”起主导作用的部门法是国际公法和军事法，与之相对应的主题应当是人道。在无人机规制“2.0 时代”发挥主导作用的部门法是主要旨在规范无人机飞行安全的行政管理法或技术标准法，与之相对应的主题应是飞行安全与交通秩序。而在无人机规制“3.0 时代”起主导作用的将是包括刑事诉讼法、行政法、警察法在内的一系列旨在规范公权力行使的公法，与之相对应的主题将是安全与隐私。

我国法律界应当做好从无人机规制“2.0 时代”向无人机规制“3.0 时代”迈进的准备，开始将宝贵的规制资源更多地投入隐私权保护当中。从目前的无人机规制迭代状况来看，我国尚处于“2.0 时代”向“3.0 时代”迈进过程中的“2.5 时代”。也就是说，我国目前尚未完成对于民用无人机的规制，规范民用无人机的法律框架尚未完全建立起来，但是实践又迫切需要法律对于无人机智慧执法引发的包括隐私权保护在内的一系列问题作出回应，所以如何分配好宝贵的规制资源是“2.5 时代”必须要认真思考的问题。

在当下，我们一方面要尽快完成民用无人机法律框架的搭建；另一方面也要着手制定无人机智慧执法相关规范。由于无人机与执法活动的结合尚处于初级阶段，所以无人机智慧执法相关规范的制定应当遵循“由内而外，由低至高”的规范制定路径，兼顾新技术的发展、应用与规范执法行为。“由内而外”是指由级别较低的具体执法部门率先制定内部的无人机使用规范，当内部规定在实践中运行相对成熟后，再由政府或立法机关在此基础上从外部制定相应规范。之所以如此，是因为在一线工作的执法人员往往都拥有丰富的执法无人机使用经验，由他们参与制定的规范能够贴近实际也最容易发现问题所在，同时也避免过早的严格规范锁死无人机技术向执法领域的渗透。“由低至高”则是指无人机智慧执法有关规范应当从低位阶的规范制定开始，从地方立法逐渐过渡到中央立法，从约束某一部门的规范性文件逐渐过渡到对于所有执法部门有普遍约束力的行政规章。即使在制定法律过程中出现问题也相对容易改正，不会耗费太多的规制资源，以此来保证规制资源的有效利用。反之，如果在技术应用尚不成熟时直接制定适用于通行全国的高位阶法规，一旦出现技术创新或技术应用创新，就很可能使得这部法规由“良法”变为“恶法”，或者难以有效执行，最终导致大量规制资源的浪费。

（二）智慧执法法律规制的进路重塑

美国社会学家 W. 理查德·斯格特在对社会组织进行的研究中，把组织管理中的控制分为技术性控制和制度性控制。[①] 现代监控技术其实也可以作类似的划分，分为技术性控制和制度性控制，利用无人机进行的监控同样包含其中。本章的研究也将以此作为起点。

1. 技术性控制与制度性控制

监控的技术性控制指的是监控数据信息获得的手段，制度控制则是关于监控权力的规范性和合法性问题。监控的技术性控制和制度性控制是监控数据获取的基础，也是限制监控者权力、划定监控边界的关键。

技术权威是指掌握了一定技术或拥有一定监控设备的个体，其可以利用技术上的优势方便地获得他人的数据与信息，进而实现对他人的监控。监控者的技术优势可以使他很容易地获得监控数据信息，并产生信息权力，从而达到监控和控制的目的。新技术、新设备的拥有者往往超前于整个社会，在新技术产生初期，社会可能并不能全面认识到新技术的作用，而且这些技术权威的监控有时候可能并非合法。因此，对于新技术用于监控应该纳入制度性控制的范围，防止新监控技术的消极影响。

执法监控中公共权力机构对于监控数据信息和手段的使用具有最高的权力，这种权力是通过制度性控制获得的。国家可以通过公共权力的权威获得数据信息，通过对数据信息的处理达到监控的目的，国家的权力部门或者代理者也可以通过国家赋予的公共权力来收集数据信息以实现监控。类似地，组织中的管理者可以利用组织赋予的权力来监控一般的工作人员，比如，组织中的上级可以利用权威或者通过规章性的数据信息收集来实现对一般职员的监控；商业机构可以利用其机构的优势合法获得他人数据信息来实现对他人的监控。这些监控形式都是借助于制度性控制实现的。

制度性控制应该保证权力、权威行使的合法性和规范性，对于监控者的资格和身份要有法律上的限定，不能随意扩大监控者和被监控者的范围，也不能随意扩大监控内容的范围。必须由国家公共权力机关施行的监控不应该由社会和民间机构代理，由国家

---

① 参见［美］W. 理查德·斯科特、［美］杰拉尔德·F. 戴维斯：《组织理论——理性、自然与开放系统的视角》，高俊山译，中国人民大学出版社 2011 年版，第 120 页。

权力机构掌握的数据信息也不应该随意对个人或民间开放，对于涉及个人隐私的信息查询要限制在一定范围之内。例如，征信机构在查询个人信用记录时，如果涉及司法方面的内容，应该向司法机关提出要求，由司法机关在查询的基础上，仅提供已经确认的涉及个人信用的违法、违纪信息，而不是开放所有信息。制度性控制的最终解决办法是建立数据信息控制的法律体系，在法律的基础上规范监控数据信息的采集和使用行为。

2. 制度性控制的无人机智慧执法建构

目前的无人机智慧执法依然停留在技术性控制的阶段。从前文的研究中可以明显感受到，借助执法无人机所实施的监控，是作为一种技术性控制的存在。公安、国安、城市管理等执法部门或者执法人员，在获得无人机系统并掌握无人机系统的使用技术后，便成为“技术权威”。此时，他们便可以利用无人机在技术上的优势轻而易举获得公众的信息，实现对公众不同程度的监控。借助这种优势，“信息权力”也随之产生。但是总的来说，作为新技术的无人机依然是超前于整个社会的，社会主流对于这一技术的认识尚处于“管中窥豹”的阶段。所以，整个社会，甚至包括使用无人机的执法部门，对于执法无人机给隐私权带来的风险、对基本权利的侵蚀以及执法无人机所代表的“信息权力”是否总是合法的等问题，尚未有一种清晰、理性而全面的认识。因此，有必要将执法无人机这种用于监控的新兴技术纳入制度性控制的范围，防止其带来过多的消极影响。

作为技术性控制的无人机智慧执法必须纳入制度性控制当中。利用执法无人机实施的执法监控中，公权力执法机构对于监控信息和手段的使用具有最高的权力，但这种权力必须是通过制度性控制获得的。国家可以通过公权力权威获得执法无人机的监控信息，并通过对这些信息进行处理来达到监控的目的。公安、国安、城市管理等部门或者代理者也可以通过国家赋予的公共权力来借助执法无人机收集信息进而实现监控。但无论怎样，这种权力的正当性必须源于制度。因为只有借助制度才能保证无人机智慧执法的合法性与规范性，执法者的资格和身份才能够得到法律上的限定，监控者与被监控者的范围才不会随意扩大，监控的内容也不会肆意扩张。此外，制度性监控也是无人机智慧执法中执法机关施行的监控不被私主体所代理，监控过程中所获取的信息不被任意开放，以及除个人违法、违纪信息外其他信息不被任意公开的重要保障。

总之，随着现阶段作为技术性控制的无人机智慧执法被纳入制度性控制当中，法律保留原则、比例原则、程序正当性原则将在无人机智慧执法中得到真正贯彻。无人机智慧执法中监控者与被监控者之间的合理边界也会随之形成，“强化人权型”执法的价值目标终将得以实现。

在对宏观层面的无人机智慧执法法律规制进路进行抉择后，还须借助微观层面的具体法律规制策略予以实现。下文针对如何把无人机智慧执法融入制度性控制，分别从执法无人机与执法无人机使用者这两个角度展开论述。

（三）以数据控制为重点的无人机规制策略选择

无人机的加入给传统执法增添了更多的变数，不仅在处理好人与人之间关系的同时要处理好人与物之间的关系，而且由于要处理人与物之间的关系，人与人之间的关系也变得无比复杂。所以本节特别从规制无人机这个“器”的角度切入，讨论无人机智慧执法中隐私权保护的问题。从“器”的层面对无人机智慧执法进行规制，关键在于保证民众对于自身数据的控制，这就要求执法无人机不仅要具备明显的外观可识别性，更要具备可靠的软件设备与硬件设备。

1. 无人机智慧执法中的数据控制原则

监控对于数据的控制可以分为四种基本类型：身体机能获得身体数据、身体机能获得身体延伸的数据、身体扩展机能获得身体数据和身体机能获得身体延伸数据。这四种类型中，身体机能获得身体数据的监控程度最低，身体机能获得身体延伸数据的监控强度更强一些；身体扩展机能获得身体延伸数据的监控程度是最强的，身体扩展机能获得身体数据的监控程度次之。不同的数据控制方式适用的情境不同，与监控者的身份、监控目的以及被监控者的身份都有直接的关系。无人机智慧执法中的监控，显然是在用身体扩展机能获得身体数据与身体延伸数据。

从数据控制的角度来看，解决无人机智慧执法监控中监控边界问题的措施，就是限制不同情境下监控数据的获取内容和方式，限制对某些数据的采集，限制对某些监控手段的使用。但在多数情况下，某些关于个人隐私的敏感数据是不应该被收集的，因为数据一旦被收集就可能产生数据被滥用的危险，在不能确保不产生消极的监控效应和避免监控风险的情况下，不采用执法无人机收集这些特定的隐私数据是最好的选择。

无人机智慧执法中监控数据获取的边界限定要依据一些基本的原则。马尔克斯从伦理的角度提出了数据获取手段、数据收集背景和数据如何使用的问题，他认为衡量数据获取是否适当的标准包含监控的效应以及监控的边界等几个方面。他认为获取监控数据的技术不应该造成被监控方的心理和生理的伤害，监控技术在未经允许的情况下不应该越过个人边界。在具体考虑监控数据获取适当性时，应该从被监控者是否意识到是数据的收集行为并对之加以同意，以及监控者自己是否愿意处在同样的位置等几个方面来考虑。① 当然，马尔克斯讨论的是一般情况，公共权力机构为了公众的安全所实施的监控可能是不受这些原则约束的。例如，国家权力机构在监狱使用执法无人机，对犯罪进行严密的监控，对罪犯违规、违法行为进行惩处会引起全景敞视效应，但这样的监控是适当的。

在执法无人机对民众个人数据的收集过程中，还应该严格限制在当事人不知情，或

---

① See Gary T. Marx, *Murky conceptual waters: The public and the private*, Ethics and Information Technology, Vol. 3:157, p. 157 – 169 (2001).

未经当事人许可,或者其他非特定情况下采集个人的生物化学数据、身体残留物数据和某些身体痕迹数据。这些数据的获取一定要在特定的国家权力机构的控制之下。这种特定情况一般指的是只有在涉及他人生命、财产或国家安全等问题时才能够无条件地获取这些数据,而且这些数据的获取仅用于这一目的,在管理、商业的监控中禁止收集这些数据。张新宝教授认为,无论是在公共场合抑或家庭生活当中,对他人的观察、摄像和拍照行为都应当认定为是侵害隐私的侵权行为。他认为个人由于受到现代社会高科技产品的观察、监视等,哪怕是在公共场合进行监控、摄像等,均会让个体产生紧张和不安。张新宝教授提出了解决这一问题的几点主张:监控设备的合法性;监视范围要受到限制;所获得的信息应该合理使用。①

2. 无人机智慧执法中数据控制技术与法律规则的融合

为了实现无人机智慧执法中数据控制的目标,首先就是要制定与执法无人机相关的技术规则。有学者将规则分为技术规则、游戏规则、道德规则和法律规则四种基本类型。技术规则以客观规律为基础,是对自然规律的拟制和草写,既区别于以人们相互约定为基础的游戏规则,又区别于以善恶观念、道德意识为基础的道德规则。而法律规则也有别于技术规则,其经常综合了游戏规则、道德规则、技术规则的多重属性,它既要经过人为约定,又要符合道德准则要求,而且通常还被要求遵循客观规律。

毋庸置疑,行政执法作为一种公权力行为,其实施运行必须严格遵循法律程序规则,这既是权利保障对权力运行的一种诉求和制约,也是权力运行体现形式正义的一种正当性表现。行政诉讼法、刑事诉讼法等相关法律规范性文件对具体侦查行为的实施根据、方式、程序以及标准进行了严格规定,违反法律规定的执法行为或为无效行为,或应追究法律责任。但随着无人机等高新技术在执法领域的应用,执法活动逐渐出现诸多非属法律程序规则调整和约束的行为类型。虽然不能将这类行为完全定性和归类为违反法律程序的行为,但是其所遵循的已经不再是法律程序而是技术规则。不可否认的是,由于高新技术的介入,很多执法行为均具有一定的技术性或者本身就需要遵循技术规则,违反相关技术规则便无法实现执法的目的。事实上,很多公认、常用而成熟的技术规则已经被吸收和确认为执法程序规则了。

无人机智慧执法既是技术问题也是法律问题,其是技术和法律互相印证、法律规范和技术规则互相完善的最好体现。技术规则与法律规范并非完全对立,它们经常相互融合,尤其在今天这个技术高速发展的时代,法律的制定和修改必须要考虑技术的问题。以无人机为代表的高新技术在执法活动中的广泛运用,决定了执法行为日益表现为一类特殊的技术行为或方法。为了实现维护公共安全、保障社会秩序和保护人权的

① 参见张新宝:《隐私权的法律保护》(第2版),群众出版社2004年版,第124页。

目的，在实施这类执法行为和方法的过程中唯有遵循相应技术规则，才能实现执法目的。①

所以，想要在无人机智慧执法中保护隐私权，离不开与执法无人机有关的技术标准的制定。

3. 无人机智慧执法中的外观可识别与数据安全保护

个人对于自己数据的控制手段可以在一定程度上避免自己的数据被他人获得，不过有的时候这种控制是可以实现的，有的时候个人也没有能力控制自己认为重要的数据不被他人获得。于是，个人数据控制的另一种策略就是控制自己的行为，不使自己的行为违规，这样在自己的数据被他人获得后，也不会对自己造成不良的影响。而只有具有明显外观可识别性的执法无人机，才能保证公民个人对于自身数据形成这样一种消极的控制。

执法无人机应当具备醒目的、可辨识的、能够表明其执法身份的外观。这是基于行政表明身份制度而进行设计的。所谓的"表明"是指作为相对方的个人或单位组织相对于特定的执法者（行政一方）在对象上的确定性，即相对方非为抽象的一方，否则身份"表明"就不具有现实的必要与可能。行政表明身份中的"表明"是表明身份下的行政公开，是与行权过程相结合的公开，是执法关系双方在"交互"中所发生的行政公开，表明了双方关系的客观存在性一面。

日本学者盐野宏教授认为，这种公开性是一种维护自己的合法权益的"防御行为"。因为在具体的司法过程中，一方在进行行政行为又不表明其身份的情况下，另一方当事人是可以进行抵抗或者拒绝的，以此来排除出现违法行为的可能。不过这种情况的发生具有严格的限制，即只有在狭义的行政执法过程中，而且对相对方权益构成了潜在或者实际不利的情况下，才能认可这种防御的正当性。②

事实上，表明身份所追求的价值不仅在于"防御"，其还是为了实现程序公正，但是人们却很容易忽略这点。从执法证制度的设立目的来看，其实对于这一价值认识也存在偏颇，可以认为这是行政法治发展的阶段性和局限性使然。目前执法证制度主要在行政行为相对方权益存在潜在或者实际不利的场合才会适用，例如，行政检查、行政处罚的调查阶段等实际需要表明身份的情形。所以，从社会的发展趋势来看，行政表明身份制度的需求越来越高，对社会发展的趋势也越来越契合。

当今社会，人民是法律主体和行政伙伴，一起肩负着行政的责任。当公民与政府的关系从服从变为合作，行政相对人转变为"消费者"、变成行政服务的主要对象时，表明身份制度的优势便得以体现，更有利于建立平等、尊重、沟通、协商的现代行政关系。如

---

① 参见韩德明：《风险社会中犯罪的规制和侦查》，中国人民公安大学出版社2016年版，第46页。

② 参见刘军：《论行政表明身份》，载《中南民族大学学报（人文社会科学版）》2009年第2期。

此看来,表明身份制度,不仅仅是行政所要履行的“被动性”义务,还应内化为行政权主体在目标行政导向下的实践自觉。①

就无人机智慧执法而言,在一般情况下也应当主动表明身份,而对于无人机来说表明身份最好的方式莫过于醒目的、可辨识的、能够表明其执法身份的外观。就隐私权保护而言,这种外观也是十分重要的。一方面,当意识到处于执法无人机的监控下时,常人都会注意自身的举止言行,并对自身的隐私加以掩饰,从而通过“防御”的方式守卫了自身的隐私权;另一方面,当普通公民通过无人机的外观认定其代表公权力并具备执法资格,出于对公权力的信赖,民众也会以让渡部分隐私权的方式配合无人机智慧执法。否则在无法确认无人机身份的情况下要求相对人让渡隐私权,就很有可能引起相对人不满。从监控边界理论角度来看,执法无人机主动表明自己的“身份”,也表明了与被监控者进行交流商谈形成监控边界的诚意,有利于合理监控关系的形成。

大数据对于现代社会而言可以称得上是推动社会发展的“原料”,无人机在执法中的应用也离不开信息技术、数据技术的支撑。而数据泄露既是附随于无人机智慧执法的风险,也是执法者在实现执法目的时应当极力避免的目的外后果。为了在无人机智慧执法中保护隐私权,可以分别从数据信息收集与数据信息存储两方面进行设计。

从无人机智慧执法过程中的数据收集来看,执法无人机应当配备“黑匣子”或“飞行记录仪”,实时记录无人机智慧执法中收集信息数据的过程,确保公民隐私权益不受侵犯。此外,对于“黑匣子”或“飞行记录仪”所记录的无人机智慧执法过程应当有备份保存,并由上级部门定期进行检视,审查是否存在违法收集个人数据信息,侵犯隐私权的行为。

确保数据信息的存储安全同样十分重要。在不远的将来,无人机智慧执法达到的效果可能是:执法无人机在采集到执法有关的个人数据信息后,数据信息便自动加入区块链中,连接在区块链上的数据库则会利用大数据做出判断并发出反馈。而由于运用了5G技术,完成这一系列过程可能只需要几微秒的时间,而且更有可能的是这些过程都是在人工智能主导下完成的,人类执法者仅仅需要作出最后的确认行为就可以了。在这种条件下,每一架执法无人机都连接着整个国家的信息数据“海洋”,如果能够捕获一架无人机,或者成功破解数据加密程序,不仅将造成个人隐私数据的大量泄露,更可能危及国家安全。

对此,可以对执法无人机的飞行控制、数据加密等程序定期进行升级、修补漏洞,但这样做不仅成本高昂,更有可能无法从根本上一劳永逸地解决问题。所以笔者认为,可以考虑给执法无人机安装自毁程序,当执法无人机一旦失去控制,与信息数据相关的数据区域便会发生无法修复的自毁。这虽然会造成一定的浪费,但“两害相权取其轻,两

① 参见刘军:《论行政表明身份》,载《中南民族大学学报(人文社会科学版)》2009年第2期。

利相权取其重”,这样做也能够彻底切断不法分子通过无人机进入执法区块链、大数据库的机会,从而尽最大可能防止数据信息落入不法分子手中。相较于其他的保护方式,这样做反而是最为安全、经济、实用的。

(四)以利益平衡为重点的执法人员主体规制策略选择

除了要做好数据保护,在无人机智慧执法中,更加复杂的是平衡好监控关系中各方的利益诉求。不同于单纯的量性计算,利益诉求平衡中更多的是价值层面的判断,显然理性的“人”比精于计算的“物”更适合这项工作。此外,目前绝大多数执法无人机尚不能摆脱人的操纵,无人机智慧执法行为的控制权依然掌控在人的手中,无人机智慧执法在本质上仍然是一种行政执法,处理的依然是人与人之间的关系。所以本节以利益平衡为中心,探讨执法主体如何在无人机智慧执法中发挥作用,以提高对执法主体的法定要求为策略,从而达到规制无人机智慧执法的目的。

1. 无人机智慧执法中的各方利益平衡策略

从无人机智慧执法中的利益诉求来看,可以分为以个人为基础的个人商业性利益、个人管理性利益和个人安全利益,以群体为基础的群体商业性利益、群体管理性利益和群体安全利益,以及公共权力机构的商业性利益、管理性利益和安全性利益。通常情况下,公共安全性利益应当优先得到满足,而个人的商业性利益则处于一个相对较低的位阶。其他性质的利益处于二者之间,一般也应当是安全性利益最重要,管理性利益次之,商业性利益再次之。但现实中的情况显然要复杂得多。

这里首先讨论的一种情况是,在无人机智慧执法中监控者的利益与被监控者的利益是一致的,而且监控产生的后果与监控的目的是一致的,没有产生不良的效应。在这种情况下,监控一般来说都是适当的。马尔克斯曾经举过一个新监控的例子,父母通过商用闭路电视和日托机构的途径对婴儿进行监视,这明显属于为了被监控人的利益,是父母履行监护责任的方式,是适当的。① 公安机关在大街上使用无人机监控的行为,如果其所获得的数据信息没有用作社会安全之外的目的,则属于维护社会公共利益,这样的监控与被监控者的利益也应该是一致的,是适当的。

无人机智慧执法中,监控者的监控目的和利益与被监控者的目的和利益是否一致,同样包含着心理的主观感受因素。也就是说,监控效应的产生是依被监控者感受到的监控者的目的和行为是否与自己的利益一致有着直接的关系。因此,利用执法无人机进行监控的过程中,就需要监控者对于监控的目的、监控数据的处理方式进行说明,需要监控者与被监控者之间的沟通,在此基础上才可能取得比较好的监控效果并且降低监控的消极影响。

---

① See Gary T. Marx, *Murky conceptual waters: The public and the private*, Ethics and Information Technology, Vol. 3:157, p. 157－169 (2001).

在无人机智慧执法中，当监控者与被监控者发生利益冲突时，还要考虑其他因素。无人机监控需要受到约束，不能以个人或者群体的利益为理由而侵犯他人的隐私权等基本权利。在这种情况下，需要经过更高级别的权力机关批准才可以使用无人机智慧执法，从而在实施监控行为的同时最大限度地保护他人的基本权利。即便是在确有必要实施监控的情况下，也必须说明监控的方式、范围和目的，让被监控者明确监控行为的存在和目的，并且可以自主决定是否仍要进入监控范围。因为监控对象身份的差异，无人机智慧执法监控会有所差异，比如，国家机关对涉及国家和社会利益的工作人员的监控行为是无条件的，但是在监控实施前也应该告知被监控者监控的方式和监控的目的。此外，所采用的监控手段也应该是有条件地使用，使用哪些设备、收集哪些信息等问题均应结合监控的时间、场合进行具体分析。

在无人机智慧执法中要考虑和平衡的诸多利益当中，比较特别的是个人隐私利益与政府利益之间的关系权衡。一般来说，政府利益代表的是公共利益，应该优先于个人利益，但是这种利益关系的权衡也要在特定的环境下来看，不能一概而论，要看政府行为是否具有充分的理由。比如，以执法无人机在海关服务中的应用情况来看，海关作为国家保护公众健康、财产安全的第一道防线至关重要，这代表着国家和全民的利益。如果在这一场景下一味强调个人隐私而忽视公共利益，就很有可能造成无法弥补的严重后果。所以，即便在海关应用执法无人机监控会在一定程度上侵犯到个人的隐私利益，但是这种监控行为依然是合理的，因为这时个人隐私利益必须让位于国家安全和边界完整的利益。① 在其他公共利益权重较低的场合，如居民区、学校、医院等，利用执法无人机实施监控时则应当予以个人隐私利益更多的尊重，将监控限制在合理的范围内，而非一味强调公共安全利益。

所以，在复杂环境中处理无人机智慧执法的利益平衡问题，需要对于使用无人机的执法主体提出比普通执法人员更为严苛的要求。

2. 无人机智慧执法中的执法主体资质要求

使用无人机执行执法任务的人员首先应当具有相应的执法身份。具备执法身份是合法执法的必要条件与前提条件，在行政执法中执法人员做出执法行为是在履行法定的职权，其行为的合法性与正当性源于国家的授权，所以执法人员在执法过程中其实代表的是国家。因此，执法人员只有根据相关法律规定具备了国家所赋予的执法身份，才能够做出相应的执法行为，进而履行相应的职责。从隐私权保护的角度出发，监控者的角色也不能是随意的，必须具有一定的代表国家权力机构的权威性。缺乏国家权威作为背书的人更可能会滥用权力，窃取被监控者的数据信息并侵犯被监控者的隐私权。在无人机智慧执法中也不能例外，操作无人机的执法人员必须首先具备相应的执法身

---

① 参见张博：《浅析无人机巡查助力海关监管》，载《科技风》2020 年第 9 期。

份,一般情况下不能简单随意地交由执法辅助人员或纯粹的技术人员操作无人机执法。

使用无人机智慧执法的执法人员还必须具备相应的驾驶资质。虽然与直升机、客机等有人驾驶航空器相比,无人机驾驶无论是在入行门槛还是在操作难度上都低很多,但无人机驾驶者也必须经过专业的培训才有能力与资格驾驶无人机,否则就属于违法行为,应当承担相应的法律责任。我国目前也已经建立起了民用无人机执照制度。对于城市监管、市场监督等普通执法机构来说,相关执法人员获得民用无人机执照就可以持证上岗。但对于公安、国安、边防、海警这些对公民基本权利联系密切、影响较大的执法部门来说,执法人员仅仅具备民用无人机驾驶证是不够的。由于这些部门执法任务的特殊性,执法人员还应当接受专业的执法培训,取得专业的无人机智慧执法资质才能够执行无人机智慧执法任务。

我国一些公安院校已经开设了警用无人机培训课程,但尚未建立起执法无人机资质制度。所以笔者建议,为了应对无人机智慧执法时代的到来,应加快探索建立执法无人机资质制度,促进执法人员专业素养的提升。此外,通过对目前已经开设的警用无人机培训课程进行考察,可以发现这些培训大多旨在提升执法人员的执法能力,①而忽略了无人机智慧执法中可能存在的法律问题与职业道德问题,这显然不利于行政执法的重要目标——人权保护的实现。所以笔者还建议不仅要将培养尊重隐私权的意识作为执法无人机专业培训的重要内容,还要将此作为相关执法资质考核的一部分,引导执法人员尊重隐私权,建设一支尊重隐私权的高素质专业无人机智慧执法队伍。

3. 无人机智慧执法中的执法程序与内容告知义务

从隐私权保护的角度看,在无人机智慧执法中设定特殊的执法程序是打破执法者与相对人之间的“次元壁”,加强二者之间沟通交流,形成合理监控关系的必经之路。除了要遵循一般的行政执法程序外,笔者认为可以这样设计无人机智慧执法中的执法程序:通常情况下,执法人员应在执法活动一开始便通过无人机装配语音系统口头告知行政相对人及利害关系人相关情况;从告知的内容上看,执法者应当首先亮明身份,包括执法者所代表的机构,执法者的姓名、职务、编号,无人机的类型编号等情况,其次,应告知当事人无人机目前正在履行的公共职责、当事人可能存在的违法行为以及相关法律依据,最后应当告知当事人所享有的权利、义务以及救济途径;考虑到环境因素,无人机可以在执法过程中对这些内容进行循环播放;在执法完成后,执法机关也应当制作书面材料及时送达当事人,尽可能保证当事人的程序权利。如果无人机智慧执法不能履行行政告知义务或者履行过程中存在瑕疵,相应的行政机关或行政部门就应当承担行政行为无效、行政行为不成立、行政行为被撤销等不利后果,给相对人造成不同程度损害的也要承担相应的行政赔偿责任。

---

① 参见李凯:《警用无人机课程教学模式创新改革与实践》,载《科技创新导报》2018 年第 33 期。

除了设定特殊的执法程序，在执法过程中，使用无人机的执法人员还应当履行行政告知义务。[①] 这既是行政主体的法定职责，也是行政相对人的法定权利。行政告知具有附属性、程序性、裁量性等特征，倘若行政主体在作出行政行为时不履行该义务，就要接受行政不作为的法律处罚和行政处罚，行政相对人亦可因此免于一定的义务，甚至可以要求行政主体承担一定的责任或者提出赔偿。

行政告知是行政主体的一项重要法定职责，是全面建设法治国家的需要。首先，行政相对人的知情权等权利通过行政告知才能得到保障，行政告知是保障公民实体性权利和包括听证权在内的其他程序性权利得以真正实现的基础，否则相对人很容易因为不知情而无法行使这些权利。其次，行政告知也是社会权利制衡公权力的前提，行政告知能够有效防范行政主体滥用行政自由裁量权。之所以会发生权力滥用行为，一个重要原因是政府拥有普通民众所难以企及的数据信息资源。所以，通过告知相对人就能够明确行政行为的内容，进而减缓资源不对等的问题，激励相对人主动参与到行政执法过程之中。而且通过行政机关及其工作人员必须接受执法中的当事人以及普通民众的监督的方式，也能够使得行政执法更加公开透明。此外，行政告知有利于行政效率的提高，降低行政执法的成本，消除双方的误会，更好地实现行政目标。[②]

从行政告知的具体设计上看，行政行为的告知应由作出行政行为的主体或经过法律、法规的授权行政主体作出；其告知的对象既包括直接行政相对人也包括相应的利害关系人；在告知时间上，行政主体应当做到将作出具体行政行为的每一步骤及时告知；告知方式可以较为灵活，包括书面、口头、公告等；告知的内容包括行政主体的身份、当事人的合法权益、合法权益受到侵犯的救济途径、行政行为的法律依据等。[③]

4. 无人机智慧执法中的执法内部审计监督机制

内部审计监督是一种有效的规制方法，能够提高执法质量，促进行政执法的公平公正。其对于无人机智慧执法这一新兴的执法方式进行内部事后监督同样是一种有效的规制手段。第一，内部规制所特有的内生性能够弥补外部规制被动性的不足。内部规制是自发的，具有自我反省的特征，特别是在无人机智慧执法这种新型执法模式中，因为其更了解执法的具体情况，所以可以制定更有效的规范。第二，内部规制比外部规制更具专业性。[④] 无人机的独特性和技术性决定了使用无人机执行执法任务需要相当深厚的专门知识作为基础支撑，而在立法机关、司法机关中，以目前情况来看显然很难找到精通无人机技术的专门人才。因此实施内部规制，可以使无人机智慧执法中存在的

---

① 行政告知，是行政主体在履行行政职权的过程中，将行政行为的内容与形式通过法定程序主动或被动向行政相对人公开展示，以使行政相对人知悉该行政行为的一种程序性法律行为。

② 参见阎铁毅、王国聚：《论行政行为的告知》，载《法学杂志》2014 年第 1 期。

③ 参见孟昭阳、赵锋：《论行政告知制度》，载《中国人民公安大学学报》2004 年第 1 期。

④ 参见唐璨：《论行政执法内部监督体系的创新与完善》，载《学术研究》2020 年第 3 期。

问题得到更好的解决。

因此，应当形成一套明确的内部审计监督机制。上级对下级的监督是无人机智慧执法的常态化内部监督机制，本级机关应对相关工作人员以及无人机的执法情况予以定期检查和不定期抽查，然后作出评议和处置。同时，坚持专项检查与集中检查相结合，远程检查与现场检查相结合，常态化检查与定期检查相结合，综合检查与重点检查相结合，及时通报无人机智慧执法中出现的问题。完全遵守内部执法机构的事后监督职能，监督过程中应当把无人机智慧执法过程中是否违法侵犯公民隐私权以及是否依循了正当程序作为审查对象。

此外，无人机智慧执法内部审计监督机制的有效施行，离不开无人机智慧执法绩效评价机制。行政评价又称政府绩效评价，是通过合理、易施行的现代评估方法，对政府或政府的某一个具体职能部门实施的行政行为所产生的效果、执行情况及其带来的各种影响等进行客观、全面、系统的考察与评价的制度。行政评价是一种典型的监督，即通过一系列的法定程序对行政机关所作出行为的可行性、效果、成本、收益、时效等进行评估，从而决定是否实施或终止、替换某种行政行为。行政评价的价值在于可以提供一个在行政主体做出行政行为前进行有效控制的方式，如政府公共决策过程中的评价；也可以在之后为行政主体的作为提供经验，如执行后的评价，这包括行政行为实施后因有新情况而进行的填补性评价以及实施过程中发生异化所需要的改良性评价。行政评价涵盖的范围主要包括那些容易对公共利益造成严重影响的行政行为，或涉及多方利益的行政行为，可以借助评价制度论证其可行性以减少或消除其不利影响。

作为执法机关内部审计监督机制中的重要一环，执法绩效评估制度能够有效督促执法权力机关、执法队伍、执法人员切实遵守法律与机关内部行为守则，主动践行宪法与法律所赋予的权责。将执法部门与执法人员的执法工作绩效评估与使用无人机智慧执法的状况密切地联系到一起，并增强执法工作绩效评估制度的合理性、可操作性，就能为执法机关及其人员带来整套关键的行为规制准则和良善行使权力的原生动力，这显然有利于执法机关及其人员依法、合理地使用无人机。因此，应遵循提高执法效率与保护人权相平衡、原则性与变通性兼顾的原则，贯彻合理科学、扼要简洁、明确的价值导向，建立专门针对无人机智慧执法的评估绩效体系，以此驱策依法行政，并努力实现保护隐私权与揭露问题的功能。

小　结

无人机智慧执法在提升执法机关执法能力的同时，给公民隐私权带来了威胁，从隐私权保护的立场出发，应当对无人机智慧执法予以规制。因为无人机的应用正在打破传统执法中形成的稳定监控关系，监控边界正在向被监控者急速扩张，隐私权受到公权力侵犯的风险增加。只有借助法律规制才能遏制住这一势头，重新恢复政府权力与公民权益之间的平衡。而想要实现有效的规制,需要在综合权衡国家安全、风险社会、隐私权利等复杂因素后,建立合理的规制理念。

要想对无人机智慧执法实现全面、有效的法律规制,在完成执法理念从"2.0时代"向"3.0时代"的更新后,不仅需要进行宏观层面的规制进路重塑,也需要微观层面的规制策略选择。当然,这些都是笔者的管窥之见,笔者主要是基于目前无人机技术的发展与应用水平进行研究,对于无人驾驶航空技术未来应用中可能出现的场景,如像无人汽车一样实现高度的智能化并被投入执法应用,则并未涉及。之所以如此,是因为笔者担心自己匮乏的想象力难以跟上技术的发展趋势,妄出狂言反而贻笑大方。

第五章 智慧安检中的个人信息权益保护

智慧安检技术的发展深刻影响国家智慧交通发展进程。最新城市轨道交通分析报告发现，上海、北京、广州等超大城市地铁日均进站量超450万次，巨大的客流给传统地铁人工安检模式带来严峻的压力与困难。[①] 而采取地铁智慧安检模式则有望缓解当下“人物混检”中的诸多问题，提升安检通行速度。地铁智慧安检系统与提高社会治理能力和治理水平的主流价值导向保持一致。但智慧安检给乘客出行带来极大便利的同时，地铁智慧安检收集平台却存在信息过度收集之嫌、自动识别算法缺乏透明机制，对乘客个人信息权益产生重大影响。本章认为，智慧安检规制之独特性正在于其兼具隐私与反歧视双重价值，因此以北京市地铁安检为观察和考察对象，意图围绕智慧安检的风险特点和属性阐释行政法规制的必要性，确保地铁智慧安检信息平台规范安全、推动地铁智慧安检模式稳步有序推进，以乘客个人信息权益保护和反歧视为规制基础，探寻智慧安检适宜的规制路径。

一、智慧安检规制的双重价值

智慧安检技术革命深刻影响国家智慧交通发展进程，地铁智慧安检的应用与普及就为提高安检效率、保障公共安全提供了重要支撑，但智慧安检技术本身也存在异化风险。地铁智慧安检信息平台对乘客信息的超量采集、海量乘客信息在多方信息主体之间的超速流动、算法自动化分析决策系统在地铁智慧

---

① 参见《交通运输部公布2021年全国城市轨道交通运营情况》，载中国信息产业商会自动收费系统专业委员会网站2022年1月24日，http://www.afc-china.cn/news/122.html。

安检技术中的广泛应用,具备上述特点的地铁智慧安检技术在产生巨大经济效益与社会效益的同时,也极有可能会给社会带来多维的结构性风险,如个人信息侵权行为更难被察觉、乘客平等博弈空间被算法技术挤压等,这都给传统的个人信息保护方案与反歧视规制架构造成了巨大的冲击。必须重新审视地铁智慧安检模式下乘客个人信息保护的逻辑,确立地铁智慧安检规制的个人信息保护与反歧视双重价值。

(一)智慧安检规制的隐私价值

人工智能已成为替代人力工作的主要工具手段,其背后所蕴含的社会控制理论却难逃便利性与缺陷性的窠臼。[①] 在地铁智慧安检过程中,虽然智慧安检技术在效率能级提升以及公共安全保障方面起到重要支撑作用,但也给乘客个人信息隐私安全带来全新的风险与挑战。地铁智慧安检技术借助智慧安检收集平台汇集了海量的乘客个人信息,但通常情况下,对于乘客信息的获取并未能严格恪守知情同意机制。在此背景下,乘客个人信息随时面临着"裸奔"的风险。[②] 此外,地铁智慧安检信息基础设施一旦发生安全事故,乘客信息如若不能得到有效安全的保护,由此而引发的隐私泄露后果更将不堪设想。

对隐私保护屏障的冲击是地铁智慧安检发展伴随而来的首要问题,其主要表现为知情同意机制面临现实应用问题,这源于地铁智慧安检的适用前提是乘客同意接受《快速安检协议》以及《快速安检隐私权政策》各项条款内容。从表面看,这一环节遵从了个人信息处理的原则要求,履行了信息收集的告知要求。但实际上,由于乘客与地铁公司在信息获取地位上存在失衡,所以曾经的同意基础不再牢靠,且地铁公司普遍存在信息超采行为,进一步增加了乘客非理性同意的概率。此外,地铁智慧隐私协议常存在诸多不合规范的表述(如条款语义模糊、概括宽泛、"一揽子"同意等),致使知情同意机制面临着现实虚化风险,普通乘客较难做到充分理解隐私协议、认真评估各项信息风险,[③]因此无法确保乘客所作出的授权性选择合乎理性,致使知情同意机制的应有效能难以发挥。

地铁智慧安检系统借助智慧安检应用平台收集乘客信息,主要是为节省安检成本、消解高峰时段安检压力,进而达到提升地铁安保能力、维护社会公共安全的目的。但必须明确的是,不论基于何种目的,保证乘客的知情同意权利必须成为信息处理前所要完成的基础性工作;不论何时,乘客同意地铁出行 App 中隐私协议各项条款,必须是基于真实意思表达而做出的自主性判断。而意思表达真实性的判断标准通常在于:一是意

---

① 参见任剑涛:《人工智能与社会控制》,载《人文杂志》2020 年第 1 期。

② 参见庞金友:《AI 治理:人工智能时代的秩序困境与治理原则》,载《人民论坛·学术前沿》2018 年第 10 期。

③ 参见孙清白:《敏感个人信息保护的特殊制度逻辑及其规制策略》,载《行政法学研究》2022 年第 1 期。

思表达清楚而非含糊；二是用户基于自由意志做出选择；三是告知内容必须具体明确；四是最大程度确保告知充分。[①] 其中，自由意志和充分告知是评判表达是否真实的关键指标。然而，地铁智慧安检实际应用中，乘客与地铁公司往往存在信息鸿沟，知情权利与告知义务之间通常难以实现完全的对等与契合。地铁公司占据技术、资源上游高地成为常态，它们借以绝对信息优势，以告知成本过高的现实问题为借口，有意或无意虚化告知手段，以最大化获取乘客信息。由于乘客所应该享有的知情权利在地铁智慧安检应用场景下遭遇虚化，导致乘客难以基于真正理解和充分知情做出是否授权个人信息的决定。

从乘客角度来看，用户个体往往难以达到理论期待，通常情况下乘客不会认真阅读用户协议和隐私协议，更无法基于完全理性作出是否同意启用地铁智慧安检服务的选择。实际生活中，绝大多数乘客选择直接勾选同意按钮以减少时间耗损快速完成智慧认证。其原因主要有：一方面，多数乘客个人信息保护意识仍不够充分；另一方面，受限于隐私协议文本较强的专业性和内容的冗杂性，普通乘客往往难以从专业角度对隐私条款予以充分理解，且由于普通乘客缺乏足够的信息抓取能力，以实现在有限的时间内获取足够的关键信息，这直接影响了知情的质量和效果，致使以知情为核心的机制设计面临着现实空洞化和形式主义的危机，从而难以有效保障乘客的信息自决得以实现。这就出现了乘客为换取智慧安检便利服务“被迫”同意隐私协议条款，但这种“被迫”同意却往往过于牵强。[②] 由于在地铁智慧安检模式中，乘客对隐私协议的知情往往只停留在表征层面，“知情”是“被知情”、“同意”是“被同意”，因此智慧安检平台下的知情同意保护框架面临失灵的窘境和被架空的风险。[③] 而即使乘客完全理解隐私协议相关内容，但问题的关键在于一旦点击拒绝同意隐私协定的按钮，就意味着不再享有智慧安检服务的权利，这种设计方案大大降低了乘客认真了解隐私协议内容条款的积极性。在进退两难的尴尬境地中，乘客多数情况下会选择将一键同意信息授权变为一种惯例式操作，故以自主选择、支配、决策为核心的个人信息保护“理性人”理念，面临“决策困境”与“控制权失衡”等诸多问题。[④]

从地铁公司的角度分析，乘客信息价值极高，不仅有助于提升地铁公司经济效益，而且对地铁公司进一步增强公共服务能力、开展增值服务也有重要意义。地铁公司在利益导向下以求对乘客信息实现最宽泛最全面的收集，进而实现经济发展效益的倍增目标。这就不难解释，为什么地铁公司作为服务提供方，利用信息不对称优势制定利己

---

① 参见张继红：《大数据背景下欧盟〈通用数据保护条例〉的最新发展及对中国的启示》，中欧全面战略伙伴关系构建中的法治——中国欧洲学会欧洲法律研究会第十届年会会议论文，2016 年 11 月于武汉。

② 参见王锡锌：《国家保护视野中的个人信息权利束》，载《中国社会科学》2021 年第 11 期。

③ 参见任龙龙：《论同意不是个人信息处理的正当性基础》，载《政治与法律》2016 第 1 期。

④ 参见吴泓：《信赖理念下的个人信息使用与保护》，载《华东政法大学学报》2018 年第 1 期。

隐私协议,通过晦涩且冗长的告知文字给乘客制造阅读障碍,致使地铁公司完成了形式上规定的告知义务,但实际上,这种隐私协议往往只是作为公开性的义务展示工具,知情同意机制反而成为地铁公司的免责工具。① 除此,地铁智慧安检应用平台对隐私协议通过设置专门条款,保留了对隐私协议的单方变更权。如北京《亿通行隐私权政策》声明:为提升平台产品及服务,隐私政策内容会随时更新,一经公布便替代原有隐私政策,而更新后的隐私政策内容需要用户定期自行查看。但由于隐私协议主要是服务提供者在收集与利用乘客信息时的主要凭借,普通乘客较少能够关注到哪些条款发生变动,更无从得知这种变动是否会对自身权益造成影响。由此来看,信息变更后的怠于告知,无疑是对乘客充分知情同意权的减损以及对乘客隐私权安全的克减。

地铁智慧安检发展过程中信息收集亦在无形扩张,其过度收集隐患引发人们对隐私泄露风险的担忧。数智化时代下,公民的个人身份、位置等信息都可以单独作为一种生产要素,由于用户个人信息具备精确性、私密性等复合特征,因此即使地铁公司并未收集到乘客的全部信息,但作为信息获取方的地铁公司及其第三方合作机构,也不难在大数据、互联网等技术性优势的加持下,将收集的乘客信息进行碎片化合成,而后勾勒出目标乘客的全部行程轨迹。地铁公司聚合海量乘客个人信息持续推动自身发展和良好运营,以实现数字化公共管理运营目标。由于乘客个人信息涉及多重利益的交织,因此更需要地铁公司在收集乘客个人信息过程中,时刻秉持谨慎态度,始终严格遵循个人信息收集的最小必要原则要求。

最小必要原则的引入可以有效减少由过度收集用户信息所引发的信息泄露风险,降低违背用户个人信息合理期待行为的发生概率。然而,这一原则并未在地铁智慧安检实际应用中得到有效落实。其中不乏由于最小必要原则过于概括、认定界限比较模糊,地铁公司以维护公共利益为理由而不受该原则限制。多重因素干扰下,更催发地铁公司获取乘客个人信息,这种大规模超限度收集乘客个人信息的野心与偏执则进一步加大了信息失控的风险。②

南都个人信息保护研究中心发布的《个人信息安全年度报告》显示,应用软件与信息收集平台对个人信息的过度读取常有发生。虽然国家网信部门对存在越权收集现象的软件及平台进行过多次集中整治,但这一问题并没有根除。本章所探讨的地铁智慧安检信息收集平台在建设运营中,也依然无法免除将乘客个人必要信息与非必要信息、基本功能和拓展功能进行捆绑收集的一系列问题。如北京地铁智慧安检在乘客信息的收集范围上就过于宽泛,包括身份识别信息(包括但不局限于姓名,电话等生物特征信

① 参见林凯、张建肖:《知情同意权的功能失灵与应对——兼评〈数据安全管理办法(征求意见稿)〉相关规定》,载《中国应用法学》2020年第2期。

② 参见武腾:《最小必要原则在平台处理个人信息实践中的适用》,载《法学研究》2021年第6期。

息);所处的地理位置;平台操作信息(包括但不局限于乘客的 IP 地址、设备型号、设备标识符号、操作系统版本信息)以及其他根据地铁公司具体服务需要收集的乘客个人信息。基于大部分信息收集与服务内容之间具有共通性,大多乘客为了保证可以便捷使用智慧服务功能,往往不会拒绝收集平台捆绑同意收集个人信息要求。退一步而言,就算是当下部分乘客有保护个人隐私信息不被过度收集的意识,自觉选择关闭信息收集中的无关功能,也不能从源头上禁止过度收集行为。再加上地铁公司与相关第三方企业合作过程中涉及大量乘客信息的多次流转,海量乘客信息势必会随着流转系统漏洞、信息管理不力、人工操作失误等情境使个人信息泄露风险进一步升级。地铁公司对于乘客个人信息的过度收集本来就是对乘客隐私权的侵犯,一旦发生规模性泄露,乘客个人信息安全会进入更大的危机旋涡。

截至目前,由地铁智慧安检而引发的个人信息泄露事件,其他信息收集平台或因过度收集、或因存储不力致使隐私泄露事件频发,个人信息收集类软件和平台成为用户个人信息泄露的重灾区。这些信息泄露事件的背后往往由于用户为了正常使用功能而被迫"自愿"接受相关条款所提供诸多相关联的个人数据信息,如脸书(Facebook)应用程序5.4亿条用户数据被泄露①、雅虎公司30亿个用户账号被泄露②。随着大数据时代的来临以及智能化应用的普及,我国用户信息泄露事件也有发生,包括360公司、腾讯、华住酒店集团、58同城、圆通快递、菜鸟驿站等网络平台也存在由于过度采集用户信息而造成的隐私泄露事件,造成了社会不良影响。③ 在互联网裂变式传播的背景下,隐私泄露事件涉及人数往往从几万人到几亿人不等。而发生的数据泄露事件无疑给我国个人信息安全保护体系化建设敲响了警钟。

由于目前地铁智慧安检尚处于试点起步阶段,乘客基数小,涉及范围窄,管理工作难度小,但在未来交通发展领域,地铁智慧安检必然代替传统人工安检方式而成为常态化管理手段。因而,如何解决过度收集乘客信息问题、如何保护乘客个人隐私价值,成为当下的重要研究课题。

(二)智慧安检规制的反歧视价值

地铁智慧安检系统是人工智能勃兴下的新型智能产物,想要达成地铁公司的预期目标,需要地铁智慧安检技术不断升级。这一升级的过程,需要以人工智能的深度发展

---

① See Jason Silverstein, *Hundreds of millions of Facebook user records were exposed on Amazon cloud server*, CBS New https://www.cbsnews.com/news/millions-facebook-user-records-exposed-amazon-cloud-server/。

② See Andy Greenberg, *Marketing Firm Exactis Leaked a Personal Info Database With* 340 *Million Records*, WIRED (Jun. 27, 2018), https://www.wired.com/story/exactis-database-leak－340－million-records/。

③ 参见金元浦:《大数据时代个人隐私数据泄露的调研与分析报告》,载《清华大学学报(哲学社会科学版)》2021年第1期。

为支撑,通过算法技术对海量乘客个人信息加以分析并纳入信息资源库,最终实现地铁智慧安检系统扩容目的。然而,受限于算法技术尚未达到高度成熟程度、算法运行缺乏透明性以及可解释性等因素,大数据算法歧视展现出高度的隐蔽性、系统性、结果性等连锁特征,致使迅速识别、准确判断、有效处置算法歧视的难度倍增,社会平等格局正悄无声息被颠覆。[①] 随着地铁智慧安检技术的普遍应用与加速推广,乘客逐步陷入"算法为王"的桎梏。由此来看,反歧视在地铁智慧安检规制过程中意义重大。[②]

1. 算法缺陷触发歧视盲区

社会生活正逐步从数据化向算法化进行转变,人类也由此进入算法时代。但在实际算法治理实践中,算法伦理难题成了无法回避的问题。[③] 其中,算法治理失效、算法公正受影响无不与算法偏见、算法歧视直接相关。对于算法偏见,其更侧重于哲学和心理学方面,与刻板印象、思想封闭相伴相生,通常很难明确具体的定义。[④] 算法歧视脱胎于偏见,并在此基础上进一步衍化,已被联合国及众多国家法律法规明令禁止。[⑤] 由于算法偏见与算法歧视往往同时出现、紧密相连,诸多学者认同算法偏见几近等同于算法歧视。[⑥] 因而,这里不再过度区分算法偏见与算法歧视之间的差异与不同。

算法歧视建立在算法偏见的基础之上,因此本章以算法偏见的产生为切入点进行深入研究。在算法偏见的诸多产生因素中,最重要的原因之一就是算法技术的不成熟,致使地铁智慧安检可能因此而作出带有偏见或歧视的决定。地铁智慧安检《快速安检协议》规定:乘客享受地铁快速安检服务权利的同时,也应承担自觉配合并接受进入地铁车站时随机抽检的义务。虽然该规定旨在实现安检效率与安全出行双目标,但确定抽样乘客人选的依据主要是算法的自动化决策系统。不同于传统人工安检模式,地铁智慧安检主要借助算法模型分析研判乘客信息,并对可疑人员发出警报,继而接受人工复检。不可否认,算法利用自主学习优势,可以在短时期内"记住"不同违规案例模型,及时发现各种隐秘违法违规行为,一定程度上有效弥补了传统人工安检的低效性。然而在实践中,算法技术尚未达到高度成熟,在识别与判断过程中错误常有发生。虽然客观来说,算法技术对于整体的风险判断也许相对可靠,聚焦到个人却常有失准。在地铁智慧安检中,准确识别难题仍在延续。目前来看,使用智慧安检技术在对乘客及其随身

---

① 参见张恩典:《反算法歧视:理论反思与制度建构》,载《华中科技大学学报(社会科学版)》2020 年第 5 期。

② 参见吴静:《算法为王:大数据时代"看不见的手"》,载《华中科技大学学报(社会科学版)》2020 年第 2 期。

③ 参见胡键:《算法治理及其伦理》,载《行政论坛》2021 年第 4 期。

④ See Howard Ayanna & Borenstein Jason, *The Ugly Truth About Ourselves and Our Robot Creations: The Problem of Bias and Social Inequity*, Science and engineering ethics 24, p. 1521 – 1536(2018).

⑤ 参见徐琳:《人工智能推算技术中的平等权问题之探讨》,载《法学评论》2019 年第 3 期。

⑥ 参见杨庆峰:《数据偏见是否可以消除?》,载《自然辩证法研究》2019 年第 8 期。

物品进行安检过程中，面对如常规金属日用品的识别，算法识别技术尚不能达到高细致、强精准程度，也就更无法排除在更高的人像识别要求下，地铁智慧安检所发生识别错误的可能。

地铁智慧安检目标的实现需要借助人脸识别技术完成信息核对。由于人脸图像的质量直接决定识别的准确性，所以人脸识别技术通常需要在一些较为规范的环境中进行。而地铁场景很难满足算法识别在光线充足、人脸在画面中的像素宽度适当等方面的标准要求，一旦发生技术性识别错误，海量的数据会随着样本偏差发生巨大的结果误判。在地铁智慧安检框架中，每一个看似微不足道的错误，通过算法聚集与放大后所带来的结果会难以估量。[①] 德国对人脸识别的测试发现，使用三个不同的人脸识别软件系统，柏林测试的遗漏率为 8.8%，误检识别率为 0.34%，这意味着每年将有 1/10 的人脸被遗漏。考虑到每天穿越火车站的人数，如果在每天有 1,000,000 人次通行的车站内使用该种测试方式，则说明平均每 10 天会存在两个不在系统内的个体被错误标记。

由此可见，智能算法并非完全"智慧"，智能算法识别技术也会"犯错"。而造成算法偏见甚至歧视的原因主要在于：一是因为在设计过程中需要对现实问题进行数学建模，而事实上并不存在完美模型架构可以做到穷尽所有复杂因素，再加上建模本质为简化服务，这一过程有可能会对事实情况有所扭曲；二是在算法学习过程中对于参数的调整其实也是一个不断试错的过程。故此，在依靠算法识别技术与算法分析系统对乘客进行识别、判断、分类过程中，有可能会错误锁定"可疑"乘客，滋生歧视行为。因而，也须时刻对算法识别判断系统保持高度警惕，防止乘客基本权利被减损事件的发生。

2. 算法黑箱加剧歧视危机

法律通常在技术领域保持审慎态度，但越来越多的企业习惯借助算法黑箱、算法自动化决策技术难题作为逃避法律治理的借口。传统歧视行为在人工智能这一"隐身衣"保护下正悄无声息地卷土重来。客观而言，算法模型设计与运用之初，蕴含着大众对公平与客观的价值追求，期冀借助算法模型实现对传统偏见、歧视现象的规避与排除，增进社会福祉。然而，在实际运用算法技术时发现，算法常常难以在实质层面完全恪守这一价值理念，反而可能暗含偏见与歧视，损害公民的基本权利。究其原因，与算法决策机制存在"先天缺陷"直接相关。由于地铁智慧安检的算法系统是地铁公司的核心竞争力，因而通常将企业所使用的算法技术纳入商业秘密的保护框架。但也因此，算法决策的不透明性与难解释性得到进一步凸显，使歧视行为的发生变得愈发简单，而发现也愈加困难。

从外部设计来看，数据样本存在瑕疵。一方面，由于对"平等"这一概念难以量化，技术编程人员在尚未充分理解的基础上，带着个体性偏见将抽象的目标分解，并在其中

---

① 参见张为志：《社会大脑：智慧共享体系的形成与演化》，浙江大学出版社 2017 年版，第 11 页。

隐藏了歧视因素,导致结构性算法歧视行为发生概率增大。多数学者赞同这一诱因分析,或许算法本身也许没有偏见,但由于研究者主观存在偏见认识,也会导致最终结果夹藏人为歧视性痕迹。① 地铁智慧安检中,往往将全部乘客信息,包括如乘客的经济状况等与地铁安全出行无关的信息,作为参考系数纳入算法体系,形成算法所主导的新型等级社会,②而这种非关联性因素的考量显然已经违反了数据正义性的要求,致使部分乘客被排除在使用智慧安检技术权利的范畴之外。另一方面,除了编码人员带有主观数据筛选色彩,对数据重要性等级的划定具有自主选择权外,算法在交互与学习过程中也带有明显的瑕疵。算法在信息交互过程中往往直接吸收,这就导致编译本身存在歧视,算法也会继续保持这一特性。与此同时,算法的深度挖掘和学习能力会将这些本身就具有偏见性的数据吸收训练,让"偏见进,偏见出"的权重配比不断加大。③ 由此可见,不当的数据样本选择终会引发歧视危机风险的发生。

从内部运行进行分析,算法黑箱难以破解。算法黑箱的存在与商业秘密和国家机密的运行机制不能等同,人类无法对转译所有环节实现有效控制,甚至无法清楚成千上万的衔接值会对最终决策的作出起到何种作用;加之算法运行的动态性特征,各种权重与关系会根据数据的不断输入而时刻发生变化。由于算法的深度学习不能处于完全控制之序,因而算法歧视也就变得更加难以追踪和捕捉。算法黑箱机制下,算法做出决策的过程无从得知,事关用户关键权益的决策往往缺乏正当且具有说服性的理由。即使地铁公司承诺算法的运算满足法律合规要求,但由于智慧安检系统的开发需要多种算法复杂叠加反复应用,想要实现算法解释通常比较困难。地铁智慧安检系统也正是由于无法破解算法"黑箱"奥秘,尽管运行的最终结果可见,但由于运行过程无从知晓,所以仍无法得到保障决策的公正。由此可见,如果算法的操作方式和运行方式无法透明可释,地铁智慧安检模式所潜在的歧视危机就无法得以消解。

从算法歧视的发生过程来看,乘客不仅难以抵制算法歧视行为的发生,对于权利受损后的救济也显得无能为力。算法逐步演化成"准公权力",对传统"权力 - 权利"格局造成了严重冲击。对地铁智慧安检系统来说,打破传统人工安检模式,由地铁公司、政府部门以及众多第三方机构共同协作,多方数据库联通,进一步加剧算法的复杂性。此外,由于被害人难以及时发现侵害行为,更难以留存相关证据,因此原有的法律规制框架不再完全适用于大数据和人工智能背景,由此可以预见,即便乘客意识到个人信息被侵害,也常处于难以维权的尴尬境地,无法降低侵害发生的概率。即使少数乘客保留追责权,但鉴于地铁智慧安检系统的算法决策后果只是针对乘客个体,如果想要清楚确定

① 参见李成:《人工智能歧视的法律治理》,载《中国法学》2021 年第 2 期。
② 参见吕炳斌:《论个人信息处理者的算法说明义务》,载《现代法学》2021 年第 4 期。
③ 参见闫文光:《弱人工智能时代算法歧视的综合治理》,载《法治论坛》2021 年第 3 期。

算法是否带有偏见甚至歧视行为，需要通过大规模范本进行深入对比和分析才能得出结论，而大型的算法设计工作往往是多届算法程序团队集体智慧的结晶，想要进行整体解释几乎无法实现。[①] 在算法决策应用权重逐步增大的现实背景下，曾经的权力规范机制也逐渐失灵。然而，一旦算法反歧视制衡力量失衡，势必会造成算法歧视现象愈演愈烈，甚至最终导致算法的难以受控。

二、智慧安检规制的目标与原则

面对地铁智慧安检带来的诸多风险，有必要也必须加强对地铁智慧安检的规制力度。这就需要为此设定合理规制目标，并为解决乘客个人信息保护中的隐私风险与反歧视难题提供原则支撑，以期推动地铁智慧安检技术朝有序方向发展。

（一）智慧安检规制的目标

从地铁智慧安检的发展过程来看，乘客个人信息安全保护与地铁智慧安检潜在风险往往形成一对矛盾共同体。而想要确保乘客信息安全、推进智慧安检技术有序发展，关键在于规制的有效性。通常来说，规制目标的设立是规制行为的依据与起点。因此，在地铁智慧安检规制行为作出之前，必须设定科学的规制目标，确保地铁智慧安检规制的妥当性、必要性与均衡性。

智慧安检规制的妥当性目标直指个人信息保护的最高理想。而地铁智慧安检规制最理想的结果是确保地铁智慧安检技术既可以实现维护社会秩序稳定、降低安全隐患、提高安检效率、优化安检服务的目的，又可以对该模式下乘客的个人信息安全予以充分保障。虽然实际操作中并不能完全排除由于技术尚未达到完全成熟的标准或系统可能遭遇黑客袭击等情况，致使在达到预期效果之外，也会触发其他连带性问题。但地铁智慧安检规制妥当性目标要求的设定，并不等同于追求完美主义，而是要求地铁公司在应用智慧安检系统时必须始终致力于安全性保障体系建设，严格依据安全制度和行业通行安全标准尽力保障乘客个人信息不被丢失、泄露、滥用或者损毁。此外，也应采取各种安全技术及其配套管理体系尽力降低乘客信息被非法访问以及非授权更改的风险。由于任何安全系统都存在可能以及未知的风险，地铁智慧安检规制的妥当性目标并非苛求地铁公司具有预见风险能力。换言之，只要地铁公司在实现安检目的过程中，所采取的手段与需要达成的目的之间存在密切关联，就可以认定符合规制目标中的妥当性要求。[②]

当然，从保护乘客个人信息角度出发，地铁智慧安检模式应用中，地铁公司有义务

---

① 参见苏宇：《算法规制的谱系》，载《中国法学》2020 年第 3 期。

② 参见许玉镇：《比例原则的法理研究：私人权益控制政府权力的法律维度》，中国社会科学出版社 2009 年版，第 54～58 页。

通过地铁智慧安检系统为促进构建公共安全的城市轨道交通体系而不懈努力，通过该智慧系统全力营造良好的乘车环境，努力提供优质高效的地铁安检服务，协力保护乘客个人信息权益。同时，尽可能通过法律规制和技术手段防范智慧安检系统运行模式下造成诸如乘客信息泄露、隐性歧视等预期目的之外的不良后果，进而达成地铁智慧安检技术预期的理想效果。

地铁智慧安检规制的必要性目标是以实现结果为导向。[①] 设定该目标不仅要求地铁公司安检时手段适当，更强调在诸多可供选择的手段中，认真权衡性价比，以确保既能达成准确安检的预期目的，又尽量选取对用户权利影响最小的方案。虽然"条条大路通罗马"，但最终路径的确定应充分考虑通往终点的便利性。总而言之，地铁智慧安检规制的必要性目标强调，地铁公司必须以克制的态度处理乘客个人信息，禁止出现因过度处理个人信息而逾越既定目标的行为，从而在最大程度上保护乘客的个人信息权益。[②]

地铁智慧安检规制的必要性目标设定，其主要原因在于限制地铁公司过度推崇地铁智慧安检的行为，即反对大力渲染地铁智慧安检"万能主义"而贸然采取"一刀切"手段。地铁智慧安检模式的过度推行意味着当面对不同的安检模式选择时，地铁公司也会选择地铁智慧安检模式，即使智慧安检模式不是最优选择。而之所以过度推崇地铁智慧安检模式是由于地铁公司在应用该安检模式后，发现所收集乘客信息之全面、获取效益之巨大是传统人工地铁安检模式所不可比拟的，因此对地铁智慧安检模式的应用前景推广和回报收益期待值更大，有意回避地铁智慧安检模式应用在快速推广和投入多城市地铁安检系统中所可能引发的诸多问题。

而必要性规制目标的设定恰逢其时，对未来地铁安检过度推行智慧模式做出了预警。需要明确的是，在多种方式可以达到地铁安检预期目的的情况下应该赋予乘客个人自由选择的权利，采取最小损害的方法，警惕过度追求技术手段赋能安检后给乘客所带来的风险。也就是说，地铁智慧安检模式仅能作为安检手段之一，在能实现安检效率和目的的基础上，地铁公司应该尽可能减少对相对人权益的影响，在当下技术尚不完全成熟的现实背景下，地铁智慧安检的试点应用应该作为一种锦上添花而非作为不得已为之的手段。在实际安检操作中，地铁公司应确保将智慧安检模式与常规传统人工安检模式并行使用，允许乘客自由选择是否接受安检新模式服务。严格遵从多种安检手段并行，并非以"万能主义"框架对乘客的理性选择进行束缚与绑架。

除此之外，达成必要性规制目标还应该遵循最小伤害原则，虽然目前学界对最小侵害没有统一界定，但在确定地铁智慧安检是否符合该项原则时，需结合具体实际予以审

---

① 参见梅扬：《比例原则的适用范围与限度》，载《法学研究》2020年第2期。

② 参见项定宜：《个人信息处理必要性原则的规范体系研究》，载《北方法学》2021年第5期。

慎考量,综合信息收集频次、与目的是否适配、个人信息识别程度等多因素对损害的构成要件予以综合分析。地铁公司应当在推行地铁智慧安检模式的过程中,严格按照承诺要求实施行为,即应与快速安检平台服务能力提升相匹配,及时更新隐私权政策,最大程度确保乘客个人信息安全,尽力将该模式应用中可能给乘客个人信息造成的侵害性风险降至最低。

地铁智慧安检规制的均衡性目标是,地铁智慧安检模式应在权益保护与社会发展之间达成基本平衡,既要保障乘客权利不会过度被侵犯,又要有助于社会秩序安定与技术有序发展。[①] 这一规制目标的设定是权衡了总体收益与耗费成本之间的关系,即只有当地铁公司对乘客权利或者给社会利益造成的损害低于其所做出行为本身达成的利益时才可取。与妥当性和必要性的目标指向有所不同,均衡性目标更强调价值取向,它关注的是行政手段所带来的结果之间的利益衡量。因此,除了考虑满足妥当性目标与必要性目标要求的基础上,对地铁公司作出智慧安检行为时,对如何平衡付出的成本与收益的结果,提出具体的认定与衡量标准。[②]

从地铁智慧安检的均衡性目标要求出发,可以假定,地铁智慧安检所带来的预期效益为收益,而带来个人信息权益减损风险则归为损耗。如果安检效果大于乘客个人信息权益减损,该项安检模式的引入符合均衡性目标要求,否则就是与该目标相违背。即使是在该原则的指引下,仍不能明确采取何种手段可以取得最大化效益,却依然可以在一定程度上阻止成本过大而收益微薄的耗损行为。[③] 借助成本收益分析模型,科学分析地铁智慧安检所能带来的收益与可能发生的损耗,是地铁智慧安检技术应用前须完成的工作。

相比于传统地铁人工安检在高峰时期容易出现的种种安检问题,地铁智慧安检模式的应用有望在精准安防方面实现新突破。虽然截至目前我国并未出现重大地铁安全事件,但观察国外地铁安防事件,从 20 世纪 90 年代至今,犯罪分子容易选择人员密集且容易引发关注的地铁站,地铁袭击性威胁仍值得予以重点关注。按预期目的,地铁智慧安检模式采用乘客主动注册实名认证方式,通过人脸识别系统对来往乘客进行身份识别与监控,进而达到预警前置以及风险防控的目的。

然而,现实与理想之间往往还有很长的距离。回归于现实,我们应当意识到,即使地铁智慧安检模式带来了显著性收益,也依然不能忽视数智化时代下与地铁智慧安检巨大收益相伴而生的现实风险与潜在隐患。比如,从应用采集层面分析,由于数据收集

---

① 参见刘权:《均衡性原则的具体化》,载《法学家》2017 年第 2 期。

② 参见许玉镇:《比例原则的法理研究:私人权益控制政府权力的法律维度》,中国社会科学出版社 2009 年版,第 68 ~ 75 页。

③ 参见刘权:《比例原则的精确化及其限度——以成本收益分析的引入为视角》,载《法商研究》2021 年第 4 期。

方与乘客之间存在天然不对等性，传统的知情同意机制在实践中面临被突破与被弱化的风险，过度采集乘客信息难以规避；从数据处理层面来看，由于地铁智慧安检的乘客分类依据与决策尚不明确，算法歧视所引发的伦理危机不容忽视；再有，随着数据终端所应用的人脸识别技术在信息提取和图像识别上的门槛不断降低，信息泄露和深度伪造技术的结合变得更加简便，而一旦二者并联，给乘客个人信息安全带来的风险以及给社会信任带来的威胁难以量化。随着智慧安检系统的不断升级，对于乘客信息的获取变得简便且全面，乘客权利的损害也更难计算，由于乘客个体对于损害感知程度的不同，真实损害通常较难做出准确的预估和评判。因此，在享受地铁智慧安检模式应用推广所带来的数字红利时，必须对其中所潜在的风险保持足够的重视与警惕，严格恪守乘客个人信息安全红线，降低小收益但高成本事件发生的概率，进而实现地铁智慧安检规制的均衡性目标。

（二）智慧安检规制的原则

收集乘客个人信息是地铁智慧安检发展的基础与前提，而对乘客个人信息权益予以保护又恰是数智化时代的关注重点。在此背景下，传统个人信息保护原则已不再与现实要求完全契合，数智化时代下实现乘客个人信息权益的有效保障面临诸多难题。因此，为克服地铁智慧安检发展过程中规制原则与规制目的之间的失衡，以实现促进在地铁智慧安检升级发展的同时，最大程度保障乘客个人信息权益，必须对传统规制原则加以重塑，进而促使地铁智慧安检规制原则与发展目标之间更具耦合性。①

1. 知情同意有效管用原则

数智化时代下，个体往往被裹挟于"数字化生存场景"中。② 地铁智慧安检应用也不免落于窠臼。乘客若使用地铁智慧安检服务系统，首先需要开通并授权同意地铁智慧安检信息平台对个人信息进行读取与收集。但需要注意的是，地铁公司在获得乘客的授权同意过程中，必须以严格遵循知情同意机制为前提。

知情同意机制植根于契约理论，脱胎于个人信息自决权理论以及隐私权理论。其中，GDPR 第 7 条对同意要件进行规定，数据控制者进行信息处理应该是在获取信息主体同意的基础上作出的，该同意必须由数据控制者证明确已获取相关用户的明示授权。如果以书面声明的方式作出同意，该同意须以易于理解且区别于其他事项的显著标注方式呈现；2008 年美国伊利诺伊州通过的《生物识别信息隐私法》（BIPA）明确规定了对于人脸信息的收集必须建立在用户书面同意的基础上，采取生物识别技术进行个人信息的提取必须以书面的方式进行告知，并对信息存储期限、用途、目的等具体情况予以书面告知，通过严格的限定方式，强化了用户同意的稳定性和有效性，保障了用户个

---

① 参见任颖：《数字时代隐私权保护的法理构造与规则重塑》，载《东方法学》2022 年第 2 期。

② 参见王锡锌：《国家保护视野中的个人信息权利束》，载《中国社会科学》2021 年第 11 期。

人信息自决权的真正实现。

2009 年后，随着互联网时代的到来，对于个人信息进行法律规制的呼声不绝于耳。2013 年个人信息安全保护标准的颁布，是对于知情同意机制理念的确认，随后我国《网络安全法》《个人信息保护法》等诸多法律法规对知情同意机制有了更具体的规定，其中在《个人信息保护法》中针对一般个人信息和敏感个人信息进行了特别的区分，这一进步举措推动知情同意机制向着更严格更精准的方向发展。

而理论与现实应用往往存在脱节，这与法价值层面的公平效率之争有着直接关系。地铁智慧安检收集系统实现对乘客信息的收集，纵然对交通安全、出行效率都有一定的积极作用，但对单纯追求效率至上的错误思潮必须加以警惕，实质性贯彻执行知情同意机制的思维必须贯彻个人信息保护全过程。① 要想使该原则发挥应有效能，需要双方力量之间保持相对均衡。但通过观察乘客授权地铁智慧安检信息平台可以发现，由于乘客在和地铁公司之间潜在角力中落于弱势与下风，乘客往往难以在真实知情与有效理解的基础上，理性行使自决权。② 虽然与知情同意相关的要求在《个人信息保护法》中有了相对规范的表述，但鉴于规范法条中未能枚举，这就使地铁公司虽表面遵从该项原则，但实际上却容易斡旋于法律模糊地带，进而有可能对乘客个人信息权益造成一定的减损与侵犯。

一方面，地铁公司借助自己的强势地位，刻意设计隐私政策界面呈现方式。地铁智慧安检应用授权页仅仅显示《快速安检服务协议》以及《乘客信用承诺书》，这就意味着如果需要了解具体隐私协议，必须首先打开《快速安检服务协议》并将光标位置拖至最底端，这种不友好的界面设计有意影响或干扰普通乘客对隐私权协议的关注，降低乘客"不同意"授权的概率。除此之外，隐私政策的文本内容通常较为复杂、文本过于冗长、用词比较晦涩且对专业性词汇缺少具体清晰的解释。其中，黑色加粗的重点内容几乎占到隐私协议一半的篇幅，少数有效信息混杂在冗杂的海量信息之中，往往给乘客带来巨大的知情负担，隐私协议的存在也并不能使乘客清楚知悉同意授权个人信息后随之而来何种隐私风险，这无疑使得知情同意机制的设定成为规避合法性审查的形式工具。

另一方面，隐私协议内容超出合理收集边界。地铁公司通常在"一揽子同意授权"里暗藏个人敏感信息的获取，从而有意逃避《个人信息保护法》中关于"单独同意"的特别规定，地铁智慧安检隐私协议中列出如此庞杂的收集信息不乏突破必要收集限度的嫌疑。此外，更新后的隐私协议也并未及时对乘客加以告知，变更隐私协议相关内容不再经由乘客的再次同意。这种高度概括且一次性授权的隐私协议常常沦为知情同意的

---

① 参见田野：《大数据时代知情同意原则的困境与出路——以生物资料库的个人信息保护为例》，载《法制与社会发展》2018 年第 6 期。

② 参见郑佳宁：《知情同意原则在信息采集中的适用与规则构建》，载《东方法学》2020 年第 2 期。

"形式代理",知情同意机制也由此濒临"失灵"危机。

对地铁智慧安检予以有效规制前提是知情同意机制的有效。这需要我们在尽快厘清我国地铁智慧安检发展实际情况的基础上,在地铁智慧安检前,借助场景理论和风险机制对知情同意机制中的"知情"和"同意"进行精细化设计。① 由于"知情"是"同意"的前提与基础,因此处理乘客个人信息应当首先确保乘客明确知情,这既是对乘客信息主体人格利益的尊重,也是保障乘客人格权益的先决条件。乘客只有知晓被收集的个人信息在处理过程中与自身利益相关的重要事项,才能做出是否开通地铁智慧安检服务的理性决定。但也正如目前知情同意机制所遇到的尴尬,真正影响该原则发挥作用的关键不仅在于信息收集者是否履行法定的告知义务,更在于信息被收集群体能够真正接收与理解了多少信息。所以,即使法律规定了诸多的告知要求,仍然无法逃脱形式窠臼。②

因此,对地铁智慧安检实现有效规制,确保知情同意机制落实落细,有必要在地铁智慧安检系统开通前,预先对乘客应当知情的内容予以充分说明,并对告知方式予以恰当的干预。在告知内容方面要做到准确清晰。在处理地铁智慧安检中所涉及的乘客个人信息尤其是敏感个人信息前,必须以书面的告知方式,对个人信息收集的类型与款项、方式与目的,存储路径与期限,安全设置以及脱敏处理模式等进行详细阐述,对开通地铁智慧安检服务可能会给乘客带来的风险和负面影响进行完整说明。

同时,进一步细化乘客用户隐私权政策,严格禁止地铁公司与相关行政机关对非必要的乘客个人信息进行强制收集的行为。在告知方式上,应结合乘客的阅读习惯和专业背景对告知方式加以改进,将必要的告知内容跳转链接放置在最上端显著位置,如可以借鉴学术论文或公司年报摘要方式对关键重要信息进行提取凝练,方便乘客最迅速了解隐私协议的核心内容;除此之外,对告知内容进一步细化,对于收集的目的、处理的方式以及授权后果的关键变量进行重要强化,且告知语言应简洁易懂,尽量减少晦涩的计算机或专业的法律术语,采取平直的方式进行表述。如不可避免涉及技术性专业性内容,则应当采取单独解释方式加以特别告知。

如果涉及隐私协议的变更,地铁公司必须关注以下三点:一是要将对乘客信息的采集手段、处理方式,与三方信息共享的情况以及安全保障等细节都应随着动态变化而及时对乘客进行告知,隐私协议更新后应通过短信等方式告知乘客并采取高亮、加粗等显著字样标注出更新的具体内容,加强乘客在信息收集过程中对于信息处理的参与感,方

---

① 参见易江鹏:《个人信息保护中的知情同意机制:困境与出路》,世界人工智能大会法治论坛2021年论坛论文。

② 参见丁晓强:《个人数据保护中同意规则的"扬"与"抑"——卡-梅框架视域下的规则配置研究》,载《法学评论》2020年第4期。

便乘客做好便捷性与安全性的衡量。二是对冗长条款可能造成阅读理解障碍的部分，一般情况下采取对此部分进行加黑标注的处理从而达到提示重点的目的。但由于重点的标记碎片化有可能会对知情权有所减损，因此可以采取多元化、动态定制的告知方式，通过对不同乘客关注重点的追踪，个性化地对告知的频率和方式进行优化，以动态弹出窗口的方式对于乘客关注的重点内容采取特别提示、语音播报甚至可视化展示保障信息告知有效性，从而最大程度确保用户的知情权。三是采取渐进式、分层式的告知方式，不仅告知安检技术本身升级后所带来的新风险，更要将其背后人工智能自动化决策系统操作中的风险、后续信息加工中潜在的不确定性及时对乘客进行持续披露。

在同意的适用方面，也应当予以严格的限定：一是对同意的范围进行限制，概括同意必须建立在合法性、正当性和必要性原则的基础之上，信息处理要在预先规定的范围框架内进行，一旦超出情境约定或变更收集目的，需要进行重新评估待其再次获得用户授权时才可以对其信息进行二次收集；对用户信息的提取应当严格遵循“最小够用”的原则要求，以此划定同意的范围边界，不得以提供优质服务为由强制乘客同意信息与相关的第三方之间进行共享。二是设置动态性的选择与退出保障机制，在地铁智慧安检场景下，信息主体有权根据自身风险承受能力，随时撤回对地铁公司的授权。由于乘客做出“同意”选择是以享受更加便捷的进站服务为基础的，所以一旦地铁智慧安检模式不能满足乘客预期需求、或是乘客期待值发生变化，乘客应享有对是否继续使用该项服务的决定权，从而尽可能确保知情同意机制得以真正贯彻执行。

2. 实质平等保护原则

平等是不同时代孜孜以求的目标。随着历史发展，“平等”一词由思想渐进升级为权利，由理论逐步过渡到法律，再由形式向实质方向加以转换，[①]这一转变无疑凝结着人类法治思维提升与智识能力发展的结晶。时至今日，世界绝大多数国家将平等权作为基础权利之一，在宪法或法律中予以直接体现。而屡禁不止的歧视行为无疑是对实现平等保护权利的减损、限制甚至剥夺，因此必然被法律所禁止。[②] 由此可见，反歧视是实质平等保护原则的核心与关键。虽然在法律规范的约束下，显性歧视发生概率逐步降低，但随着大数据、人工智能的发展与算法技术的升级，算法决策往往借助不透明和难解释的特性，给传统显性歧视行为蒙上一层“遮羞布”，助推歧视逐步向隐蔽性和广泛化方向延展，传统平等保护原则框架由此面临僭越风险。鉴于算法并非客观中立，所以有必要关注算法技术发展，以地铁智慧安检现状与未来发展趋势为前提，对传统平等保护原则进行反思、尽快对该原则加以调整，以期为地铁智慧安检有效规制提供新思

① 参见[日]阿部照哉：《宪法—基本权利》(下册)，周宗宪译，中国政法大学出版社 2006 年版，第 41 页。

② 参见周伟：《论禁止歧视》，载《现代法学》2006 年第 5 期。

路、新方案。

针对地铁智慧安检的算法歧视给乘客平等保护权利带来的挑战，最重要的应对方案在于排除偏见，实现算法的透明可释。根据《关于加强互联网信息服务算法综合治理的指导意见》①中的特别强调，平等保护规制原则必须引导算法应用朝着公平公正、透明可释的方向发展，确保算法在安全可控下进行有序发展。算法程序不透明是算法备受诟病的主要原因之一，随着算法成为新的权力控制模式，算法黑箱的运行方式显然与公开透明要求背道而驰，尽快实现算法透明是实现平等保护原则的应有之义。"透明"在现代法律制度中贯穿始终，不仅是实质平等保护原则的基础和前提，更是与其他相关法律在民主制度塑造方面发挥必不可少的作用。②《个人信息保护法》第 7 条也明确规定，对个人信息进行处理时必须满足公开透明性要求。然而，囿于算法机制设计的固有特性：确立预先目的后，通过算法操作完成指令。短时间内，算法黑箱难题难以被破除。

想要在规制地铁智慧安检的过程中严格贯彻实质平等保护原则，首先就需要实现算法透明，就如同莱斯格的观点"代码即法律"，③虽然有些偏激，但不难看出，算法透明已是众之所望。为了实现算法透明，有必要通过立法强制手段对地铁智慧安检过程中存在的自动化决策相关的算法相关参数进行行政备案与披露公开，以法律治理的方式最大程度弥合算法权力潜在的偏见与歧视。虽然算法具有极强的专业性与技术性特点，即使公开公众也不一定可以理解，但这并不能成为算法拒绝公开的正当理由。算法透明可以最大程度保留乘客提出异议的权利，在一定程度上增强地铁公司以及有关第三方的可问责性，确保乘客知情权与监督权，以促使实质平等保护原则真正落实。观察智慧地铁安检领域，算法作为推动公共交通和社会服务基础层支撑技术，已逐步向物理空间延展。所以在地铁智慧安检系统设计之初，预先将平等保护、透明可释等法律原则内嵌于算法目标体系之中，保证算法的程序公正与安全可控，尽可能防止歧视行为的发生。《关于加强互联网信息服务算法综合治理的指导意见》《互联网信息服务算法推荐管理规定》相继出台，通过法律手段对算法技术和程序进行约束和规范，更加突出法律治理领域对透明性原则制约的重要性与必要性，从而最大程度保障乘客平等权利的实现。

算法透明需要借助算法可解释性实现，采取适当的方式和合理的说明向公众阐述算法决策的内在原理及内在逻辑。如果说算法透明是算法运行的预期效果，那算法可解释性则作为达成结果的必然手段与必备工具。若要不打折扣贯彻实质平等保护原

---

① 参见《关于加强互联网信息服务算法综合治理的指导意见》，载中华人民共和国中央人民政府网，http://www.gov.cn/zhengce/zhengceku/2021-09/30/content_5640398.htm。

② 参见马怀德主编：《行政法与行政诉讼法》（第五版），中国法制出版社 2015 年版，第 292～294 页。

③ See Lessig, Lawrence. *Code: And other laws of cyberspace*. ReadHowYouWant.com, 2006, p. 152–153.

则，除了关注算法透明外，更要对算法可解释性不断加以优化。① 然而，我们也应清楚地认识到，在目前地铁智慧安检规制中，在算法解释方面依然存在难题，在涉及算法自动化决策过程中，算法规则通常比较复杂，需要众多程序员协力完成，因此往往难以对算法的全部环节和具体细节进行完整解释。与此同时，由于算法仍处于不断学习和发展的状态，机器算法的学习随着时间的推移而逐步进化，对算法进行系统性解释，则需要实时监控跟踪，而这一路径在现实操作上较为困难。② 但这并不意味着要抛弃算法可解释进路，而是应当破解难题，尽力弥补当下外部监管过程中可能遇到的缺陷，真正消解乘客疑虑，禁止地铁智慧安检模式中自动化决策歧视性的发生，充分发挥地铁智慧安检的积极优势。因此，在实质平等保护原则下，对算法的解释范围和程度都提出了一定的要求。

针对解释范围，可以采取全局解释与局部解释相结合的解释办法。全局解释侧重于对算法背后的逻辑与工作机制的整体性解释，要求算法提供者通过简明规则对算法运行过程和结果加以解释，尽力消解乘客对地铁智慧安检系统算法决策的负面感知；局部解释则是根据不同的应用场景进行具体的个性化解释。在解释程度上，在地铁智慧安检中，算法涉及公共领域安全以及乘客敏感个人信息，若仅为规避对特定群体的歧视性抽样，将地铁智慧安检所涉及的所有算法完全向公众予以公开，虽然满足了算法透明的要求，但容易使不法分子根据已公开的算法技术，找到反侦察的规避方式，从而影响公共交通领域的安全性与稳定性。除此之外，算法公开也意味着乘客的个人敏感信息会被泄露。所以，对于地铁智慧安检的可解释要求，并不是指要对算法程序彻底公开，而是要求结合地铁安检的应用场景给出合理够用的针对性说明。例如算法的类别、风险，以及算法的设计者、维护者和其他责任人员信息等，尽可能减少算法黑箱下的歧视行为，达到保障乘客实质平等保护权利的目的。

在解释方法方面，应提供多元选择，破除盲目信任算法决策系统认知，在系统算法解释之外允许算法的个案解释。由于算法系统具有预测功能，如果其中蕴含歧视因子，所带来的风险隐患不可估量。因此，在地铁智慧安检系统应用过程中，对于乘客形成的分类决策应该允许质疑。在保护乘客个人敏感信息的基础上，引入第三方机构对算法模型、数据和相关决策进行记录，及时发现并纠正算法歧视性现象，形成全链条式的运行维护体系。

在算法解释时间方面，应当将解释时间进行前移，借助算法备案制度，督促地铁智

---

① 参见苏宇：《优化算法可解释性及透明度义务之诠释与展开》，载《法律科学（西北政法大学学报）》2022 年第 1 期。

② 参见丁晓东：《基于信任的自动化决策：算法解释权的原理反思与制度重构》，载《中国法学》2022 年第 1 期。

慧安检技术部门在算法备案阶段作出算法事前解释,监管部门基于备案信息,对地铁智慧安检的算法信息进行相应的后续验证核查,形成算法源头治理和事后追责双重机制保障,从而最大程度降低因算法歧视而给乘客带来的潜在风险,真正将地铁智慧安检的实质平等保护原则落实到位。

3. 个人信息安全优先原则

法律所要达成的价值是广泛多元的,其中不乏对安全、公平与效率、秩序的追寻,事实上,这些所需要达成的目标价值间往往存在一定的冲突,法律规制则需要在不同价值之间做好平衡。① 这就需要统筹考虑现实实践与未来发展,为价值进行位阶排序。而随着地铁安检智慧化程度越高、数据化发展速度越快,个人信息所承载的权益及背后的人格自由与尊严的分量越重,就越应从非功利性角度将广大乘客个人信息安全保护放在最优先考量序列。因此,规制地铁智慧安检发展的优先原则必须尽最大努力确保乘客个人信息的安全。

一方面,基于现实发展考量,地铁智慧安检个人信息处理的特殊性加剧了个人信息失控的风险。大数据和人工智能的迅速发展将人们的活动范围由二维空间向电子数字等虚拟空间进行延伸拓展,地铁安检模式也逐步由人工化向智慧化转变。相较于传统隐私权保护范畴,地铁智慧安检在收集和处理乘客个人敏感信息环节更加复杂。地铁公司在利用智慧安检收集平台时,将城市轨道安全体系纳入社会维稳系统,是对传统隐私保护体系的突破。在大数据和人工智能赋能智慧城市与智慧交通发展的过程中,如果不优先保护乘客个人信息,那必然使广大乘客个人信息随时处于"裸奔"的风险之中,面临信息失控的风险。与此同时,随着大数据技术的进一步发展,匿名化保护功能效力逐渐减弱,即使是碎片化的个人信息,也可以通过算法分析重构的方式得到,从而给乘客个人信息权带来无法预测的潜在危机。

另一方面,从价值位阶选择出发,在地铁智慧安检发展效率的需要和个人信息安全保护之间的博弈中,更应注重个人信息安全保护。学界普遍赞同个人信息具有人格与财产的双重属性,个人信息保护不应该仅仅局限于个人利益,而更应该与社会公共利益之间达成平衡。② 然而此观点有待确证,虽然安全和效率之间存在选择的二难境地,但若必须考虑两者位阶,显而易见的是,如果没有安全的基础,效率也就无以为系。效率作为优先品而安全则属于必需品,有序的制度安排则更应当秉持必需品优先原则,③《个人信息保护法》中共有 22 处对"安全"进行强调,愈加彰显保护个人信息安全的重

---

① 参见凌霞:《安全价值优先:大数据时代个人信息保护的法律路径》,载《湖南社会科学》2021 年第 6 期。

② 参见王利明:《数据共享与个人信息保护》,载《现代法学》2019 年第 1 期。

③ 参见张洪波:《以安全为中心的法律价值冲突及关系架构》,载《南京社会科学》2014 年第 9 期。

要性与必然性。况且，地铁安检的紧迫性尚不足以与铁路、民航安检比肩，如果把维护社会利益、提高公共效率目标放在保护乘客个人信息权益之前，很有可能带来难以预测的负面后果。

在地铁智慧安检过程中，乘客通过智慧安检系统时，所被识别和收集的信息会迅速汇入并存储于云端，海量数据的聚合，使侵犯隐私权和个人信息泄露风险之大史无前例。因此，在这种公共权益比重相对较低的场合，应该更加注重乘客个人信息权益的保护，将智慧安检系统的使用和推广限定在合理的范围内，反对以维护公共利益安全为借口将地铁智慧安检系统进行裂变式的推广。

原则的确定和价值的树立是行为方式的先导。在个人信息安全价值优先导向下，地铁智慧安检在未来想要实现有序推广和长足发展，必须建立完善的规范体系，保护乘客信息安全。具体来说：一是要树立安全意识，在技术引入前做好事前评估，对容错率、数据收集、安防系统进行验证，保证安检技术符合标准资质才可以投入使用。二是要建构责任意识，地铁智慧安检信息收集平台所获取的信息必须满足特定目的要求，进行加密以及匿名化等技术处理和病毒防护、访问限制等权限设定，确保处理个人信息的合法性与安全性。与此同时，严禁个人信息在未获得信息主体明示同意下进行二次流转和共享，严格遵循独立存储独立使用的基本原则。三是要坚持权责一致的基本理念，对于地铁智慧安检所采集到的乘客信息要建立适用的追查体系，保障侵权发生时有证可查。四是建立完善的法定赔偿制度，保障侵权受害群体可以获得合理的法律赔偿。五是应当对乘客提供不同安检方法和模式的选择，确保不同风险承担能力下的乘客具有与之匹配的安检模式选择权利，对乘客个人信息权益的安全性予以最大程度保护。

三、智慧安检现有规制的问题分析

现阶段，地铁智慧安检规制过程中存在的问题主要包括以下两方面：一是私法救济机制面临现实难题；二是行政法规制相对不足。然而，想要确立合理的地铁智慧安检规制进路、制定有效的地铁智慧安检规制策略，进而确保乘客个人信息权益不受侵害，必须对以上两个问题进行深入剖析。

（一）智慧安检私法救济机制问题

按照私法规制逻辑，假若乘客个人信息遭受侵害，理论上可以采取诉违约或者诉侵权的方式以维护自身合法权益。但事实上，如果采用违约之诉，往往面临较重的举证责任，救济效果通常不尽如人意，故一般不会作为维权首选方案；但如果采取侵权之诉，又会桎梏于信息收集方与乘客之间的信息不对称、诉讼激励不对等。由此可见，过分依赖于私法救济规制模式，很有可能使乘客在个人信息保护问题方面遭遇“滑铁卢”。显然，智慧安检私法救济正面临诸多问题。

第一，信息地位失衡增大维权难度。表面来看，地铁公司与乘客之间是平等民事法律关系。然而，随着大数据和人工智能技术迅猛发展，地铁智慧安检信息平台可以迅速聚合海量乘客信息，对调配分散的乘客信息拥有绝对主导权，从而使地铁公司对乘客个人信息具有较强的掌控能力。这就使得普通乘客往往由于缺乏精进的专业知识和足备的技术手段，无法及时取证、固证。即使乘客可以敏锐察觉到侵权行为与损害结果真实发生，但也难凭一己之力完成两者之间的因果关系证明。

由于互联网与大数据下的个人信息呈现分散性特点，乘客个人信息的保存与处理往往经过多环节且由多主体加以控制，因果关系链条异常复杂，构建单一排他的因果关系的难度超出想象。如北京亿通行 App 收集乘客个人信息，但由于姓名、身份证号、手机号码等基本信息使用频率高、使用范围广，且并非为地铁公司单独掌握，这类基本信息的扩散链条众多，因此即使出现部分乘客个人信息泄露事件，如果不是带来较大的社会影响或者缺少密切的舆论追踪，普通乘客很难将泄露个人信息的主体锁定为地铁公司。况且，与北京地铁公司合作的三方众多，其中包括且不局限于合作的技术公司、金融机构以及评估机构等，乘客在侵权行为与损害之间的因果关系论证难度再度升级。由于地铁智慧安检应用模式处于试行阶段，涉及范围有限，未曾发生大规模乘客信息泄露事件，但在铁路、航空票务等领域已有先例，如庞某某诉东方航空隐私权纠纷案。① 若在地铁智慧安检规制中继续采用私法救济方案，多数乘客必将陷入难以举证的困难之中。在地铁公司与乘客之间失衡关系下，致使以平等原则为基础的侵权法保护路径无法发挥预期效能。

第二，侵权界定模糊遭遇落地难题。此前，与个人信息保护有关的诸多法律条款中，多将侵害个人信息权益的民事责任认定笼统概括为“依法承担民事责任”②，抑或只做出“依法追究法律责任”的粗略表述。③ 相比之下，《个人信息保护法》对侵害公民个人信息的行为采取过错推定责任立场④似乎具有一定的进步性。然而认真思考这一“进步性”不难发现，此规定虽然表面上对责任认定方式进行细化，但却忽视了过错推定原则的适用前提，即需要被侵权人承担侵权行为、损害责任和因果关系三方面的举证责任。对普通地铁乘客来说，这种举证责任过于沉重，实践中想要完成三方面的举证必然面临重重阻力。所以在实际司法实践中，很难达到该条款的预期保护效果。

首先，认定侵权行为时，由于地铁智慧安检通常借助互联网与算法等专业性技术手

---

① 参见庞某某诉中国东方航空股份有限公司、北京趣拿信息技术有限公司隐私权纠纷案，载北大法宝，https://webvpn. bit. edu. cn/https/77726476706e69737468656265737421e7e056d2373b7d5c7f1fc7af9758/pfnl/a25051f3312b07f372ff8f64fa9297169dd2057938513f5abdfb. html。

② 全国人民代表大会常务委员会《关于加强网络信息保护的决定》(2012 年 12 月 28 日)，第 11 条。

③ 《电子商务法》第 87 条。

④ 《个人信息保护法》第 69 条第 1 款规定：“处理个人信息侵害个人信息权益造成损害，个人信息处理者不能证明自己没有过错的，应当承担损害赔偿等侵权责任。”

段，侵权行为的发生更具隐蔽性。不同于以往传统侵权行为的具体可感性，对绝大多数乘客来说，通常难以及时感知侵权行为的发生，想要确定侵权人、侵权方式、侵权路径更是十分困难。

其次，确定侵权结果时，由于海量信息互联，在大量的侵权案件中，个人信息泄露事件往往具有群发性，涉及人数众多，对于个体来说，难以判断被侵权群体中是否包含自己。除此之外，普通乘客的个人损失（除可能造成对乘客个人社会性评价减损外）通常情况下，难以直接量化。由于个人信息泄露等侵权行为通常具有衍生性与继发性特征，一旦发生个人信息侵权行为，难以确保后续不会引发其他犯罪行为的发生。① 以此来看，地铁智慧安检损害结果的确定与损失的计量都难以进行。

过错推定原则虽无需乘客对地铁公司的过错加以证明，但地铁公司不会坐以待毙，坐拥技术与信息绝对优势的地铁公司完全有能力巧妙运用诉讼技巧，以证明对乘客尽到了提醒以及相关的合理注意义务。而普通乘客既无法破除专业技术壁垒，对地铁智慧安检平台应用和技术层面背后的算法机制以及信息加工运行实际情况也无从知晓，因此当乘客个人信息遭到损害时，取证和固证的难度之大可想而知，提起反证更是无从谈起。

私法救济的应对方案，主要采取高度盖然性证明标准，但在这一方案下法官拥有较大自由裁量空间，通常结合涉案信息的基本情况、被侵权人的过往信息安全程度以及涉案信息泄露的时空条件，对信息泄露主体进行判定。但上述方式由于存在主观性、不确定性，在司法实践中，较难给予乘客个人信息权益有效保护。

再次，成本收益失衡缺乏激励效能。大量司法案例证明，私法救济存在成本与收益之间的失衡，个人信息民事诉讼通常维权费用高昂，而赔偿数额又往往过低，诉讼成本与赔偿结果的悬殊差距无疑减损了个体的诉讼意愿，侵权诉讼的激励效能难以得到有效发挥。② 虽然《个人信息保护法》对损害赔偿责任认定方式予以规定，③即根据个人实际损失或个人信息处理者的实际获利划定不同的赔偿方案。但这一侵权法原理在解决个人信息维权难的问题上往往难以有效适用。一方面，在个人实际损失的认定方面，由于个人信息侵权所造成的损害往往不拘泥于直接性物质损害，更是会给信息主体带来更深层内部焦虑和恐惧。然而，在实际司法案例中大多单一以实际损失认定赔偿金额。如果无法确定物质损害金额，法官出于审慎态度，一般仅支持原告所提出的合理费用开

---

① 参见叶名怡：《个人信息的侵权法保护》，载《法学研究》2018 年第 4 期。

② 参见蔡培如、王锡锌：《论个人信息保护中的人格保护与经济激励机制》，载《比较法研究》2020 年第 1 期。

③ 《个人信息保护法》第 69 条第 2 款规定："前款规定的损害赔偿责任按照个人因此受到的损失或者个人信息处理者因此获得的利益确定；个人因此受到的损失和个人信息处理者因此获得的利益难以确定的，根据实际情况确定赔偿金额。"

支请求，但在涉及此类个人信息案件中，当事人往往需要为诉讼付出大量时间与精力，这种开支早已超过所判决的合理开支金额。这就导致在实际司法审判中，法官所支持的个人信息赔偿金额可能过低。例如，"人脸识别第一案"中法院判决野生动物世界赔偿郭某损失金额仅为1038元；①"微信读书案"中法院最终仅支持了用以公证的6660元的赔偿请求，对于其他的赔偿请求均被驳回。② 另一方面，精神损害抚慰金的赔偿请求就更难得到支持，除非精神损害程度达到非常严重的程度，而这里所指的"严重"对于普通民众来说则需要付出更高的举证成本。由此可见，地铁智慧安检中若发生个人信息侵权事件，如果依然通过传统个人实际损失确定赔偿金额，必定使侵权诉讼的激励功效得到有效发挥。

除此之外，依照个人信息处理者实际获利确定处罚额度同样不现实，尤其是在地铁智慧安检过程中，通常情况下所造成的乘客信息泄露事件，并非基于非法获利目的故意贩卖销售乘客信息，更多情况下是地铁公司在对乘客信息进行收集、加工和处理过程中，由于未能充分履行乘客个人信息安全保障义务等所致，非但地铁公司没有获利，反而可能存在不小的损失。所以，个人信息赔偿案件更多基于法官判断，而实践中却难达被侵权人的心理赔偿预期，传统的损害赔偿方案面临失灵危机。由此可见，想要实现对个人信息权益的有效保护，必然要尽力促使诉讼成本与诉讼收益之间达成基本平衡。

最后，私法救济难以应对系统风险。地铁智慧安检若发生个人信息侵权事件，往往呈现集群性规模性特征，作为普通乘客，通常只能就自身侵权事件提出个别诉讼，因而难以有效整合社会资源以实现整体治理。加之司法诉讼往往较为漫长，导致对系统风险难以快速响应、及时控制。

面对系统侵权，私法救济模式下个体诉讼往往难予以有效应对。主要原因在于，当个人信息遭遇侵害时，出于理性，往往会对维权成本与诉讼回报预先进行心理评估，即认真思考诉讼收益与诉讼成本之间的关系。采取诉讼行动的前提是，需要满足收益大于成本的基本要求。通过上述论证不难得知，在现实的私法救济模式下，个体民事诉讼所需要耗费的时间、金钱等诉讼成本与所得救济之间处于失衡状态，被侵权人的维权积极性明显疲软。因此，容易使得乘客对个人信息侵权行为选择容忍或接受，甚至以观望的态度等待其他受害者先行诉讼，这种典型且普遍存在的"搭便车"心理将直接导致"集体行动困境"的发生。再有，在个人信息维权案件中，不乏信息处理方采取诸如调解、和解等非诉方式实现个人的预期目的，由于这种非正式处理方式往往针对个案，影响范围十分有限，个人信息侵权行为并不能得到根本解决。

此外，司法裁判存在一定迟滞性，司法流程时间较长，因此在乘客个人信息保护"风

---

① 参见浙江省杭州市中级人民法院民事判决书，(2020)浙01民终10940号。

② 参见北京互联网法院民事判决书，(2019)京0491民初字第16142号。

险”应对方面，难以进行及时有效的社会控制。即使在司法程序启动后，由于流程复杂、程序严格，司法裁判的周期较长，导致个人信息侵权治理效率较低。整体来看，私法救济方案在面对乘客个人信息权益保护时，存在一些先天缺陷。纵然《个人信息保护法》也加设了公益诉讼相关条款，但公益诉讼也只是作为法律实施的补充手段，无法希冀通过公益诉讼的设定，以回应乘客在个人信息保护诉讼过程可能面临的现实难题。

（二）智慧安检行政法规制不足

新技术的出现，法律需要解决的首要问题是技术与法律的适应性机制建立。然而，面对智慧安检技术迭代更新，私法救济模式捉襟见肘，而行政法规在建构上也存在一定的滞后性。由于地铁智慧安检技术不断升级，智慧化地铁安检模式显然已超出传统安检规制范围。目前虽有多部法律对安全检查作出规定，①但也仅仅针对传统安检模式所作出，与新安检技术不再能够完全适配。

智慧安检领域行政规制立法滞后于技术进步这一问题已显现。由于地铁智慧安检横跨技术治理、算法规制以及终端应用多个环节，历经信息收集、存储与应用多步骤，其中，任何环节操作不当、任何步骤出现漏洞，都有可能使乘客个人信息暴露于风险之中。不仅给乘客个人造成经济损失、影响其基本权利的实现，甚至在一定程度上也会对社会稳定造成威胁。因此，地铁传统安检“后果裁断”规制模式已不完全适应地铁智慧安检发展的需要，亟须由事后规制向事前阻却过渡，将规制方案的重点聚焦于“行为塑造”。

由于法律的稳定性与滞后性往往相伴而生，法律规制会落后于技术更新。相应地，我国在地铁智慧安检法律规范方面所体现出的不足，也与智慧安检技术的新生发展状态息息相关，过早确立规制规则很有可能会影响新技术的更迭进步。而地铁智慧安检刚刚处于起步阶段，因此立法者有必要保持克制与审慎的态度，给地铁智慧安检技术发展与实现新的蝶变提供相对自由宽松的环境。所以，当前地铁智慧安检的规制机制主要借助非强制性手段发挥作用。

然而，也必须关注到，我国各省市对地铁智慧安检的应用推广多持以乐观态度，积极推动智慧安检技术发展速度不断加快，不断拓展应用范围（如今年北京有望实现20个地铁智慧安检车站），也更证实了地铁智慧安检是未来地铁安检的主要形态。但法律所存在的滞后性，通常意味着较难对地铁智慧安检及时加以规制，而法律的缺位则必将成为地铁智慧安检实现有序发展的阻碍。故此，必须平衡法律规范与新技术发展之间的关系，根据地铁智慧安检的实际发展情况，出台合理的行政规制方案。

智慧安检技术应用正当程序法律保障短板亟待填补。谷口安平先生曾说，程序法

---

①《中华人民共和国反恐怖主义法》（2018年修正）第27条；《中华人民共和国人民警察法》（2012年修正）第6条第2项、第3项对于社会治安秩序以及交通安全的职权作出规定；《中华人民共和国突发事件应对法》（2007年）第24条。

为实体法之母,①行政程序是行政法的核心环节,行政结果的作出不仅需要行为合法,更需要遵循程序正当原则,②而客观规范的程序又可以有效保障决策结果及其过程的公平,③这都反复强调了程序公正具有无法替代的独立性价值。程序公正原则强调"过程价值"④,行政结果的获取应建立在保障信息主体充分知情基础之上,最大程度尊重信息主体的人格尊严。由此可知,重大行政决策作出之前必须进行充分的说理以保障决定具有正当性。⑤ 此外,自 1960 年以来,以德国和日本为代表的大陆法系国家对于程序公正的重视程度显著加大。⑥ 我国虽然没有明确的行政程序法典,但在行政法中确也具有成熟的条款和完整的运行机制,例如《中华人民共和国行政处罚法》中处罚决定已具有明确的听证机制。⑦ 近年来,随着司法程序公正不断向纵深方向发展,任何重大行政决策的作出都必须符合程序公正的原则要求。

采用地铁智慧安检系统的决策涉及众多乘客切身利益,属重大决策范畴。故作出决策前必须遵循一定的程序,对于地铁智慧安检系统的目的性、可行性以及必要性逐一做出解释,在听取相关专家学者和技术人员对于该项系统合法性与合理性论证的基础上,广泛征求公众意见,保障决策过程的全民主。例如,某地铁智慧安检人脸识别安检应用模式正式试用之前,应该采取通过和相关多主体之间进行询问沟通的行政参与方式,并且充分确保这种参与不能仅仅停留在简单的"出席到场"上,以确保真正与地铁公司进行沟通交流和互动。只有真正达成意思一致和相互信任,此项新型安检模式才能逐步推广到具体的地铁安检生活应用场景之中。按照沃克对于程序的理论认定可知,程序附着于实体之中并以此反映出实体的权利义务。⑧ 劳东燕教授也持有相同意见,北京地铁在调整价格时都曾广泛征求意见并进行严格的听证程序,地铁智慧安检由于涉及权利更加多元复杂,对该安检模式的启用决定更应建立在严格公开的听证程序之上。⑨

从这一方面来看,某地铁智慧安检试点应用显然不符合相关程序,地铁智慧安检在试点建立与广泛推广前,从未在社会范围内进行广泛的意见征集,更没有相关听证会的

---

① 参见[日]谷口安平:《程序的正义与诉讼》,王亚新译,中国政法大学出版社 2002 年版,第 1 页。

② 参见胡建淼、江利红:《行政法学》(第二版),中国人民大学出版社 2014 年版,第 283 ~ 284 页。

③ 参见苏新建:《主观程序正义对司法的意义》,载《政法论坛》2014 年第 4 期。

④ 过程价值强调,让作为实现决策结果工具的程序趋于理性。

⑤ 参见王锡锌:《行政程序理性原则论要》,载《法商研究(中南政法学院学报)》2000 年第 4 期。

⑥ 参见姜明安:《21 世纪中外行政程序法发展述评》,载《比较法研究》2019 年第 6 期。

⑦ 参见关保英:《论行政程序在大数据下的内涵变迁》,载《政治与法律》2022 年第 1 期。

⑧ 参见[英]戴维·M. 沃克:《法律牛津大辞典》,北京社会与科技发展研究所译,光明日报出版社 1988 年版,第 521 页。

⑨ 参见劳东燕:《地铁使用人脸识别的法律隐忧》,载财新网 2019 年 10 月 31 日,https://opinion.caixin.com/2019-10-31/101477392.html。

召开记录。纵然繁苛的听证与大数据时代追求效率之间存在一定抵牾，但由于地铁智慧安检模式中采集海量乘客个人敏感信息，地铁公司首先应当从最大程度保障乘客个人信息安全角度出发，通过听证等方式保障乘客的权利，确保乘客与地铁公司对地铁智慧安检应用决定达成充分合意。

此外，智慧安检技术个人信息权益保护体系建设途径拓宽亦成当务之急。《个人信息保护法》中明确要求各企业在处理个人信息时应该遵从一定的原则，如对个人信息应贯彻比例原则，秉持克制态度，禁止作出过度干预个人信息的行为。理想情况下，地铁智慧安检规制目标得以充分实现，确保原则充分发挥预期效能。然而，由于原则的表述通常较为模糊，内涵缺乏详细界定，在实践中往往难以得到直接适用，在通常情况下，需要倚重公司的自律贯彻原则要求。然而在现实生活中，即使是承担部分公共职能（如承担公共场所安全保障职能）的地铁公司，仍不免将逐利作为发展的根本目标。因此，如果过分期待地铁公司通过严格自律，最大程度保障乘客个人信息安全往往并不现实。

在个人信息保护方面，《个人信息保护法》明确指出应采取严格的个人信息处理方式，将对个人信息权益的影响降至最低；而对于个人信息的处理，必须经信息相对人做出明示同意。在地铁智慧安检规制中，要求地铁智慧安检收集平台必须认真履行有效的告知义务。但由于告知义务与同意授权通常以原则的方式阐述，通常较为抽象，因此给地铁公司与相关第三方机构故意利用第三方当事人规则制造了可乘之机。第三方当事人规则在大数据和人工智能时代的背景下，已由最初应用的刑事领域向社会其他各个领域蔓延。第三方当事人规则最初的逻辑在于：如果公民自愿将信息披露给第三方，就不再享有有关隐私安全保障方面的权利。① 虽然我国并未明确指出第三方当事人制度，但综合《个人信息保护法》第 13 条和第 27 条的规定可以看出，②我国在立法实践中已经体现了第三方当事人精神。在数智化时代信息互联互通的背景下，该规则的应用更具广泛性与普遍性。

根据第三方当事人规则，地铁智慧安检模式下，如果乘客享有智慧安检便捷服务，就需要同时放弃个人信息的私密属性。如果乘客希望享用快捷高效的智慧安检进站服务，首先需要同意智慧安检 App 关于《快速安检隐私权政策》的规定并根据条款要求将个人信息授权给平台。而在《隐私协议》中对于信息共享的规定意味着，只要乘客享受该项安检服务，就视为“推定同意”地铁公司将乘客相关信息提供给合作的第三方，这也就意味着乘客所授权给地铁智慧 App 的个人信息，地铁公司及相关第三方可以自行

---

① 参见李延舜：《位置何以成为隐私？——大数据时代位置信息的法律保护》，载《法律科学》2021 年第 2 期。

② 《个人信息保护法》第 13 条规定：“依照本法其他有关规定，处理个人信息应当取得个人同意，但是有前款第二项至第七项规定情形的，不需取得个人同意。”；《个人信息保护法》第 27 条规定：个人信息处理者可以在合理的范围内处理个人自行公开或者其他已经合法公开的个人信息。

或者合法公开。而开通地铁智慧安检服务功能，暂且不说乘客只能在“同意”或者“拒绝”中二选一以及普通乘客法律等专业知识上存在巨大的劣势，乘客甚至就连自己的何种数据被流通与共享恐怕也难以知晓。因此，乘客个人信息在第三方当事人制度的约束下往往难以得到实质性保护。换言之，即使原则性的规定可以为规制地铁智慧安检模式提供基础性法律指导，但由于缺乏精细化的法律规则，并不能达到行政法规制所期望的效果。

当然，想要实现对地铁智慧安检的有力规制，行政监管作为重要手段不容忽视。行政监管的最佳效果是各行政主体在法律职责内各司其职，严格按照监管要求对地铁智慧安检领域进行监管。但就目前而言，对于地铁智慧安检侵犯乘客个人信息监管的过程中，组织地位尚不清晰，实践中权责交叉频频发生。虽然《个人信息保护法》相较于之前的《网络安全法》有很大的进步，进一步明确国家网信部门的统筹协调地位，在一定程度上缩限了责任边界，但值得注意的是，“统筹协调”并非等同于“统一管理”，从这点来看，其定位仍然具有模糊性，因而仍不能从根本上解决“九龙治水”分散管理的监管问题。[①] 与此同时，法律的生命力需要救济手段对其予以保障，但反观对地铁智慧安检的规制，虽然《个人信息保护法》对于救济有专门论述，但现实生活中被侵权乘客依然面临举报无门、救济困难等现实问题。总而言之，当前地铁智慧安检的行政法规制依然面临问题，若不及时加以完善，乘客个人信息权益则无法得到切实有效的保障。

四、智慧安检行政法规制进路与策略

在充分肯定地铁智慧安检行政法规制具有坚实的实施基础与专业优势前提下，需要转变曾经的“赋权 + 救济”法律调控模式，取道精细化的行政法规制进路，加强行为塑造与技术规训，强调对违法行为的事前阻却。[②] 同时，确保地铁智慧安检程序规范细致，进一步细化地铁智慧安检监管义务，不断健全完善地铁智慧安检侵权的行政救济与惩罚机制，也是实现地铁智慧安检有效规制的必要之举和实现乘客个人信息有效保护的必然之策。

（一）智慧安检行政法规制的基础与优势

地铁安检由传统人工模式向智慧模式进阶过程中，地铁智慧安检平台全面读取乘客信息，乘客个人信息的公共属性进一步凸显。面对地铁公司强大的信息收集能力，乘客逐步丧失与地铁公司之间平等的议价能力，这就意味着一旦乘客个人信息权益遭受侵犯，必然在举证、诉讼过程中面临重重困难。由此可见，私法救济方案已无法与数字时代下个人信息所呈现的复杂属性完全适配。相比之下，行政法规制手段则在专业能

① 参见孔祥稳：《论个人信息保护的行政规制路径》，载《行政法学研究》2022 年第 1 期。

② 参见齐延平：《数智化社会的法律调控》，载《中国法学》2022 年第 1 期。

力、信息资源整合等多方面显示出强劲的治理优势，而《数据安全法》《个人信息保护法》等相关法律的出台更确证了行政规制方案的重要价值。综合来看，采取行政法规制手段是实现地铁智慧安检规制的可行之举与必然之策。

实践显示，伴随数智化时代的来临，个人信息已不同于传统民事关系中脱离社会外部整体秩序而展现出的较为纯粹的静态性、确定性特点，①而是掺杂了较强的公共性、交互性和动态性等多重复杂属性。在此背景下，如果坚持将个人信息视以私权，无疑超出传统民法权利规范保护框架的范围。同时，面对作为乘客信息收集加工的信息获取方与信息处理方的地铁公司，乘客往往难以通过个人能力与强大的地铁公司相抗衡，由此可见，传统的私法救济方案明显疲软。故而，对于乘客个人信息权益的保护，不能单纯局限于传统私权范畴，需要建立统筹思维，从宪法维度对法权进行基础分析。

从宪法层面看，涉及乘客个人信息保护中的法益众多，单纯的"个人信息自决权"不足以囊括所有。因此有学者针对性地提出"个人信息受保护权"概念，其核心是关注"人格尊严"这一法益，在处理个人信息法律控制过程中，恪守人格尊严底线。② 该理论是为了保障信息主体在个人信息被处理的过程中，确保个人信息以合乎尊严的方式得以处理。而实际上，个人信息权益涉及的法益不止于此。比如，地铁智慧安检中所使用的人脸安检闸机对乘客生物敏感性信息的收集可能涉及《宪法》第 37 条对公民人身自由不受侵犯的保护；地铁智慧安检验证平台对于乘客个人隐私信息的披露可能涉及《宪法》第 38 条对于公民人格尊严的保护；地铁智慧安检应用软件对乘客通讯信息的读取有可能涉及《宪法》第 40 条关于公民通讯自由以及对通信秘密的保护。而这些法益似乎可以统一归于"人的主体地位"，进而涵摄于"人格尊严"之中。

《个人信息保护法》首条就将个人信息保护的立法依据提到了宪法的高度，依据立法解释以及与该法相关的法律条文规定发现，个人基于个人信息所享有的实体权利和权益不仅包括公民的人格尊严，也包括通信自由和通信秘密、公民人身和财产安全等一系列其他基本权利，是具有多种法益的综合性规范群。③ 将宪法作为个人信息保护的基础性依据，一方面，可以确立地铁公司的消极义务，防止地铁公司对乘客信息进行违法或不合理收集和处理而对信息主体造成权益损害；另一方面，可以促使地铁公司履行积极义务，全力维护乘客个人信息安全。④ 但须注意，对乘客个人信息予以全面保护，并不意味着必须借助行政规制方式。之所以提倡采用行政法规制手段，意在借助行政规制方案以更高效、更理性的方式来达成个人信息保护的预期目标。

---

① 参见梅夏英：《民法权利思维的局限与社会公共维度的解释展开》，载《法学家》2019 年第 1 期。
② 参见王锡锌、彭錞：《个人信息保护法律体系的宪法基础》，载《清华法学》2021 年第 3 期。
③ 参见张新宝主编：《〈中华人民共和国个人信息保护法〉释义》，人民出版社 2021 年版，第 20 ~ 21 页。
④ 参见赵宏：《〈民法典〉时代个人信息权的国家保护义务》，载《经贸法律评论》2021 年第 1 期。

在此意义上,“风险社会”的来临需要加强行政国家建构,由国家牵头设置专门的行政规制机构,增加专业技术岗位,邀请相关领域的专家,通过借助现代化技术工具实现对风险的识别、评估与防控。在大数据和人工智能背景下,对个人信息保护规制的主体提出更高要求,个人信息的规制主体在乘客个人信息收集使用与乘客个人信息保护弹性之间应做到张弛有度,亦即地铁智慧安检规制主体在承担保护乘客个人信息权益职责时,不仅需要熟悉专业技术、具备前瞻产业发展眼光,更需要具有抽丝剥茧的能力,确保可以从多项利益冲突中,准确分析规制措施的合理性。

司法系统虽在法律解释和法律应用环节具有权威性,但由于地铁智慧安检算法不断升级、技术加速更迭,乘客个人信息权益保护不再单纯局限于“事实”与“法律”之间,对专业技术进行分析、对模型架构加以拆解成为不可或缺的重要环节。因而面对地铁智慧安检模式下的乘客个人信息保护案件,为保证结果客观公正,在研判基础依据部分,必须请求专家辅助人出具意见,邀请专门的技术调查机构协助审判顺利完成。虽然通过借助专业技术性调查辅助手段,有助于弥合法官在涉及算法、大数据等技术方面的知识欠缺,但必定会降低诉讼效率,同时导致被侵权人的诉讼成本大幅增加。而且因为智慧安检模式的信息获取平台处于封闭的构造体系之内,普通乘客独自获取证据信息的可能性十分渺茫。当乘客个体面对强大的地铁公司及相应的相关行政机构时,取证、固证任务就需要超越私主体力量借助法定强权及时介入。此外,由于实际司法裁判需要法院作为中立者,角色性质决定了司法机关无法依职权主动对乘客个人信息权益的侵犯性事件进行全方位调查。除此之外,在乘客个人信息采集与处理过程中,考虑选择司法裁判路径或行政规制路径的关键在于,权衡事后规制的有效性以及损害发生的可能概率。如果违法行为发生可能性较大,且一旦发生后果相当严重就应该自觉强化行政规制,通过风险防范将隐患发生概率降至最低。这就是食品、环境等领域建立行政监管机制的主要原因。①

随着数智化时代的来临,地铁智慧安检所收集的乘客信息不再是私权的简单叠加,乘客个人信息所蕴含的公共性价值已然超越私法调整范围,个人信息侵权事件甚至可能如同“蝴蝶效应”一般,进而引发社会性风险。② 而如果个人信息遭受严重侵权,无疑是对于社会公共秩序的背离。③ 由此可知,对于乘客个人信息的保护更应该关注行业整体发展,探寻社会公共问题的根本解决之道。然而,私法救济往往局限在争讼个案中,司法裁判只能限定在原告诉讼请求范围中,无法形成整体性的行业规则体系。刑事

---

① 参见赵鹏:《食品药品和普通产品:监管体制分道抑或合流?——基于问题特征和法定任务差异的分析》,载《行政法学研究》2016年第3期。

② 参见吴伟光:《大数据技术下个人数据信息私权保护论批判》,载《政治与法律》2016年第7期。

③ 参见马怀德:《民法典时代行政法的发展与完善》,载《光明日报》2020年6月3日,第11版。

诉讼又通常囿于谦抑性特征，无法对可能的风险进行规制。因此，不论是私法救济方式，还是刑事诉讼方案，显然都不能够成为地铁智慧安检规制的首选。

对比之下，行政法规制优势明显。由于其更多强调风险防控，因此无须在产生具体严重后果后再启动相应程序，基于对风险的自主研判，在很大程度上有助于防范规模性异变的风险；此外，行政法规制可以从个案出发形成统一性的行政规制规则，以个案为基础又超越个案"就事论事"的局限，留出更加宽泛的法政策制定空间。在数字技术快速更迭下，针对抽象的原则性规定，借助行政规制机关科层制设计，出台统一的解释方案，在保障乘客个体信息权益的同时，对相关原则进行确定性解释，以期实现地铁智慧安检整体行业的有序发展。总之，伴随着地铁智慧安检技术的不断升级，在保护乘客个人信息方面，确定行政法规制策略，具有现实价值和深远意义。

（二）智慧安检法律规制进路

地铁智慧安检技术已超越互联网信息化的初级版本，以数字化信息自动处理技术为基石，借助物联网、5G、云计算等应用技术实现更高水准的数据采集、动态分析、深度学习、精准决策，自动执行。① 地铁智慧安检模式的运行逻辑已逐步颠覆传统安检简单的人机互动模式，塑造了全新的安检范式。底层逻辑的改变，必然需要转变传统的"赋权+救济"法律调控思维，针对全新的社会关系新形态，亟须设计更加精细化的法律调控进路、确定与之相匹配的法律调控策略。

地铁智慧安检技术是数智化社会全新模式形塑下的具体应用与表达，地铁智慧安检运行模式彻底改变了传统的"乘客—安检工作人员"安检工作方式。地铁智慧安检模式下，乘客个人信息俨然成为社会中最关键的生产要素之一，故规制地铁智慧安检技术、聚焦乘客个人信息权益保护迫在眉睫。而由于理论建构与制度设计必须与新的社会发展和时代命题相统一，因此在对地铁智慧安检施以有效规制时，必须关注以下两方面：一是规制模式必须与时俱进，不能局限于乘客个人权利遇损后单纯的权利救济模式，更应以全局性眼光对地铁智慧安检规制进行整体性的架构建设，在地铁安检规制行为规训与塑造方面谋篇布局；二是加快法律程序框架的设计与完善，保证法律价值不被减损、法律目标不打折扣，为真正实现法律技术相融目标做好充分准备。②

1. 智慧安检规制策略设计

即使进入全数智化时代，权利本位逻辑也依然是法律正义的基础构成，尊重公民尊严、维护公民权利是不同治理路径与治理样态所要达到的共同目标。③ 由于地铁智慧安检运行模式涉及海量乘客信息、技术手段趋于复杂，信息关系逐渐失衡，地铁公司与

---

① 参见齐延平：《数智化社会的法律调控》，载《中国法学》2022 年第 1 期。

② 参见齐延平：《数智化社会的法律调控》，载《中国法学》2022 年第 1 期。

③ 参见夏志强：《国家治理现代化的逻辑转换》，载《中国社会科学》2020 年第 5 期。

乘客之间不再局限于纯粹的私权平等关系，行政公共性得到进一步凸显。若谋求有效规制，需引入行政机制并将其逐步融于现代技术之中。①

而传统的行政机制保护模式通常采取授权规定范式，但由于地铁智慧安检技术逐步向算法主导、人机互融方向转变，致使曾经以"人"为核心的认识论逐步发生根本性动摇。鉴于新的认知理念发生转变，如果依然固守传统赋权为主的规制策略，可以想象，乘客个人信息保护必然面临巨大的现实行动难题。因此，为应对地铁智慧安检模式下技术凌驾式发展与传统保护模式的失灵现状，有必要及时转变行政规制策略，建构以事前塑造为主，事后规训为辅的精细化法律保护框架，进而探寻地铁智慧安检规制的有效应对路径。

数智化社会下，迫切需要法律介入方式的转变，推动法律先行融入地铁智慧安检技术的底层逻辑架构之中，这自然需要有针对性地对法律规范加以精细化设计，确定法律规则、明晰法律原则，进而为法律代码化奠定坚实的理论与逻辑基础，以促使法律技术一体化目标的实现。

一方面，确定法律规则。可预见的是，安检互认将成为未来交通领域的重点发展方向，②同时考虑地铁安检的日常特性，在制定地铁智慧安检规制方案时，既不宜采取照搬民航、铁路执行模式与执行标准，但也不能推翻其全部完全重新起草。因此，在确定法律规则时，一是要在参考《中华人民共和国民用航空法》《中华人民共和国民用航空安全保护条例》等规范的基础上，结合地铁智慧安检实际发展情况，出台与地铁智慧安检相适配的详细制度；二是对现有城市轨道交通相关的安检规则和保卫条例补充完善，增加针对性安检规范的具体条款，解决规范内容模糊不清、操作性缺乏等问题，进一步明确地铁智慧安检的涉及范围、等级要求、责任追查等相关内容，最大程度确保地铁智慧安检发展有法可依。

另一方面，细化法律原则。目前来看，地铁智慧安检模式下个人信息保护原则的规定仍然较为粗略。如《个人信息保护法》第 28 条虽然规定个人敏感信息在基于特定目的、满足充分必要性要求的条件下才能被处理，但究竟如何确定是否基于特定目的、如何判断是否满足充分的必要性要求，法律规范既未给出明确的界定，又缺乏相应司法解释。这就导致北京地铁智慧安检的应用中，亿通行 App《快速安检隐私权政策》所需要收集的乘客身份识别信息、地理位置信息以及平台操作信息，是否满足原则要求没有统一的评判依据。但确也应承认立法保护工作从来就不是一劳永逸、一蹴而就的，我们不能苛责立法机关在面对地铁智慧安检模式等新生事物发展伊始，就对法律原则予以全

---

① 参见何增科：《国家治理及其现代化探微》，载《国家行政学院学报》2014 年第 4 期。

② 参见林刚、周青：《反恐形势下北京地铁与铁路安检互认的尝试与探讨》，载《铁道警察学院学报》2021 年第 2 期。

面细化,这样的操作既不符合立法现实,也不利于新生事物的发展。然而,随着新生事物的渐进发展并日臻成熟,有必要立足《个人信息保护法》,针对地铁智慧安检特定情景出台详细的配套解释和标准规定,明确其文义边界,防止任意解释,推动原则更加具体精细,促使乘客个人信息保护工作落到实处。

但由于在地铁智慧安检新样态下,传统治理架构已被动摇,这就意味着规制进路与策略也要随之转型,尽快构建与新发展模式相匹配的法律治理框架成为当下更重要的工作内容。曾经倚重救济的法律规制逻辑已无法应对新情况,法律调控思路需要向事前行为的规训塑造方向转变。地铁智慧安检技术虽然看似中立,但其实不然,算法实际是物理空间借助代码将人的意志进行抽象化呈现,因而算法歧视风险并未能得到消除,反而可能以更隐蔽的形式在数据共享与算法开源技术的加持下愈演愈烈,不可控性与不确定性特征让乘客个人信息权益面临更大的风险挑战。为了保障数智化时代下个体的尊严与价值,防止隐性歧视发生的概率风险,不能再单纯局限于法律"赋权—救济"的传统法律监管模式和调控方案。故而,加强事前行为塑造与技术规训,提早阻却违法行为,俨然成为地铁智慧安检行政规制的必然选择。

因此,操作重点就应从地铁智慧安检技术侵权治理向地铁智慧安检技术行为塑造转变,将确定性的法律规则与具体化的法律原则以代码形式植入地铁智慧安检底层逻辑架构,预设地铁智慧安检范围边界,以使地铁智慧安检在正式运行时严格遵循法律要求,阻却底层逻辑结构的偏见与歧视行为,保护乘客个人信息权益,从根本上实现法律与技术的共治共存、互相成就。这种思维范式的变革与治理技术的转变,可以真正确保地铁智慧安检所作出的行为与决定完全符合价值正义与法律合规的要求,切实保障地铁智慧安检模式下乘客的权利与尊严。

2. 智慧安检正当程序建构

地铁智慧安检的有效规制,必须立足于正当程序,以保障乘客在对地铁智慧安检的引入与推广过程中享有充分的知情权、参与权、表达权,充分确保乘客与地铁公司进行意见交流从而达成合意。① 虽然程序正当标准尚未统一,但学界普遍认同的是,为实现程序公正,必须遵循程序参与与程序公开原则。② 而听证是程序公正的重要内容,是自然正义原则的直接体现,已从保障当事人申诉权的司法领域逐渐深入更大范围的行政领域之中。越来越多的国家或地区在重大事项中,通过听证会的方式,保障公民知情权与参与权的实现。听证制度蕴含着以人民为中心的重要发展思想,因此现已成为利害相对人和相关人员表达诉求的有效窗口,是现代社会治理中确保公共权力有序运行的关键环节。听证制度的落实,意味着公民基本权益不受减损、人格尊严得到保障、重大

---

① 参见夏志强:《国家治理现代化的逻辑转换》,载《中国社会科学》2020 年第 5 期。

② 参见肖建国:《程序公正的理念及其实现》,载《法学研究》1999 年第 3 期。

决策的作出更加公平透明。

在我国,凡涉及价格制定与调整、城乡建设与规划、环境评价、政府重大公共决策等内容都要求进行公共听证。以北京为例,通过在政府网站上以“重大行政决策听证制度”为关键词进行搜索,获得相关结果共603个,其中包括门头沟区妙峰山镇人民政府的《重大行政决策程序暂行条例》、东城区《重大行政决策程序实施细则》等都明确规定在涉及重大公共利益或者关乎社会公众切身权益的重大事项应当进行行政听证,保证行政决策的作出符合科学民主的原则要求。而地铁智慧安检技术通过平台以及算法技术对乘客进行信息收集与分类,牵涉乘客的个人信息安全、隐私权利保护、平等权利保障。由于涉及海量乘客切身利益,因此更应在地铁智慧安检实施前,严格遵循听证程序,听取各方意见,从而尽可能消除乘客与地铁公司之间的隔阂,以理性的表达方式减少后续冲突发生的可能,保证这项重大决策的作出符合公众的合理期待。

目前,我国重大决策听证制度设计与具体实践都无法达到预期的理想效果。一方面,由于我国尚未形成明确统一的重大决策听证制度规则,重大决策听证制度存在立法分散且内容笼统等问题。虽然“重大决策”一词常在行政实践中出现,但“重大”一词具有模糊性,“重大”与“一般”的内涵与外延界限不明,因而在判别是否属于重大公共利益事件时,往往存在较大的自由裁量空间,这使得在实际操作中行政决策机构具有较大的随意性,重大决策听证制度面临名存实亡危机,合理规范地铁智慧安检落地程序仍旧任重道远。

另一方面,制度设计直接影响实践效果。行政程序法的缺失,使地铁智慧安检技术运行过程问题重重:一是在信息掌握方面,信息不对称是公共听证普遍存在的症结,乘客与地铁公司存在信息鸿沟,地铁公司在此过程中具有绝对信息资源优势,而乘客却难以知晓其中的技术标准与分类依据,由于信息并非完全公开透明,所以在重大决策参与中无法保障乘客个人信息权益不受侵犯;二是在参与人员的遴选中,由于地铁智慧安检过程中难以对影响程度加以量化,所以在遴选听证会参与人员时,由于决定权掌握在行政部门手中,而权力往往会使劣根性暴露无遗,因而无法完全排除权力滥用风险,也就无法保证选取参与人选的合理性;三是在听证报告的公开方面,由于我国普遍采取非公开的听证报告制度,广大公民对听证意见的处理过程无从知晓,最终可能带来听证制度边缘化的异化风险,导致公共听证的参与性与有效性大打折扣,无法达到听证会的原本预期。[①] 由于缺少权力机关监督且不能保证有效的公众参与,故重大决策听证制度可能无法发挥应有效能。

若从根本上解决地铁智慧安检应用过程中存在的问题,必然应对当前重大决策听

① 参见王志立:《行政听证制度:问题、原因与对策》,载《中州学刊》2009年第4期。

证制度加以完善。从完善听证制度设计入手，将公众参与纳入法治化框架，完成对地铁智慧安检正当程序的建构。2019 年国务院颁布《重大行政决策暂行条例》①具有一定的引导性与基础性。为了增强《重大行政决策暂行条例》的可执行性，发挥预期效果，必须对其加以细化，在主体资格保障、有效参与决策、反馈机制建设方面予以补充。

一是充分确保听证制度在遴选参加人时的合理性。重大决策听证制度必须保障公民的民主参与权，通过听取各方意见以达到民主科学的决策目标。因此，在地铁智慧安检试点建设前，应通过互联网等移动客户端以及报纸等多传媒渠道将参与人的遴选方案进行公开。为了确保遴选的合理性，必须出台相应的遴选标准，确定遴选的程序与预参与人选的实体要求。既要保证参与人员来自不同群体，代表不同利益诉求，保障各利益群体出席数量，最大程度确保参与人员范围广泛；又要确保参与人员具有清晰阐述自己及其代表利益的能力，可以明确表达观点，输出意见。与此同时，要确保参与人员不受特殊利益群体左右，以确保地铁智慧安检的建设启动，是在听取广泛民意的基础之上且审慎权衡各方利益诉求后所作出的。

二是尽力保障听证过程的有效性。《重大行政决策暂行条例》②仅对信息公开材料作了最笼统的规定，具体何时以何种渠道进行公开以及公开内容都没有详细解释。因此，有必要在听证之前出台具体司法解释以明确重大决策的判断指标并通过具体要求界定确保信息公开及时、全面且有效。进一步明确信息披露制度，尽力公开除商业秘密之外的所有与地铁智慧安检相关的内容，最大限度降低乘客等相关公众信息获取难度，实现乘客与地铁公司之间的信息对称，尽力保障听证有效。在地铁智慧安检启动建设工作开展之前的听证会上，应当将此安检模式下信息收集的目的、方式、范围以及可能存储的期限与查询主体的权限等相关信息进行公开，保证听证参与者具有实际的知情权。在涉及专业问题方面应当对其进行特殊说明和特别解释，除了允许听证参与者依法进行查阅复制外，还应当对其进行特别保护，对涉及隐私安全和人身安全的行为应当赋予其自主选择评估机构的权利，从而确保评估结果的公正性和决策完成的科学性。在涉及重大社会影响和重要性政府决策的事项上要真正发挥民主参与和民主监督的积极作用，严格遵循听证程序，积极听取主要利益相关者以及各团体代表、专家学者的意见建议，保证听证参加者的广泛性、代表性，同时保障听证制度中相关利益代表具有公开博弈和公平辩论的机会，充分保证参与者的陈述时间，确保各方价值偏向和行为选择倾向都能得到有效参考和回应。行政决策机关应当根据听证过程公开听证报告，充分对该项结果做出的依据进行阐述，保证听证结果的信服力。地铁智慧安检应用前必须在听证过程完成后出具详细决定报告，保证被收集信息乘客的知情权、参与权与同意权

① 《重大行政决策程序暂行条例》(2019 年)。
② 《重大行政决策程序暂行条例》(2019 年)第 16 条。

的真正落实。根据听证结果制定规划方案，在所属辖区进行公开，如在规划实行过程中有变更需要再次启动此前程序。

三是需建立乘客意见即时反馈机制，借助网络平台等渠道，完成意见反馈征询工作，通过更加开放便捷的意见表达渠道广泛获取更多信息主体的利益诉求，从而最大程度保障反馈机制的实质效能，对参与人员予以足够的尊重。采取灵活多样的听证手段，借助畅通市民热线、网络投票和网络意见阐述渠道等方式，打通不同场域和不同群体之间的界限，全面听取民意、及时发现问题，对应采纳或不应采纳听证意见作出合理性和正当性说明，消除乘客对隐私安全、信息安全的疑虑和担忧，在乘客个人信息安全保护与国家公共社会治理方面达成基本平衡。

只有及时进行制度更新和法律变革，将公众参与听证具体要求纳入法治化轨道，才能保障地铁智慧安检规制中乘客参与成为“自然选择”。通过细化参与规则，保障乘客以及专家等重点群体参与的法律效力，引入约束机制，让观念更新的“软法”与参与机制的“硬法”合二为一，才能从根本上疏通地铁智慧安检技术应用正当程序法律保障不足这一堵点。

（三）智慧安检监管实时有效

1. 明确监管主体实现有效治理

国家主导权通常表现在两方面：一是立法的制定与完善；二是专门机构的审查与监督。大数据时代下，在个人信息权益保护方面常常存在多方利益牵制，因此亟须多监管主体形成合力，做到既统一协调又分工有序。所以聚合多监管主体，发挥各部门优势，通过有效整合建立独立且高效的监管保护机构，有效保护个人信息权益，是当下的工作的重点所在。

欧盟最先设立专门数据保护机构，GDPR 第六章对成员国监管机构作出了独立细化规定；除此之外，GDPR 所制定的“一致性协调机制”更是很大程度上保证了成员国之间监管机构的联合协作。专门监管机构的设立，有效降低因部门界限不明而发生的相互推诿行为，提高行政效率，减轻监管成本。

为响应个人信息保护合理关切，我国也进一步明确个人信息保护监管机制，2017年《网络安全法》形成“1 + X”的监管框架，工业和信息化部（以下简称工信部）、中共中央网络安全和信息化委员会办公室（以下简称国家网信办）以及公安等多部门各司其职，在各自职责范围内完成监管工作；《个人信息保护法》第 60 条也反映了在个人信息保护的监管模式上，依然延续此前思路，由国家网信部门负责统筹协调和监督管理，各行业主管部门在其职责范围内完成监管任务。

虽然国家网信部门在创新治理机制上一直以来的定位特点为综合性、协调性、主导性，但在个人信息职责的划分中仍处于分散授权的状态。监管职责涉及网信、公安、市场监管、银行、邮政等多机构、多部门，从国务院部门到各地方政府机关都有一定的监管职权,而由于各部门执法需求、执法重点与执法标准并非统一,监管呈现明显的分散特征。① 周汉华教授曾说,如果新业态出现后,管理职责和管理部门责任不能尽快压实,很有可能陷入无人管理与权力争夺的后果之中。② 就目前来看,在分散配置的个人信息监管定位下,"九龙治水"问题无法得到有效解决。一旦公众的个人信息发生泄露或个人信息遭到滥用,可能依然遭遇投诉无门、举报无果甚至不同部门之间推诿等问题。况且,如果将所有的监管任务全部交由国家网信部门,受限于精力、资源、能力,国家网信部门难免会将有限的精力和资源向国家网络安全等重大风险倾斜,而处次位序列的个人信息保护往往易被忽视。③

解决以上难题,亟须建立高效统一的个人信息专职监管机构和履责部门,确保数智化社会中公民个人信息权益保护的确定性与有效性。与此同时,充分考虑各行业的特殊性(如本章所涉及的地铁安检,必须根据具体情况,认真评估地铁智慧安检对乘客信息的收集、加工和应用所带来的个人信息安全风险情况),在设立专门个人信息风险监管机制基础上,充分考虑不同场景,进一步细化监督管理工作办法。在此可以参考综合执法队伍建设改革方案,由专门的个人信息监管机构牵头,聚合不同领域的专业人员,实现综合监管,按照统一调度与扁平化管理思路,减少监管执法层级,明晰权责,统筹编制,实现整体效益的最大化。④ 一方面,以国家强制力为支撑,充分保障监管执法的合法性和权威性;另一方面,在专门的监管机构中聚焦各部门的专业优势,从而促进监管工作有序高效。在国家网信办下设专门的"个人信息监管部门",既能有效发挥国家网信办统筹协调优势,集结公安部门、信息产业管理等专业部门的精英力量;又能进一步压实国家网信办权责,如乘客遭遇个人信息权益侵害时,可以确定投诉渠道和解决路径,减少不同部门因职能划分不明所造成的推诿情况的发生。

而为了确保专门监管机构可以有效实现监管目标,发挥监管效能,必须赋予个人信息监管机构对应的职权:一是全方位的审查权。对能否使用地铁智慧安检技术进行审查,综合考虑地铁智慧安检技术是否符合准入标准,以及地铁公司是否具备与智慧安检技术相匹配的技术管理能力。二是全过程的调查权。个人信息保护机构对地铁智慧安检技术实施情况进行全程跟踪,对乘客个人信息安全进行合规监督检查,公开分析调查报告,并随时接受乘客的举报投诉,并有权对因地铁智慧安检系统漏洞所造成的损害进行调查和监督。个人信息监管部门应享有独立调查职权,执行任务不受其他部门和个

---

① 参见张新宝主编:《〈中华人民共和国个人信息保护法〉释义》,人民出版社2021年版,第461~465页。

② 参见周汉华:《论互联网法》,载《中国法学》2015年第3期。

③ 参见蒋都都、杨解君:《大数据时代的信息公益诉讼探讨——以公众的个人信息保护为聚焦》,载《广西社会科学》2019年第5期。

④ 参见程琥:《综合行政执法体制改革的价值冲突与整合》,载《行政法学研究》2021年第2期。

人指示干扰。三是全流程的行政规范权。根据地铁智慧安检技术的更迭,及时发布与之相匹配的规范性指引。

除此之外,个人信息监管机构必须时刻关注新技术的出现与应用、科技的迭代与升级,及时对审查监管职员进行专业素养评估与和专业技能培训,通过定期委派学习、技能考核等方式,促使监管机构的所有成员对新技术时刻保持敏感,以便更好完成安全审查、风险防范与监管工作。

2. 采取动态监管保障实时可控

随着人工智能和大数据技术的发展,“安全”已成为人类的一致追求。纵览人类发展历史,“安全”是将危险系数不断降低且无限趋于最小化的过程。“风险社会”下,传统危险减少,而潜在风险增加。不同于传统危险,算法技术所存在的风险不仅仅存在于确定后果中,更会引发社会整体性焦虑。由于地铁智慧安检技术所带来的风险往往具有不可预测性,带来的后果通常不可逆转。因而,在监管方式上,行政机关应当转变思维,将控制危险的消极防御思维,朝风险防范的积极理念进行转变。[①] 在具体应用场景下,关注过程性控制,采取多元化的监管手段,从而实现对乘客个人信息全生命周期的动态监管。

其一,制定审查机制严明监管底线。伴随着我国个人信息收集边界的宽泛化,应用场景的多元化,个人信息属性愈加复杂。想要实现对个人信息的有效监管,必须首先制定明确的安全审查机制,促使该机制充分发挥在保障个人信息安全、防控个人信息风险中的重要指导作用。

由此可知,确立合乎时代发展的个人信息监管审查机制,是监管工作有效开展的基础与前提。而制定审查机制,并非对新型个人信息技术应用的限制与否定,主要是强调以安全负责的态度,审慎推广新技术,防止效率思维导向下对个人信息权益所带来负面影响。[②] 因此,在地铁智慧安检规制前,需出台具体的审核制度、制定可行的审核标准,同时确保准入性审查始终坚持底线思维,在安全保障措施、反歧视技术手段、基本救济方式等方面予以客观全面的审查评估,将地铁智慧安检技术始终束缚在严格监管之下,最大程度保障乘客的个人信息权益。

一方面,确立审查原则是严明审查机制的关键。在地铁智慧安检的审查过程中应该始终对照合法性、正当性和必要性建设目标。众所周知,合法性原则是被普遍认可的基本原则,无论是国际经济合作与发展组织制定的《联合国个人数据保护指导原则》、还是欧盟出台的GDPR、抑或我国《网络安全法》《数据安全法》等,几乎所有的个人信息保护法规在开篇论述时,都对该原则予以重点强调。由此可见,即使以维护社会安全为

---

① 参见王旭:《论国家在宪法上的风险预防义务》,载《法商研究》2019年第5期。

② 邢会强:《人脸识别的法律规制》,载《比较法研究》2020年第5期。

理由,地铁智慧安检技术的应用与发展也必须严格遵循合法性、正当性和必要性的原则要求。因而,在制定具体的地铁智慧安检审查评估规范时,需以我国《个人信息安全规范》《个人信息保护法》中对个人数据处理的审查要求为基本范式,重点审查地铁智慧安检技术在获取乘客个人信息时,是否做到严格遵守数据最小化要求,是否切实贯彻知情同意机制,是否确保信息共享时重点关注乘客个人信息安全,是否实时监测风险变化并出具安全评估报告,是否做到尽力将风险降至乘客合理预期,以及是否设置有效的安全保障措施等。将审查原则具体到各个环节,对实现有效监管、严守个人信息安全红线具有重要意义和价值。

另一方面,明确重点审查内容则是严明审查机制的核心。制定审查内容,必须注意:一是要对地铁智慧安检技术开展伦理性审查。为避免被"算法黑箱"所统治,监管部门有权要求地铁公司,以及相关联的技术开发公司,对商业秘密外的算法进行解释,重点查验地铁公司是否做到将法律原则以代码方式预先植入地铁智慧安检技术系统,对不满足技术性伦理审查标准的相关公司依法问责;二是要对地铁智慧安检技术进行安全性审查。随着城市轨道交通跃进式发展,地铁安检客流量与日俱增,地铁智慧安检技术一旦被广泛投入市场,势必汇集海量乘客个人信息,故有必要进一步加大对信息存储安全性的审查力度。具体来说,安全性审查工作应包括两方面。第一,审查信息存储路径与存储期限,查验地铁智慧安检收集平台是否对乘客个人敏感信息建立区别于一般个人信息的专门存储路径,是否对海量敏感个人信息予以周密保护。应对信息存储期限进行重点审查,确保乘客个人信息存储期限必须控制在原始目的的必要期间,并严格保证后续信息利用不超越原始收集应用场景,以最大程度确保乘客个人信息的安全。[①] 与此同时,在达成地铁安检基本目的后,地铁公司必须对乘客信息进行匿名化处理,及时销毁删除超越存储期限的乘客信息。第二,压实第三方企业数据安全责任、审查共享接口安全防护建设情况。如北京市快速安检试点服务协议中提到地铁公司与第三方合作企业之间存在信息共享,那么个人信息保护机构相关部门应当对第三方企业数据安全硬件技术、安全防护环境加以重点审查。

总而言之,在具体监管工作开展前,必须建立严明的审查机制,根据地铁智慧安检技术的应用发展情况,确定地铁智慧安检规制重点。既不能阻碍地铁安检技术的发展升级,又必须防止因过度追求便捷效率而忽略了对乘客个人信息安全的保障。

其二,采取综合监管实现动态调整。目前在个人信息保护方面,我国现行的行政监管模式有待提高,主要表现为监管手段的单一性,监管措施的有限性。为实现对地铁智慧安检的有效监管和有力规制,亟须采用综合性监管工具、多元化监管手段,灵活的监

---

① 参见张忆然:《大数据时代"个人信息"的权利变迁与刑法保护的教义学限缩——以"数据财产权"与"信息自决权"的二分为视角》,载《政治与法律》2020年第6期。

管策略,使在地铁智慧安检规制过程中,以柔性激励手段为主,以强制命令手段为辅,根据实际情况灵活调整监管方案,以达成乘客个人信息保护与地铁智慧安检技术发展的双目标。

在监管手段的选择上,应以柔性激励手段为基础,以降低传统强制威慑监管模式的僵硬性。一方面,可以充分运用不同主体(如乘客、地铁公司以及行业协会等)的风险识别能力,建立多元共治的个人信息安全识别预警机制,对潜在的信息安全隐患及时识别。另一方面,采取灵活的柔性监管手段,如以行政约谈方式与个人信息处理方进行平等沟通,以对话的方式向地铁公司传达合规要求,激发地铁公司自觉履行义务的内在动力;通过各种渠道发布风险提示,制定示范性的隐私协议政策,引导地铁公司主动更新用户隐私协议。① 当然,如果柔性激励措施失灵,必要时应综合风险与危害后果,采取如警告、罚款等强制性手段,以震慑、督促地铁公司严格履行对乘客个人信息保护的义务与责任。

但监管手段并非一成不变,监管机构必须根据风险变化及时作出动态调整。通过构建多方协商与反馈机制,促进多方主体在协商机制下理性表达诉求、及时进行反馈,促使监管机构快速适应现实环境,应对风险变化,修正监管方案,提升行政监管效果。② 具体来说,一是行政机关内部需要建立良好的沟通反馈机制。由网信部门发挥统筹协调职能,同工信部、公安部、市场监督管理总局等多部门进行定期沟通交流,确保监管标准与规制的一致性,形成稳固的监管合力;二是行政机关与技术公司、地铁公司等主体之间应建立有效的沟通反馈渠道,比如可以采取匿名方式广泛征求意见,降低风险的同时兼顾多方主体利益诉求;三是行政机关应与乘客之间建立动态化意见反馈机制,通过开设举报电话、公布举报网站、明确举报信箱等方式,鼓励公众积极参与其中,拓展乘客参与个人信息保护治理渠道,帮助监管部门发现对乘客信息造成的侵权行为,进而形成多元共治的监管工作格局和监管治理模式。

(四)智慧安检侵权的行政救济与处罚

如果法律的生命力在于实施,那么法律的有效性则需要通过救济手段予以保障。而制定有效救济方案的关键在于,尽快确定规则机制,提供多元救济手段,确保救济渠道的畅通性。

一方面,确定归责机制,确保救济方案的有效性。由于乘客个人信息具备人格与财产的双重属性,且在与地铁公司博弈过程中具有明显劣势,因此行政部门在建立规则机制时,应重点关注乘客个人信息权益保护。在涉及多数据主体的侵权事件中,可以要求相关主体依法承担连带责任,以破解个人诉讼现实难题。在地铁智慧安检规制中,采取

---

① 参见于洋:《论个人生物识别信息应用风险的监管构造》,载《行政法学研究》2021 年第 6 期。

② 参见赵鹏:《知识与合法性:风险社会的行政法治原理》,载《行政法学研究》2011 年第 4 期。

上述归责办法,可以有效纾解普通乘客与地铁公司之间所存在的信息失衡问题,减轻乘客的举证责任和举证压力,鼓励广大乘客积极维权以保护自身合法权益;同时确保地铁公司在应用新型智慧安检技术过程中,尽全力保障乘客个人信息权益不受侵害。

另一方面,细化救济方案,保障救济手段的多元性。《个人信息保护法》第65条对投诉、举报权益保障加以规定。[①] 由于目前我国尚未建立个人信息保护投诉和举报渠道,即使乘客个人信息权益遭受侵害,也往往面临投诉无门、不知该向哪家投诉机构进行举报的问题。所以,有必要建议从国家层面出发,设立一体化的专门个人信息保护投诉举报平台,开设个人信息侵权举报微信小程序,统一受理违反个人信息处理活动的行为,设定投诉和举报处理流程和办理告知期限,确保救济过程顺畅。在救济路径的选择上,由于地铁安检人流量巨大,通过地铁智慧安检收集的乘客个人信息数据往往非常庞杂,一旦出现个人信息泄露问题,往往呈现群体性特点。通过上述分析得知地铁智慧安检技术迅速识别个人生物信息的背后,是将乘客财产、隐私等多信息进行全方位整合,一旦发生侵权事件,对乘客个人权益将会带来多方面威胁。所以,我们应当统筹考虑地铁公司的主观状态与隐私级别的保护层次。如果在地铁智慧安检过程中地铁公司存在过失行为,乘客可以通过民事诉讼等方式进行解决。但如果涉及乘客较大的权益,如人格尊严受到侵犯、隐私泄露等严重侵害性行为,应当允许采取单独诉讼的救济方式。但通过前文论述已知,由于乘客与地铁公司在实力表现上差距悬殊,一是可以考虑将此项提起申请的权利赋予检察院,代表乘客群体统一行使诉讼权;二是除统一行使诉讼权利之外,可以允许被侵权个体向法院提起诉讼或者向法院进行补充诉讼,充分重视与保障公民个人合法信息权益。

因而,在选择地铁智慧安检救济模式时,固然可以支持个人诉讼救济方案,最大程度保障乘客个人的救济权利,减轻检察机关的诉讼压力。但也应意识到,个人诉讼救济方式会因重复起诉而使社会成本大幅增加。因而,结合我国实际情况,适宜以公权力机关作为诉讼代表统一行使诉讼权利,形成对行政主导风险防控机制的有力补充,发挥有效的救济与保障功能。进而建构以事后公益诉讼为主,兼顾个人诉讼的中国特色救济模式。而织密个人信息权益救济网的意义在于,即使面对地铁智慧安检新技术不断升级,也可以以不变应万变,充分发挥对乘客个人信息权益保障的兜底作用。

如果说,法的规则体系是以权利、义务为核心构建的,救济显然是其关键一环,"无救济则无权利"的一般法原理彰显了救济在权利维度上的基础地位,而处罚则成为救济在义务维度中的映射,它蕴藏着个人行为在义务维度被评价时的救济。既然前文提出

---

① 《个人信息保护法》第65条规定:"任何组织、个人有权对违法个人信息处理活动向履行个人信息保护职责的部门进行投诉、举报。收到投诉、举报的部门应当依法及时处理,并将处理结果告知投诉、举报人。履行个人信息保护职责的部门应当公布接受投诉、举报的联系方式。"

法律应为规范个人信息保护管理秩序完成救济渠道的前置设置,那么处罚机制也应与之配套。须知,在大数据、互联网、算法等多方技术协同下,地铁智慧安检模式得以迅速普及、广泛应用,由此也引发了更多未知的风险。

相较于传统侵权,地铁智慧安检技术给乘客带来的侵权行为不仅难以觉察,更有可能因为海量信息的汇聚与整合而引发大规模且难以预料的后果。面对兼具隐蔽性和规模性的地铁智慧安检侵权风险,必须施以合理的遏制手段和解决措施。通过前文论述可知,民事追责与刑事惩罚机制在个人信息侵权行为中往往具有较大局限而无法发挥有力的震慑作用。基于行政惩罚具有高执行力、强威慑性等显著优势,可以更高效、更全面地对个人信息进行风险防控,更迅速、更有力地对个人信息大规模侵权事件予以处置,因而适宜成为地铁智慧安检惩罚规制的首选。

《个人信息保护法》第66条对违法处理个人信息作出了惩罚规定,包括责令改正、警告、没收违法所得、罚款等多种手段。其中,由于"罚款"相较于"吊销"等手段,具有相对缓和性与精确可量化性,在规避个人信息业务相对人时,更具操作性与可执行性。行政罚款的目的和价值在于,当行为人不履行行政义务,却也未达到犯罪程度时,通过经济手段对其进行惩罚,[①]常被视为行政惩罚机制中最主要的惩罚手段。但就目前而言,由于我国在罚款方式上坚持分级处罚方式,即对一般情节和情节严重作以区分,法定罚款幅度通常较大。

相较于《消费者权益保护法》《网络安全法》[②]《个人信息保护法》[③]在罚款规定上更加严厉,对情节严重的违法行为采取封顶附加营业额百分比式高额惩罚方式,设定"五千万元以下"或者"上一年度营业额百分之五以下"两个额度值,一定程度上加重侵害人违法成本,对信息处理者形成更强的威慑。然而,何时适用前者、何时适用后者的界定主要以"情节严重"为划分标准。但目前来看,无论是《个人信息保护法》还是《网络安全法》《数据安全法》,对于何为"情节严重"都没作出具体规定。由此可见,即使是设定了不同的罚款额度,其实践可操作性与执法规范性都无法得以切实保障。

因此,为提高执行力度,达到惩戒效果,必须进一步完善地铁智慧安检行政惩罚机制。一方面,应对"情节严重"作出更加详细的规定,对违法主客观状态,行为性质、危害后果以及持续时间进行综合辨析后,对违法行为进行列举。另一方面,对于高额罚款的适用,应当明确"就高"的具体适用规则,可以在参考 GDPR 的高额罚款规定基础上,结合黄海华教授对于罚款额度的认定,有固定数额的罚款直接适用数额高的规定;有固定范围的罚款适用罚款上限规定;如果在形式上难以对数额高低进行比较时,则需要根

---

① 参见孙莹:《大规模侵害个人信息高额罚款研究》,载《中国法学》2020年第5期。

② 《消费者权益保护法》(2013年修正)第56条,《网络安全法》第64条。

③ 《个人信息保护法》第66条。

据不同的案情结合损害后果、影响程度等多因素进行具体判别。[①] 通过大幅提高违法成本的方式，有效促进地铁公司切实履行保护乘客个人信息的义务。

小　结

地铁智慧安检以大数据应用为基础、以算法为核心，是对传统安检的纵深性延展与超越式发展，是实现智慧交通目标的重要一环。当下，地铁智慧安检已由在重点城市设置试点先行转向在全国范围推广普及，前所未有地改变着人类传统的出行结构和以人工为主的安检形式，推动数智文明形态向物理生活空间不断延伸。然而，由于地铁智慧安检是一种具有颠覆性的变革技术，创新性与破坏性并存，故与高便利性、高效率性"并肩同行"的还有极大的不确定性与不可控性，从而可能给广大乘客个人信息安全带来更多难以预料的隐患与全新复杂的风险。

观察当前的地铁智慧安检规制现实状况，私法救济方案囿于地铁公司与乘客之间存在的信息"鸿沟"，难以实现对乘客个人信息的有效保护，且目前的行政规制方案也难以实现预期效果。因此，要想实现对地铁智慧安检的有效规制，必须在地铁智慧安检规制目标与规制原则达成合意的基础上，调整规制进路，变革治理范式，由传统"赋权 + 救济"的调控模式向以风险防控、行为塑造为主的规制策略进行转变。与此同时，还应配合以立体化、多层次且动态化、实时化的行政监督体系，健全地铁智慧安检侵权后的救济与惩罚机制。通过对地铁智慧安检规制进路的不懈探索、对地铁智慧安检规制策略的不断完善，最终可以实现地铁智慧安检规制的科学性、有效性，进而达成保护乘客个人信息权益、促进地铁智慧安检健康有序发展的双目标。

---

① 参见黄海华：《新行政处罚法的若干制度发展》，载《中国法律评论》2021 年第 3 期。

第六章　智能换脸中的个人肖像权保护

智能换脸技术是人工智能背景下借助深度学习（Deep Learning）来实现机器学习（Machine Learning）技术的产物。作为一项新兴智能技术，智能换脸技术凭借其带来的视觉冲击以及随开源代码的普及而日渐降低的应用难度，受到人们的广泛欢迎。然而，这项技术对普通民众生活产生的影响也不容小觑。现实中的智能换脸技术应用已经突破了原有的特效处理技术领域应用范围限制，借助超低门槛的工具迅速市场化、大众化。在这种情况下，倘若相关法律体系始终处于缺位状态，智能换脸技术应用与安全风险之间的矛盾便会被进一步激化。对由智能换脸技术发展可能引起的肖像权侵害风险问题予以制度化防范已经迫在眉睫。

一、智能换脸技术发展对个人肖像权的影响

智能换脸表象是新兴技术的泛娱乐化，但实质上已经触及更为深层的肖像权侵权乃至诱发新型犯罪的问题。由于智能换脸技术具有高度真实性、广泛适应性和进化迅速性的特征，其中承载着大量的肖像信息，因此其滥用将无可避免地威胁个人信息安全，乃至会对社会伦理道德产生冲击。

（一）智能换脸技术发展对社会的影响

深度学习与机器学习技术是智能换脸技术诞生的重要前提。“深度学习”在初期是通过使用深度神经网络技术（Deep Neural Networks，DNN）来完善目标数据特性表达精准程度的一种过程。2014年，伊恩·古德菲勒（Ian Goodfellow）第一次提出了生成对抗网络（Generative Adversarial Network，GAN）这一

概念,分别建立了生成器和判别器两个相对独立的深度学习系统。[①] 生成器不断学习并模仿图片,判别器则一刻不停地去检测图片真伪,在二者对抗过程中,深度学习系统标准和能力不断提高,所生成的虚拟图片最终真假难辨。至2015年,该技术在电影《速度与激情7》中得以实际运用,使因车祸意外身故的保罗·沃克能继续"完成"其角色的拍摄,为GAN算法模型的进一步发展开辟了广阔的技术应用前景。2016年,GAN技术进阶为深度卷积生成对抗网络(Deep Convolutional GAN,DCGAN),一系列以GAN技术为基础的衍生品应运而生,如实时视频仿真软件face2face,可以在视频聊天中将一个人的脸部动作无声无息地转移到另一个人的脸上。但需要说明的是,GAN衍生技术的使用必须以大量的数据储备为前提,需要对目标人脸不同细节表情、姿态、光影角度的捕捉,并且耗费数十小时对数据进行专业处理才能最终达到"换脸"效果。

一方面,智能换脸技术功能强大,可以在拥有大量照片库的情况下,通过机器学习对视频中的任何动态肖像进行替换。其一般操作模式是:首先找到一段目标视频,然后对视频中人物的每一帧进行"换脸",其次大致调整一下整段视频的背景和音效,最终进行一些细节处理即告完成。通常来讲,视频制作者会使用一个深度自动编解码器模型(Autoencoder-Decoder),分别使用源人物和目标人物的照片,以大量源人物的照片作为参照素材以确保精确程度,有针对性地训练模型识别、还原人物面部的能力。最后用源人物的照片搭配目标人物的解码器就可以完成转换。简言之,"换脸"就是通过人工智能对视频中每一帧的人脸五官进行形状和位置分析,再将照片中的人脸五官进行同样的分析定位,然后比对分析结果中的位置和形状将两者结合的过程。另一方面,智能换脸技术相较于一般数字化处理技术具有明显优势:第一是高度真实性,此为智能换脸技术最核心的特征。[②] 如前所述,经过模型训练再定位分析生产的人物面部肉眼难辨真假。例如,2019年哔哩哔哩视频弹幕网站的博主"换脸哥"运用这项技术将1994年版的电视剧《射雕英雄传》中黄蓉的饰演者朱某"换脸"成演员杨某,[③]由于其制作的面部衔接度极高,故不排除存在未看过该影片原版的观众将女主角错认为杨某的可能。[④] 第二是广泛适应性,这主要体现在主体、设施和技术难度上。智能换脸技术无须在源人物面部进行定点并由源人物完成面部动态表情再进行转换,对角度的选取、面部的动态或静态均不做要求,只要有足够多的训练模型即可完成。对硬件、专业基础的要求也不

---

① 参见伍辉:《生成式对抗网络的研究进展综述》,载《工业控制计算机》2019年第7期。

② 参见陈阳:《著作权法下"换脸技术"的法律约束缺位与规制路径》,载《信息安全研究》2020年第12期。

③ 原链接已被博主删除,其在后续发布了"关于微博热搜事件后续声明"版,表示"AI换脸"技术应当合理使用且应尊重他人肖像与作品著作权,但现在也已被删除。

④ 参见刘津宁:《AI换脸技术暗藏法律风险》,载《法庭内外》2019年第5期。

高。“这样的视频越来越逼真,制作视频的技术也易于使用”①。一般人——而非只有专业技术人员均可通过技术论坛、专门网站或相关 App 等途径免费获取、学习相关教程或进行经验交流,故其具有极强的亲民性②,不存在垄断的可能。由于追捧者众多,在市场的反馈下软件运营商也嗅到了商机,各类“换脸”App 如雨后春笋般涌现。人们只要有智能手机即可下载安装此类 App,且即使此前对其一无所知亦可使用该项技术,可见其技术门槛之低。第三是进化迅速性,智能换脸技术依托于对抗生产网络技术,实际无须人工干扰即可实现不断地自动抓取、学习、训练,故只要数据库足够大其即可完成自我升级,呈现的效果也更加稳定逼真。该技术本身的高热度驱使相关的人为算法升级,并逐渐产生了诸多辅助算法工具,使智能换脸技术不再局限于调换人脸,还能改变源人物的发色、性别、年龄、面部细节等,实现“精致造人”。

在智能换脸技术快速发展,带来经济、社会价值的同时,我们也不能忽视其对社会的影响。身处大流量网络时代,越来越多的网民为获取热度或大笔收益生产和传播此类“换脸”视频,与此同时,“换脸”App 的市场需求激增,各大应用市场陡然涌现出不少相关产品。在网民乐此不疲地分享智能换脸视频、图片的过程中,社会各界对智能换脸技术背后肖像权侵犯、个人隐私泄露、数据安全等带来的社会伦理道德、政治、法律等风险的讨论和担忧也从未停止。

其一,智能换脸技术危及个人信息安全,个体掌控权逐步丧失。智能换脸技术的本质就是利用人脸识别技术,将人脸的五官与表情进行分析、分离并再次重组合成。一般情况下,我们认为五官和表情是不可分割的。日常生活中的人脸验证往往需要我们对着镜头“眨眨眼”“左右摇头”等,这其实就是在帮助人脸识别系统确定镜头前是我们本人而不是其他人拿着我们的照片在进行验证。由此可以看出,只有在五官和表情相结合的情况下,我们才能完成生物信息认证,这在一定程度上大大提高了人脸识别系统的安全性,保证我们的肖像权、财产权和更多隐私信息不受侵害,因为我们的肖像是能够解锁这些信息的唯一“钥匙”。但是,智能换脸技术的出现无疑正在逐渐打破这一平衡,其中对个人数据的过度采集,必然加剧隐私泄露的风险。尽管支付宝等支付软件一再承诺目前的“智能换脸”技术无法突破其保护账户安全的验证系统,但是,科技的飞速发展削弱了这一承诺的可靠程度。网络社交早已成为当今世界人际交往的重要内容,社交网络中的形象也会对我们的社会评价造成关键性的影响。此前已存在擅用他人照片作为自己社交头像、朋友圈照片诱导他人以满足其不道德需求的情况,但对该情形通常可以通过发送实时视频或进行视频通话等方式破解,只需

---

① Villasenor J., *Artificial intelligence deepfakes and the uncertain future of truth*, UCLA Law (Feb. 14, 2019) https://itlp.law.ucla.edu/artificial-intelligence-deepfakes-and-the-uncertain-future-of-truth/。

② 参见王禄生:《论“深度伪造”智能技术的一体化规制》,载《东方法学》2019 年第 6 期。

稍加注意即不会轻易受骗。但是,如果对方使用智能换脸的方式合成实时视频,恐会加大虚假社交身份的识别难度,且被冒用者的社会评价也极有可能因冒用者的虚假身份社交而受到不利影响,甚至出现社会身份识别危机——社会更倾向于认为真实的你是被冒用之后所展现的“你”。在智能换脸的领域中,不光可以实现在社交网络上制造一个“长得很像”的“你”,还可以轻松复制并“驱使”千千万万个“一模一样”的“你”在不同场合进行不同的行为。对方只需要动动手指即可能对我们的生活造成颠覆性影响,而我们可能绞尽脑汁也难以化解,这无疑对我们社会身份的识别带来了巨大风险。

其二,智能换脸技术滥用对社会伦理道德形成冲击,由此带来的“破窗效应”将危及公共秩序。近年来,利用智能换脸技术将公众人物合成伪造视频的事件层出不穷。如上文中提到的“盖尔·加朵事件”。2019 年 5 月,Facebook 的 CEO 扎克·伯格也曾被人利用智能换脸技术并配音生成伪造视频上传至 Instagram。在该视频中,“他”大谈大数据与未来,称“谁控制了数据,谁就控制了未来”,该视频引发了网民的集中讨论和大量转发。无论视频制作者和发布者的目的是非法牟利抑或纯粹的技术交流、网络恶搞,不可否认的是,这些视频不仅对被侵权人的社会评价造成了恶劣的影响,而且引发大量效仿者制作同类视频以牟取利益且已形成相关黑色产业链。通常被“换脸”的常见主体——公众人物拥有较高的社会地位和大量的粉丝,他们的言论和行为影响甚至引导着一部分普通民众对某些社会事件的认知。多数网民出于猎奇心理,对一些富有争议性的视频第一反应往往是偏向于相信,然后再进行转发,而不会花费大量时间精力去核实相关信息并验证其真伪性。其中,未成年网民始终占据着很高的比例,由于缺乏社会经验,对于是非的判断能力相对较弱且处于世界观、价值观形成的重要阶段,他们极易被人利用此类“换脸”视频进行恶意引导、煽动,进而对社会秩序产生冲击。此外,智能换脸技术滥用成为技术发展暗礁,与之相关的黑色产业已经有组织地形成。我们必须意识到,公众人物尚且不能通过亲自出面澄清事实、发律师函等公开途径完全消除智能换脸恶搞带来的负面影响,那么我们普通公民在遭遇智能换脸恶搞甚至是恶意合成色情视频报复时进行维权更是难上加难,我们的正常生活、社会评价由此所遭受的冲击是难以想象的。智能换脸技术降低了犯罪成本,手段简单易行且效果显著,如不能及时采取有效措施进行救济,可能将对社会公序良俗和伦理道德产生巨大的威胁,届时人的“商品化”危机将无可避免。

其三,智能换脸技术滥用可能危害国家安全。一旦“换脸”视频达到以假乱真、非专业技术无法分辨的程度,阴谋论、标题党、伪科学等虚假信息极有可能大肆泛滥,尤其是以传播虚假信息、干涉国家主权为目的的“换脸”行为,可能会导致谣言漫布、社会冲突加剧等严重后果。在当今日益紧张的国际局势下,此类视频在经过有预谋的发酵和引导后，甚至能够造成如上文提到的影响内政外交①、引起国际社会恐慌，并可能产生金融混乱、影响经济稳定的严重后果。

然而，现实是智能换脸技术法律体系缺位，各种监管保护措施难以形成合力。智能换脸软件使用户本身的肖像权和素材著作权难以得到切实有效的保护，使得智能换脸技术应用与安全风险的矛盾被深层激化。就用户隐私而言，表面上以 App 中隐私协议的"知情同意"形式进行授权，实质上是数据隐私权的被迫让渡。例如，"ZAO" App 的隐私协议中规定，用户上传发布内容后，即表示授予"ZAO"及其关联公司、其他用户对此类内容在全球范围内不可撤销地永久免费使用，以及转授权和再许可的权利。其中"不可撤销""永久""免费"等表述，以强硬的态度借肖像权侵入用户的一般人格权。尽管在诉讼中，法院很难以此条款为依据支持软件运营方对用户肖像权的恶意侵犯，但是受制于诉讼或仲裁的高时间、金钱成本，再加之很多用户因信息不对称而根本无从得知自己的肖像权正在被侵犯，导致实践中用户的隐私安全压力与维权障碍仍然存在。并且，综合考虑风险和利益的差距，现实中一旦软件运营商在采集到大量用户信息之后，不论是用户协议还是法律法规，都难以对其形成真正的约束力。从搭载素材的著作权角度来说，类似于"ZAO"等手机应用软件欲获得如此多影视、公众人物视频等素材的改编权、修改权、信息网络传播权难以实现，使用此类软件制作、发布的"换脸"内容势必容易引发侵权纠纷，然而开发商或运营商完全忽视法律的强制性规定，为获取利益而游走于红线之外，智能换脸技术俨然已有成为新型犯罪手段之趋势。虽然智能"换脸"就技术属性本身来说属于高科技犯罪行为之列，但其发展至今已经具备了低成本、易操作、传播迅速、效果显著的特点，而且现有对抗技术识别困难，极可能会成为犯罪分子的首选。并且，随着算法的进一步升级、模型的优化，利用该技术实施的犯罪行为可能会对公民个人和社会公共利益造成严重危害并且可能需要耗费大量人力物力去维权，从而在事实上削弱法律的指引作用和救济作用。

(二)智能换脸技术发展对个人肖像权的影响

科技的发展与智慧时代的到来使得肖像功能得到拓展、应用场景不断扩大，肖像信息也因多以数据化形式应用而有了新的权利内容，其中智能换脸技术因承载着大量肖像信息，不可避免地与个人肖像权产生紧密联系。肖像权作为人格权的重要组成部分，是人格尊严的具体体现，包含了重要的精神利益及相关的人格财产权益，也是区分个体身份的重要标志符号。不当使用甚至滥用智能换脸技术极有可能侵犯他人肖像权，不仅会对被侵权人造成不同程度的精神伤害和财产物质损失，而且不排除在将来的各种人像识别场景中带来"人脸"盗用的风险。

---

① See Bobby Chesney, Danielle Citron, *Deep Fakes: A Looming Challenge for Privacy, Democracy, and National Security*, California Law Review, Vol. 107:1769, p. 1769 – 1770 (2018).

在利益的驱使下,智能换脸技术事实上已经开始朝着产业化方向野蛮发展。一方面,随着上百万跨区域互联网用户大规模的参与,互联网经济效益充分显现,使智能换脸技术更受追捧;另一方面,智能换脸技术成本低廉且广泛可用,一次普通的智能换脸操作成本通常仅需花费 0.5 元至 1 元人民币甚至更低(仅以 GPU 算力消耗、电费的合计作为参照),易被滥用以实现各种恶意目标即传播淫秽电子信息、诈骗等。现有互联网巨头虽采取一定措施以预防风险,但未见成效。如谷歌早在 2018 年已率先提出了不得非自愿合成色情图像的禁令,允许任何使用者在使用时要求搜索引擎阻止显示该类型的结果。① 但尚且不论搜索引擎本身的辨识能力如何,仅就谷歌将其禁止范围限定为"裸体或在色情情况下"这一情形来说,就表明意在阻止淫秽内容传播,而非禁止传播合成图像行为,无法达到釜底抽薪的效果。推特(Twitter)和脸书(Facebook)等互联网巨头虽通过分类系统对换脸等虚假视频进行打击,但并未消除模仿或讽刺类的相关内容,以及仅为了省略和改变顺序而被编辑的视频。其实际上并没有降低用户使用"深度伪造"等相关智能换脸技术进行升级开发、创作和传播的热情,反而催生了一系列成熟的专业服务团队,如 ctrl-shift-alt 团队推出"云换脸"服务等。

智能换脸技术滥用使用户丧失了对个人肖像的控制,对其肖像权带来不利影响,甚至严重损害他人人格自由与人格尊严。这主要表现为以下四个方面:第一,滥用技术手段制作他人肖像,违背个体意愿,使人的自由意志遭受外部性扭曲和干涉,进而损害了权利人自主支配其肖像的原始自由②。第二,未经本人同意擅自使用他人专有肖像,甚至歪曲、污化他人形象,侵害了他人精神利益,还可能给他人的社会地位、声誉等带来多重负面影响,即使对权利人实际形成间接或直接的赞美、褒扬效果,但该擅自使用也仍有较大可能违背了权利人主观意志。第三,擅自使用他人未公开肖像,可能构成对他人肖像和隐私的双重侵害,甚至不排除因被泄露场景中提供的信息而使得权利人、权利人的亲朋好友之人身安全或其他合法权益面临被侵害的风险。第四,以营利为目的使用智能换脸技术,或将对他人财产性利益造成损害。因现代肖像权所承载的不仅仅只是包含体现精神利益的人格尊严,随着市场经济的发展、电子商务的势不可当不断发掘了人类本体的经济价值,也赋予了肖像以物质属性,并使其日益凸显成为权利人的重要"财产"组成部分。然而,肖像权作为传统具体人格权的一种,由于长期不受重视,其本身法律规制体系并不十分完善。尽管我国在实现法治社会的过程中,公民的法治观念明显提升,对于肖像权的意识逐渐增强,且通过援引《民法典》第 1019 条第 1 款中规定

---

① See *Scarlett Johansson Deepfake Porn Lost Cause*, https://www.thewrap.com/scarlett-johansson-deepfake-porn-lost-cause/(Last visited on June 17, 2022).

② 参见中共中央马克思恩格斯列宁斯大林著作编译局编译:《马克思恩格斯选集》(第 3 卷),人民出版社 1995 年版,第 456 页。

的任何组织或者个人不得“利用信息技术手段伪造等方式侵害他人的肖像权”可以填补智能换脸技术在肖像权领域的空白，但是在肖像权是否被侵犯、受害人是否可以主张权利、可以主张何种权利以及侵权人应承担何种侵权责任等方面仍缺少具体规范性法律文件予以安排，我国政府和立法机关也暂未出台与智能换脸技术使用或监管有关的有力管理政策或强制性法律规定。

与此同时，智能换脸视频制作的泛娱乐化给相关法律法规规制的范围界定和将来推行也会造成不小的困难，公民囿于传统厌讼思想和高维权成本，难以有效保护其肖像权。对于大多数普通公民来说，以一己之力去对抗开发商和整个互联网是容易使人退缩的，更不论在这过程中寻求司法救济所需要付出的时间和金钱成本。所以，与其花费大量的时间、金钱来采取措施捍卫自己的合法权益，不若寄希望于时间来冲淡侵权行为所造成的伤害。长此以往，司法救济途径在肖像权及相关权益的保护问题上将难以发挥作用，进一步导致个人肖像权保护陷入被动。要解决上述问题，则必须对智能换脸技术应用中个人肖像权保护逐步建立系统联动的保护体系，这也就要求我们必须在制度上作出一定的规划设计、营造更加全面的个人信息保护的制度生态。①

二、智能换脸侵犯个人肖像权的情形与特征

普遍认可的“肖像”之法律定义，是指通过造型艺术或者其他形式在客观上再现公民个人形象，并且能通过前述再现手法显著识别出肖像人本人的真实形象和特征。我们每个人都有自己独特的面部形象，既是个体标志符号，也是用以识别你、我、他的最直观方式。而在我国2021年1月1日施行的《民法典》中，第1018条第2款正式将肖像定义为“通过影像、雕塑、绘画等方式在一定载体上所反映的特定自然人可以被识别的外部形象”。

学界从不同研究角度出发，对肖像权的法律定义作出了不同的解释。魏振赢教授认为，肖像权主要体现的是肖像人的人格利益，包括对于肖像的制作、使用及维护其肖像内涵的精神利益；②王利明教授认为，肖像权是自然人以其肖像内含利益为内容的权利；③杨立新教授提出，肖像权是自然人专属的绝对排他性权利；④日本学者五十岚清则认为，肖像权是指肖像人有禁止他人擅自将其肖像通过艺术造型手法再现和发表的权利。⑤ 尽管不同专家学者对于肖像权的理解和定义不同，但核心都是围绕肖像所包含的专有的、排他性的人格利益。由此可见，肖像权通常具体有以下法律特征：其一，肖像

---

① 参见王锡梓：《个人信息国家保护义务及展开》，载《中国法学》2021年第1期。

② 参见王成：《侵犯肖像权之加害行为的认定及肖像权的保护原则》，载《清华法学》2008年第2期。

③ 参见王利明：《人格权法研究》，中国人民大学出版社2005年版，第449页。

④ 参见王利明、杨立新、姚辉编：《人格权法》，法律出版社1997年版，第106页。

⑤ 参见[日]五十岚清：《人格权法》，铃木贤、葛敏译，北京大学出版社2009年版，第128页。

权具有专属性，是自然人外貌形象的再现，是与生俱来的标表特征和特定化标志，为自然人永久享有，既不能被抛弃也不能被转让，更不能被继承。其二，肖像权的核心内容是精神利益，这是自然人的人格尊严和社会对其外部形象如何评价的最直接反映，也是其最基本的价值内涵。其三，肖像权具有物质属性。从字面意思来看，肖像权的人身属性更为显著，肖像权与财产权利似乎不应当产生联系，①但是随着社会、科技的进步，越来越多的公民肖像出现在商业领域，如注册商标、广告等，而肖像权人亦通过这些商业行为获得了财产收益，肖像权的物质内涵日益凸显。② 尽管这种物质属性不能脱离肖像权人的人身属性、精神利益而独立存在，但其确实是肖像权的重要构成内容之一，其法律保护需求也在当代举足轻重。

（一）智能换脸可能侵犯个人肖像权的情形

具体而言，智能换脸可能侵犯个人肖像权的情形主要包括干涉肖像权人对肖像享有的专有权、非法使用他人肖像、故意歪曲与损毁他人肖像等情形。

第一，干涉肖像权人对肖像享有的专有权之情形。目前市场上主流的智能换脸App的素材库主要源于全球范围内的知名演艺人员和影视作品，但是综合其开发商和运营商实力以及同类App的性质来说，其素材库大概率并未获取相关权利人的合法授权，肖像权人甚至对个人肖像或影视形象被用于“换脸”娱乐这一可能侵权的行为无法知情。例如，演员杨某和朱某二人就是在电视剧《射雕英雄传》的“换脸”视频被全网传播并引起热议的时候才知道自己被“换脸”了，不过因为并未毁损其形象，肖像权人也没有追究制作者的侵权责任。公众人物尚且是在视频传播较广的情况下才知情，普通人更难逃在个人不知情的情况下被“换脸”的可能。可见，现在网络上传播的智能换脸视频，基本上是未经肖像权人许可、违背其真实意志而产生的，实际上干预了肖像权人对自己肖像享有的专有权。

第二，非法使用他人肖像之情形。这通常体现于目前网络流行的表情包制作中，即通过头部和身体“拼接”的方式进行恶搞，有的甚至还在肖像上添加侮辱性的语言文字做成表情包并进行传播。尽管制作者多数仅出于调侃、娱乐或恶搞的心态，并不具有以此牟利的动机，但仍有可能给现实中的肖像权人带来困扰乃至伤害。智能换脸技术显然能为上述行为提供更为精准的人像、表情，更完整、流畅的可创造内容，再加之其技术门槛几近于无，很可能对肖像权人造成更大威胁，甚至不可避免地导致“熵增”境况：③低技术门槛意味着只要会使用智能手机，无论男女老少，人人都可以随时随地成为制作

① 参见关今华、庄仲希：《精神损害赔偿实务》，人民法院出版社1992年版，第156页。

② 参见杨立新：《人格权法》，法律出版社2011年版，第446页。

③ 参见徐亚清、于水：《算法与熵增：人工智能的生命现象学》，载《西南民族大学学报（人文社会科学版）》2021年第11期。

者,其制作的内容将更为丰富,产出量也将大幅上涨,再结合网络媒体传播的超快速度,和微信、微博等通讯、社交平台的转发数量、频率,肖像侵权行为将难以防控,公共秩序也将自发走向混乱、无序。

第三,故意歪曲与损毁他人肖像之情形。此情形是指未经本人同意非法使用他人肖像或更为严重的侵犯肖像权的行为。关于对肖像作品本身的损毁,智能换脸和上述表情包制作一样,大多数都是选取肖像权人知名度较高的影视作品角色或综艺、访谈内容为素材,或是公众人物虚拟肖像,但都没有事前取得肖像权人的同意,其旨在歪曲他人肖像,以达到营利或者给他人带来负面影响的目的。这主要分为两种类型:一种倾向于恶意侮辱性质,如以损毁肖像为主、较为普遍的网络模仿恶搞。通过利用智能换脸软件操作简捷的特点,部分网民将他人肖像作品进行恶意丑化、歪曲,配上文字,并上传到各种社交媒体平台进行传播,容易使人误以为真实存在这样一段影像,而对于肖像作品产生误解,或者对于肖像权人的言行产生误解。另一种实质上是对肖像进行了美化,但其被恶意替换到不良视频后仍会带来负面影响。这种直接针对肖像权人人格形象的歪曲,不仅没有对肖像作品做出丑化等改动,甚至对肖像作品进行处理使其更加美观,但是肖像所具有的显著属性就是可识别性,因此即使在美化了的情形下,肖像作品依旧可以对应肖像权人的人格属性。① 一旦怀有恶意的人通过智能换脸将个人肖像换到色情视频中,再上传到色情网站等不法网站上或将“换脸”图片作为某些色情链接引诱点击以谋取非法利益,将严重侵犯肖像权人肖像权,同时也会构成对其名誉权的侵害。

(二)智能换脸侵犯个人肖像权的特征

互联网环境下的肖像权侵犯(如表情包制作)与传统肖像权侵犯行为相比已经出现了新特征,智能换脸技术对肖像权的侵犯,以互联网为载体,突破现有网络侵权范畴,延伸至更广阔的权利界限及现实生活,并呈现行为双向性、客体多元性、主体低龄化、行为跨国性和后果严重性等复杂特点。考虑此类行为在侵犯个人肖像权的同时还可能直接或间接地侵犯公民的隐私权等其他相关人格权益,为较为完整地阐述其特征,本章将在下文归纳的智能换脸侵权特征中将涉及的其他相关人格权益的情形连带简述。

第一,侵权行为的双向性。普通肖像权侵犯行为一般是单向的,即一方为侵权人,另一方为被侵权人(如擅自使用他人肖像用作广告宣传)。但在智能换脸技术以手机应用软件等形式引发的角色错位中,前述“侵权人”也可能会变成“被侵权人”之一。例如,“ZAO”App 整改前的使用协议中,曾要求用户无条件将自己的肖像免费授予其在全球范围内的使用权,并且这种授权是永久的不可撤销的,甚至可以被转授权给其他任何第三方。值得注意的是,该授权并没有限定使用方式和目的,也就是说,一旦用户同意了该协议并使用 App,那么相关平台不仅可以采集用户人脸信息,还可以不经过用户进

① 参见曹晓晓:《网络环境下肖像权法律保护研究》,沈阳工业大学 2018 年硕士学位论文,第 13、14 页。

一步许可利用该信息或授权第三方使用。那么当用户使用该 App 对他人进行“换脸”操作时，实际上其肖像权也正在受平台侵害。如此严重侵害用户肖像权和隐私权的“霸王条款”，事实上并非“ZAO”App 一家独有，应用市场上大部分“换脸”App 都使用了类似措辞对用户设置了相关前置条件。

必须说明的是，通常此类格式条款冗长难读，绝大多数用户作为普通公民并不能完全理解法律上的权利义务关系及后果，因此他们鲜少关注用户协议等文件的内容。作为使用 App 的先决条件，勾选用户协议等文件对于用户的意义只是注册使用的一个前置步骤，用户极少会去点开仔细阅读，无法做到真正的“知情同意”。即使是法律专业人士，也未必会去关注或在意，甚至受制于需求，只能被迫“同意”。在此情形下，同意将自己的肖像权授予平台使用实际上并非用户的真实意思表示，用户甚至无法意识到他们通过 App 处理的照片、视频会被上传到服务终端被服务提供者长期存储，也无法意识到这些信息可能会被盗取或滥用。在使用智能换脸软件过程中，用户的肖像权俨然成为了被侵权对象。

第二，被侵权客体的多元性。由支付宝推动的“刷脸”浪潮已经不再局限于支付功能，人脸生物扫描技术在厕纸取用、游乐场检票、银联实人认证、铁路检票、机场检票、行政机关政务服务（如江苏省“刷脸”领取电子结婚证服务）等多场景落地开花。北京市也已经于 2019 年 7 月底完成了人脸识别技术对乘客实施分类安检的测试工作。在此大环境下，如果公民的面部生物信息不能得到有效保护，那么毫无疑问，后果将是灾难性的。当智能换脸技术逐渐成为科技新宠时，这种担忧显得更为必要。

普通侵犯肖像权的行为客体一般是静态或动态的面部形象、表情，并且该形象通常无法进一步变化，并不涉及客体面部生物信息。但是智能换脸技术通过其算法可以收集对象生物特征、学习对象表情习惯，从而模拟再生出重新设定的行为内容。换言之，智能换脸就是将公民面部生物信息运用于人工智能技术领域，是对肖像应用场景的拓展。智能换脸软件通过上万用户的使用和素材累积，已在其数据库中储存了大量的人脸图像，而这个数量在数字化建模领域能够实现自然人面部信息的精准还原，一旦这些信息被不法分子盗用或滥用，再结合三维打印模型和面具，成功突破“刷脸”支付等系统的安全防线将不再是难以实现的技术难题。① 美国圣地亚哥的一家人工智能公司 Kneron 表示，使用高质量的 3D 面具和照片，通过了阿姆斯特丹史基浦机场人脸识别系统，并成功欺骗微信和支付宝支付程序。对此，支付宝安全中心表示未发现用户因类似技术被盗，并称其采用的识别系统会先通过软、硬件结合的方式对采集到的信息类型进行检测、判断，再进行面部识别，可以有效排除视频、照片、模拟技术的干扰，避免冒用身

---

① 参见卜叶、赵广立：《新技术应用中的隐私保护——AI“换脸”打开潘多拉魔盒，如何应对?》，载科学网，https://news.sciencenet.cn/sbhtmlnews/2019/9/349541.shtm。

份威胁用户的账户安全。但这一说法并没有得到太多的支持，不少用户已经选择关闭该“刷脸”支付功能。Kneron 公司技术是否真的突破了人脸识别系统尚不能完全确定，但随着算法的进阶，人工智能模拟生成技术不断升级是必然结果。

正如前文所述，智能换脸 App 之用户协议或隐私协议的内容，使得软件平台“被永久授权”获取用户账号信息、肖像信息。在这一过程中，个人手机号码、个别证件信息、关联通讯信息、个人肖像等被公开给软件平台，但这些内容实际上仍属于个人隐私范畴。其中，肖像更是每个人独有的最可信身份验证依据，否则实人认证管理模式将毫无意义。智能换脸技术衍生的产品不仅能实现静态图片“换脸”，同时具备视频实时“换脸”功能，这意味着个人可以在诸如私人住宅、办公室、学校，以及其他公共区域等任意场景中实时使用。而当用户使用“换脸”App 时，平台借用户协议肆意搜集用户个人隐私信息，若不加限制其使用目的和范围，会使用户隐私信息的传播范围难以控制，其隐私信息亦无法得到有效保护。在此类“换脸”内容的产出过程中，用户实际上丧失了对个人隐私的有效控制，更无从避免个人隐私信息滥用的风险。一旦个人肖像和其他隐私被不当使用，如在非自愿甚至不知情的情况下被制作成“恶搞”视频或“色情”内容在网络中传播，其个人名誉、社会评价将遭受极大损害。毋庸置疑，与个人肖像权紧密相关的隐私权和名誉权也存在直接或间接被侵犯的风险。

第三，侵权主体的低龄化。在智能机器深入千家万户惠及众人的同时，年轻一代成为了使用智能换脸技术的主力军，其中未成年人占了相当高的比例，国内主流视频平台更是出现了大量未成年博主。在匿名的网络环境中，“换脸”视频背后的制作者可能只是一名小学生。

未成年人的社会认知、判断能力和法律意识弱于成年人，其对于自己的行为可能造成的不利后果也缺乏认识，在“换脸”视频的制作和传播上可能缺乏判断力或为获取高点击率而不顾忌其创作的内容是否合法。如果制作一段“换脸”视频实际上被认定为侵犯个人肖像权的行为，在个人用户需要承担法律责任时，由于创作者系我国《民法典》规定的无民事行为能力人或限制民事行为能力人，那么最终将由其法定监护人承担民事责任，对于侵权行为人本人而言反而模糊了重点——将深刻的法律评价和指引作用转为强调家庭教育。若行为人利用自己制作的“换脸”视频从事违法犯罪活动，触犯了刑法，就涉及更为严重的未成年人刑事责任承担的问题。

我国现行《中华人民共和国刑法》（以下简称《刑法》）虽已通过修正案将第 17 条[①]

① 《刑法》第 17 条第 2 款规定“已满十四周岁不满十六周岁的人，犯故意杀人、故意伤害致人重伤或者死亡、强奸、抢劫、贩卖毒品、放火、爆炸、投放危险物质罪的，应当负刑事责任”。第 3 款规定“已满十二周岁不满十四周岁的人，犯故意杀人、故意伤害罪，致人死亡或者以特别残忍手段致人重伤造成严重残疾，情节恶劣，经最高人民检察院核准追诉的，应当负刑事责任”。第 5 款规定“因不满十六周岁不予刑事处罚的，责令其父母或者其他监护人加以管教；在必要的时候，依法进行专门矫治教育”。

刑事责任年龄下调至12岁,但存在严格适用的门槛:已满12周岁不满14周岁的人除犯故意杀人罪、故意伤害罪致人死亡或以特别残忍手段致人重伤造成严重残疾、情节恶劣,且经最高人民检察院核准追诉外,不负刑事责任;已满14周岁不满16周岁除涉嫌故意杀人、抢劫、强奸等八种社会危害性较大的犯罪外,亦不负刑事责任。换言之,对于未满16周岁者利用智能换脸技术实施非前述犯罪行为的,因法定的免责事由而不予刑事处罚。但随着未成年人犯罪率的增加、犯罪类型及犯罪后果的多样化,未成年人刑事责任年龄的争议仍然存在,这仍是立法者必须要面对并解决的紧迫问题之一。

第四,侵权行为的跨国性。一方面,智能换脸App使用者众多,产出内容数量庞大,通过媒介渠道迅速扩散至全球。随着社交媒体成为互联网与现实世界联通的主导力量之一,其在全球范围内的用户数量已经超过30亿,并且每天约有100万新用户加入。数据交换体量与日俱增,并通过互联网在全球范围内传播迅速。"换脸"App的上线、短视频软件"换脸"滤镜功能的新增,显然使"换脸"泛娱乐化倾向日益加剧。另一方面,智能换脸侵犯肖像权及相关人格权益的行为具有高发性,主体缺乏自我保护意识。用户通过软件平台,既可以将任何人的肖像任意无痕切换,亦可以进一步制作出全新的视频内容并"一键分享"。在操作过程中,用户极有可能侵犯了被"换脸"者的肖像权或名誉权;在传播过程中,亦有可能遭到他人篡改,从而导致原用户的肖像权受到侵犯。值得注意的是,除本身就是以利用他人肖像从事违法犯罪活动的操作者外,大多数用户缺乏相关法律意识,没有甚至无法意识到自己的"娱乐"行为已经侵犯了他人的肖像权,从而毫无顾忌地制作和传播,致使"换脸"内容的产量庞大,难以制止。

显而易见,我们日常使用的社交、视频软件每天都承载着万亿级信息数据流量传输,在大体量数据传输的情况下,平台搭载的AI分类器无法毫无遗漏地自动识别和屏蔽、删除垃圾信息或虚假信息。以YouTube为例,其目前针对虚假信息、色情信息等使用的AI算法过滤系统最高只能过滤70%,余下的30%依然能够轻松走进全球网民的生活。在此背景下,简单易操作的智能换脸技术产生的内容在全球社交媒体中急速传播,可能在"原产地"并没有达到侵犯肖像权的认定标准,但是通过互联网轻松跨境后的不当利用却可能侵犯了他人的肖像权,甚至催生出违法犯罪行为,在侵权行为认定和法律责任等问题上也将涉及国际法相关内容。因此,智能换脸侵犯肖像权的行为存在跨国性,也涉及跨法域性问题,形成十分复杂的侵权链条,在追究侵权行为人法律责任时相比一般肖像权侵权案件将更为困难。

第五,侵权后果的严重性。2019年8月,中国信通院发布《人工智能数据安全白皮书(2019)》,明确表示人工智能应用可采集人脸、指纹、虹膜等具有唯一性的个人信息。① 我

① 参见《人工智能数据安全白皮书(2019)》,载中国信通院官网,http://www.caict.ac.cn/kxyj/qwfb/bps/201908/t20190809_206619.htm。

们的生物信息是比身份证号码、手机号码更重要和更可靠的个人隐私，密码丢了可以换，但生物信息不可再生，即使是在医学技术比较发达的今天，也没有人会因为面部信息、指纹信息泄露而去换一张脸、换一双指纹的。对用户来说，相关应用软件开发商可能利用用户协议等收集大量个人肖像资料。如果将获取的数据进行大量训练，并用于优化算法模型，可能会显著提高“换脸”的精准度，用户体验也会相应提升。但从另一个角度讲，这也意味着个人肖像的暴露。此外，在实现“换脸”的过程中，程序需提前采集被“换脸”者的肖像信息，可以是图片或视频形式。这样，与个人生活、工作相关的图片、数据等也可能暴露。因此，智能换脸技术在使用过程中没有相应地合理限制广泛采集个人数据，对个人隐私安全势必会带来潜在风险。

人工智能技术的研发是为了服务广泛认可的伦理观念，是为了全人类的利益而不是一个国家或组织的利益。[①] 我们日常看到的“换脸”视频大多没有显著威胁性，但事实上也存在大量滥用“换脸”技术制作传播虚假信息、淫秽色情、侵权视频的情况。相对于图片来说，视频能呈现更丰富完整的内容，且变造难度较大、可信度高，常被视为可采信的信息数据。由于普通民众信息验证渠道存在局限性，如果不熟悉“换脸”前的内容，又没有其他信息及时佐证，那么对“换脸”后的虚假内容信以为真也不足为怪。当该技术因进一步升级且简单易行而成为犯罪手段时，篡改监控内容、冒用身份登录个人账户、冒充亲朋好友进行诈骗、伪造公众人物进行危险发言等犯罪行为将变得轻而易举，这对社会秩序和稳定将造成严重破坏，并可能在全球范围内引发政治风险，甚至诱发战争。同时，由于利用该技术实施犯罪的行为又兼具了互联网犯罪特征，且手段本身存在难识别、持续升级更新的情况，而与之相对抗的识别类技术尚不完善，也就导致犯罪行为可能无法及时被发现、侦查难度高。这样一来，当犯罪利益高于违法成本时，难免会有人禁不起诱惑而步入歧途。与此同时，视频录像作为视听资料（或电子数据）系法定证据种类之一，是人民法院、仲裁机构据以认定案件事实的关键性证据之一，而“换脸”视频的出现无疑降低了视频作为事实证明的可信度，增加了信息筛选和判断的难度，提高了维权成本，严重影响了司法审判的效率，显然会对现行司法制度造成一定冲击。

因此，当智能换脸技术成为新型犯罪手段，不仅会导致犯罪成本降低、诱发诈骗等多种犯罪行为，严重危害公共利益，也有可能因为其技术难度而提高取证难度，影响公安机关的侦查工作和司法机关的审判工作。

---

① See *Future of life Institute*: *Asilomar AI Principles*, Future of Life Institute https://futureoflife.org/2017/08/11/ai-principles/.

三、智能换脸中个人肖像权保护中的问题

面对智能换脸技术应用带来的既存问题和潜在风险,全球政治体都无法置身事外,这也势必会推动世界各国政策、法律规制的介入。同时,由于各国政治体制、经济体量、互联网及人工智能发达程度不同,以及法律体系、法律渊源、既有立法等方面的差异,故在应对智能换脸技术滥用风险、促进算法技术合规发展的方法措施、规制手段、侧重点上也都呈现不同的特点。

(一)域外智能换脸中的肖像权保护及问题

日本的肖像权法有100多年的历史,并且不断向全面化、精细化的方向发展,现已形成针对肖像权保护的较为完备的体系。就肖像权保护来说,日本主流学派将肖像权保护的内容分为肖像制作、公布、营利目的利用的拒绝权三方面。① 日本法律划定了肖像保护范围,将其扩张到肖像的制作权,并在2005年日本最高法院的判决中针对偷拍偷录行为侵犯肖像权的保护形成了使用利益衡量六要素作为新的标准——通过考量被拍摄者的社会地位、被拍摄者活动的内容、摄影场所、摄影目的、摄影方式以及摄影的必要性六大要素,②来判断擅自拍摄他人是否构成侵权。通过必要性要素综合判断肖像权侵权情况,能够使法律在实际案件的应用中更具操作性和指导性。虽然在"智能换脸"视频制作方面还没有相应的针对性立法规制,但是现行肖像权保护法中对于制作的拒绝权在一定程度上从源头减少此类侵权行为的发生,并可以给肖像权人维权提供直接明确的法律支持。

欧盟对智能换脸技术没有相关的明确规定,但是在2018年设立了一系列法律法规用于保护公民个人数据与个人隐私,其立法原理与日本肖像权法中的制作拒绝权类似,均是意图在源头上对人工智能可能形成的侵权进行规制。2018年5月,欧盟《一般数据保护条例》正式生效。③ 该条例几乎涵盖了AI数据保护和公民隐私保护的所有方面,从数据访问、修改、删除等方面的权利设置,确立了个人数据决定权,并通过对数据进行合理的区分处理,给予了敏感数据更严格的保护。因此,就目前来看,《一般数据保护条例》可以说是人工智能时代针对个人数据保护范围最广的现行法律规制。但是,海量的数据是实现持续机器学习的核心支撑,也是通过人工智能技术实现服务人类这一宗旨的基础条件。而个人数据的广泛保护也就意味着数据采集和利用的最小化,这也直接影响到人工智能行业的发展。为了避免法律规制对科技发展带来消极影响,欧盟

---

① 参见[日]大家重夫:《肖像权》,太田出版社2007年版,第23页。

② 最高裁判所2005年11月10日判决,判时1203号74页。

③ See *EUROPOS PARLAMENTO IR TARYBOS REGLAMENTAS* (*ES*) 2016/679, EUR-LEX, https://eur-lex.europa.eu/eli/reg/2016/679/oj.

出台了《非个人数据自由流动条例》(Regulation on the Free Flow of Non-personal Data),[①]对于非个人数据采取鼓励交流和共享的政策,有利于防止数据本地化,推动欧洲统一数字市场的建立。2019 年 1 月,欧洲委员会又通过了《人工智能与数据保护指南》(New Guidelines on Artificial Intelligence and Data Protection),[②]强调了人权和人的基本自由的优先考虑地位,尤其是在个人数据保护方面更应当引起重视。对用于个人数据处理的人工智能研发应基于合法性、公平性、目的特定性、数据处理比例性、设计隐私与默认隐私、责任与合规展示(问责)、透明度、数据安全和风险管理等原则。2019 年 4 月,欧盟执行委员会 AI 高级专家组(High-Level Expert Group on AI,AI HLEG)也发布了最终版《可信赖 AI 伦理指引》(Ethics Guidelines For Trustworthy AI),[③]提出可信赖的 AI 应兼具合法性、伦理性、稳健性三个主要特征,且这些特征应体现在数据治理、设计研发、商业运营、隐私管理、问责机制等人工智能从构想到应用的完整环节,智能换脸作为人工智能技术范畴的一部分当然也同样应具备上述特性。但总体来说,欧盟及欧洲委员会的上述官方文件,对智能换脸等热门技术并没有形成效力性的规制措施。

美国在智能换脸技术应用的过程中也较早意识到了该技术的危险性。其中发生的最瞩目的事件之一是 2018 年美国新闻网站 BuzzFeed 和美国演员乔登·皮尔利用智能换脸技术制作了一条政令宣传视频,内容是时任美国总统奥巴马对于一则假新闻侃侃而谈。因为不少人信以为真,该视频点击量很快破亿,并在美国引起轩然大波。因此,除了一些本土互联网巨头公司通过一定程度的"自裁"积极应对外,美国联邦层面和各州不断提出相关法案。例如,美国国会议员提交的《2018 年恶意深度伪造禁止法案》(Malicious Deep Fake Prohibition Act of 2018)[④]官方认领"deep fake"概念,《2019 深度伪造报告法案》[⑤]要求美国国土安全部负责组织对智能换脸技术危险性跟踪研究,《深度伪造责任法案》(Deepfakes Accountability Act)[⑥]提出了数据标记、披露义务、行政监

---

① See *Free flow of non-personal data*, European Commission https://ec. europa. eu/digital-single-market/en/free-flow-non-personal-data(Last visited on June 24, 2022).

② See *New guidelines on artificial intelligence and personal data protection*, COUNCIL OF EUROPE (Jan. 30, 2019) https://www. coe. int/en/web/data-protection/-/new-guidelines-on-artificial-intelligence-and-personal-data-protection(Last visited on June 24, 2022).

③ See *Ethics guidelines for trustworthy AI*, European Commission (Apr. 8, 2019), https://digital-strategy. ec. europa. eu/en/library/ethics-guidelines-trustworthy-ai(Last visited on June 24, 2021).

④ See Ben Sasse, *S. 3805 – Malicious Deep Fake Prohibition Act of* 2018, CONGRESS. GOV, https://www. congress. gov/bill/115th-congress/senate-bill/3805/text(Last visited on June 24, 2021).

⑤ See *H. R.* 3600 – *Deepfakes Report Act of* 2019, CONGRESS. GOV, https://www. congress. gov/bill/116th-congress/house-bill/3600? q = %7B%22search%22%3A%5B%22Deepfakes + Report + Act + of + 2019%22%5D%7D&s = 1&r = 2 (Last visited on June 24, 2021).

⑥ See Yvette D. Clarke, *H. R.* 3230 – *Defending Eachand Every Person from False Appearances by Keeping Exploitation Subject to Accountability Act of* 2019, CONGRESS. GOV, https://www. congress. gov/bill/116th-congress/house-bill/3230/text (Last visited on June 24, 2021).

管、违法责任承担(主要涉及刑事及行政责任)等方面的制度设计。但相比美国联邦层面对于立法的谨慎考虑、长期论证,美国个别州较早出台了规制智能换脸技术应用的相关正式法律。例如,2019 年 6 月得克萨斯州就通过了《关于制作欺骗性视频意图影响选举结果的刑事犯罪法案》(An Act Relating to the Creation of A Criminal Ofense for Fabricating A Deceptive Video with Intent to Influence the Outcome of An Election),①将企图利用 Deepfakes 等智能换脸技术干扰选举的行为认定为刑事犯罪;2019 年 7 月,弗吉尼亚州在《非同意色情法》(Nonconsensual Pornography Law)的基础上通过了修正案,将制造、传播虚假的裸体或性视频、图画意图钳制、打扰或恫吓别人的行为,认定为刑事犯罪②;2019 年 10 月,加利福尼亚州颁布《选举中欺骗性音频或视觉媒体法案》(Elections: Deceptive Audio or Visual Media),③将发布虚假音频或视频对处于 60 天选举期内的政客产生负面影响的行为定义为犯罪。

由此可见,美国在针对智能换脸技术应用的法律规制方面有一定成果,但其尚没有完善的权利保护体系并主要停留在刑事法律层面和政治影响层面,主要涉及的也是政治和商业领域,不能有效解决智能换脸技术应用导致的个人肖像权侵害问题,且美国社会各界对立法者积极作为的行为也是褒贬不一。此外,为了反击智能换脸技术制作的虚假视频造成的社会损失和巨大影响,美国国防部高级研究计划局(Defense Advanced Research Projects Agency)已经研发出首款"反变脸"AI 刑侦检测程序④;为了保障公民的隐私权,减少智能换脸相关虚假视频对公共秩序产生的负面影响,美国旧金山市、萨默维尔市先后禁止了人脸识别的应用;2019 年 9 月脸书(Facebook)也积极与康奈尔大学技术学院、麻省理工学院、牛津大学等展开合作共同发起"深度伪造检测挑战",致力于研究出最佳的智能换脸检测。

(二)我国智能换脸中的肖像权保护及问题

技术"双刃剑"的比喻沿用至今仍然有效,就本章关注的"智能换脸"技术来说,一方面,该技术使公民能够脱离电脑、高性能 GPU、数据集、编程与人工智能知识,只凭借一部普通的智能手机即可轻易制作出理想的肖像作品,或者模拟出更为精准的肖像,并

---

① See *Texas Senate Bill* 751, LEGISCAN, https://legiscan.com/TX/text/SB751/id/1902830 (Last visited on June 24, 2021).

② See Adi Robertson, *Virginia's "revenge porn" laws now officially cover deepfakes*, Theverge, https://www.theverge.com/2019/7/1/20677800/virginia-revenge-porndeepfakes-nonconsensual-photos-videos-ban-goes-into-effect.

③ See Bobby Chesney, Danielle Citron, *Deep Fakes: A Looming Challenge for Privacy, Democracy, and National Security*, California Law Review, Vol. 107:1753, p. 1802(2018).

④ 该 AI 刑侦检测工具的形成主要是基于纽约州立大学奥尔巴尼分校教授 Siwei Lyu 和他的学生 Yuezun Li, Ming-Ching Chang 的共同发现——使用 Deepfakes 相关技术生成的面部形象极少甚至不会眨眼,因为其主要是针对睁眼的照片进行训练。但 Siwei Lyu 也表示这只是"短效药",如果能提供大量不同眨眼阶段的图像,那么深层神经网络学会眨眼只是时间问题。

且有了更为自由地使用肖像的权利和更大的使用空间，这无疑很好地满足了肖像权人对个人肖像的支配和使用，也方便和丰富了日常生活。另一方面，智能换脸的广泛应用也将个人肖像暴露在了许多肖像权人难以控制的情景下，给不法分子带来了可乘之机。但是，我国现行法律中关于保护个人肖像权的体系并不足以应对实际发生的肖像权侵权行为，具体而言，其存在以下问题：

第一，法律保护有局限，“供给侧不足”。首先，在宪法规制层面，我国《宪法》第38条中明确了公民的人格尊严不受侵犯的原则性规定，肖像权也是人格权之一。其次，在刑法规制层面，现行《刑法》主要在第246条侮辱罪和诽谤罪，制作、贩卖、传播淫秽物品相关犯罪，①以及侵犯个人肖像权并以此为手段侵害公民财产的犯罪中有所涉及。但是社交网络中泛滥的智能换脸视频绝大多数为戏谑行为，实际并不构成刑事犯罪。再次，在民法规制层面，我国进入《民法典》时代后，有关公民民事权利保护即已涵盖在该部法典中。第一方面，《民法典》第1018条第1款与第1019条②对肖像权的法律内涵作出了概括性描述，即制作权、使用权、公开权和许可权，兼顾了其人格利益和财产利益两个属性，同时也更注重肖像内含的精神利益，删除了“以营利为目的”的侵权构成要件，将侵权行为明确扩大至信息技术领域，确立了授权许可规则。第二方面，第1034、1035条明确规定公民生物识别信息受法律保护③。第三方面，第1194条至第1197条对网络侵权责任④进行了规制，要求网络用户在接受网络服务中亦不得利用智能换脸技术在网络上侵害个人肖像权。可见，从权利范围来说民法是保护个人肖像权相对完善的法律体系，但是其主要条文多属于赋权型法律规范，⑤司法机关在实践中需进行适用解释，欠缺法律的严谨性，实操性也较弱。在权利保护主体方面，《民法典》虽然保护肖像权禁止丑化、无损、擅自使用，但是许多智能换脸App本身就搭载了许多素材，绝大多数是公众人物和影视视频等，早已广为传播，用户使用该软件进行“换脸”操作基本上没有也不可能征求过素材中被“换脸”者的同意，甚至在其不知道的情况下进行了新的“换脸”内容产出和传播。若这种情况不属于法律赋予的肖像权保护范围，那么被“换脸”人则很难寻求到救济。在权利保护客体方面，法律规定未经肖像权人同意不得公开其肖像，但公开权是一次性权利，其后未经肖像权人同意被不同的人不断地传播、转发，是否也侵害了其肖像权呢？还是说只能落入侵犯网络信息传播权⑥的范畴由肖像权作品权利人追究侵权责任？我国目前的法律也没有给出明确回应。最后，在行政法规规

---

① 《刑法》(2021年3月1日实施)第246、266、363、364、287条等。

② 《民法典》(2021年1月1日实施)第1018、1019条。

③ 《民法典》(2021年1月1日实施)第1034、1035条。

④ 《民法典》(2021年1月1日实施)第1194～1197条。

⑤ 参见王明达：《论〈民法典〉肖像权保护体系》，载《山西青年职业学院学报》2021年第2期。

⑥ 《信息网络传播权保护条例》(国务院令第634号，2013年3月1日实施)第1、2条。

制层面，国家互联网信息办公室、文化和旅游部、国家广播电视总局在2019年11月出台并于2020年正式生效的《网络音视频信息服务管理规定》①第11条载明，基于深度学习、虚拟现实等新技术制作的音视频信息应予以标识，并不得制作、发布、传播虚假新闻信息；第12条等强调了网络音视频信息服务提供者的信息审查、未成年人保护、数据安全、真伪鉴别等安全管理义务。国家网信办2019年12月出台的《网络信息内容生态治理规定》②第23条规定不得利用深度学习、虚拟现实等新技术新应用从事法律、行政法规禁止的活动。但缺乏行政法层面的前置性保护，导致智能换脸技术在开发、运营的初始阶段主要以利益为导向难以把控应用风险；主要规制对象为网络服务提供者，其承担的管理义务本身也具有滞后性、被动性和主观识别性；违法后果的处罚方式多以责令改正、停业整顿、吊销执照等为主，经济处罚缺乏具体的指导且裁量幅度过大。由上述可知，我国现行法律框架下，面对智能换脸技术广泛应用，个人肖像权保护存在法律规范"供给侧不足"现象。③ 并且，随着深度学习等算法技术的迅速演进，人工智能带来的肖像权侵权和刑事风险与法律规范的滞后性矛盾必将进一步加剧。④

第二，侵权认定"门槛"高，界定有争议。在刑法保护方面，需侵害后果达到"情节严重"的入罪条件，这侧面降低了违法后果的严重性。在民法保护方面，虽然扩大了保护范围，但在侵权认定上也存在如下问题：首先，《民法典》中对于肖像的定义只提供"可识别性"这一种标准，但是深度学习技术可以利用面部特征检索出其他相似之人的肖像来利用。这样一来，侵权人从某种意义上可能并未使用真实肖像，这也给判定侵权造成很大的阻碍。其次，《民法典》强调肖像权的个人意思权利，即制作、使用、公开等需要经肖像权人同意，但如何"同意"却没有指明，而这一点恰恰是对于是否构成侵权行为认定的关键环节。在民法上，口头和书面明示、行为默示等均可构成有效的"同意"⑤，明示尚且容易判定，但默示通常涉及社会观念、行为等判定。例如，甲、乙作为朋友一起拍了扮丑或鬼畜的智能换脸视频，乙在未经甲明确同意的情形下将其分享到了朋友圈，乙是否构成侵犯甲的肖像权？甲是否又存在默示的"同意"？此外，虽然《中华人民共和国广告法》（以下简称《广告法》）第33条⑥规定了在广告中使用无民事行为能力人和限制民事行为能力人形象的须经监护人同意，但在智能换脸泛娱乐化的背景下，该类民事主体的"同意"应如何判定？允许他人拍摄、传播智能换脸视频是否属于符合

---

① 《网络音视频信息服务管理规定》（国信办通字〔2019〕3号，2020年1月1日实施）第11、12条。

② 《网络信息内容生态治理规定》（国家互联网信息办公室令第5号，2020年3月1日实施）第23条。

③ 参加顾伟、郭弘、陈朝铭：《人工智能算法的法律审视及规制》，2021年世界人工智能大会法治论坛会议论文，2021年7月于上海。

④ 参见王燕玲：《人工智能时代的刑法问题与应对思路》，载《政治与法律》2019年第1期。

⑤ 黄薇主编：《中华人民共和国民法典释义》（下册），法律出版社2020年版，第1883页。

⑥ 《广告法》（2021年4月29日实施）第33条。

其年龄、智力水平的行为？这都是司法实践中将可能面临的争议问题。最后，未经肖像权人同意的非营利性使用是否构成侵权的问题将取决于是否属于合理使用这一违法阻却事由。虽然《民法典》第1020条[①]对合理使用范围作出了界定，但这些情形之外是否又必然构成侵权？例如，对公众人物活动现场进行拍摄后进行传播也必然属于侵权而应当全面禁止吗？这种情景下加入"营利性目的"考量可能更为适宜，尤其是当这类肖像权人因其肖像被擅自使用而导致其实际由此获取巨大利益时。

第三，侵权链复杂，归责主体难厘清。一般来说，在肖像权侵权情形中，制作侵权内容者即为侵权行为主体。但是与传统侵权方式不同，智能换脸技术同时兼具人工智能算法的"黑箱"特点[②]和互联网属性，这也就导致涉及的侵权责任归责主体复杂且难以厘清。由于智能换脸主要是通过社交媒体在互联网中进行广泛传播，而社交媒体环境中很常见的一种情况就是，当一个人发现在自己未知的情况下个人肖像被他人利用和传播时，往往不能当即认定该人就是侵权行为的始作俑者。这是因为在社交媒体平台上存在大量的虚拟账号和自媒体账号，每分每秒都有不同的信息从不同的账号发出。再加上信息更新的速度极快，以至于很难短时间内在一种信息爆炸的环境中找到侵权行为的源头。并且，在社交媒体的传播与版权上，信息可以被不同用户无限次转发，具有极快的传播速度，当被侵权者反应过来时，侵权行为可能已经遍及各处了。发展至此，侵权主体如果简单地认定为制作源头可能并不恰当，因为有时候制作者并没有侵权的主观恶意甚至其行为是经肖像权人同意后的合法行为，但却有可能在其后的传播过程中被人利用以达到一定违法目的。

此外，人工智能算法技术强大的自我学习能力，不排除其具有程序思维、存在"自主行为"的可能。例如，智能换脸App的使用者在制作"换脸"图片和视频的过程中，使用者只需可视化的几步简单操作，发挥核心作用的还是智能App本身，并且有的还会自动添加该程序所有者而非使用者的水印。在此情况下，如果生成的内容侵犯了个人肖像权，那么到底是使用者侵权还是程序开发者或所有者侵权？抑或智能换脸App侵权？我国现在没有将智能体行为纳入法律调整的对象中去。[③] 有学者认为，在弱人工智能时代，面对这种"自主行为"，在设计者或开发者不存在主观过错，被侵权人也没有过错的情形下，可以适用公平责任根据实际情况分担损失。[④] 但如此分摊责任是否真的可

---

① 《民法典》(2021年1月1日实施)第1020条。

② 参见徐凤:《人工智能算法黑箱的法律规制——以智能投顾为例展开》,载《东方法学》2019年第6期。

③ 参见李文吉:《论人工智能时代的预防性刑法立法》,载《大连理工大学学报(社会科学版)》2020年第5期。

④ 参见邵国松、黄琪:《人工智能中的隐私保护问题》,载《现代传播(中国传媒大学学报)》2017年第12期。

行？分摊比例又按照什么标准进行划分？这样的“自主行为”是否会成为侵权行为的挡箭牌？进入强人工智能时代后，考虑到智能程序的思维进化，是否将成为独立的法律主体？届时，又会不会出现人类与机器程序当庭对质的情形[①]？虽然上述部分问题尚未产生，但是已经足以让我们认识到此类情况下侵权归责主体认定的难度。

第四，侵权违法成本低，行为难遏制。智能换脸技术的使用成本极低，对于手机端客户来说，几乎是零成本，但其侵权利益却可能是巨大的。直播和短视频的兴起，成了许多人成功的捷径，“网红”、主播也成为不少年轻人的理想职业之一。例如，抖音主播“阿水”就凭借“智能换脸”视频成功吸引了众多观看者和点击量，并迅速涨粉成为新晋网络红人。而在这些“网红经济”的背后，则是流量变现、广告营销、素人代言带来的巨大收益。因此，一时之间效仿者无数，也产生了许多颇有创意或猎奇的“换脸”视频。但是，根据《民法典》第 1182 条[②]规定的侵权赔偿原则，赔偿范围仅限于物质损失，且《民事诉讼法》第 67 条[③]等法律规定对权利主体提出了举证责任要求。也就是说，如果肖像权人在得知被“换脸”后想要维护自己的合法权益，就必须收集到侵权人通过此行为已获取利益的确切证据，否则停止侵权、赔礼道歉、低额精神损失赔偿费将成为主要维权结果。即使主张经济赔偿得到了法院的支持，根据最高人民法院《关于审理利用信息网络侵害人身权益民事纠纷案件适用法律若干问题的规定》第 12 条第 2 款，赔偿数额最高也只能达到 50 万元人民币。[④]

然而由于网络环境具有复杂性，因此在利用网络侵害他人肖像权的案件中，被侵权人的实际损失和侵权人的违法所得常常难以确定，实际损失或侵权利益超过 50 万元的情况是必然存在的，但此时只能笼统地适用 50 万元的赔偿上限来解决问题显然是不够合理的。虽然法院在裁判时也通常会说明赔偿金额确定的诸多考量因素，但很少能有效论证，自由裁量其实更多。因此，当收益远高于违法成本时，法律将沦为衡量道德高尚与否的标尺，失去了其存在的根本价值，也起不到惩罚教育作用。

第五，公民维权意识不强，风险渠道多。我国法治社会的建设正在以飞快的速度向

① 参加许天颖：《人工智能时代的隐私困境与救济路径》，载《西南民族大学学报（人文社科版）》2018 年第 6 期。

② 《民法典》(2021 年 1 月 1 日实施）第 1182 条规定：“侵害他人人身权益造成财产损失的，按照被侵权人因此受到的损失或者侵权人因此获得的利益赔偿；被侵权人因此受到的损失以及侵权人因此获得的利益难以确定，被侵权人和侵权人就赔偿数额协商不一致，向人民法院提起诉讼的，由人民法院根据实际情况确定赔偿数额。”

③ 参见《中华人民共和国民事诉讼法》(2024 年 1 月 1 日实施）第 67 条第 1 款规定：“当事人对自己提出的主张，有责任提供证据。”

④ 最高人民法院《关于审理利用信息网络侵害人身权益民事纠纷案件适用法律若干问题的规定》(2021 年 1 月 1 日实施）第 12 条规定侵害人身权损害赔偿在无法确定侵害造成的财产损失或者侵权人因此获得的利益时，赔偿金额上限为 50 万元。

前推进,公民的法律意识也得到了显著提高,在遇到自己的合法权益被侵害时,越来越多的人拿起了法律的护盾来进行自我保护。但是在遇到个人肖像权被侵犯这一越来越普遍的问题时,大家仍会显得手足无措。这主要是由于互联网的复杂性使得侵犯肖像权的形式出现了各种各样的变化。例如,网络征稿相较于传统的书信式征稿模式,打破了时间和空间的限制,但也使得大家对投稿内容中涉及自己肖像权等方面并没有足够的重视,同时也忽视了标注他人对于自己肖像权的使用限制。一旦此类稿件被媒体使用,所带来的问题就可能涉及很多复杂方面,这样的结果对于个人肖像权的保护来说是极为不利的,也给公民维权带来了极大的不便。还有一种情况,即很多人在面对肖像权许可使用的书面协议时十分不重视,往往笼统约定。但在很多肖像权侵犯案件中,所谓的双方口头协议并不具有法律效力,从而导致了肖像权被侵害后拿不出任何证据。

第六,取证难度大,维权成本高。法律是公民维护自身合法权益的有力武器,但又需要遵循"谁主张,谁举证"的基本原则。尤其是在侵权案件中,通常由被侵权人承担对侵权客体、侵权行为、侵权损害后果等主要的举证责任。然而在当前技术和互联网环境下,一方面,信息不对称导致侵权人可以在被侵权人完全不知道的情况下制作、传播智能换脸内容,从而引发法律规制难度加大、侵权行为隐蔽性高、基本事实难以查清、源头难以查找等问题;①另一方面,侵权人可以很轻易地抹掉自己侵权行为所留下的痕迹(如删帖或者修改一些涉及侵权的内容),对取证技术提出了较高的要求,给取证过程增加了难度。虽然有学者提出我们可以通过记录生活细节的不在场服务(Alibi Service)②以证明智能换脸内容的虚假性,但这不仅涉及牺牲公民隐私权为代价是否适当的法伦理学问题,也涉及维权成本的法经济学等相关问题。

北京市互联网法院数据显示,自2018年9月9日至2023年7月31日,该法院共受理网络侵权责任纠纷20,445件,其中涉网侵害肖像权纠纷已超过4000件,软文广告和在网络店铺中售卖明星同款商品现象尤为突出。这种居高不下的占比与侵权人善于利用网络信息传播速度快、范围广、隐蔽性强之特性紧密相关。他们可以在案件审理前迅速删除或者隐藏照片,从而大大地增加了被侵权人的取证难度,导致维权难度大、成本高。而且诉讼程序时间较长,时间成本也是重要的考量因素。总而言之,在公民的防范意识较差且侵权人的手段不断变化多种多样等各种因素的影响下,"能忍则忍"成为了大多数公民的选择。

四、我国智能换脸中个人肖像权保护的法律完善与技术路径

我国已经在人工智能法律领域具有了一定的先进研究成果和基础立法,那么在应

---

① 参见张凌寒:《风险防范下算法的监管路径研究》,载《交大法学》2018年第4期。

② See Robert Chesney, Danielle Keats Citron, *21st Century-Style Truth Decay: Deep Fakes and the Challenge for Privacy, Free Expres-sion, and National Security*, Maryland Law Review, Vol. 78:882, (2019).

对智能换脸应用导致的各种问题和潜在风险方面,也亟待加快规制步伐。为完善我国个人肖像权法律保护制度、促进科技在法治轨道上健康发展、维护国家安全和社会的和谐稳定,本章在立足我国国情的前提下,就完善智能换脸技术应用情景下的肖像权保护提出以下几点建议。

(一)完善与虚拟环境相适应的个人肖像权法律规范

在技术日新月异时代背景下的法律规制是困扰立法者的永恒难题,因为其既要具有一定前瞻性以达到引导约束避免科技滥用带来不利后果的目的,又要注意合理限制允许在最大范围内最大程度地利用技术造福于社会。这就要求立法者重视肖像信息的数据化权利保护,在规制策略和技术上审慎考虑、科学论证,对社会上出现的基于人工智能技术产生的新情况和风险及时进行跟踪评估,并从以下几个方面构建与智能换脸技术滥用相适应的肖像权保护体系。

1. 界定智能换脸技术肖像权保护范畴

前文已述,在智能换脸技术背景下的社会治理的众多挑战中,最需要首先解决的就是肖像权保护问题,合理拓宽个人肖像权保护范畴已成为当务之急。一方面,可以将肖像传播权纳入肖像权保护范围。根据现行法律规定,肖像权的定义中并无传播权,我国仅在著作权法领域赋予了著作权人、表演者等信息网络传播权。但在人工智能时代背景下,传统的发售、租赁、展示等行为已经不能同网络传播相提并论。由于网络具有覆盖面广且传播速度快等特点,其造成的后果和影响范围是侵权人自己也难以控制的。并且,仅就个人意志来说,公民虽然授权他人公开其肖像或肖像作品,但是可能仅愿意在一定的范围内公开传播,如朋友圈分析、私人影展、收藏等,并不愿意被肆意放到网络上被广泛知晓且接受无数人评头论足。而且,如果肖像作品的权利人在作品未经其同意擅自使用或网络传播后并不追究侵权人的侵权责任,那么肖像权人想要制止传播则救济无门。因此,法律应同时赋予肖像权人禁止他人利用其肖像或相关作品进行网络传播的权利,这将更有利于尊重公民意志,也更符合人格权的立法原意。

另一方面,应将近似肖像纳入肖像权保护的客体范围。智能换脸技术不仅能精准生成人类面部信息,同时也可以选择抓取或虚拟生成相近似的面孔。因此,利用智能换脸技术的违法活动中,根据行为人动机,并不必然需要100%还原公民面部信息,有时候只需要达到混淆的目的即可造成公民精神利益损失。面对这种不涉及“真实”肖像的情况,即该肖像系虚拟生成,在现实生活中根本就不存在,那么由此对相近似肖像的公民产生不利影响是否还能构成侵犯个人肖像权呢?笔者认为,单纯采用“可识别性”标准可能会在适用时面临法官解释和自由裁量导致对于是否构成侵犯肖像权得出不同的结论。因此,可以将商标法领域的“混淆理论”(Likelihood of Confusion)作为考量因素,在对肖像的归属问题进行认定时,首先可以通过普通人的感官判断肖像之间是否具有同一性,如答案为否,再进行二次判断,即一般普通人是否会对所涉及的肖像产生识别混淆。[①] 这种方法既有利于形成相对统一的司法裁判规则,避免裁量的过度自由,也有利于对权利人进行更为全面的保护。

与此同时,要对公众人物肖像权合理区分保护。在强化对个人肖像权保护的同时,也应考虑区分普通民众和公众人物的肖像权保护范围、力度等。一方面,公众人物的肖像本身具有公开的特点,时常暴露在公开场合和媒体新闻中,虽然现行法律没有明确规定,但大多观点认为其是同意在该场合下被拍摄并同意照片、视频被发表、复制的。另一方面,公众人物通常拥有对其具有一定崇拜心理的粉丝,有的甚至上千万,对于商业活动等公开场合下粉丝的拍摄、互联网传播通常也是默许的,甚至是鼓励的,并且其对于点击率、转载量持续上涨也喜闻乐见,因为持续被关注也是这一特殊人群中绝大多数的主观希望。但是所拍摄的相关活动照片、视频水平不一(有的出自专业摄影师之手,有的就是普通粉丝的手机拍摄)以及对公众人物的主观态度不一也会导致相关信息在网络上传播后所收获的评论也褒贬不一。例如,粉丝主观上认为是能够展现该公众人物优点的视频或图片而分享在网络上,但是他人却从其他角度或内容方面进行解读最终导致该公众人物风评降低,或者公众人物自身也有可能对于粉丝或新闻媒体发布的照片不满意觉得有辱其形象。在这种情况下,拘泥于法条对是否侵犯公众人物肖像权进行认定就显得不大合理。鉴于此,笔者认为,除涉及公众人物生活隐私等非公开活动场合场景外,对于其肖像权的保护应适当弱化,因为如演员、歌手、主持人等职业属性决定了其肖像的非私密性和对肖像权中个别权利内容的让渡。同时,在对于其肖像权的侵犯与否的认定中应加入"以营利为目的"和"商业使用"或是否侵犯了大众理解的人格尊严等因素将更符合现实社会需求,并可以有效避免这一特殊人群的个体人格权益与公众权益发生冲突。

2. 明确智能换脸技术应用相关主体责任

要明确智能换脸各环节不同主体的责任,在智能换脸技术侵犯肖像权案件的维权和审理过程中,明确侵权链条和责任主体将是有效解决纠纷的关键环节。只有让参与的各方都清楚自身的责任和义务,才能更好地发挥法律的指引作用,减少侵权行为的发生。前文中提到,智能换脸技术侵犯肖像权的责任主体涉及程序的设计者、制造者、所有者、运营者、使用者等,这就使得如何设定此类主体的权利义务变得十分重要。关于这个问题,IEEE 指南[②]为我们提供了一些启发。

对于智能换脸程序的设计者,可以固定身份标签,这是其能够参与设计的准入证明,也有利于保证各自权利义务的明确性。对于制造和运营的公司,可以通过制定内部

---

① 参见吕俊延:《人工智能视频换脸技术的法律困境》,载《中国社会科学报》2019 年第 1660 期。

② 参见《信任、公正与责任:IEEE 人工智能合伦理设计指南解读》,载腾讯研究院,http://www.tisi.org/16187,2022 年 5 月 1 日访问。

规章,将使用方式、级别资格、操作培训、操作记录备案等要求明确予以规定,以便发生纠纷时能够准确找到责任人。同时,可以通过提高准入门槛和行业标准,规范运营商行为,避免其滥用智能换脸软件搜集用户个人数据而逃避法律责任(如上文提到的"ZAO"App用户协议第6条第2款,运营商就试图通过其"霸王条款"获取用户个人肖像信息,并要求用户自行解决相关素材的合法性问题和承担相应法律责任,达到转嫁自身风险和规避法律责任的非法目的)。同时,还可以考虑建立保险应对机制,使平台在面对其造成的损害时,有能力承担责任。

此外,网络服务提供者(如社交平台),尤其是主流科技公司本身已配置了强大的技术团队。因此,为实现有效的规制,应注重强调平台监管责任和治理能力,推进网络生态的良性循环。对达到一定标准用户体量的平台设定技术支持下限,如必须在服务器上搭载和及时升级AI识别程序,自动屏蔽和删除涉及侵犯个人肖像权的相关"换脸"内容;规范纠纷处理机制,对于肖像权人举报的侵权行为能及时采取有效措施,实现数据拦截,避免侵权信息的大范围扩散;还可以督促其在确保用户隐私不被泄露的前提下通过大数据对用户发布的网络信息内容习惯、真实情况等进行分析,提前进行识别和倾向性判定,再与普通用户区别关注,适时进行文明使用网络服务的提醒,从而逐步达到既能规范用户行为又能促使用户行为自律的双重效果,进一步提高监管效率和有效性。但有必要注意的是,在进行责任分配时,不应在意识倾向上自动将责任划归给个人用户,应当综合考量其在所涉侵权事件中发挥的作用,通过追溯侵权链条、厘清主次责任对其行为所产生的法律后果进行公正的评判。

3. 强调智能换脸技术侵权救济的行政介入

就立法现状而言,我国《数据安全法》①《个人信息保护法》②已正式实施,建立了个人信息处理规则、规范了跨境个人信息保护认证等,且在此过程中主要强调了"告知"义务和知情同意。国家互联网信息办公室也已出台《儿童个人信息网络保护规定》③《网络安全审查办法》,④主要强调了大数据背景下个人信息的监管与保护。这些法律法规的实施对于个人肖像权数据监控来说是一个良好的开端,但需要注意的是,由于缺乏针对性以及管理部门的模糊性等问题尚存,对肖像数据的搜集和存储、使用仍然存在漏洞,而且上述办法原则性较强又缺乏统一性和适用解释,在实践操作中的效果可能会与预期有差距。因此,要强调行政权对智能换脸技术开发运营的前置性介入,加强行政处罚力度。

---

① 《数据安全法》(2021年9月1日实施)。
② 《个人信息保护法》(2021年11月1日实施)。
③ 《儿童个人信息网络保护规定》(国家互联网信息办公室令第4号,2019年10月1日实施)。
④ 《网络安全审查办法》(国家互联网信息办公室等令第8号,2022年2月15日实施)。

行政许可制度是我国法律规范体系中优势显著的前置性规制措施，同样可以运用到智能换脸技术的开发运营环节。通常非国防类高新技术企业的经营范围并不需要经过事前行政许可，也很少涉及国家特许经营项目，因此，可以对拟进一步开发和运营这项技术的企业、技术团队设置行政许可。例如，通过对企业本身的资信情况、专业团队技术人员构成、实验室规模、数据来源、数据存储、开发或研究的目的、拟实现的目标等因素进行考察，评定是否准许并划分适用范围。这样既有利于保证运营使用阶段的有益性、数据的合法安全性，又能够在开发过程中提高企业或技术团队的风险应对能力。同时，由于智能换脸对应的技术领域相对专业化程度高、出现的问题相对复杂，在规范运营商经营行为的同时，应注重行政责任承担问题。根据我国行政法相关规定，涉及违法经营的行政处罚主要为责令改正、停业整顿、吊销营业执照等，情节比较严重的会涉及罚款，罚款数额的计算基础多为违法经营所得。但是，对于智能换脸技术在运营层面涉及的实际违法所得恐难以准确计算，而通过既定的行政罚款条件和幅度，既可能在某些时候难以起到警示作用，亦可能无法有效发挥行政监管作用。因此，对于出现违规行为的智能换脸技术开发、运营的企业和平台有必要加大行政处罚力度，有针对性地设计处罚条件和方式，敦促其必须严格遵守行政法规、行政规章，使其在合理合法的范围内进行经营活动。为保证公民肖像数据不被随意搜集、滥用，行政机关可以通过对企业和平台增设搜集用户肖像及相关个人信息的审批、对敏感信息区分数据保护①、划定存储服务器合格安全级别、限制搜集范围和使用权限等方式，从源头上进行监管。同时，可以通过加强对数据流动的监控，追踪迁移轨迹并记录备案。尤其是要出境管理设置红线警报，这样才能及时发现违规行为，避免任意迁移造成数据泄露。

4. 确立智能换脸技术侵权的民刑并行路径

当违法成本明显高于非法利益时，才能对潜在的侵权行为形成有效的心理强制，从而在根本上减少侵权行为发生的风险。因此，应当通过刑事上降低入罪门槛、民事上提高赔偿金额等民刑并行路径合理提高权益侵害违法成本。在刑事立法上，适当降低利用智能换脸技术侵犯公民合法权益的入罪门槛，使罪责刑相适应。一方面，根据最高人民法院、最高人民检察院联合发布的《关于办理利用信息网络实施诽谤等刑事案件适用法律若干问题的解释》第2条第1、2项之规定，利用信息网络诽谤他人构成“情节严重”的入罪标准通常要求同一诽谤信息实际被点击、浏览次数达5000次以上/被转发500次以上，或者造成被害人或其近亲属精神失常、自残、自杀等严重后果。但智能换脸技术侵害个人肖像权的行为，如非公众人物，一般不容易达到法定的点击率或转发率。例如，在微信朋友圈散布利用智能换脸技术伪造的诽谤信息，传播范围虽然较小也不易引

① 参见宁宣凤、吴涵、李沅珊、潘驰、张乐建：《人脸数据采集及使用的权利边界》，上海市法学会会议论文，2020年9月于上海。

起陌生网络用户的关注，通常也不会导致被害人或其亲属精神失常或人身损害，但朋友圈所辐射的社交圈却涉及现实生活中关系密切的亲朋好友、老师同事等，从而可能对被害人名誉、日常生活迅速产生实质性影响。此外，网络世界与现实世界的关系越来越紧密，尤其是在社交网络，也应当认定为一种“公共场合”，在社交网络上利用智能换脸技术侮辱他人亦应当属于《刑法》第246条第1款规定的以“其他方法公然侮辱他人”。因此，可以考虑将不当利用智能换脸技术侮辱、诽谤他人作为严重情节之一，适当降低入罪门槛，而非局限于点击率或转发率乃至被害人严重精神和人身损害后果的标准，这不仅有利于规范智能换脸技术的社交使用，也有利于减少利用智能换脸技术网络暴力他人的事件发生。

另一方面，利用智能换脸技术侮辱、诽谤他人在主观方面极少存在过失的情况，只可能对危害后果的认识存在偏差，但侮辱罪、诽谤罪致人精神失常、自残、自杀的，对应刑罚上限为3年有期徒刑，与过失致人死亡罪、故意伤害罪的加重情节①相比刑罚明显轻微。此外，对于不当利用智能换脸技术进行其他犯罪行为的，在量刑时也应当注意考量犯罪手段的技术逼真程度，②因为其法益侵害的后果主要是由虚拟生产图像的还原度带来的。因此，虽然我国司法不倡导一味从重处罚，但是在面对利用智能换脸技术侵害公民合法权益、实施犯罪行为时也应当重视在司法实践中遵循罪责刑相适应原则，实现刑罚与法益侵害后果的平衡，避免因量刑过轻导致无法发挥法律的警示和惩罚作用的情况发生。

在民事救济中，应对侵犯肖像权精神利益损害进行综合考量，提高民事赔偿金额。在我国现行法律法规中，对他人肖像权的非法侵犯行为以民事责任为主，并且主要表现为消除影响、停止侵害、赔礼道歉等，涉及财产性民事责任的则需要有强有力的损失事实或非法所得证据证明。同时，最高人民法院《关于审理利用信息网络侵害人身权益民事纠纷案件适用法律若干问题的规定》明确规定肖像权法定损害赔偿上限为50万元。但是从实际情况来看，复杂的网络环境造成了侵权案件也是繁琐异常，不能仅仅依靠设定一个赔款上限来解决肖像权侵害问题。在复杂的虚拟环境中，侵权范围和行为持续性难以界定，被侵权人的真实损失基本上不可能准确计算，而相对于侵权人的违法所得，部分经济赔偿甚至可以忽略不计。并且，大多数人关注的只是正常的定损问题，但由于被侵权人受到的负面影响、生活状况、心理状况不同，不排除会出现其因无法忍受沉重打击而选择轻生的情形，而侵权行为人很有可能只需要对被侵权人家属进行经济赔偿。正因如此，尽管近年来针对肖像权被侵犯的赔偿数额有所上涨，却仍然没能减少

---

① 《刑法》(2021年3月1日实施)第233、234条规定了过失致人死亡、故意伤害致人重伤的刑罚。

② 参见姜瀛:《人工智能“深度伪造”技术风险刑法规制的向度与限度》,载《南京社会科学》2021年第9期。

这类侵权行为的持续发生。面对上述现状,应该综合考量人格权商品化价值、被侵权人和侵权人的身份、侵权方式、想要达到的目的、行为恶意程度和社会影响等诸多因素,避免一刀切的赔偿标准。例如,可以将以营利为目的非法所得与被侵权人的精神损害分开计算。又如,侵害肖像权的行为如果还造成了被侵权人其他人格利益的损害,则应当综合计算赔偿金额。

(二)提升智能换脸技术应用的科技治理能力

从科学技术的本质和发展规律角度出发,智能换脸技术的滥用既需要法律规制,又需要强大的技术防御装备才能有效控制风险,其中智能换脸应用软件的开发者和运营商的配合不可或缺。在利益导向的工作模式和传统的评估制度的影响下,相关软件主体通常优先考虑该技术需要投入的成本和所能带来的预期收益,技术人员往往受制于本身科学志向型属性,对于技术开始产出后可能造成的危害后果缺乏敏感度和预见性。因此,针对上述问题,首先,在技术孵化阶段,改变传统的管理模式应为首要之务,在核心团队中不仅要有技术人才,还应同时引入管理人才,形成双规制领导;其次,在转化应用研究阶段,应进行自我安全评估和制定技术异化风险预警及防控措施①;最后,对智能换脸技术衍生品的市场准入应进行适当行政干预,由主管机关结合相关领域专家学者的意见,通过建立国家标准、行业标准的方式合理限制技术的使用范围,加强内部监督,确保其在健康发展的同时不会对国家安全、社会稳定和公民权益方面造成危害。同时可以引入第三方专业人士进行实质性审查评估,并将伦理道德因素纳入评估机制当中,形成智能换脸技术产品出厂前的闭环监督,强化安全性和伦理性。例如,国家工信部直属事业单位中国信息通信研究院牵头组织的"护脸计划"在人脸识别安全性方面不仅制定了《人脸识别系统通用可信能力要求》,还从主流攻击方式和攻击场景等方面对参与评估企业相关产品进行抗风险测试并根据结果划分安全等级。这一措施既有利于帮助企业发现人脸识别系统安全隐患、巩固安全防护能力,又通过公开评估结果、总结风险难点的方式促进了行业技术水平的提升。

尽管智能换脸技术的对抗识别技术随着其快速发展而飞速进步,但却存在滞后性和被动性。随着伪造算法不断丰富,生产效果越来越逼真,背景边缘、人脸边缘的衔接变得更为精细,以往通过卷积神经网络(Convolutional Neural Networks,CNN)模型②等针对拼接区域的识别方式已不能达到较好的鉴别效果。即使在智能换脸图像上添加对抗样本噪声,也可能使其绕过检测算法而无法做出准确的识别。所幸智能换脸技术滥

---

① 参见苗争鸣、尹西明、许展玮、陈劲:《颠覆性技术异化及其治理研究——以"深度伪造"技术的典型化事实为例》,载《科学学与科学技术管理》2020年第12期。

② 参见边亮、罗霄阳、李硕:《基于深度学习的图像拼接篡改检测》,载《北京航空航天大学学报》2020年第5期。

用的危害已经在全球范围内引起重视，许多国家或地区启动了反制技术研究，我国清华大学人工智能研究院孵化的北京瑞莱智慧科技有限公司，也于2020年发布世界首款企业级AI安全平台RealSafe（主要应用于人脸对比、目标检测、图像分类等场景），并在2021WAIC世界人工智能大会上发布了第三代AI深度伪造检测平台DeepReal，其基于多特征融合和多任务学习、具备防御对抗样本攻击能力的识别算法，能够快速、精准地对多种格式与质量的图像进行真伪鉴别，目前已在公安机关、广电等相关项目落地应用。但要在技术层面实现智能换脸技术滥用的全面反制，还需要科研机构、科技公司和政府的共同努力，加大对检测技术的科研经费投入，并加快现有技术的升级转化，如利用区块链技术、电子标签技术等强制标识打上"防伪标签"等，进一步提高检测技术的可信性、准确性和广普性。

（三）培养基于科技向善的信息保护意识

人工智能技术的产生与其衍生技术的出现应该是始终服务于人类社会的，其初衷旨在为人类在物质层面和精神层面上创造更好的生活。虽然目前"智能换脸"技术在肖像权领域出现了道德伦理性等方面的争议，但是如果我们可以尽早对其在政策和制度架构上进行完善、采取行之有效的规范措施，进行妥善的引导，那么该技术的进一步发展对人类社会产生的积极作用必将大于其负面影响。一方面，通过建立行业自律机制，加强科学家和科技工作者的社会伦理道德教育并培养责任意识[①]。科学技术人员作为国家公民，应当具备普适的价值观和人生观。但是个体之间也存在差异，并且对于社会规则、伦理道德的遵循与否也主要是依赖个人自律。就目前科创模式来看，可以通过行业规范、企业内部建立伦理审查机制来进行监督，通过定期开展学习教育加强科技伦理规范培训，引导科技工作者对自我行为进行反思并增强自律意识。同时，还可以根据情况建立企业内部追责机制，结合法律的权威规范科研人员行为等。另一方面，应培养公民自我保护意识，提高其个体鉴别能力。随着社交网络逐渐成为个人呈现与储存的重要空间，个人应当适当注意分享的范围和是否同意他人转载、使用。例如，对于可能暴露家庭住址、个人隐私的内容在发布前进行遮挡或模糊化处理；在照片、视频中加上水印并声明未经同意不得转载或使用等。此外，有些年轻人认为"街拍"是对其颜值的认可，其也有可能借此成为"网红"，故不吝于大方展示并期待其"街拍"传播。这也是削弱个人肖像权保护意识的一大原因。但实际上"街拍"的照片或视频最终在网络世界的呈现形式却是肖像权人无法控制的，被恶搞或配上各种性暗示文字的比比皆是。而在智能换脸技术广泛应用的今天，被"街拍"的肖像更有可能在肖像权人不知情的情况下成为深度学习的素材之一，甚至是犯罪分子的下一张"脸"也未可知。因此，个人在遭遇非自愿"街拍"时应勇敢拒绝或要求其删除，但即使自愿展示也不建议在这种情

---

① 参见杨怀中：《现代科学技术的伦理反思》，高等教育出版社2013年版，第17页。

况下同意拍摄。同时，基层在普法教育时应强调肖像对公民权利影响的重要性，并通过利用智能换脸技术侵害公民合法权益的常见方法手段宣传，逐步提高民众肖像权保护意识。尽管近年来，我国反诈普法教育已经深入千家万户，网络文明建设也已经颇有成效。但是，智能换脸技术及相关深度伪造技术却又大大增加了虚假信息、虚假视频的可信程度。因此，除了要求网络服务提供者加强审查责任外，也应逐步培养公众的信息识别能力。在面对网络信息、新闻报道时，应意识到存在的信息不对称问题，应注意进行批判性的理智分析，以朴素价值观对真相进行推理，克服"光环效应"和"确认性偏差"①的思维定式，避免上当受骗或被不法之徒利用。同时，还可以向公众普及使用智能换脸技术检测工具，通过对信息来源、是否进行过编辑、作者身份等进行验证，进一步提高公民信息分辨能力、降低智能换脸技术给社会生活带来的负面影响。

小　结

现代肖像权的内涵日益丰富，使用范围也已经超出了传统功能并将继续扩大。肖像不再局限于公民的个人外在形象外在展现，其超出了人格权益范围之外的财产利益属性也越来越明显。以互联网为载体智能换脸技术对肖像权的侵犯，更是突破了现有网络侵权范畴，延伸到了更广阔的权利边界及现实生活，并呈现行为双向性、客体多元性、主体低龄化、行为跨国性和后果严重性等复杂特点。我国《民法典》已将肖像权作为一种独立的人格权来进行保护，并相对扩大了保护范围，但仍存在法律保护"供给侧不足"、侵权认定"门槛"高、侵权主体难辨、侵权违法成本低、公民维权意识弱和维权成本高等问题，不足以完全适应智能换脸技术以及更多人工智能应用场景下肖像权侵权的复杂情况。笔者认为，唯有通过多方协调共同努力，完善与智能换脸技术相适应的个人肖像权法律规范，提升智能换脸技术应用的科技治理能力，通过建立行业自律机制和培养公民自我保护意识等方式内外协动，营造个人肖像权全方位保护的制度生态，才能有效避免侵犯个人肖像权及相关人格权益情形的发生，并发挥人工智能带给社会发展的积极作用。

---

① "光环效应"是指在缺乏证据的情况下倾向于相信自己主观印象中评价较高的方面而将事件简化所导致的判断错误；"确认性偏差"是指当人内心已经存在既有观念，会倾向于寻找能够支撑这个观念的信息，而排斥忽略相反的信息。

第七章　智慧贸易中的个人信息权益跨境保护

当前,世界已经步入数字贸易高速发展的新阶段,智慧贸易顺势而起,形成了以物联网、互联网和通信网为基本架构,借助于互联网技术促进国际商品、服务与要素的自由流动的新型国际贸易形式。在新型国际贸易形式下,个人信息跨境流动需求日益增加,个人信息所蕴含的经济价值与政治价值逐步凸显。而与此同时,个人信息自由流动与个人权益保护的矛盾也被激化。近年来,威胁个人信息权益的事件在全球范围内频频发生,2013 年"棱镜门"事件的爆发,国家数据主权亦成为全球日益重视的议题。多个国家和地区为此纷纷施加更加严格的保护措施限制个人信息的跨境流动。在我国,《网络安全法》《数据安全法》《个人信息保护法》《数据出境安全评估办法》等法律、规章相继施行,已经基本体现了保护个人信息跨境安全的立法目标。但伴随着错综复杂的智慧贸易发展变化,我国针对个人信息跨境流动的法律保护方面存在一定的局限性,相关领域规定多分散在各个层级的法律法规、部门规章、司法解释以及相关国家标准之中,存在数据本地化要求过于严格、缺少统一的高位阶立法、域外效力条款不完善、国际规则制定话语权不足等方面的问题,从而难以应对在个人信息跨境流动缺少安全保障、我国企业海外业务发展受限、监管机制不完善等方面的挑战。个人信息跨境流动的法律保护是维护国家数据主权、保障个人信息安全与商业利益的必由之路,需要进一步完善我国智慧贸易中个人信息权益跨境保护制度。

一、个人信息的法律属性及跨境流动的界定

20 世纪的经济全球化以实体商品贸易的快速增长为特征,

21 世纪全球经济的数字化、网络化、智能化彻底改变了人类的生产生活。以数字货币、大数据和云计算等为代表的新兴技术对传统产业产生了冲击，并在与之碰撞和融合的过程中完成了转型升级，全球经济正随着新兴技术的蓬勃发展而转变。互联网信息技术作为数据快速有序流动的媒介，其蓬勃发展有力地促进信息交换、加速商业交易、改变商业模式，使经济全球化与数字化成为可能。在此背景下，传统的国际贸易模式发生改变，数字贸易作为新生的贸易模式蓬勃发展。麦肯锡全球研究所的报告称，2015 年全球数据跨境流动创造的价值已经超过了货物贸易额。① 2022 年全球数字服务贸易规模达到了 3.82 万亿美元，同比增长 3.9%，占全球服务贸易比重的 53.7%，数据跨境流动成为被持续关注的焦点。② 蓬勃发展的数字贸易给世界带来了巨大的经济利益，成为全球贸易经济发展的"领头羊"。伴随数字贸易的发展，海量数据跨越国境的流动自然是必不可少的。互联网技术的发展使个人信息的流动突破了物理空间的限制，当互联网服务供应商的注册地、数据储存的服务器、网站的注册域名、数据主体分属于不同的国家时，能够通过网络传输自然和谐地实现跨越国界的连通。

个人信息作为数字贸易的关键生产要素在商业流动中实现其价值，为数字贸易带来了巨大的经济利益，与此同时各种各样的问题、风险与挑战接踵而至。雅虎公司分别于 2013 年和 2014 年遭遇了两次黑客袭击，直接导致数亿用户的隐私信息遭到泄露；2016 年俄罗斯最大的社交网站被黑客攻击，泄露了 1.71 亿用户的个人信息；2018 年 Facebook 因为用户数据"失窃"受到其他国家的联名起诉；同年，谷歌也因为刻意隐瞒消费者关闭位置信息的选项，并在消费者不知情的情况下滥用其位置信息而受到欧盟国家的处罚；2020 年，中国电信超 2 亿条用户信息遭到违法售卖；2022 年，LinkedIn（领英）遭遇用户信息大规模泄露，包含 5 亿个用户个人资料的数据档案已在某黑客论坛上出售。诸如此类的数据泄露事件和企业在个人信息流动过程中缺乏保护数据主体权益意识的行为，使数据主体的人身和财产遭遇损失的可能性大幅增加，个人信息权益的受损和个人信息安全挑战也给国家数据主权与安全带来了严重的威胁。

（一）个人信息的概念界定与法律属性

明确个人信息的概念是研究个人信息跨境流动法律保护的基本前提，由于各个国家或地区的实际情况与历史文化不同，因而形成的法律体系必然存在差异，对"个人信

① See *Digital globalization: The new era of global flows*, McKinsey Global Institute (Feb. 24, 2016), https://www.mckinsey.com/~/media/McKinsey/Business%20Functions/McKinsey%20Digital/Our%20Insights/Digital%20globalization%20The%20new%20era%20of%20global%20flows/MGI-Digital-globalization-Full-report.pdf.

② 参见中国信通院 CAICT：《中国信通院与国研外经部联合发布〈数字贸易发展与合作报告(2023)〉》，载微信公众号"中国信通院 CAICT"2023 年 9 月 3 日，https://mp.weixin.qq.com/s/VnBI4Ed9BFz_k0OxhdYpOA。

息”的概念界定也各不相同。全球范围内有关“个人信息”概念的立法文本,“个人数据”“个人信息”“个人隐私”的表达形式都有出现。欧盟、OECD、新加坡等国家和地区直接采用“个人数据”的表达形式;日本、韩国等则将“个人数据”称为“个人信息”;“个人隐私”的表达形式多出现于美国的信息保护法中。对于“个人数据”和“个人信息”这两种不同的表达形式,有学者认为相对于“信息”而言“数据”的含义更加丰富。① 有学者认为,从日常使用角度来说,两者也经常交换使用,从法律角度来看,个人数据与通信技术、互联网的联系更紧密,因此在立法工作中,使用“个人数据”的表达形式会更贴切。② 从法律保护的角度上来讲,数据跨境流动中“个人数据”和“个人信息”没有实质差别,在立法实践中也常常混用,仅仅是因为习惯用语、文化传统、法律体系等差异产生了不同的表达形式,本章将统一采用“个人信息”的表述。

由于美国没有统一的个人信息保护法,因此美国将个人信息纳入隐私权的范畴下进行保护,并产生了“个人隐私”的表达形式。1890 年,美国法学家路易斯·布兰戴和萨缪尔·沃伦提出了隐私权的概念,认为隐私权是指不受外界干扰的权利。1974 年美国颁布的《隐私权法》中第一次明确了公民对其个人的记录享有隐私权。《法学大辞典》中将隐私定义为个人的行为或决定不受公众关注、侵扰或干涉的条件或状态,隐私权是指不受他人干涉的人格权,该人格权的主要内容是指公民的个人生活信息和自由。③ 我国传统民法认为隐私权是指自然人对其人格权的支配权利,该人格权可以支配其个人信息,但不能支配与公共利益相关的信息。④ 随着通信技术的高速发展,大数据背景下的信息交换使与隐私相关的个人数据信息具有了明显的商业价值,新时代的个人信息和美国法律制度中的“个人隐私”远远超出了传统隐私的范畴。有学者认为,现代隐私权的目的始终是要确立一个理论上的个人绝对自主的空间,而现代个人信息保护寻求的是权利保护与个人信息运用之间的平衡并非绝对性的自主空间,这也导致个人数据保护所关联的权利范畴并不局限于隐私权与一般人格权。⑤ 在个人信息跨境流动中,“个人隐私”概念带有一定的表达局限。

目前,学术界对个人信息的概念表述存在较多分歧,主要分为隐私说、关联说和识别说三类,不同的概念表述直接决定了法律对个人信息保护的范围,其中识别说是现有理论的主流学说。隐私说通过隐私的概念来界定个人信息,将与个人隐私相关的数据

---

① See Clarke, Roger, *The OECD data protection guidelines: a template for evaluating information privacy law and proposals for information privacy law*, online: Roger Clarke <, http://www. rogerclarke. com/DV/PaperOECD. html (2017).

② 参见郭瑜:《个人数据保护法研究》,北京大学出版社 2012 年版,第 127 页。

③ 参见邹瑜、顾明主编:《法学大辞典》,中国政法大学出版社 1991 年版,第 1500 页。

④ 参见王利明:《人格权法》,中国人民大学出版社 2009 年版,第 26 页。

⑤ 参见齐延平、李旭:《个人数据保护论争中的隐私权:反思、还原与再定位》,载《山东大学学报(哲学社会科学版)》2021 年第 4 期。

称为个人信息,这类数据是指自然人通常不愿为人知晓和极为敏感的数据,一般具有与公共利益无关且不应被公众关注等特征。但是个体的理解和期望差异导致对隐私的界定十分困难,如有些人认为身高是非常敏感的数据,而其他人则认为身高不属于隐私的范畴。关联说认为凡是与数据主体相关联的数据均为个人信息,扩大了个人信息的范围,既包括较为敏感、私密的个人信息,又包括自然人在社会活动中产生的与数据主体具有关联性的数据。但是,互联网的发展使越来越多与数据主体相关联的数据被挖掘出来,关联说对个人信息的定义过于宽泛,给个人信息保护能力较低的国家施加了较大的压力,还会妨碍个人信息的合理处理和使用。识别说则是以识别性为标准界定个人信息,识别是指该个人信息与数据主体之间存在身份确定的可能性,即能够通过单一数据或者某些数据的整理分析识别出确定的数据主体,如姓名、年龄、学历、职业、财产等都属于可以识别出具体个人的数据,应纳入个人信息的保护范围。

在关于个人信息保护的立法实践中,三种理论在全球范围内都有适用,各国家和地区大多根据本国国情、地区特征以及个人信息保护水平选择适用的学说。其中,识别说理论被较多立法实践所采用。1980 年 OECD 在《隐私保护与个人数据跨国流通指南》(以下简称《OECD 指南》)的第 2 条规定中,将“个人信息”定义为“与已识别或可识别的个人(数据主体)有关的任何信息”。1995 年,欧盟委员会颁布了《个人数据保护指令》用于处理欧盟内部的个人信息,《个人数据保护指令》中规定“个人信息”是指“与经识别或者可识别的自然人有关的任何消息,可识别的自然人包括可直接和间接识别的人”。2004 年亚太经济合作组织(Asia-Pacific Economic Cooperation,APEC)公布了亚太地区第一份关于跨境数据流动保护的区域性指导文件——《隐私保护框架》,[①]规定“个人信息”是指“与已识别或可识别的个人有关的任何信息”,该定义与 OECD 对“个人信息”的定义几乎完全一致。2018 年 GDPR 扩大了《个人数据保护指令》中对可识别自然人的定义,除此以外并未对“个人信息”的定义作出太大改变。另外,美国《隐私权法》、英国《数据保护法案》、德国《联邦数据保护法》、新加坡《个人数据保护法》等都采用了识别说来定义个人信息。

我国《民法典》第 1034 条第 1 款明确规定个人信息受到法律保护。对个人信息的保护独立于《民法典》中对隐私权的规定,个人信息的具体定义为“以电子或其他方式记录的能够单独或者与其他信息结合识别特定自然人的各种信息”。除《民法典》外,我国《网络安全法》以及《个人信息保护法》都将个人信息定义为可识别出个人的各种信息,可以看出我国法律对个人信息的定义更倾向于采用识别说。因此笔者认为,个人信息的概念可以定义为:以任何数据形式存在的、可识别到自然人个体的信息。值得注

---

① 参见明俊等译:《个人数据保护——欧盟指令及成员国法律、经合组织指导方针》,法律出版社 2006 年版。

意的是,《民法典》将个人信息分为私密信息与非私密信息,其中,私密信息适用有关隐私权的规定,没有规定的适用有关个人信息保护的规定①;而《个人信息保护法》将个人信息区分为敏感个人信息与一般个人信息,并针对敏感个人信息作出了单独规定。私密信息与非私密信息、敏感信息与一般个人信息的区分是《民法典》与《个人信息保护法》基于不同的规范目的对个人信息所作的两种不同的分类,《民法典》从民事权益保护的角度区分私密信息和非私密信息,从而正确区分隐私权和个人信息权益的保护方法;《个人信息保护法》是从个人信息处理行为的角度进行分类,在处理规则上对信息处理者提出了不同的要求,从而更有针对性地保护自然人的个人信息权益,两种分类方式均有其重要意义,并不矛盾。②

我国有关个人信息的相关立法中并未明确规定个人信息的法律属性。从个人角度来说,个人信息能够识别具体的个人,涉及人格尊严和隐私权等人格权利,因此个人信息应具有人格权属性。从经济角度来说,从财产权和经济学的角度进行分析,新兴技术的发展赋予了个人信息经济价值,因此个人信息应具有财产权属性。从国家角度来说,网络通信技术的发展使国家主权的概念逐渐扩张至虚拟的网络空间,催生出数据主权的概念,在我国的相关立法中多通过数据本地化措施维护国家数据主权安全,个人信息的控制和使用对我国政治、经济等方面的发展有着重要意义。

个人信息具有人格权属性。在各个国家和地区关于个人信息的立法文件以及国际组织制定的相关规则中规定,个人信息的保护价值是由其可识别性决定的。由于通过包含自然人身份信息等具体内容的个人信息能够识别到具体的个人,个人信息的可识别性会给数据主体的姓名、身份信息、样貌信息、住址、健康状况等其他特征信息带来安全风险,这些信息涵盖了姓名权、肖像权、隐私权等人格权利,个人信息的泄露可能导致数据主体的隐私权、姓名权、肖像权等其他人格权利受到侵犯。由于个人信息与个人生活隐私的联系极为密切,因此个人信息保护与隐私权保护始终紧密相连。多个国家和地区在与个人信息保护相关的立法文件中都强调了隐私权的重要性,并将隐私权视为一项最为基本的权利。自然人拥有的姓名、外貌特征、家庭住址、电话号码、证件号码、资产等个人数据,体现了个人的人格尊严和自由意志,属于人格权的内容。③ 随着科学技术的发展,人脸识别逐渐运用于生活中,人的外貌特征即肖像,同样属于人格权,当自然人使用智能手机进行人脸识别时,人的外貌通过手机扫描成为具有识别性的个人信

---

① 《民法典》第1034条:"自然人的个人信息受法律保护。个人信息是以电子或者其他方式记录的能够单独或者与其他信息结合识别特定自然人的各种信息,包括自然人的姓名、出生日期、身份证件号码、生物识别信息、住址、电话号码、电子邮箱、健康信息、行踪信息等。个人信息中的私密信息,适用有关隐私权的规定;没有规定的,适用有关个人信息保护的规定。"

② 参见程啸:《个人信息保护中的敏感信息与私密信息》,载《人民法院报》2020年11月19日,第5版。

③ 参见李爱君:《数据权利属性与法律特征》,载《东方法学》2018年第3期。

息。个人信息作为个人外貌、姓名等信息的载体,应具有人格权属性。

个人信息具有财产权属性。在法学理论中“财产”具有两层含义:第一层含义是指具有经济利益权利的结合;第二层含义是指财产性权利的客体。① 德国学者卡尔·拉伦茨认为,主体的财产由具有经济价值的多个权利集成,只有具备经济价值的权利才能称为财产,这些权利在一定的法律关系中可以转化为物质利益。② 我国《民法典》第127条规定:“法律对数据、网络虚拟财产的保护有规定的,依照其规定。”其中“数据”与“网络虚拟财产”的并列使用表示两者具有相似性,暗示着立法对个人信息财产属性的认可。经济学理论中的商品具有使用价值和交换价值。原本自然人的姓名、学历、证件号码等个人信息不具有经济价值,但随着互联网等新兴技术的快速发展,个人信息可以通过数据的形式在互联网中快速传播、处理和存储。在实践中,由于大数据时代大大提高了个人信息的流动性,使个人信息成为具有商业价值的载体,个人信息作为商品进行交易体现出其交换价值。个人信息的使用价值则体现在社会生活的方方面面,例如互联网平台可以通过个人信息了解用户喜好,针对客户需求提高服务品质;商业机构将大量的个人信息收集处理后转化为可用的商业资源;除此以外,还出现了专门收集储存个人信息的数据管理中心。

个人信息具有国家主权属性。J. 博丹认为,主权是一国享有的、凌驾于法律之上的最高权力,具有统一且不可分割的特点。荷兰法学家 H. 格劳秀斯在此基础之上提出,主权是指一国行使其权力时不受任何其他权力的限制,能够独立自主地处理其内部事务,免于其他国家的控制。主权是国家的固有属性,是国家的基本要素之一,对个人信息进行立法保护是国家独立自主处理内外事务的表现。在大数据时代,数字贸易引领着全球经济的发展,个人数据的控制和使用影响着一国贸易、政治等领域的发展,数据资源成为未来争抢的新空间。③ 许多国家和地区已经建立了个人信息保护制度,加强对个人信息安全的保障,进而维护国家主权安全。我国《网络安全法》第37条规定,关键信息基础设施运营者在我国境内收集的个人信息应进行数据本地化储存,减少个人信息因传输出境遭遇泄露、损害等风险,数据本地化规则是国家维护数据主权的体现。除此以外,国家网信办颁布的《数据出境安全评估办法》第4条和第5条规定都体现了个人信息的国家主权属性,欧盟 GDPR 和 APEC《隐私保护框架》的规定中也肯定了个人信息的国家主权属性。

综上所述,笔者认为,个人信息具有人格权、财产权和国家主权三种属性,这三种属性不是对立和割裂的,是兼而有之和趋向统一的。在建设个人信息跨境流动的法律体

---

① 参见张黎:《大数据视角下数据权的体系建构研究》,载《图书馆》2020年第4期。

② 参见[德]卡尔·拉伦茨:《德国民法通论》,王晓晔等译,法律出版社2013年版,第302页。

③ 参见李爱君:《数据权利属性与法律特征》,载《东方法学》2018年第3期。

系时应注意协调多方利益关系，寻求既有利于保护个人权益与国家主权安全，又能充分实现数据自由流动的有效保护途径。

（二）智慧贸易中个人信息跨境流动的界定

在信息与通信技术和跨境贸易紧密结合的背景下，智慧贸易顺势而起。智慧贸易是以物联网、互联网和通信网为基本架构，借助于互联网技术促进国际商品、服务与要素的自由流动的一种新型国际贸易形式。在智慧贸易兴起的趋势下，各个国家或地区逐渐意识到在新型国际贸易下个人信息所蕴含的经济价值与政治价值，开始强调虚拟空间的数据主权。然而，互联网空间“国别”概念模糊化的问题，为各个国家或地区维护数据主权与安全带来了不小的挑战。为保护公民个人信息相关权益和国家主权安全，世界各国家和地区纷纷投身于个人信息保护体系的建设当中，但是由于不同国家和地区的自身发展情况与社会需求存在差异，对促进数据自由流动与保护个人信息相关权益也有不同的价值选择，因此各个国家和地区依据其不同的价值侧重出台了各具特色的个人信息跨境流动法律保护模式。目前，我国正处于数字贸易大国迈向数字贸易强国的进程中，初步形成了个人信息跨境流动的法律保护框架，价值侧重的选择是我国完善个人信息跨境流动法律保护的先决条件。在数字贸易快速发展的背景下，数据主权作为国家主权的新要素，承载着捍卫国家安全的重要使命，个人信息的跨境收集与使用成为国家间谈判的筹码。在数据的收集、储存、流动过程中，平衡个人信息的保护、数据的高效利用以及国家对数据资源享有的主权三个方面，是对个人信息跨境流动进行科学、合理保护的核心目标。我国作为数字贸易的参与者，应确立具有中国特色的保护体系；加强国际合作，关注数字贸易规则的变化，积极参与个人信息的全球治理。

由于跨境个人信息的泄露不光侵犯了数据主体的合法权益，甚至会对商业活动和国家主权安全产生影响，因此我国个人信息跨境流动的法律保护研究对个人权益、国际贸易发展和国家数据主权安全均有重要意义。对于自然人而言，个人信息可以识别具体的个人，涉及个人的隐私以及其他相关权益，因此数据主体有权要求其个人信息受到充分保护，也有权自主决定个人信息的收集和使用，个人信息跨境流动的法律保护有利于维护个人信息的安全，保护个人隐私；对从事商业活动的组织机构而言，个人信息的跨境流动能为商业活动创造价值，因此个人信息跨境流动的法律保护不能仅从保护个人信息的角度出发，还应从促进个人信息自由流动、推动数字贸易发展的立场进行考量，有利于实现我国数字贸易的健康、可持续发展；对于国家而言，传统的国家主权概念在网络通信技术的影响下扩张至虚拟的网络空间，数据主权的概念由此诞生。美国“棱镜门”事件的曝光引起了国际社会对数据主权的广泛关注，大量涉及国家安全、社会公共利益及公民隐私的个人信息被跨境监控和窃取，使他国数据主权受到严重威胁。在激烈的国际竞争中，通过法律手段维护国家数据主权是确立和保护国家数据主权的有效途径。

在个人信息的传输和处理过程中，会导致个人信息脱离个人信息主体的控制，个人信息主体权益易受到侵害，对个人信息保护提出更高要求。20世纪70年代《OECD指南》首次提出“个人信息跨境流动”，即个人信息的流动跨越了国家边界。1982年联合国跨国公司中心从技术角度将“数据跨境流动”定义为“跨越国界对存储在计算机的可读数据进行处理、存储和检索的行为”。过去个人信息跨境流动大多是指公司与公司之间、政府和政府之间的数据流动，而现在的个人信息跨境流动多是指公司与个人、政府与个人或个人与个人之间的数据流动。互联网无法从我们的日常生活中剥离，线上商店、网约车、微信聊天、网上银行等场景下都会发生个人信息的跨境流动。

目前，个人信息跨境流动在世界范围内并没有一个准确的、统一的定义，欧盟、美国、澳大利亚、新加坡、APEC、OECD等大部分国家和国际组织对个人信息跨境流动已具有相应规则，其中，对个人信息跨境流动的界定主要包括三个要点：第一，个人信息具有可识别性；第二，个人信息的流动范围突破地理上的边境，包括本国的个人信息直接向境外传输和境外主体访问储存于本国的个人信息；第三，对个人信息的收集、处理、使用等行为。据此，个人信息跨境流动的概念可以概括为：具有可识别性的本国或本地区个人信息跨越边境流动到第三方，或境外主体访问储存于本国的个人信息的行为。

个人信息跨境流动主要有四种情形：第一，当数据主体访问网站时，若网站的服务器在我国境外，数据主体的访问记录、个人偏好等个人信息必然会向境外流动并储存在境外的服务器上，属于合规的数据跨境流动；第二，不法分子以不正当手段获取我国境内服务器上的个人信息，并将数据传输到境外的服务器上，属于非法的数据跨境流动；第三，企业开展业务时，根据我国法律法规将在我国境内收集的个人信息在本地储存，经有关部门评估后将个人信息传输到境外，属于合理合法的数据跨境流动；第四，手机App、电子商务、网络游戏、比特币等互联网服务或货币交易系统中的跨境数据流动。

二、我国智慧贸易中个人信息权益跨境保护制度的特点

2020年，我国数字贸易整体规模为4万亿元人民币，同比增长9.3%，①标志着我国步入数字贸易高速发展的新阶段。在个人信息跨境流动需求日益增加的同时，数据自由流动与个人权益保护的矛盾也被激化。近年来，侵犯个人信息权益的事件在全球范围内频频发生，2013年美国“棱镜门”事件的爆发，使国家数据主权成为全球日益重视的议题，多个国家和地区为此纷纷施加更加严格的保护措施限制个人信息的跨境流动。我国针对个人信息跨境流动的法律保护与西方国家相比较为滞后，相关领域的法律规定多分散在各个层级的法律法规、部门规章、司法解释以及相关国家标准中，但我国逐

---

① 《2021年我国数字贸易发展报告》，2022年国家工业信息安全发展研究中心在“国际贸易统计第三次学术报告会”上发布。

渐认识到数据资源的重要性,并积极推动个人信息跨境流动的相关立法。

(一)多层次法律法规与国家标准的体系组合

我国《网络安全法》自2017年正式实施,标志着我国在互联网领域的治理取得了实质性的进步,在网络安全方面的规定更加全面。该法第一次对关键信息基础设施的个人数据跨境传输进行了法律层面的保护,[①]提出建立数据出境安全评估制度,规定如需要向境外提供个人信息,需由国家网信部门会同国务院对其进行安全评估,同时明确了数据主体的知情同意权,对我国个人信息跨境流动保护具有重要意义。《网络安全法》第4章针对网络环境中的个人信息保护作出了详细规定,明确规定了网络运营者的责任义务和有关部门的监督管理职责。《网络安全法》第37条要求关键信息基础设施运营商在我国境内收集的个人信息必须在本国境内储存,严格限制个人信息自由的跨境流动,以保障个人信息安全和国家数据主权安全为首要目标。2021年6月10日《数据安全法》通过,该法第2条第2款规定,在境外开展数据处理活动,损害国家安全、公共利益或者公民、组织合法权益的,需要依法追究法律责任,但同时明确了要"促进数据跨境安全、自由流动",体现了对数据跨境应以"安全与发展"并重的基本导向。2021年8月20日《个人信息保护法》公布,引起了相关领域人员的广泛关注。《个人信息保护法》将有关个人信息跨境流动的规定设定为独立的一章,从第38条起至第43条共计6条,规定了个人信息跨境提供的规则,明确了个人信息处理活动中个人的权利和处理者义务,以及履行个人信息保护职责的部门。《个人信息保护法》第38条列出了个人信息处理者跨境数据传输应当具备的四个条件,为个人信息处理者提供了更加多元化的个人信息跨境传输方式,并明确了个人信息处理者应当采取必要措施,保障境外接收方处理个人信息的活动达到本法规定的个人信息保护标准。《个人信息保护法》第39条明确了个人信息的跨境流动须符合"告知和同意原则",要求个人信息处理者若要向境外传输个人信息,须充分告知数据主体必要事项并取得数据主体的单独同意方可进行数据的跨境传输。《个人信息保护法》第40条规定与《网络安全法》第37条的规定如出一辙,但在《网络安全法》的基础上扩大了适用范围,同时规定处理个人信息达到国家网信部门规定数量的个人信息处理者也应进行数据的本地化储存。《个人信息保护法》第41条与《数据安全法》第36条的立法精神相契合,规定在国际司法协助或者行政执法协助的情形下个人信息跨境流动需经过我国主管部门的批准,同时从行政执法和司法两个层面阻却了境外机构的长臂管辖,维护了我国公民个人信息权益和国家主权安全。《个人信息保护法》第42条和第43条是我国开始探索国际制裁制度的体现,其中第42条构建了限制或禁止个人信息跨境传输的黑名单制度,有助于维护我国公民个人信息权益、公共利益和国家安全,避免受到境外不法分子的侵害,同时还可以起到很

---

① 参见许多奇:《个人数据跨境流动规制的国际格局及中国应对》,载《法学论坛》2018年第3期。

好的警示作用;第43条规定了个人信息保护领域的对等反制措施。

2022年7月7日,国家互联网信息办公室公布《数据出境安全评估办法》,进一步规范数据出境活动,保护个人信息权益,维护国家安全和社会公共利益,促进数据跨境安全、自由流动,提出数据出境安全评估坚持事前评估和持续监督相结合、风险自评估与安全评估相结合等原则。对数据出境安全评估的适用情形、安全评估程序、安全评估的时限、境内数据处理者自评估重点予以明确。规定数据处理者在与境外接收方订立的法律文件中明确约定数据安全保护责任义务,在数据出境安全评估有效期内发生影响数据出境安全的情形的应当重新申报评估。

除法律及规范性文件外,为进一步完善个人信息保护与行业发展并存的法律保护体系,有关部门发布了与个人信息跨境流动相关的国家标准,较为具体细致地规定了个人信息跨境传输前的知情同意机制、个人信息保护和安全评估制度。但与具有法律效力的立法文件不同,这类国家标准缺乏强制约束力,仅对企业涉及个人信息跨境传输的合规工作具有监督管理的作用。

2013年原国家质量监督检验检疫总局、国家标准化管理委员会发布的《信息安全技术公共及商用服务信息系统个人信息保护指南》是我国第一部关于个人信息保护的国家标准,规定了个人信息的处理原则和个人信息控制者承担的责任和义务,分别对个人敏感信息和个人一般信息的跨境流动提出不同的要求。个人敏感信息的数据处理需建立在数据主体明示同意的基础上;个人一般信息在数据主体默示同意且并未明确表示反对的情况下即可被收集和使用。

2017年5月,全国信息安全标准化技术委员会(以下简称信安标委)发布的《信息安全技术 数据出境安全评估指南(征求意见稿)》(以下简称为《信安评估指南》),是我国首部针对个人信息跨境流动作出规定和指引的国家标准。《信安评估指南》细化和补充主要包括数据出境安全评估的流程、要点和方法等内容,在个人信息出境安全评估总体流程的部分,主要从合法正当性和安全风险两方面进行考量。合法正当性方面主要有六点:第一,个人信息的出境应获得数据主体的同意;第二,个人信息的跨境传输不属于有关部门或法律规定禁止出境的情形;第三,符合我国签署的国际条约和协议;第四,从事正规业务活动、履行合同义务或为履行我国法律义务必须出境,如留学机构帮助留学生提交信息;第五,有司法协助需求;第六,维护其他合理合法利益需要的。安全风险方面主要包括两点:第一,在个人信息出境前,综合评估个人信息的敏感程度、数量范围等要素,分析判断出境个人信息的具体属性。第二,评估个人权益在个人信息跨境流动中面临的安全风险的可能性,评估要点包括个人信息接收双方的安全保护能力和接收方对个人信息保护的规定;审查数据接收主体的资质是否合法以及是否在个人信息方面有过重大违法记录,对其管理保障能力和技术保障能力进行评估;评估个人信息接收者所在国家或地区的政治法律环境,具体包括个人信息接收国关于个人信息保护的立法状况、加入的国际组织中个人信息方面的保护机制和对个人信息保护作出的有效承诺等内容。经过正当合法性和安全风险评估后，被认定为风险高或极高的个人信息不允许跨境传输。当个人信息跨境传输的风险较低且网络运营者和数据接收者同样达到评估要求时，允许个人信息的出境。

2017 年 12 月信安标委发布的《信息安全规范》以个人信息控制者为主要规范主体，针对利用信息系统处理个人信息的各项环节，提出了 130 余项具体的安全保护措施以及需要遵循的数据处理原则。

（二）不同领域中的差异化规定

在个人信息跨境流动的问题上，对于各行业领域我国根据不同行业的现实需求制定了规范性文件。2013 年颁布并实施的《征信业管理条例》第 24 条规定，在境内采集的数据必须在境内储存和处理，征信机构需向境外提供数据的，应遵守法律法规和主管部门的相关规定。《中华人民共和国档案法实施办法》第 18 条第 2 款规定，有跨境传输需求的个人档案数据经主管部门审批后方可传输。两者均对个人信息跨境流动的限制做出了保留，但是由于规定较为粗糙，缺乏实际操作性。2019 年《中华人民共和国人类遗传资源管理条例》（以下简称《人类遗传资源管理条例》）第 27 条和第 28 条规定我国个人遗传资源对境外提供应有合理合法的出境需求，且对我国公众健康、国家安全和社会公共利益没有危害，经国务院科学技术行政部门批准备份后可以进行个人遗传资源的跨境传输。《人类遗传资源管理条例》明确了人类遗传资源出境前的审批条件和审查的具体内容，审查的方式为出境事由备案与信息备份。

公安部于 2018 年 9 月发布了《公安机关互联网安全监督检查规定》，旨在规范公安机关对网络安全的监督工作，督促网络运营者依法履行应尽的责任义务；2018 年 11 月，商务部等六部委发布《关于完善跨境电子商务零售进口监管有关工作的通知》，明确了适用的跨境电商模式及其需要遵守的义务。

在金融领域，中国人民银行发布的《关于银行业金融机构做好个人金融信息保护工作的通知》（已失效）规定禁止个人金融信息的出境，但有中国人民银行或其他法律规定的除外。在医疗健康及个人健康、基因数据方面的立法规定较为严格，多采用禁止出境和数据本地化存储的规则。《人口健康信息管理办法（试行）》《国家健康医疗大数据标准、安全和服务管理办法（试行）》中均有关于禁止个人医疗健康数据出境或数据本地化要求的规定。智能出行为日常生活带来便利的同时也带来了数据安全的危机，为维护网约车用户的合法权益，保障网约车的运营安全，交通运输部、工信部等七部委联合发布了《网络预约出租汽车经营服务管理暂行办法》，该办法第 27 条第 1 款规定用户在使用网约车服务时产生的数据以及被运营商收集的个人信息只能在中国境内储存和使用，禁止传输出境。

除了通过国内立法的形式保护跨境传输中的个人信息，参与有关个人信息保护的国际规则或多边贸易协定也是保护跨境个人信息的一种方式。目前,我国作为 APEC 的成员国签署了 APEC《隐私保护框架》,但尚未加入 APEC 的 CBPRs。2015 年,我国签署了《中韩自由贸易协定》和《中澳自由贸易协定》,两份贸易协定均涉及电子商务中个人信息的保护问题,但并未对个人信息跨境流动作出详细规定。

历经漫长的 8 年谈判,我国参与的区域全面经济伙伴关系协定(RCEP)终于在 2020 年 11 月正式签署,这标志着世界上涵盖人口最多、成员结构最多元、最具发展潜力的自由贸易区由此诞生,是东亚经济一体化的重要里程碑。2021 年 3 月我国完成了 RCEP 的核准。RCEP 在第十二章电子商务部分对成员国之间的跨境数据传输进行了约定,要求不得阻碍出于商业需求产生的数据跨境传输行为,并对数字贸易相关领域进行了规范,旨在消除成员方数据本地化规则等限制性规定对数字贸易的负面作用,在促进跨境贸易的同时,确保区域内的个人信息安全。但是 RCEP 的核心目标是实现关税与非关税壁垒的最小化,建立统一市场的自由贸易协定,保护数据的跨境传输并不是签署 RCEP 的主要目的,有关个人信息跨境传输的规定也仅停留在原则性的概括。

目前,我国尚未加入针对个人信息跨境流动制定的国际规则,在我国加入的双边、区域贸易协定中,也仅对个人信息的跨境传输做了原则性规定,仍需要进一步落实。

三、我国智慧贸易中个人信息权益跨境保护面临的挑战

面对个人信息跨境流动风险与日俱增的问题,我国加快了建立个人信息跨境流动保护体系的进程。《网络安全法》《数据安全法》《个人信息保护法》《数据出境安全评估办法》等法律、部门规章相继出台,基本体现了保护个人信息跨境安全的立法目标,但伴随着错综复杂的智慧贸易发展变化,我国智慧贸易中个人信息权益跨境保护仍面临挑战。

(一)我国智慧贸易中个人信息跨境保护的法律问题

纵观法律文本和实践情况,在我国智慧贸易个人信息跨境保护中,可以发现其中存在数据本地化要求过于严格、统一的高位阶立法有待加强、域外效力条款设计有待完善、在国际数据跨境规则制定方面的话语权不足的问题。

第一,数据本地化要求过于严格。互联网空间的“国别”概念模糊,缺少物理空间的限制,因此从维护国家安全、保护个人信息相关权益、国内执法便利等方面进行考量,我国采用了数据本地化程度较高的保护模式,严格限制个人信息向境外传输,个人信息跨境流动方面的政策较为保守。我国实行数据本地化政策主要有三方面原因:其一,在数字经济主导全球经济发展的时代,美国依靠其在互联网领域的固有优势,推动制定了以“数据自由流动”为主导的跨境数据流动法律保护体系。我国拥有庞大的互联网市场,数据管理技术水平还有待提升。为促进我国数字产业发展,实行数据本地化规则可以在让发达国家的公司进入我国市场的同时与我国公司进行数字储存、处理合作,提高

我国相关技术水平。其二,美国“棱镜门”事件的曝光引起了我国对国家数据主权的重视,为保护公民隐私、维护国家信息安全,同时免于他国监控,实行较为严格的数据本地化规则有利于维护国家数据主权。其三,当存在安全风险时,数据本地化规则有利于我国执法部门快速检测到危险并及时采取措施,避免个人信息相关权益受到损害。欧洲国际政治经济研究中心的高级经济师马蒂亚斯·鲍尔的研究报告认为:过度的数据本地化措施将对国家或地区的GDP产生负面作用;数据本地化对这些国家的国内投资也会产生巨大影响,如中国和印度尼西亚因损失竞争力造成了出口减少的结果。① 与发达经济体不同,个人数据跨境流动的限制措施可能会使发展中经济体的贸易企业丧失更多的出口机会。②

我国数据本地化立法本意是保护国家数据主权与个人信息隐私,但如果不能将数据本地化的强度控制在合理范围内,可能会产生预期外的不良反应:其一,过于严格的数据本地化规则会增加个人信息安全风险。数据本地化能在一定程度上提高个人数据安全,但是数据存储地并不会绝对影响数据传输的安全。③ 由于建立数据中心的成本非常高,对于经济实力不强的中小企业而言很难负担得起,因此这些公司大多会寻找第三方储存、处理数据,增加了数据处理的成本。并且,个人信息在多家机构之间流动,脱离了公司的控制,无疑增加了个人信息被滥用、泄露的风险。另外,个人信息的过度集中更容易引起以经济目的为导向的攻击。有学者认为,推动数据本地化的国家有时是网络犯罪的温床,储存了大量个人信息的服务器更容易成为境外不法分子攻击的目标。④ Risk Based Security 发布的2020 *Year End Data Breach Quick View Report*⑤中披露,在2020年10月,以“闪亮猎人”为名的用户在黑客论坛上分享了17个数据库,最终暴露了超过5.5亿人的用户数据。被盗取的数据库涉及多个行业,受害者组织遍布全球,从南美洲的巴西、北美洲的美国等到亚洲的新加坡、伊朗等的用户都受到了这些违法行为的影响,在互联网实现全球互通的同时也给个人信息安全带来极大的威胁。在全球网络互联的情形下,即便对数据在本国境内储存加以限制,也无法杜绝个人信息面临的安全风险。其二,过于严格的数据本地化规则会增加交易成本。不同国家或地区关于个人信息跨境流动的合规需求增加了从事跨境业务企业的合规成本,其中,数据本

---

① 参见马蒂亚斯·鲍尔:《数据本地化的代价:经济恢复期的自损行为(摘译)》,载《汕头大学学报(人文社会科学版)》2017年第5期。

② 参见周念利、姚亭亭:《数据跨境流动限制性措施对数字贸易出口技术复杂度影响的经验研究》,载《广东财经大学学报》2021年第2期。

③ 参见黄宁:《数据本地化的影响与政策动因研究》,载《中国科技论坛》2017年第9期。

④ See Chander, Anupam & Uyên P. Lê, *Data Nationalism*, Emory Law Journal, Vol. 64:667, p. 677 – 740 (2015).

⑤ See Risk Based Security, 2020 *Year End Data Breach Quick View Report*, https://max.book118.com/html/2022/0408/6135044235004132.shtm.

地化规定通常要求企业不断更新其服务器,提供有效的数据保护措施,使企业需要投入大量时间和金钱进行维护,无法降低成本。① 我国数据本地化规则要求公司必须建立相应的数据本地储存、备份、处理机制,增加了跨国公司的建设、经营、服务、合规、数据处理和运营成本,为国内公司带来了巨大的经济负担,阻碍了我国公司数据跨境业务的发展。其三,过于严格的数据本地化规则会降低数据跨境业务的交易效率,引起他国对数字贸易壁垒的担忧。数字经济的快速发展扩大了个人信息跨境流动的需求和规模。以阿里巴巴、亚马逊等大型电商平台为例,其日常运营以互联网为依托大规模获取、处理和传输跨境数据,数据本地化规则强度过大会增加日常运营的难度,降低数据跨境业务的交易效率,给他国公司和中国公司进入相关市场增加了难度,形成阻碍全球数字经济发展的贸易保护主义,还会被其他国家认定为我国设置数字贸易壁垒限制他国公司进入中国市场。我国于 2020 年签署的 RCEP 是全球最大的自由贸易协定,RCEP 中涉及个人信息跨境流动的条款旨在促进区域内的数据自由流动,最大限度地减少参与协定的各国数据本地化规则等限制数据流动的规定,而我国数据本地化强度过大,将会对我国企业在区域内进行商业活动造成不良影响。其四,我国如果采用过于严格的数据本地化规则会与国际数据跨境规则存在衔接问题。在经济全球化和贸易全球化的发展趋势下,世界各国家及地区都在积极寻求平衡个人信息保护与数据自由流动的保护路径。如果我国采用强度过大的数据本地化规则限制或禁止个人信息的跨境传输,会对我国数字贸易的发展产生不利影响。WTO 多边框架之外的超大型自由贸易协定(Mega FTAs)大多加入了禁止数据本地化的条款,如《全面与进步跨太平洋伙伴关系协定》(CPTPP)第 14.11 条规定,每一缔约方不得对数据的跨境传输采用阻碍贸易或超出实现目标所需限度的保护措施。② 在个人信息跨境流动的问题上,我国对其他国家或地区的服务器运营商给予限制的程度,需考虑 WTO 的基本法律原则——国民待遇原则的要求,因此,我国应避免此类风险成为其他国家或地区打压我国数字经济发展的突破口。另外,如果禁止或限制其他国家因业务往来进行的数据跨境传输,可能会与《服务贸易总协定》(GATS)规定的国民待遇义务和市场准入承诺发生冲突。根据争端解决机构(DSB)的裁判法理,即使我国基于保护个人数据安全、打击不法行为等目的对数字贸易领域的个人信息跨境传输进行了必要的限制,也需考虑数据本地化措施是否违反 GATS 中关于国民待遇和市场准入的相关规定。③

第二,统一的高位阶立法有待加强。目前,我国主要通过以《网络安全法》《个人信

---

① See HJ Brehmer, *Data Localization: The Unintended Consequences of Privacy Litigation*, American University Business Review, Vol. 67:967, p. 967 – 969 (2018).

② 参见《全面与进步跨太平洋伙伴关系协定(CPTPP)》,载中华人民共和国商务部,http://images.mofcom.gov.cn/sms/202101/20210111155726927.pdf。

③ 参见彭岳:《数据本地化措施的贸易规制问题研究》,载《环球法律评论》2018 年第 2 期。

息保护法》为主的统筹性法律和行业规定保护个人信息的跨境流动，个人信息跨境流动的法律体系呈现分散化和碎片化的特点。立法中分散的法律规定之间存在冲突，实践中常出现无法可依或者不知道如何选择法律依据的情况，在个人信息跨境传输出现问题时无法获取有效的解决途径。在个人信息跨境方面，《个人信息保护法》虽然完善了个人信息跨境提供规则，明确了个人信息处理活动中个人的权利和处理者的义务以及履行个人信息保护职责的部门，但仍有许多细节需要调整完善。《数据出境安全评估办法》虽然是关于数据跨境的一项专门规定，但其仅关注数据出境领域，且主要解决的是境内数据处理者规范数据出境安全评估这一工作的流程，并不属于个人信息跨境流动中具有统筹性质的规范性文件，且仅为部门规章，效力位阶较低。同时，《电子商务法》、《基本医疗卫生与健康促进法》、《人类遗传资源管理条例》、《征信业管理条例》以及与《网络安全法》配套实施的多项法律文件中都有关于个人信息跨境流动的法律规定。对于同一问题可能在多部法律文件中都有规定，分散的立法在适用上不仅带来了冲突还可能存在漏洞，使不同的法律规定不能实现有效衔接。例如，《信息安全技术 个人信息安全规范》和《个人信息保护法》第 31 条都有规定，收集未成年人个人信息需要获得监护人明示同意的年龄界限是 14 周岁；而《民法典》第 1035 条第 1 款第 1 项规定处理个人信息须征得自然人或监护人同意，其中未成年人的区分界限为 18 周岁，限制民事行为能力人和无民事行为能力人的年龄以 8 周岁为界限。《个人信息保护法》中个人敏感信息的处理规则如何与《民法典》中私密信息的规定相协调也是需要考虑的问题，各项法律法规中的冲突问题会使执法机关和司法机关在法律条款的适用上遭遇选择难题，浪费不必要的时间，使执法效率降低。如何将有关个人信息跨境流动的法律法规进行有效衔接与协调，是当前亟待解决的问题。

第三，域外效力条款设计有待完善。除了数据本地化要求限制了政策的个人信息跨境传输活动外，缺少关于域外效力的规定也成为个人信息跨境传输规范进行的不利因素。赋予个人信息保护法域外效力能更好地保护本国个人信息安全。

不同国家和地区对个人信息的保护程度存在较大差异，当我国公民的个人信息因必要原因传输到其他国家或地区境内时，可能会面临未知的风险。我国《数据安全法》第 2 条规定，在我国境外的组织或个人开展数据活动损害了我国国家或公民合法利益的，将依法追究其责任。虽然该法设置了域外效力，但《数据安全法》中的“数据”指向所有以电子或非电子形式对信息的记录，并未针对个人信息的跨境流动作出明确规定。我国《个人信息保护法》第 3 条要求境外个人或组织的个人信息处理活动适用本法，第 42 条规定对于损害我国公民个人信息权益、国家安全及公共利益的行为，国家网信部门可以通过添加黑名单的方式限制或禁止个人信息的跨境流动。其他涉及个人信息保护的法律文件主要以规范境内的数据活动为主，偏向于限制个人信息向境外传输，并未明确规定域外效力。《数据出境安全评估办法》也仅要求境内数据处理者需要确保境外接收方数据保护水平达到我国法律、行政法规的规定和强制性国家标准的要求，通过境内数据处理者对境外接收方进行一定约束。

第四，在国际数据跨境规则制定方面的话语权不足。个人信息跨境流动的保护问题并非单纯的国内法问题，除了在境内建立个人信息跨境流动的法律保护系统，国际规则的制定也发挥着巨大的作用。目前，我国在个人信息保护与数据跨境流动保护方面的国际参与度有待进一步提高，我国个人信息跨境流动的立法较分散，尚未形成个人信息跨境流动规则的法律体系。并且，立法中类似数据本地化的限制性规定较多，可能会与侧重数据自由流动的国家产生冲突，导致在相关国际规则的制定过程中尚未具有绝对的话语权。

在双边贸易领域，我国与 26 个国家或地区签订了 19 个自由贸易协定，[①]但其中只有《中澳自由贸易协定》和《中韩自由贸易协定》对个人信息保护问题作出了规定。《中澳自由贸易协定》约定了中澳双方应对电子商务贸易中的个人信息采取合适必要的保护措施；《中韩自由贸易协定》中除了对个人信息保护作出了规定，还提出双方应就个人信息保护问题交流分享经验。由此可见，我国签订的双边贸易协定中明确规定个人信息保护的协定占比很小，具体条文中大多为宣示性或倡导性的规定，并未细化具体实施措施，难以有效保护个人信息的跨境流动。

（二）我国智慧贸易中个人信息跨境保护上的问题

进入大数据时代后，传统行业的电子化与经济的全球化、数字化使个人信息不可避免地跨境流动，个人、企业以及国家数据主权面临新的挑战。从我国智慧贸易发展实践来看，个人信息跨境保护存在如下问题。

第一，个人信息跨境泄露问题。2018 年 10 月 24 日，中华人民共和国科学技术部（以下简称科技部）公示了 6 则涉及人类遗传资源违法出境的处罚信息，[②]深圳华大基因科技服务有限公司（以下简称华大科技）等 6 家单位受到行政处罚，这是科技部首次公开涉及人类遗传资源违法出境的行政处罚案例。其中一项行政处罚的违法违规事实为，复旦大学附属华山医院和华大科技未经许可，擅自与英国牛津大学开展关于“中国女性单向抑郁症的大样本病例对照研究”的合作研究，传递出境的数据涉及 14 万中国孕妇的 DNA 信息，被称为“数据出境处罚第一案”。另外一项行政处罚的违法违规事实为，苏州药明康德新药开发股份有限公司在未经许可的情况下，擅自将 5165 份人类遗传资源（人血清）作为犬血浆违规出境，同样涉及个人信息非法出境的问题。按照《网络安全法》第 37 条和《信安评估指南》第 5 条及附录 A18 中 g 项的规定，个人和家

① 参见中国自由贸易区服务网，http://fta.mofcom.gov.cn/，2021 年 4 月 7 日访问。

② 参见人类遗传资源管理行政处罚信息，载中华人民共和国科学技术部官网，https://www.most.gov.cn/xxgk/xinxifenlei/fdzdgknr/xzcf/。

族的遗传信息在出境前应依法进行安全评估，包括但不限于数据的敏感程度、范围、数量以及数据接收国的数据保障措施和法律环境等，除必要的安全评估以外，个人信息的跨境传输还须获得数据主体的授权同意；《人类遗传资源管理暂行办法》第 4 条、第 11 条、第 16 条也规定，对人类遗传资源实行申报登记制度，未经许可，任何单位和个人不得擅自传输出境或以其他形式对外提供，人类遗传资源的国际合作经主管部门批准后方可签约。在 6 项处罚中，华大科技等 3 家公司及机构未在出境前对重要个人信息进行安全评估流程和审查批准，且并未获得数据主体的知情同意，擅自将有关遗传基因的个人信息传输至境外的行为违反法律规定，应承担相应的法律责任。

2018 年科技部公布的 6 项行政处罚，表明了国家保护个人信息安全、维护数据利益的立场。个人信息的跨境流动有其必要性，而以人类遗传基因为代表的重要个人信息关乎国民切身利益和国家安全，因此个人信息的跨境传输应具有合法正当性。除此以外，根据《数据出境安全评估办法》第 19 条，类似人类遗传基因数据这种“一旦遭到篡改、破坏、泄露或者非法获取、非法利用等，可能危害国家安全、经济运行、社会稳定、公共健康和安全等的数据”向境外传输需要经过安全评估，具体评估内容包括个人信息的敏感程度、数量、范围以及是否获得数据主体的授权同意等。此外，个人信息跨境流动的安全评估还应考虑数据接收方的数据保护水平和网络安全环境，从而保证个人信息面临的安全风险降到最低，避免因个人信息跨境流动产生侵犯个人合法权益、损害社会公共利益和危害国家安全的不良后果。由于个人信息跨境流动涉及多国利益和复杂的跨国法律环境，对于个人信息保护不是简单地仅仅依靠立法和技术手段就可以实现的，还需要企业加强自律以及专门机关有效监管，从而在保护个人信息的同时实现全球数据的安全共享。

第二，我国企业海外业务因域外个人信息保护要求而受限。摩拜单车曾于 2018 年年底因涉嫌违反欧盟 GDPR 而面临德国柏林监管机构的调查。[①] 据英国《金融时报》报道，德国的数据保护和信息自由专员将对包括摩拜单车在内的共享单车公司展开调查。《金融时报》称共享单车平台通过手机软件收集了大量用户的个人信息，用户在没有使用软件时也可能被收集到准确的位置数据。同时，摩拜单车将欧盟用户的个人信息传输到中国总部的做法，也引起了广泛的关注和讨论。根据摩拜单车全球版官网的介绍，用户的个人信息可能会被传输至中国和新加坡。由于这两个国家尚未通过欧盟委员会的充分性认定，摩拜单车将基于用户同意进行数据跨境传输。一位居住在法国波尔多的王女士表示，摩拜单车告知了用户会把数据传输至欧盟境外，用户必须在这一项政策

---

① 参见托拜厄斯・巴克：《因涉嫌违反 GDPR，摩拜单车面临德国数据保护监管机构的调查》，载搜狐网，https://www.sohu.com/a/281194922_733746，2021 年 3 月 17 日访问。

前勾选“同意”,否则将不能继续使用单车服务。[①] 目前,关于个人信息跨境传输的合规方式,各界尚未达成共识。虽然德国监管机构并未披露有关摩拜单车的具体调查细节,但是摩拜单车的国际业务也于此次事件后全面下线,这无疑为其他走出国门的中国企业敲响了“跨境个人信息安全”的警钟。

对于个人信息的跨境流动问题,欧盟 GDPR 作出原则性规定:个人信息的跨境传输需建立在第三方数据保护水平达到欧盟标准的基础之上,即“充分保护原则”。该原则对个人信息的跨境流动进行了较为严格的限制,依法评估第三方的个人信息保护水平,保障了个人信息的安全和公民的隐私权,体现了欧盟对基本人权与自由的重视。对第三方数据充分保护水平的评估主要由政府机关统一负责,评估的准确度高,方便各国公司开展跨境业务。除了保护个人信息安全,“充分保护原则”也促进了数据的自由流动,有效地防止成员方以保护人权为借口限制个人信息的自由流动。GDPR 第 3 条规定了地域管辖范围,赋予了 GDPR 域外管辖权的效力。GDPR 第 3 条的地域管辖范围实际上与公司的设立地点或者总部所在地的关系不大,而更关注企业经营活动涉及的范围和地点。尤其是第 3 条第 2 款使得 GDPR 的地域管辖范围远远超出欧盟,也使得 GDPR 成为一个“长臂管辖”法规。GDPR 第 3 条规定,只要机构开展的业务涉及欧盟个人信息处理行为,就受到 GDPR 的约束。对于在欧盟有业务的中国公司来说,如果中国公司在欧盟设有子公司、分公司、代表处或任何其他实体,这些实体的任何个人信息处理活动均受到 GDPR 的约束;如果中国公司仅向欧盟的个人或机构提供涉及个人信息的商品或服务,并未在欧盟设置分支机构,该公司的个人信息处理活动也适用 GDPR,如摩拜单车的国际业务。由于 GDPR 属于“长臂管辖”法规,因此 GDPR 对进入欧洲市场的中国公司具有规范作用,摩拜单车在服务中收集欧洲用户的个人信息应当受到 GDPR 的约束。摩拜单车将欧盟用户的个人信息进行跨境传输是被德国柏林监管机构调查的主要原因,该公司在欧盟收集的个人信息包括用户的直接个人信息和用户在使用摩拜单车的过程中产生的个人信息,如用户的姓名、手机号码、电子邮箱、付款方式以及使用摩拜单车时的具体位置、交易数据等。摩拜单车在其隐私条款中表明,摩拜单车收集欧洲用户的个人信息之后可以将数据传输到欧洲以外的国家或地区,同时,这些个人信息也面临着被精准分析的风险。根据 GDPR“充分保护原则”,只有第三方被列入欧盟数据跨境流动白名单或与欧盟签订了数据自由流动协议,该国家或地区的数据控制者才可以不经监管部门的任何特别授权直接跨境传输欧盟的个人信息。而目前我国尚未与欧盟签订数据跨境流动协议,个人信息保护水平也未得到欧盟的认可,因此摩拜单车如果想在欧盟进行个人信息的跨境传输需要遵循 GDPR 的 SCCs 和 BCRs 等

---

① 参见《摩拜回应遭德国数据监管机构调查一事:尚未接到问询》,载环球网,https://baijiahao.baidu.com/s? id = 1619628425480987143&wfr = spider&for = pc,2021 年 3 月 17 日访问。

保障措施。

不同国家或地区间保护传统和制度环境差异形成了个人信息跨境流动的全球治理难题,同时也是我国个人信息跨境流动面临的挑战。面对欧盟严苛的个人信息跨境流动规则,我国的境外服务供应商应做出积极的合规准备,避免因合规问题影响商业机构的贸易活动和自身发展,同时还应提高自身的数据保护水平,最小化个人信息出境面临的安全风险。在个人信息跨境流动的问题上,不仅国家和个人面临着严峻的数据安全风险,对于从事跨境业务的商业机构来说,亦面对着个人信息保护与合规管理的考验。在不同的法域环境下,商业机构应充分了解其他国家或地区的个人信息保护规则,高度重视其个人信息保护需求。我国也应积极构建本国的个人信息保护规则体系,与时俱进不断进行体系的优化升级。

第三,监管机制有待完善。当前,世界各个国家和地区主要采用设立专门的监管机构和各主管行政机关兼任两种方式对个人信息跨境流动进行监管。欧盟成员国都建立了各自的个人信息保护机构,而分散立法的美国则由多个主管部门监管个人信息的跨境流动。我国现有法律并没有对个人信息监管职能作出统一规划,对监管机构的授权分散在各行业和领域的法律规定中,主要采用各主管行政机关兼任的模式保护个人信息的跨境流动。例如,电信互联网领域的个人信息安全由工业和信息化部以及公安部门负责,刑事责任领域的个人信息由公安部负责,卫生医疗行业有关个人健康的数据由卫生主管部门负责,金融行业的个人信息保护工作由央行负责,消费者的个人信息则由国家市场监督管理总局负责等。虽然《网络安全法》规定由国家网信办统筹协调,但是没有足够的实际执法权力,仍需要其他主管部门配合管理,当涉及的部门较多,权责分配不够清楚时,就会出现监管缺位的现象,这无疑增加了执法工作的难度。另外,《数据出境安全评估办法》规定个人信息出境的安全评估工作由各省级网信部门统一负责。但各省具体情况存在差异,安全评估的标准和程序不一致,缺少专门的监督管理部门统一把控和协调。目前,《个人信息保护法》虽然规定了履行个人信息保护职责的部门,但是并未明确规定如何与其他法律法规中的主管部门进行衔接,缺少具体的监管程序。为促进各领域的主管部门在监管过程中充分发挥他们的专业优势,设立专门的监管机构有利于实现各主管部门权责分明,避免出现监管缺位的现象,更有针对性地保护数据境外流动中数据主体的权利。

第四,监管队伍与合规人才匮乏的问题。目前,我国十分缺乏这类人才。《网络安全法》《个人信息保护法》等法律法规均对网络运营商提出了要求,即当网络运营商需要进行必要的个人信息跨境传输时,应提请有关部门,经安全评估后方可进行个人信息的跨境传输。尽管我国为保护个人信息的跨境传输进行了限制性规定,但在具体实施过程中,同时具备个人信息跨境流动法律知识与技术知识的专业人才匮乏,造成了执法效果不及预期的现象。另外,网络运营商同样缺乏高水平的合规人才,这类合规人才除了能够应对本国个人信息合规管理的需要以外，更是在我国企业“走出去”的过程中，应对国外个人信息跨境流动法律规定发挥着至关重要的作用。

四、我国智慧贸易中个人信息权益跨境保护制度的重构

数字化浪潮席卷着世界的每个角落，在互联网技术与贸易经济全球化协同发展的大环境下，数据的跨境流动是绝对的，而对数据流动的限制是相对的。[①] 然而，以个人信息为要素的互联网技术正在以前所未有的发展强度冲击着现有秩序，一系列现行法规正面临新挑战，个人信息跨境流动在创造财富的同时也影响着国家数据主权与个人信息安全。因此，个人信息跨境流动的法律保护是维护国家数据主权、协调个人信息安全与商业利益的必由之路。

（一）我国智慧贸易中个人信息跨境保护的价值平衡

数字贸易的高速发展加快了全球一体化的进程，互联网等新兴技术使个人信息的传输与处理跨越了国与国之间的边界，数据主体可以通过网络实现个人信息在各领域内的流动，但同时，数据主体在网络上的所有操作记录和个人信息都有可能在不知情的情况下被转移出境。由于个人信息与个人生活隐私的联系极为密切，个人信息的泄露不光侵犯了数据主体的合法权益，甚至会对商业活动和国家主权安全产生影响，新兴技术在带来便利的同时也带来了危机与挑战，因此不论是个人还是国家对个人信息的保护需求都变得越发强烈。

个人信息具有的人格权、财产权、国家主权三重属性，决定了个人信息跨境流动法律保护的立法价值主要体现在三个方面。

第一，保护个人信息主体的合法权益。在大数据时代，个人信息的传输与处理十分便利，数据控制者掌握的个人信息也更加具体、全面。近年来全球频繁发生的大规模个人信息泄露事件，引起了社会公众对个人信息安全的关注和担忧。对于自然人而言，个人信息可以识别具体的个人，涉及个人的隐私以及其他相关权益，因此数据主体有权要求其个人信息受到充分保护，也有权自主决定个人信息的收集和使用。新兴技术的发展和商业模式的变革扩大了个人信息跨境流动的需求，同时增加了个人信息被篡改、窃取、滥用的安全风险，对自然人的个人信息安全造成了威胁。因此，个人信息跨境流动的法律保护有利于维护个人信息的安全，保护个人隐私。

第二，个人信息有序流动促进智慧贸易健康发展。智慧贸易的发展依赖于个人信息突破物理边界的跨境流动，世界各地的企业可以通过互联网建立起广泛的合作关系，个人信息的跨境流动为全球经济增长带来了巨大的动力。我国是世界上最大的贸易国，大规模的个人信息跨境流动为经济和贸易活动创造了机遇，推动了我国数字贸易的

---

① 参见马其家、李晓楠：《论我国数据跨境流动监管规则的构建》，载《法治研究》2021年第1期。

发展。由于个人信息具有财产权属性,对从事商业活动的组织机构而言,个人信息的跨境流动能为商业活动创造价值,因此个人信息跨境流动的法律保护不能仅从保护个人信息的角度出发,还应从促进个人信息自由流动、推动智慧贸易发展的立场进行考量。

第三,维护国家主权、安全、发展利益。传统的国家主权概念与物理空间紧密相连,网络通信技术的发展使国家主权的概念逐渐扩张至虚拟的网络空间,数据主权的概念由此诞生。数据主权是指一国独立自主对本国数据进行管理和利用的权利,对内体现为一国对管辖地域内任何数据的处理活动拥有最高权力;对外表现为一国有权决定参加国际数据活动的方式方法,通过必要措施保障本国的数据权益免于侵害。① 数据主权是国家主权在网络空间领域的丰富和延伸,确立了国家对本国个人信息的管辖权,以及一国国内法对个人信息跨境流动的保护措施在国际法上具有合法性。美国"棱镜门"事件的曝光使国际社会认识到维护国家数据主权的重要性,世界各个国家和地区纷纷投身于个人信息跨境流动规则的制定,采取不同的保护措施维护个人信息相关权益和数据主权安全。在我国现有的个人信息跨境流动法律规定中,大多通过采用数据本地化规定的方式维护我国数据主权。需要注意的是,过于严苛的个人信息跨境流动规则虽然能充分保障国家对个人信息的控制力,但同时会阻碍个人信息价值的有效发挥,影响国际贸易的发展;而过于宽松的个人信息跨境流动规则会降低国家对个人信息的控制力,使数据主体的合法权益受到损害,威胁国家安全和社会公共利益。因此,我国在建立个人信息跨境流动法律保护体系时,不仅要保障国家对个人信息的独立控制和支配的权利,还要谋求数字贸易的健康与可持续发展,促进个人信息的有序流动。

(二)我国智慧贸易中个人信息权益跨境保护的基本原则

我国智慧贸易中个人信息权益跨境保护需要明确法律保护的基本要义和出发点,从而指导相关主体有效开展个人信息权益跨境保护工作,相应基本原则可分为四点。

第一,以维护国家数据主权为基础。2014 年,习近平总书记在中央国家安全委员会第一次会议上首次提出"总体国家安全观"理念,强调要准确把握国家安全形势变化新特点新趋势,以"总体国家安全观"为遵循,构建具有中国特色的国家安全体系。在大数据时代背景下的总体国家安全,既包括传统安全领域,又包括随着科学技术发展产生的非传统安全领域,如互联网空间的个人信息安全也包括在非传统安全范围内。基于数字贸易、网络服务等现实需求,以互联网为依托的个人信息跨境流动有其必要性,在互联网空间强调数据主权体现了我国对在主权管辖范围内的个人信息享有独立占有、使用等权利,也意味着我国境外的国家或地区无权随意传输或使用我国境内的个人信息。国家数据主权的维护与个人信息的保护不是完全独立的,而是相互依存的关系,

① 参见齐爱民、盘佳:《数据权、数据主权的确立与大数据保护的基本原则》,载《苏州大学学报(哲学社会科学版)》2015 年第 1 期。

为保障公民的基本人权,主权国家必须拥有独立自主处理跨境个人信息的权力,在个人信息跨境流动的法律保护问题上应建立以维护国家数据主权为基础的个人信息安全原则。

以维护国家数据主权为基础的个人信息安全原则要求通过合理合法的机制来避免个人信息被窃取、泄露等,在制度层面明确数据跨境流动中个人信息的合法权益和个人信息安全的法律地位,要求保证流通中个人信息的完整性与合理使用,而不仅以个人信息安全为由限制数据的流动,对个人信息行使绝对的单边控制。

第二,以实现个人信息保护与商业利益平衡为目标。个人信息保护与商业利益平衡的原则强调了数据安全与发展并重的理念。个人信息是互联网时代个人社会活动的产物,是跨境商业活动中可以获取和利用的数据资源,为保护个人信息安全,首先要明确个人信息的权利属性,并以此为基础通过法律手段对有跨境流动需求的个人信息进行约束。个人信息的跨境传输并不必然会损害个人信息主体的合法权益,更多的是增加了个人信息遭遇泄露或被非法利用的风险,个人信息保护与数据自由流动并不存在绝对的价值对立。传统贸易向数字贸易的转型使个人信息成为新的社会生产要素,一方面,过度限制个人信息的跨境流动不一定能保障个人信息安全,相反因为割裂了数据的联系而丧失了学习新技术、交流新思想的机会,反而不利于国内产业的发展;此外,一味追求个人信息的自由流动并不一定会得到深化数字贸易自由化的结果,反而会因为未能提供充分的个人信息保护措施,而有损公民对数字市场的信心。因此,对个人信息跨境流动的保护,应充分考虑个人信息保护与商业利益两方面因素,结合我国数据保护能力和数字贸易需求等实际情况,在个人信息安全与经贸发展之间寻求最大公约数,维护两方面利益平衡。

第三,以科学合理的保护手段为支撑。随着数字贸易的发展,个人信息成为各国家重要的战略性资产和大国博弈中核心竞争优势的关键,过度限制个人信息的流动不利于维护我国自身利益。有学者提出,数据安全并不取决于数据储存的地点,更多的是受到数据传输方式的影响,①即使采用了高强度的数据本地化规定,也很难完全避免个人信息泄露、损毁等安全风险。因此在进行个人信息跨境流动的法律保护时,应考虑保护手段的适当性与合理性,对数据流动的限制不得超过必要的限度,适当的约束和合理的干预才能不断促成市场持续稳定的良性发展。保护手段的适当合理原则实质是处理好数据本地化与数据自由流动的关系,在保障数据安全的前提下,最大限度地实现数据自由流动才是保障个人与国家利益的有效途径,体现了我国数字经济安全与发展并重的理念。

第四,以统筹推进国内法治与涉外法治为方向。国内法治分为国内法治和涉外法

① 参见黄志雄:《网络主权论——法理、政策与实践》,社会科学文献出版社2017年版,第180页。

治两部分,而全球法治则分为国内法治和国际法治两部分。国内法治与涉外法治的统筹推进和国际法治的积极建设,是实现全面依法治国的必由之路,同时也是推动构建人类命运共同体的坚实保障。涉外法治是国内法治和国际法治之间的纽带,有着重要的互动融通作用,影响着政治、经济等多方面领域的发展,是推进国家治理体系和治理能力现代化战略的重要支点。

我国对个人信息跨境流动的法律保护不仅要符合数字经济迅猛发展的现实需求、应对网络安全威胁,还应考虑我国个人信息保护体系与国际规则的协调问题。在完善我国个人信息跨境流动制度的过程中,也要时刻关注国际规则的变化趋势,参考先进经验,推进我国涉外法治的建设并与国际规则接轨,促进国内立法与国际规则的有效衔接,在个人信息跨境流动的问题上掌握更多的国际话语权。另外,统筹推进国内法治与涉外法治的同时也要进一步保障国内市场与国际市场的协调性。互联网技术的快速发展推动了经济全球化进程,自我国提出"一带一路"等倡议以来,我国企业的发展与世界经济紧密相连,个人信息作为新时代的重要资源成为各大经济体争夺的焦点。当我国从事跨境业务的企业需要进入其他国家或地区市场并获取其公民的个人信息时,这些国家可能会以保护公民个人信息权益和国家主权安全为由阻碍个人信息的跨境流动,阻碍我国企业开展涉及个人信息的跨境业务。统筹推进我国个人信息跨境流动国内法治与涉外法治的建设与发展,积极参与相关领域的国际合作和规则制定,有利于我国企业打开国际市场。

(三)我国智慧贸易中个人信息权益跨境保护的完善路径

结合我国智慧贸易中个人信息权益跨境保护的问题及原因,立足于我国目前在个人信息权益跨境法律保护的现状,笔者提出以下完善路径。

第一,坚持统一立法为主的保护模式。不同立法模式的诞生与该国家或地区的历史背景及社会现实需求紧密相连。

我国应采用统一立法为主的保护模式,以政府为主导制定个人信息跨境流动的法律制度,充分保护我国公民的个人信息相关权益,维护国家主权安全。目前,我国《个人信息保护法》有关个人信息的跨境提供规则具有创新性,但具体规定仍需进一步完善,从而切实起到规范个人信息的跨境传输行为的作用。

第二,完善个人信息保护方面的域外效力条款。个人信息对国际经济贸易发展、社会秩序稳定及国家主权安全有着重要价值。基于贸易发展的需求,个人信息频繁地跨越物理边境流动到不同的国家和地区,个人信息的充分保护是无法单方面依靠国内立法实现的。个人信息相关权益的保护应从境内境外两方面着手,在完善国内相关立法的同时还应扩大其适用范围至域外。通过赋予国内立法适当的域外效力,提高我国在国际数据竞争中的地位,在制定全球个人信息跨境流动规则上也将拥有更大的话语权。我国相关领域中有《数据安全法》和《个人信息保护法》提及了域外效力问题,但是仍存在法律规定较为模糊和保守、缺乏实际操作性等问题。

目前,世界各国家或地区基于保护本国主权下个人信息和争夺全球个人信息治理话语权的目的,不断扩大其个人信息相关立法的适用范围,美国、欧盟等更是不断强化个人信息出境的“长臂管辖”。欧盟 GDPR 在适用范围上特别强调“无论这些个人信息的处理行为是否发生在欧盟内均适用 GDPR”,鲜明地突破了地域限制,赋予了自身长臂管辖权,迫使位于欧盟境外、不受欧洲现行法律保护的许多组织机构,基于个人信息跨境流动的需求不得不适用 GDPR,同时这些组织机构还需尽快对 GDPR 的合规要求作出回应。我国可以在《个人信息保护法》第 3 条中添加“无论个人信息的处理行为是否发生在中华人民共和国领域内均适用本法”,依据适用场景建立个人信息跨境流动的域外管辖权体系。具体适用场景可分为三类:第一,对于在我国境内开展个人信息处理活动的任何实体,均适用我国关于个人信息的相关法律规定;第二,若开展个人信息处理活动的实体未设立在我国境内,仅在域外为我国个人或机构提供商品或服务,也应受到我国相关法律规定的约束;第三,依据国际公法应适用我国法律的,其个人信息处理活动适用我国相关领域的法律规定。另外,域外效力规定的实际落地,不仅需要制度支撑,还需要具体执法案例彰显我国相关领域立法的严肃性、震慑性和逻辑性。

在我国个人信息跨境流动法律规定的域外执行方面,可能会面临与其他国家执法管辖权冲突或违反国际法的问题。为确保我国相关领域法律规定的域外执行力,我国针对个人信息跨境流动的域外效力立法需符合国际惯例且具有实质的合理性。除此以外,我国在处理本国公民跨境个人信息的安全问题时,需得到他国的配合。为促进个人信息安全方面的域外管辖权发挥实质作用,我国应加强与其他国家和地区的国际合作,建立多边、双边以及区域性的规则体系。

第三,国家立法与行业自律有机结合。我国《网络安全法》第 37 条要求关键信息基础设施运营商在我国境内收集的个人信息进行数据本地化储存。之所以对关键信息基础设施的运营者提出十分严格的要求,是因为关键信息的跨境传输不仅会对数据主体产生影响,还可能会威胁国家安全。因此,基于保护个人信息隐私和保障国家安全的目的,应提高风险管理能力,允许受到充分保护的个人信息向境外流动。虽然通过安全评估将符合要求的国家或地区列入可进行数据自由传输的白名单具有合理性,但评估过程过于复杂并且需要耗费大量时间,因此缺乏可操作性。此外,由于制定一套科学合理的评判标准具有较高难度,白名单制度可能会使国家或地区间的政治关系变得敏感。由此,笔者建议,以第三方“充分保护原则”为基础进行个人信息跨境流动保护,在此基础上引入多种形式的保护方式,在保护个人信息的基础上充分实现个人信息的跨境流动,例如,在完善相关立法的同时推行激励驱动下的行业自律制度。

在智慧贸易中,个人信息是贸易活动进行的关键要素,如果仅通过相关立法给予企业强制性的限制和要求,未必能达到良好的效果。与法律规定不同,行业自律制度有较高的灵活性，各行业可以结合个人信息保护能力和自身特点确立数据隐私安全方面的保障义务，并依据我国法律法规建立企业内部的个人信息保护规则。企业根据行业的保护规则为个人信息提供有效的保护措施和救济途径，保证数据主体能够解决合法权利被侵犯的问题，确保跨境流动行为的合法性和个人信息在流动中的安全性。但是由于跨境个人信息通常涉及多点采集、多点使用与跨边界的问题，个人信息的保护难度很大，企业大多只是利用个人信息创造经济利益而缺乏保护个人信息的动力，如果只是强制要求企业保护个人信息将难以达到较好的效果。故而，可以采取政策激励的形式，为企业承担个人数据保护责任提供充分的保障与支持，适度的政策激励能够有效激发企业对个人数据的保护欲，拥有足够动力的企业将个人数据作为企业需要嵌入企业的整体安全中，进而实现企业健康、可持续的发展。在跨境个人信息保护的问题上，政府与企业需要共同努力，虽然理论上政策激励下的企业能够更尽责地保护个人信息，但个人信息的保护不能单纯依靠行业自律，适当的政府监管措施同样不可缺少。对于我国具有丰富跨境业务经验和较高合规水平的大型企业，可以结合自身条件与个人信息保护水平较高的国家或者地区合作建立个人信息储存管理中心，有利于降低个人信息跨境流动的成本与合规风险。虽然中小企业跨境业务经验不足，在合规水平上较难完全应对违法域外法律规定的风险，但数量庞大的中小企业同样存在大量的个人信息跨境流动需求。我国建立政策激励下的行业自律制度，能够吸引大型企业加入行业自律组织发挥带头作用，将其关于个人信息跨境流动的合规经验与做法分享给其他中小型企业，逐渐形成具有参考学习意义的行业规范。

第四，对跨境个人信息进行分类保护。我国可以依据《个人信息保护法》中个人信息的分类方法，将个人信息分为敏感个人信息和一般个人信息，实施不同程度的跨境流动保护措施。由于敏感个人信息涉及数据主体的隐私，如果被滥用或者泄露会对数据主体和社会公共利益造成严重的负面影响，因此对敏感个人信息的保护目标是充分保护公民个人隐私、维护国家数据主权和公共利益。我国可以参考“充分保护”的安全评估方式，对敏感个人信息的跨境流动加以限制，设立我国的安全评估标准，对于不符合我国安全评估标准的国家禁止敏感个人信息的跨境传输。

与敏感个人信息不同，一般个人信息对个人隐私和社会利益的影响相对较小，对一般个人信息的保护目标是在保护公民隐私和信息自决权的基础上实现数据自由流动。因此，对于一般个人信息我国可以参考“明示同意”规则，即在个人信息跨境传输前获得数据主体通过明确声明的方式给出的同意，将是否允许数据出境的权利交给数据主体，不对一般个人信息的跨境流动进行过多限制，有利于促进数字贸易的发展。虽然我国规定了收集和使用个人信息的知情同意机制，但是并没有明确规定是明示同意还是默示同意，目前明示同意的概念仅在《个人信息保护法》和《信息安全规范》中有所体现。当一般个人信息在跨境流动中出现问题时，可以参考“问责制”的保护模式，对数据控制者或数据处理者追究责任。平衡个人权益保护与数据自由流动的综合考量是对个人信息进行分类保护的基础，由于敏感个人信息与个人隐私及国家数据主权紧密相连，因此对于敏感个人信息的保护更为严格，而对于一般个人信息则更侧重于实现数据自由流动。

（四）积极参与智慧贸易中个人信息权益保护国际合作

在大数据时代，如何充分利用个人信息的跨境流动使其更好地为经济贸易发展服务是全世界都应该思考的问题。数字贸易的发展依赖数据大规模的频繁流动，若不能有效地保证个人信息的安全，企业将失去数据主体的信赖，对企业的长期发展百害而无一利。根据国际立法经验，对跨境数据流动的保护不能仅依靠一国国内法或者区域性法律规则来约束，还需要通过行业自律制度共同约束。

我国应积极领导国际间数据传输规则的制定。目前，世界上主要的国际间数据跨境处理规则有 OECD 发布的《隐私保护和个人数据跨境流动准则》；在美国主导下达成的《跨太平洋战略经济伙伴关系协定》（TPP）中关于“商业信息跨境自由传输”的规则；欧盟为促进各成员国非个人数据在欧盟各成员国间自由流动，通过《非个人数据在欧盟境内自由流动框架条例》以应对各成员国的数据本地化要求、确保成员国有权机关能够及时获取数据、保障用户能够自由地迁移数据。此外，还包括 2022 年 3 月欧盟与美国宣布推出新的数据安全流动协议《跨大西洋数据隐私框架》，推动数据能够在欧盟和美国之间自由、安全地流动。2022 年 4 月，美日韩等多个国家和地区同意把个人数据传输规则从 APEC 中独立出来，在原有的“跨境隐私规则”（CBPR）的框架上，建立一个名为“全球 CBPR”的全新框架，并且建立新的企业认证系统。但是，作为 APEC 的成员国，中国和俄罗斯却不在“全球 CBPR”预设的架构内。面对在个人信息跨境流动上，各个国家和地区极力争取国际规则制定话语权的背景下，我国应加强双边、多边、区域层面的个人信息跨境流动法律保护合作。国际贸易谈判或协议的达成是各国基于本国经济实力和利益诉求作出的妥协，新的国际互认机制总要经过漫长的过程才能实现。除继续完善已有的 RECP 协议规定外，我国应着眼于促成新的区域贸易协定，积极展开双边、多边、区域层面个人信息跨境流动的法律保护合作，投身于国际规则的制定，实现内外法律联动。

在双边、多边、区域协定的谈判中，我国应主动提出加入个人信息跨境流动的法律保护条款，在适当的数据本地化要求的前提下，放宽个人信息跨境流动的限制。例如，明确规定当个人信息的跨境流动可能损害国家主权、公共秩序或个人隐私时，缔约国可限制或禁止个人信息的输出。另外，我国应通过双边、多边、区域协定的谈判，建立个人信息跨境流动互信机制。

在全国网络安全和信息化工作会议上，习近平总书记提出要“建设 21 世纪数字丝绸之路”，要以“一带一路”建设等为契机，加强同沿线国家特别是发展中国家在网络基础设施建设、数字经济、网络安全等方面的合作。[①] 我国可以借助21世纪数字丝绸之路展开区域性合作，协调“一带一路”沿线国家个人信息跨境流动的法律保护模式，一方面消除个人信息跨境流动的法律障碍，另一方面也有助于最小化数据跨境流动带来的风险，打造区域性个人信息跨境流动规则。

个人信息跨境流动与生俱来的属性决定了个人信息合法权益在跨境流动中受损不仅是国内法问题，当维权过程涉及多个法域时，国家和地区间的合作就显得尤为重要。目前，尚未形成全球统一的个人信息跨境流动规则，应努力构建以我国主导的个人信息跨境流动保护体系，实现数据大国向数据强国的转变，变被动为主动，在个人信息保护方面掌握国际话语权，为我国企业在世界范围内提供更好的商业活动环境。

小　结

智慧贸易的高速发展伴随海量个人信息的跨境流动，个人信息因此成为新时代各个国家或地区争抢的重要资源。为应对个人信息跨境流动中出现的问题，保护公民个人信息相关权益、维护国家数据主权以及数字贸易的平稳运行，各个国家或地区开始了个人信息跨境流动的立法实践，试图寻找共同实现新时代经济繁荣的路径。当前国际上的主流保护模式分别是欧盟“充分保护”模式和美国“问责制”与行业自律相结合的保护模式。欧盟与美国在结合自身实际情况的基础上，寻求个人信息隐私保护与数据自由流动的平衡点，形成了风格迥异的两种保护体系。以欧盟为首的倾向于个人信息保护的国家或地区，建立了严格的个人信息跨境流动制度，采取不同强度的数据本地化措施以适应本国的需求；而以美国为首的互联网技术与数字贸易较为发达的国家反对或禁止实行数据本地化措施，鼓励数据自由流动，通过签订多项双边、多边、区域贸易协定满足不同的跨境需求。

在智慧贸易这一新型贸易形式顺势而起的背景下，我国个人信息的跨境流动需求与日俱增，在进行个人信息跨境流动相关立法时，应充分考虑个人信息的三种权利属性，结合我国国情寻求个人权利、商业利益与国家主权安全的平衡点。本章通过梳理我国近年来新实施或正处于征求意见过程中的法律文件发现，我国对个人信息跨境流动的法律保护起步较晚，目前虽已初见成效但仍存在较多不足之处，应认真研究个人信息跨境流动方面的国际规则，在不断完善和丰富我国个人信息跨境流动国内立法的同时还应扩大其适用范围至域外。我国个人信息跨境流动的法律保护应以维护国家数据主权、平衡个人信息保护与商业利益、采用适当合理的保护手段以及统筹推进国内法治与涉外法治为基本原则，对跨境个人信息进行分类保护，将充分保护安全评估方式和行业

---

① 参见习近平：《敏锐抓住信息化发展历史机遇　自主创新推进网络强国建设》，载《人民日报》2018年4月22日，第1版。

自律规范有机结合,建立具有中国特色的个人信息跨境流动治理体系。由于各个国家和地区的政治环境、文化传统、经济发展等实际情况存在差异,导致对于个人信息跨境流动法律保护的侧重点不同,因此无论我国采取何种保护模式都不能完全避免与其他国家的保护模式产生冲突。这就需要我国积极参与个人信息跨境流动法律保护的双边、多边以及区域性合作,寻找国家特色与经贸利益共存的发展方向,积极推动我国主导下的国际规则制定,努力实现国内立法与国际规则的对接,不断提高国际公信力,掌握国际话语权,为我国个人信息跨境流动的法律保护体系建设提供有力支撑,更为我国数字贸易的蓬勃发展创造有利的制度条件。

第八章　智慧社交中的劳动者隐私权益保护

所谓智慧社交是指以社交媒体为代表，通过智能化技术延伸并拓展人的社交智能，以提升人际交往效率与内容传播质量为目标并逐步成为智能社交的社会活动。[①] 智慧社交内在呈现为社交关系的智能化与在线社交内容爬取的智能化，外在表现为大数据技术、深度学习算法等智能科技与社交活动的结合与应用。智慧社交不仅使人们的生活方式发生深刻变革，更重要的是对人们的隐私带来了新的挑战。本章聚焦国内的制度与理论资源，把劳动者隐私保护放置在本土社交媒体中进行考察，将劳动者的隐私保护与社会变革加以勾连，发现仅靠反就业歧视和知情同意来建构单一的法律保护治理机制不能完全贴合智慧社交时代劳动者的隐私保护需求，要有效遏制隐私侵权，就必须调整、改进传统机制中存在的问题。

一、智慧社交时代劳动者隐私之侵权类型

我们必须注意到，智慧社交时代的劳动者隐私权，不再是塞缪尔·沃伦和路易斯·布兰代斯时代"独处"的原子式概念，而是独处理论、限制接触理论及个人信息的自我控制的综合体，本质是一系列次级权利和利益的组合，具体指劳动者在进行职务行为时，控制、支配和保护以智慧社交或其他方式呈现的，能够单独或通过不同程度的组合识别出特定劳动者主体或者反映其特定活动状态的、不愿被他人知悉且无关劳动合同的信息及与之绑定的智慧社交空间不受非法侵犯的权利。大数据技术与深度学习算法的融合深化了对社交媒体所蕴含的数

---

① 参见郭倩：《社交媒体智能化的现状、影响与对策研究》，载《出版发行研究》2019年第6期。

据、信息的挖掘与解读,社交媒体成了"人体的延伸"。不同于传统隐私理论,社交本质上就是一种具有强身份意识的信息传递,智慧社交时代"自觉的信息处理才是人的根本特征,才能将人置于社会性之中,构成人与其他生物最为关键的'种差'"。[①] 劳动者隐私权因身处劳动关系领域而有别于一般隐私权。一方面,人们重视知情权和企业利益,主张应对克减劳动者隐私权益保持开放、包容的态度;另一方面,考虑到隐私权与人格尊严之间部分叠合的亲密关系,人们对侵犯劳动者隐私造成的损害以及对自由、正义、人权的冒犯又持强烈的批判态度。

在进入智慧时代之后,社交运用呈现出四种趋势:一是用人单位通过大数据算法对劳动者社交内容的数字化分身分析,构建精准人格画像,如此前百度就申请了一项能够通过人工智能获取员工的通信信息来进行人岗匹配的专利[②];二是基于社交平台实名认证的要求,劳动者必须"贡献"大量个人信息,如李某应漫咖公司要求,在公司自有社交平台实名认证成为主播后,将账户信息和个人身份证明提供给了公司;[③]三是企业宣传重点由"口口相传"转向电子营销,社交媒体成为重要宣传阵地,如安庆山香教育咨询有限公司的员工吕某主要的工作内容之一就是发朋友圈宣传业务;[④]四是用人单位将社交媒体中劳动者的社会"关系"视为"资源",使社会归属需求升级为社会资本需求,公司考虑到部分员工使用个人微信加客户好友,离职时可能直接带走客户资源,便会以保护商业秘密为由对离职员工采取交接或者要求其删除好友等措施。[⑤] 本章基于上述趋势,通过梳理收集到的司法案例,将本领域侵权风险情形大致分为四种:第一种是用人单位监控劳动者、求职者的私密社交信息之情形;第二种是用人单位强制劳动者以个人信息注册企业社交媒体账号之情形;第三种是用人单位强制劳动者在社交媒体进行广告宣传之情形;第四种是用人单位因劳动者在社交媒体发布不当信息而解雇劳动者之情形。基于上述四种情形的区分,以探究隐私权承载的人格利益是否因场景差异而不同。

(一)用人单位监控劳动者、求职者的私密社交信息

鲍曼以"流动的现代性"的概念重构了"液态监控"框架,在这个框架下的监控不再纯粹是一种技术现象,而是被软化了的、更具流动性的监视,并且"随着为某一目的提取的个人数据更容易用于另一目的,旧的'系泊处'就会松动"[⑥]。当这种"液态监控"侵入

---

① 参见齐延平:《数智化社会的法律调控》,载《中国法学》2022 年第 1 期。

② 百度在线网络技术(北京)有限公司:员工工作状态的预测方法、装置、电子设备以及存储介质,CN112215447A,2019 年 7 月 10 日申请。

③ 李林霞诉重庆漫咖文化传播有限公司劳动合同纠纷案,载《最高人民法院公报》2020 年第 10 期。

④ 参见安徽省安庆市中级人民法院民事判决书,(2021)皖 08 民终 3106 号。

⑤ 参见湖北省武汉市东湖新技术开发区人民法院民事判决书,(2021)鄂 0192 知民初 44 号。

⑥ Zygmunt Bauman & David Lyon. *Liquid Surveillance*, Polity Press, 2011, p. 9.

智慧社交时代的劳动领域时,会以两种方式呈现:一是用人单位通过直接要求求职者与他们分享其本人的社交媒体资料而实现监控目的,有时甚至还会要求求职者直接提交用户名和密码。[①] 在这一过程中依据社交信息可以高精度推断出一些明显涉及求职者个人的隐私信息,而这些隐私通常与工作无关,如婚姻状况、性取向、生理缺陷等,这就很容易构成对个人隐私权益的侵犯。二是通过安装电脑监控软件,对劳动者登录在办公电脑上的社交媒体信息、数据自动进行下载、保存。如在修某与海阳市融昌塑编包装有限公司(以下简称海阳市融昌公司)隐私权纠纷案中,海阳市融昌公司通过在办公电脑上安装电脑监控软件,对员工修某的微信、QQ 等社交媒体的聊天信息自动进行数据下载并保存。[②] 海阳市融昌公司辩称安装电脑监控软件的行为属于企业的自我管理行为,下载、保存员工的 QQ、微信信息和数据仅用于提交劳动仲裁委员会,意在依法举证,不构成侵犯隐私权,却忽略了这些未经授权同意收集而来的数据并非对企业管理决策都具有意义。

尽管劳动者或求职者的社交媒体信息在一定范围内是公开的,但当劳动者想要对私人信息披露进行大量控制时,会自行创建边界结构或者建立具有低渗透性的边界,以减少信息泄露的可能性。譬如,在朋友圈设置仅三天可见或者在微博设置仅粉丝可见,再如脸书上的帖子只对用户选择的人开放,以及推特发送者可以限制向关注者展示消息等,可见它们不是严格公开的。[③] 因此,用人单位通过技术手段监视其员工和潜在员工的行为存在侵犯劳动者隐私权和不受打扰的权利等方面的嫌疑。而且智慧时代的技术具备非接触性和低侵扰性等特征,这就使监控行为更具隐蔽性;算法还具有可扩展性,当用人单位频繁浏览特定对象信息时,相应的社交媒体会主动对信息实施追踪、收集和推送等行为,这将导致侵权风险叠加。美国密歇根州、马里兰州、加利福尼亚州等各州都相继制定了禁止企业索取员工的私人社交账户或密码的法案,美国法院的普遍观点是公司在平时不能仅仅基于确保对所有员工一视同仁的理由而监控所有员工的社交媒体。[④]

由新兴管理技术与劳动者私人信息发生冲突而衍生出的上述问题,如果其目的在于监控而非在监控过程中获取隐私,传统民法路径足以应对——只要用人单位基于正当、必要的主观动机而非意在窥探劳动者个人隐私,且未实施公开劳动者个人隐私的行为(依法基于公共目的或依法举证除外),则不构成对隐私权的侵犯。但是,如果监视不仅仅止步于此,那么显然就有可能出现管理权限异化,以监管为目的的监控行为易遭

---

① See Koslosky v. Am. Airlines, 456 F. Supp. 3d 681 (E. D. Pa. 2020).

② 参见山东省烟台市中级人民法院民事判决书,(2019)鲁 06 民终 7145 号。

③ See Maremont v. Susan Fredman Design Group, Ltd. et al, No. 1:2010cv07811 – Document 25 (N. D. Ⅲ. 2011). 法院在判决中提出了以上的看法。

④ See Koslosky v. Am. Airlines, 456 F. Supp. 3d 681 (E. D. Pa. 2020).

受外部性扭曲,致使风险落在并没有参与决策且享受到较少收益份额的劳动者身上。在用人单位为了管理而需要收集劳动者社交媒体信息的过程中,涉及个人隐私的部分可能在劳动者不知情和未经其同意的情况下被收集和处理,知情同意机制的缺乏加剧了劳动者或求职者的隐私风险。如果对用人单位的信息处理不加以限制并将标准透明化,用人单位为了提高效率和公司资产保护方面的合法利益,就会进行超过合理合法限度的侵入性监控,并可能对员工的通信秘密等基本权利造成侵犯。通过连锁性"破窗"效应和不定向权利扩张,劳动者在用人单位面前更为透明,既有的监管体制也会受到冲击和挑战。

"隐私权的确立必然要求承认个体道德自主地位并以此为基础构建自决、自由和被尊重的私人空间,这就一定会诉求和带来人格尊严的保护。"①当用人单位监控劳动者或求职者的私密社交信息时,劳动者基于人格尊严的自主决定就没有得到尊重。自然人的人格尊严是其人格利益的集中体现,而"自尊"和"真实"是尊严的两条基本原则,作为第一原则的"自尊"原则要求自主性,而作为第二原则的"真实"原则要求"人们寻找一种适合你和你的环境的生活方式"。② 当劳动者希望不受他人强制、冒犯骚扰,表现出对基本安宁状态的心理需求时,实际上是人格尊严真实性原则的需求。由上述原则提供的保障,不只是他们得以正常开展工作的基础,也是对用人单位恣意侵入劳动者生活这一行为的防范,更是保障劳动者身为一个有尊严的个体在工作之外保留"抽离性"和"自主性"存在的必然条件。毕竟,劳动者享有"在自由、公正、安全和具备人格尊严的条件下,获得体面的、生产性的工作机会的权利"③。用人单位违法越界监控劳动者或求职者的社交媒体,侵入劳动者的私人网络空间,势必伤及其隐私权甚至人格尊严。相应地,这里形成了法律保护的真空地带,即是否在传统法益上生发出新内容或是否催生了新的法益类型,以令劳动者在智慧社交中的私人事务、私人信息与私人空间的保护之必要得到法律的确认。

(二)用人单位强制劳动者以个人信息注册企业社交账号

进入智慧社交时代,用人单位基于运营需求,要求劳动者以个人信息注册企业社交媒体账号,使其个人隐私信息以数字化的方式保存于社交平台,劳动者之隐私问题由此衍生成对社交媒体账户所有权的主张问题。但由于数字信息通讯具有特殊性,账户所有权通常为社交媒体主体公司所有,劳动者实际享有的是使用权,而实际日常生活中真正重要的是账户的管理使用权。目前,对于账户使用权存在两种观点:一种观点认为,

---

① 齐延平、李旭:《个人数据保护论争中的隐私权:反思、还原与再定位》,载《山东大学学报(哲学社会科学版)》2021年第4期。

② See Ronald Dworkin, *Justice for hedgehogs*. Harvard University Press, 2011, p. 209 - 210.

③ 《国际劳工组织体面的劳动——劳工局长的报告》,1999年第87届国际劳工大会发布。

劳动者可以基于社交媒体的服务条款或者用户协议，以个人注册信息和为运营社交账号做出的实际贡献来主张账户的管理使用权；另一种观点认为，用人单位将劳动者创建、运营社交账号的行为归为职务行为，加之社交账号日常发布内容带有企业属性，所以账号管理使用权应归属于企业。

区别于普通网站，社交媒体对于账户注册信息的要求更高，加"V"账号的认证往往需要申请人提供身份证照片、真实姓名、手机号码、面部识别等更敏感的个人信息（见表8－1）。即使专门进行企业账号认证，作为运营者的劳动者也要提供身份证、手机号码等个人信息，劳动者隐私风险放大。《民法典》第1034条第2款明确规定了个人信息的范围，将姓名、出生日期、身份证件号码、生物识别信息、住址、电话号码、电子邮箱等都囊括其中。其中敏感度尤以生物识别信息为甚，它作为一种高度反映自然人个体生理、行为特点的敏感个人信息，具有较强的人格属性，若是遭到泄露或是非法使用，可能将为个人带来歧视或者人身、财产安全方面的不测，故而需受到更为谨慎的处理与更为严格的保护。实践中将任职期间为开展公司业务而注册社交账户统一认定为"职务行为"不利于劳动者隐私保护。

表8－1　国内常用社交媒体个人信息收集情况

平台	日活跃用户/人	信息名称	使用目的	能否更换个人信息
微信	10.9亿	姓名、身份证号、微信号、手机号、个人地址、手持证件照片	认证与管理微信公众平台	支持更换管理员信息
微博	2.46亿	真实姓名、手机号码、身份证号、面部识别特征	加V认证	支持修改认证信息
抖音	6.8亿	真实姓名、身份证号、人脸照片	认证用于直播、收益提现	暂不支持取消与更换实名认证

注：数据来源于2021年微信数据报告，微博、字节跳动2021年第二季度财报，信息名称来源于微信、微博、抖音个人隐私政策协议。

那么，当用人单位无可避免地使用劳动者信息实施上述行为时，劳动者个人可以在何种程度和范围内对被使用的个人信息主张隐私保护？对此，本章将约定优先原则作为首要要义，如无约定则以民间"软法"——社交媒体的服务协议作为补充。一旦劳动者与用人单位之间的劳动关系终止，此后用人单位继续使用劳动者个人信息将构成侵权，劳动者可要求原用人单位停止侵害、赔偿损失。此外，原单位可以要求离职劳动者配合变更已认证的账号信息。如果无法更换认证信息，注册主体与实际运营主体一致的，账号归属于个人信息提供者；不一致的，以账号资格审核信息提供者为主。认证主体为个人的，个人信息提供者拥有该账号的合法使用权；认证主体类型为企业的，企业应提供公司名称、加盖公章的营业执照等，账号使用权应归属于用人单位。当解除或中止劳动关系后，公司为维护潜在的经济利益要求继续使用该账号的，应与员工平等协商。达成一致意见则签订使用协议，在确保个人信息安全的情况下劳动者授权原用人单位继续使用；协商不成的，员工有权决定账号的处置，采取包括私人使用、注销、删除账户信息等保护个人信息的措施。尽管企业做了投入，也有相应市场推广的客观产出，但考虑到企业负有使用他人信息运营应具备的审慎注意义务，应推定其在对该账号注册前进行过未来风险评估。

（三）用人单位强制劳动者在社交媒体进行广告宣传

智慧社交时代社交媒体传播优势显著，传统电子营销方式已难以满足公司宣传需求，越来越多的公司强制员工在私人社交媒体进行经常性业务宣传，部分公司会要求全体员工按照固定格式修改社交账户信息或发布特定业务内容，不配合要求的则会面临扣薪甚至失业的风险。2017 年，楚天书局以工作需要的理由，提出让编辑范某通过微信等社交媒体宣传推广书局业务信息的要求，且最终以范某未配合工作为由将其解雇。[①] 对于这一劳动纠纷，法院判决楚天书局支付范某解除劳动合同经济补偿金 3 万余元。其判决背后的意蕴是，虽然劳动者的社交媒体中具有商业利用价值，但用人单位依然不能肆无忌惮地利用之。在是否利用自己的社交媒体账号宣传企业的问题上，企业不能剥夺劳动者的选择自由。“自由是尊严的一个必要条件——事实上，自由就是尊严——只有通过制定道德法律，并在遵守道德法律的基础上行事，一个人才能找到真正的自由。”[②]隐私权不仅与人格尊严紧密联系，与自由也具有特别的亲密性，因此，自由意志成为劳动者隐私保护的确权基础。

用人单位让劳动者在私人社交媒体上宣传公司业务，应考量以下因素：其一，要考量是否已事先在劳动合同中达成了此项工作内容的一致约定。如果用人单位和劳动者双方之前未就有关工作内容作出约定，那么用人单位让员工在私人社交媒体上发布业务内容的行为无疑属于变更工作内容，由此而产生的公司单方面的要求将很难被法院支持，除非这种变更建立在协商一致的基础上。其二，要考量是否涉嫌侵犯劳动者隐私。在智慧时代，个人信息是否为隐私的判断方法需与具体语境加以联系。劳动者私人社交媒体在很大程度上承载了其作为自然人生活于现实世界的社会关系，这一社交账户也因此与劳动者本人有极高的对应性和关联度，用人单位强制劳动者利用私人社交媒体进行企业宣传，有侵入个人隐私领域之嫌。此外，“强制”指的是用人单位以扣

① 参见湖北省武汉市武昌区人民法院民事判决书，（2017）鄂 0106 民初 5542 号，湖北省武汉市中级人民法院民事判决书，（2018）鄂 01 民终 1261 号。

② Ronald Dworkin, *Justice for hedgehogs*. Harvard University Press, 2011, p.19.

薪、解雇等手段要求劳动者以个人社交账户发布业务内容，并进行例行“检查”及评估。对劳动者来说，其“被迫接受别人对他的人生应该展现的价值或目标的判断，而不是自己的判断时，真实性就会受损”①，实质就是间接损害劳动者人格尊严。

社交媒体留给劳动者的自由空间看似相对广阔，实际上却非常有限。用人单位强制劳动者在私人社交媒体宣传表面上具有“企业自我管理”之正义外观，但正义用于行为时，关注焦点不在于品行抑或生活方式，而在于其特定行为是否符合且尊重理性。用人单位这一举动显然侵扰了作为“人的一种控制和把握外部世界的能力”②的理性，并进一步强化了对劳动者自由的控制，而这个控制主要体现在通信自由和精神自由两个方面。

一方面，用人单位的操纵行为将对劳动者的通信自由和通信秘密构成损害。通信自由权是指公民与他人之间进行自由通信的权利，在智慧社交时代，多数人会选择通过社交媒体来进行通信。如果用人单位操纵劳动者社交媒体，甚至监控劳动者是否按照要求发送特定内容、执行特定事项，并以此作为员工评估标准，致使劳动者无法基于自由意志做出选择，那么劳动者通信自由则无从谈起。另一方面，用人单位这一行为对劳动者精神自由的侵害更甚。“意志自由的丧失，必意味着心性和灵性的丧失，意味着对人之理性的釜底抽薪，更意味着法律价值体系的崩塌。”③用人单位超出监督劳动者工作、便利公司经营的范围，持续不断地监视、操纵劳动者社交媒体的种种行为，形成阻碍性压力源，使劳动者个体的自由、尊严及自我效能感持续衰退，长此以往可能带来职业耗竭。

（四）用人单位基于社交媒体信息不当解雇劳动者

在智慧社交中，劳动者享有较为充分的言论自由已经达成共识，无论是《中华人民共和国劳动法》（以下简称《劳动法》）第7条、第8条，抑或《中华人民共和国劳动合同法》（以下简称《劳动合同法》）第4条第3款的规定，都反映了劳动者有权对用人单位提出意见、建议等。可现实是，一旦劳动者在社交媒体上发表对用人单位不利的言论就会引发前者的言论自由与后者的名誉权纠纷，部分劳动者将因此被解雇。

劳动者之言论自由无可置疑，“他们有权利，包括言论自由的权利，这是他们管理自己的一般权利所要求的，这种权利也来自于个人责任。”④其责任先于自由并反制于其言论自由。从法理基础来看，劳动者的忠诚义务是得以在一定程度上限制劳动者言论自由——特别是他们的社交媒体言论自由的重要来源；从劳动法法律规范来看，限制之

---

① Ronald Dworkin, *Justice for hedgehogs*, Harvard University Press, 2011, p. 212.

② 葛洪义：《法与实践理性》，中国政法大学出版社2002年版，第8页。

③ 齐延平：《数智化社会的法律调控》，载《中国法学》2022年第1期。

④ Dworkin R: *Justice for hedgehogs*, Harvard University Press, 2011. p. 4.

理由在于其可能损害用人单位的权益:劳动者的言论可能对用人单位的管理权构成挑战,甚至损害用人单位形象或经济利益,若是无意中泄露用人单位的商业秘密则更会对用人单位产生负面影响。当劳动者的私密言论损害了用人单位的利益时,应当约束劳动者的言论自由,还是以劳动者隐私保护为先?

从我国已有的司法案例来看,对于劳动者在社交媒体上发表对用人单位不利的言论遭致解雇的案件,法院通常综合考虑以下因素,结合运用如比例原则之类的法律工具来权衡用人单位与劳动者双方的利益:(1)劳动者散布信息的真实性;(2)行为对用人单位造成损害的程度;(3)劳动者行为的合理限度;(4)言论的传播范围;(5)用人单位惩戒措施的合理性。① 在大多数时候,法院关注的是保护劳动者在社交媒体上的私人言论自由,并将用人单位的解雇行为认定为违法解除劳动合同。

当通过"权利位阶衡量"与"目的和约定优先"使自由理论嵌进更广泛的隐私保护中,自由与隐私的冲突便会逐渐消失,转而以一种更深层次的统一形态出现。博登海默认为,"对相互对立的利益进行调整以及对它们的先后顺序予以安排,往往是依靠立法手段来进行的"②。就法律位阶而言,言论自由是宪法权利,而隐私权是部门法——民法上的权利,言论自由所处的层面高于隐私权;就价值位阶而言,言论自由的价值基础是"个人自主",而智慧社交时代隐私权的价值基础不再局限于"人格尊严",也慢慢向"个人自主"转变。在智慧社交时代,法律既要尽最大努力保障劳动者发表个人言论的自由,又必须关注其信息自主的权利,兼顾言论自由和隐私自主的双重保障。在这点上,我国司法实践中法院不予准许珠海斗门超毅电子有限公司(以下简称超毅电子公司)调取李某玲等三人的微信记录作为证据体现了对隐私权和言论自由的同步保护。③

目的优先主要体现在用人单位限制劳动者私密言论的目的或者劳动者发布言论的动机是否基于维护公共利益或其他重大、必要利益;约定优先则是考虑用人单位对于劳动者社交媒体行为是否有合法、合理、明确的规章制度。基于此,对劳动者隐私权保护范围的基本界定方法已经可想而知:该社交平台及群聊是由劳动者自发组建的抑或该社交账户为劳动者私人所有,那么用人单位一旦强行干预便视之为侵权;反之,如果社交平台或群聊是由用人单位为满足工作需要或者便利交流、管理而提供或组建的,用人单位自然可以自由访问,其行为也不应当被认定为是对劳动者隐私权的侵犯,但用人单位依然有以规章制度的形式创建针对该社交媒体的企业管理规则之义务。

---

① 参见谢增毅:《劳动者社交媒体言论自由及其限制》,载《法学研究》2020年第4期。

② [美]E. 博登海默:《法理学:法哲学及其方法》,邓正来、姬敬武译,华夏出版社1987年版,第385页。

③ 在超毅电子公司、李某玲劳动合同纠纷案中,超毅电子公司根据一组微信聊天的截图认为李某玲等三人严重违反员工手册并予以解雇,法院指出超毅电子公司调取李某玲等三人的微信记录的申请不属于民事案件调取证据的范围,不予准许,并认为其系违法解除劳动合同。参见广东省珠海市中级人民法院民事判决书,(2018)粤04民终3249、3252、3254号。

人们渴望设置标准化场景将风险因素固定下来，却忽视了一个事实：劳动者隐私权所承载的内容和价值因盘桓于扩张与限缩之间而呈现极强的不稳定性。这种不稳定性的深层根源，是场景变化的不确定性和规制视角、利益分析手段的差异性的双重因素叠加。传统隐私理论坚持将隐私置之民法框架下的人格利益处进行保护；而智慧社交时代劳动者隐私有了更多的价值指向，涉及个人尊严、言论自由、个人信息权等事项，对其规制往往兼具公法属性与私法属性。如果传统保护机制为其提供充足的保护难以为继，那么显然无利于该领域的平等、自由与正义实现。

二、智慧社交时代劳动者隐私权保护传统机制之失灵

大部分的习俗和惯例都建立在一个预设好的立场上，“现代信息技术及互联网科技、大数据、现代金融等技术的快速升级换代式发展，不断冲击和改变社会的认知、认同及管理的组织方式”①，促使智慧时代中的社会权力迈进权力领域，奠定了以信息为权力中心的现状，用人单位借助智慧社交实现对劳动者信息的超强渗透，突破了既有的权利底层逻辑。然而，现有法律直接涉及劳动者隐私的条文鲜少，对于智慧社交时代劳动者的隐私保护不能完全适用现有法律的一般规则。如果仅靠反就业歧视和知情同意来建构单一的法律保护治理机制，不仅难以遏制用人单位对劳动者的侵扰，也难以实现劳资关系的再平衡。而利用《民法典》《个人信息保护法》等迂回方式来为用人单位处理劳动者个人信息的合法性做铺垫，相较于无视劳动关系框架下隐私保护的特殊性，是一种明显进步，但依然为智慧社交时代劳动者隐私权益保护留下了较大的规制空间。简言之，必须发掘、控制与修正传统隐私保护机制的失灵部分，结合进步状况实现复合治理。

（一）劳动者隐私保护的“反就业歧视模式”捉襟见肘

自从人之“个体性”彰显，隐私被法律纳入后，至今为止，隐私权已从传统的“隐”所主张的消极保护过渡为当下的“私”所强调的积极控制，其价值目的诉求呈现质的差异。传统的劳动者隐私保护重在对弱势群体“实质平等”的保障，往往更关注基因信息、健康信息等易产生歧视的领域，使其与劳动者人格权利相勾连，通过反歧视制度中对弱势群体的纠偏原则为保护劳动者隐私提供价值指引。但其在实际运用中并未实现预想的“定分止争”效果，劳动者隐私纠纷仍呈现多发态势。

反歧视早期内涵与社会排斥学说紧密相连，它在劳动领域主要表现为反就业歧视。早于20世纪的普遍看法是，对弱势群体或特殊群体的保护，与其说被视之为“公民权利

① 李友梅：《当代中国社会治理转型的经验逻辑》，载《中国社会科学》2018年第11期。

不可分割的一部分”,不如说人们更倾向于将这种保护定位成“对公民权利的一种替代”。① 如此一来,反歧视实际形成了一种反向宣告:强调差距是一种客观存在,并在代际传递中固定下来,而非一种传统观念的残留。由此带来的群体导向和身份区分可能导致产生此类群体需要法律额外保护的不良刻板印象。这样观念下的反歧视保护可能会导致社会分层,使此类群体连带着禁止歧视的权利一同被逐出公民群体的行列,剥离公民身份观念的平等,最终褫夺其公民权。盖因公民权利具备自我保护的手段,无须社会给予额外关照。于是,受歧视的劳动者陷入了一个悖论:如果想要享受到完整的公民身份,就必须放弃这种保护;但一旦放弃这种保护,歧视地位仍无从改变。

这种悖论随着公民权利观念的变迁呈现另一种矛盾。从理论层面来讲,反歧视要求以普遍性的法律规范思考为基础来约束行为,看似为保护实则会在法律原则上产生一个两难推理:一种法律原则,认可对行为予以适当限制以防止对他人权利的侵犯;另一种法律原则,要求不对该行为作出限制,因为公民的该种自由是一个基本价值,最终呈现为公民权利与公民自由的冲突。

表 8-2 各国关于反歧视的劳动者隐私保护立法

国家	立法	内容
我国	《劳动法》 《中华人民共和国就业促进法》(以下简称《就业促进法》)	《劳动法》第 12 条列举了四种歧视特征;《就业促进法》第 29 条至第 31 条扩大了禁止歧视的范围,从“民族、种族、性别、宗教信仰”扩大到了残、病、进城务工的农村劳动者
美国	《禁止残疾与基因信息歧视法》 《美国残疾人法案》	前者禁止雇主向雇员或求职者询问或故意获取其本人及家庭成员的基因数据,后者禁止雇主歧视残疾雇员
德国	《统一平等对待法》	该法第 1 条明确规定了歧视特征,包括“种族、民族、性别、宗教信仰、残疾、年龄、性取向”

为了解决这种冲突,各国对就业歧视的表现和类型进行了明确规定,将冲突圈定在有效范围内进行处理(见表 8-2)。通常,其认可的歧视为明示的歧视,但歧视的意图随着社会情势变化越发隐晦。进入智慧时代,这种就业歧视通过技术手段更为隐蔽,其中暗含的算法歧视更为复杂。比如,前述提到了百度以人工智能评估员工的专利,以及谷歌用算法来匹配求职者以及决定人员晋升等,他们反而通过社交媒体监视获取的信息来提前筛选出具有相关特征的求职者、劳动者,并决定是否录用或辅以决策。此外,用人单位通过算法监视劳动者社交媒体形成的歧视往往是无意识的,由此做出的雇佣

① 参见[英]T. H. 马歇尔、[英]安东尼·吉登斯等:《公民身份与社会阶级》,郭忠华、刘训练编,江苏人民出版社 2008 年版,第 19~20 页。

决定形式上呈现非歧视性,而求职者或劳动者显然无从得知这一决定因素,故而仅强调"有意识歧视"的反歧视目标过于狭隘。反就业歧视还有一个更深层次的特征,那就是歧视类型难以穷尽,其具有多种层级,且随客观情况变更而改变,无法在法律中一一列举,如对曾患病病愈员工的健康歧视并没有明确规定在劳动立法中。

究其原因,偏见和歧视的核心指向是社会的基本结构,反歧视致力于减少歧视带来的痛苦,却并未打破社会不平等的模式,甚至在倾斜保护、实施减少差别的措施时,可能会制造出一种新的特权。我们已知,偏见和歧视无法通过法律来完全消除,只能借助社会教育和公平的建设。① 在建设"作为公正的正义"时,人们通常受到"补偿性正义"的管理,②但"补偿性正义"作为特设原则,需要国家根据历史和现实的无限复杂性来进行整理、裁判进而采取行动,落实的是人人机会公平平等而非人人地位法律平等。

智慧社交场景带来的不仅是虚实同构,还有人们的行为和社会关系的变革。因此,劳动关系展开的是更为复杂、牵涉多元利益格局的全新形态。新技术的出现深刻重塑了风险场景,致使公司利用电子软件监控劳动者社交媒体私密信息等情形层出不穷;人的精神世界也随之发生变化,劳动者隐私内涵不再局限于人格尊严,而是融入了数据信息法益,引发了权利变异。种种发展动因驱使劳动者隐私治理焦点转移,对于其所提出的必须服从的正当要求,法律必须予以调整。面对这种发展态势,以弱势保护、侧重"义务施加"、以权利救济为核心策略的反就业歧视显然已不足以应对这一全新形态的挑战。这不仅仅源自个人信息保护之范围远远超过反歧视的范畴,抑或反歧视的内容具有被动消极的可能性,更源于两者在价值诉求上的不同。

反歧视着重于动态的权利救济,立足于传统消极自由理念;个人信息保护着重于静态的权利宣告,立足于人格平等和积极自由。同样防范的是权力的恣意干扰,"消极自由理论描述了如果要维护个人责任,哪些选择必须免于集体决策;积极自由理论规定了人们以正确的方式参与的意义,这是一种自治的观念"③。在法律规范的内容上,前者主要体现为保护弱势群体就业权利不受侵犯,后者则更侧重于人格尊严乃至一般人格权的构成要件和适用范围。

社会现实要求我们"必须予对象以普遍性的形式同样,也必须按照某种普遍物来指导意志"④,个人信息保护显然就体现了这一意志。劳动者个人信息保护的目的,不单是加强保护以隐私为主的个人数据,也不单是所谓保护与利用的双重强化,它最根本的目的和内容,是基于公民基本权利框架下保障劳动者"差别价值",在劳动者差别价值

---

① 参见[英]T. H. 马歇尔、[英]安东尼·吉登斯等:《公民身份与社会阶级》,郭忠华、刘训练编,江苏人民出版社 2008 年版,第 27 页。

② 参见[美]罗尔斯:《正义论》,何怀宏等译,中国社会科学出版社 1988 年版,第 95 ~ 96 页。

③ Dworkin R:*Justice for hedgehogs*, Harvard University Press, 2011. p. 365.

④ [德]黑格尔:《法哲学原理》,范扬、张企泰译,商务印书馆 1979 年版,第 218 页。

和差别权利理论证成的前提下深化其价值目标，更好地拓宽劳动者个人信息保护的救济渠道。基于个人信息保护的“权利保障”无疑才是现代政治与法治的出发点、根本宗旨和价值基准，①它通向更多社会平等的同时亦无损于国民的预测可能性。

（二）“资强劳弱”背景下劳动者知情同意机制形同虚设

知情同意机制在诞生之初与医学伦理密切相关，本意为尊重尊严，因无形中契合了隐私深层需求，于是被学者艾伦·威斯汀移植到隐私理论中。知情同意机制与隐私控制理论相协作，引导了20世纪70年代诸国的隐私政策发展方向。我国《民法典》第1035条第1款将“告知—同意”列为信息处理最重要的规则。《个人信息保护法》强化了知情同意原则的适用场景和条件。在这里，本章将知情同意视为一种原则，因为它是在一系列规范、实例基础上构建而成，自始便是以法律原则的形式进入法律的。此外，原则比规则范围更广泛、阐述更模糊，更多地受制于广泛的例外，②知情同意的内涵显然无法穷尽。在此基础上，我们对知情同意有了更深层次的把握，“知情”用于解决主客体间产生的信息、权利、资源不对称等一系列问题，而“同意”更注重于保障主体控制、决定私人事务的权益。③

然而，知情同意机制在“资强劳弱”背景下突出表现出以下方面的不适应：一是理论基础的不适应。知情同意理论的理论基础建立在个体论之上，与历来扎根于群本位思想的中国传统文化存在差异，公共利益、公众诉求都有可能遮蔽掉个人同意，尽管我国个人权利逐渐得到张扬，但仍存在需要调整的地方。二是功能定位的不适应。现阶段《个人信息保护法》中的知情同意机制以“消费者”作为原型来设计“同意”，构建了平台经营者通过“告知—同意”获得相应授权的场景，无论是发布隐私政策抑或用户协议均可以作为其获取消费者相应授权的手段，相对于“劳动者”主体，授权企业利用个人信息进行经营，存在一定差异。三是时空维度的不适应。从产生时间来看，知情同意机制发轫于18世纪，彼时劳动者信息的传播范围和蕴藏的经济价值有限，知情同意尚能发挥稳定的效用，及至大数据时代，数据流动日益活跃，知情同意要处理的是更为复杂的情形；从效用过程来看，劳动者意志自由受限往往贯穿于劳动合同缔结前后过程，也受限于场域即劳动者多数时间处于工作场所，持续被施加压力。即使处于同一社交媒体空间内，劳动者的决策也仍然不可避免地遭受到外部性扭曲。“资强劳弱”短期之内难以扭转，作为智慧社交时代隐私权被侵权主体，其被侵权的风险高于一般主体，俨然

---

① 参见王少波：《用人单位知情权与劳动者隐私权的冲突与平衡》，载《中国劳动》2017年第5期。

② 参见[美]E.博登海默：《法理学：法哲学及其方法》，邓正来、姬敬武译，华夏出版社1987年版，第227～228页。

③ 参见范海潮、顾理平：《探寻平衡之道：隐私保护中知情同意原则的实践困境与修正》，载《新闻与传播研究》2021年第2期。

成为“数字弱势群体”[①]。

在市场经济条件下，“资强劳弱”现象有其必然性：一方面，这场劳动过程的游戏来源“不在于预先注定的价值共识，而在于为了适应内在于工作中的剥夺的历史性特殊斗争以及与资方争夺定义规则的权力的斗争之中”[②]；另一方面，劳动者具有双重从属性：其一，人是社会关系的总和，劳动者作为社会中的“人”基于社会习俗所认可的道德要求自我形成的从属地位；其二，劳动者以劳动力等生产资料获取赖以产生和依存的物质基础，故其基于对用人单位的经济、人身依赖性形成第二层从属性，用人单位对劳动者得以进行行为控制和财务控制。在这种从属关系中，双方都对彼此承担某种或某种程度的特殊责任，否认这种特殊关切一方的尊严就会受到损害。[③] 普通用户尚且可以出于保护个人信息、隐私之顾虑选择放弃使用或转投其余社交媒体平台，但求职者或劳动者反而可能为了工作不得不“贡献”自己的个人信息，并且陷入一种“囚徒困境”中：劳动者个体利益——披露隐私最大化——破坏劳动者集体利益——更高的隐私泄露。

劳动关系“知情同意”适用的一般逻辑表现为：用人单位应以易于理解的方式向劳动者充分告知，劳动者基于充分知情的基础和自由有效的意思表示作出“同意”，用人单位因此获得授权以便在同意的范围内开展个人信息处理活动。然而现实却是，本是基于尊重尊严而生的知情同意异化为守护用人单位利益的“矛”与“盾”。盾之坚，使用人单位将其作为劳动者隐私权益侵权损害的免责事由之作用发挥得淋漓尽致；矛之利，使用人单位将知情同意作为处理劳动者个人信息的合法依据运用得得心应手。劳动者既无法做到“知情”，也难以行使“同意”。

一方面，部分用人单位不当限缩劳动者知情范围。部分用人单位将劳动者个人信息视为一种公司财产，不经劳动者同意以公司需求为由使用或过度使用劳动者个人信息；或无使用之正当性与必要性，但仍以“知情同意”获取劳动者个人信息，致使劳动者难以察觉个人信息处理活动的发生，无法实现充分知情。另一方面，劳动者基于从属性而被动“同意”。在实践中，用人单位为减轻“全体一致”负担，可能采用标准化知情同意书而忽视不同岗位劳动者的隐私需求差异。而劳动者往往在签订劳动合同时“同意”其中所给定的概括性同意才得以入职，这种“不同意即退出”的模式使劳动者陷入被动“同意”的旋涡。通常，用人单位经一次授权就进行二次乃至无限使用，在背离劳动者隐私期待的同时无形中还违背了《个人信息保护法》第 14 条第 1 款要求，即同意应当是“明确作出”甚至是以“书面同意”的形式，最终将导致默示同意的滥用。

---

① 宋保振：《“数字弱势群体”权利及其法治化保障》，载《法律科学》2020 年第 6 期。

② ［美］迈克尔·布若威：《制造同意：垄断资本主义劳动过程的变迁》，李荣荣译，商务印书馆 2008 年版，第 90 页。

③ Dworkin R: *Justice for hedgehogs*, Harvard University Press, 2011. p. 312.

此种情形下，劳动者隐私权益备受挤压，用人单位所主张的正当法益与其采取的必要措施给劳动者隐私所造成的影响是否合乎比例原则亦无从说起。用人单位将知情权障碍难题抛给了劳动者，完全忽视了知情同意对尊重双方权利与自觉履行义务的强调，无疑会使二者权利义务走向失衡；而劳动者受制于"资强劳弱"，由此对用人单位产生的对其采取不利措施的担忧致使他们在提起诉讼这一渠道上畏葸不前，同时，他们目前也未寻求到其他柔性途径来救济己方权利，"告知—同意"形同虚设，劳资双方在隐私保护问题上被推向矛盾立场。

事实上，在布兰代斯和沃伦提出隐私权之初，隐私权便已是具有控制性功能的现代性权利。① 至智慧时代，隐私成为反映劳动者私生活中的数据信息，"信息自决"得到再度强调，呈现复杂利益格局。因此，不应再以一元化理论定义隐私权，而应将其视为限制接触理论、独处理论及个人信息的自我控制的综合体，将隐私权本质理解为"一系列次级权利和利益的组合"②。用人单位使用和搜集智慧社交中呈现的无关工作的劳动者私人生活信息，监控私人社交言论和侵入私人社交空间等行为，均构成对劳动者隐私权的侵犯。在智慧社交时代，技术理性与浸染在隐私的非理性部分冲突加剧，劳动者从属性强调"自我克制"，社交媒体却促使其"自我展现"，这是智慧社交时代劳动者被透视、操控的根本原因。这一原因又引致传统反歧视、知情同意等机制在应对此类变化时略显笨拙甚至失灵，在此基础上重塑劳动者隐私权保护机制时，本章不再仅依靠公法或私法来专注缓和隐私权主体的隐私利益与企业知情权之间的冲突，而是力求探究其他路径以应平衡劳资关系与智慧社交的深层矛盾。

三、智慧社交时代劳动者隐私权法律保护之法理重塑

在隐私所受挑战日益加剧的世界里，智慧技术的发展使得监控和获取劳动者隐私更加便利。以保护用人单位知情权为核心的劳动秩序被塑造表现为局部主体利益的扩张性表达和不当实现，侵犯了劳动主体的正当权益乃至违背了公共利益要求。与此同时，与智慧社交伴生的多元博弈和秩序创生所引发的"创造性破坏"与私权自发性扩张亦不容小觑，双向构建、良性互动的秩序结构亟待生成。③ "社会使他们丧失平等，而他们只有通过法律才能恢复其平等"④。智慧社交时代劳动者隐私侵权法律风险亟须公法和私法予以限制和约束，其针对性治理应以剖析保护难题和现有规制路径为落脚点，

① 参见齐延平、李旭：《个人数据保护论争中的隐私权：反思、还原与再定位》，载《山东大学学报（哲学社会科学版）》2021年第4期。

② 参见徐明：《大数据时代的隐私危机及其侵权法应对》，载《中国法学》2017年第1期。

③ 参见马长山：《智慧社会建设中的"众创"式制度变革——基于"网约车"合法化进程的法理学分析》，载《中国社会科学》2019年第4期。

④ ［法］孟德斯鸠：《论法的精神》，孙立坚等译，陕西人民出版社2001年版，第82页。

梳理法律条文、深入制度内涵，以应对路径依赖和传统机制失灵的现状。

（一）智慧社交时代劳动者隐私权保护的公私法并行路径

我国采用多种法律形式对作为世界人权法案所认可的基本人权的隐私权进行保护：现行《宪法》第33条第3款、第38条以及第40条的规定，切实将人格尊严、通信自由和通信秘密等置于公民基本权利内，为劳动者隐私权纳入宪法基本权利体系打下基础。《中华人民共和国刑法修正案（九）》第17条、第28条和第29条对个人信息犯罪的相关内容做了更新和规定，《民法典》以专章的形式规定了隐私权和个人信息保护，第1032条第1款以禁止性规范的形式要求任何组织或者个人不得以任何非法方式侵害他人的隐私权。《劳动法》以兜底条款的形式在第105条提供了违反法律规定侵害劳动者合法权益的处罚依据，《个人信息保护法》考虑到隐私与个人信息存在交叉关系，在第13条第2款规定了个人信息处理者处理劳动者个人信息的情景来间接保障劳动者隐私。此外，我国还以部门规章、司法解释等形式规定了直接或间接的各种机构及用人单位应为劳动者提供的隐私保护，并提出了删除、隐藏、遮挡等补救措施（见表8－3）。

表8－3　我国关于劳动者隐私保护的相关规定（部分）

发布（通过）日期	文件名称	发布机关	效力级别	主要内容
2012.12.28	人力资源社会保障部办公厅《关于实施中韩社会保险协定和议定书的通知》	人力资源和社会保障部	部门规范性文件	规定了劳动者个人信息的跨境流动，缔约一国主管机关或经办机构接收的该信息及其后续使用、存储及销毁，均受到该缔约国相关隐私保护和个人信息保密的法律约束
2014.06.20	中国证券监督管理委员会公告〔2014〕33号《关于上市公司实施员工持股计划试点的指导意见》	中国证券监督管理委员会	部门工作文件	规定了上市公司的员工持股计划管理机构不得泄露员工持股计划持有人的个人信息
2022.01.07	《就业服务与就业管理规定》（2022修订）	人力资源和社会保障部	部门规章	第13条规定，用人单位应当对劳动者的个人资料予以保密，公开劳动者的个人资料信息须经劳动者本人书面同意
2018.12.29	《中华人民共和国职业病防治法》	全国人民代表大会常务委员会	法律	规定了劳动者健康、疾病信息的隐私保护

续表

发布(通过)日期	文件名称	发布机关	效力级别	主要内容
2020.07.10	人力资源和社会保障部、最高人民法院《关于联合发布第一批劳动人事争议典型案例的通知》	人力资源和社会保障部、最高人民法院	司法解释性质文件	指出《劳动合同法》第8条内容应仅限于“与劳动合同直接相关的基本情况”,用人单位无权任意扩大己方知情权及劳动者告知义务的外延
2020.12.18	《网络招聘服务管理规定》	人力资源和社会保障部	部门规章	规定网络招聘需明确求职者权益保护和个人信息保护等方面的权利和义务
2021.12.02	最高人民法院、中国残疾人联合会发布《残疾人权益保护十大典型案例》	最高人民法院、中国残疾人联合会	司法解释性质文件	规定了用人单位不应享有过于宽泛的知情权,并赋予劳动者可以不主动向用人单位披露其身有残疾的事实的权利,前提是残疾不影响工作

注:参见人力资源社会保障部办公厅、财政部办公厅《关于在就业补助资金使用信息公开中进一步加强个人信息保护的通知》,载中华人民共和国人力资源和社会保障部官网,http://www.mohrss.gov.cn/SYrlzyhshbzb/jiuye/zcwj/gaoxiaobiyesheng/201712/t20171207_283367.html。该文件规定了对获得就业补助资金的劳动者个人敏感信息不当公开、涉及个人隐私泄露的问题要立即采取删除、隐藏、遮挡等补救措施。

在讨论智慧社交时代劳动者隐私权益法律保护路径之前,笔者认为,有必要去回应相应的争议。立足我国的劳动者隐私保护政策,不难发现劳动者隐私权益的法律保护路径有两条:一条指向以一般民事侵权模式进行保护的私法路径;另一条指向兼具行政法直接保护和刑法间接保护的公法路径。

1. 私法保护路径

早期对于隐私的保护主要依赖于民事法律规则,这缘于传统隐私理论将隐私权的本质定位成一种具体人格权,故隐私权的民法保护作为保障劳动者隐私权至关重要的法律路径始终名列隐私权的法律保护之首。

遍历各国的隐私权民法保护模式,大致可以区分为间接保护与直接保护两种类型,其核心区别在于隐私权能否成为独立诉因。在间接保护模式中,迫于法律并不认可隐私权是一种独立的人格权,个人隐私权一旦遭到不法侵害,被侵权人只能将诉求依附于诸如非法侵入、名誉损害等其他人格权向法院请求司法保护与救济。而以美国、德国和日本为代表的国家采取直接保护模式,在法律上,隐私权被归于独立的人格权项下,其为以独立的诉因保护被侵权人的权利提供前提和基础。此前我国都是采用间接保护的模式,立法并未承认隐私权,而是以当事人因隐私曝光而名誉受到损害为构成要件,将隐私权与名誉权混为一体。① 直至最高人民法院2001年首次在《关于确定民事侵权精神损害赔偿责任若干问题的解释》中规定隐私侵权的救济方式，隐私才开始成为一项人格利益。此后，《民法典》正式确立了隐私权，将其上升为一项民事权利，并在“侵权责任编”中作了笼统规定，我们迎来民法对隐私权直接保护的时代。

而在此前清晰的劳动者隐私概念缺失的经年累月中，民法通过其涵摄性为劳动者隐私提供了堪称全面的保护，其以侵权责任为主的救济手段有效地保障了劳动者隐私，并在以下方面给予了方向性指引：一是在民事法律关系中，劳动关系双方均为平等的主体，与民法中的平等原则天然相适应；二是在民法规范中，不少一般条款都属于弹性规定，有较大的解释空间，必要时可以援引《民法典》一般人格权作为兜底规范；三是民法中的侵权责任条款高度概括了众多侵权模式，足以涵盖用人单位各种隐私侵权行为。尽管劳动关系的存在一定程度上影响了劳动者的隐私权，但不可否认劳动者隐私具有人格权属性，隐私权的主体包括劳动者都是平等的抽象的自然人，民事侵权保护通常能给予他们平等保护。此外，劳动者与用人单位的关系建立在劳动合同之上，而合同是意在在民事主体之间达成民事法律关系设立、变更、终止的协议。从更深层次来讲，隐私权的民法保护彰显了劳动关系从身份变迁为契约的过程，随着社会生产力和社会文明的发展推动个人利益发展到一定高度，个人利益被逐渐重视，基于劳动合同的劳动关系使得劳动者的隐私权实现平等保护一体化，当隐私权被侵犯时，民法是捍卫其权利的有效途径。

然而，我国民法保护路径依然存在隐私范围界定不够明确等有待完善的问题，主要体现在：

第一，以民事侵权保护为中心的隐私权保护模式难以反映劳动者隐私权受限的实际状况。一方面，尽管劳动合同以双务合同的形式设定了隐私保护标准，但通常由用人单位方主导对劳动者主体的要求设定，而劳动者几乎很少参与甚至不能参与标准形成，标准设定过程亦是非公开、非透明的；此外，合同的相对性意味着其效力范围只及于特定对象，此前社交媒体的使用并非常见约定事项，因而发生的争议将导致权利流转无法实现。另一方面，劳动者身处由用人单位指定的办公场所，使用其提供的办公工具，受制于用人单位的监管，不时遭遇用人单位对其隐私的侵扰，然而用人单位实行必要的监督措施，包括由此给劳动者隐私带来的侵扰的正当性被法律所承认。这其中显然忽略了一个问题：劳动者在办公电脑上登录社交媒体不可避免地会留存个人信息，但他们仍然享有个人隐私受尊重的权利。

第二，以侵权救济为中心的隐私权民法保护路径与以劳动关系为中心的劳动法基

---

① 参见《关于贯彻执行〈中华人民共和国民法通则〉若干问题的意见（试行）》，1988年1月26日最高人民法院审判委员会讨论通过。其中第140条以名誉权的形式对个人隐私权加以保护。

本理念无法完全契合。就行为模式而言，民事侵权保护以“侵权”为触发关键词，处于相对被动的状态，往往是劳动者隐私权已经受到侵害才采取的救济措施，但劳动者囿于从属性通常无法或不能在侵权发生的第一时间意识到隐私权受到侵害而及时救济。就法律主体而言，传统民法观念中通常只有执行公务的国家机关工作人员和公众人物等特殊主体的知情权和隐私权存在较为稳定的价值位阶，此外的一般主体之间若是发生隐私权与知情权的冲突，则更倚重个案权衡的规则衡量各方利益。

2. 公法保护路径

现实是，法律所声称的“人人平等”未必能被平等享有。在“资强劳弱”的关系中，仅依靠民事侵权保护这一私法路径来界定劳资双方权益、救济劳动者隐私权的方式难以为继。在智慧社交场景中，重在保护法益的刑法显然无法对新类型的隐私犯罪视而不见。毋庸置疑，隐私是一种传统法益，域外刑事立法普遍对其予以保护，并呈现两种不同的隐私立法模式：一是以德国、法国为代表的复杂立法模式，按照行为手段对隐私权犯罪进行细致划分，以专章、专节的形式规定隐私犯罪；二是以美国、西班牙为代表的单一立法模式，在类型化基础上构建新罪、设立专门罪名。① 虽然刑法保护模式与各国国情均存在差异，但对隐私法益的保护却并不因此而有所差别。进入智慧社交时代，劳动者隐私权不再只局限于隐私本身，还包括对其处分的自由，对此，劳动者隐私权还能作为刑法保护对象的法益吗？山口厚认为，法益处分自由本身就是法益的构成要素，而不是全然不同于法益的其他东西。② 依照此观点，隐私内涵延伸至个人公开、使用隐私和信息自决也应当是法益的一部分。此二者的本质是相同的，只是后者相比传统法益在内容上有所扩大。

我国现行《宪法》第 38 条到第 40 条看似为刑法保护劳动者个人隐私提供了宪法渊源，其中对公民人格尊严、住宅不受侵犯、通信自由以及通信秘密的规定无疑包含了保护公民隐私的意蕴，但我国目前尚未明确将隐私纳入刑法调整的客体范围。因此，当触发隐私犯罪场合时，理论中通常暗藏两种矛盾趋势，“发生了立法当时没有预想到的行为样态所造成的财产损害时，是扩张解释以往的条文予以应对，还是交给立法来处理”③。然而，我们不应以排中律的形式逻辑为是，因为上述对立背后实质呈现的是二者利益的一致性——更全面保护法益——当以“共生”来消解“对立”。依照此逻辑，一方面，借助解释路径将部分新的隐私犯罪内容转化成传统法益进行刑法保护；另一方面，比照新型法益的保护模式，通过增设新罪来进行保护。比如，面对用人单位侵犯劳

---

① 参见王芳：《侵害隐私犯罪的刑事立法模式比较及其对我国相关立法的启示》，载《山东大学学报（哲学社会科学版）》2011 年第 1 期。

② 参见［日］山口厚：《刑法总论》，付立庆译，中国人民大学出版社 2018 年版，第 170 页。

③ 张明楷：《网络时代的刑事立法》，载《法律科学》2017 年第 3 期。

动者隐私，考虑到刑法上的个人信息包括极少数能够识别个人的隐私信息，可以参照现行《刑法》中的侵犯通信自由罪（第252条），私自开拆、隐匿、毁弃邮件、电报罪（第253条第1款），侵犯公民个人信息罪（第253条第1款）之规定，通过扩大解释的方法来进行法律上的技术性处理。此外，本章认为，可以将社交媒体私密空间的不可侵入性作为一新型法益置于刑法保护之下。原因在于网络个人私密信息、个人识别特征更为丰富，更接近人的精神世界，侵入行为也更具隐蔽性，一个是物理空间，另一个是网络空间，二者虽然相互映射，但不可能混为一谈，故对此类侵犯新型法益的行为就需要另设法条予以规定。

笔者认为，刑法应受制于民法、行政法等前置法，避免将不具有违法性的行为定性为"犯罪"，仅在前置法都做出否定性评价时，该行为才可能被确定为犯罪行为。此外，刑法的立法路径成本较高，因为"刑法并不是一下子就能达到完善，甚至在那些人们非常渴望自由的地方，也不是总能找到它"①。立法耗时较长且应保持审慎，形成有效的刑法条文也相对困难，毕竟失之毫厘，谬以千里。如果放权于解释路径，让刑法借助其他客体或者规制手段为隐私提供间接保护，非但无法有效完善法律规范配置，反而在无形中扩张了法官的自由裁量权。

对此，部分人将目光投向行政法领域：《劳动法》第9条和《劳动合同法》第73条规定劳动行政部门负有监督管理责任，这为我国公权力保护劳动者隐私提供了法律依据；《政府信息公开条例》《档案法》的相关规定推动个人隐私的行政保护前进了一大步；《治安管理处罚法》第42条第6项更是体现了对个人隐私的直接保护。相较于私法保护，行政保护以公权力介入、辅以行政处罚的手段对隐私被侵权人施以保护，在免除隐私被侵权人举证责任的同时，兼具程序成本较低、适用手段更灵活等特点。然而，行政保护尚存的行政责任设定过轻、劳动监察力量较弱和行政不作为等种种问题，导致行与罚不相匹配、保护效力也被逐渐削弱。

对此，刑法保护与行政法保护这两个不同方向的保护路径在公法路径这里实现了汇合统一，这种汇合兼具灵活性与强保护性的双重意义。公法保护体现了执行主动性和强制性，在预防、处理系统性的侵权时具有效率的优越性。相较于民事侵权救济的被动性，如果在侵害发生之时，公权力就及时介入，或以行政监督发挥警示、预防等作用，更能有效保障劳动者隐私权。但在公法路径中，现下隐私犯罪行刑责任的衔接问题依然不容忽视：其一，证据转化面临现实问题，如用人单位自行下载劳动者的社交媒体数据能否作为认定事实的证据。前述融昌公司和超毅公司的案例已经告诉我们这在劳动仲裁中可行，但并不被民事诉讼所允许，那么在行刑衔接中又该如何做到顺畅？其二，在行刑衔接中，相关机关的移送机制与干预顺序安排成为关键环节，刑事优先还是行政

① ［法］孟德斯鸠：《论法的精神》，孙立坚等译，陕西人民出版社2001版，第130页。

优先值得商榷,同时,行刑责任分配也应受到关照。

3. 公私法并行保护路径

在智慧社交时代中,与各项变革伴随而来的挑战、风险和压力在资本力量的推动下只会更多、更大。笔者认为,应当选取公私法并行的法律规范路径实现对劳动者隐私权益的保护,并通过宪法学理论中的"基本权利的第三人效力"打通公私法壁垒。在这里,采取间接效力说,宪法所包含的权利条款借私法自治规范脱离了传统的公法规范只调整国家与个人之间关系的窠臼,深入私人间领域达至"合私成公",实现更深层次的实质平等追求。它们以私法规范——此处为民法中的隐私保护条款作解释性中介,反而找到了另一种公私法汇合的法的正当性进路。

对于路径的整体设计,笔者从最轻的建议和说服性措施升级为较为缓和的行政制裁措施,进而上升到惩罚性制裁这一"顶端"措施,自下而上地逐步进阶为干预度更强的措施,以此为一般性进路,私法以自我干预为促动力、公法以公权力为外部干预力量,共同推动规制措施有序递增(减)。[①] 面对智慧社交时代的隐私侵权,公私并行法路径应当是在穷尽一切民事手段和行政执行后仍不足以保护隐私时,刑事制裁才成为替代和填补。如此路径既摆脱了"事前阻却"所伴生的自由限制,也化解了"事后修复"难避免的伤害难题,确保全过程的即时互动规制。

在具体实施中,我们应对私法在劳动者隐私保护法律体系上起到的基础性作用予以肯定。事实上,没有《民法典》第1032条对隐私的赋权性界定及专章保护,作为隐私权"第三人的效力"来源,行政法和刑法相关规则的合法性基础皆显不足,更不用说,过于依赖公法易使"权利法"成为"管理法"。[②] 因此,当发生隐私侵权时,诸如侵权责任之类的私法回应将更具有吸引力,毕竟"在任何法律制度中,侵权法都存在两颗心脏——阻吓与赔偿——它们同时跳动着,尽管强度有别"[③]。劳动者可以要求侵权人赔偿损失、消除影响,或要求停止侵害以实现侵权责任的预防功能。但预防只是侵权的"副产品",当私法无法在劳动者与用人单位之间的不对称权力结构中提供更高明的救济时,执着于私法反而会提高制度成本。此时则需出动公法,由公权力承担支援与法秩序监督角色。习近平总书记指出,党和国家"要切实维护广大劳动群众合法权益,帮助广大劳动群众排忧解难,积极构建和谐劳动关系"[④]。

---

① 参见[英]罗伯特·鲍德温、[英]马丁·凯夫、[英]马丁·洛奇编:《牛津规制手册》,宋华琳等译,上海三联书店2017年版,第140~146页。

② 参见王成:《个人信息民法保护的模式选择》,载《中国社会科学》2019年第6期。

③ [德]马蒂亚斯·赖曼、[德]莱因哈德·齐默尔曼编:《牛津比较法手册》,高鸿钧等译,北京大学出版社2019年版,第1012页。

④ 习近平总书记在安徽省合肥市同知识分子劳动模范青年代表座谈会上如是表示。参见《紧跟时代肩负使命锐意进取 为共同理想和目标团结奋斗》,载经济日报,http://paper.ce.cn/jjrb/html/2016-04/30/content_299661.htm。

在公法中，纵使现行《宪法》并未明确规定隐私权，我们仍可以通过基本权利的第三人效力，为劳动者隐私保护提供宪法上的根基。在此之前，我们必须注意到劳动者隐私权规范构造的复杂性——以隐私权为基础，以劳动者人格尊严为核心，以国家保护义务范围建立保护边界，它为我们明确了第三人效力的来源——并非源自劳动权的第三人效力，而是基于人格尊严的第三人效力。它附着于《宪法》蕴含的价值之上并内化于民法的隐私权保护条款，给予劳动者公法保护。我们并非呼吁将隐私的宪法化设定为最高目的，而是将其作为隐私的“宪法时刻”的一个论点，促使其形成一个兼具确定性、实用性、相对稳定性的隐私框架来重塑社会信息结构：在程序层面，它应规定处理隐私信息的公平与道德程序，进行权力与责任配置；在实质层面，应设置隐私具体规则以应对权利、关系、数据和外部因素的问题。

当刑法与行政法规范的保护目的整体一致时，笔者认为，应优先通过行政法进行保护。具体而言，一般情况下行政法承担着用人单位行政合规督察之作用，如果用人单位隐私侵权行为属于基于维护重大公共利益之目的，或是根本不可能对社会造成危害，或是虽具有一定社会危害性但情节显著轻微危害不大的，则可以依照《治安管理处罚法》或者其他行政立法之规定予以直接保护。针对此类行为，从治安管理、行政处罚等方面对侵权人实施警告、罚款、吊销执照等处罚足以实现对劳动者隐私的行政保护目的。行政法保障力度不足的由刑法补充，刑法上必须作相对独立的违法性判断，综合考虑用人单位侵犯劳动者隐私的行为是否具有极大的社会危害性、应受刑罚处罚性以及刑事违法性判断是否进行处罚。如果行为被认定为犯罪，刑法解释路径足以应对的，利用以扩大解释为主的刑事解释方法来对劳动者隐私进行保护；如果应根据罪刑法定原则采取刑事立法路径应对犯罪的，那么就以保护法益为核心目的，有针对性地增设条款抑或在既有条款中增设犯罪的行为方式与对象，通过立法规制新型犯罪。

（二）智慧社交时代劳动者隐私权保护法律规范的完善

《个人信息保护法》的颁布，为我国个人信息保护提供了基础制度构架，但由于劳动者的隐私权益保护存在主体特殊性、内涵范围模糊和立法碎片化、缺乏周延性等问题，隐私概念本身也区别于个人信息，因而并不能完全适用个人信息保护一般规则。综合对公、私法路径的分析，笔者认为更为合适的路径是以劳动法为中心，以民法救济前置、行政监管作为补充，通过公、私法的配合在维护劳动者隐私权上发挥更大作用。

1. 确立隐私保护利益平衡原则

保护劳动者隐私权抑或实现用人单位的经济利益，就某方面而言存在一定矛盾。用人单位原本就可以利用劳动力市场对劳动者的权益形成直接冲击，智慧时代的发展势必进一步推动劳资关系衍生更深刻的变革。在此背景下，劳动者隐私保护既涉及劳动者的权利保障，又关乎用人单位的义务承担，呈现系统、复杂的特点。虽然多数研究提出，劳动和资本的价值选择与衡量应该通过法律原则来实现，以便对价值位阶进行排序,分配各方所需要保障的利益,从而实现劳动者隐私权与企业监督管理权的平衡,但迄今为止,尚未形成明确且共识性强的方案。

在分配效率、正义和平等时,他们需要处理一个棘手问题,即限制权利、"贡献"隐私从而获取额外保护和身份认同是否值得?这里应当同时关注横、纵双向维度,不仅要横向衡量"不同利益各自的抽象比重和数量",同时也要纵向考虑"其可行性和这些利益被促进或损害的程度"。① "预防原则"从长期的集体利益远胜于短期的私人经济利益中推导出用人单位利益优于劳动者个人利益;穆勒的"伤害原则"立足于"防止加害于他人"这一限制个人自由的唯一合法理由,认为用人单位利益并非恒大于劳动者个人利益;"比例原则"更是一定程度上弱化了"预防原则"的观点,最终在"公共利益 > 劳动隐私利益 > 用人单位经济利益"这一价值排序上达成共识。

我们无须过于细碎地对利益进行明确划分,"当利益不是给定的时候,它们就会在事后被以一种同义反复的方式经验性地发现或构建出来"②。但我们仍需厘清这些问题:其一,公共利益的表述是普遍存在的,与公共利益相关的表述存在于我国上千条的法律法规中,为公共利益相对优位性提供了广泛的合法性来源。然而,实现公共利益目标面临两个基本问题:在理论层面,公共利益概念未得到清晰阐述;在规制实践中,以公共利益为基础具有一定的脆弱性,尤其部分学者"排他性地以经济上的优先次序为前提"使脆弱性加剧。③ 究其缘由,公私利益辅车相依,立法实际却未对这一关系给予关照。覃思我国之公私,"公"建立在"私"的实际利益之上,表现出强自我意识;而私为"'连带的公'的集结点"④,具有可变性。然如《个人信息保护法》中,公共利益表述不明晰、规则缺失滞后等问题依然存在,致使多方动辄以"公共利益"为由滥用个人信息权益。诚然,"公""私"关系之要领,并非过分强调公共利益本位论,抑或主张个人权利本位论,而应追求二者的对立统一。在财产利益层面,现行法律明确公共利益高于个人利益,在非财产利益尤其是人格性利益层面,只有公认的、紧迫性的公益才能处于私益之上,若公益受损,必要时由政府行使公权力对损害公益结果进行矫正,由司法机关对公益给予终局性保障。

其二,我们所保护的劳动者隐私权益内容实质是什么?我们通常将公民合法的自

---

① 参见[德]莱因荷德·齐柏里乌斯:《法学导论》,金振豹译,中国政法大学出版社 2007 年版,第 142 页。

② [美]迈克尔·布若威:《制造同意——垄断资本主义劳动过程的变迁》,李荣荣译,商务印书馆 2008 年版,第 41 页。

③ 贝尔将公共利益定义为"特定个人的净收益可能并未增加,但某些为共同体凝聚或发展所必需的事物却得以保障",这一说法显然是以经济度量的方式为切入点,忽略了公共利益的非财产性部分。参见[英]罗伯特·鲍德温、[英]马丁·凯夫、[英]马丁·洛奇编:《牛津规制手册》,宋华琳等译,上海三联书店 2017 年版,第 46 ~ 65 页。

④ [日]沟口雄三:《中国的公与私·公私》,郑静译,三联书店 2011 年版,第 283 ~ 289 页。

由和权利划分为私人利益，“一种个人生命的利益、私有财产的利益、缔结合同的自由和言论的自由等，都可以被视为个人利益”[①]。现行《宪法》第 51 条使其正当性得到确认，由此及彼，我们所保护的劳动者隐私权益实际上就是劳动者合法的隐私权、个人信息权利束（权利束所指向的客体并非个人信息，而是信息处理者处理个人信息的活动，[②]其中自然包括了处理隐私的部分）和如通信自由、言论自由、人身自由等一系列自由，这些权益实际上是劳动者的根本需求。当然，我们并不天然地将劳动者隐私利益看作个体利益，当众多劳动者以群体的形式团结起来或者行以工会的名义时，其整体对隐私的追求应当看作符合集体利益需求的；用人单位也不应当被默认为集体利益的代名词，毕竟，部分用人单位所追求的利益在某些时刻是与集体利益背道而驰的，甚至压榨、欺骗了公众利益。[③] 就具体权益而言，如果不能使劳动者知情权高于用人单位知情权，则可能引发“逆向选择”，亦无益于公平、正义。

其三，用人单位何时可以在智慧社交时代主张自己的权利以对抗劳动者隐私？不可否认，强化劳动者个人利益有利于改善劳动市场环境、避免过度竞争。但这并非要求用人单位完全牺牲自己，我们必须认可用人单位的利益诉求中蕴含着正当性。在隐私及数据安全方面明确界定智慧社交时代的公域与私域，亦有利于实现集体利益最大化。一方面，尽管智慧时代发展需要适当扩展个人隐私范畴，除在《民法典》中规定常规个人信息外，又在《个人信息保护法》和《网络安全法》中增添“个人信息”等内容，用人单位仍可以根据《劳动法》《个人信息保护法》之“必需”作为合法性来源获取劳动者对应的隐私部分，以保障其经营管理权、知情权和监督权。另一方面，建立劳动关系后，用人单位可以在依法明示智慧社交视域中劳动者监管机制的前提下对劳动者隐私进行适度、必要“侵扰”，这将不仅为劳动者服从管理、有效保护隐私提供便利，同时能将双方权益落到实处。

2. 完善立法的完整性

事实上，面对劳动者隐私立法，我们遭遇的是诸多规则的拼缝，导致有关劳动者隐私保护的立法中存在碎片化现象：不仅没有作出集中性的规定，而且缺乏具有可操作性的明确规则，规范之间互不统摄。随着时间的推移，这种现象日益严重，已经损害到劳动者隐私保护的体系性。依照实际情况，其碎片化表现为以下两种情形：其一，同一法律制度的内容散落在不同的立法规范中，呈现碎片化。比如《治安管理处罚法》第 42 条第 6 项和《民法典》第 1033 条第 3 项都同样规定了偷窥、偷拍、窃听、散布他人隐私的侵

---

① ［美］E. 博登海默：《法理学：法哲学及其方法》，邓正来、姬敬武译，华夏出版社 1987 年版，第 383 页。

② 参见王锡锌：《国家保护视野中的个人信息权利束》，载《中国社会科学》2021 年第 11 期。

③ 参见［美］罗伯特·H. 弗兰克：《达尔文经济学：自由、竞争和公共利益如何兼得？》，谢朝斌、刘寅龙译，世界图书出版公司 2013 年版，第 50 页。

犯个人隐私权的行为。这些条文均未对必要的规范加以抽象，仅机械地罗列了同一类型的法律现象，并被分散于法律、行政规章及政策性文件等法律规范中，因而呈现碎片化状态。其二，法律对属于劳动者隐私的内容仅以片言只语作出规定，使得它们成为零散的法律碎片。《劳动合同法》《个人信息保护法》等关于劳动者隐私保护的拼凑式规定，未将权利内容详尽告知。在一国之法律体系内，各部门法分工明确、各司其职，然而在保护劳动者权益的劳动法体系内，却鲜见关于劳动者隐私权的具体安排。专门性法律条文的缺位，使这些规定与劳动领域的其他内容无法形成体系，这样既不能形成一个可以对个人隐私实现全面保护的整体力量，又削弱了隐私权保护的一般预防效果。

从立法体系化和科学化的角度来看，现有关于劳动者隐私保护的立法不过是由零星条款拼接出的“立法集合体”，它们既存在于位阶较高的《民法典》《个人信息保护法》中，亦可见于位阶较低的司法解释、政策文件和地方性法规中。现有立法并未充分考虑智慧社交时代信息传播的特点，未能完整、准确地反映出利益关系的内在要求，以实现对用人单位利益和劳动者隐私权之间的关系施以正确调整。此外，应对隐私侵权存在方法固化问题，很多规定已不能满足现阶段经济社会发展需要。如此一来，劳动者隐私保护不仅在立法中存在缺陷，面临解释论上的难题，而且在执法、司法中，各部门机构之间缺乏协调与合作，依据相关法律法规对隐私侵权行为的惩戒力度不足。执法权限、定位的模糊，执法活动和行政管理法律依据的欠缺，导致相关行政执法部门完全忽视了法律秩序的任务，即“在任何社会中迫切要求认可的权益，并且决定其中哪些应被确认为通过法律加以推行的权利”①。

完善立法的完整性，最为根本的方法就是落子“大棋局”，跳出部门本位，立足整体性治理视野。在实体层面上，实现立法技术的统一；在程序问题上，打通法律监督与救济渠道，使各相关部门相互衔接，协同合作。对此，不仅需要关注劳动者隐私权益与劳动者个人信息的逻辑对应关系，更应加强梳理劳动单行法与《民法典》《个人信息保护法》等多部法律的立法分工，同时圈定劳动隐私主体的范围问题。

笔者认为，在智慧社交背景下，只囿于劳动法视域对劳动者隐私和个人信息予以保护显然是谬误，这并非劳动法的独揽事项，而是宪法、民法、劳动法和个人信息保护法等法律的共同目标，唯有纳入人格权、网络安全保护和个人信息保护等的法治轨道中，才能更全面地加速劳动者隐私权益保护法治化进程。对于交叉重合的部分，可以借助解释论的路径防止冲突，或立足竞合论的视角予以适当决断；对于明确性不足的部分，可以通过教义学的路径构建具备稳定性和可把握性的语义内涵，或通过有权进行司法解释的主体以发布司法解释的形式来确定具体义务的主旨。具体落实到法律适用安排中，即以劳动法为核心，以私法自治优先，以国家保护为后盾，并与公私法并行的相应制

① [美]伯纳德·施瓦茨：《美国法律史》，王军等译，法律出版社2018年版，第273页。

度协同前行。

此外,可以通过增强智慧执法、智慧司法等方式推动法与科技的良性互动,消除立法的碎片化和不周延。一方面,可以建立一体化平台实现“两法”衔接(行政执法与刑事司法),借助网络实现信息共享和整合,使各部门协调联动、各尽其责,有效推进跨部门协作,更全面地保障劳动者隐私权益。另一方面,利用以大数据、人工智能、区块链技术为基础的证据上链、自动化行政等机制,实现劳动者隐私纠纷即时解纷、避免事后“举证难”,从而达到多方良性互动的目标。

3. 尝试综合性专门性立法

纵观我国关于劳动者隐私保护的相关规定,尚未正式出台国家层面的法律法规专门规定用人单位对于劳动者隐私的保护义务,而是通过部门规章和司法解释的形式加以规制。我国对于劳动者隐私权保护立法已形成《民法典》与多部劳动单行法并行的模式,《民法典》中规定雇佣合同、劳动合同、侵权救济的相关问题,同时形成了《劳动法》《劳动合同法》《就业促进法》《劳动争议调解仲裁法》《职业病防治法》等一系列劳动法律,并在此基础上逐步完善。从立法体系角度来讲,劳动领域仍存在立法滞后、民法兜底、内涵模糊和诉请无效等问题,劳动关系只能借助不断出台规章、地方性法规或司法解释来规范。《劳动法》和《劳动合同法》对智慧时代背景下的隐私保护尚处于空白状态。

身处智慧时代,哈佛大学教授劳伦斯·莱斯格创设了“代码即法律”的隐喻,试图通过技术解决规制问题,却忽略了二者的相互作用:规制作用于技术,但随着技术创新,其又反作用于规制,使规制模式与工具发生改变。面对智慧社交时代的偏见风险、隐私保护和平等自由实现等涉及主观价值评判的综合性问题,规范立法注定是最快捷有效的方式。[①] 纵观全球立法现状,欧盟应对隐私保护问题采取综合立法,融贯整体观哲学和系统论原理于其中来实现普遍的法律外部控制,并出于对隐私权主体和隐私侵权场景类型存在地域性差异的充分考量,对于隐私保护作出原则性规定,协调各隐私保护相关立法之间的关系。欧盟的《一般数据保护条例》就是兼具“经济性”与“行政性”的综合性隐私立法,兼顾私人部门和公共部门,以一般规则进行监管,通过特定领域的部门法律加以补充,同时它以“经济性”作为制度设计的重点,将经济利益纳入隐私设计中。美国更倾向于具体场景立法,往往针对单个部门出台监管方面的隐私法规,如 1974 年《隐私权法》规范行政机关对公民个人信息的处理,1986 年《电子通信隐私法》保护网络上的个人信息,1999 年《金融服务现代化法案》对金融机构如何处理个人隐私的手段予以规定,2000 年《儿童在线隐私保护法》强调保障未满 13 岁儿童的线上隐私。

言及我国隐私立法,考虑到我国已有为保障个人信息安全出台的《个人信息保护

① 参见宋保振:《“数字弱势群体”权利及其法治化保障》,载《法律科学》2020 年第 6 期。

法》和针对网络安全方面出现的综合性立法《网络安全法》之先例，可以以综合性立法确定统一的隐私保护原则，以具体场景规制劳动者隐私保护，打造集综合性立法与具体场景立法为一体的总分式立体立法体系。

从我国当前情况看来，国务院有关部门已制定立法工作方案，曾拟于 2022 年提请全国人大常委会审议基本劳动标准法。[①] 在我国，劳动基准法首要规范要求具备双重效力结构。[②] 这一规范效力结构被贯彻到具体立法中，主要体现为：基于劳动关系本质上是一种私人关系的考量，劳动立法往往优先规定调整劳动者和用人单位之间权利义务的规则，但与此同时，劳动领域的法律责任通常由公法性规则规定，并为其配备公权力，以确保劳动法中强行性规则有效实施，如《劳动保障监察条例》《保障农民工工资支付条例》。此种意义的劳动立法实则是为保护劳动者利益而制定的全部强行性规范的总和。

劳动基准作为劳动条件的最低标准，将劳动者隐私纳入保护范围在学界已有共识。《劳动基准法建议稿（中国人民大学版）》表示，劳动基准法应当将劳动者享有隐私和个人信息受法律保护的权利作为劳动者隐私保护的基本原则，并固定在总则中。劳动者隐私权与用人单位的经济利益相抵触时，劳动法应以劳动者利益为先，除非用人单位存在必要、正当、重大的经济利益，否则不得侵扰或限制劳动者隐私权。同时，我们应当将智慧社交的特点纳入考量，确立涉及劳动者个人隐私的电子信息保护原则，对于用人单位利用社交媒体获取、开展劳动者个人信息数据处理工作，要求其应当在具有合法性的前提下明确数据安全保护义务。如果劳动者的个人信息权益受到侵害，既可以通过私法机制予以救济，又可以通过公法机制寻求保障，还可以以劳动仲裁或劳动诉讼的方式实现维权。

至此，我们已经完成了对现有法律保护路径的揭示和现存难题的分析，明确了公私法并行的保护路径，并将思路引至劳动者隐私权益把握的核心地带。一方面，最为根本的问题，隐私权益自身是否仅承载着利益，又该怎么去明确其范围；另一方面，通过剖析问题来寻找劳动者隐私权益保护的突围方向，这牵涉以何种具体的法律和程序去保护劳动者隐私。这些问题，皆关乎智慧社交时代劳动者隐私保护框架设计。

四、智慧社交时代劳动者隐私保护之框架重构

如果说前述内容为隐私保护的法律路径提供了社会科学逻辑上的依据，那么“耗散

---

① 参见《全国人民代表大会社会建设委员会关于第十三届全国人民代表大会第四次会议主席团交付审议的代表提出的议案审议结果的报告》，载中国人大网，http://www.npc.gov.cn/npc/c30834/202110/beac3521f2df434ca84bcec655aa5133.shtml。

② 参见沈建峰：《劳动基准法的范畴、规范结构与私法效力》，载《法学研究》2021 年第 2 期。

结构”就为隐私保护的框架设计找到了自然逻辑上的论据。比利时物理学家普利高津将耗散结构定义为一种新型结构，这种结构使开放系统在远离平衡的条件下，通过与外界的物质、能量交换来调节系统中熵的涨落，可能实现从无序、热混沌到有序的转变。①一般来说，熵代表的就是无序，一个孤立的体系若是不与整个社会进行交流，那么其可持续发展将陷入封闭、滞塞。而耗散结构打破了这种封闭，其中负熵流的引入使系统朝向有序方向优化，并得以广泛适用。

具体到劳动者隐私立法中，我们可以将劳动者隐私立法视为耗散结构，该结构具有开放性、非平衡性、非线性及随机涨落等特征。首先，劳动者隐私立法的开放性自然毋庸置疑，它不是封闭、孤立存在的法律活动，相反需要不断地同外界环境进行充分的信息、物质和能量的交换，通过公众参与、多部门协调引入负熵流，才能确保立法质量。其次，劳动者隐私立法受制于主体认知局限、劳资关系拉锯、合同内容调整及经济利益变动种种因素，表现为非平衡态，个体对于隐私需求的差异驱使相关策略以自发性调整确定临界平衡点。再次，劳动者隐私立法受技术、资本、市场、政府以及法律等多元因素影响，可能对公众要求回应迟滞甚至无意回应，但种种因素的非线性作用会推动系统对外部环境的任一变化作出反应，实现多层次耦合发展，从而形成动力根源。最后，智慧社交时代劳动者隐私立法中的各主体行为存在可变性，导致系统状态因随机扰动而时有涨落，如劳动者为逃避用人单位监控而选择性开放社交媒体，或者因业务需要对社交媒体中的部分隐私予以公开，最终通过与劳动者隐私相关的物质、能力、信息等负熵流的吸收维持劳动者隐私立法涨落的需要。

综上，我们参考耗散结构理论对劳动者隐私立法开展研究。在耗散结构理论中存在一个基础公式：$dS = d_eS + d_iS$。在开放的条件下，d_iS 是系统内部不可逆过程产生的熵增，主要来源于隐私公开、损害后果、犯罪形态的不可逆过程；d_eS 是来自外界的熵，如果外界注入的熵为负，即汲取所谓的负熵流，那么将降低系统的总熵，使系统变得更加有序。从法理上来看，法律对事物的发展具有反作用，因此它们正是隐私立法中的外界负熵流的主要来源。这些外界流入的负熵流的主要来源包括但不限于法律，它们可能表现为：对上位法的借鉴、隐私政策规定、隐私保护框架设计、技术创新和其他外部推动因素。它们使系统逐渐离开平衡态或近似平衡态，从而改善了隐私保护机制并实现了对隐私信息的妥善维护。对应到劳动者隐私立法系统来看，当处于相对稳定的程度时，如果系统内部的熵持续增加，而外界流入的负熵流持续减小，系统将会陷入无序的状态，即如果仅依靠现有的隐私立法，私法、公法及其他技术因素的负熵流无法注入，这样，劳动者隐私立法势必会步入熵增境况，影响立法质量、也不利于劳动者隐私立法的

---

① 参见[比]伊·普里戈金、[法]伊·斯唐热：《从混沌到有序：人与自然的新对话》，曾庆宏、沈小峰译，上海译文出版社1987年版，第46页。

完善。热力学第二定律告诉我们，熵将带来混乱和无序，只有当外界的负熵流大量涌入，足以抵消系统内部的熵增量 d_iS，使总熵 S 减小，系统的总熵增量 dS 为负，才能使整个系统进入相对有序的状态。换言之，尽可能削减隐私侵权风险和危害，强化对劳动者隐私的法律保护力度，使这种保护与救济足以弥补损害，那么系统将自发走向有序。

其演化机制设计（见图 8－1）如下：首先，必须明确劳动者对隐私的合理期待为其隐私保护的基核；其次，当合理期待的基核成为吸引子后，增设劳动者隐私特别保障条款来进行涨落调节，带来规制政策的完善、保护模式的建立、安全责任的强化、权利框架的优化，推动智慧社交时代的隐私保护发展；再次，反馈是劳动者隐私权的有序之本，需要完善隐私立法的程序构建和法律监督，确保多渠道及时反馈诉求；最后，经过涨落调节和反馈，劳动者隐私保护终将实现规范化的有序稳定。

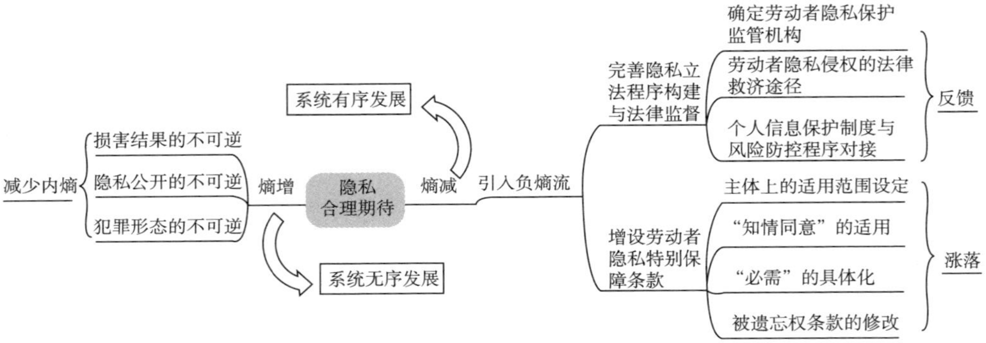

图 8－1　劳动者隐私立法耗散结构演化机制

（一）明确劳动者隐私保护的合理期待

耗散结构的类型严重地依赖于其得以形成的那些条件，在劳动者隐私这一类型中，诸如合理期待等因素形成劳动者隐私保护的基核。其一旦形成，将主导整个系统的演化趋势，较高的合理期待将引向严格的劳动者隐私保护系统，较低的合理期待将带来宽松的隐私保护环境。当我们明确劳动者合理期待时，就能更好地确立劳动者隐私系统的演化方向。

在此之前，我们需要明确何以劳动者对其隐私享有合理期待？这与尊严的基本原则密不可分。如前所述，尊严的第二原则——真实性要求，“就一个人的生命应该被用来做什么最好的决定而言，这些决定必须由其生命所在的那个人做出，否则就不是在限制而是侵占”①。劳动者对于其隐私信息的利用和管理的决定应当由本人做出，而非用人单位以经营目的为由强制其做出，劳动者对于此范围内的隐私享有合理期待。此外，

① Dworkin R，*Justice for hedgehogs*，Harvard University Press，2011. p. 211－212.

这为实现社会公正奠定了基础。“要看一个社会是否公正，就要看它如何分配我们所看重的物品——收入与财富、义务与权利、权力与机会、公共职务与荣誉，等等”①。劳动者隐私权视域下的“公正”，要求社会对劳动者隐私权益和用人单位隐私保护义务进行合理分配，确定法律对于劳资关系的干涉程度。智慧社交视域下的劳动者隐私亦同理，并不因为社交媒体的开放性而减损，因为其对社交媒体账户、密码保护和数据加密等保护措施的依赖，不亚于对锁、螺栓和防盗警报的依赖，即使这种保护形式都是可穿透的。②

以合理期待保护隐私权最早追溯到卡茨诉美国案(Katz *v.* United States)。在这一案中，美国法院认为，在任何人有合理的隐私权预期的任何地方，没有搜查令而进行搜查和扣押的行为是对美国宪法第四修正案的违背，除非适用某些例外情况。此案后续发展出了隐私合理期待的标准，即主观上隐私主体有权发表对其隐私的真实期待，客观上该期待应当与社会所能承受的合理预期保持一致。当然，这种合理期待标准与一个国家基本的法律规定及权利观念密不可分。美国虽然重视隐私的合理期待，但更加重视用人单位的知情权，并借助多种例外情形大大降低劳动者的隐私期待，以保证资本竞争力和经营管理效率，对于法条的解释也倾向于限缩解释。

相比之下，欧盟赋予劳动者较高的隐私期待。2017 年欧盟数据保护工作组发布《第 2/2017 号关于工作中数据处理的意见》，③借助多重场景确立了劳动者的隐私合理期待的标准，如“处理严格”“基于合法目的”“必要性”“符合相称性和辅助性原则”，并将比例测试作为部署任何监控工具前的必经程序，以考虑是否超过了一般隐私权的限度。西班牙《个人数据保护法》直接认可劳动者对工作领域中的定位系统、数字化设备和监控录音录像享有隐私权，并明确规定了工作场合中劳动者隐私权的合理期待，同时强调用人单位有告知义务，仅仅依靠企业规章中的禁止性条款不足以消除劳动者对隐私权的合理期待。

那么，如何判断这种期待是合理的？或者说如何分配期待内容才能实现公正？亚里士多德从目的论的角度出发，认为分配的公正在于成比例，合比例地给予人们所应得的东西，④但建立在目的论上的公正是脆弱的，它缺乏作为一般理论的普遍性，甚至会出现本末倒置的情况。康德将这种公正与自由联系起来，而自由的法则从理性而来，这

---

① ［美］迈克尔·桑德尔：《公正：该如何做是好？》，朱慧玲译，中信出版社 2011 年版，第 20 页。

② See Park, Susan, *Employee Internet Privacy: A Proposed Act that Balances Legitimate Employer Rights and Employee Privacy*, American Business Law Journal 5: 779(2014).

③ See European Commission, *Opinion 2/2017 on data processing at work*, European Commission(Jun. 06, 2017), https://ec.europa.eu/newsroom/article29/items/610169/e.

④ 参见［古希腊］亚里士多德：《尼各马可伦理学》，廖申白译注，商务印书馆 2003 年版，第 134～136 页。

种理性是“纯粹实践理性，它忽视所有的经验目的而设定了一种先验性”①，这种“先验”必定是形而上的，先验与经验之间的鸿沟将割裂合理性与合法性。更多人采取利益分析的传统路径，通过对隐私进行信息经济学的加工，用人单位和劳动者之间根据各自对隐私信息的需求和合理期待展开“科斯谈判”②以实现双方利益最优，换而言之，用人单位以足以弥补劳动者因隐私披露而感到的个人权益减损的费用换取劳动者的隐私信息。表面上，通过利益分析可以在企业知情权和劳动者隐私权中划分各自的适用场域，平等、自愿地满足了双方合理期待，但实则过于武断。“在自由市场中，人们按照自己的意愿和能力买卖他们的产品和劳动力。这并不是对每个人都一视同仁的关心”③。人们看似是根据需求自愿在劳动力市场上披露个人隐私并获取相对收益，但处于宽松隐私保护环境下的劳动者实际上无从了解公司使用这些信息的方式及全部范围，也鲜少意识到这种交易对其隐私的损害程度。此后，劳动者不得不自行加大投入以防止仍期待保有隐私权的部分隐私泄露，这种片面强调利益分析的做法在某种程度上漠视甚至背离了权利所蕴含的核心理念与价值诉求。

因此，分配合理期待的问题意在找寻该联立方程的解法，即我们必须设法找到一种既彰显自由平等又尊重个人责任原则的解决办法。要知道，即使是功利主义视域下的公正也同样重视个体权利，个体之间利益相连时尤甚。由是，对用人单位权利的限制要遵守以下原则：第一，对劳动者社交媒体上个人信息的收集应具备合法、特定和明确的目的，不得基于获取的信息进行歧视性决策，不得超出目的处理信息；第二，用人单位有权在公司规章中制定社交媒体相关的禁止性条款，要求劳动者非工作必要禁止在工作场所、工作时间使用社交媒体，并可以通过监控进行管理，但用人单位对劳动者社交媒体监控以及获取的相关信息处理应具有合法性；第三，用人单位有权在劳动合同中与劳动者约定个人信息处理的相关条款，但不得损害国家、集体、第三人利益和社会公共利益，并应实施必要的组织和技术措施以保证信息安全，妥善保管用于公司社交媒体账户注册、认证以及其他为业务需要获取的劳动者个人信息；第四，必要时设立专门部门来进行劳动者及离职劳动者的个人信息处理工作。

相应地，依据《民法典》《个人信息保护法》《劳动法》的有关条文规定，劳动者围绕下列各项权利内容享有隐私期待。第一，知情、查询权：在用人单位为公司信息传播之利益需对劳动者个人资料予以公开时，为降低合规性风险，劳动者有权在其向特定对象披露本人个人信息之前知晓用人单位对其信息处理的用途和目的。第二，决定、删除权：如果用人单位违反法律或行政法规等处理信息，或者强令劳动者在其与业务无关的

---

① ［美］迈克尔·桑德尔：《公正：该如何做是好？》，朱慧玲译，中信出版社2011年版，第138页。

② 参见［美］曼瑟·奥尔森：《权力与繁荣》，苏长和、嵇飞译，上海人民出版社2018年版，第49～57页。

③ Dworkin R：*Justice for hedgehogs*, Harvard University Press, 2011. p. 3.

社交账号上发布业务相关内容，劳动者有权要求删除该信息或内容。第三，更正、补充权：劳动者倘若发现用人单位对其个人信息的处理并不准确或完整度有所欠缺，有权请求用人单位予以更正、补充，并约定合理保留期限。第四，接受培训的权利：劳动者对知晓个人信息保护知识，提升自身的隐私意识并接受适当培训享有合理期待。此外，考虑到不同职位的劳动者隐私期待程度不同，在主体设定上应采取差异化策略。隐私权立足于人格权，在价值位阶层面上，表现为最高法益之一，一般理论认为，其让渡于社会公共利益，却优先于用人单位的经济利益。然而，我们必须承认，在劳动关系中存在一种既定的事实，囿于劳动者从属性，其隐私权的合理期待无可避免地被压制，因此需要借助劳动立法中的特殊安排来保护劳动者隐私。

（二）劳动领域立法中保护隐私的特殊安排

劳动者隐私的负熵流主要目的是推动系统有序发展，是利于劳动者隐私保护的特殊安排。因此，在引入负熵流时，可以利用增设劳动者隐私特别保障条款的手段，通过劳动者隐私立法系统非线性机制的作用，推动新的秩序出现。不同于大数定律，耗散结构中一个小的涨落就可能改变整个宏观系统的行为。① 细观系统之演化过程会发现，涨落主要是通过负熵流的输入来调节。这种涨落并非大开大合，因此，对于劳动关系框架下常见的隐私保护事项仍可以通过援引或者使用一般原则来解决，余者可以参考各国的劳动者隐私保护的独特安排、立足我国特点来形成新的负熵流源头。

美国采取了分散立法模式，针对不同领域、行业中的个人信息收集和利用制定专项隐私法律，为以侵权责任为请求权基础的习惯法作补充。此外，美国《加利福尼亚州消费者隐私法案》（California Consumer Privacy Act，CCPA）还规定了企业收集劳动者、求职者信息的豁免情形。欧盟《一般数据保护条例》以"知情同意"为基本立法架构，写入"被遗忘权"这一新型权利，设置了合法性、合理性和透明性原则、目的限制原则、数据最小化要求、准确性要求、限期储存原则、数据完整性与保密性的原则等 7 条原则，为数据处理提供方向性指引，其中的条文在众多讨论"劳动领域保护数据权利"的相关文献当中被大量引用。西班牙 2018 年发布的《个人数据保护法》对劳动者隐私权和离线权进行了立法保护，在为劳动者的隐私权提供法律保护的同时创立劳动者的"离线权"保障劳动者隐私空间，以确保劳动者的个人隐私免遭侵犯。

我国对于隐私主体的适用范围不应囿于传统劳动关系，还应关注新就业形态的劳动者权益，对于现有知情同意机制应进行再梳理，丰富"同意"的形式，将其作为劳动者个人信息使用合法性的兜底依据，同时利用最小必要原则将用人单位使用劳动者个人信息的"必需"情形具体化。此外，赋予劳动者被遗忘权，明确其适用情形。在具体安

---

① 参见[比]伊·普里戈金、[法]伊·斯唐热：《从混沌到有序：人与自然的新对话》，曾庆宏、沈小峰译，上海译文出版社 1987 年版，第 48 页。

排上，不拘泥于一味保护处于弱势地位的劳动者，也不依附于用人单位经济利益和经营管理的需要去限制、消解劳动者隐私权，而是针对性地进行改善，在法律主体、实体规则和权利设置等方面做好衔接。

1. 主体上的适用范围设定

《劳动法》实施后，实践中常常以劳动关系为基础来保障劳动者的权益。对劳动关系的认定，相较于大陆法系以人身从属性与经济依赖性为判定标准，英美法系依赖于判例法。我国在司法实践中通常适用 2005 年 5 月 25 日原劳动部发布的《关于确立劳动关系有关事项的通知》，强调劳动者的“主体适格”。长此以往，传统就业形态劳动者如实习生、兼职的大学生或退休返聘人员等认定劳动关系存在困难，新就业形态劳动者如平台司机和外卖骑手等亦被归为“不完全符合确立劳动关系情形”，尤其是后者，我国司法实践中不认可其与外卖团队之间的劳动关系，认为外卖团队仅为撮合服务提供者。① 此类群体在用工过程中同样会遭遇个人信息处理与隐私保护的困窘，因为平台往往为达到监督控制目的自我赋权而非经公权力授权收集更多信息，如实时监控骑手配送过程中的运动轨迹、对平台司机开启全程录音录像等。如果严格地以存在劳动关系为适用前提，那么劳动者个人隐私保护势必呈现为教条化、机械化而非规范化。

对此，人力资源和社会保障部等八部门于 2021 年 7 月 16 日发布的《关于维护新就业形态劳动者劳动保障权益的指导意见》②提出将新就业形态劳动者纳入制度保障范围。总体上，我国可以将事实劳动关系纳入劳动关系之中，按照民事法律调整双方的权利义务，对其劳动隐私权益给予平等保护。需要注意的是，虽说隐私权作为一项基本权利，对于主体应当一视同仁，但有些劳动者主体的隐私应当受到较强保护，如残疾劳动者、已满 16 周岁未满 18 周岁的未成年劳动者，他们维护自我尊严的方式较其他劳动者而言偏弱；有的劳动者主体公共性较高，故对其隐私保护也会相对减弱，并且往往随着社会影响力的增强而需要更强的监督，如主播、明星、与政府建立劳动关系的工作人员等。

就义务主体即用人单位而言，其知情权、管理权范围界定过于模糊，对于不同规模的用人单位只“一刀切”地谈隐私保护无疑会提高企业经营管理的成本，加重部分企业负担，但现行法律却并未回应这种关切。本章认为，在《劳动法》《劳动合同法》《劳动合同法实施条例》等法律法规的指导下，应该考虑设置小微企业和个体工商户的豁免条款。我国《个人信息保护法》在第 62 条第 2 项亦规定“针对小型个人信息处理者、处理

---

① 参见湖北省宜昌市三峡坝区人民法院民事判决书，(2020)鄂 0591 民初 833 号。

② 参见人力资源社会保障部、国家发展改革委、交通运输部、应急部、市场监管总局、国家医保局、最高人民法院、全国总工会《关于维护新就业形态劳动者劳动保障权益的指导意见》，载中华人民共和国人力资源和社会保障部官网，http://www.mohrss.gov.cn/xxgk2020/fdzdgknr/zcfg/gfxwj/ldgx/202107/t20210722_419091.html。

敏感个人信息以及人脸识别、人工智能等新技术、新应用”，需制定专门的个人信息保护规则和标准。这是出于两方面的考虑：一方面，小微企业和个体工商户人身信任关系更强，“资强劳弱”对比不明显，处理的个人信息和监控技术有限，可能造成的隐私保护的风险和威胁相对较低；另一方面，受制于资金和规模，小微企业和个体工商户在个人信息处理和隐私保护方面往往存在专业意识不强、相关知识欠缺且相关人才不足等问题，倘若保护标准过高，合规成本也将随之提高，无形中会加重企业财务负担、导致经营困难。因此，在劳动法中设立此条款，有利于实现保护劳动者隐私和合理减轻用人单位负担的“双赢”。

2.“知情同意”的适用

在前文已经确认了知情同意机制的失灵。但是，依现下社会法律规范之观点，用人单位主体对劳动者隐私的侵扰行为不仅合法，而且被赋予“保护知情权”的正当理由。一旦劳动者隐私纠纷存在不确定性问题，借助用人单位的知情权来消解劳动者的隐私权便成了常态。“减少责任的最后一个理由是基于正义，而不是基于能力。”①这一洞见还有其他意蕴：必要时可以将赋予某些优待作为实现正义的重要手段。在我国，知情权作为一把“双刃剑”，仅需些许加工即可以盘活整个机制、实现平衡。以往知情权一直被当作隐私权的平衡焦点和重点冲突，实际它并非用人单位的专利。劳动者隐私权也囊括了知情权中如范围知情、目的知情和合法性基础知情等内容。《个人信息保护法》作为典型的全国性全行业性普通法，仍是我们完善设计劳动关系中知情同意机制的范本。综上，我们试图借鉴《个人信息保护法》第 13 条至第 19 条完善设计思路，将希望退出者和乐于参与者区分出来。

首先，必须确认知情同意失灵的主要原因在于意志自由高低悬殊，劳动关系的从属性决定了劳动者对用人单位的较强依赖性，其同意的意思表示往往因此受限。在劳动者隐私保护中，仅单独适用知情同意无法实现自由目的，应与充分必要原则相结合，深化适用规则。欧盟《工作中的数据保护意见》中认为，鉴于劳资关系产生的依赖性，劳动者几乎没有权利自由地给予、拒绝或撤销同意，仅在特殊情况下才能自由表示同意。希腊普华永道（PWC）处理员工个人数据②的案例判决体现了欧盟的这一观点，即仅依靠劳动者的“同意”进行信息处理，显然是对其作为合法性基础的误解。我国《个人信息保护法》第 13 条第 1 款第 2 项虽然在某种程度上对用人单位的用工管理作了一定的豁免，但也限制了用人单位对员工个人信息的收集和使用，促使用人单位对规章制度和

---

① Dworkin R: *Justice for hedgehogs*, Harvard University Press, 2011. p. 252.

② 参见中兴通讯 & 数据法盟：《GDPR 执法案例全景白皮书（2019—2020）》，第 54 页。本案处罚依据为：Art § 5 (1) a), b) and c) ,GDPR; Art § 5(2), GDPR; Art § 6(1), GDPR; Art § 13(1) c) ,GDPR; Art § 14 (1) c),GDPR。该案中用人单位要求员工签署声明：声称知晓其个人数据被公司记录和处理，并认同数据处理行为与雇佣关系和工作的开展相关，并且是恰当的。

员工手册进行合规修订。考虑到双方权利地位并不平等,劳动关系中劳动者作为数据主体的“同意”不能默认为系自愿作出的。此外,合法、公平、透明原则要求仅在其他合法性基础不适用的情况下,“同意”才能被作为处理员工个人数据的合法性基础。

其次,需厘清三种道德责任,它们指明了“同意”的法理来源,指向了知情同意的适用场景。这三种道德责任分别是自然的义务、自愿的义务和团结的义务。自然的义务是我们作为人、作为理性的存在所肩负的责任,它具有普遍性,源于一种意志自由或一种假想的社会契约,因此它们并不需要同意;自愿的义务是特殊的,它产生于同意也需要同意;团结的义务涉及一些我们对与我们共享某种历史而非理性存在的人所亏欠的道德责任,它并不取决于同意的行为。① 本章仅考虑来源于自愿的义务,而将另外两种义务作为例外情形,因为后者往往为实现公共利益突破了个人利益。基于自愿的义务,我们通常将劳动合同的约定纳入其中,用人单位可以制订相应的集体合同或规章制度以便提前获取同意,事先在合同中就相关事项达成合意,因此它们无须额外同意。面对合同外需要“知情同意”的内容,第一,用人单位应合理有效地通知劳动者需对其个人信息进行收集,向劳动者说明时应尽量采取浅显易懂的方式。第二,劳动者有权充分知情其个人信息的去向,用人单位应当明确告知劳动者收集其个人信息的目的和用途以及处理的合法性基础等。第三,劳动者有权提出查询用人单位对其个人信息的使用情况,对涉及个人隐私等部分享有查阅权。第四,根据《个人信息保护法》第 14 条、第 15 条,劳动者有权基于差异化情形作出与之对应的诸如明示同意、书面同意、单独同意、重新同意等不同形式的“同意”;在个人信息被收集后,劳动者有权撤回同意,并要求用人单位对个人信息进行适当的修改,或依据《个人信息保护法》第 19 条在劳动关系结束的一定期限内对个人隐私部分予以删除。当出现《个人信息保护法》第 13 条第 1 款第 2 项到第 7 项规定的情形时,我们得以知晓知情同意的例外,它们通常来源于自然的义务和团结的义务。自然的义务通常包括尊重他人的义务、做公正之事的义务、善良的义务,如法定职责或紧急情况下为保护自然人的生命健康和财产安全所必需,无须同意;团结的义务如为公共利益、应对突发公共卫生事件,同样也无须同意。

3.“必需”的具体化

在智慧社交时代,对劳资双方利益的权衡往往需要综合考量多方面的因素。我国《个人信息保护法》第 13 条第 1 款第 2 项将“按照依法制定的劳动规章制度和依法签订的集体合同实施人力资源管理所必需”是用人单位处理个人信息的合法性基础之一,但这一“必需”的认定标准却须进一步明确。笔者提出通过最小必要原则将“必需”具体化,这不仅源于“必需”是其在劳动领域个人信息中的映射,而且关乎如何应对知情同

① 参见[美]迈克尔·桑德尔:《公正:该如何做是好?》,朱慧玲译,中信出版社 2011 年版,第 266 ~ 268 页。

意的例外情形，并在尽可能保护劳动者隐私权的前提下打破个人信息权利抽象赋权所带来的个人信息流通壁垒。

最小必要原则实质上是比例原则的范式转型，以“理一分殊”的方式在具体适用中表现为相关性、最小化、合比例性“三阶”子原则。[①] “相关性”指手段与目的之间具有相关性，这种相关性表现为直接紧密相关，并且不得伤害正当性。具体而言，其蕴含了三重含义，即个人信息处理应当基于特定、明确、合理的正当目的且不超出这一目的，它在劳动场景中主要表现为“为订立、履行、解除或终止劳动合同”和“按照依法制定的劳动规章制度或依法签订的集体合同实施人力资源管理”。一旦这种处理手段脱离原始处理目的，依附于其他正当目的，其正当性也就丧失了。

“最小化”中包含了多重具体要求，覆盖了信息处理的数量、类型、频率、范围以及留存时间，种种要求都离不开“最小损害”这一根本要义。无论是近代自由主义还是实用主义都表明“必需”适用于极端情况或紧急危机的情形，“只应在法律有所不及的时候，方才应用它来发号施令，作为补助”[②]。欧盟在规定劳动者个人信息利用最小化方面，要求用人单位只有在劳动者同意时或在重大情形下才能安装“单向镜面”“电子监控”等，而且这种重大情形仅限于紧急避险及其类似情形，通过对用人单位的严格限制确保最小化原则顺利实施。

“合比例性”作为保护劳动者隐私的重要子原则，得到了广泛运用。欧盟认为“保护个人数据的权利不是一项绝对权利，应考虑其在社会中的作用并应当根据比例原则与其他基本权利保持平衡”[③]。法国要求用人单位收集劳动者个人信息必须基于合法意图，对其自由的侵扰必须与收集处理目的成比例。美国法院在决定用人单位是否构成侵犯劳动者隐私权时，必须确定用人单位因处理信息得到的合法经济利益与劳动者的隐私利益孰高孰低，通过合比例性平衡雇主和雇员双方权益。传统中国社会对隐私的认可也是符合比例的，是有条件的“隐”和“讳”，虽有“亲亲相隐”“为尊者讳”，但亦可“大义灭亲”。[④]

概而言之，在劳动领域以最小必要原则衡量“必需”具体表现为以下两个方面：对于员工的信息，用人单位应遵从最小必要原则进行处理，其手段要与原则相适应；对于员工关于隐私信息处理的过错行为，用人单位给予处罚应以最小、必要、合比例为基准，其处罚措施要与劳动者不配合提供必要个人信息而造成的损失之间成比例。由此，笔者认为，将来可以在劳动者隐私立法中形成以下规则：第一，既然用人单位对已在劳动

① 参见武腾：《最小必要原则在平台处理个人信息实践中的适用》，载《法学研究》2021 年第 6 期。

② ［古希腊］亚里士多德：《政治学》，吴寿彭译，徐大同选编，商务印书馆 2006 年版，第 45 页。

③ Recital §4, *The EU General Data Protection Regulation*(2016).

④ 参见苏力：《隐私侵权的法理思考——从李辉质疑文怀沙的事件切入》，载《清华法学》2019 年第 2 期。

合同中与劳动者就其个人信息的使用约定达成一致,那么评价其侵扰劳动者隐私之“必需”应从合同目的出发,基于事实判断主观上能否满足劳动者主体的隐私合理期待,客观上是否具备必要性以及对劳动者权益影响最小化的替代选择是否存在。第二,如果用人单位是基于公共利益需要或极其正当、重大的理由,在一定程度上对劳动者的隐私权造成侵扰,劳动者对于此种侵扰应在对应范围内承担容忍义务,但同一单位内部不同岗位的特殊情形应纳入考虑。第三,对侵扰程度进行评估时,应考虑单个劳动者行为的可罚性,可罚性越大,损害预期值越大;预期损害的法益越重大,所需要的监督强度就越大。① 既然已在损害预期值必然为正这一观点上达成一致,那么劳动者必须容忍相应风险,如对员工社交媒体监控可能产生的侵权风险,这一点毋庸赘述。当然,这些风险通常被其附带的利益完全抵消。第四,用人单位超过必要限度行使权利势必成为对劳动者隐私权的侵害,因此有必要对用人单位之权利采取合理限制。这种限制的标准与劳动合同的履行直接相关,以目的合理性、确有必要性和事先告知为基础,仅在限制行为与目的合比例时,才能不超越最初的目的。

4. 被遗忘权条款的修改

自 2014 年 5 月 13 日欧盟法院以尊重公民个人隐私的“被遗忘权”为由要求谷歌必须依当事人的要求删除涉及个人隐私的搜索结果的判决②正式确立了“被遗忘权”的概念,到欧盟《一般数据保护条例》第 17 条针对被授权数据处理的主体和与其分享这一数据信息的任一第三方明确规定了“被遗忘权”,“被遗忘权”在欧盟从法律到司法实践都有了依据。作为保护隐私的重要手段,赋予劳动者尤其是离职劳动者对其个人隐私的“被遗忘权”,能有效降低其隐私泄露的风险。

我国虽无“被遗忘权”,但其出现早有预期。一方面,它根植于现有数据保护制度,理论上,正是因为预见“撤回同意”的可能性,使该权利踏足至一个迄今尚未覆盖的领域:控制者不仅要从经手人——数据处理主体处对该数据撤回同意,而且要从源头——数据控制主体处撤回同意。另一方面,2016 年我国首例公民以个人信息“被遗忘权”寻求司法保护的实例中提出的“非既有类型化权利”“利益正当性”“保护必要性”三大裁判规则,提供了形成“被遗忘权”及完善此类权利司法实践裁判标准的契机,③更为劳动者在我国现行法律体系下从“一般人格权”视角探讨“被遗忘权”保护打开了思路。

---

① 参见李本灿:《刑事合规的制度边界》,载《法学论坛》2020 年第 4 期。

② See Google Spain SL & Google Inc v. Agenda Espafiola de Protecci6n de Datos (AEPD) & Costeja Gonzalez, ECLI:EU:C:2014:317.

③ 2016 年,任某以其作为一般人格权的“被遗忘权”被侵犯为由要求百度断开涉案关键词的搜索链接、赔礼道歉、赔偿经济损失,这是我国首例公民以个人信息“被遗忘权”寻求司法保护的案例。参见北京市海淀区人民法院民事判决书,(2015)海民初字第 17417 号;北京市第一中级人民法院民事判决书,(2015)一中民终字第 09558 号。

当然,学界仍存在无须创设“被遗忘权”的观点,并认为我国《民法典》(侵权责任编)第1195条第1款规定的网络侵权中的“删除请求权”足以解决被侵权人的删除需求。这其中忽略了二者的根本差别:“删除请求权”以存在侵权事实为前提,而“被遗忘权”恰恰聚焦于不存在侵权事实的前提下,个体是否有权删除与个人相关的网络数据。一个普遍的观点是,被遗忘权涵盖两方面权能:一方面强调内容删除,另一方面重在对内容索引的删除。劳动领域设置“被遗忘权”的理念与前者不谋而合:删除劳动者与工作无关的个人信息,以及离职后在一定期限内删除劳动者的个人信息,这一系列动作意在及时、有效地保护劳动者隐私。此外,用人单位将劳动者个人信息甚至隐私用于社交媒体,而“被遗忘权”恰恰适用于网络信息领域,无形之中与智慧社交时代的劳动者隐私保护需求契合,其应用益于劳动者自我呈现管理和个人信息控制。

事实上,“被遗忘权”的问题在我国学界已有讨论。学界多数观点将《个人信息保护法》第47条第1款规定的“删除权”视为“被遗忘权”。[①] 该条规定了“个人信息处理者应当主动删除个人信息;个人信息处理者未删除的,个人有权请求删除”的具体情形,鉴于劳动者隐私权存在区别于一般隐私权的特殊性,因而援引《个人信息保护法》的规定为劳动者享有“被遗忘权”提供依据,从而避免其陷入不可知论的范畴:

第一,处理目的已实现、无法实现或者无须再实现处理目的。用人单位使用劳动者信息用于社交媒体注册、认证,当劳动者离职后,应当进行工作交接,交接的内容应当包括社交媒体注册、认证、管理信息的更换等。对与离职劳动者相关的信息应当进行删除,以确保不会造成离职劳动者隐私泄露。

第二,个人信息处理者停止提供产品或者服务,或者保存期限已届满。基于此项,用人单位对于劳动者的个人信息收集、储存应当设置一定期限,通常这个期限为劳动合同存续期间,如为工作处理之必要,可以延长一定期限,但劳动关系结束一定时间后,用人单位应当主动删除劳动者个人信息,对于涉及劳动者隐私的信息应当自劳动者离职之日删除,除非劳动者与用人单位达成约定。

第三,个人撤回同意。用人单位应尊重意志自由,因此劳动者防止披露或者限制继续披露隐私的权益在一定程度上可以优先于用人单位的知情权之上,但为了维护公共秩序和公共利益的需要,或基于历史考察、统计决策和科学研究的目的,就不能适用“被遗忘权”。

第四,违反法律、行政法规或者约定处理个人信息。当用人单位对劳动者信息进行非法处理时有行使“被遗忘权”之必要,因为此时其具备将要或者已经实施侵害劳动者隐私权的主客观因素,若无法从技术上实现个人信息删除的,用人单位应予以必要的补

---

① 参见杨立新、赵鑫:《〈个人信息保护法〉规定的本土被遗忘权及其保护》,载《河南财经政法大学学报》2022年第1期。

救措施。此外,劳动者个人数据的敏感性、寻求限制或者防止披露的规模和可获得性、劳动者个人信息与公共利益的相关性等因素也应当作为是否有行使“被遗忘权”之必要的判断依据。

(三)劳动者隐私保护的程序构建与法律监督

作为耗散结构的劳动隐私立法,是一个开放系统。“开放性就意味着不确定性,在众人共同参与、开源创新的过程中,风险与伤害的不确定性势必大幅提升,这必然导致聚焦于事后的传统监管机制的降效失能和传统法律调控模式的功能失调。”①尽管立法分别从《民法典》《个人信息保护法》《劳动法》推导出了人格权益保障、个体信息安全和劳资关系秩序三套体系,加速智慧社交时代隐私权保护勃兴,但随着对劳动者隐私的一系列调整,尤其是劳动基准法出台,自然需要加强劳动监察力量,建立和完善个人隐私数据保护和监督程序以保证法律的有效实施同样势在必行。本章将隐私保护划分为监督、救济和对接三个阶段,以实质性协商为切入、以精准适用为方法,完善公权力介入保障机制、规范隐私立法的相关措施、保障劳动者的基本权利。在法律监督层面,应当实现行政部门、网信部门、人力资源和社会保障部门以及社会大众等主体与《民法典》、《劳动法》以及《个人信息保护法》等相关立法规范的多方联动,建立起主体与规范的二元监督体制,确保反馈渠道流畅、响应及时,推动劳动者隐私系统有序发展。

1.确定实施有力的劳动者隐私保护监管机构

智慧社交凭借着技术扩张和自我赋权等手段,实现了从呈现单一性、原子化到具有多元性、博弈性和分散性的民间秩序转型,并突破先前的制度和权益秩序固化的藩篱,促使政府监管部门回应并发力制度变革。为构筑劳动隐私权益强力保护这一项复杂的系统性工程,在监管层面建立包括政府监管和行业自律监管在内的多元监管机制必不可少,在机构体制设置层面,亟须构建实施有力的劳动者隐私保护监管机构与体制。《个人信息保护法》中主要承担、履行个人信息保护职责的部门为网信部门和各级人民政府的有关部门,其中国家网信部门负责“统筹协调个人信息保护工作和相关监督管理工作”,国务院有关部门和县级以上地方人民政府有关部门都在各自的范围内负有相关的个人信息保护和监督管理职责。此外,劳动者隐私保护离不开劳动保障行政部门的支持,以《劳动保障监察条例》等法规为执法合法性来源的劳动保障行政部门依然承担着保障劳动者隐私权益的重要责任,其肩负着制定劳动关系调整的基本原则和政策以及受理劳动者对其劳动隐私权利受到侵害的申诉等重要职责。因此,本章提出建立以个人信息保护职能部门为核心部门、劳动保障行政部门为基础部门的监管机构,对劳动领域的个人信息进行保护和监督管理,同时分设各劳动部门隐私保护办公室履行专项监督职责。具言之,由劳动保障行政部门承担与劳动者隐私侵权相关的基础投诉、举报

---

① 齐延平:《数智化社会的法律调控》,载《中国法学》2022年第1期。

处理工作,在宏观上形成一套成体系的合规流程,在微观上注重行政工作人员管理,加强劳动保障监察日常巡检、举报专查和集中专项检查,重点查处企业侵犯劳动者隐私的行为,维护劳动者隐私权益。对于较为复杂的、人数较多的或社会影响较大的案件,应由人力资源和社会保障部门会同同级网信部门进行核查处理。如果相应部门在执行职务过程中,发现用人单位违法处理劳动者个人信息涉嫌犯罪的,应交由公安机关及时进行依法处理,同时支持劳动者自诉。当涉案用人单位侵害众多劳动者隐私权时,人民检察院、工会组织和由法律规定或国家网信部门指定的其他组织可以依法向人民法院提起诉讼。当然,仅靠国家不足以保护劳动者隐私权益,还需要工会监督与行业自律相配合,共同承担起必要的责任和义务。

2. 劳动者隐私侵权的法律救济途径

在救济监督层面,设立用人单位泄露、侵犯个人隐私的惩罚性赔偿条款,实现隐私侵权的违法惩处制度与和解制度双轨并行,构建由轻到重的立体式救济体系。首先,在劳动者自愿主动维权时,提供以劳动法为支撑的制度设计。当劳动者隐私遭受侵害时,劳动者可以选择与用人单位积极协商,如果协商不成,可以寻求工会或者具备劳动争议调解职能的第三方组织进行调解。经调解仍不能达成一致的,可以向有管辖权的劳动仲裁委员会申请仲裁,甚至提起诉讼。当劳动者依照《劳动合同法》第38条第1款第1、4项以用人单位"未按照劳动合同约定提供劳动保护或者劳动条件的"或"用人单位的规章制度违反法律、法规的规定,损害劳动者权益的"为由主张个人隐私权利的,法院应当支持,并根据案件复杂程度不同,适用简易程序或普通程序审理。其次,站在行政法的角度,监管部门可以根据侵权程度安排不同程度的处罚:如予以治安管理处罚,或发布诸如责令限期整改、责令停止、责令删除、消除影响与赔礼道歉等行政命令,或利用风险提示和信用档案等法律工具对用人单位进行监管;在隐私侵权案件中,用人单位承担过错推定责任,即不能证明其作为信息处理者没有过错的,应当承担损害赔偿等侵权责任,逾期仍未改正则处以警告,可以并处3万元以下罚款。如果诉诸刑法,应当考虑刑法的"最后手段性"与"谦抑性"原则,必须是用人单位损害了多数劳动者的隐私权益构成了犯罪,或是因为侵害劳动者隐私权致使其重大且根本性的法益受损,且已经用尽了其他法律保护措施的情形。

3. 劳动者个人信息分级保护制度与隐私风险防控程序的有效对接

不同种类的个人信息在敏感性上存在不同,对个人的意义也不同。我国《个人信息保护法》对个人信息进行了敏感与非敏感的区分,过于敏感的信息应当划归隐私信息。本章将《个人信息保护法》的规定在劳动领域具化后,得以根据劳动者个人信息的敏感程度进行个人信息分级,并予以相应的分级保护,等级越高代表敏感性越高,如:劳动者公开的社交媒体内容、关于社交媒体账户的修改、注销状况信息和登录社交媒体的设备信息属于第一级;通过后台可见的社交账户信息包括劳动者运营社交媒体账号记录和日志属于第二级;用户基本资料和社交媒体好友、群组列表等与个人能基本对应的基础资料及数据属于第三级;劳动者上传云端的私人资料数据和设置了一定屏障的个人私密社交内容如社交媒体非工作群组内发布的内容、个人聊天记录、设置权限的博客内容属于第四级;与个人高度对应的身份证明和生理标识如人脸识别等属于第五级。此外,不同行业领域敏感信息的具体内容应当视劳动者意愿及其业务特点而定。

当然,单一的劳动者个人信息分级制度虽然便于审查,但仍无法完全避免隐私泄露风险,在程序上需要实现劳动者个人信息分级保护制度与隐私风险防控程序的有效对接,使其成为劳动者隐私信息、私人生活和私密空间免受侵扰乃至侵犯的重要保障。针对信息收集与处理中的法律规避行为,当务之急是在个人信息乃至隐私处理中引入合规审查制度,此外,应加强隐私泄露风险的预防和控制机制,如要求用人单位安装监控时设置显著的提示标识,必要时对劳动者隐私实施"匿名化"和"去标识化"处理,促进建立和完善预防和控制隐私风险的程序,实现程序法上"应然"与"实然"的和谐一致,确保为隐私权益保护营造良好的市场环境。

通过将耗散结构理论运用到隐私保护整体框架设计中,本章路径的逻辑不言而喻:劳动者隐私立法是从存在到生成,经过涨落调节和反馈摆脱混沌现状,逐渐实现规模稳定、规制有序的隐私保护秩序。从这个意义上讲,"自组织演化的世界,是一个无序和有序共存、对立面的和谐,无序和有序的相互作用和转化,这才是'流变'中的'逻各斯'"①。

小　结

在智慧技术的"显微镜"下,一切隐私皆能还原成普遍人性,使"暗室屋漏之下有所警"。在招聘、用工过程中,用人单位通过社交媒体来监控、利用、控制、侵扰劳动者隐私更加便捷,可能构成对劳动者隐私权益的侵犯,在此背景下的劳动者隐私保护也有所缺失。对于处于相对弱势地位的劳动者隐私权益,我们应当予以关切并积极回应。表面上,智慧社交时代的劳动者隐私已延伸到信息自决领域,但本章所讨论的不仅是信息保护,还有更为重要的人格尊严,以及自由、正义的实现。通过立法技术平衡劳动者与用人单位的权益,不止步于外观上的权利一致,还追求更深层次的平等。

笔者发现,我国民法、行政法、刑法虽然都直接或间接地体现了对劳动者隐私的保护,但还缺乏以劳动关系为核心的保护视角,且存在隐私利益权衡较模糊、立法碎片化、不周延以及缺少综合专门隐私立法等问题。我国未来的立法规范完善方向应是借助"基本权利的第三人效力"理论来践行以劳动关系为核心、民法救济前置、行政监管作为补充的公私法并行路径。

---

① 曾国屏、吴彤主编:《科学技术的哲学研究》,内蒙古人民出版社2006年版,第377～378页。

笔者提出劳动者隐私立法系统的演化机制应当以明确劳动者的合理期待为核心，在注意区分劳动关系主体利益范围的前提下，吸收“合理期待”“最小必要原则”“被遗忘权”等理论，通过知情同意、个人敏感信息分级等方式，对案件层层解构，抽象出适用于我国国情的法律原则和法律理论。在功能意义上，这些措施并非旨在赋予个人对其信息的排他性控制权，还在于更新隐私观念、调和劳资关系，以期在保护劳动者个人隐私的同时，为智慧技术和企业发展预留空间。

第九章　智慧生活中长者数字可及性权益保障

我们在进入人造的数智化社会的同时也在进入自然的老龄化社会，防止长者与数字技术之间的脱节就成为一项重大课题。笔者认为，目前的应对措施仅发挥了应急性管理的效用，仅关涉了长者数字服务使用过程中的权利，缺乏长效机制支撑长者全方位融入智慧生活，对于长者数字权益的整体保障而言力有不足。对长者数字权益的保障，不能仅停留在应急管理的维度，而要进一步确认这一权益的法律地位。它研究的范式应是从权利到义务的，考察的角度应是贯穿数字可及性全过程的。唯此，才能为长者数字化权益保障制度的设计提供全方位布局的基础。本章以长者与智慧生活交互过程中产生的显性矛盾和实际需求为依据，将"长者数字可及性权益保障"的概念厘定为：国家利用多种形式的规范，对数字科技与老龄化碰撞下生成的长者数字可及性权利与利益予以治理的规范保障机制。

一、长者数字可及性权益的正当合法性

首先需要明确"长者"的概念。人的生命是周期性的，所有人从年轻人到长者都必须经历这个过程。年龄是对年轻人和长者的重要判定依据之一，这个界限却比较模糊。有些国家或地区将65岁以上的人认定为长者，但世界卫生组织将这一标准缩减为60岁。我国沿用世界卫生组织对于长者的年龄划分，在《中华人民共和国老年人权益保障法》（以下简称《老年人权益保障法》）中将60岁或以上的公民界定为长者。笔者之所以使用"长者"这一概念而非使用我国法律法规中以及中文翻译作品中的"老年人"，并不是以佶屈聱牙之词显深沉，而是基于语

义、语用,以最大的尊重彰显人文色彩。此外,使用“长者”一词还出于中华民族尊长敬老传统美德的考量,因此,本章以“长者”概念代替“老年人”进行论述。

还需要进一步厘清“长者权益”与“长者权利”的概念区别。关于权利与权益的概念区分,学界也尚无通说,实际使用过程之中常有相互混用的情况。有学者指出,权益包含权利和利益。[①] 也有人借鉴权利束理论,提出权益是权利的集合。[②] 笔者认为,前者的说法更有说服力。因为权益的证成只需正当性基础即可,而权利的证成还要进一步分析它的合法性,权利只是权益中那些经受住合法性论证的部分。可见,权益的外延虽然比权利更广阔,但并非所有的权益都能成为权利,由此应对权益是权利集合的理论予以反驳。

一项权利之所以被称为权利,首要的是具备正当性和合法性。正当性是权益生成的前提,合法性是成为权利的基础。就长者数字可及性权益而言,前者源于权益主体的广泛性、所诉请求的无害性和长者对数字可及性的感性需要,后者取决于长者数字可及性权益实现的现实基础与权利冲突的可协调性。

(一)数字可及性权益生成的正当性前提

对正当性的论证应当回到“正当性”本身去。理论界对正当性的理解是一种模糊的状态,这种模糊主要体现在两个方面:其一是翻译过程中带来的语义消弭,正当性在汉语中的理解为正确、恰当;其二是正当性概念的多学科共用,正当性俨然已成为哲学、社会学、政治学及法学等多学科的重要概念,但各学科间对其内涵和外延的界定却没有达成一致。

由此观之,只有在参考原始文献的基础上,兼采各学科对正当性的理解,才能回到“正当性”本身去。关于这一点,辽宁大学刘杨教授在《正当性与合法性概念辨析》中进行了示范,“综合各家对正当性概念的解说,正当性是在经验和理性两个维度上寻求最高的‘合法性’。就经验层面,正当性表现为得到社会的普遍认同和尊重;就理性层面,正当性是经过道德哲学论证而取得的合理性”[③]。因此,正当性的论证应从经验层面的多数同意和理性层面的客观真理两个角度进行。

经验层面的多数同意是指得到全社会的同意与认可。一项权益被他人认可,无外乎两方面的原因:其一是从中获益;其二是于人无害。全社会从中获益,表明了权益主体的广泛性;对人无害,则宣示了所诉请求的无害性。

长者数字可及性权益所蕴含的权益主体的广泛性不言自明。如前所述,长者数字

① 参见孔祥俊:《商业数据权:数字时代的新型工业产权——工业产权的归入与权属界定三原则》,载《比较法研究》2022 年第 1 期。

② 参见李晓宇:《智能数字化下机器生成数据权益的法律属性》,载《北方法学》2021 年第 2 期。

③ 刘杨:《正当性与合法性概念辨析》,载《法制与社会发展》2008 年第 3 期。

可及性权益是在老龄化社会背景下生成的。自然层面的人之老化是不以意志为转移的自然规律,而社会层面的老龄化趋势呈现高速发展的态势。既然人人都会老去、人人身边都有老者已是既定事实,那么长者数字可及性权益成为一项关涉全体的重要权益显然无可置疑。国家将积极老龄化上升为国家战略,①也从实践中印证了这一点。

长者数字可及性权益内含的诉请亦无损于个人与公众利益。"社会无害性是权利正当性的直接来源"②,它既包括对他人利益的无碍,又包括对社会公共利益的无害。在智慧时代,长者具有融入数字社会的现实需要,该需要的实现依赖于国家公共服务均等化和可及性的贯彻,赋予长者数字可及性权益不涉及任何群体利益的让渡,更不会妨害他人权益的实现。而且,对这一权益的保护本身就是对政府数字治理风险的回应,有利于促进社会公平正义的实现。

理性层面的客观真理须经受住马克思主义真理观的论证。对长者数字可及性权益的正当性判断是思辨的过程,在这一过程中寻求的真理性即思维的"真理性"。马克思主义的哲学观认为,"思维的'真理性'是指从事感性活动的人改造对象世界的现实力量的观念表达"③。具而言之,长者数字可及性权益之所以被称为"权益",是因为长者对数字可及性的感性需要,这种感性需要可以被概括为生存权利保障的需要与社会公平分配的要求。

生存权利保障的需要是长者最原始、最低层次的需求,是现实需求的直接反映。数字社会重构了"我们认识、把握和干预世界的方式"④,数字化操作已经成为参与社会生活必不可少的生存技能。然而,长者的数字化操作水平普遍不高,一方面是由于数字社会的急剧变迁,另一方面是由于学习思维能力的弱化,他们群体性地被隔绝于数字社会大门之外。长期的隔绝势必导致生存权利被侵害,最核心的就是获取资源能力的降低。长者数字可及性权益的保障已经成为长者生存权利保障的重要内容之一。

社会公平分配的要求指向长者数字可及性权益保障的远景需求,构成长者潜在需求的重要组成部分。长者数字可及性障碍所造成的社会风险,是社会治理模式转变带来的。社会治理从根源上说就是对社会资源的分配,以分配模式冲击分配原则将导致长者数字可及性权益失衡。数字资源是一种公共资源,长者如果被疏离于数字社会的分配体系之外,那么将背离同等分配原则。

---

① 《中共中央关于制定国民经济和社会发展第十四个五年规划和二〇三五年远景目标的建议》(2020年10月29日中国共产党第十九届中央委员会第五次全体会议通过),载中华人民共和国中央人民政府网,https://www.gov.cn/zhengce/2020-11/03/content_5556991.htm。

② 宋保振:《"数字弱势群体"权利及其法治化保障》,载《法律科学》2020年第6期。

③ 李刚:《〈关于费尔巴哈的提纲〉中的实践观探析》,载《辽宁大学学报(哲学社会科学版)》2019年第6期。

④ 齐延平:《数智化社会的法律调控》,载《中国法学》2022年第1期。

(二)数字可及性权益保护的合法性基础

正当性是权益生成的前提,合法性是权利生成的基础,权益是先于权利存在的。一种权益欲成为权利,首先要经过正当性的论证,生成权益;其次要经过合法性的论证,而成为权利。合法性论证包括权利实现的现实基础与权利冲突的可协调性。[①]

事实上,长者数字可及性权益在我国已具备深厚的实践土壤,具备权利实现的现实基础。依据我国法定权利的生成机制,一项权利要上升为法定权利,还需具备实践经验。长者数字可及性障碍自生成以来,政府就给予了相关的政策回应,并在一定领域(尤其是工业和信息化部主导的互联网平台适老化改造项目)卓有成效。这些规范性文件中:从提出适老化环境改造到倡导推进长者数字素养提升,反映了政府对数字可及性障碍理解的不断深入;从《关于切实解决长者运用智能技术困难的实施方案》的出台到工业和信息化部互联网适老化改造专项行动[②]的落地,反映了政府对数字可及性治理的系统贯彻。在实践中,我们既有认知的不断深入,又有行动的系统贯彻,这都为今后长者数字可及性权益规范保障体系的建构提供了有效经验。

与此同时,长者数字可及性权益在现行法律框架体系下与其他权利发生冲突时可协调性正凸显。权利冲突的本质就是利益的冲突,对利益冲突的协调即在现行法律框架体系下的价值平衡过程。此处的平衡包含冲突的调控和权利的整合两种协调方式。[③] 首先,我们在前文已经论述了长者数字可及性权益的社会无害性,那么社会无害是否意味着不会发生利益冲突?答案是否定的,因为社会无害的论证基础是不妨害他人利益,而利益冲突还包含着是否妨害他人利益最大化的指向。比如,企业适老化改造的责任成本与长者数字可及性权益之间的矛盾。我们不否认这一矛盾,但矛盾在现行社会控制模式下是可以协调的。通过积极老化原则的确立,就可以将这一问题有效处理,这是通过原则设定对利益冲突的调控。其次,一些权利还可以依托生存权实现权利整合。这样就无须动辄上升为法定权利,有效避免了权利泛化的弊端,通过权利整合方式实现了对权利冲突的协调。

二、长者数字可及性权益的实现障碍

长者数字可及性权益的全面保护除了需要在法律上获得合法性和正当性,还需结合社会实践背景进一步识别、破除和解决权益实现的障碍。只有建立在对障碍本体深

---

① 参见洪丹娜:《大数据时代被遗忘权的合法性证成》,载《华南理工大学学报(社会科学版)》2021年第1期。

② 《关于进一步抓好互联网应用适老化及无障碍改造专项行动实施工作的通知》,工信厅信管函〔2021〕67号,2021年4月6日发布。

③ 参见郭国坚:《现代社会隐私权和知情权的边界》,载《河南科技大学学报(社会科学版)》2014年第6期。

刻了解的基础之上,借此实现对障碍的跨越,才能实现更有效的社会治理。可以从三个方面进行考察,以保证对长者数字可及性的理解实现从基本保障到有效参与的转变:数字资源接入面临公平可及难题、数字资源使用面临适老性缺乏境况和数字素养能力面临滞后性扩大问题。

(一)数字资源接入面临公平可及难题

智慧生活中智能科技迅猛发展,以移动终端为代表的科技产品不断更新迭代,高智能、强配置的智能终端产品逐步成为重要的生活基础设施,在人们的生活方式、工作协作方式和交流方式等智能化的同时,长者的现实需求被边缘化。智能移动终端作为近十年才出现的新兴产物,其本身具有的价格昂贵性、功能复杂性、操作繁复性的特征使其在长者群体中的使用普及率并不理想。然而,作为政府数字治理平台的数字化社会公共服务体系却是以移动智能终端为先在条件的,这一条件设定无形中提高了数字化社会参与门槛,使长者群体被忽视于数字化支持系统之外。这种“无意识的抛弃”导致长者群体无法顺利进入数字社会,获得相对公平的数字化公共服务更是无从谈起。

我国出现“长者被数字社会无意识的抛弃”的现象不能将原因单向归咎于企业的逐利性,更深层次的原因在于政府职能的缺位,缺乏有效的引导和监管才是问题的关键所在。当企业的积极性不高时,适当合理的政策指引能够在相当程度上弥补市场缺失。[①] 政府应在注意到长者数字资源接入面临公平可及性难题后,及时地出台产业指导政策,促进资源的合理配置。

一些企业在市场饱和后,意图填补这一市场细分领域的空白,尝试性地设计了一些针对长者用户的智能产品,但多数因流于形式而无法发挥实效。以市面上主流的老年智能手机为例,主要的卖点可归纳如下:超长待机、大号字体、简化操作,这些虽然在一定程度上满足了长者的需求,但仍然没有很好地切合长者对智能产品的需要,对解决实际问题缺乏帮助。企业对市场前景缺乏向好信心,并未投入生产力予以实现可以高效辅助长者数字资源接入的远程协助、健康管理、AL 操作功能,而这一问题的解决有赖于政府的政策引导和资金支持。

(二)数字资源使用面临适老性缺乏困境

当下的数字产品大多页面复杂、操作繁复,对使用者的操作水平要求较高,长者操作起来面临诸多障碍。此外,很多场所出于提高办事效率、节约人力成本的考量,尽可能少甚至并未提供线下服务。这就使长者不仅在数字产品使用过程中缺乏帮助,在线下获取帮助的渠道也被堵塞。可见,长者在数字资源使用过程中面临的难题可以归纳为使用过程中难获帮助和数字产品缺乏适老化设计两大方面。

---

① 参见韩永辉、黄亮雄、王贤彬:《产业政策推动地方产业结构升级了吗?——基于发展型地方政府的理论解释与实证检验》,载《经济研究》2017 年第 8 期。

一方面,长者的数字资源应用水平较低,数字资源使用过程中难获帮助。在面临使用难题时,虽然长者可以寻求家庭内部子女的帮助,但是由于帮扶操作的远程性和帮扶操作的频繁性导致子女无法全方面解决长者正在面临的数字帮扶难题。除家庭内部成员外,部分长者会将求助目光投向陌生的社会成员,但是陌生的社会成员提供的帮助具有偶然性、间断性和短暂性,长者常常陷于一种无处求助的境况。家庭帮助的疏离和社会帮扶的缺失,都会使长者使用数字资源的积极性遭受打击,进一步影响到长者对社会事务的有效参与。

另一方面,数字产品缺乏适老化设计。智能产品适老化改造应从两个方面来理解,其一是智能产品适老化改造;其二是老年产品智能化改造。① 前者解决的是数字公共服务保障性的问题;后者解决的是数字发展成果与长者共享的问题。智能产品适老化改造是我国主动适应积极老龄化战略的重要举措之一,最主要的目标就是帮助长者消除智能产品使用过程中的障碍。为此,工业和信息化部曾多次提出推进智能产品的适老化改造,并在一些企业进行试点,取得了良好的社会效果。例如,2021 年在互联网领域开展了适老化专项整治活动,重点关注长者等弱势群体的具体需求,要求百度等大型互联网公司主动承担社会责任,带头响应国家适老化环境建设的政策。相关部门在鼓励基于"适老化原则"的数字产品开发的同时对企业互联网适老化环境建设工作进行合规审查,此外,工业和信息化部还发布了《关于进一步抓好互联网应用适老化及无障碍改造专项行动实施工作的通知》为互联网企业进行适老化数字合规建设提供指南,除了对适老化建设的一般标准予以明晰,还建立了适老化数字合规评估机制。② 互联网适老化建设标准既有传统的文字放大、智能手势、禁止插播广告等传统要求,更有智能语音操控、远程协助操作等适应科技发展的新要求。数字适老化合规评估,则是打造互联网适老化建设管理闭环的保障措施。评估的原则是奖励与惩罚相结合的,对支持适老化改造的互联网企业予以政策和资金上的优惠,对于不合规的企业,则要求下架整改与予以罚款。老年产品智能化改造,则是主动响应长者需求,将智能设备引入长者的家居日常中,积极推动数字发展成果与长者共享。具体来说,就是以长者需求为出发点,通过引入科技手段,将智能产品嵌入长者的日常生活中。智能家居系统、智能监测系统都是很好的例证,通过智能科技助力适老化应用设计,便利长者生活、提升长者幸福感。老年产品智能化改造既是对长者需求的积极回应,也是顺应老龄化社会发展的市场选择,是兼具社会效益与经济效益的正当举措。

---

① 参见李熠煜、杨旭、孟凡坤:《从"堕距"到"融合":社会"智"理何以"适老化"?》,载《学术探索》2021年第8期。

② 参见薛莹、胡坚:《金融科技助推经济高质量发展:理论逻辑、实践基础与路径选择》,载《改革》2020年第3期。

（三）数字素养能力面临滞后性问题

现阶段数字应用技术发展呈几何指数式、迭代式和跨越式的增长态势，然而长者学习思维能力的弱化趋势却是随着年龄的增加以及智能产品的迭代而愈加明显。智慧生活中的数字技术升级迅猛与长者数字素养提升的速度缓慢之间的矛盾，共同导致了长者数字素养提升的滞后性扩大窘境。2010 年，中共中央、国务院出台《国家中长期教育改革和发展规划纲要（2010—2020 年）》，[①]首次将“重视老年教育”纳入国家教育战略。它指出，老年教育是我国教育的重要组成部分，也是我国应对人口老龄化的主要措施之一。《老年人权益保障法》第 71 条也对此作了阐述，充分体现了国家对长者教育的重视，主张社会普遍重视对长者教育的支持。

当前我国政府进行长者数字素养培养的举措主要有两种：第一，充分发挥文化场馆在教育宣传上的优势，开办面向长者的数字素养培训课堂或者讲座。例如，湖南省图书馆充分发挥自身优势，依托数字阅览室培养长者数字阅读的习惯，举办了一系列以智能手机操作、数字阅读检索为主题的讲座。这些课程设置贴合长者需求，立足实际操作，帮助长者克服数字畏难心理。第二，要求企业承担数字技能培育的相应义务。首先，鼓励互联网企业依托自身资源优势，通过与专业人员合作，面向社会投放数字素养培育的相关课程。例如，腾讯集团曾邀请一批具有影响力的知名人士通过录音教学方式提醒长者注意网络诈骗问题。其次，要求互联网企业在平台设置关于自身平台数字操作技能的培训，为长者接入智能社会出力。

三、长者数字可及性权益的三重内容

长者数字可及性权益建构，主要是为了应对新技术变革带来的社会风险，而这种风险管控的障碍源于数字化与老龄化叠加生成的数字壁垒，穿过这些障碍，长者数字可及性权益的内容便拨云见日。根据前文，这些障碍可简要归纳为接入障碍、使用障碍和技能障碍。由此可知，长者的数字可及性权益应当包括：数字资源接入得到优待的权利、数字资源使用得到照顾的权利和数字素养提升得到帮助的权利。这三重内容以数字可及性为中心，共同构成了长者数字可及性权益这一权利束。

（一）数字资源接入得到优待的权利

从数据的全生命周期来看，数据源于用户的网络接入行为，对用户进行赋权应该成为数据权利配置的起点。[②] 长者在数字资源接入上存在障碍，一方面，体现在企业在进行移动终端研发时，对长者使用习惯和需要的忽视；另一方面，体现为长者获取数字资

---

① 中国共产党中央委员会、国务院《国家中长期教育改革和发展规划纲要（2010—2020 年）》，2010 年 7 月 8 日发布。

② 参见申卫星：《论数据用益权》，载《中国社会科学》2020 年第 11 期。

源的经济成本较高。虽然在政府的支持下长者数字资源接入上的不平等现象正在逐步减少，但从长远来看，要进一步消除由外部因素造成的资源接入不平等现象，就必须给予长者数字资源接入优待的权利。长者数字资源接入得到优待的权利，最少应包括以下内容：

一是保障长者数字资源接入的便利。我国数字基础设施面向的主要是分布于60岁以下的群体，60岁以上的长者在数字资源接入上面临着被遗忘的风险。为消除长者与数字资源之间天然的不平等障碍，为长者数字资源接入提供照顾性帮扶，尤其是提供经济性的帮扶，具备极大的必要性和紧迫性。此外，数字资源的接入程度受限于经济能力，然而长者的经济能力普遍低于中年及青年。要使长者享有极其优惠的数字资源，除了要提高他们的经济收入外，还应给予特殊关照。具体而言，首先应为长者购买智能设备提供适当的补贴。这种补贴可分为国家补贴和地方补贴，且补贴的标准和数额并不以区域发展的差别为基础，而应建立全国统一标准。其次在强调政府义务的同时，应当重视家庭的作用，通过减免税收等方式鼓励子女为长者购买数字智能设备。此外，国家有义务在公共场所为长者免费提供适当的数字设备或有关的数字服务，以期在整个社会创造一个有利的"数字便利"环境。

二是促进适老化智能终端的研发。年轻人追求的高配置与高精细设备不符合长者使用需求，甚至增加了使用障碍。因此，我们必须积极发展符合长者需求的数字产品。[①] "十四五"规划明确提出，发展"银发经济"，发展适合老龄化的技术和产品，形成积极老龄化战略下新的创业形式。[②] 然而，无论在硬件还是软件设计方面，现有数字产品都未能深入挖掘长者的数字化改造需求：在硬件设计上，并未考虑长者身体机能的衰退差异，只一味简单地增大字体字号，没有深入考察长者的需求痛点；在软件设计上，很多软件设计页面繁多、操作复杂，给长者带来了极大的操纵难度。这些问题使长者难以真正获得信息化和智能化带来的"数字红利"，伴随而来的"看不见、摸不着"的障碍进一步加剧了长者融入数字生活的畏难情绪。

在积极推动适老化智能终端研发进程中，政府应占据主导地位。作为服务型政府，在适老智能终端研发上要深入调研，充分了解长者需求。例如，通过问卷调查或电话调查，统计长者用户使用数字产品的情况，多渠道搜集长者对数字产品的需求痛点。为推动高质量的适老化产品研发，必要时，政府可以组织有关专家开展论证，对专家的结论进行吸收，这些结论应在国家适老化行动方案中明确提出，作为适老化改造的基础。同时，发挥高效政府的能动性，积极促进互联网企业之间的联系与交流。积极发挥产业协

---

① 参见苏文成、卢章平、王正兴：《维护长者选择的尊严：老年群体数字技术应用自主性行为概念模型》，载《图书馆论坛》2021年第8期。

② 参见杨立雄、余舟：《养老服务产业：概念界定与理论构建》，载《湖湘论坛》2019年第1期。

会的组织领导力量，鼓励优秀企业举办适老化智能终端研发的经验分享会，在政府的领导下进行研究和交流，讲解企业适老化智能终端研发的主要成果，分享先进经验。鼓励企业间的友好联系与交流，有利于促进全行业数字产品的适老化水平提升。此外，为推动各项事务落地，政府可以建立适老化改造的企业评估机制。[①] 政府有关部门每年按照A、B、C、D四个等级对企业数字产品的适老化能力进行评估，坚持“鼓励创新，褒奖优秀”的原则，将评估结果与企业相关利益联系起来，使企业管理层重视适老化产品的研发。对于每年被评为“A”级的企业，政府可给予适当政策倾斜和资金支持；对常年被评价为“D”级的企业，可要求停业整改以促使其履行义务。

（二）数字资源使用得到照顾的权利

数字资源使用得到照顾的权利也是长者数字可及性权益的重要内容。长者在数字资源使用上存在内源性和外源性双重障碍。就内部因素而言，长者自身数字操作技能水平低。就外部因素而言，大部分数字资源应用程序，例如网上打车、扫码点餐、在线挂号等流程复杂，没有充分考虑长者的操作和理解能力，数字资源使用专业化的趋势亦日益显著。长者受制于多方面的原因，包括身体机能的衰退、学习思维能力的弱化等而呈现普遍偏低的数字操作技能水平。自身相应的数字系统使用技能缺失，无疑会妨碍长者充分利用数字资源。这一内源性障碍驱使长者积极需求外界的帮助和反馈，但外部世界提供的长者数字资源使用过程中的帮扶服务难以覆盖长者所需的数字资源，传统线下服务变少致使长者数字资源需求遭遇“冷境”，他们往往在面对数字公共服务时显得手足无措。比如，一些地方的公交客运站因为管理疏散的问题取消或者减少了线下购票窗口，这为长者的出行造成了极大的不便。因此，有必要为长者提供数字资源使用的特别照顾。而要使长者在使用数字资源时获得特别服务，就亟须界定长者使用数字资源时得到特别照顾的权利，其中应着力发挥政府的积极作用，如政府要求医院、金融系统、食堂、超级市场等公共服务场景在提供服务时，必须有足够的灵活性，以应付不断增加的需求；在自助机、报告打印机、办公室扫描仪等工作场景，优先照顾长者。同时，政府有必要为长者建立专享的数字服务，比如在机场、车站等设立适老化的自助购票机、配备服务老年人的智能机器人等，让长者可享受数字资源使用上的特别照顾。

除了享有数字资源使用上特别照顾的权利外，长者亦应获得传统的线下服务，这也是这项权利的应有之义。由于长者的受教育水平和学习能力有极大差异，对长者的照顾应当是无条件的优先事项。例如，医疗、财政、商业及公共服务应尽合理照顾义务，为长者提供传统的“绿色通道”。上述内容，《关于切实解决长者运用智能技术困难的实施方案》中的有关要求已作论述，本章不再复述。我们应当共同努力创造多种形式的数

---

① 参见李健、贾孟媛：《社会特许经营与社会企业规模化——基于L养老机构的案例分析》，载《福建论坛（人文社会科学版）》2020年第6期。

字便利，让长者充分融入数字社会。

（三）数字素养提升得到帮助的权利

数字素养是指理解与使用以计算机为依托的数字平台的能力，①也是当前数字社会背景下一项重要的参与社会公共事务的能力。由于身体机能的衰退、学习思维能力的不足等多方面的原因，长者的数字素养面临滞后问题，导致他们使用数字资源的能力极度欠缺，很难有效参与社会公共事务，新的"社会隔离"②也由此产生，这也是对长者数字素养程度不高产生担忧的重要原因。所以，数字素养提升得到帮助的权利应当是长者数字可及性权益的重要内容之一，它的确立也有利于为政府推进数字素养教育提供法律依据。

政府应当积极履行义务，促进长者数字素养的提升，确保其数字素养提升得到帮助的权利落到实处，而非"纸面的权利"。中国互联网信息中心发布的中国互联网发展统计报告显示，截至 2020 年 12 月，中国互联网用户总数为 9.89 亿。其中，60 岁及以上的互联网用户已增至 1.1 亿人，占互联网用户总数的 1/3。由此观之，在全国范围内，在长者上网方面取得了重大进展。但是，作为数字弱势群体之一，长者上网技能仍然有限，数字素养需要提高，努力建构长者数字资源使用技能学习平台已成当务之急。我国目前专门性长者数字素养培养平台缺失，对此，应充分发挥线上学习传播快、效率高、成本低的优势，依托微信、微博、抖音等主流 App，面向长者开发一系列教授数字资源使用方法的在线课程，借以提升长者的数字素养，促进长者社会事务的有效参与。相比于线下课程，线上资源可以反复观看，随用随学，可以提高长者数字学习的积极性。课程在主流 App 平台的创设，使原本枯燥乏味的课程面临多种呈现的可能，焕发"生机"。然而，当下我国的数字学堂创设数量很少，且存在城乡差异、收费较高等多方面的问题。我国可以设立一批政府主导下的数字学堂，由政府提供资金，依托县市图书馆、高校等公共文化场所形成网络化的数字素养培育教学点。每个教学点可以从当地政府、事业单位等部门组织一批志愿教师，灵活利用业余时间，为长者数字素养的提升提供帮助。这一举措，一方面，有利于理解长者数字素养的弱点、痛点；另一方面，有利于与长者建立起普遍联系，提升教学效果。另外，数字学堂不能各自为政，还应建立起垂直管理体系，在全省乃至全国统一机构的领导下编写教学大纲，开发高质量图文课程，充分调动长者提升数字素养的积极性。作为第三方的企业也应承担相应的数字素养培育义务。通过政策指导和资金奖励，鼓励大数据企业利用自身资源优势培育长者数字素养。达到一定规模以上的互联网企业都应积极承担社会义务，可以借鉴"交管 12123App"的学法减分

---

① 参见张静、回雁雁：《国外高校数字素养教育实践及其启示》，载《图书情报工作》2016 年第 11 期。

② 吕程：《大城市不同阶层居住生活方式的冲突与融合——居住混合与社会融合的理论、实践与反思》，载《哈尔滨工业大学学报（社会科学版）》2019 年第 2 期。

模块，在其平台上开设类似的数字技能学习板块。此外，互联网企业联合会可以牵头创建专门的数字素养学习App。这既有助于帮助社会提升长者的数字素养，也践行了企业责任，为行业培育了客户群体。

由此可见，长者的数字可及性权益不是一项单独的权利，而是一个以长者数字可及性为核心建构的权利束，其包括：数字资源接入得到优待的权利、数字资源使用得到照顾的权利以及数字素养提升得到帮助的权利等三重内容。这其中每一项权利的实现都依赖于政府的积极作为，这是由它是一项具有多重内容且具有生存权本质特征的双重属性所决定的。

四、基于“积极老化原则”的规范保障体系构建

从理论到实践的跨越，有赖于制度的生成。权益保障不能停留于理论探讨，要落到实处就要建立起一套具备可行性的规范保障体系。在智慧时代，现行的长者权益保障体系已呈现“疲弱性”的特征。新的规范保障体系建构，必须“在更新观念和创新制度的基础上跳出传统理论与框架的桎梏，以形成新时代的中国方案”①。相较于长者数字可及性权益的实现有赖于“成功老化”理念确立的观点②，笔者认为，“积极老化”理念更符合长者数字可及性权益的研究场域。

当前学界已对老化观念的理论展开探讨，并认为“积极老化”比“成功老化”具有更广泛的意义。③ “老化”是指人体机能的不断衰老，老化观念是对人之老化的社会回应。它经历了由“成功老化”到“生产性老化”再到“积极老化”的过程：“成功老化”是对长者退出社会关系的一种回应；“生产性老化”是鼓励长者参加一些适应性的社会活动；而“积极老化”则在此基础上提出了长者如往常一样积极参加社会事务的更高要求。④可见，“积极老化”比“成功老化”的意蕴更为丰厚。此外，与“成功老化”相对应的是“不成功老化”，语义上存在贬义化指向。这一点与本章所主张的弃“老年人”表述而改用“长者”的原因是一致的，不再过多论述。

（一）“积极老化原则”入宪入法

人口老龄化将成为中国社会发展的常态，⑤人之老化也成为需要系统解决的重要课题。国家先后出台了《关于切实解决老年人运用智能技术困难实施方案》《关于加强科技伦理治理的意见》⑥等政策文件，可见人的积极老化越来越重要，国家对其进行了

① 胡湛、彭希哲：《应对中国人口老龄化的治理选择》，载《中国社会科学》2018年第12期。

② 参见刘为勇：《民生视角下老年人数字享益权及其法治化保障》，载《理论月刊》2021年第10期。

③ 参见付雪连、苏银利：《积极老化理论及实践研究现状》，载《护理学杂志》2017年第21期。

④ 参见苗元江、胡敏、高红英：《积极老化研究进展》，载《中国老年学杂志》2013年第19期。

⑤ 彭希哲、胡湛：《公共政策视角下的中国人口老龄化》，载《中国社会科学》2011年第3期。

⑥ 中共中央办公厅、国务院办公厅《关于加强科技伦理治理的意见》，2022年3月20日发布并施行。

回应。然而,仅仅依靠实施方案、治理意见是否足以保障人的积极老化?事实上,缺乏顶层设计的参与,即使制定了一些政策法规,也难以保障人的积极老化。所以,笔者呼吁积极老化原则应当在《宪法》中予以明确。面对人的积极老化是否有必要载入《宪法》这一问题,即积极老化原则是否具备入宪的条件,参照某事项是否具备入宪的基本条件,[①]本章认为积极老化原则已满足普遍广泛性、现实重要性和规则适应性三方面的要件。就其普遍广泛性而言,伴随智慧社会的到来以及老龄化态势的高速发展,人之老化所面临的数字障碍已经成为越来越普遍的问题。从拒收现金、线下买票难再到挂号难,数字障碍已经成为关涉消费交通医疗等多领域的民生问题。尤其是智能科技被更多地引入社会服务支持系统,数字化越来越成为人们生活方式的显著特征。而长者却未能共享数字化发展成果,反而由于"失能失智"被阻碍于智能化社会公共服务供给之外,这更加证明了人之老化面临障碍的普遍广泛性。而在现实重要性层面,积极老化原则的入宪越来越迫切,已经成为不得不予以回应的问题。社会变迁与法律滞后的矛盾一直存在,但都未曾如我们今天这样迫切。这是由社会变迁的急剧性所决定的:一方面,是人口年龄比例的结构性失调,这是多方面因素作用的结果;另一方面,是数字化的日新月异,人类历史上任何一场新技术革命给社会形态带来的冲击都没有如今迅速和深刻。在规则适应性问题[②]上,如前所述,我国法律体系对长者数字可及性权益的调整多依靠政策文件,呈现应急性管理的特征。但不难看出,在这些低位阶规则实验的基础上,我国法律对长者数字障碍的治理经验是趋向于成熟的,从提倡适老化改造到推动数字素养提升,认识是不断深入的。这已表明,经过长时间的治理经验积累,我国法律对长者数字可及性障碍的调整有了较多的经验支撑,由此构成了积极老化原则入宪的规则适应性要件。

基本原则在法律框架体系中是居于核心地位的,它反映的是规范的价值判断。[③]积极老化原则应当贯穿整个长者法律运行的始终,成为指导整个长者权益保障体系的基本准则。具体来说,其应具备三个方面的作用:第一,积极老化原则应当成为长者数字可及性权益保护法律制定的重要原则。在制定关涉长者的法律规范时,应当贯彻积极老化原则的精神,具体的规则制定不能与积极老化原则相抵触。这是由积极老化原则所决定的,它是长者权益保障体系中最精髓的部分,它决定了长者权益保障制度的价值基础与基本内容。所以说,积极老化原则对长者法律制度的建构具有重要的指导意义。第二,积极老化原则应当确立为长者数字可及性权益保护法律实施环节的基本原

---

① 参见王耀海:《迁徙自由在中国的宪法脉象》,载《人权》2016 年第 2 期。

② 参见周少华:《适应性:变动社会中的法律命题》,载《法制与社会发展》2010 年第 6 期。

③ 参见王琳:《论法律原则的性质及其适用——权衡说之批判与诠释说之辩护》,载《法制与社会发展》2017 年第 2 期。

则,包括执法、司法和守法。长者数字可及性权益保护法律的实施过程,就是长者数字可及性权益保护法律的适用过程。在法律适用过程中出现疑点难点,可以发挥积极老化原则的价值指引功能,用以指导长者权益保障规范的解释与推理。此外,积极老化原则还可以成为法院审理长者案件时行使自由裁量权的重要依据。第三,积极老化原则可以成为弥补长者数字可及性权益保护法律漏洞的重要原则。囿于社会变迁的急剧性与法律的滞后性,法律规范难免有所疏漏。积极老化原则就可以对法律没有规定的部分进行调整,从而发挥弥补法律漏洞的作用。此外,积极老化原则还可以成为我们理解长者法律规则具体内容的重要指引,当对关涉长者的法律规则在理解上产生分歧时,我们可以利用基本原则的概括性和稳定性特征对长者法律规则的具体内容予以阐述。

(二)贯穿"积极老化原则"的规范体系完善

社会形态急剧变化,关涉长者的规范体系已经呈现滞后性特征。本章认为,应当在积极老化原则入宪的基础上,对有关法律与政策进行调整,以实现与积极老化原则的价值指向保持一致。《老年人权益保障法》作为我国保障长者权益的专门法律,应当落实积极老化原则,从而为长者事务的处理提供规范参照。对此,笔者主张将《老年人权益保障法》改称为长者权益保障法。这既是对中华民族"尊老"传统的弘扬,也是在现代词汇语义下消除社会歧视的技术路径选择。相应地,对长者权益保障法作出以下调整:第一,将积极老化原则确立为长者权益保障法的基本原则。在总则中增加规定:"长者权益保障,要遵循积极老化原则。"第二,强调社会养老服务应当与科技发展水平相适应。建议在长者权益保障法第四章中增加规定"推进数字产品适老化改造和开发,探索与科技发展水平相适应的智慧养老模式",即在为长者提供基础养老服务时,还应受积极老化原则的约束。第三,设定各级人民法院在诉讼服务中应当为长者提供优待的条款。建议在长者权益保障法第五章社会优待中增加规定:"各级人民法院应当为长者提供诉讼便利,包括设立长者法庭,①提供长者优先立案服务等。"第四,适老化环境建设要以科技发展成果共享为目标。建议在长者权益保障法第六章宜居环境中明确:"推进适老化社会环境建设,使长者共享数字科技发展红利。"第五,积极促进长者数字素养的提升。建议在长者权益保障法第七章中增加关于"鼓励老年大学研发数字素养培育课程"的表述。

我国对长者权益的保障不仅可以通过法律实现,还可以辅以一些政策措施进一步落地。它们和法律将共同构成我国长者权益保护的规范体系,所以对这些涉老政策文件进行修改也是十分必要的:第一,在这些政策文件的指导思想中明确积极老化原则,给具体政策内容的确立提供价值遵循;第二,在审判政策文件中,加大对长者权益的保护,如严厉打击犯罪对象为长者的线上犯罪活动,在定罪量刑时从严把握,在审理涉老

---

① 肖辉:《老龄化社会背景下老年权益法院的设立构想》,载《河北法学》2019年第12期。

案件时，对一些审判要件的认定标准按照积极老化原则予以修订；第三，在《无障碍环境建设条例》[①]中，对"无障碍环境建设"的内涵予以修订，建议该条例第2条改为："本条例所称无障碍环境建设，是指为保障老年人、残疾人等社会成员有效参与社会生活所进行的建设活动。"

（三）弱意义的"司法中心主义"[②]权利保障模式

长者数字可及性权益是一项新兴权益。关于如何更好地保障新兴权益，当前学界提出了两种保护路径：一是立法中心主义，即将法定权利视为权利保护的唯一依据；二是司法中心主义，就是关注个案正义，通过个案正义对新兴权利予以确认。这两种保障模式各有优缺点。立法中心主义是一种彻底的解决方法，通过立法使新兴权利上升为法定权利，从而获得救济的基础。但是，对于那些无须上升为法定权利以及暂未完成立法的新兴权益保护，仍依赖于司法中心主义。因此，本章将从指导案例和司法解释双维度构建司法中心主义权利保障模式。

第一，确定指导案例。本章论述的指导案例特指由最高检发布的指导性案例。它的制度依据是源于最高检发布的2010年《关于案例指导工作的规定》[③]（已失效），依此发布的指导性案例已成为审判实践的重要参照。它的案例内容在《关于案例指导工作的规定》第3条中做了列举式的规定，除却兜底条款，主要包括典型的、疑难的、新类型的、原则性的、受关注的五种。

案例指导制度存在的意义在于，当法律滞后出现调整不能或者调整不佳时，可以发挥灵活性的特征，对社会问题予以及时回应。前文虽然论述了长者数字可及性权益的保障体系建构应是基于"立法中心主义"的，这是由其已成为国家战略问题所决定的，但是立法是基于严格程序的，影响因素也是复杂多变的。[④] 当立法尚未完成时，我们就可以通过指导性案例的方式统一法律适用的尺度，为长者数字可及性权益提供过渡性的保障。

利用案例指导制度进行权利保护，促进个案正义的实现，既要进一步优化指导案例的筛选机制，又要做好指导案例的解读工作。一方面，进一步优化指导案例的筛选机制。在筛选时要广泛征询意见，注重指导性案例征集工作的民主性。这里既包括司法系统内部的决策民主，也要在全社会广泛征询意见。过往的意见征询往往是网上征集，然而具体到长者数字可及性权益保障的指导性案例建构就不能局限于网上征集了，这种操作方法本身就为长者带来了数字障碍。为此，在网络征集之外，可以成立调研团深

---

① 《无障碍环境建设条例》（中华人民共和国国务院令第622号），2012年6月28日发布。

② 这是一种弱意义的司法中心主义，它不同于英美法系将判例法与成文法置于同等地位。参见侯学宾、闫惠：《新兴权利保护实践中的司法中心主义》，载《学习与探索》2022年第1期。

③ 《最高人民检察院关于案例指导工作的规定》（高检发研字〔2010〕3号），2010年7月30日发布。

④ 参见刘松山：《人权入宪的背景、方案与文本解读》，载《华东政法大学学报》2014年第5期。

入到长者中间进行线下调研。另一方面,要做好指导性案例的解读工作。对指导性案例的解读,由于各级法院的法律适用水平不同,很容易引起理解偏差,而最高人民法院、最高人民检察院的法律适用水平较高,做好案例解读是提高指导性案例权威性的重要路径之一。

第二,出台司法解释。司法解释也是我国重要的法律渊源之一,归属于法律解释的范畴,具有“准立法”的特征。它有两方面的作用:一是对概括性的法律表述进行明晰,提升可操作性;二是有效应对社会变迁过程中出现的新问题。长者数字可及性权益就是一项在社会变迁过程中衍生的新兴权利,将这一权利通过立法上升为法定权利,除要进行正当合法性论证之外,还要对立法技术进行考量。立法是一项精细的工作,如何表述,放在什么位置都要基于多方面的考虑,既有对权利本体的思索,也有与其他权利相协调的需要,稍有不严谨,都有可能带来权利泛化的弊端。① 笔者认为,长者数字可及性权益的权利内容未必都要在法律中直接表述出来,对于那些可以依托生存权进行辩护的,可以通过司法解释予以明确。最高人民法院、最高人民检察院可以在充分调研的基础上通过司法解释的方式将生存权在数字社会背景下的新权利形式予以明晰,从而为长者数字可及性权益在法律上找到司法救济基础和行政义务来源。

此外,对地方性司法文件也应保持一定关注。地方性司法文件不论在理论界还是实务领域一直都饱受争议。从当下来看,地方性司法文件是不具备合法性来源的,但它在实践中总是影响着法官、检察官的法律适用。而产生这一现象的主要原因之一,就是部分法官、检察官的法律适用水平有待提高,此时,地方性司法文件就应运而生了,它们始终以裁判规则、裁判方法等内部参考文件的形式存在着。其存在必然有一定的合理性,这就需要我们对其合理性予以发掘并积极引导,而非一味批判。对此,由于各地社会发展存在差异化,可以对地方性司法文件开启由中央到地方的“有限授权”②模式。以渔业为例,在各地普遍“禁渔”的背景下,对渔具的界定就存在地方性差异。由于各地生活习性不同,渔具样式也是千奇百怪,司法解释难以穷尽,这就导致法律适用上的难题。反而有限授权模式下的地方司法文件呈现强大的生命力。

五、基于“适老化原则”的环境建设

适老化环境建设是适应积极老龄化战略,发挥政府行政效能的重要举措。世界卫生组织曾将城市关爱长者的核心指标概括为实体环境建设和社会环境建设两个方

---

① 参见徐钝:《论新型人格权司法证成的基本准则》,载《法商研究》2018 年第 3 期。

② 聂友伦:《司法解释场域的“央地矛盾”及其纾解——以“地方释法”为中心的分析》,载《法律科学》2021 年第 1 期。

面。[①] 我国当下的适老化环境建设还存在一些问题。我们不得不反思,如何进行更好的适老化环境建设,使长者同我们一起共享数字科技发展的成果。

(一)基于系统思维的适老实体环境建设

系统思维的核心就是要全面系统普遍联系地分析解决问题。我国当下的适老实体环境建设是缺乏系统思维的:首先,适老实体环境建设的地区差异较大,总体呈现为东部优于中西部、城市优于乡村;其次,缺乏全国统一的标准;最后,缺乏协调监测机制,一些适老实体环境建设工作因流于形式而无实效,常常出现使用不能和难以使用的现象。在行政动能不足的情形下,缺乏可以比照的统一标准,其结果不言自明。这就要求树立系统思维,杜绝各行其是的作风,避免行政资源浪费。依据系统思维,当下的适老实体环境的建设可以从以下四方面展开。

1. 适老实体环境建设统一国家标准

这个标准的构成要素必须是建立在对长者需求统一调研的基础之上。这里的需求主要源于两个方面:一是基于身体条件退化产生的需求,二是基于社会不同应用场景产生的需求。[②] 就前者而言,主要体现在视力、听力、肢体等方面的退化,因此,针对老年群体视力衰退的特征,重点在于增大图标和提高文字辨识度,积极开发语音助手,解决包括验证码、图片阅读在内的系列潜在障碍;对于老年群体肢体衰退的特征,重点在于提升操作便捷度,简化操作流程等。就后者而言,长者的社会场景化需求是其享有数字可及性权益特殊关照的现实需求。比如,在交通出行时根据算法优先给长者派单;在就医服务上简化长者挂号手续,无须预约,扫描身份证即可建档办卡;支持医疗资源丰富的地区开发"线上护士"服务,通过线上平台一键预约,即可享受上门服务。

基于统一国家标准,我们得以通过长效机制有效构建筑牢数字服务适老化改造管理闭环。对此,出台适老化技术改造实施规范有利于从源头上减少风险,为数字服务适老化工作作出指引。2021 年 4 月 7 日,工业和信息化部发布的《互联网网站适老化通用设计规范》从可感知性、可操作性、可理解性、兼容性以及特殊性五个方面对互联网网站适老化设计提出了不同要求,为有效覆盖长者差异化需求提供了典型的范式。鼓励和支持多主体参与同样有利于推动数字公共服务适老化改造的社会建设进程,这要求政府密切与校、企和其他社会组织的联系,协调沟通意见,同时通过资金倾斜、设立专项基金,给予适老化产品研发、生产、销售的先进企业资金奖励。而加强企业监管、落实主体责任,是形成数字产品适老化改造闭环的最后一环。因此,对适老化改造不达标不合格

---

① See Van der Weijst, L., *Measuring the age-friendliness of cities: A guide to using core indicators*, World Health Organization: Geneva, Switzerland (2015).

② 参见喻国明、梁爽:《小程序与轻应用:基于场景的社会嵌入与群体互动》,载《武汉大学学报(人文科学版)》2017 年第 6 期。

企业，通过建立违法企业名录、设立市场准入制度、行政处罚等手段，督促其积极履行市场主体责任。

2. 适老实体环境水平与科技发展相适应

适老化改造要充分利用数字技术进行社会治理，治理手段的技术化有利于提高国家信息管理能力和行政效率。数字适老化改造并不意味着要脱离数字，它对数字服务提出了更高要求，即在进行适老化改造的同时利用数字科技提高适老水平。例如，在公共服务领域引入“智能帮扶机器人”，当长者无法及时获得来自子女的帮助时，会及时向身边工作人员求助，但是，由于工作人员的数量有限，可以引入“智能帮扶机器人”。

具体而言，首先，通过对智能机器人的算法输入，使其充分知晓单位的电子设施操作流程，长者只需要说出具体需求，就可以在机器人的帮扶下准确使用数字设施。其次，机器人具备数据有效搜集能力，后台可以根据了解长者在数字设备使用过程中的常用操作、常见问题进行统计分析。由此，可以有针对性地给出解决措施和扩大帮扶供给。最后，智能机器人具备优质的服务能力，作为机器，它不存在情绪化的特征，可以时刻保持耐心进行解答。①

3. 适老实体环境建设线上线下相统筹

适老化实体环境建设应当统筹线上环境和线下环境两个维度：线上建设是指数字适老化改造；线下建设是指保留传统服务与数字资源使用过程中的帮扶。这种线上线下相结合的适老化环境建设路径，有利于推动适老化环境建设的高质量发展。线上建设是消除长者数字障碍的重要措施，线下建设则是保障老年人“不被社会遗忘”的兜底性措施。

政府对此提出了线上线下双线联动的解决措施：第一，在预登记系统中上线代替家人进行登记的功能；第二，支持出示身份证交由工作人员核查；第三，在系统中开发“老幼检测报告助查”功能，便利没有智能手机的人进行结果查询。其中，第 1、3 项是线上环境建设，第 2 项是线下环境建设。二者相结合，为检测工作的有序运行提供了保障。可以看出，社会生活是复杂多变的，很多特殊情况的处理就依赖于环境建设的线上线下相统筹。

4. 适老实体环境建设兼顾数字资源全过程

适老化环境建设要兼顾数字资源全过程，不能把目光局限于数字服务的使用过程，还应当包括数字资源的接入过程，它是适老实体环境建设的第一关卡，包括宽带接入和

---

① 参见王汝坤：《论广义进化论视阈下的人工智能伦理问题》，载《上海交通大学学报（哲学社会科学版）》2022 年第 1 期。

设备接入两个方面。宽带接入适老化建设,[①]网络的速度和稳定性是衡量宽带接入水平的重要指标。一方面要加强宽带基础设施建设,另一方面要降低长者使用网络套餐的费用门槛,这意味着政府要保证宽带接入环境既高质量又低费用。

设备接入适老化建设,最主要的是保障长者享有智能设备。当下,我国长者智能机普及率不高。一方面,智能机的价格较高,部分长者因为经济原因没有智能设备接入的条件;另一方面,智能机的适老化水平不高,长者在使用智能机时存在诸多障碍。所以,政府应当对症下药,出台具体的解决措施。首先,可以通过对长者提供购机补贴,降低长者数字资源接入的经济成本。其次,可以出台产业指导政策,鼓励有规模的手机制造企业进行适老化智能设备研发,使面向长者的智能机更切合长者的使用需求。最后,可以扩大公共场所的智能设备供给,通过扩充图书馆、文化馆等公共场所的智能设备数量,为长者参与利用数字平台公共事务提供便利。

(二)基于普惠共享原则的敬老社会环境建设

当前的敬老社会环境建设受到广泛关注,普惠共享原则作为敬老社会环境建设的结果导向值得深入探讨。[②] 过往的敬老社会环境建设多是基于“扶弱”的考量,本质上是一种对弱势群体的社会优待。然而,在人人都会老去的今天,敬老社会环境建设已经成为一项关涉“人人”的利益,这就要求它必须是基于普惠共享的。

普惠的内在要求是面向大众和较低收费,共享则是对质量的要求,没有人会不期望一种良好的社会服务。以此观照我国当下的敬老社会环境建设,主要存在如下问题:第一,敬老社会环境理念上的落后。只有实现敬老理念由基础保障到有效参与的转变,才能更好地适应普惠共享原则的要求。长者社会事务有效参与的最根本的解决措施就是其数字素养的提升。第二,公民参与规划程度较低,这一点改善有赖于社区动能的发挥。可见,遵循普惠共享原则的敬老社会环境建设,可以从提升长者数字素养和激发社区内生动能两个方面来着力。

1. 提升长者数字素养

要放宽长者进入老年大学求学的入学资格条件,提升长者的数字素养。老年大学是国家进行老年教育的重要平台,应当充分发挥其参与社会治理的积极性,使之成为长者数字素养培养的主阵地。但现实情况是,由于老年大学的入学门槛较高,很多有教育需求的长者被拒之门外。因此,有必要降低老年大学的准入门槛,使更多长者享受继续教育。

---

① 参见朱姝蓓、邓小昭:《老年人网络健康信息查寻行为影响因素研究》,载《图书情报工作》2015 年第 5 期。

② 参见朱碧波:《论我国社会治理共同体的生成逻辑与建构方略》,载《西南民族大学学报(人文社科版)》2020 年第 10 期。

第一,要积极宣传老年大学。首先,通过多种渠道,如新闻报道、社区宣传、视频播放等多种媒介形式进行介绍,使长者切实感受到老年大学的真实样态,让他们了解参加老年大学的益处。其次,降低老年大学的入学门槛。它包括两方面的内容:一方面是入学资格的降低。快速实现招生对象由精英向大众的转变,努力让不同文化程度、经济收入、社会背景的长者走进老年大学的课堂。另一方面是办学资格的降低。过往的老年大学普遍存在距离远、学校少等缺点,今后要进一步降低老年大学的办学门槛,增强老年教育的普惠性,下沉到街道乃至社区,让长者真正享受家门口的教育。最后,加强老年大学的资金保障,多渠道吸纳办学资金。尽可能地使得老年教育成为“全纳教育”①,免去长者参与老年教育的经济忧虑。

第二,加强数字教育的课程开发。基于普惠共享原则的老年大学,要积极承担社会义务,在课程设置上要充分考虑社会需求。将数字资源使用课程加入教学内容当中,既有利于满足长者对智能设备使用技能的客观需求,也可以让长者充分享受智能科技发展的社会红利。首先,老年大学要设立研发团队。针对长者数字可及性障碍进行有针对性的课程开发,教育部相关司局可以牵头发行教学大纲,作为全国老年大学智能设备使用课程的范本。其次,学习内容应当是应用性的。可以分为智能手机使用和智能设备操作两个板块,这是依据长者智能设施使用的不同生活场景划分的。智能手机使用偏重于日常生活,智能设备操作偏重于特定场域,如银行 ATM 机、医院缴费机等。最后,加强课程的地方特色。这是由全国适老化环境建设尚未形成统一局面所决定的,有的是在筹备之中,有的是不具备统一条件,在全国通用设施之外,定然存在一些地域性的操作设备。比如,当地的水费、电费、燃气费等线上缴费平台的使用,各地办事码均具有地域色彩。

第三,分层次实施差异化教学。基于普惠共享原则的老年教育关涉民生问题,不能搞形式主义。要积极推动数字教育内容的多样化和精细化,②长者群体的身体条件、学习能力、社会背景差异很大,在教学时要因材施教。首先,减少文字课程,开展场景教学。学以致用是长者数字可及性教育的最终目标,直接操作是最有效的学习方法,减少文字课程也为一些学习能力较弱的长者提供了方便。其次,创新学习方式,鼓励相互帮扶。线下教学与线上教学相结合,既可以节省教学资源,又能做到随用随学。通过成立长者数字学习帮扶小组等形式,激发长者数字学习的主动性。最后,加强引导,保持耐心。由于长者年龄因素、身体机能方方面面都不如年轻人,面临学习能力下降的境况,

---

① 董奇、方俊明、国卉男:《从融合到全纳:面向 2030 的融合教育新视野》,载《中国教育学刊》2017 年第 10 期。

② 参见刘述:《积极老龄化视角下我国香港老年人数字融入路径研究》,载《中国远程教育》2021 年第 3 期。

这就需要教师群体保持耐心，避免厌噪情绪，不要打击长者数字学习的积极性。

2. 激发社区内生动能

加强社区基本单元治理，激发社区内生动能，实现社会良性治理。① 社区是社会治理的基本单位，没有人可以脱离社区而独自存在。社区与人的密切连接，使社区在对长者进行帮扶时具备及时便捷的优势。老龄化、少子化以及城市化使得当下的长者群体与子女的联系越来越弱，在面临困难时长者不一定能及时有效地获得来自家庭的帮扶，社会帮扶的重要性便由此凸显。社区作为基层群众自治制度的重要主体，应当充分发挥社会帮扶的主要职能，积极主动为长者提供帮助。社区可以在整合自身资源的基础上加强与政府、企业的联系，为长者数字可及性障碍的解决贡献力量，推动社区长者数字帮扶工作常态化。

其中，应优先发挥社区帮扶优势。由政府出面鼓励社区对长者开展数字帮扶，成立社区数字帮扶办公室并适时纳入考核指标。社区要主动建立起与社区中长者的联系，通过建立微信群、公布专责人员的联系方式，建立起与社区长者的联系渠道，以便及时了解长者所面临的数字问题。定期开展上门服务，主动排查长者所面临的数字障碍，及时解决。利用数字技术治理，②建立"一键帮扶"系统。利用现代科技设备，通过政府补贴和个人出资相结合的方式，建立一套"一键帮扶"系统，便于及时帮扶。

此外，定期开展面向长者的数字科普。通过社区科普，教授长者数字设施使用技能，可以成为在老年大学之外长者数字素养提升的重要补充方式。社区可以利用自身资源与银行、医院等长者高频出现的公共生活场域进行联系，邀请他们下社区举办讲座，传授给长者特定场所的数字设施使用技能，利用他们的专业知识，给长者带来良好的学习体验。另外还要鼓励社区内有知识的长者充当志愿者，这种亦师亦友的学习方式有利于减轻长者的学习压力。而且，老年群体更了解他们自身的学习难点，这是一般学习方式所难以达到的效果。

小　结

新技术革命催生的数字化、智能化给人与人之间的交互模式带来极大变化，也深刻影响了政府治理模式的调整，依托大数据、物联网等新技术实施的数字治理成为新趋势。数字治理中长者数字可及性权益保障是热点。长者数字可及性权益主体的广泛性、所诉请求的无害性和长者对数字可及性的感性需要已彰显其正当性，而长者数字可及性权益实现的现实基础与权利冲突的可协调性则是对其合法性的证成。然而，这种

---

① 参见郑晓茹：《农村社区基本治理单元复合化与利益个体组织化的多重逻辑理路》载《江淮论坛》2018 年第 5 期。

② 参见王雨磊：《数字下乡：农村精准扶贫中的技术治理》，载《社会学研究》2016 年第 6 期。

权益却因数字技术强权异化为障碍，长者数字资源接入面临公平可及难题、数字资源使用面临适老性缺乏境况和数字素养能力面临滞后性扩大问题。这些风险管控的障碍本质上是数字化与老龄化叠加生成的数字壁垒，在现象与本质这一范畴，长者数字可及性权益的内容得以诠释，具体包括数字资源接入得到优待的权利、数字资源使用得到照顾的权利和数字素养提升得到帮助的权利，此三重内容以数字可及性为中心，共同构成了长者数字可及性权益这一权利束。

然而，现行的长者权益保障体系已呈现"疲弱性"的特征，笔者主张构建以立法中心主义为主、司法中心主义为辅的新兴权利保障双轨模式。在立法层面，本章提出基于"积极老化原则"构建规范保障体系，将"积极老化原则"入宪入法，使其贯穿整个长者权益保障法律体系运行的始终。具体而言，将《老年人权益保障法》改称为"长者权益保障法"，对其内部条文加以调整；将"积极老化原则"确立为"长者权益保护法"的基本原则，强调社会养老服务应当与科技发展水平相适应；设定在诉讼服务中为长者提供优待的条款，主张适老化环境建设要以科技发展成果共享为目标，积极促进长者数字素养的提升。在司法层面，充分发挥指导案例和司法解释优势以构建司法中心主义权利保障模式，通过确定指导案例、出台司法解释、关注地方性司法文件为长者数字可及性权益提供司法救济基础。立法与司法在此共同构成了我国长者权益保护的规范体系。

优化外部环境亦是"积极老化"的题中之义，这涉及相关规范践行的宏观因素，基于系统思维的适老实体环境建设和基于普惠共享原则的敬老社会环境建设是其中的核心指标。当前政府主导适老化环境建设面临着政策位阶较低、没有统一标准、缺乏协调机制等多方面的问题，本章主张，从建立统一国家标准、与科技发展相适应、线上线下相统筹、兼顾数字资源全过程四方面落实系统思维，开展适老实体环境建设，而遵循普惠共享原则的敬老社会环境建设则应从提升长者数字素养和激发社区内生动能两个方面来着力。过往的助老敬老是基于扶弱思维的考量，而在人人都会老去的今天，适老化环境建设的普惠共享性已经显现出来。可见，长者数字可及性权益的保障已经成为一项关涉"人人"的重大课题。我们要在实践中不断完善和发展这一规范保障体系，努力推动数字科技发展成果由全体人民共享。

第十章　智慧医疗中知情同意权的法律保护

大数据、云计算、物联网、人工智能等信息应用技术的发展和革新不断渗透并改变着人类的生产、生活方式。就医疗领域而言,这些技术的应用已深刻影响到医疗服务模式的变革,更加智能、便捷的智慧医疗服务体系——智慧医疗由此产生。智慧医疗是通过加速医疗数据的流动和开放来提高医疗服务质量,导致个人医疗信息安全面临更加严峻的挑战,个人信息泄露和滥用等问题已经成为当下智慧医疗服务平台在处理个人医疗信息过程中亟须解决的问题。智慧医疗中的知情同意权与每一患者的权益息息相关,但传统意义上的知情同意机制在个人医疗信息私法保护方面的弹性和适用性弱化较严重,其有效运用面临诸多问题。

一、智慧医疗中知情同意权的构成

智慧医疗概念最早是基于智慧地球这一概念而提出的,时至今日,智慧医疗并没有固定的内涵。李睿宇、许学军认为,智慧医疗是指利用物联网、云计算、大数据等相关技术智能化采集、转化、存储、传输和处理医疗信息,使得患者与医护人员、医疗机构、医疗设备等紧密结合,从而实现真正以患者为中心的医疗服务的信息化和智能化建设。① 宫芳芳、孙喜琢等认为,智慧医疗是指运用新一代物联网、云计算等信息技术,通过感知化、物联化、智能化的方式,将与医疗卫生建设相关的物理、信息、社会和商业基础设施连接起来,并智能地响应医疗卫生生态

① 参见李睿宇、许学军:《大数据背景下我国智慧医疗的应用研究》,载《经济研究导刊》2019 年第 6 期。

圈内的需求。[①] 笔者认为，智慧医疗是医疗信息化最新发展的产物，是5G、大数据、互联网和人工智能等技术与医疗行业进行深度融合的结果，它以自然人为中心，以提高医疗服务效率和质量为目的，逐步实现自然人与医务人员、医疗机构、医疗设备之间的互动，为人们提供整合式健康医疗数据管理以及更具个性化的医疗保健方案的医疗服务体系。

(一)智慧医疗中个人信息的定义与特征

关于“个人信息”的定义，当前理论界较有影响力的定义方式主要有三种：关联说定义方式、隐私权定义方式和可识别说定义方式。关联说定义方式主张以信息是否与个人相关联作为定义标准，认为只要信息与个人相关联则均可被认定为个人信息。个人信息的隐私权定义方式认为个人信息是个人不愿意为他人知晓或者由于事情比较敏感而不希望或者不同意向他人和社会公开的信息。个人信息的可识别说定义方式以是否可以识别出特定个人作为判断个人信息的标准，能够直接或间接识别出特定个人的信息属于个人信息。总体来看，前两种定义方式要么失之过宽要么失之过窄，并不能适应现代化社会的发展需求。相较而言，可识别说定义方式更具科学性与合理性，是一种为学界普遍认可的定义方式。齐爱民曾认为，个人信息是指通过个人的姓名、性别、年龄、血型、健康状况、身高等可以直接或间接识别该个人的信息。所谓“识别”是指资料与信息主体存在某一客观确定的可能性，就是通过这些资料能够把当事人直接或间接地“认出来”。[②] 传统意义上的个人医疗信息主要产生于医生与患者的面对面医疗服务之中，多为纸质化或由医院内网进行记录和保存的个人医疗信息集群。个人医疗信息与病历档案的电子化管理密切相关，它包括所有和医疗有关的信息，如患者的个人身份信息，包括姓名、家庭住址、联系人、联系电话等；患者的生理信息，包括过敏史、检验检查结果、家族病史等；患者的经济信息，包括费用发生状况、支票结算等信息。[③] 随着互联网应用技术在医疗场景的广泛渗透，以互联网医院为代表的各大智慧医疗服务平台的出现，给个人医疗信息的采集、使用方式带来了前所未有的新变化。相比于传统的个人医疗信息，智慧医疗背景下的个人医疗信息具有以下几个特点。

一是个人医疗信息数据量正呈指数型增长。医疗大数据的挖掘和智慧医疗信息技术的应用意味着我们有更多的方法和途径采集、使用、管理患者的个人医疗信息，原始的个人信息数据可以通过优化的算法设计、分析加工而转化为新的衍生数据，并实现大量分散、琐碎的个人医疗信息的二次利用。例如，当下互联网医院在国家政策、市场需求的推动下正处于时代风口，且已经成为广大医疗机构及其相关医疗服务商的新流量

① 参见官芳芳、孙喜琢、林君、顾晓东：《我国智慧医疗建设初探》，载《现代医院管理》2013年第2期。
② 参见齐爱民：《大数据时代个人信息保护法国际比较研究》，法律出版社2015年版，第222页。
③ 参见齐爱民：《电子病历与患者个人医疗信息的法律保护》，载《社会科学家》2007年第5期。

入口。例如,作为目前中国最大的智慧医疗服务平台——微医的市场占有率已经达到15.5%。截至2020年3月,微医已经拥有12家实体医疗机构和22家互联网医院,其将全国7200多家医院进行了连接,拥有24万余名签约医生,实际的注册用户数量已超过2亿。巨大的服务量背后蕴含着无穷量的个人医疗信息,甚至达到了数据信息爆炸状态,同时个人信息发生泄露和滥用的风险也急剧上升,个人医疗信息安全面临巨大挑战。

二是大量个人医疗信息生成于医患关系之外。随着物联网技术、可穿戴移动设备等相关硬件设备的普及和人们的健康全周期管理意识普遍增强,大量的个人健康信息生成于传统医疗场景之外,例如,利用B6健康手环获取信息。B6健康手环是中国华为公司生产的具有完善的健康监测系统和健康管理功能的设备,它能够对心跳、睡眠、血压、运动等相关健康指标进行智能监测。据华为公司官网报道,其曾与301医院在医疗健康方面广泛开展医学研究合作,其中关于心脏健康与睡眠呼吸暂停的医学研究便是双方合作的重点之一。在此领域,华为公司可将经用户个人同意和授权的手环监测数据第一时间与医院共享,这不仅有利于发现用户潜在的早搏、房颤等心脏健康风险,而且使得每一位用户都能够成为自己健康数据的收集者,打破了过去医疗服务中仅医疗机构一方可以收集医疗数据信息的传统。由此可见,越来越多的个人医疗及其健康信息会通过医疗关系之外的场景不断呈现。

三是个人医疗信息的数据应用价值已渗透诸多领域。在互联互通的共享经济流行的时代,信息流动对经济社会发展的支撑作用越发明显。信息成为和物质、能量同样重要的资源,整个社会对于信息的依赖和利用需求增强。① 个人医疗信息日益在个人、医疗行业、社会治理等众多领域显现。

在个人层面,健康医疗生成的个人医疗信息已经成为普通人了解、管理自身健康状况的重要来源和助手。例如,华为智能手环可以监测使用者个人的睡眠、运动以及心律脉搏等各种健康信息,这些实时的数据和信息日益成为普通人了解自身健康状况,加强对自己身体健康管理的重要途径。如果将其应用在互联网医院场景,这些个人医疗信息便会从个人设备移动端共享传输至智慧医疗服务平台的医生端,为医生的精准诊断提供数据信息支撑。可见,健康医疗生成的个人医疗信息为普通人了解和管理自身健康状况提供了有力的支撑。

在医疗行业层面,个人医疗信息的大数据分析为医疗行业“精准医疗”新模式的开展奠定了基础,将为整个医疗行业带来新的突破和创新。在传统医疗服务中,医生通常基于临床表现由外及里诊断疾病原因。而在新兴技术的助力下,医生可以从基因遗传学和分子特征的角度去寻找发病机制,从而不断提高医疗诊断的精准度和高效性。例如,美国IBM公司开发的Watson健康项目能够在短短几分钟的时间内,通过筛选、比

---

① 参见张新宝:《从隐私到个人信息:利益再衡量的理论与制度安排》,载《中国法学》2015年第3期。

对、分析疾病与治疗史、基因数据等在内的大量数据，为患者提供个性化的治疗方案。除医疗卫生行业外，个人医疗健康数据信息也能够优化周边行业。例如，在当事人投保人身保险时，保险公司可能通过当事人授权等方式借助投保人的个人医疗健康信息精准识别投保人所具有的风险，进而防止保险诈骗的发生。

在社会治理层面，个人医疗信息在经过相应技术处理之后，可以有效降低个人信息的泄露、篡改、丢失，政府和社会组织可通过收集使用个人医疗信息，实现更大范围的疾病防控或者疫情监测。

（二）智慧医疗中患者知情同意权面临威胁

知情同意规则是现行的个人信息和隐私保护的核心制度，但现实中这一合同法规则时常受到破坏。在实际案例中，由于知情同意规则遭到破坏的情形以智慧医疗服务平台侵犯用户的知情同意权为主，因此相关案例的争论焦点首先体现为智慧医疗服务平台是否对用户的知情同意权进行了切实的保障，其次体现为智慧医疗服务平台与用户签订的隐私政策是否合规以及智慧医疗服务平台是否严格遵守隐私政策。笔者以“中国裁判文书网”“中国知网”“北大法宝”为检索数据库，以“智慧医疗”+“隐私泄露”、“智慧医疗”+“知情同意权”、“智慧医疗”+“告知同意”、“医疗数据”+“隐私泄露”为组合关键词检索相关司法案例，各平台均显示无可供研究的司法案例。

虽然未检索到与智慧医疗个人医疗信息知情同意直接相关的司法案例，但笔者认为仍可以通过扩充搜索外延和改换关键词的方式检索出最相关的案例并进行有益探讨，从而获取对本研究有借鉴意义的信息资料。因此笔者通过上述途径以及百度、微信检索“医疗”“隐私权”“知情同意权”“个人医疗信息泄露”等关键词，获取到部分案例，并将其大致分为以下三类：一是涉及侵犯公民个人信息的刑事案例；二是侵犯当事人隐私权、知情同意权的民事案例；三是医疗机构工作人员泄露个人信息被行政处罚的案例。

第一种类型是侵犯公民个人信息的刑事案例。在杨某竹、张某等侵犯公民个人信息罪一案①中，上诉人（原审被告人）杨某竹在南宁市开设有“迷度国际产后恢复中心”等产后恢复机构，为获取客户资源，杨某竹自2017年起先后分别联系了南宁市青秀区中山街道办事处河堤社区居委会社工张某、南宁市西乡塘区石埠街道办事处石埠社会事务站副站长梁某涛、南宁市兴宁区朝阳街道办运德社区居委会主任陈某、南宁市青秀区卫生服务中心医生助理农某等四名上诉人及原审被告人，让他们分别利用职务便利将在工作中获取的包括产妇电话、地址、分娩方式、孕次、产次、产后出血量、新生儿性别、出生日期、身长体重、出生缺陷等信息非法提供给杨某竹，由杨某竹向该四人支付报酬。经公安机关统计，至2019年5月案发时止，杨某竹从张某等四人处共非法获取公

---

① 参见广西壮族自治区南宁市中级人民法院刑事判决书，（2021）桂01刑终67号。

民相关个人信息37,252条。最终,法院以侵犯公民个人信息罪判处被告人杨某竹、张某等五人不同程度有期徒刑并处罚金若干。由此案可以看出,时代的发展赋予个人信息尤其是个人敏感信息以更高的商业价值,在高额利润回报的驱使下,当今社会侵犯公民个人信息犯罪日益增多。公民个人医疗健康信息属于个人敏感信息范畴,是受法律保护程度非常高的个人隐私。被告人杨某竹非法购买、张某等人非法收集并向他人提供大量生理信息等个人医疗健康信息的行为已严重侵犯了公民的个人信息权,其行为已涉嫌侵犯公民个人信息罪,应当受到法律惩处。

第二种类型是侵犯当事人隐私权、知情同意权的民事案例。在焦某与吴某等名誉权、隐私权纠纷一案[①]中,原告吴某在被告焦某的口腔诊所进行牙齿修复,后以牙齿受到损害为由向被告焦某提起损害赔偿之诉(另案处理),并开始在相关网络平台通过个人账号发表针对被告焦某的人身攻击言论,被告焦某亦多次在其相关网络平台发帖回应原告吴某及其他用户,且被告焦某在回帖中附加了原告吴某的病例资料,其中包含原告吴某的身份证号码、就诊记录、联系方式等个人隐私信息,该回帖在发布5日后才被删除。原告吴某因此以侵害其隐私权为由,将被告焦某诉至法院并要求被告焦某向原告吴某书面赔礼道歉,在各涉案网站发表致歉声明以及赔偿精神损害抚慰金1万元。法院认为,隐私权是保障个人生活安宁和个人秘密不被他人干涉的一种人格权,原告吴某的病历资料(含原告吴某身份证号码、就诊记录、联系方式等信息)属于原告吴某的个人隐私,在未经原告吴某同意的情况下,被告焦某擅自将原告吴某的个人隐私信息公布于网络平台并为公众所知悉,侵犯了原告吴某的隐私,故应承担相应的法律责任。但鉴于本案事实发生的原委以及相关网帖已被删除,一审法院对原告吴某要求被告焦某赔礼道歉并赔偿精神损失的诉讼请求不予支持并驳回原告吴某的全部诉讼请求。本案中,虽然原告吴某的全部诉讼请求均被驳回,但法院对被告焦某侵犯原告吴某的侵权事实予以承认,认为原告吴某的病历资料未经原告吴某同意不应对外发布。由此可见,医疗机构及其工作人员作为个人信息控制者和使用者,未经患者同意擅自将患者的病历资料等隐私信息向社会公布的行为,侵犯了患者的隐私权和知情同意权,应当承担相应的法律责任。

第三种类型是医疗机构工作人员泄露个人信息被行政处罚的案例。在文某等5人非法泄露他人个人医疗信息案[②]中,云南省文山州人民医院工作人员文某、谢某、关某三人利用工作便利,于2020年2月3日通过手机拍摄的方式将储存于医院电脑中的关于记录传染病患者的相关信息在微信中公开,其中包含患者姓名、住址、诊疗记录、行程

---

① 参见北京市顺义区人民法院民事判决书,(2017)京0113民初3374号。

② 参见环球网:《云南文山州5名医院工作人员泄露患者个人信息被处置》,载百家号"环球网"2020年2月7日,https://baijiahao.baidu.com/s?id=1657872046684195585&wfr=spider&for=pc。

轨迹等基本信息。后该医院的财务人员刘某和余某通过微信对该信息予以转发。文山市公安局依法决定对文某、余某、刘某、谢某依法作出行政拘留10日并处罚款500元的处罚决定,对关某作出罚款500元的处罚决定。从此案可以看出,医疗机构的工作人员作为个人医疗信息的使用者,应当严格履行个人医疗信息保密工作义务。若医疗机构工作人员为了实现各种目的,擅自将患者个人医疗信息发布网络并引起公开传播,则会严重侵犯患者的隐私权和知情同意权,将可能受到行政处罚。

上述三个案例集中反映了在经济社会快速发展的当下,个人信息尤其是个人敏感信息被滥用和泄露的风险越来越大。个人信息控制者或者使用者在未经个人同意的情况下私自将获取的用户个人信息非法共享或者转让他人,不仅对知情同意规则在现实私法保护中的效果造成了冲击,而且会造成个人信息滥用和泄露,严重侵犯患者知情同意权和隐私权。

(三)智慧医疗中知情同意权的构成与行使

"知情同意"这一概念形成于第二次世界大战之后,其理论主要发源于美国的判例法。1957年,在美国SALGO案中,美国加利福尼亚州上诉法院将"知情同意(Informed Consent)"首次引进了医疗诉讼领域。① 当下,我国法律对于医疗领域下知情同意权的定义并没有统一的概述,其理解一般为:患者在接受医务人员提供的医疗服务时,医务人员应该就医疗处理方案、医疗风险以及其他可能考虑采取的方案向患者或其家属作出详细的说明,并在此基础上得到患者的同意。② 目前,我国专家学者对知情同意权的界定主要分为两种观点:一是将"知情同意"作为一项原则,即知情同意机制;③二是将"知情同意"认定为公民的一项权利,即知情同意权。④ 笔者认同将知情同意认定为公民在医疗活动中的一项基本权利,并在此基础上表达本章所述观点。作为一项基本权利,本章认为患者的知情同意权应具有三项构成要素。

一是同意能力的具备。在医务人员充分履行告知义务的情况下,患者在知悉和了解诊疗服务待采取的医疗措施、面临的医疗风险等实际诊疗情况后,能够对相关医疗方案做出自主性选择,这种同意能力的具备与否是医疗中知情同意权的基础性条件。由于不同患者对不同的医疗方案具备不同的同意能力,患者的年龄、智力、身体状况等因素均会对其产生一定影响,因此医务人员应当根据患者的实际情况予以基础性、针对性的告知。

---

① 参见江毅:《医疗损害民事责任研究》,中国医药科技出版社2007年版,第107~108页。

② See *Black's law dictionary*, West publishing Co. 2009, p. 345.

③ 参见刘月树:《知情同意原则的中国化:一种生命伦理学视角的转换》,载《伦理学研究》2013年第1期。

④ 参见刘昂:《论医疗知情同意权的历史嬗变及法律启示——来自美国医疗诉讼案例的考察》,载《河北法学》2015年第4期。

二是告知义务的履行。智能技术赋能将成为未来智慧医疗发展的驱动力，人工智能技术将被充分应用到诊疗、患服等场景，在将医疗引入智能概念的同时，一定程度上使医患之间信息不对称程度加深，进而带来部分患者使用“智能”技术的障碍和焦虑。为了缓解由此引发的医患关系紧张问题，医务人员对患者进行医疗信息的告知就显得更为重要且必要。由于不同的患者对相同的信息接受程度不同，这就需要医务人员或者智能医疗服务平台以通俗易懂、简单可行的方式对患者予以告知，待患者知悉并了解相关信息后，对医疗服务后果进行斟酌和考量，并就是否同意接受相应医疗服务做出意思表示。如果医务人员在医疗服务中对相关医疗信息不予告知或者告知不到位，患者基于信息的缺失而做出同意或者不同意的决定反映在医疗领域其结果的严肃性将被成倍数地放大，从而无法真正实现理想中的医疗服务目的和效果。王泽鉴认为：“侵害病人身体的医疗行为得因同意而阻却违法，此项同意需以医生的说明为必要，故医生未尽说明义务时，对其同意原则上不生效力，不阻却违法。纵其治疗行为并无过失，医生仍应就手术全部或一部失败所生损害，负赔偿责任。手术虽属成功，其违法性亦不因此而受影响，唯因无损害，故不成立侵权行为。”①除因必要的特殊事由而免除医务人员或者智慧医疗服务平台的告知义务的情况外，未经患者本身或者代理人同意而进行的医疗服务活动并不能阻却行为的违法性。同时，《民法典》侵权责任编规定医务人员在诊疗活动中应当向患者说明病情和医疗措施，并详细列明了告知的方式和告知不到位时需承担医疗损害的法律责任。② 因此，上述告知义务的履行在智能医疗时代背景下便更为重要。

三是承诺自由的存在。患者承诺的自愿性，旨在保证患者在接受医疗服务尤其是智慧医疗服务时免受他人的直接或者间接强制，这种情况有可能源于医务人员或者医疗服务平台告知不及时、不到位。例如，现实情况中，患者作为医疗服务对象本身在身心健康方面便承受着一定的压力，同时还有可能会承受来自家属或者他人的压力，患者会基于这样或者那样的考虑，而做出并非本人真实意愿的意思表示。从民事法律行为效力方面考虑，这也可能会导致医疗服务合同无效情形的发生。同时，医疗服务行为在具备专业特点的同时，也具备灵活性差的特点，一旦实施，将对患者身心健康产生重要的影响。为了实现医疗行为保护患者生命安全和身体健康的目标，医务人员应尽可能地以客观公正的态度考虑患者的利益，及时准确、全面地向患者披露医疗信息，履行自己的告知义务，最终使患者能够在自主思考和理性判断的前提下作出真实的意思表示。

智慧医疗中知情同意权的方式包括三种。一是口头告知。口头告知一般应用在普通药物治疗、常规临床检验、手术中遇到紧急或者需要及时变更情况、紧急抢救措施等

---

① 王泽鉴：《侵权行为》，北京大学出版社2009年版，第297页。

② 《民法典》第1219条。

场景中。但是,事后医务人员必须进行真实、详尽的记录。无论在线下还是线上问诊中,医务人员均会在提供医疗服务时口头告知相关诊疗情况并征得患者同意。二是书面告知。知情同意权实现方式以书面告知为原则,如手术通知、输血通知、特殊检查通知、特殊药物通知、特殊治疗通知等书面通知均需患者对上述医疗情况、措施和风险予以理解并做出同意的意思表示。在智慧医疗场景中,通知的方式更为多样、智能,可以运用互联网技术远程、在线对患者的知情同意权进行告知。三是行为认可。虽然医疗机构在提供一般、普通的医疗服务时未给予患者告知或者充分告知,但是患者在接受医疗服务时知道或者应当知道相关医疗服务性质、特点及其引发风险,而没有提出异议并继续接受医疗服务的,可以认定为患者行使了知情同意权。当然,关于知情同意权的行为认可在理论界尚存一定争议,有待在医疗实践中不断检验。

知情同意规则是现行个人信息和隐私保护制度的核心原则。该原则突出个人信息权在个人信息、隐私保护实践中的重要性,同时强调应合理配置个人信息主体与个人信息处理者的权利和义务,在持续保障个人信息安全的基础上,力求精准把握保护与利用的最佳平衡点,实现数据信息的高效流动。我国《个人信息保护法》专设单章对敏感个人信息予以规制,其中第 29 条要求个人信息处理者在处理敏感个人信息时应当取得个人的单独同意,特殊情况下还要以书面的形式取得个人同意。[①] 知情同意规则以及敏感个人信息"单独同意"规则应当被确立为个人医疗信息保护的基本规范,这也在侧面反映出当前我国在个人信息保护方面向国际先进对标的同时,对个人信息的保护越发严格的趋势。因此,当作为个人信息处理者的智慧医疗服务平台收集和处理患者的个人医疗信息时,应当取得患者的个人单独同意,切实保障患者的知情同意权。为此,智慧医疗服务平台应当从以下三点做起。

第一,在需要获得患者同意才能处理个人信息的情形下,要向患者充分说明,如以简单明了、通俗易懂的语言表达方式向患者个人予以告知。让患者知悉自己在接受医疗服务中的风险及其享有的权利和义务,并且由患者本人手动自主地选择同意、点击确定等方法取得患者的同意和授权,而不能对大量的条款信息进行笼统的概括和捆绑,以"全肯定、全否定"的极端选项供患者选择。

第二,在收集和利用患者的医嘱单、住院日志、影像资料及检验检查报告等个人医疗信息时,应取得个人单独同意或者单独书面同意。智慧医疗服务平台在处理个人医疗信息时,要在确保个人信息安全的前提下,取得用户单独同意或者单独书面同意,增强企业自律,保障用户享有充分的知情同意权。

第三,改变双方在智慧医疗服务中约定的处理目的、处理方式的,应当重新取得用户同意。在未来,医疗健康数据信息会在互联网技术的助力下愈加精准,价值密度会越

---

① 《个人信息保护法》第 29 条。

来越高,市场前景会愈加广泛,但同时隐藏着巨大的个人信息泄露、滥用等安全风险。因此,智慧医疗服务平台在收集和使用用户个人医疗信息时必须做好告知同意的最初环节,这也是最重要的合规源头环节,为实现个人信息收集和使用的合规性、秘密性、可控性提供前提和基础。

在现实生活中,知情同意权的行使常通过签订隐私政策而实现。隐私政策是"网络服务提供者以在线文件的方式披露其收集、利用用户个人信息的目的、范围和方式等内容,并公示其保护用户个人信息的原则和具体措施"①。智慧医疗服务平台通过与患者约定隐私政策,取得个人同意或授权,明确双方权责,为收集和使用用户个人医疗信息提供制度规范,隐私政策的签订就是平台与用户双方就知情同意规则的具体体现。为进行系统研究,笔者从四个方面对国内 20 个智慧医疗服务平台发布的隐私政策进行规整梳理。

第一,智慧医疗服务平台获取用户同意的方式。智慧医疗服务平台在收集、使用个人医疗信息时,应根据《信息安全技术　个人信息安全规范》(GB/T 35273—2020)的要求向用户告知收集、使用个人信息的目的、方式和范围等事项,并获取用户的同意或授权。② 同时,该规范规定肯定性动作包括个人信息主体主动勾选、主动点击"同意"、"注册"、"发送"、"拨打"及主动填写或提供等。③ 当前,智慧医疗服务平台的隐私政策中的告知同意方式一般分为两种,分别为选择性同意方式、默认同意方式。其中默认同意方式剥夺了用户的主动选择机会,严重侵害了用户的知情同意权。具体获取用户同意的方式,统计结果见表 10-1。

表 10-1　国内 20 个智慧医疗服务平台获取用户同意的方式统计

序号	智慧医疗服务平台	获取用户同意的方式
1	京东健康	选择性同意,不同意无法注册及接受服务
2	医鹿	选择性同意,不同意无法注册及接受服务
3	丁香医生	选择性同意,不同意也可注册,不注册也可接受服务
4	好大夫在线	选择性同意,不同意也可注册,不注册也可接受服务
5	科瑞泰 Q 医	选择性同意,不同意无法注册及接受服务
6	微医	选择性同意,不同意无法注册及接受服务
7	微脉	选择性同意,不同意无法注册及接受服务

① 王叶刚:《论网络隐私政策的效力——以个人信息保护为中心》,载《比较法研究》2020 第 1 期。

② 《信息安全技术　个人信息安全规范》(GB/T 35273—2020),2020 年 3 月 6 日发布,2020 年 10 月 1 日实施,第 5.4 条。

③ 《信息安全技术　个人信息安全规范》(GB/T 35273—2020),2020 年 3 月 6 日发布,2020 年 10 月 1 日实施,第 3.6 条。

续表

序号	智慧医疗服务平台	获取用户同意的方式
8	健康山西	选择性同意,不同意无法注册及接受服务
9	平安医生	选择性同意,不同意无法注册及接受服务
10	春雨医生	选择性同意,不同意无法注册及接受服务
11	健客网上药店	选择性同意,不同意无法注册及接受服务
12	39 互联网	选择性同意,不同意无法注册及接受服务
13	医联	选择性同意,不同意无法注册及接受服务
14	广东云医院	选择性同意,不同意无法注册及接受服务
15	掌上浙一	选择性同意,不同意无法注册及接受服务
16	杏仁医生	选择性同意,不同意无法注册及接受服务
17	北京挂号网	选择性同意,不同意无法注册及接受服务
18	男士私人医生	选择性同意,不同意无法注册及接受服务
19	小鹿中医	默认同意,登录即同意,不同意无法接受服务
20	寻医问药网	无隐私政策,不注册也可接受服务

第二,智慧医疗服务平台隐私政策字符数量统计结果。智慧医疗服务平台隐私政策的制定,对明晰平台与用户双方的权利与义务,规范个人医疗信息的处理行为等方面发挥重要作用。隐私政策的签订充分体现了知情同意规则的制度优势,对用户个人信息权发挥着基础性私法保护作用。然而实践中,智慧医疗服务平台制定的隐私政策冗长难懂,难以发挥实际的私法效果。为此,笔者从字符数量方面对 20 个智慧医疗服务平台的隐私政策的篇幅进行梳理和分析,发现上述隐私政策中(其中有一个平台未发布隐私政策)总字符数在 15,000 字以上的有 4 个,占比 20%;10,000 字至 15,000 字的有 7 个,占比 35%;5000 字至 10,000 字的有 3 个,占比 15%;5000 字以下的有 6 个,占比 30%。经综合计算,上述隐私政策的平均字符数在 11,000 字左右。具体的隐私政策字符数量数据,统计结果见表 10-2。

表 10-2 国内 20 个智慧医疗服务平台隐私政策字符数量统计

序号	智慧医疗服务平台	隐私政策字符数量
1	京东健康	18,355 字
2	医鹿	17,558 字
3	丁香医生	17,302 字
4	好大夫在线	16,741 字

续表

序号	智慧医疗服务平台	隐私政策字符数量
5	科瑞泰 Q 医	14,353 字
6	微医	13,846 字
7	微脉	13,820 字
8	健康山西	12,726 字
9	平安医生	10,735 字
10	春雨医生	10,499 字
11	健客网上药店	10,415 字
12	39 互联网	7570 字
13	医联	7122 字
14	广东云医院	5462 字
15	掌上浙一	4152 字
16	杏仁医生	4073 字
17	北京挂号网	3100 字
18	男士私人医生	2049 字
19	小鹿中医	1755 字
20	寻医问药网	无隐私政策

第三，智慧医疗服务平台隐私政策所包含的内容。隐私政策作为知情同意规则的文档载体，平台以文档的形式告知用户其如何收集、收集哪些个人信息，用户据此对平台告知的个人信息收集范畴予以了解。隐私政策包含的范围应当严格按照相关法律法规以及相关国家标准如《信息安全技术　个人信息安全规范》予以规范和界定，力求清晰、完整、准确地描述，充分保障主体知情同意权。具体的隐私政策包含的内容，统计结果见表 10－3。

表 10－3　国内 20 个智慧医疗服务平台隐私政策包含内容统计

序号	智慧医疗服务平台	隐私政策内容
1	京东健康	信息收集、使用；Cookie 和同类技术使用；信息处理、共享、转让、公开披露；信息保护和保存；用户本人信息管理；未成年人信息保护等
2	医鹿	信息收集、使用；Cookie 和同类技术使用；信息处理、共享、转让、公开披露；信息保护；用户本人信息管理；儿童信息保护；信息全球转移；政策更新等

续表

序号	智慧医疗服务平台	隐私政策内容
3	丁香医生	信息收集、使用;Cookie 和其他追踪技术使用;信息共享、转让、公开披露;信息保存和保护;用户权利;未成年人信息保护;政策更新等
4	好大夫在线	信息处理依据;信息收集、使用;信息共享、转让、公开披露;信息保护;用户权利;信息存储;Cookie 和其他追踪技术使用;未成年人信息保护;政策更新等
5	科瑞泰 Q 医	信息收集、使用;Cookie 和同类技术使用;信息共享、转让、公开披露;业务数据和公开信息;信息管理;未成年人信息保护;信息全球转移;政策更新等
6	微医	信息收集、使用;Cookie 和同类技术使用;信息存储;信息委托处理、共享、转让、公开披露;用户权利;未成年人信息保护;信息全球转移;政策更新等
7	微脉	信息收集、使用;Cookie 和同类技术使用;信息共享、转让、公开披露;信息保存;信息访问、控制;儿童信息保护;信息全球转移;政策更新等
8	健康山西	信息收集、使用;Cookie 等技术使用;信息共享、转让、公开披露;信息保护;信息访问和控制;儿童信息保护;信息全球转移;政策更新等
9	平安医生	信息收集、使用;Cookie 和同类技术使用;信息存储和保护;用户权利;未成年人信息保护;政策更新等
10	春雨医生	适用范围;信息收集、使用;信息共享、转让、公开披露;Cookie 和同类技术使用;信息存储;信息保护;未成年人信息保护;用户权利等
11	健客网上药店	适用范围;信息收集、使用;信息共享;信息安全措施;信息保存和跨境传输;未成年人信息保护;政策更新等
12	39 互联网	信息收集、使用;Cookie 等技术使用;信息共享、转让、公开披露;信息存储和保护;用户权利;未成年人信息保护;政策更新等
13	医联	信息收集、使用;Cookie 和同类技术使用;信息共享、转让、公开披露;信息保存和保护;用户本人信息管理;未成年人信息保护;政策更新等

续表

序号	智慧医疗服务平台	隐私政策内容
14	广东云医院	适用范围;信息使用;信息披露;信息储存、交换;Cookie 技术使用;信息安全;年龄限制(未成年人信息保护);政策更新等
15	掌上浙一	信息收集、使用;Cookie 和同类技术使用;信息保护;未成年人信息保护;政策更新等
16	杏仁医生	平台服务、平台使用规范、协议内容、注册、协议终止、责任限制、免担保声明、知识产权等
17	北京挂号网	隐私保护、信息共享、信息使用等
18	男士私人医生	信息收集、使用;安全保障;软件管理;信息分享和披露;信息安全;未成年人信息保护;使用范围等
19	小鹿中医	权利归属、责任限制、知识产权保护
20	寻医问药网	无隐私政策

第四,个人医疗信息的共享和转让问题。在新兴技术的助力下,医疗共享经济炙手可热。智慧医疗服务平台对个人信息的利用逐渐深入,尤其是对个人信息的共享和转让,已经步入精深加工阶段。正如周汉华、丁晓东等学者所言,大数据被广泛深度应用的根本原因,在于数据具有很强的公共性价值与流通性价值。① 数据的共享和转让便是智慧医疗服务平台之间或者与其他相关机构之间降低运行成本的重要方式,智慧医疗服务平台依托自己广泛的用户群以及强大的数据采集能力,控制着众多患者的个人医疗信息。然而在现行医疗健康信息储存、管理和使用等制度规范下,个人信息尤其是个人医疗信息在共享的过程中,缺少二次同意或授权,致使个人医疗信息被泄露和滥用的风险显著增加,剥夺了用户的知情同意权。

在 20 个智慧医疗服务平台的隐私政策中,对于个人信息的共享主要体现为向关联公司、授权委托公司等第三方的共享;对于个人信息的转让主要体现为公司在面临合并、收购、破产等情形时,继受原公司相关权利义务的新公司要继续受原隐私政策的约束,如果要改变目的用途,需要重新征得用户同意或授权。笔者认为,智慧医疗服务平台对个人信息的共享和转让属于对个人信息的二次利用,应当征得用户的二次同意或授权,尤其是对个人敏感信息的二次利用,更应如此。具体各平台关于个人信息共享和

---

① 参见周汉华:《探索激励相容的个人数据治理之道——中国个人信息保护法的立法方向》,载《法学研究》2018 年第 2 期;高富平:《个人信息保护:从个人控制到社会控制》,载《法学研究》2018 年第 3 期;参见梅夏英:《在分享和控制之间 数据保护的私法局限和公共秩序构建》,载《中外法学》2019 年第 4 期;参见丁晓东:《数据到底属于谁?——从网络爬虫看平台数据权属与数据保护》,载《华东政法大学学报》2019 年第 5 期。

转让的相关规定,统计结果见表 10－4。

表 10－4　国内 20 个智慧医疗服务平台关于个人信息共享和转让的相关规定

序号	智慧医疗服务平台	信息的共享和转让
1	京东健康	(1)除个人同意或法律规定外,不会向其他公司、组织和个人共享、转让。(2)与关联方共享必要信息,且受目的、保密约束,若改变目的,需再次征求同意。(3)与合作伙伴等第三方共享必要信息,且受目的、保密约束,且无权改变目的用途。(4)涉及合并、收购或破产清算时,新公司受目的约束,若改变目的,需再次征求同意
2	医鹿	(1)除个人同意或法律规定外,不会向其他公司、组织和个人共享、转让。(2)与关联方共享必要信息,且受目的、保密约束,若平台共享个人敏感信息或者关联方改变目的,需再次征求同意。(3)与授权合作伙伴共享必要信息,且受目的、保密约束,合作伙伴不得改变目的用途且不得对涉及儿童个人信息进行转委托。(4)对医患问答进行个人身份匿名化或者去标志化处理后再展示。(5)涉及合并、收购或破产清算时,新公司受目的的约束,若改变目的,需再次征求同意
3	丁香医生	(1)除个人同意或法律规定外,不会向其他公司、组织和个人共享、转让。(2)与合作物流公司共享必要信息。(3)与附属公司共享必要信息,且受目的约束,若改变目的,需再次征求同意。(4)与授权合作伙伴共享必要信息,且受目的、保密约束,合作伙伴不得改变目的用途。(5)涉及合并、收购或破产清算时,新公司受目的约束,若改变目的,需再次征求同意
4	好大夫在线	(1)除个人同意或法律规定外,不会向其他公司、组织和个人共享、转让。(2)为了保护平台、用户及公共利益、财产或安全免遭损害而有必要提供个人信息给第三方。(3)与关联公司共享必要信息,且受目的约束,若关联方改变目的,需再次征求同意。(4)与授权合作伙伴共享必要信息,且受目的约束,且无权改变目的用途。(5)涉及合并、收购或破产清算时,新公司受目的约束,若改变目的,需再次征求同意
5	科瑞泰 Q 医	(1)除个人同意或法律规定外,不会向其他公司、组织和个人共享、转让。(2)与关联公司共享必要信息,且受目的、保密约束,若平台共享个人敏感信息或者关联方改变目的,需再次征求同意。(3)与授权合作伙伴共享必要信息,且受目的、保密约束,且无权改变目的用途。(4)涉及合并、收购或破产清算时,新公司受目的约束,若改变目的,需再次征求同意

续表

序号	智慧医疗服务平台	信息的共享和转让
6	微医	(1)除个人同意或法律规定外,不会向其他公司、组织和个人共享、转让。(2)与关联公司共享必要信息,且受目的、保密约束,若平台共享个人敏感信息或者关联方改变目的,需再次征求同意。(3)与授权合作伙伴共享必要信息,且受目的、保密约束,且无权改变目的用途。(4)涉及合并、收购或破产清算时,新公司受目的约束,若改变目的,需再次征求同意
7	微脉	(1)除个人同意或法律规定外,不会向其他公司、组织和个人共享、转让。(2)与关联公司共享必要信息,且受目的、保密约束,若改变目的,需再次征求同意。(3)与授权合作伙伴共享必要信息,且受目的、保密约束,且无权改变目的用途。(4)涉及合并、收购或破产清算时,新公司受目的约束,若改变目的,需再次征求同意
8	健康山西	(1)为了医生全面掌握病情,平台可以不经用户同意将相关病例共享给医生。(2)除个人同意或法律规定外,不会向其他公司、组织和个人共享、转让。(3)与合作物流公司共享必要信息。(4)与关联公司共享必要信息,且受目的约束,若改变目的,需再次征求同意。(5)与授权合作伙伴共享必要信息,且受目的约束(注意此处没有无权改变目的用途的表述)。(6)涉及合并、收购或破产清算时,新公司受目的约束,若改变目的,需再次征求同意
9	平安医生	(1)除个人同意或法律规定外,不会向其他公司、组织和个人共享、转让。(2)与合作物流公司共享必要信息。(3)与附属公司共享必要信息,且受目的约束,若改变目的,需再次征求同意。(4)与授权合作伙伴共享必要信息,且受目的约束,且无权改变目的用途。(5)涉及合并、收购或破产清算时,新公司受目的约束,若改变目的,需再次征求同意
10	春雨医生	(1)除个人同意或法律规定外,不会向其他公司、组织和个人共享、转让。(2)与合作物流公司共享必要信息。(3)与关联公司共享必要信息,且受目的约束,若改变目的,需再次征求同意。(4)与授权合作伙伴共享必要信息,且受目的、保密约束,且无权改变目的用途。(5)涉及合并、收购或破产清算时,新公司受目的约束,若改变目的,需再次征求同意

续表

序号	智慧医疗服务平台	信息的共享和转让
11	健客网上药店	(1)除个人同意或法律规定外,不会向其他公司、组织和个人共享、转让。(2)与合作物流公司共享必要信息。(3)与关联方共享必要信息,且受目的约束,若改变目的,需再次征求同意。(4)与授权合作伙伴(含物流公司)共享必要信息,且受目的约束(注意此处没有无权改变目的用途的表述)。(5)涉及合作、联营、合并、收购、资产转让或者其他类似交易时可以将个人信息予以转让
12	39 互联网	(1)除个人同意或法律规定外,不会向其他公司、组织和个人共享、转让。(2)与关联公司共享必要信息,且受目的、保密约束,若平台共享个人敏感信息或者关联方改变目的,需再次征求同意。(3)与授权合作伙伴共享必要信息,且受目的、保密约束,且无权改变目的用途。(4)涉及合并、收购或破产清算时,新公司受目的约束,若改变目的,需再次征求同意
13	医联	(1)除个人同意或法律规定外,不会向其他公司、组织和个人共享、转让。(2)与关联公司共享必要信息,且受目的、保密约束,若改变目的,需再次征求同意。(3)与授权合作伙伴共享必要信息,且受目的、保密约束,且无权改变目的用途。(4)涉及合并、收购或破产清算时,新公司受目的约束,若改变目的,需再次征求同意
14	广东云医院	(1)经用户同意后,可向第三方纰漏个人信息,但不受信任的第三方除外。(2)无个人信息共享和转让相关规定
15	掌上浙一	无个人信息和转让相关规定
16	杏仁医生	平台有义务保护用户的个人资料及隐私信息(需要公布的资料和信息除外)的安全
17	北京挂号网	除个人同意或法律规定外,不会对外公开或者向第三方公司提供非公开信息
18	男士私人医生	经用户同意,与第三方分享个人信息
19	小鹿中医	无个人信息和转让相关规定
20	寻医问药网	无隐私政策

二、智慧医疗中知情同意权保护面临的问题及成因分析

智慧医疗服务平台作为信息时代的产物，对于推进健康中国建设，增进人民群众健康福祉的作用举足轻重，然而此类平台在运行过程中却存在滥用或泄露患者个人信息的问题。平台隐私政策作为维护患者权益的屏障，在实践中并未发挥应有作用，反而造成知情同意规则的弱化虚化。具体而言，智慧医疗中患者知情同意权面临的问题有：隐私政策冗长难懂或笼统缺失导致用户同意难度大；推定同意模式导致用户被动同意；个人医疗信息共享缺少二次授权导致用户同意被架空；个人医疗信息被强制商业化利用导致用户同意成摆设。究其原因，智慧医疗服务平台个人医疗信息处置权过大和过度集中以及个人医疗信息不对称是重要影响因素。

（一）智慧医疗中知情同意规则运用面临的问题

隐私政策的制定是智慧医疗服务平台以公开、透明为原则保障用户依法享有知情同意权的重要方式，也是构成和完善个人信息保护体系的重要内容。隐私政策的制定应当以个人信息保护相关立法为依据，以个人信息保护相关国家标准为范式，力求简洁、准确、全面地描述个人信息控制者的个人信息处理行为。[①] 随着一批关于个人信息保护的法律法规和国家标准的制定和施行，多数智慧医疗服务平台不断加深对用户享有的个人信息权保障工作重视程度，但仍存在部分智慧医疗服务平台对用户的个人信息权尤其是知情同意权的保障工作落实不到位的情况，该情况在智慧医疗领域表现较为突出。实践中，智慧医疗服务平台与患者所签订的隐私政策五花八门，乱象横生，存在大量侵害患者知情同意权的情形，使得知情同意规则面临日益严峻的挑战。

第一，隐私政策冗长难懂或笼统缺失导致用户同意难度大。根据前述调查报告可知，目前的智慧医疗服务平台在提供医疗服务的过程中，用户通常只有在个人选择同意平台提供的隐私政策后，才能进入下一个环节，否则就会自动退出注册界面。实践中，即使用户注册成功，90%的用户也都没有阅读隐私政策，而是直接勾选同意并进入下一步。其中的原因很简单，这些隐私协议实在冗长难懂。一方面，根据表10－2可知，智慧医疗服务平台中隐私政策字符数超过10,000字的已经占比55%，隐私政策的平均字符数在11,000字左右。现实生活中，通常环境下普通人每分钟可以阅读300字左右，在完全理解隐私政策的前提下，11,000字左右的政策内容大约需要耗费个人40分钟的时间。另一方面，这些隐私政策的篇幅不仅冗长，其中还带有各种专业名词、法律术语，晦涩难懂的条款让不具有专业素养的普通人难以应对，甚至会因未能准确理解而作出

---

① 参见《信息安全技术 个人信息安全规范》（GB/T 35273—2020），2020年3月6日发布，2020年10月1日实施。

错误的授权决定。[①] 此外,不仅仅智慧医疗平台有隐私政策,近乎所有的智慧医疗服务平台或手机 App 均含有隐私政策,如果对每一个隐私政策均仔细阅读,这需要用户具有充分的时间以及相当的理解能力。“我已阅读并同意隐私政策”也许并不是用户真实的意思表示。[②]

除上述问题外,在大多数隐私政策篇幅呈现“万字长文”之时,个别平台的隐私政策还存在过于简单笼统的问题,部分平台选择将涉及用户隐私权的条款简单杂糅到用户注册协议(法律声明或者服务条款)之中,更有甚者干脆不制定专门的隐私政策。如上文表 10 - 2 所示,杏林医生隐私政策不到 5000 字,并选择将隐私政策杂糅到服务条款之中;小鹿中医隐私政策仅不到 2000 字,并选择将隐私政策杂糅到法律声明当中;寻医问药网则直接不公布隐私政策。另外根据笔者的实际操作,如果用户从微信小程序的端口登录寻医问药网平台,在用户注册之前以及注册账号后已经开始进入向医生线上连线的正式诊疗环节时,都没有见到相关隐私政策的阅读提示。过于笼统甚至缺失的隐私政策同样给用户带来困扰。隐私政策过于冗长难懂、笼统缺失,用户知情能力无法保障,同意与授权无从适用。

由于平台与用户在技术、专业能力等方面都存在难以弥补的差距,冗长难懂、笼统缺失的隐私政策也使现实中的用户不愿阅读、不会操作、不能理解,用户内心确信、同意的难度便随之加大,这就使智慧医疗服务平台专门制定的隐私政策在保障用户知情同意权方面显得捉襟见肘,难以发挥实际知情同意规则的私法保护效果。

第二,推定同意模式导致用户被动同意。在快生活节奏下,用户已习惯性勾选“我已仔细阅读上述条款”选项,只要用户勾选且没有提出有关异议,就默认推定用户已经同意或授权平台进行个人信息的采集和使用,其中包括敏感个人信息。这种推定同意模式已经成为当下智慧医疗服务平台获取用户同意或授权的主要方式。根据表 10 - 1 可知,20 个平台中有 17 个平台在获取用户同意时虽然采取“选择性同意”方式,但不同意均无法注册及接受服务。换言之,只要用户不同意该平台的隐私政策,界面便会自动退出。同样,如果要想使用该平台提供的服务,即使用户不了解或者用户内心并不同意该隐私政策全部或部分条款,也会无心或者违心地勾选同意选项并进行注册,此种情况下,用户便会被平台系统自动识别为“我已仔细阅读上述条款”并推定同意或授权。例如,小鹿中医采取默认同意方式,只要使用微信登录即表示同意该平台的隐私政策,不同意则无法接受服务。用户面对这种情况,往往仅简单浏览或者直接顺手勾选同意,由于用户与平台的实力悬殊,所以一旦用户勾选同意并注册后即被推定为同意,用户对于

---

① 参见郑晓剑:《个人信息的民法定位及保护模式》,载《法学》2021 年第 3 期。

② 参见王井怀、刘惟真:《“我已阅读并同意”? 你没读过的 App 用户协议有哪些“坑”?》,载人民网, http://finance.people.com.cn/n1/2022/0315/c1004-32375044.html。

自己个人信息的实际掌控力非常弱,若想决定自己个人信息的归宿更是难上加难。①

同样地,“平安医生”客户端的服务协议默认将用户的数据用于本集团或者因具体的服务委托的合作伙伴向患者提供医疗服务、推荐产品或者开展市场调研与科学研究,除非用户最初就不同意隐私政策或者同意后又取消或变更授权行为。如果用户将来不同意智慧医疗服务平台将个人信息用于推荐产品或者开展科学研究,那么平台将会以“一揽子”同意的方式推定用户已经对隐私政策表示全部理解并同意。在现实医疗环境中,几乎没有用户能够在注册智慧医疗服务平台账户之前仔细阅读并进行理解,如果智慧医疗服务平台将隐私政策视为合同的一种,并多以格式条款形式限制被推定同意的用户,就将会对用户的知情同意权造成侵犯,这样就使得知情同意规则发挥的实际作用被削弱。放眼将来,如果推定同意成为智慧医疗中知情同意规则常态化模式,那么在面对智慧医疗纠纷时,隐私政策便很有可能摇身一变成为“霸王条款”,进而成为平台减责或免责可依据的事实和理由,司法实务中的部分案例也有力印证了这一点。

第三,个人医疗信息共享缺少二次授权导致用户同意被架空。现代经济学理论认为,企业是以营利为目的而从事生产经营为社会提供产品和服务的经济组织。智慧医疗服务平台也不例外,其本质上也是通过对医疗资源进行整合从而合理配置医疗资源、优化医疗资源的供需结构以降低运行成本,最终实现营利之根本目的的经济组织。

根据表 10 – 4 可知,绝大部分平台的隐私政策中未规定向关联第三方或者委托授权合作伙伴共享其已经合法收集的个人信息(即便是敏感程度非常高的个人医疗信息)时,需要征得用户二次同意或授权。不过,值得肯定的是,其中有 4 个平台,即医鹿、微医、科瑞泰 Q 医和 39 智慧医疗服务平台的隐私政策中均大致规定,在向关联方(附属方)共享个人敏感信息时需另行征得用户同意或授权。② 然而针对“二次授权”规定相对比较完善的上述 4 个隐私政策也未将一般个人信息(非敏感个人信息)纳入其中。换言之,对于一般个人信息的二次共享,没有任何一个平台选择征得用户二次同意或授权。例如,京东健康的隐私政策中提到:“在服务过程中可能会收集您提供的姓名、身份证件号码、联系方式等相关信息,并可能需要京东健康将上述信息提供给到为您实际提供服务的具体服务提供者(如第三方合作机构),以便该服务提供者直接为您提供服务。”③京东健康针对已经合法获取的个人医疗信息,默认可以不经用户同意便将个人医疗信息共享给第三方。笔者认为,京东健康针对个人医疗信息的二次共享利用,是独立于原始目的的行为,应当征得用户的二次同意或授权,京东健康未经用户同意,直接

---

① 参见宁园:《“个人信息已公开”作为合法处理事由的法理基础和规则适用》,载《环球法律评论》2022 年第 2 期。

② 参见邢会强:《人脸识别的法律规制》,载《比较法研究》2020 年第 5 期。

③ 参见《京东健康隐私政策》,https://hlc. m. jd. com/healthPrivacy/#/,2021 年 3 月 4 日更新。

共享个人医疗信息的行为是对用户知情同意权的严重侵犯。再如,在丁香医生平台提供的隐私政策中提到:“我们会代表其他企业向使用我们产品或服务的用户群提供促销推广的服务。我们可能会使用您的个人信息以及您的非个人信息集合形成的间接用户画像与委托我们进行推广的合作伙伴(‘委托方’)共享。”①这个条款同样没有事前征得用户的二次同意或授权,而直接引入第三方进行商业利用业务推广。丁香医生平台未经用户同意直接将个人信息或者用户画像数据共享给委托合作伙伴的做法同样是对知情同意规则的挑战。

个人信息的共享和转让是信息的二次利用,并不能简单地将其纳入首次注册时的“一揽子”同意当中,尤其是针对价值量大、敏感性强的个人医疗信息,智慧医疗服务平台要通过多种途径,如弹窗式二次同意或授权的方式,实现个人医疗信息的合规利用。② 因此,笔者认为,考虑到用户需要、企业成本等现实情况,对于非敏感个人信息的二次同意或授权暂且不论是否合理或者科学,仅就绝大部分智慧医疗服务平台将个人敏感信息的共享利用排除在二次同意或者授权范畴之外的行为而言,已经是对用户知情同意的架空,侵害了用户的知情同意权,长远看来也会对智慧医疗这一新兴业态产生不良影响。

第四,个人医疗信息被强制商业化利用导致用户同意无法发挥作用。智慧医疗服务平台以及相关监管机构之所以如此重视智慧医疗数据信息,不仅因为它属于敏感个人信息范畴,更在于它蕴藏着巨大的商业价值。英国《经济学人》(*The Economist*)杂志曾将数据比喻成21世纪的“石油”,可见数据在当今社会的重要性,更何况处于数据细分领域中的个人医疗信息数据。智慧医疗服务平台常常会对众多的个人信息进行交叉重组、分析加工,由此便出现了有别于原始收集目的的“目的外开放利用”③。智慧医疗服务平台如若过度追求商业利润而进行目的外开放和利用,便很有可能会以牺牲个人权利为代价,进而使得包括知情同意权在内的个人信息权得不到充分的保障。

在笔者考察的智慧医疗服务平台当中,60%的平台隐私政策对用户个人信息的强制性授权进行了规定。例如科瑞泰Q医平台在发布的用户协议中提到:“在不透露单个您隐私资料的前提下,您同意平台对整个您数据库进行分析并对您数据库进行商业上的利用,包括出售您数据库中的信息。”④该条款并未向用户征得同意或授权而是仅仅向用户进行通知和提示。若用户在接受智慧医疗服务之中或者之后,平台对采集的

---

① 参见《丁香医生隐私政策》,https://dxy.com/doctor-college/agreement/privacy.html,2020年9月8日更新。

② 参见梁泽宇:《个人信息保护中目的限制原则的解释与适用》,载《比较法研究》2018年第5期。

③ 罗力:《新兴信息技术背景下我国个人信息安全保护体系研究》,上海社会科学院出版社2020年版,第176页。

④ 《科瑞泰Q医隐私政策》,http://dr.careate.cn/,2019年8月9日更新。

个人医疗信息的使用是根据事前预定的特定目的和需求而进行必要的使用，那么平台为完成医疗服务合同而对用户个人医疗信息进行相应加工处理是不可或缺的。当然，如果平台是基于广告精准推送、商品个性化推荐的目的使用用户的个人信息，则应当取得用户的单独同意或授权。如果智慧医疗服务平台默认、强制将用户的个人信息应用于广告推送、商品推荐等商业化目的，甚至违法违规将所收集的个人信息甚至是敏感的个人医疗信息出售给第三方，这些行为均是对用户知情同意权的侵犯。

因此，基于上述讨论和分析，在当前的个人信息保护知情同意规则下，用户面对实力不对等的智慧医疗服务平台变得力不从心，很多人对隐私政策的审查和选择已经基本处于“主动放弃”状态，用户同意流于形式，用户甚至成为个人信息上的“透明人”①。在当前的个人信息保护机制和框架下，智慧医疗中知情同意规则适用的局限性日益显现。

（二）智慧医疗中知情同意规则形同虚设的原因

智慧医疗中知情同意规则形同虚设的原因有二。第一点原因是智慧医疗服务平台的个人医疗信息处置权过大且过度集中。权利越是集中，分配越是不均，个人信息泄露和滥用的可能性就会越大，智慧医疗领域更是如此。一般而言，用户在智慧医疗服务平台接受医疗服务过程中，其本人是个人信息主体，智慧医疗服务平台是个人信息控制者，实体医院或者医护人员是个人信息使用者，上述三者之间的关系只有处于一个相互限制的平衡状态，才能使智慧医疗生态持续稳定向好发展。在三者构成的平衡关系中，用户可以通过与智慧医疗服务平台签订隐私政策的形式行使知情同意权，进而对平台收集和使用个人医疗信息的行为进行第一环节的限制。用户可以选择是否同意平台的隐私政策条款，从而限制平台对个人医疗信息的处理行为；智慧医疗服务平台决定着个人医疗信息的使用方式和目的用途，平台可以采取动态同意的方式征得用户二次同意或授权，以委托、信息共享的形式将必要的个人医疗信息委托或共享给第三方进行利用，其中第三方包括但不限于在平台提供医疗服务的医生、医疗机构在内的其他关联或者委托授权的个人或组织。同时，平台可以对第三方的个人医疗信息的使用情况进行目的、保密和转委托等方面的监督与限制；同样，前述第三方在从平台处获取和后续使用个人医疗信息时，也必须严格遵守原始目的、保密和转委托等制度规定。在允许的条件下，如若第三方意图改变个人医疗信息利用的原始目的和用途，还需另行征得用户的同意或者授权。然而在现实智慧医疗场景中，这种平衡关系却是很难甚至是不可能形成的。

根据前文的分析，在知情同意规则中，隐私政策在保障用户知情同意权方面面临挑战，用户与平台地位、能力相差悬殊，所以作为个人信息所有者的用户寄希望于通过传

---

①　范淼：《如何避免成为大数据下的“透明人”》，载《光明日报》2019年6月23日，第7版。

统的隐私政策对平台进行限制的可能性微乎其微。同样，由于医生或者医疗机构等第三方并不是智慧医疗中个人医疗信息的控制者，无法对高价值密度的医疗大数据进行整体利用，仅可以对从平台处获取的个人医疗信息进行直接、简单的处理和利用，而第三方依附于平台，难以要求平台规范进行处理活动。在此种情况下，智慧医疗服务平台身兼数职，时常扮演着个人信息控制者和个人信息使用者的“双重角色”，尤其是在对个人医疗信息进行商业化利用时，这种“双重角色”会体现得更加明显。“双重角色”的定位使得智慧医疗服务平台在个人信息处理过程中占据天然的优势，既是个人医疗信息的收集者、控制者，也是潜在的使用者，导致平台所享有的个人医疗信息处理权过大且过度集中，致使“知情—同意”的原则天平更偏向于平台一端。这就在很大程度上使得用户所享有的包括知情同意权在内的个人信息权并不被平台所重视和尊重，甚至出现被平台赤裸裸地侵犯等各种状况。因此，智慧医疗服务平台的个人医疗信息处置权过大且过度集中，便成为智慧医疗服务平台知情同意规则面临严峻挑战的深层原因之一。

智慧医疗中知情同意规则被虚化的第二点原因，是信息不对称导致用户知情和同意能力弱化。在新时代智慧医疗日趋成熟，智慧医疗服务平台为了提高医疗风险的可控性，通常会制定比较周全的隐私政策，希望通过这种被称为知情同意规则下合同法保护机制的隐私政策在个人医疗信息的收集和使用上取得用户同意或授权，而用户也被认为在一定程度上拥有了控制个人信息的权利，可以接受或者拒绝平台的隐私政策来宣示自己的权利。然而，在实践中，这一合同法保护机制对用户个人信息权利的保护却很难发生实际效果。

首先，在一次性告知同意模式下，信息披露只发生在个人医疗信息收集的前期阶段，用户对后期个人医疗信息将作何种利用、如何利用等鲜有知情，更谈不上作出真实、确信的同意表示。换句话说，用户一旦通过签订隐私政策等途径表示同意或者进行授权后，用户的个人信息自决权便一次用尽，对将来个人医疗信息的有效控制更是无从谈起。

其次，实践中，智慧医疗服务平台对包括个人医疗信息在内的个人信息的保护采取“笼统保护”方式。正如表 10 - 3 所示，在被统计的 20 个智慧医疗服务平台中仅有 4 个平台对个人敏感信息的共享采取“分层保护”模式，[①]即平台在与关联第三方共享个人敏感信息时，须另行征得用户的同意或授权；而剩余的 16 个平台则是将个人敏感信息简单地囊括在个人信息之中，对其进行笼统的同等对待。“分层保护”模式的欠缺会使个人敏感信息的保护效果受到较大影响。

---

① 参见王苑：《敏感个人信息的概念界定与要素判断——以〈个人信息保护法〉第 28 条为中心》，载《环球法律评论》2022 年第 2 期。

最后，由于智慧医疗服务平台与用户的地位、能力悬殊，平台在制定隐私政策时，通常会制定格式化的隐私条款，甚至许多条款与“霸王条款”具有相似性，“全肯定全否定”推定同意等模式便成为隐私政策潜在的规则，由此导致用户的同意或授权演变成无可奈何的被动式的同意和被迫式的授权。在大数据时代，“一次性保护”“笼统保护”甚至“强制同意”均使用户的知情和同意能力严重弱化，仅仅依靠传统的知情同意规则来规范个人医疗信息的保护，已不能满足新时代个人医疗信息保护的现代化发展需要。如何选择或重塑合适的个人信息保护原则，发挥个人医疗信息私法保护效果，成为当下个人医疗信息保护亟待解决的问题。

三、智慧医疗中知情同意权法律保护的双重路径

在智慧医疗背景下，知情同意规则的选择与重塑应当坚持问题导向和目的导向，针对该原则在进行个人医疗信息保护过程中面临的问题和局限性逐步展开。为此，应当对传统的知情同意规则进行相应的改造和升级，留住在实践中发挥积极作用的精华部分，如用户享有个人信息自决权等。一方面，通过改良知情同意规则的直接应对、自我更新为进路，如将一次性同意向动态同意转化，将笼统同意向分层同意转化，组建更加规范、通用的隐私政策，更新和优化知情同意规则，保障用户个人信息权益。另一方面，通过间接整体引入隐私设计理念、融合信义法原则，①提高新原则的弹性和适用性，通过组建新的公共医疗信息大数据交易中心，跳出知情同意规则的传统框架，以长远眼光实现对知情同意规则的重塑和对用户知情同意权的持续保障。

（一）智慧医疗中知情同意规则的直接应对路径

其一，为增强知情同意规则的适用性，需要在智慧医疗过程中变“一次性”告知与同意为持续披露与动态同意。传统的知情同意规则中，用户与智慧医疗服务平台签订隐私政策意味着个人享有知情同意权的开始，但同样意味着权利行使的终结。由表10－1可知，一般而言，用户若想使用智慧医疗服务平台，需要先同意平台制定的隐私政策，否则就无法注册和接受服务。上述隐私政策的签订就是向用户进行一次性告知和取得一次性同意或授权的外在形式，这种僵化的制度安排已经无法满足个人医疗信息保护的现代化发展需要。这就要求平台在对个人信息的后续利用中，需要向用户持续地披露各种信息以及征得用户的动态同意，确保同意或授权的条件和基础处于实时更新状态，保障用户可以及时了解和获取个人信息的收集和使用等情况，并可以根据该情况进行全程追踪溯源，最终实现用户根据新情况新条件作出新同意或授权。

持续披露是指智慧医疗服务平台能不断地向用户提醒平台做了什么，特别是要对收集用户的兴趣点和习惯等做出说明，如可以定期给用户提供信息报告，说明在一段时

① 参见丁晓东：《从合同法到信义法：论个人信息私法保护的范式转变》，载《数据法学》2021年第1期。

间内收集了哪些个人信息,个人信息被收集之后是被如何利用的等情况。动态同意是指在持续披露的过程中存在可能会遇到新的风险,用户能对自己的授权进行重新调整。① 例如,用户对已经同意或授权的个人信息进行变更和删除、撤回同意或授权以及将个人账户予以注销。在智慧医疗时代,智慧医疗服务平台面临着个人信息处理数据量日趋庞大,个人信息利用的时间周期不断加长等新形势,在持续披露和动态同意的新模式下,平台的告知义务不再是"一揽子"告知,而是持续性地披露和告知。同样,用户的同意或授权也不再是"一次性"的,用户可以在平台后续利用个人信息的过程中予以动态的同意或授权。

个人医疗信息持续披露和动态同意要关注隐私政策的实际作用,隐私政策的签订已经成为智慧医疗服务平台履行法定告知义务的主流形式。正如前文所述,由于用户的知情和同意能力尤其是知情能力得不到有效保障,隐私政策在智慧医疗中发挥的实际作用被弱化。当然,并非平台向用户披露的信息越多越好,而是应对将要披露的信息进行前期过滤,将可能对用户个人信息权益造成影响的实质性信息进行优先披露。同时,智慧医疗服务平台在向用户持续披露信息以及获取用户动态同意的过程中,应给予用户明显注意。例如,平台在制定隐私政策时,务必要严格按照相关国际标准进行,力求清晰、准确、完整地对相关个人医疗信息处理行为进行描述,对重点信息进行特殊标记和提示,进而保障用户有效行使知情同意权。

在实际操作方面,智慧医疗服务平台要为用户获取、变更、携带、删除信息以及注销账户等行为提供多种方便、快捷的方式和渠道。平台可以借助大数据、云计算、5G和区块链等新兴技术甚至通过购买第三方技术服务的形式,与用户之间搭建个人医疗信息"持续披露""动态同意"的桥梁,逐步增强智慧医疗中知情同意规则的弹性和适用性,切实提高双方沟通效率,保护用户的知情同意权。

其二,为提高个人医疗信息精准保护力,智慧医疗服务过程中还需引入分类分级与分层同意模式。马克思主义哲学认为矛盾具有特殊性,不同的事物具有不同的矛盾。不同的个人信息具有不同层级的作用,存在不同的风险指数。如果对众多不同领域不同层级的个人信息施以相同的、整齐划一的知情同意规则,显然是不科学不合理的。分类分级与分层同意要以个人信息本身重要性和特殊性为基础,前文所述的关于个人信息的界定与分类便成为分层同意制度的执行前提。个人信息的认定方式最终选择了可识别说定义方式而放弃关联说、隐私权定义方式的原因之一,也是由于后两者对个人信息的界定要么失之于宽,要么失之于窄。对个人信息界定、分类不合理自然会导致部分个人信息面临过度保护或者保护缺失的问题。因此,《个人信息保护法》对个人信息进

① 参见田野:《大数据时代知情同意原则的困境与出路——以生物资料库的个人信息保护为例》,载《法制与社会发展》2018年第6期。

行了重新界定，有力拓宽了个人信息的范畴，同时设立专章对敏感个人信息进行加强规范。其中第28条指出，处理个人敏感信息的前提就是个人信息处理者必须具有充分必要性和特定目的性，并首次对敏感个人信息进行了明确规范，其中包括将医疗健康信息涵盖于敏感个人信息范畴。第29条指出，个人信息处理者处理个人敏感信息应当取得个人的单独同意或单独书面同意。《个人信息保护法》中关于敏感个人信息的特殊保护就是在国家立法的高度对个人信息进行分类分级、分层同意模式的具体体现。因此，智慧医疗服务平台应当依据相关法律规范以及国家标准，对于作为个人敏感信息的个人医疗信息制定不同于一般个人信息的处理规则，同时以细分层级的方式征得用户同意。如此可以有效提高保障用户知情同意权的可操作性，在一定程度上防止或减少个人医疗信息滥用和泄露事件的发生，保障用户个人医疗信息的安全运行。

除分类分级与分层同意外，在智慧医疗场景下，智慧医疗服务平台还应适当考虑用户的同意偏好，逐步做到对用户个人医疗信息进行精准、专门保护。一些实证研究的统计结果证明了信息主体同意偏好的多样性，在这一问题上，共识并不存在。[①] 面对同一偏好的多样性，在个人信息分级分类的区别保护中，平台不仅要考虑多数用户的利益，还应当为少数个性化用户的信息保护提供一些个性选择方案，以满足各不同用户的整体和部分的自主利益。从整体上来说，针对不属于个人信息的信息，不需要知情同意规则的保护；针对一般个人信息，应当分类分级实行区别保护；针对作为敏感个人信息的个人医疗信息，则应实行更高级别的分层保护，并根据个人信息的重要性和特殊性逐次递减保护，最终实现不同层级的个人信息受到不同层级的同意保护。

（二）智慧医疗中知情同意规则的间接完善路径

智慧医疗中知情同意规则的间接完善可从三个方面着手。其一，应以信义法保护原则为进路激活个人医疗信息私法保护活力。正如前文所述，众多互联网企业主要依靠以合同法保护原则为基础的隐私政策来保护用户个人信息权益，然而实际效果却没有想象中理想。为此，就非常有必要将信义法保护原则引入个人医疗信息保护当中。个人医疗信息的信义法保护原则主要是通过整体性的保护和事后保护来实现的，即要求智慧医疗服务平台依法承担更多的谨慎义务和忠诚义务，若违反相关的规定，平台将面临着严厉的处罚。[②] 具体来说，个人医疗信息的保护应当将用户与平台的关系视为类似患者与医生、当事人与律师之间的信义关系，智慧医疗服务平台要以一种更为谨慎和忠诚的态度来承担更多的信义责任。

就用户一方而言，基于信义法的个人医疗信息保护可以更好地保障用户的知情权，

---

① See Mantelero, Alessandro, *The Guidelines of the Council of Europe in the Context of the Europe-an Data Protection. Framework*, Computer Law & Security Review, Vol. 33:5, p. 584 – 587(2017).

② 参见丁晓东：《个人信息保护：原理与实践》，法律出版社2021年版，第100页。

同时也可以减少或免除诸如“选择恐惧症”的困扰。与知情同意规则这一合同法框架下的理解难题与选择难题相比，在融入信义法原则后，用户不需要对隐私政策有太多了解，同时也不需要用户作出过多过细的选择、同意与授权，便可享有科学的、合理的、人性化的隐私权期待。就智慧医疗服务平台一方来说，基于信义法原则进行个人医疗信息保护，不但可以有效减少或免除企业的隐私政策合规难题，还可以实现平台对个人医疗信息更充分的使用。例如，在告知义务方面，智慧医疗服务平台告知义务的履行不能仅通过向用户公开的隐私政策来实现。此外，虽然平台在告知义务上有所减弱，但在责任承担方面又要求平台承担一定的基础性的责任，让平台更多地扮演“信息守门员”①的角色，来保证个人医疗信息的有序利用，这就有效减少了智慧医疗服务平台以已经取得用户同意或授权为由泄露或者滥用个人医疗信息行为的发生。

因此，个人医疗信息的信义法保护原则正是为了矫正和规范智慧医疗服务平台对个人信息的收集和利用行为，促使其承担更多的社会责任，而放弃实施逐利性、短期性以及形式性的机会主义行为，②让智慧医疗服务平台在充分利用个人医疗信息的基础上，切实实现对个人医疗信息的保护，真正让平台在维护个人信息安全、保障用户的知情同意权等方面承担更多的社会责任。

其二，在智慧医疗背景下，知情同意规则的第2条间接完善路径是推进隐私设计理念的落实。隐私政策是智慧医疗服务平台与用户沟通的重要途径，也是规范平台运行和方便监管的重要机制，③隐私政策因此成为智慧医疗服务平台保障用户个人信息权的重要形式。然而，个人信息保护是一个系统性工程，如若单纯依靠传统的隐私政策中的违约机制来进行事后惩罚，便很难从源头上保障用户的个人信息权，对于智慧医疗领域更是如此。相对于融入信义法原则进路的整体保护和事后保护，这就需要在个人信息保护中前后发力、关口前移，引入隐私设计理念。

隐私设计理念立足于个人信息的事前保护，化被动为主动，防患于未然，旨在通过向善的算法设计，在个人信息风险形成和发展之前进行提前预警并采取默认优化的方式加以防范，而不是被动地等到个人信息风险形成并导致信息安全漏洞时才介入，其本质上是一种责任分担机制。同时，隐私设计理念对用户个人来说也是一种风险上的自我提示、预先告知的体现。为此，智慧医疗服务平台的设计者和操作者在个人信息保护方面要引入隐私设计理念，确保在个人信息利用的过程中，用户可以自动地、默认地受

---

① Thompson, Marcelo, *Beyond gatekeeping: The normative responsibility of Internet intermediaries*, Vanderbilt Journal of Entertainment and Technology Law, Vol. 18:783 (2015).

② 参见丁晓东：《个人信息保护：原理与实践》，法律出版社2021年版，第106页；冯果、薛亦飒：《从“权利规范模式”走向“行为控制模式”的数据信托——数据主体权利保护机制构建的另一种思路》，载《法学评论》2020年第3期。

③ 参见丁晓东：《个人信息私法保护的困境与出路》，载《法学研究》2018年第6期。

到算法设计的持续稳定保护。实践中，用户与平台之间在应对个人信息安全、专业化能力方面差距悬殊，若引入隐私设计理念，将会在很大程度上平衡用户与平台之间的权责，用户即使在专业知识欠缺或者不采取任何主动行为的情况下，其个人信息也仍然可以通过个人信息管理系统预设的、默认的隐私算法设计得到有效保护。这就使得在传统知情同意规则下，平台对用户的知情同意权造成侵害的机会大大降低。

当然，隐私设计作为一个全新的理念，在当下智慧医疗领域尚未达成共识，但该理念值得借鉴。例如，智慧医疗服务平台可以选择将符合国家标准的隐私设计理念纳入平台的隐私政策中，为用户提供更加人性化的、默认的事前保护。当下，智慧医疗服务平台对用户知情同意权的侵害已成为行业常态，个人医疗信息安全风险非常严峻。试想，如果智慧医疗服务平台将这一理念引入个人信息保护系统，那么类似于某些不良智慧医疗服务平台及其工作人员对用户个人信息权侵害案件如个人信息泄露、个人信息精准诈骗等事件或案件就会大幅度地减少。因此，智慧医疗服务平台应引入隐私设计理念，并将其作为个人信息安全保护系统中安全管理能力建设的重要一环。同时，政府将该理念纳入国家标准，并将是否落实隐私设计理念作为智慧医疗服务平台市场准入的重要指标，有力保障用户的知情同意权等个人信息权。

其三，在智慧医疗背景下，组建统一的公共医疗信息大数据交易中心对于完善知情同意规则也具有现实可行性。个人医疗信息处置权的过大且过度集中是造成作为个人信息控制者的智慧医疗服务平台对个人知情同意权等个人信息权益保障不到位甚至造成侵害的重要原因之一，权利越是集中，个人信息被泄露或被滥用的空间就越大。当前我国规制医疗健康领域的法律规范大多集中于传统的医患关系领域，主要是对医生、医疗机构以及卫生行政管理部门之间的权利义务关系进行规制，而涉及智慧医疗服务平台享有的个人信息的处置权的边界限制则几乎没有立法规范。因此，在智慧医疗领域，出台和制定关于个人医疗信息处置行为的限制规则，对平台享有的处置权进行合理化的规制，便成为保障用户知情同意权等个人信息权的重要突破口。当然，也不能将平台享有的权利过度剥夺，如果智慧医疗服务平台失权过多，就会降低其发展创新的积极性，不利于智慧医疗这一新兴业态的持续健康发展。防止个人医疗信息处置权的过度集中，直接有效地保障用户的知情同意权，重点在于组建统一的公共医疗信息大数据交易中心。

在智慧医疗背景下，智慧医疗服务平台是个人医疗信息的控制者，同时在一定程度上也是个人医疗信息的使用者，其时常扮演着个人医疗信息控制者和使用者的双重角色。但通过对智慧医疗平台的个人医疗信息处置权进行拆分，将平台享有的个人信息控制权从处置权中分离，仅保留个人医疗信息使用者的角色身份，可以有效防止因个人医疗信息处置权过大且过度集中而对用户的知情同意权构成侵害。自 2018 年我国智慧医疗进入规范发展期以来，随着区域性医疗服务中心在全国范围内的创立，互联网医院、医联体新兴医疗模式逐渐兴起，智慧医疗服务平台的整合能力逐步提高，大多数智慧医疗服务平台已经建立了个人信息分级分类的专用储存数据库，这就使在全国范围内对个人医疗数据进行统筹管理成为可能。国家卫生行政管理部门可以组建全国统一的公共医疗信息大数据交易中心，加强对个人医疗信息的统一管控，以具备公共机构性质的医疗信息大数据交易中心的身份担负起个人医疗信息控制者的角色，实现对个人医疗信息处置权的合理分配。作为个人信息使用者的平台可以接入公共医疗信息大数据交易中心的统一端口，在获取患者单独授权或同意的前提下，共享使用特定的个人医疗信息。因此，组建统一的公共医疗信息大数据交易中心、合理配置智慧医疗服务平台的个人医疗信息处置权能够成为间接完善智慧医疗中知情同意规则的有效路径，对提高用户知情同意权的保护水平发挥重要作用。

小　结

当今时代是信息和数据的时代。享有“21 世纪的石油”之称的个人信息的价值潜力被深度挖掘，个人信息的利用和保护共处于同一个矛盾体之中，如若两者不能统筹协调发展，将会给个人信息主体带来难以估量的权益损害。回归当下炙手可热的智慧医疗场景，互联网医院、区域医疗中心等智慧医疗服务平台已进入规范发展期，智慧医疗服务平台对个人医疗信息的采集频度不断提高、利用程度不断加深。然而在实践中，智慧医疗服务平台在开发和利用用户个人信息的同时，主要依靠“一次性”的告知同意和“僵硬”的知情同意规则保护用户权利，相关技术措施也不能对用户知情同意权实现充分的同步保护。为此，本章以分析智慧医疗服务平台的隐私政策合法性与合理性为视角，深入用户个人医疗信息保护现状，挖掘知情同意规则失灵的根本原因。

当前，传统的知情同意规则已经出现适用难题，为了实现该原则的升级与重塑，进一步保障患者知情同意权等个人信息权，就需要内外发力，协调推进。一方面，应将“动态同意”“分层同意”等制度设计融入知情同意规则，重新激活知情同意机制的私法保护活力；另一方面，应通过从外部引入信义法原则和隐私设计理念，并组建统一的公共医疗机构实现对个人医疗信息的角色分配，有利于进一步完善对用户所享有的以知情同意权为主的个人信息权益保护，促进个人医疗信息的合理有效利用，最终推动我国智慧医疗生态体系的高质量发展。

第十一章　智慧时代的逝者个人信息权益

伴随云计算、大数据、物联网、移动支付、人工智能技术的发展，人类已进入以数字化、网络化和人机交互为特征的智慧社会，信息的收集、存储、传输和利用等已成为商业活动开展和国家社会治理的重要凭借。但在信息处理和利用造福人类的同时，违规与过度收集、存储、使用、加工、传输、提供、公开个人信息等行为也导致个人合法权益面临风险，而如何处理已故网民遗留在虚拟空间的个人信息就是其中的典型问题之一。本章通过对国内外逝者个人数据或信息保护立法与实践探索的梳理总结，认为应当重塑逝者个人信息保护的基本原则，在具体制度安排上，构建逝者个人信息权益保护主体体系，细化逝者个人信息权益保护内容体系，搭建逝者个人信息权益保护义务体系，确定逝者个人信息权益行权期限制度，以逐步促进逝者个人信息保护规则的完善，保护逝者及各利害关系人的权益，推动电子信息产业的平稳发展。

一、逝者个人信息权益保护的特殊性与必要性

逝者[①]个人信息保护的紧迫性源自互联网虚拟环境正在成为人们生产生活的基础环境。在互联网环境下，人们的日常社交生活逐渐转移到线上，2022 年 2 月底，中国互联网络信息中心（以下简称 CNNIC）在《中国互联网络发展状况统计报告》

① 对于已故之人的指称，我国法律规范中使用“死者”一词，根据《汉语大辞典》，“死者”指“已死的人”，“逝者”则有两重含义，一是指“流逝的时光”；二是指“去世的人”，笔者分别以“逝者”和“死者”为标题关键词在新华网中进行检索，查找到包含前者的文章 37 篇，且均为 2022 年之前发表，而包含后者的文章有 124 篇。出于对已故之人的尊重以及用词文雅的考量，本文以“逝者”一词作统称。

（以下简称《互联网络统计报告》）中指出，我国网民规模已占总人口七成以上，在网民的年龄结构分布上，50 岁及以上群体占比由 2020 年 12 月的 26.3% 提升至 26.8%。截至 2021 年年底，60 岁及以上老年网民规模已超过 1 亿人，占整体网民规模的比例达 11.5%，中老年群体的互联网使用率不断提高。[①] 随着时间的推移，网民的平均年龄会不断提高，用户群体的老龄化趋势会愈发明显，越来越多的网民已步入自然生理末期，由此便引发了这样一个问题：当自然人死亡、法律主体资格灭失时，其遗留在互联网中只涉自身的数据信息该如何处理？逝者的个人信息是否还需要保护？

笔者认为，在智慧化社会中，保护逝者的个人信息权益[②]具有现实必要性。个人信息以"可识别性"为判定标准，关涉自然人的人格权益。逝者个人信息权益保护不同于虚拟财产与数字遗产继承问题，其已脱离了传统"财产继承"的范畴。逝者个人信息权益保护最大的特殊性在于法律保护的对象与权利行使主体具有分离性。在智慧社会中，逝者个人信息可能由于权益主体缺失而遭受更严重的非法侵犯，如何处理已故网民遗留在虚拟空间中的个人信息关涉逝者尊严与自主、关乎近亲属人格与财产利益的维护、关涉基于"事死如事生"传统的公序良俗原则和社会主义核心价值观的尊奉，作为一种承载多元主体利益的复合性权益，确有被保护的必要性。

（一）逝者个人信息的法律属性与保护路径

伴随着席卷而至的科技浪潮，数字化生存已然成为人们日常生活中不可或缺的重要一环，我们每天都在制造大量的数据信息，但随着时间的推移，自然人面临着生命终结和主体权利能力灭失的威胁，如何处理个人逝世后遗留在网络空间的信息资料不仅成为司法实践中的难题，而且在理论界也引发了广泛的讨论。对这一问题的讨论实质上是个人信息保护在时间维度上的延伸，因此，在研究逝者个人信息保护问题之前，有必要结合时代背景厘清个人信息内涵、法律属性等基础性问题。

1. 个人信息的概念及其法律属性界定

当下，虽然我国学界对个人信息的内涵及外延的界定还存在较多分歧，但将"可识别性"作为个人信息边界划定的基础性理论已经成为共识。"可识别性"标准指出了个人信息保护的根本原因，[③]是判断能否构成个人信息的实质要素。我国《民法典》也采

---

① 《第 49 次中国互联网络发展状况统计报告》，载中国互联网络信息中心官网 2022 年 2 月 25 日，https://www.cnnic.net.cn/n4/2022/0401/c88-1131.html。

② 本文采用"逝者个人信息权益"这一表述，并不意味着赞同逝者仍具有法律"权利"或"利益"的观点，这与我国现行民事权利制度相冲突。由于当下对逝者进行保护的理论依据尚存争议，且本文只意在立足现行个人信息保护立法进程，厘清逝者个人信息保护规则的适用问题，故仅为表达之便而采用"逝者个人信息权益"这一表述。

③ 参见程啸：《论大数据时代的个人数据权利》，载《中国社会科学》2018 年第 3 期。

此标准来定义个人信息，并区分了直接识别与间接识别个人信息。[①] 前者判断起来较为简单，如根据身份证号、指纹、基因等单独一项信息即可直接锁定具体个人，但长期以来，需要与其他信息结合才能识别自然人身份的"间接识别个人信息"的范围难以确定，而且目前具有争议的个人信息保护问题大多针对间接个人信息。[②]

具体而言，一方面，我国在立法上并没有对可识别性标准作出详细阐释，《个人信息保护法》虽进一步区分了"识别"的程度性差异，并将"匿名化"处理后的信息排除在个人信息保护范畴之外，[③]但间接识别个人信息的外延仍具有模糊性，无法区分其与经"匿名化"或"去标识化"处理后的非个人信息之间的界限，而且一部分经过匿名化处理后的信息仍残存一定的可识别性，[④]存在再识别的风险。另一方面，立法上的含混不清导致司法实践中部分法院对于间接识别个人信息的判断能力不足，已经引发了一定数量的"同案不同判"情形。[⑤]

有学者敏锐地指出，造成"可识别性"标准适用难题的根源在于法律术语层面"可识别"的标准受限于立法技术上的简洁性要求而与事实判断层面的"可识别"存在解释鸿沟。[⑥] 虽然现行立法已通过列举的方式明确了一部分个人信息类型，[⑦]但是实践中信息处理者往往不会只收集利用信息主体的某一项单独的信息，而是以"姓名 + 行踪信息"或"住址 + 健康信息 + 电话号码"等"信息群"的形式处理个人信息，因此再周延的列举也不能涵盖信息数据处理实践中的各种复杂情况。职是之故，"可识别性"标准由于间接识别个人信息外延的不确定性，仍然是一个抽象的标准，即便是引入场景风险理论[⑧]进行判断，也还是要结合具体案件考量分析，缺乏一般方法论意义上的指引性，存在适用困难。

---

① 《民法典》第 1034 条第 2 款规定："个人信息是以电子或者其他方式记录的能够单独或者与其他信息结合识别特定自然人的各种信息，包括自然人的姓名、出生日期、身份证件号码、生物识别信息、住址、电话号码、电子邮箱、健康信息、行踪信息等。"

② 参见刘德良：《论个人信息的财产权保护》，人民法院出版社 2008 年版，第 26 页。

③ 《个人信息保护法》第 4 条第 1 款："个人信息是以电子或者其他方式记录的与已识别或者可识别的自然人有关的各种信息，不包括匿名化处理后的信息。"

④ 参见齐英程：《论间接识别性个人信息规制规则的重构》，载《民商法论丛》2020 年第 2 期。

⑤ 如在"谭某慧侵犯公民个人信息案"中，法院认为"单独的手机号码不能够单独识别特定自然人身份或者反映特定自然人活动情况"。而在"庞某敏、韩某等侵犯公民个人信息案"中，法院则认为"纯电话号码属于公民个人信息"，并指出"无论是否实名制，一个电话号码后面对应的一定是一个自然人"。

⑥ 参见赵精武：《个人信息"可识别"标准的适用困局与理论矫正——以二手车车况信息为例》，载《社会科学》2021 年第 12 期。

⑦ 《民法典》第 1034 条第 2 款列举的个人信息包括自然人的姓名、出生日期、身份证件号码、生物识别信息、住址、电话号码、电子邮箱、健康信息、行踪信息等。《个人信息保护法》第 28 条第 1 款列举了敏感个人信息包括生物识别、宗教信仰、特定身份、医疗健康、金融账户、行踪轨迹等信息，以及不满 14 周岁未成年人的个人信息。

⑧ 参见丁晓东：《被遗忘权的基本原理与场景化界定》，载《清华法学》2018 年第 6 期。

面对“可识别性”标准“无限递归、识别能力判断存疑”[①]等泛化个人信息实际范围的弊端，当前学者提出了两种可能的解决方案：一是限缩间接识别个人信息范畴或重塑“可识别性”解释路径，如细化“可识别性”标准下的具体要素，结合识别符种类、识别成本、识别技术要求等划分识别难度，对识别难度较高的信息不认定为个人信息。再如借助个人身份构建理论，将识别对象（自然人）类型化为公民、社会人与消费者且明确每一重角色在社会关系中分别发挥的价值功能，并以此为标准判定个人信息的可识别性。[②] 二是进一步扩大间接识别个人信息的外延，将经过匿名化处理的非个人信息也纳入其中，以这种具有弹性的不确定概念实现对个人信息尽可能全面的保护。[③]

笔者认为，扩大间接识别个人信息的外延并不能给予司法实践明确的指引，反而会为更多的信息处理者通过隐私条款的设置逃避个人信息保护义务提供可操作的空间，进而给信息主体的安全带来更大的威胁。因此，未来可行的路径仍是具体化个人信息“可识别性”的判定标准，抑或从反方向出发，明晰个人信息匿名化处理的方式与法律标准，[④]以避免落入对“可识别性”循环解释的逻辑圈套。

整体上看，随着相关立法活动的开展，个人信息的内涵已渐趋明确，但外延尚有待进一步解释。而与相对模糊的概念相比，个人信息的法律属性则随着《民法典》的出台而基本明确，即自然人对其信息享有的是一种人格权益，[⑤]是个人的独特性描述，关涉人格尊严与行为自由。一方面，他人对自己的人格评价是获得他人尊重的重要基础，各种已识别或可识别的个人信息拼凑出自然人在算法世界的数字人格，影响人们对信息主体的人格评价。另一方面，数字环境下信息处理者通过收集分析消费者的信息进行定向广告的精准投放，制造出“信息茧房”，不仅可能干扰个人的选择也极大地阻碍了行为自由的实现。

有学者指出，个人信息立法所追求的目的价值（保护人格尊严和自由）应优先于工

---

① 杨楠：《个人信息“可识别性”扩张之反思与限缩》，载《大连理工大学学报（社会科学版）》2021 年第 2 期。

② 曹博认为自然人的公民、社会人与消费者三重角色身份，分别对应的是公民身份信息、社会人身份信息和消费者身份信息。在公共管理关系中，对公民身份的识别应以公共利益为导向并符合必要原则；在社会交往关系中，对社会人身份的识别应以是否新增负面声誉信息为依据；在商业消费关系中，对消费者身份的识别应以信息汇集程度为标准。参见曹博：《个人信息可识别性解释路径的反思与重构》，载《行政法学研究》2022 年第 4 期。

③ 参见孙其华：《我国间接识别个人信息规制机制的检视与完善》，载《上海对外经贸大学学报》2022 年第 1 期。

④ 有学者指出，匿名信息的法律标准是在现有技术水平与合理成本的限制下，信息控制者与积极侵权人使用该信息本身或结合其他一切可获取信息均无法识别出特定的个人。匿名化处理方式主要包括：通过相关技术手段删除或替换识别符，进行个案风险评估持续监控个人信息再识别风险，信息控制者承诺不进行再识别且通过合同禁止信息接收方再识别。参见韩旭至：《大数据时代下匿名信息的法律规制》，载《大连理工大学学报（社会科学版）》2018 年第 4 期。

⑤ 参见程啸：《论我国民法典中个人信息权益的性质》，载《政治与法律》2020 年第 8 期。

具价值(信息利用)。[①] 故无论人们如何宣扬数据与信息作为现代社会核心生产要素的商业价值和地位,个人信息权益[②]的人格权益属性永远具有优位性,这也是将有关个人信息的规定纳入《民法典》人格权编的根本原因。因此,人格权属性才是个人信息权益的本质属性。然而,随着算法技术的发展,个人信息中的经济价值逐渐被挖掘和利用,个人信息因其稀缺性、可控性和流动性,可能成为财产权益客体。现下,应当给予个人信息财产价值以何种法律定位成为学界激烈讨论的话题。有学者主张承认个人对其信息享有财产权。[③] 有学者认为无论是从功利主义理论出发还是从财产分配的劳动报偿理论来看,个人信息中的财产价值都应当由个人和信息处理者共享。[④] 有学者提出用数据用益权构建二元权利结构,[⑤]也有学者认为可以采用类似人格权商品化的方式来认定个人信息权利的经济价值。[⑥] 相较而言,笔者更赞同最后一种观点,原因在于以下两个方面:

其一,在个人信息上创设财产权会造成信息与数据问题的混淆,我国立法者已经将信息和数据进行了区别立法,信息是人格权的客体,数据则是财产权的客体。[⑦] 另外,即便信息可以被用来识别、标识具体个人,也并不意味着该人获得了信息的独占性支配权,因其是一种共享性资源。[⑧] 其二,现有的法律法规已经充分认可了人格权的财产价值,我国采用将个人信息权益与肖像权、姓名权等标表型人格权同等对待,肯定其包含双重利益也包含双重权能,[⑨]并进行一体救济。因此,人格权保护进路已经足以实现对个人信息上精神利益和财产利益的充分保护。

2. 逝者个人信息保护与相关概念辨析

从发展历程来看,有关逝者个人信息的讨论并不是新近产生的话题。我国理论界常常将对逝者个人信息保护的探讨置于"虚拟财产继承"或"数字遗产"的语境之下,而

---

① 参见胡文涛:《我国个人敏感信息界定之构想》,载《中国法学》2018 年第 5 期。

② 自然人对其个人信息享有的是权利还是利益在当下仍存在争议,不少学者主张应将个人信息确认为权利。参见王利明:《论个人信息权在人格权法中的地位》,载《苏州大学学报(哲学社会科学版)》2012 年第 6 期;申卫星:《论个人信息权的构建及其体系化》,载《比较法研究》2021 年第 5 期;罗丽、朱李越:《侵犯公民个人信息罪的司法困境与立法完善》,载《中州学刊》2021 年第 4 期。我国《民法典》直接称为"个人信息",《个人信息保护法》采用"个人信息权益"的表述。

③ 刘德良:《个人信息的财产权保护》,载《法学研究》2007 年第 3 期。

④ 参见彭诚信:《论个人信息的双重法律属性》,载《清华法学》2021 年第 6 期。

⑤ 参见申卫星:《论数据用益权》,载《中国社会科学》2020 年第 11 期。

⑥ 有学者指出,个人信息利用和人格权商品化的情况一样,其遭受侵害后同样可以获得财产损失赔偿。参见王利明:《论个人信息权在人格权法中的地位》,载《苏州大学学报(哲学社会科学版)》2012 年第 6 期。

⑦ 参见申卫星:《论个人信息权的构建及其体系化》,载《比较法研究》2021 年第 5 期。

⑧ 参见高富平:《个人信息保护:从个人控制到社会控制》,载《法学研究》2018 年第 3 期。

⑨ 有学者指出《民法典》中标表型人格权的类型特征有:既包含精神利益即人格尊严利益也包含财产利益,既包含消极防御权能也包含积极支配与利用权能。参见温世扬:《标表型人格权的制度价值与规范构造》,载《法律科学》2021 年第 6 期。

事实上,“逝者个人信息”与“虚拟财产”、“数字遗产”之间并非全同关系。本章认为,可以借助法律上数据与信息的概念区分来审视三者之间的联系与区别。

数据是信息存储、传输和处理的形式,[①]故信息与数据应为本体与载体、内容与形式的关系,这一点毋庸置疑,但在互联网背景下,二者在法律表达上多被混用,原因在于数字技术的发展已使二者高度融合,数据取代传统媒介成为呈现和控制信息的最主要形式,换言之,数据与信息共生共存。故而梅夏英认为,数字技术条件下信息和数据的概念区分没有绝对的意义,只具有相对的价值,即区分现实法律纠纷中的数据问题和信息问题,前者强调对数据控制权与支配力的维护,后者侧重对信息内容的保护,即保护信息本身不被肆意收集和传播。[②]

当下,学界对于虚拟财产的内涵与外延尚无清晰界定。[③] 虽然《民法典》第 127 条将其原则上认定为民事权利或利益,但规定并不具体。[④] 总体来看,虚拟财产属于特定的数据类型,很多情况下对虚拟财产的保护无须依托法律属性的界定,而重在对账号操作权的保护及安全的维护。[⑤] 所以虚拟财产继承所涉更多的是维护当事人对数据的支配力,现实中很多虚拟财产纠纷,如恶意转移、消费用户账号内的虚拟货币、物品等,本质上都是无权限的系统操纵纠纷,[⑥]因而按照上述标准,虚拟财产问题应属于数据问题。

同样,数字遗产作为一个非严格的法律概念,其尚处于学理讨论的层面,相关问题亦多无定论。牛彬彬认为,数字遗产是指自然人去世后遗留的以数字形式存储的资产或者信息,是一种复合型财产。[⑦] 虽然数字遗产与逝者个人信息保护一样,都是在探讨自然人死亡这一特殊时间节点上的法律问题,但其主要是在继承的语境下讨论数据控制权的归属问题,故亦属于数据问题,而逝者个人信息保护则更加突出人格特性。数据可能属于无形财产权的保护客体,而个人信息则可能属于人身权的保护客体。[⑧]

事实上,在讨论“虚拟财产”继承相关问题时,已有学者认识到涉隐私利益(信息)的特殊之处,认为不加区分地承认网络虚拟财产的继承是对现行立法精神的误读。[⑨]

---

① 参见纪海龙:《数据的私法定位与保护》,载《法学研究》2018 年第 6 期。

② 参见梅夏英:《信息和数据概念区分的法律意义》,载《比较法研究》2020 年第 6 期。

③ 广义上认为虚拟财产应包括依附于虚拟世界,以数字化形式存在且能为人力所支配的所有信息资源。参见梅夏英、许可:《虚拟财产继承的理论与立法问题》,载《法学家》2013 年第 6 期。

④ 《民法典》第 127 条规定:“法律对数据、网络虚拟财产的保护有规定的,依照其规定。”

⑤ 参见梅夏英:《〈民法典〉对信息数据的保护及其解读》,载《山西大学学报(哲学社会科学版)》2020 年第 6 期。

⑥ 参见申晨:《虚拟财产规则的路径重构》,载《法学家》2016 年第 1 期。

⑦ 参见牛彬彬:《数字遗产之继承:概念、比较法及制度建构》,载《华侨大学学报(哲学社会科学版)》2019 年第 5 期。

⑧ 参见吕炳斌:《个人信息权作为民事权利之证成:以知识产权为参照》,载《中国法学》2019 年第 4 期。

⑨ 参见张融:《关涉隐私利益的网络虚拟财产继承问题探讨》,载《科学与社会》2018 第 2 期。

也有学者认为，将邮箱、QQ 账号、数据化的文字信件和照片等逝者个人信息保护放在“虚拟财产继承”的视角下进行讨论，实则是一种错配，这些数据化对象应当突出强调的是人格利益的属性。[①] 是什么原因导致了这种错配呢？笔者认为可能有以下三点：其一，目前“逝者个人信息”、“虚拟财产”与“数字遗产”的概念范畴在学界还颇具争议，三者在内涵与外延上多有重合之处；其二，无论是逝者个人信息保护还是虚拟财产或数字遗产继承，都会涉及获取数据信息的环节，处理程序上有交叉；其三，个人信息天然具有财产性基因，[②]而我国又秉持“一元保护主义”的模式，故而保护方式上也没有严格区分人格保护抑或财产保护路径。

因此，当下司法实践中很多关于逝者个人信息保护的问题常常以虚拟财产或数字遗产继承的方式呈现，但实际上，对逝者个人信息的保护已脱离了传统意义上单纯的“财产继承”的规范逻辑。目前，我国采用人格权益保护路径和个人信息保护法路径并行的方式维护逝者的个人信息利益。

（二）逝者个人信息权益保护的特殊性

在智慧社会中，围绕个人信息保护的讨论广泛而激烈，涵盖了法律属性界定、保护方式选择、理念与制度构建等诸多方面，但与“生前世界”的个人信息保护不同，自然人死亡后便不再具有主体资格，权利能力也随之消灭，基于这一特定法律事实，逝者的个人信息保护也相应地存在特殊性。

第一，逝者个人信息保护范围具有有限性。当下，生者的个人信息以“可识别性”为主要判断标准，理论上，具有可识别性的逝者个人信息也都应被保护，但二者也存在差别。首先，生者的个人信息具有动态发展性，而自然人死亡后，其个人信息便即刻固定下来，原则上不再增加新的信息利益。逝者可能还留存有生前的家庭住址、消费习惯、睡眠习惯、驾驶习惯等信息，但不再有实时的精准地理位置定位信息、健康信息等。其次，为了不影响正常的经济社会生产生活，其身份证件、电话号码等都需要被注销，故逝者留存下来的信息是有限的。最后，自然人过世后无法为人所知的信息利益也不能得到保护。因此，逝者个人信息的保护范围是有限的。

第二，逝者个人信息保护主体具有分离性。自然人去世后，不能再行使新的个人信息权能，但其生前的安排可受到法律保护。在个人信息利益受损时，其保护请求权只能由他人行使，同时还依赖义务主体的（信息实际支配人、控制人）协助。由此得出，逝者个人信息保护的利益主体与保护请求权行使主体具有分离性的特点。一方面，就积极权利行使而言，自然人死亡的事实使个人信息处理原则——“告知同意原则”无用武之

① 参见申晨：《虚拟财产规则的路径重构》，载《法学家》2016 第 1 期。

② 参见彭诚信：《论个人信息的双重法律属性》，载《清华法学》2021 年第 6 期。

地。我国《民法典》第1035条、第1038条[①]从义务角度规定了自然人的同意权能,《个人信息保护法》第13~18条也明确了同意与撤回规则。当下,“告知”已逐渐演化成公法上的义务,而“同意”是私法上个人信息自决权益的核心,[②]虽然“点击同意”已成为了大数据时代的“最大谎言”,[③]但不可否认主体对信息处理的知情同意依旧是信息处理合法性的重要来源,自然人离世不仅使得告知义务丧失履行对象,且“同意”之权能的行使也无从谈起。另一方面,就消极的权利救济而言,针对逝者个人信息的侵权行为只能由他人进行责任追究。在实体法规定上,我国《民法典》第994条[④]从侵权责任角度指出配偶、子女、父母或其他近亲属是逝者人格权益受到侵害时的请求权行使主体。《民法典》第1181条规定被侵权人死亡时,其近亲属有权请求行为人承担侵权责任。[⑤]另外,《英雄烈士保护法》第25条第2款还规定检察机关就英雄烈士姓名等人格权益保护的诉讼主体地位。[⑥] 在程序法规定上,现行《民事诉讼法》司法解释第69条规定,逝者近亲属是侵害逝者遗体、遗骨等案件的诉讼主体。[⑦] 总而言之,近亲属或检察机关(特殊情况下)才是逝者个人信息保护请求权的行使主体。但是,《个人信息保护法》规定自然人生前对其个人信息的某些安排可以在逝后发生效力,因而逝者个人信息权益保护的对象与实际保护请求权行使主体是分离的。

第三,逝者个人信息权益保护具有内部矛盾性。逝者个人信息保护存在内生性悖论,在通常情况下,个体对于自身离世后数字信息的处理不会做出事先的安排,有学者指出信息主体存在“隐私悖论”和“倒置的隐私悖论”两种情况。“隐私悖论”是指网络信息主体虽然感知到了隐私信息被侵犯的风险,却不会采取任何防范措施。这种悖论产生的原因纷繁复杂,但其中具有决定性作用的就是传统文化观念中人们对“死亡”

---

① 《民法典》第1035条第1款规定:“处理个人信息的,应当遵循合法、正当、必要原则,不得过度处理,并符合下列条件:(一)征得该自然人或者其监护人同意,但是法律、行政法规另有规定的除外;(二)公开处理信息的规则;(三)明示处理信息的目的、方式和范围;(四)不违反法律、行政法规的规定和双方的约定。”第1038条规定:“信息处理者不得泄露或者篡改其收集、存储的个人信息;未经自然人同意,不得向他人非法提供其个人信息,但是经过加工无法识别特定个人且不能复原的除外。信息处理者应当采取技术措施和其他必要措施,确保其收集、存储的个人信息安全,防止信息泄露、篡改、丢失;发生或者可能发生个人信息泄露、篡改、丢失的,应当及时采取补救措施,按照规定告知自然人并向有关主管部门报告。”

② 参见万方:《个人信息处理中的“同意”与“同意撤回”》,载《中国法学》2021年第1期。

③ 参见刘权:《论个人信息处理的合法、正当、必要原则》,载《法学家》2021年第5期。

④ 《民法典》第994条规定:“死者的姓名、肖像、名誉、荣誉、隐私、遗体等受到侵害的,其配偶、子女、父母有权依法请求行为人承担民事责任;死者没有配偶、子女且父母已经死亡的,其他近亲属有权依法请求行为人承担民事责任。”

⑤ 《民法典》第1181条第1款规定:“被侵权人死亡的,其近亲属有权请求侵权人承担侵权责任……”

⑥ 《英雄烈士保护法》第25条第1款、第2款规定:“对侵害英雄烈士的姓名、肖像、名誉、荣誉的行为,英雄烈士的近亲属可以依法向人民法院提起诉讼。英雄烈士没有近亲属或者近亲属不提起诉讼的,检察机关依法对侵害英雄烈士的姓名、肖像、名誉、荣誉,损害社会公共利益的行为向人民法院提起诉讼。”

⑦ 最高人民法院《关于适用〈中华人民共和国民事诉讼法〉的解释》第69条规定:“对侵害死者遗体、遗骨以及姓名、肖像、名誉、荣誉、隐私等行为提起诉讼的,死者的近亲属为当事人。”

"身后事"等所存有的逻辑偏见，黎桦提到，人在弥留之际会产生六种恐惧，其中之一便是害怕失去自我控制①。而"倒置的隐私悖论"则是指信息主体做出同意在逝后对外开放自己的隐私信息的意思表示，生前却不允许他人进行访问的现象。这类主体在使用平台时一般不会明示对逝后隐私信息的处理，而是选择遵从网络服务协议的规定。②总之，这两种悖论均表明，逝者自身的矛盾性是导致其离世后个人信息保护陷入困境的重要原因。

（三）逝者个人信息权益保护的必要性

在智慧社会中，逝者的个人信息承载着重要的社会与经济价值，其具有权益复合性特征，不仅统摄涵盖逝者的人格利益和近亲属的人格及财产权益，而且关乎"事死如事生"的公序良俗原则和社会主义核心价值观的尊奉。保护逝者信息还有利于推动代际之间的信息传递、助推网络信息产业的发展以及维护公共利益等。然而，在互联网背景下，逝者个人信息被侵犯的风险倍增，近亲属追思缅怀的权益难以实现。因此，通过法律手段保护逝者个人信息具有现实必要性。

逝者个人信息承载多重价值。数据信息是公共利益、人格利益和财产利益的权益集。③ 同样，逝者的个人信息也是一个利益集合体，不仅涵盖逝者的人格利益和近亲属的悼念与财产权益，而且关涉公共福利，因此保护逝者个人信息具有多重意义。第一，有助于维护人的尊严与自主。维护"尊严"与"自主"是探讨逝者个人信息保护问题的逻辑出发点。就"尊严"而言，社会心理学家马斯洛曾指出，受到他人尊重的前提条件之一便是保证个人人格标识的完整与真实。④ 从坚持"人是目的而非手段"⑤的康德，到"不愿以失节的言行而苟活"⑥的苏格拉底，人格尊严向来是衡量生命质量的重要标准。同样，在互联网时代维护个人"尊严"，就要保证自我的信息化人格具有真实性而不被扭曲、篡改或操纵。这种"受到尊重"的正当合理期待不仅指向人的生存期间，还指向人的物质生命终结之后。⑦ 因此，维护尊严与自主，是研究逝者个人信息保护问题的根本价值归宿。就"自主"而言，当前社会已通过遗嘱制度充分肯定了个人生前对其自身权益做出的预先安排，以实现对自然人意思自治全面而周延的保护，而个人对其逝

① 参见黎桦：《死者人格利益的民法保护——以死者的名誉保护为中心》，世界图书出版广东有限公司2012年版，第78页。

② 参见顾理平、范海潮：《作为"数字遗产"的隐私：网络空间中逝者隐私保护的观念建构与理论想象》，载《现代传播（中国传媒大学学报）》2021年第4期。

③ 参见程啸：《民法典编纂视野下的个人信息保护》，载《中国法学》2019年第4期。

④ 参见［美］亚伯拉罕·马斯洛：《动机与人格》，许金声译，中国人民大学出版社2007年版，第31页。

⑤ ［德］伊曼努尔·康德：《道德形而上学原理》，苗力田译，上海人民出版社2012年版，第40页。

⑥ 毕治国：《死亡哲学》，黑龙江人民出版社1989年版，第32页。

⑦ 参见王春梅：《〈民法典〉框架下英烈与死者人格利益保护的立法调适》，载《烟台大学学报（哲学社会科学版）》2020年第5期。

世后信息如何处置的期待与安排，也是自主意识的体现，故应受到法律保护。

第二，保护逝者的个人信息是维护逝者近亲属人格尊严和财产权益的需要。一方面，逝者与其近亲属存在情感与利益联结，电子邮件、数字化的视频、音频、网络图片等蕴含着巨大的隐形价值，可以发挥"情感寄托效能"①，对于账户持有人的直系家人和朋友而言可能意义非凡，若任由信息处理者对自然人死亡后的信息进行收集、歪曲、滥用或毁损，将必然有害于逝者近亲属的人格权益。另一方面，逝者生前对遗产做出的相应安排也会影响近亲属之间的财产利益分配，而这种安排与指示很有可能存在于逝者的微博、邮箱等平台之中，以电子信息的形式呈现，故获取已故家庭成员的电子邮件对逝者家属来说可能是至关重要的。也正因如此，在数字资产继承问题还未有权威性解决方法之时，一些国家或平台开始尝试建构对逝者数据信息的访问与管理权限方面的规则。

第三，保护逝者的个人信息符合传统道德理念以及公序良俗的要求。"逝者为大""为尊者讳"是我国固有的社会文化观念。有学者言：人具有尊重逝者的内在动机，"此种动机似乎并非出于希望自己意志死后受到尊重的自我考虑，而表现为对死者的真诚尊重"②。礼敬逝者不仅有利于在纵向上构建同一族众中先辈与后代子孙之间的情感、身份与财产联结，实现正向的价值传输，还能在横向上通过维护基本伦理，塑造以家庭为单位的血缘共同体，实现社会秩序的稳定。因此，保护逝者的个人信息应为现代社会的价值共识，符合"事死如事生"的道德传统，关涉公序良俗原则的尊奉。

然而，逝者个人信息保护面临现实难题。实践中，如何处理已故用户的个人信息已引发不少纠纷。在域外，美国 2005 年的"雅虎案"以及德国 2012 年的"脸书案"是关涉逝者个人信息保护的两大典型案例，两案的共同之处在于逝者的父母均有访问逝者电子邮箱或社交账户的诉求。"雅虎案"中逝者的父亲希望雅虎公司可以向其提供身故儿子的电子邮箱账号的密码，以访问并下载其存放在雅虎邮箱中的照片、邮件等珍贵文件，但这一请求遭到了拒绝，理由是根据服务协议账号不可转让且公司负有"保持账户的私密性"义务。双方就此诉诸法院，最终美国密歇根遗嘱检验法院发布命令允许雅虎公司保留其账号的访问权限，但须将逝者存放在其邮箱上的文件、照片等刻录在光盘上返还给其父亲。③ 而"脸书案"中逝者的父母虽然知道亡女的脸书账号和密码，但由于平台在收到死亡通知后已将账户封锁，因而任何人都不能访问。该案经历三次审议，最终德国联邦最高法院判定脸书授予逝者父母访问其账户的权利，脸书表示尊重但并不

---

① 李岩：《虚拟财产继承立法问题》，载《法学》2013 年第 4 期。

② 参见[美]柯尔斯登 R. 斯莫伦斯基：《死者的权利》，张平华、曹相见译，载《法学论坛》2014 年第 1 期。

③ See Ashley F. Watkins, *Digital Properties and Death: What Will Your Heirs Have Access to after You Die*, Buffalo Law Review, Vol. 62:1, p. 193 - 235 (2014).

认同法院裁定。① 可以看出,两案虽处理结果相同,即请求权人获得了逝者个人信息,但是处理方式却存在差异,前案否认了账号访问权限,后案法院则允许访问。

我国曾发生过与逝者社交账户信息获取相关的案例,如2011年,辽宁省王女士因欲访问并获取其亡夫QQ邮箱中的信件和照片而向腾讯公司索要账号密码,但最终遭到拒绝,理由是公司网络服务协议中已明确QQ账号禁止转让。该案虽未诉至法院,但引发了社会广泛的讨论,最终腾讯公司采用了与"雅虎案"类似的处置方式。② 2012年,曹某等作为周某(已故)的近亲属起诉天津市社保基金管理中心,要求公开逝者工伤赔偿保险核定表,被告以该信息涉及公民隐私为由进行抗辩,该案争议围绕死亡公民的近亲属能否申请公开该死者的个人信息。该案主审法院法官最终认为公民死亡后,其近亲属作为其权利义务的承受者,属于逝者个人信息的权利人,可以申请公开其个人信息,即支持了原告的诉讼请求。③ 此外,逝者信息被任意公开、散播的情形也屡见不鲜。2018年,郑州空姐打车遇害事件轰动一时,在案件调查过程中,一办案人员私自将包含被害人个人信息的照片上传至网络,造成恶劣的社会影响,后警方对该办案人员采取刑事拘留措施。2019年年初,埃航空难中一位中国遇难者的微博账号被媒体和微博平台公开,发布在网上的信息被广泛传播并招致了一系列攻击性的恶意评论,后微博官方应遇难者家属要求,关闭了逝者的微博账号。

伊莱恩·卡斯凯特在《网上遗产:被数字时代重新定义的死亡、记忆与爱》一书中认为,信息社会公民的隐私被扔进了时代的熔炉之中,一些网民将网络看得和氧气一样重要,他们每天在线创建、存储、共享和访问大量数字信息。④ 在过去,法律可能很少或根本不关注死后信息、隐私的保护,但在智慧社会中很多因素发生了质变,网络世界的逝者个人信息保护不同于传统线下环境:信息体量巨大而且具有可访问性、共建性和永久留存性,普通人留下的数字痕迹比以往任何时候都更加个性化和私密化,并且在死后越来越多地被大量保存和获取。在过去,信件可能很容易被销毁,或可以留给遗产管理人或执行人严格地销毁指示,不会引发公众过度关注。而现在,正如在"雅虎案"中所看到的,如何处理逝者生前的个人信息要由网络邮件公司的政策和逝者继承人来决定。

2021年年末,我国死亡人口已达1014万人。⑤ 2022年2月25日,CNNIC发布《互

---

① See Ana-Caterina Anitei, *Digital Inheritance*: *Problems*, *Cases and Solutions*, INT'L CONF. EDUC. & CREATIVITY FOR KNOWLEDGE-BASED SOC'Y 32 (2017).

② 参见张融:《关涉隐私利益的网络虚拟财产继承问题探讨》,载《科学与社会》2018年第2期。

③ 参见曹某环、刘某芬等诉天津市社会保险基金管理中心确认行政行为违法案,天津市和平区人民法院行政判决书,(2012)和行初字第76号。

④ 参见[英]伊莱恩·卡斯凯特:《网上遗产:被数字时代重新定义的死亡、记忆与爱》,张淼译,海峡文艺出版社2020年版,第17页。

⑤ 参见《国家统计局局长就2021年国民经济运行情况答记者问》,载国家统计局官网,http://www.stats.gov.cn/xxgk/jd/sjjd2020/202202/t20220209_1827283.html。

联网络统计报告》称，截至2021年上半年，我国互联网普及率已达七成以上，从网民年龄结构来看，随着互联网适老化工作的开展，我国中老年群体网民规模呈快速增长之势。截至2021年年底，我国60岁及以上的老年网民规模占网民整体的比例达11.5%，老年人口互联网普及率达43.2%。[①] 可以预见，在不久的将来实践中因自然人去世而引发的个人信息纠纷会不断增加，对“逝者个人信息权益保护”的探讨将成为一个不可回避的话题。

二、逝者个人信息权益保护的平台政策与法律规制进展

当下学界对于“个人信息权益”的相关学术研究多停留在权益属性分析、保护路径选择、个人信息与隐私关系的厘清和民事侵权救济等方面，缺乏对逝者个人信息保护的专门性探讨。从立法层面来看，随着《网络安全法》《民法典》《数据安全法》等法律法规的相继实施，自然人生前的个人信息权益内容及行使规范已经愈发完善，但有关逝者个人信息权益保护的问题却未能得到充分的重视。2021年4月底，为了回应社会公众的诉求以及与《民法典》第994条[②]对逝者人格利益保护的规则相衔接，《个人信息保护法（草案二次审议稿）》中新增第49条，[③]在一定程度上弥补了法律空白。随后，2021年11月1日起施行的《个人信息保护法》第49条[④]在二审稿的基础上做出了进一步的细化，但仍然需要进一步深研该条法理，进而建立起具备操作性的法律规范体系。

逝者个人信息保护既有路径在平台政策进展方面，谷歌、推特、脸书以及苹果公司等在各自的规则设置中均有针对逝者个人数据保护的内容。我国部分App也在《个人信息保护法》出台后纷纷调整隐私政策，但未来仍需在推动新规落地实施上着力。《个人信息保护法》从维护逝者近亲属权利的角度保护逝者个人信息权益，是一次重大进步，但目前其规定还比较模糊，需进一步完善。

（一）逝者个人信息权益保护的平台政策进展

对逝者个人信息权益保护的实践探索发端于各大网络平台。最初大多数社交网络平台对于逝者个人信息保护也是倾向于选择缄默不语，谷歌是第一个关注逝者账户处

---

① 参见《第49次中国互联网络发展状况统计报告》，载中国互联网络信息中心官网，https://www.cnnic.net.cn/n4/2022/0401/c88-1131.html。

② 《民法典》第994条规定：“死者的姓名、肖像、名誉、荣誉、隐私、遗体等受到侵害的，其配偶、子女、父母有权依法请求行为人承担民事责任；死者没有配偶、子女且父母已经死亡的，其他近亲属有权依法请求行为人承担民事责任。”

③ 《个人信息保护法（草案二次审议稿）》第49条规定：“自然人死亡的，本章规定的个人在个人信息处理活动中的权利，由其近亲属行使。”参见《个人信息保护法草案进入二审强化互联网平台个人信息保护义务》，载中国人大网，http://www.npc.gov.cn/npc/c30834/202104/2941c951e03e4945a8d85958b2fa40fa.shtml。

④ 《个人信息保护法》第49条规定：“自然人死亡的，其近亲属为了自身的合法、正当利益，可以对死者的相关个人信息行使本章规定的查阅、复制、更正、删除等权利；死者生前另有安排的除外。”

理问题的网络公司，其自2013年开始允许用户指定最多十名“闲置账户管理员”（inactive account manager），闲置账户管理员可让用户选择在账户闲置多长时间（3～12个月）后向其发送短信或邮件询问用户是否打算停用账户，若未收到回应，系统将会根据用户的选择向其指定的联系人发送“账号处于闲置状态”的通知或可供下载数据的链接。如果没有选择联系人，谷歌将在发出警示讯息后删除用户数据，当然，用户也可以主动选择让系统删除闲置的账号。

相较而言，推特（Twitter）的规定则较为保守，其在“规则和政策”中表明，如果用户死亡，推特可以协助已获得该用户授权或者经认证的逝者的直系亲属停用账号。其仅提供停用账号这一个选项并且明确指出：无法向任何人提供账号访问权，不论其与逝者的关系如何。另外，出于对逝者和受其死亡影响的人的尊重，推特可能会在收到逝者家人或授权代表的请求后，要求其他用户删除已死亡的可识别人员的图像和视频，包括但不限于：可合理识别的人已明显死亡的图像或视频、描绘可识别个人被谋杀的图像或视频等。

2015年，脸书（Facebook）开始允许用户指定一人（必须年满18岁）作为他们的委托联系人，2019年，其又推出了“悼念”（tributes）标签，允许逝者亲属将逝者账号设为“纪念”状态。根据2022年1月4日新修订的服务条款，目前，脸书针对用户过世后的账号处理提供了两种选择，一是永久删除账户，二是指定一位委托联系人帮忙打理悼念账户。在用户没有选择永久删除账户时，脸书可以应死亡用户亲友的申请，将其账户转为悼念账户，申请时需要提供逝者讣告、死亡证明、追思卡或其他可以证明该用户已过世的证件。其悼念账户具有以下主要特点：

（1）已故人士个人主页的姓名旁边将显示缅怀追思；（2）好友可在悼念账户的时间线上分享回忆，具体取决于已故人士账户的隐私设置；（3）已故人士分享的内容（如照片、帖子）仍保留在脸书上，而分享对象在脸书上仍会看到这些内容；（4）悼念个人主页不会显示在公共区域，如出现在“可能认识的人”推荐列表；（5）任何人都无权登录悼念账户；（6）未指定委托联系人的悼念账户无法被更改；（7）如果公共主页唯一管理员的账户变成悼念账户，脸书会移除此公共主页。被指定的委托联系人可以在已故用户的个人主页上发布告知亡故事实的帖子（如以该用户名义分享最后的消息或提供关于追悼会的信息），可以更新该用户的头像与封面照片、申请删除账户或下载逝者在脸书上分享过的内容的副本。但委托联系人不能登录账户（脸书不向他人提供账户的登录信息）查阅该用户的消息，也不能删除任何好友或发出加为好友的请求。

2021年12月13日，苹果公司（Apple）发布了新一版操作系统ios15.2，此次系统升级加入了“遗产联系人”这一选项设置，允许用户指定最多五名遗产联系人在其死后访问其iCloud账户里的照片、信息、电子邮件、笔记、文档、通讯录、日历、下载过的App以及设备上的各种备份，但不包括iCloud钥匙串中存储的密码以及受许可证保护的媒体内容,如用户购买过的书籍、音乐或电影。这种设置只允许用户以"全有或全无"的方式进行授权,即用户不能限制其指定的遗产联系人的访问权限,一旦授权他们就会看到所有信息资料。苹果公司发言人表示如此设计是为了尽量简化用户的设置程序,然而谷歌公司则会提供一份清单以供用户勾选想要与人分享的信息内容。

可以看出,与苹果等系统厂商简单粗暴的处理方式不同,作为社交媒体市场的行业巨头,脸书显然考量了更多的因素,其不主动删除死亡用户的信息但也不再允许登录"纪念账号"的模式可以成为一项兼顾多方利益的折中方案,但这种方案也并不具有绝对的优越性,至今为止,应当对已故用户的账户信息予以何种安排仍在不断探索与调试当中。

我国《个人信息保护法》公布后,各大 App 纷纷制定新的隐私政策以响应法规的要求。笔者整理了苹果应用商店(Apple App Store)免费 App 排行榜前 30 名的隐私政策以对企业在实践中的情况进行初步调研。总体而言,约有 43% 的 App 在其隐私政策中体现了逝者个人信息保护相关的内容。从 App 类型来看,作出相关规定的主要是通讯社交类、新闻资讯类、移动视频和网络购物类 App。其内容表达方式可以分为两类:一类是直接对已故用户的个人信息保护进行专项规定;另一类则是在个人信息权利一章中委婉地指出用户的监护人、近亲属或其他有权主体若对权利行使有任何疑问或主张,可以通过官方途径与开发者取得联系并进行后续解决。详细的调研结果如表 11 - 1 和表 11 - 2 所示。

表 11 - 1　Apple Store 前 30 名免费 App 逝者个人信息保护规则概览

序号	App 名称	隐私政策更新或生效时间	逝者个人信息保护规则	
			规定	未规定
1	快手	更新日期:2021 - 11 - 02	√	
2	番茄畅听	更新日期:2021 - 11 - 01		√
3	抖音	更新日期:2021 - 11 - 01 生效日期:2021 - 11 - 08	√	
4	微信	生效日期:2021 - 01 - 12	√	
5	支付宝	更新日期:2021 - 10 - 31		√
6	QQ	更新日期:2021 - 11 - 01		√
7	西瓜视频	更新日期:2022 - 01 - 20		√
8	番茄小说	更新日期:2021 - 12 - 30		√

续表

序号	App 名称	隐私政策更新或生效时间	逝者个人信息保护规则	
			规定	未规定
9	今日头条	更新日期:2021－11－01 生效日期:2021－11－08	√	
10	拼多多	更新日期:2021－12－31		√
11	腾讯视频	更新日期:2022－01－17 生效日期:2022－01－24	√	
12	淘宝	更新日期:2021－11－01	√	
13	百度	更新日期:2021－12－30		√
14	高德地图	更新日期:2022－01－25 生效日期:2022－02－01	√	
15	京东	更新日期:2021－12－01		√
16	国家反诈中心	更新日期:2021－09－18		√
17	小红书	更新日期:2021－12－17	√	
18	优酷	生效日期:2022－01－18	√	
19	美团	更新日期:2021－10－28		√
20	剪映	更新日期:2021－10－25		√
21	爱奇艺	更新时间:2021－12－27		√
22	得物	更新日期:2022－01－19	√	
23	QQ 音乐	更新日期：2022－01－13		√
24	快看点	生效日期:2021－11－03	√	
25	交管 12123	更新日期:2021－06－30		√
26	网易云音乐	更新日期:2021－11－03		√
27	夸克	更新日期:2021－12－31 生效日期:2022－01－07	√	
28	酷狗音乐	更新日期:2021－10－11		√
29	哔哩哔哩	更新时间:2021－09－30 生效时间:2021－10－08	√	
30	Wi-Fi 万能钥匙	更新日期:2021－10－26		√

注:截至 2022 年 1 月 27 日,其中快手、抖音、今日头条及对应极速版均在榜单前 30 名中,仅对排名靠前者做一次统计,并按顺位依次递补。

表 11-2 Apple Store 前 30 名免费 App 中具体逝者个人信息保护规则(节选)汇总

序号	App 名称	逝者个人信息保护规则
1	快手	4. 注销您的账号 ……未注销的账号在使用权人去世后将成为悼念账号,快手仍将继续保护悼念账号中用户个人信息的安全,如有任何问题,您可通过本协议第 10 条载明的联系方式与我们联系
3	抖音	除上述外,如果你或其他有权主体对相关法律法规赋予的个人信息权利的行使,有任何主张、要求或者疑问,你可以在【我】-【≡】-【设置】-【反馈与帮助】,进入用户反馈界面与我们联系,我们将尽快审核所涉问题,并在验证你的用户身份后的 15 个工作日内回复
4	微信	5.8 逝者近亲属的权利 如微信用户不幸逝世,其近亲属可通过腾讯客服官方渠道联系我们,以获取相关指引来行使法律规定的合法、正当权益
9	今日头条	除上述外,如果你或其他有权主体对相关法律法规赋予你的个人信息权利的行使,有任何主张、要求或者疑问,你可以通过在线客服系统/发送邮件至 Dataprivacy@ bytedance. com 与我们联系,我们将尽快审核所涉问题,并在验证你的用户身份后的 15 个工作日内回复
11	腾讯视频	6.9 已故用户的个人信息保护 用户不幸去世的,其近亲属为了自身的合法、正当利益,可以对已故用户的相关个人信息行使本隐私保护指引规定的查阅、复制、更正、删除等权利;已故用户生前另有安排的除外
12	淘宝	(六)响应您的上述请求 对于您或可能的您的监护人、近亲属及其他有权主体向我们提出上述请求,以及中华人民共和国法律与其他适用法律规定的您的相关个人信息权利,您可以通过客服联系我们或直接向我们的个人信息保护专职部门发起投诉。我们将在 15 天内做出答复
14	高德地图	(六)响应您的上述请求 对于您或可能的您的监护人、近亲属及其他有权主体向我们提出上述请求,以及中华人民共和国法律与其他适用法律规定的您的相关个人信息权利,您可以通过客服联系我们或直接向我们的个人信息保护负责人发起投诉
17	小红书	6. 在符合相关法律要求的情况下,您的近亲属可以对您的相关个人信息行使上述查阅、复制、更正、删除等权利;您另有安排的除外

续表

序号	App 名称	逝者个人信息保护规则
18	优酷	(六)响应您的上述请求 对于您或可能的您的监护人、近亲属及其他有权主体向我们提出上述请求,以及中华人民共和国法律与其他适用法律规定的您的相关个人信息权利,您可以通过客服联系我们或直接向我们的个人信息保护专职部门发起投诉。我们将在 15 天内做出答复
22	得物	(六)逝者近亲属的权利 如得物用户不幸逝世,其近亲属可通过本政策第 9 条披露的方式与我们联系,以获取相关指引来主张法律规定的合法、正当权益
24	快看点	9. 关于悼念账户设置为保护账户安全,快看点会把已故用户的账户设置为悼念账户,通过悼念账户,人们可以在快看点上缅怀逝者。根据法律规定,近亲属为了自身的合法、正当利益,可以对逝者的相关个人信息行使前述的查阅、复制、更正、删除等权利。当然,关于悼念账户的设置,您有权通过在快看点中选择"维持账户不变""去世后删除""由委托人处理"等选项提前自主作出安排
27	夸克	(六)响应您的上述请求 对于您或可能的您的监护人、近亲属及其他有权主体向我们提出上述请求,以及中华人民共和国法律与其他适用法律规定的您的相关个人信息权利,您可以通过客服联系我们或直接向我们的个人信息保护专职部门发起投诉。我们将在 15 天内做出答复
29	哔哩哔哩	十、对去世用户的个人信息保护 1. 哔哩哔哩将从 2021 年 11 月 1 日起,根据《个人信息保护法》的相关规定升级逝者个人信息保护制度。哔哩哔哩用户(仅限自然人)去世后,其近亲属为了自身的合法、正当利益,可以通过本隐私政策第 11 条"联系我们"中公示的联系方式,对去世用户的相关个人信息行使查阅、复制、更正、删除等权利,但是去世用户生前另有安排的除外 2. 您理解并确认,为了充分保护去世用户的个人信息权益,申请行使本条权利的去世用户近亲属需要根据哔哩哔哩的指定流程或客服提示,提交去世用户的身份证明文件、死亡证明文件、申请人的身份证明文件、申请人与去世用户的亲属关系证明文件,并提供申请行使的权利种类、目的。更多关于去世用户的个人信息保护流程、条件等事项请详见《帮助中心》

需要指出的是,我国对逝者账号处理的关注并非始于《个人信息保护法》的出台,早在 2017 年,新浪微博便针对去世博主账号被盗用并发布各种信息的乱象进行过回应,2020 年 9 月 17 日,微博管理员发布了一则公告,其指出为保护用户权益和逝者隐私,微博将根据其他用户的反馈和相关证明材料将逝者账号进行封锁保护,禁止任何人

登录、发布、删除内容或更改状态，这些规则暂时弥补了法律的空白，具有实践意义。2020 年 12 月，哔哩哔哩官方明确表示将在取得已故用户直系亲属同意后，将其账号列为“纪念账号”，如今站方专设纪念账号页面介绍其特点与申请方式。2021 年 4 月 4 日，快手短视频平台通过微博发布通知称将陆续上线悼念账户一、二期功能。

虽然我国《个人信息保护法》出台后，不少 App 平台均调整了隐私政策，但其中只有半数左右对逝者个人信息保护作出相关规定，且不同平台的规则既不统一也不具体。相较于直接规定逝者个人信息权益问题，大多数企业倾向于采用间接方式，即模糊地指出逝者近亲属或相关权利人在用户死亡后可能享有的权利，而没有明确具体的权利内容和操作方式，需要通过与 App 客服沟通才能进一步了解情况或实现权利，故我国在逝者个人信息保护的平台政策进展方面仍具有较大进步空间。

（二）逝者个人信息权益保护的法律规制探索

世界范围内关于逝者个人信息保护的模式有“肯定式”与“否定式”之分。“肯定式”又可分为直接保护与间接保护两种形式，前者指为已故个人的数据提供自成一体的直接保护，后者指通过与在世的自然人建立联系的方式间接保护逝者数据。

欧洲在逝者信息数据保护领域的法律规制非常零散且不协调。早期很多国家或地区数据立法中规定其适用对象仅限于“自然人”或“个人”，没有明确针对逝者的特殊规则，所以几十年来人们一直争论是否可以通过对“自然人”的宽泛定义将逝者数据纳入保护范畴，但后来欧盟 GDPR“鉴于条款”的第 27 段明确指出其“不适用于逝者的个人数据。成员可以制定有关处理逝者个人数据的规则”①。该规定一方面指明了 GDPR 并不适用于逝者，另一方面也为成员提供了一个保护逝者个人信息的选项。

虽然在起草《个人数据保护指令》之前，欧洲只有瑞士在其数据保护立法中明确规定保护逝者数据，②但随着时间的推移，相继有不少国家或地区对逝者数据保护进行了有益探索，截至目前已经有 11 个欧洲经济区国家或地区加入此行列，分别是爱沙尼亚、冰岛、保加利亚、丹麦、法国、葡萄牙、斯洛伐克、斯洛文尼亚、西班牙、匈牙利和意大利。也就是说，当下已有 1/3 欧洲经济区国家或地区对逝者个人数据进行直接保护，而且由于法国、意大利和西班牙等的加入，立法中明确保护逝者信息的地区人口已几乎占整个欧洲经济区人口的一半。③

此外，还有加拿大、新加坡等国也在立法中肯定了逝者个人信息的保护，菲律宾还明确了数据主体权利的可转让性。但是，相较而言，世界上大部分国家和地区并未明确

---

① 李世刚等编著：《GDPR 欧盟一般数据保护条例：文本和实用工具》，人民日报出版社 2018 年版。

② See Switzerland, Ordinance to the Federal Act on Data Protection of 14 June 1993, art. 1(7).

③ See Erdos David, *Dead ringers? Legal persons and the deceased in European data protection law*, Computer Law & Security Review, Vol. 40, p. 1 – 21 (2021).

是否对逝者个人信息进行保护,甚至有些国家如德国、英国、日本等则明确采用“否定式”模式,规定其信息数据保护法不适用于逝者。如日本 2017 年《个人信息保护法》第 2 条规定:“本法所称个人信息,是指符合下列各项之一的在世个人的信息。”①韩国 2021 年《个人信息保护指引》第 2 条规定“个人信息”指的是“关于活着的个人的信息”②。

美国从数字资产的角度研究逝后数据,并认为传统上非金钱的、个人尊严方面的数据不受保护,③很多学者反对赋予逝者隐私权。虽然美国法院一直在考虑故意创建的数字资产是否构成财产,但其法院和立法机关都没有明确个人的在线活动属于财产。在法律规制方面,《加利福尼亚州消费者隐私法案》并未明确保护逝者。2015 年,在与社会公众和各大平台团体的博弈下,美国统一法律委员会公布了修订版的《统一受托人访问数字资产法》(Revised Uniform Fiduciary Access to Digital Assets Act,RUFADAA)。虽然 RUFADAA 将“数字资产”宽泛地定义为以电磁形态呈现的数据信息,并没有区分不同的数据类型,没有将数字资产定性为财产,也没有对其是否可以继承做出明确的回应,但该法使互联网用户可以规划其数字资产的管理,集中性地解决了数字资产可否被访问,访问的内容是什么以及访问时应当遵循的法定程序问题。可以说 RUFADAA 间接上认可了对逝者个人信息的保护,但目前并不是美国所有的州都将该法案引入了自己的立法。④

事实上,虽然很多美国学者反对赋予逝者隐私权,但至少有两部美国法律规范隐晦地承认了对逝者隐私的保护:一是美国联邦立法层面的《健康保险流通与责任法案》(Health Insurance Portability and Accountability Act,HIPAA),其对逝者的健康信息保护作出了规定,即逝者可以在生前指定代理人或遗嘱执行人在其死后 50 年内查询、使用或披露该逝者的健康信息,医疗机构可以向家庭成员或在自然人死亡前参与其护理或者医疗保健支付的其他人员披露与逝者相关的受保护的个人健康信息,除非这样做与医疗机构已知的逝者的任何事先明确偏好不一致。该法规似乎是美国联邦法律中对个人逝者隐私最强有力的保护,无论是出于对个人隐私和自主性的固有尊重,还是为了保

---

① 《日本个人信息保护法》,载 e-Gov Law Search, https://elaws. e-gov. go. jp/document? lawid = 415AC0000000057_20240216_505AC0000000032&keyword = % E5% 80% 8B% E4% BA% BA% E6% 83% 85% E5% A0% B1% E4% BF% 9D% E8% AD% B7% E6% B3% 95,2024 年 2 月 22 日访问。

② 《韩国个人信息保护指引》,载韩国法律信息中心, https://law. go. kr/LSW/eng/engLsSc. do? menuId = 2&query = personal + information&y = 19&x = 55&section = lawNm#liBgcolor4,2024 年 2 月 22 日访问。

③ See Lilian Edwards & Edina Harbina, *Protecting Post-Mortem Privacy: Reconsidering the Privacy Interests of the Deceased in a Digital World*, Cardozo Arts & Entertainment Law Journal, Vol. 32:1, p. 83 – 130 (2013).

④ See Asta Tubaite-Stalauskiene, *Data Protection Post-Mortem*, International Comparative Jurisprudence, Vol. 4:2, p. 97 – 104 (2018).

护个人免受基于个人健康信息的歧视，对逝者健康信息的保护都具有合理性。二是美国《信息自由法案》，该法案旨在让公众有权要求访问任何政府机构的记录，但有几类信息被限制访问，其中便包括个人的医疗档案和类似文件以及为执法而汇编的记录或信息（如被害人死亡现场照片），因为这些信息的披露可能构成对个人隐私明显不必要的侵犯。

在我国，有关逝者个人信息权益保护的法律规制也具有非系统性。正如有学者所言："法学理论在面对社会发展的制度变化时，首先都是描述性的，试图用传统的理论将新问题对号入座。"①对于逝者个人信息权益保护的研究也无外乎此，继承法规制路径、人格权益规制路径等都是该命题的初始讨论范畴。

其一，继承法规制路径。逝者个人信息的范畴十分广泛，既包含财产面向的信息，也包含精神面向的信息。实践中常从合同继受的角度分析逝者个人信息继承问题，此视角下该问题转化为用户与相关网络服务提供者签订的服务协议是否可以继受。依据《民法典》第545条的规定，不得转让的债权有三种，②其中根据合同性质不得转让的债权又包含三种情况：基于个人特别信任关系发生的合同债权；基于特定的债权人行为内容的合同权利；属于从权利的合同债权。

网络服务协议多是网络服务提供者面向不特定多数主体制定的格式合同，并不基于特别信任关系和债权人行为内容而产生，债权具有独立性不属于从合同，法律也并未禁止该类合同转让。依照意思自治原则，若网络服务协议约定合同可以继受或逝者继承人和网络服务提供者均同意合同继受，则应当尊重当事人的选择，但实践中网络服务提供者往往在网络服务协议中明确禁止债权债务转让。③

笔者认为，导致网络服务提供者做出这种选择的原因有二：第一个是出于法律风险的考量。《宪法》规定公民通信秘密受法律保护，信息处理者有维护信息安全的法定义务，④因而其往往不愿冒着承担法律责任的风险向第三人披露其用户的信息。第二个

---

① 李国强：《网络虚拟财产权利在民事权利体系中的定位》，载《政法论丛》2016年第5期。

② 《民法典》第545条第1款规定："债权人可以将债权的全部或者部分转让给第三人，但是有下列情形之一的除外：（一）根据债权性质不得转让；（二）按照当事人约定不得转让；（三）依照法律规定不得转让。"

③ 例如《腾讯微信软件许可及服务协议》第7.1.2条规定："……初始申请注册人不得赠与、借用、租用、转让或售卖微信账号或者以其他方式许可非初始申请注册人使用微信账号。非初始申请注册人不得通过受赠、继承、承租、受让或者其他任何方式使用微信账号。"

④ 《个人信息保护法》第9条规定："个人信息处理者应当对其个人信息处理活动负责，并采取必要措施保障所处理的个人信息的安全。"第51条规定，个人信息处理者有义务"防止未经授权的访问以及个人信息泄露、篡改、丢失"。《网络安全法》第42条第1款规定："网络运营者不得泄露、篡改、毁损其收集的个人信息；未经被收集者同意，不得向他人提供个人信息。但是，经过处理无法识别特定个人且不能复原的除外。"全国人民代表大会常务委员会《关于加强网络信息保护的决定》第3条也规定网络服务提供者不得泄露、篡改、毁损，不得出售或者非法向他人提供业务活动中收集的公民个人电子信息。《刑法》第285条第1款、第2款规定了"非法侵入计算机信息系统罪"和"非法获取计算机信息系统数据罪"，严厉打击非法的入侵计算机行为。

是缺乏利益驱动。当前主要的互联网公司,如微信、QQ、微博、谷歌、脸书、推特等提供的都是网络社交服务,如若允许第三人复制查阅其存储的用户信息,则必然需要进行资质审查,这种无利可图又会增加其成本负担的服务不会得到网络服务提供者认可,因此以单边的网络服务协议禁止债权债务转让是最便捷而有利的选择。

此外,在此问题上网络服务提供者一方最常见的辩护理由还有:允许访问和继承逝者的个人信息可能会背离逝者的隐私期待,但这种观点主张也受到了学者们不同程度的批评。虽然网络服务提供者是客观上控制个人信息数据的主体,但这并不意味着其可以当然成为保护逝者隐私的主导者,相比之下逝者近亲属才是最佳保护人。①

有学者认为,存载个人信息的网络账号在本质上只是一种操作权限。② 笔者认为,在逝者个人信息权益保护语境中,逝者近亲属或其他请求权人欲获得逝者账号并非为获得账号的操作或支配权限,而是为获取账号中存载的信息。存载大量个人信息的逝者账号在一定程度上表征自然人生前画像,具有人格性和身份性,若允许其随意转让会造成身份混淆,因此平台服务协议中的禁止流转条款具有合理性。而对于账号中存载的信息是否可以被继承,目前法律中并未作出规定,理论界对于这一问题存在两种观点。

第一种观点认为逝者个人信息可以继承。因为传统社会中承载个人信息的日记、信件等私人物品可被认定为遗产并被继承人查阅并继承,而在数字社会中只不过是信息载体发生了变化,因此在处理上不应有所区别。③ 然而,该观点忽视了继承逝者的个人信息与继承存储个人信息的有体物并不相同,对于存储电子信息的手机、电脑等有体物,如若逝者生前对其具有所有权,那么其继承人当然有权继承这些有体物并获取其中的照片、备忘录信息等。但真正的逝者个人信息继承指向的是存储在社交账户、电子邮箱中且没有具体对应的有体物的个人信息,与传统社会中的有体物继承存在差异。

第二种观点认为逝者个人信息不能继承。有学者基于个人信息的人格权益属性,认为逝者的个人信息不能作为财产由继承人继承,自然人也不能以遗嘱形式对其进行处分。④ 这种观点具有一定的合理性,随着现代文明的发展,原始的身份继承制度已经为大多数国家或地区所摒弃,对"继承"议题的讨论不再是人格要素,而已被锁定在财产范畴。依据继承法原理和规则,"遗产"是指被继承人"死亡时遗留的个人合法财产"。个人信息权益虽然可能包含财产价值,但本质上是一项人格权益,我国《民法典》

---

① 参见梅夏英、许可:《虚拟财产继承的理论与立法问题》,载《法学家》2013 年第 6 期。

② 参见劳东燕:《个人数据的刑法保护模式》,载《比较法研究》2020 年第 5 期。

③ See MO Mackenrodt, *Digital Inheritance in Germany*, Mark-Oliver Mackenrodt Journal of European Consumer and Market Law, Vol. 7:1, p. 41 –47 (2018).

④ 参见程啸:《论死者个人信息的保护》,载《法学评论》2021 年第 5 期。

规定人格权不得继承，[①]因而个人信息也不能继承。

我国人格权制度采取"一元保护主义"模式，通过人格权实现对财产利益与精神利益的共同保护。即使在坚持该模式的情况下，人格财产利益的处理规则也仍不明确，有学者认为逝者人格财产利益可以被继承[②]，也有学者主张在现行的规范体系下不宜承认人格财产利益的可继承性，可以通过不当得利返还请求权的引入来迎合逝者人格利益保护的现实需求。[③] 事实上，还有学者认为采用"一元保护主义"模式解决个人信息的积极利用问题具有文义上的内在矛盾，但将个人信息视为完全的财产或商品，又具有过度让与的非正义性，因此可认为其类似"有限的财产权"，可有限继承。[④]

总而言之，继承人能否继承逝者信息中的人格财产利益还存在争议。又鉴于"人格权概念的模糊性和开放性，还会导致权利边界的不确定性大大增加，法律结果的可预期性较弱"[⑤]。因此，作为人格权益的个人信息即使承载财产价值，也并不意味着当然能被继承，其还面临着法律规范逻辑自洽问题。综上，笔者认为目前依照原有的继承法规则和思路并不能为逝者个人信息保护提供明确的指引。

其二，人格权益规制路径。在此规制路径上，可以从义务设定与权利救济两个角度看待逝者个人信息权益的保护。一方面，从义务设定的角度来看，网络服务平台、国家机关等信息控制者、逝者继承人等都应当负担逝者个人信息权益保护义务。其中，网络企业的强势地位决定了其应该承担更多的信义义务。[⑥] 作为信息的实际控制人，其对逝者个人信息的妥善对待义务应包含两方面：一是消极保护义务，即在无法律正当化事由时，[⑦]保障逝者个人信息不被泄露、滥用、曲解、篡改等；[⑧]二是积极配合义务，即在存在披露信息的合法事由时，实际控制人应当积极配合特定主体获取个人信息。

另一方面，从权利救济的角度来看，我国《民法典》第 994 条为保护逝者的人格权益

---

① 《民法典》第 992 条规定："人格权不得放弃、转让或者继承。"

② 参见张红：《民法典之肖像权立法论》，载《学术研究》2019 年第 9 期。

③ 参见赵轩毅：《论死者人格财产利益保护的请求权基础及其内在限度》，载《学术交流》2020 年第 6 期。

④ 参见向秦、高富平：《论个人信息权益的财产属性》，载《南京社会科学》2022 年第 2 期。

⑤ 包晓丽：《数据产权保护的法律路径》，载《中国政法大学学报》2021 年第 3 期。

⑥ 参见吴伟光：《平台组织内网络企业对个人信息保护的信义义务》，载《中国法学》2021 年第 6 期。

⑦ 如《民法典》第 999 条规定："为公共利益实施新闻报道、舆论监督等行为的，可以合理使用民事主体的姓名、名称、肖像、个人信息等；使用不合理侵害民事主体人格权的，应当依法承担民事责任。"

⑧ 体现在《民法典》第 1038 条规定："信息处理者不得泄露或者篡改其收集、存储的个人信息；未经自然人同意，不得向他人非法提供其个人信息，但是经过加工无法识别特定个人且不能复原的除外。信息处理者应当采取技术措施和其他必要措施，确保其收集、存储的个人信息安全，防止信息泄露、篡改、丢失；发生或者可能发生个人信息泄露、篡改、丢失的，应当及时采取补救措施，按照规定告知自然人并向有关主管部门报告。"第 1039 条规定："国家机关、承担行政职能的法定机构及其工作人员对于履行职责过程中知悉的自然人的隐私和个人信息，应当予以保密，不得泄露或者向他人非法提供。"

提供了救济途径,第185条还对英雄烈士作出了相关规定。① 虽然前者未明确指出侵害逝者的"个人信息"需要承担民事责任,但该条文表述上以"等"字兜底,客观上为逝者其他个人信息的纳入提供了法律解释的空间。事实上,最高人民法院在敏感个人信息处理的相关司法解释中已规定违法或违约处理逝者人脸信息可适用《民法典》第994条的规定。② 因此,在逝者的个人信息受到侵害时,其近亲属可以依《民法典》第994条向侵权人提起诉讼,但总的来说这只是一种消极的防御性保护,可能存在疏漏,例如,在未构成侵权而只是逝者个人信息记录不准确时,利害关系人的权益可能难以得到救济。

可以看出逝者个人信息既涉及人格利益(逝者私生活信息),又涉及财产利益(账号继承)的问题,这是由逝者个人信息利益复合性的特征决定的,传统保护模式要么从继承法的角度解决财产利益归属问题,要么从人格权角度倾向于事后保护,均具有一定的局限性,因此《个人信息保护法》又进行了新的探索和尝试。

我国《个人信息保护法》经历三次审议并于2021年11月正式实施,从制定历程上看,无论是各个专家学者建议稿还是2020年10月21日公布的《个人信息保护法(草案)》第一次审议稿,均没有对逝者个人信息保护问题进行规定。2021年4月底,为了回应社会公众的诉求以及与《民法典》第994条对逝者人格利益保护的规则相衔接,二审稿在第四章第49条新增规定:自然人死亡后,其近亲属可以行使本章规定的相关权利。从而提供了一种更为积极主动的保护方式。

此外,从立法目的角度解读,笔者认为,《个人信息保护法(草案二次审议稿)》第49条倾向于对逝者的直接保护,其没有将逝者权益当作维护生者权益的工具或媒介,而是承认逝者人格权益的独立性,极大地维护了逝者的尊严。但是,该规则仍有欠妥之处:一是未能充分考虑逝者的生前意愿。在涉财产关系的遗嘱继承中,即便逝者的意愿可能与生者利益相悖(如毁灭财产的处分),其大多数情况下也均会被承认。同样,逝者生前对存储于网络空间的个人信息的事先安排也应作为优先考量的因素。二是未规定近亲属行使权利的限制。若近亲属可以在不附加任何条件的情况下主张权利,则不仅会增加信息获取协助者的经营成本负担,有害于效益原则,而且可能会导致权利的滥用,损害第三人甚至社会公共利益,有过度保护的嫌疑,可能影响信息流转。

最终出台的《个人信息保护法》第49条在听取各方建议的基础上对近亲属行使权利的目的、权利内容和优先考量因素三个方面进行了限制。首先,"为了自身的合法、正当利益"的要求表明立法的价值目标发生转移,即从关注逝者变为保护生者,以维护逝

① 《民法典》第185条规定:"侵害英雄烈士等的姓名、肖像、名誉、荣誉,损害社会公共利益的,应当承担民事责任。"

② 最高人民法院《关于审理使用人脸识别技术处理个人信息相关民事案件适用法律若干问题的规定》第15条规定:"自然人死亡后,信息处理者违反法律、行政法规的规定或者双方的约定处理人脸信息,死者的近亲属依据民法典第九百九十四条请求信息处理者承担民事责任的,适用本规定。"

者近亲属的利益为落脚点。其次，就权利内容而言，《个人信息保护法（草案二次审议稿）》列明近亲属可行使查询权、复制权、更正请求权和删除请求权四项权利，并以“等”字兜底，为其他权利的行使留下解释的空间以满足社会发展的需求。最后，“死者生前另有安排”成为近亲属对逝者相关信息行使权利的例外规定。这表明自然人对其死后个人信息的处理做出的安排将优先于近亲属的诉求，此种安排包括但不限于死后删除所有个人信息，允许部分人查看留存于特定空间的信息，指定由近亲属或其他特定人处理其个人信息等。

（三）逝者个人信息权益保护的最新动态

欧洲在早期几乎没有将逝者数据纳入保护的任何考虑。20 世纪 80 年代初，保护逝者健康数据的提议走进人们的视野，但最终只停留在咨询性建议层面。事实上，直到 20 世纪 90 年代初，欧洲才真正出现了将逝者数据（部分）纳入法定数据保护的明确规范。在 DPD 时代，数据立法中保护逝者的国家或地区数量增加到了 9 个。这些发展突出表明，为维护逝者和生者的尊严、自主和亲密关系，欧洲数据保护确实需要对逝者进行一定关照。

2018 年 GDPR 的全面实施为“不保护逝者数据”定下基调，尽管在欧洲议会的委员会程序中，一些议会议员也曾提议应当明确对逝者的保护，只不过这些建议最终均未被采纳。但这些议案至少表明，在未来相当长的一段时间内，欧盟将不可能就逝者数据保护达成具有约束力的协议。另外，通过与生者建立联结的间接保护路径也再难走通，正如部分学者批评的那样：过分强调个人数据之间的相互关联有可能破坏这一概念的稳定性，甚至导致数据保护成为“一切的法则”。①

随着实践的发展，人们越来越认识到生者与逝者利益之间的复杂联系，也越来越重视为逝者数据建立某种明确的、直接的保护。有学者认为由于数据具有关联性，所以欧盟 GDPR 排除对逝者数据保护的规定并没有太大的意义，换句话说，GDPR 也保护逝者的数据，只不过这种保护是一种间接保护，通过与活着的自然人建立联系来实现。但学者也指出过分强调个人数据的关联性特征，有可能进一步破坏一般个人数据概念的稳定性，所以提议起草一份关于直接保护逝者数据的“软”建议，且这一方案不仅要在学术研究成果中汲取营养，还要参考现有的各国具体立法，以明确具体的数据保护控制权和保护期限，平衡各种社会权利和利益。② 目前，有些社会学和社会法律工作者将研究的重点转向了如何实际有效地管理逝者信息，特别是由大型在线平台实施的管理。总

---

① See Purtova, Nadezhda, *The Law of Everything. Broad Concept of Personal Data and Future of EU Data Protection Law*, Law, Innovation and Technology, Vol. 10:1, p. 40 – 81 (2018).

② See Erdos David, *Dead Ringers? Legal Persons and the Deceased in European Data Protection Law*, Computer Law & Security Review, Vol. 40, p. 1 – 21 (2021).

体来看,未来欧洲数据保护在逝者数据方面的探索将会持续发展并保持活跃。

在美国,《加利福尼亚州消费者隐私法案》并没有授予逝者的个人代表根据其意愿控制个人数据的权利,但基于时代的深刻变革,逝后数据隐私对于可以汇总和挖掘数据的公司和政府的价值意义在逐步提升,如果现有的法律仍未对企业处理逝者数据给予任何限制,那么在个人逝世后,不道德使用个人信息的可能性必然会持续增加。因此,即使逝者肯定不会在乎是否有人发现他们在谷歌上搜索了令人尴尬的个人信息,无法在网上获得非常具体的定向广告,且不再受到个人身份信息数据泄露的影响,学者凯特·C. 阿什利也仍极力主张数据隐私权应在死后延伸,并且指出加利福尼亚州应当身先士卒,以《加利福尼亚州消费者隐私法案》的形式创建死后数据隐私权,同时与行业贸易团体和行业领袖(如脸书和谷歌)合作,为其他州未来的数据隐私立法以及联邦政府的一系列法律保护做出表率。[①] 可以看出,为维护美国社会纪念和尊重逝者的文化信仰,并且积极适应数字时代的新挑战,尊重和保护逝者数据隐私已成为必然选择。

就我国而言,由于逝者个人信息具有利益复合性特征,我国传统保护模式还有进步空间。一方面,在继承法保护路径下,逝者的个人信息财产利益是否可适用继承规则、网络服务者的格式合同阻力如何化解等问题仍不明朗,而这些问题最终都可以回溯到法律对于个人信息所承载的财产利益的处理态度上,是一项尚需深入讨论与研究的命题。

另一方面,人格权益路径保护则过于消极,不能为逝者个人信息提供一套清晰完整、贯彻始终的保护机制。事实上,很多传统大陆法系国家或地区均以侵权法路径保护人格权,侧重于关照事后救济。但是随着智慧化社会的到来,隐私权益可能面临多个侵权主体,侵权过程也不易辨识,传统侵权法难以回应信息与网络时代带来的复杂性、系统性威胁,[②]而且精神性人格权益的经济效益日益显现,仅保护权益不受侵害的消极被动路径已然不能适应社会发展需要,因此我国《民法典》将人格权编与侵权责任编并立,是为了达至对人格权的确权与保护的功效,也是为了兼顾其消极防御与积极利用面向。[③] 同样,对逝者个人信息的保护也要考虑其积极利用方面。

需要注意的是,随着现代化进程的加快,事实上不仅人格权财产化趋势愈发明显,财产权在逻辑内核上也能包含精神利益,只不过依照主体自由意志作用对象不同而划分的人格权与财产权中所包含的精神与财产利益的比例不同罢了,因此严格的人格与

---

① See Kate C. Ashley, *Data of the dead: Proposal for Protecting Posthumous Data Privacy*, William & Mary Law Review, Vol. 62:2, p. 649 – 682 (2020).

② 参见丁晓东:《个人信息私法保护的困境与出路》,载《法学研究》2018 年第 6 期。

③ 参见王利明:《民法典人格权编的亮点与创新》,载《中国法学》2020 年第 4 期。

财产权利区分已成为过去式。① 而《个人信息保护法》的现有条款允许近亲属对逝者个人信息主张权利,并不等于赋予近亲属对逝者账号及其存载内容的继承权,立法的这种安排似乎在有意规避对逝者信息利益是否适用财产保护规则这一问题的探讨,转而从实践操作层面指引了一条行使逝者个人信息权能的合理路径。

总体而言,从《个人信息保护法(草案二次审议稿)》提出近亲属可以针对逝者个人信息行使权利,到最终《个人信息保护法》对具体行权条件进行细化,可以看出目前立法者在个人信息主体权利乃至数据权益问题上的审慎态度。这一规则在一定程度上弥补了法律空白,体现了个人信息保护范围的扩张趋势,但是为防止这一范围的无限扩张,立法通过设定前提条件的方式对行使个人信息的场景和主体进行限定,以尽可能确保逝者个人信息落入法律所认可的必要保护范围,这一做法是值得肯定的。目前,如何使其与《民法典》人格权益保护内容相衔接,如何推动其有效落地实施以及引导个人信息处理者积极探索应对之道,是我们接下来需要着力解决的问题。

三、逝者个人信息权益保护的理论支点重构

前文已述,保护逝者个人信息权益具有现实必要性。虽然斯人已逝,但可以进行身份识别的信息仍然存在,自然人的个人信息安全风险不会随着生命的逝去而消亡,故自然人去世后,其个人信息不能处于无处安放的状态。在互联网环境下,用户离世后遗留在虚拟空间的个人信息仍有被侵犯的风险,基于维护尊严与自主的需要,个人对自身逝世后的信息受到保护存在合理期待,逝者近亲属由于身份勾连,也对逝者个人信息存在诉求。但当下学界并无针对上述问题的系统性研究,部分法律规定也缺乏可操作性,我国《个人信息保护法》第 49 条从维护逝者近亲属权利的角度出发,事实上并未将逝者个人信息纳入《个人信息保护法》的规制范畴,只不过客观上也能达到保护逝者个人信息权益的效果,因而深研逝者个人信息权益保护的法理与实现路径确有必要。

具体而言,逝者个人信息权益保护命题上还需深入研究的问题包括但不限于以下几点:逝者个人信息权益保护请求权的行使主体范围和顺序为何?权利内容、行使方式及程序是什么?救济和保护期限如何把握?只有厘清和解决有关逝者个人信息权益保护的法律规则在运行过程中存在的问题,才能密织个人信息保护法网,完善逝者个人信息的处理规则,营造更加和谐有序的网络环境,推动信息产业的健康发展。

(一)逝者个人信息权益保护的价值目标

逝者个人信息权益保护的价值目标,即为"生者"计还是为"逝者"计的问题,是逝

---

① 有学者指出,根据主体自由意志作用对象的不同可以把权利分为两大类:对内作用于意志者本人产生人格权,对外作用于物和他人则产生财产权(物权和债权)。人格权与财产权逻辑内核中均兼具精神利益和财产利益的保护。参见姜福晓:《人格权财产化和财产权人格化理论困境的剖析与破解》,载《法学家》2016 年第 2 期。

者个人信息权益保护的基础性问题。对该问题的探讨可以从传统的逝者人格权益保护的角度入手。为了不与现行的民事理论相冲突,实现法律解释路径上的逻辑自洽,逝者人格权益保护的价值目标经历了动态流变。

我国对逝者人格利益的保护研究始于1987年的“荷花女案”①,此后各种法律和司法解释的出台以及案件的判决都为逝者人格利益保护提供了有力的支撑。② 在逝者人格权益保护的相关讨论中,民事权利能力制度始终是一个障碍,在理论上,大陆法系认为民事权利能力始于出生终于死亡,自然人一旦死亡,其人格权也便不复存在。③ 我国《民法典》第13条④规定,自然人死亡后不再享有人格权。虽然有学者认为,正是由于权利能力制度的滞后性,才导致利益主体缺位状态下胎儿与逝者保护的力有不逮,⑤但是权利能力制度作为根基性理论,不能轻言更改或放弃。因此,对于逝者人格权益的保护总因欠缺理论解释力而搁浅。

然而,随着人格尊严价值的提升以及逝者精神利益侵害案件的层出不穷,以法律途径保护逝者人格利益已逐渐被我国学界所接受。只不过其中一部分学者主张逝者不是民事主体,不享有民事权利,保护逝者的人格利益应该通过保护生者人格权或公共利益的方式来实现;而另一部分学者主张自然人过世后仍然享有人格权利或利益,法律应当

---

① 在“荷花女案”中,原告陈某琴系已故曲艺演员吉某贞(艺名荷花女)之母。吉某贞自幼随父学艺,有一定名声,19岁时病故。被告魏某林于1987年将其创作的以吉某贞为原型的小说《荷花女》投稿于《今晚报》。原告以小说内容及插图有损吉某贞名誉为由诉至法院。在审理中,被告辩称,吉某贞本人已故,保护死者名誉权没有法律根据,原告陈某琴与本案无直接利害关系,无权起诉。本案一、二审均判决被告承担民事责任。

② 在1989年最高人民法院《关于死亡人的名誉权应受法律保护的函》(已失效)中,最高人民法院首先承认死者享有名誉权,认为理应依法予以保护。在1990年最高人民法院《关于范某莲诉敬某祥等侵害海灯法师名誉权一案有关诉讼程序问题的复函》中,最高人民法院也明确认定海灯死亡后,其名誉权应依法保护,作为海灯养子的范某莲有权向人民法院提起诉讼。1993年最高人民法院《关于审理名誉权案件若干问题的解答》(法发〔1993〕15号,已失效)第5条规定:“死者名誉受到损害的,其近亲属有权向人民法院起诉。近亲属包括:配偶、父母、子女、兄弟姐妹、祖父母、外祖父母、孙子女、外孙子女。”2001年最高人民法院《关于确定民事侵权精神损害赔偿责任若干问题的解释》(法释〔2001〕7号,已被修改)第3条规定:“自然人死亡后,其近亲属因下列侵权行为遭受精神痛苦,向人民法院起诉请求赔偿精神损害的,人民法院应当依法予以受理:(一)以侮辱、诽谤、贬损、丑化或者违反社会公共利益、社会公德的其他方式,侵害死者姓名、肖像、名誉、荣誉;(二)非法披露、利用死者隐私,或者以违反社会公共利益、社会公德的其他方式侵害死者隐私……”

③ 参见王泽鉴:《人格权法:法释义学、比较法、案例研究》,北京大学出版社2013年版,第298页。

④ 《民法典》第13条规定:“自然人从出生时起到死亡时止,具有民事权利能力,依法享有民事权利,承担民事义务。”

⑤ 参见张善斌:《权利能力论》,中国社会科学出版社2016年版,第159页。

直接对其进行保护。前者可归为间接保护模式,[①]后者则可归为直接保护模式。[②]

当下学界对于逝者人格权益保护的价值立场还未达成共识,依据通说即"近亲属权益保护说"[③]理论,法律保护的客体应为逝者近亲属的名誉、敬仰追思之情。如曹相见认为,逝者不存在"人格",逝者利益无须保护,但其从认识论的角度出发,认为自然人死亡后便成为符号世界的一部分,逝者"人格"是关于逝者的认知符号,包含公共利益也包含近亲属的祭奠和追思利益(个人利益),这些利益应受法律保护。[④]

《民法典》实施之后,一些学者开始质疑间接保护模式的通说立场,转而支持直接保护模式,认为保护逝者自身的人格利益才是立法的根本目标定位。例如,齐晓丹认为《民法典》第994条表明,逝者享有人格利益,但不享有人格权,逝者的配偶、子女、父母既可以基于自身也可以基于逝者的人格利益受损而请求行为人承担民事责任。[⑤] 刘云生从法律文本和文化的角度出发,认为《民法典》的规定表明逝者的权益已不再是一种工具或媒介,其人格权益保护具有独立性。[⑥] 也有学者尝试通过构建"约束状态"理论来弥合权利概念以及权利能力制度解释力的不足,以达致对特殊利益主体保护之目的。[⑦]

上述两种模式指向的逝者人格权益保护的价值立场存在差异,间接保护模式以维护生者或社会公共利益为目标,直接保护模式则重在为"逝者"计,在逝者人格权益保护模式尚存争议的情况下,其价值立场也始终未能确定。可见,传统逝者人格权益保护的价值立场尚存分歧。

毫无疑问,当我们将目光转向逝者个人信息这一特殊人格要素时,依然首先要回答保护客体为何的问题。前文已述,从法律规则演变来看,《个人信息保护法(草案二次

---

① 间接保护模式包括"近亲属权利保护说""近亲属权益兼顾公共利益说"等。参见葛云松:《死者生前人格利益的民法保护》,载《比较法研究》2002年第4期;张善斌:《死者人格利益保护的理论基础和立法选择》,载《江汉论坛》2016年第12期。

② 直接保护模式包括"死者权利保护说""死者人格利益保护说""死者部分权利能力保护说"等。参见[美]柯尔斯登R.斯莫伦斯基:《死者的权利》,张平华、曹相见译,载《法学论坛》2014年第1期;代瑞:《死者生前人格利益民法保护新探》,载《法学杂志》2009年第2期;刘召成:《部分权利能力制度的构建》,载《法学研究》2012年第5期;杨立新:《〈民法总则〉中部分民事权利能力的概念界定及理论基础》,载《法学》2017年第5期。

③ 又可分为近亲属名誉保护说和近亲属祭奠或追思利益保护说。

④ 参见曹相见:《死者"人格"的规范本质与体系保护》,载《法学家》2021年第2期。

⑤ 参见齐晓丹:《〈民法典〉人格权编理解与适用应注意的十个问题》,载《法律适用》2020年第17期。

⑥ 参见刘云生:《民法典的民族性表达与死者的人格权益保护——〈民法典〉第994条的文化解释》,载《法商研究》2021年第2期。

⑦ 陈帮峰指出,无利益主体的利益也可受法律保护,该利益处于一种"约束状态",是一种得到法律调整的状态,而不是自然状态或法外空间。"权利"与"约束状态"两套概念体系并驾齐驱,可以很好地化解权利概念在这种利益主体未确定存在的场合欠缺解释力的问题。参见陈帮锋:《主观权利概念之理论检讨——以胎儿的民事权利能力问题为中心》,载《法学研究》2021年第5期。

审议稿)》规定逝者近亲属可以在自然人离世后行使其在个人信息处理活动中的权利,采用的是直接保护模式,即认为逝者存在受法律保护的权利和利益,但这与我国民法基础理论相冲突,在强调只保护"现世"主体的权利能力制度下,逝者难有个人信息权利或利益。原因在于:一方面,由于自然人在个人信息上享有的利益目前尚未在法律中实现真正确权,故逝者的"个人信息权利"也无从谈起;另一方面,利益作为"一种主客体关系范畴"①,也需要主体承载,具有主体指向性。因此主张人格利益或信息权益可以在逝后"幸存",即逝者法益保护说②或延伸保护说③的观点也难以自圆其说。

立法者或许注意到了上述问题,并为实现逝者个人信息保护与法律传统理论的逻辑自洽,最终出台的《个人信息保护法》从维护逝者近亲属权益的角度出发作出规定,事实上并未将逝者个人信息纳入该法规制范畴,只不过客观上达至了保护逝者个人信息权益的效果。可以看出,在逝者个人信息保护问题中,我国立法选择上倾向于采取间接保护形式,理论上推断采纳的是"近亲属权益保护说",即该规则的目标定位是为"生者"计。

但值得注意的是,即使是支持间接保护模式的学者,其在论述中也常使用"逝者权利""逝者人格利益"的表述,这无疑与其观点主张相悖。虽然有学者指出这种表述并无实际意义,如齐晓霞等认为"逝者权利"是一个不具有任何内涵和外延的虚构概念,④但笔者认为,这种矛盾性昭示着一种潜在的理论缺陷,逝者的确存在某种应受保护的伦理"人格"或价值,但在法律上却不能以"权利"或"利益"称之。为解决司法上的难题而引入的"近亲属权益保护说"看似是一种比较稳妥的法律续造的方法,但也并非没有瑕疵。批评者认为此学说模糊了逝者"人格"与近亲属人格之间的界限,虽然二者之间具有一定关联性,但并非完全等同,甚至存在近亲属为自身利益损害逝者"人格"的可能。⑤ 法律价值之实质乃凝结在法律中的人们对法律的欲求,⑥"近亲属权益保护说"是

---

① 武步云:《人本法学的哲学探究》,法律出版社2008年版,第84页。

② 逝者法益保护说认为,自然人离世后不再具有人身权利,但其某些人身法益继续存在,法律出于维护社会道德和近亲属的感情以及维护社会公共利益的需要,有必要保护逝者人格利益。参见王利明:《人格权法研究》(第3版),中国人民大学出版社2018年版,第172~173页;杨立新:《人身权法论》,中国检察出版社1996年版,第273页。

③ 延伸保护说认为,在民事主体诞生前和死亡后,存在与人身权利相区别的先期法益和延续法益,这两种法益与人身权利相互衔接构成民事主体完整的人身利益。参见杨立新、王海英、孙博:《人身权的延伸法律保护》,载《法学研究》1995年第2期。杨立新虽然在其著作中将法益保护说和其自己提出的延伸保护说并列为不同的学说,但其实质主张几乎完全一样,只不过杨立新先生将死者保护和胎儿保护一并考察后提出了一个抽象的人身权延伸保护理论。参见葛云松:《死者生前人格利益的民法保护》,载《比较法研究》2002年第4期。

④ 参见王小玉、齐晓霞:《论死者生前权益的法律保护》,载《法学论坛》2002年第4期。

⑤ 参见刘召成:《死者人格保护的比较与选择:直接保护理论的确立》,载《河北法学》2013年第10期。

⑥ 参见齐延平:《人权与法治》,山东人民出版社2003年版,第197~202页。

为保护逝者而引入,但某些情况下并不能实现保护逝者“人格”之目的,即无法实现所求之法律价值。

笔者认为,按照历史唯物主义的观点,自然人生前之人格利益应属于客观范畴,其表现为客观世界对人的生存与发展的积极意义,且此意义不以主体能否感知为前提。从法学角度来看,认识利益的客观性有利于人们根据社会发展规律来管理社会。① 逝者的“人格”并非指自然人离世后各种客观要件或因素对其生存与发展需要的满足,而指其生前客观存在的人格利益,即前文所述尊严与自主利益。逝者的尊严与自主价值具有客观存在性和专属性,不会因自然人的离世而消灭或转移为近亲属的利益。因此,逝者应存在受保护之“人格”,我国《民法典》第 994 条规定逝者的而非任何他人的姓名、肖像、名誉、隐私等要素受到侵害时近亲属才有权起诉的规则,也暗示此点。

然而,自然人离世后没有了意志自由,也不再有行使权利的行为自由,按照现有理论很难再给予保护,有学者将逝者“人格”看作一种“认知符号”或“生命痕迹”,有的则认为其是一种区别于法律权利的“道德权利”,②这些都是为解释难题而作出的有益尝试。追本溯源,笔者认为造成这种困局的主要原因是对形式理性的过度追求。

出于传统社会伦理道德的要求,逝者也具有隐私不被泄露、个人信息不被非法滥用的现实需要,但目前来看,以维护近亲属权益为出发点的间接保护模式更具有解释上的优越性,是一种更稳健的立法选择。

(二)逝者个人信息权益保护的行权主体理论再造

谁有权获得、管理和请求保护逝者的个人信息,即保护请求权的行使主体问题是逝者个人信息权益保护的先行问题。整体来看,逝者个人信息权益保护的行权主体理论再造要解决以下两个问题:其一,行权主体的范畴为何?其二,多个行权主体同时要求行使权利时的处理规则为何?

第一,就逝者个人信息权益保护行权主体范围而言,从人格权益保护的角度来看,无论在实体法还是在程序法上,逝者的配偶、子女、父母等近亲属都是逝者人格权益保护中的正当维权者。近亲属在此有双重身份:在逝者人格利益遭受侵害时,其获得代为提起诉讼的程序性诉权;基于与逝者的“生—死”关联,近亲属也可以以自身人格权利受侵害为由寻求独立保护。近亲属与逝者之间存在密切的情感联结,因此现行法中的请求权主体设置具有一定的合理性。然而,也有部分学者主张应当拓展逝者个人信息保护的行权主体范围,如张红、张善斌、王叶刚均主张在立法中加入“其他与逝者关系密

① 参见孙国华主编:《法理学教程》,中国人民大学出版社 1994 年版,第 86 页。

② 分别参见曹相见:《死者“人格”的规范本质与体系保护》,载《法学家》2021 年第 2 期;陈信勇:《论对死者生命痕迹的法律保护——兼与孙加锋同志商榷》,载《法律科学》1992 年第 3 期;陈林林、陈杰:《〈民法典〉保护死者人格利益的法理基础——兼论近亲属权益保护说的理论困境及其解释论分析》,载《广西社会科学》2021 年第 2 期。

切的人”。再如,朱晓峰认为逝者人格利益保护行权主体范围的确定应当结合当事人的意志,可以进行适当扩展。①

具体到逝者个人信息权益保护问题,《个人信息保护法》第 49 条规定的行权主体是逝者“近亲属”,即《民法典》规定的八类近亲属。② 但是,除了近亲属外的其他与逝者存在特定关系的人是否应具有请求权呢?如与逝者具有一定人身关系的主体,如恋人、未婚妻(夫)等是否有权获取保存于逝者账号中与自己相关的信息?

有学者认为,《民法典》对逝者人格权益的保护是一种只有被侵害后才能主张的事后救济,具有被动性。而《个人信息保护法》提供的保护却是一种积极保护,即权利人可随时要求个人信息处理者协助其复制、查阅逝者信息。基于此差别,逝者个人信息保护的权利主体范围应当受到限制。实践中,不同网络服务提供者对于用户死亡后的信息权利行使主体的规定也略有差异;有的明确只有逝者近亲属有权行使法律规定的正当权益;有的则模糊地指出“可能的您的监护人、近亲属及其他有权主体”都可以提出权利请求,如上述表 11－2 中淘宝、高德地图、优酷视频的隐私政策中均如是规定。综上,无论是为寻求各方权益之间的平衡,还是为给予各网络平台以统一指引,都需要进一步厘清逝者个人信息权益保护的行权主体范畴的依据,明确行权主体范围是否有必要扩张。

第二,在逝者人格权益保护行权顺位问题上,《民法典》第 994 条规定逝者的配偶、子女、父母可优先提起诉讼,在没有上述近亲属时其他近亲属才能主张权利。《民法典》在逝者人格权益保护行权问题上设置了顺位,这更多是出于权利主体与逝者亲疏远近关系的考量。如果未规定行权顺位不仅可能在实体法上引发各请求权主体行使权利的冲突,如有的主体请求删除逝者个人信息,而其他主体则请求保留;而且在程序法上也可能造成相关问题,如不同主体在不同时间向不同地点的法院提起诉讼而引发的管辖与审理问题。

但是,也有学者主张不应为逝者人格权益保护请求权行使设定顺位,一方面,在逝者精神性人格利益受侵害时,允许所有近亲属享有均等的、无先后顺位的请求权更有利于对逝者全方位保护,可有效避免法律上第一顺位权利人怠于行使权利或无法行使权利进而导致逝者人格权益不能得到有效保护的问题;此外,配偶、父母、子女虽是一般意义上与逝者情感联系最紧密的人,但是其不能完全代替其他近亲属的精神痛苦,设置权利行使顺位可能剥夺其他近亲属作为受害人提起诉讼的权利,即其他近亲属因为逝者

---

① 参见朱晓峰:《论一般人格权条款与具体人格权条款的规范适用关系》,载《比较法研究》2021 年第 3 期。

② 《民法典》第 1045 条第 2 款规定:“配偶、父母、子女、兄弟姐妹、祖父母、外祖父母、孙子女、外孙子女为近亲属。”

人格权益受侵害而遭受的精神痛苦无法得到抚慰。另一方面,有学者主张在逝者的财产性人格利益受损时,应当由逝者的继承人自主选择是否设置请求权的行使顺位,法律不应干涉。① 当下,《个人信息保护法》第 49 条是否适用《民法典》第 994 条的顺位规则尚不明晰,因此逝者个人信息权益保护行权主体理论再造行之必要。

(三)逝者个人信息权益保护内容完善的理论逻辑

对逝者个人信息权益保护行使条件与内容的完善,有助于推动逝者个人信息保护条款的落地实施。《个人信息保护法》第 49 条针对自然人可以对其过世后的个人信息进行何种安排,以及其近亲属可以行使哪些保护请求权的规定并不明晰,需要进一步厘清。

一方面,"死者生前另有安排"还需条件限定。逝者生前对个人信息处理的安排作为一种自由意志的体现,应当受到充分的尊重与保护,但与此同时,由于逝者个人信息利益的复合性,我们也应当意识到这种自由意志可能会面临多种价值冲突与抉择,理应受到限制与约束。因此,实践中并不能给予《个人信息保护法》第 49 条言及的"死者生前另有安排"无条件的全部尊重与满足,现实中还应考虑以下因素:

第一,是否与网络服务提供者的利益相冲突。逝者可能基于情感需要而希望将其留存于网络账户中的个人信息传递给近亲属或他人,但由上文可知,当下各大网络平台往往在其提供的数字产品服务协议中规定网络服务账号的使用权仅归属于初始注册人,那么若自然人允许他人在其死后登录账户获取信息或继续使用该账号,是否会有损平台权益?

第二,是否与其他公民的利益相冲突。逝者遗留在虚拟空间中的信息不仅指涉个人的隐私也可能包含他人的隐私,如社交网站和即时通讯的聊天记录以及逝者邮箱中的他人来信,这些信息可能涉及他人隐私,若用户允许其近亲属在其死后查看相关信息,那便可能侵犯第三人的隐私,甚至有可能侵犯通信秘密。

第三,是否与部分近亲属的利益相冲突。如果逝者生前指定由特定的人来行使对其个人信息的权利,如逝者生前明确指定由其配偶或者子女来行使查阅、复制等权利,那么在这种情形下,其他的近亲属为了维护自身利益,是否还能进行相关权利主张?上述问题均关乎"死者生前另有安排"的效力,但却无法在现行法律规则中找到明确答案,因此仍需要继续探索和完善。

另一方面,逝者近亲属行权内容与条件的再厘清。在学理上,已有不少学者对生者的个人信息权利进行理论证成并对其内容进行体系化划分,如叶名怡认为个人信息权

---

① 参见王叶刚:《论侵害死者人格利益的请求权主体——兼评〈民法典〉第 994 条》,载《清华法学》2021 年第 1 期;张红:《死者人格精神利益保护:案例比较与法官造法》,载《法商研究》2010 年第 4 期。

是权能体系，可划分为以知情同意权为基础的积极权能和以删除权为代表的消极权能。[①] 在法律规定上，《民法典》从基本法层面规定了信息主体所享有的各项权利：第1035条第1款第1项规定了处理个人信息的同意权；第1037条规定了查阅权、复制权、更正权和删除权。除此之外，《个人信息保护法》第四章全面系统地规定了个人在个人信息处理活动中的各项权利。[②] 上述种种虽谓之“权利”，但实为“权能”，要依赖于“个人信息权”才能存在，只不过由于使用习惯和称呼方便，才称之为“权利”。[③]

《个人信息保护法》明确列举了逝者近亲属在逝者个人信息保护方面拥有四项权利，并以“等”字兜底，为其他权利的行使留下了空间，即可能行使《个人信息保护法》第四章规定的所有权利。这些权利是一种权能体系，既可以预防因他人不当使用造成信息主体被物化的风险，又可以主动利用以获取利益。这一权能体系可以进一步被划分为积极性权能和消极性权能，前者以知情同意权为代表，后者以更正删除权为表征。

自然人逝世后，上述各项权能的行使应满足何种前提均存在讨论的空间，本章重点分析《个人信息保护法》第49条所指明的查阅复制权与更正删除权。查阅复制权在《民法典》与《个人信息保护法》中均有规定，立法设置该项权利的价值意义显著，其不仅是信息主体知情权的重要体现，是行使信息决定、更正删除等权利的必要前提，而且有利于落实《个人信息保护法》第7条规定的公开透明原则。在逝者个人信息保护语境下，查阅复制权亦具有重要价值。然而，该项权利的行使还需厘清以下事项：

第一，查阅复制权的行使是否以受到或可能受到侵害为必要？有学者基于《民法典》第1037条的规定，认为其行使要满足一般要件，即只有在信息主体的人格权益受到侵害或有受侵害之风险时才能行使，否则会造成对信息主体的过度保护，增加企业合规成本。[④] 第二，行使查阅复制权是否需要支付费用？近亲属查阅复制逝者个人信息确需信息处理者履行协助搜索、提供账户信息等义务，因此不可避免地会增加平台成本支出，故向行使权利者收取费用具有合理性。但也有人认为随着信息技术的发展，查阅复制个人信息的成本将逐渐缩减，甚至可以忽略不计，故不应当收取费用。

更正删除权是消极防御性权利，法律对生者行使更正删除权设定了前提条件。根据《民法典》第1037条的规定，更正权的行使以信息错误为前提，删除权的行使则以信息处理者违反法定或约定义务处理信息为基础。《个人信息保护法》第46条进一步细

---

① 参见叶名怡：《论个人信息权的基本范畴》，载《清华法学》2018年第5期。

② 包括知情权、决定权、限制处理权、查阅和复制权、个人信息可携带权、更正请求权、删除请求权和解释请求权等。

③ 参见申晨：《虚拟财产规则的路径重构》，载《法学家》2016年第1期。

④ 参见高富平、李群涛：《个人信息主体权利的性质和行使规范——〈民法典〉第1037条的解释论展开》，载《上海政法学院学报（法治论丛）》2020年第6期。

化了更正权的内容。[①] 那么,自然人离世后若近亲属对其信息主张权利,是否还需满足以上条件?目前法律法规中并未对此进行明确。

此外,删除权是个人信息权中效力最强的消极权能,其具有维护个人信息自决与信息完整性及准确性的重要价值。逝者近亲属在行使删除权能时可能面对以下问题:若逝者的主体身份特殊,近亲属可否基于自身合法正当之目的删除逝者个人信息?这里的特殊身份者包括影视明星等公众人物,也包括政府官员等,这些主体的个人信息往往涉及公共利益或公众的知情权、监督权,因此需要谨慎权衡。综上,目前《个人信息保护法》第 49 条的规定还较粗糙,需进一步厘清近亲属保护请求权的内容与行使条件,如此方能发挥法律的行为指引作用。

(四)逝者个人信息权益保护实现的程序法理

大数据时代的信息具有无体性,其存储于虚拟网络空间,个人欲获取自然人离世后留存于社交网站或电子邮箱中的数字化文本、音像资料等信息,必然需要相应信息存储平台的配合。个人信息权利的行使与信息处理者配合义务是"一体两面"的关系。自然人过世后,由于法律意义上的权利主体缺失,其个人信息保护请求权的行使需要特殊的制度设计,在此语境下,明晰信息处理者的义务,特别是程序性保障义务尤为重要。个人信息处理者包括非国家机关和国家机关,二者应对信息主体行使个人信息权的方式与程序截然不同,前者具有明显的契约属性,后者则表现为行政职责的履行,逝者个人信息保护旨在抵御前者的侵犯,因此本章不讨论国家机关作为信息处理者的情形。具体而言,逝者个人信息权益保护实现的程序包含两个层面的内容。

第一,需要对逝者实现其自主意志的程序进行安排。逝者生前对于其个人信息的安排类似于财产继承中的遗嘱制度,随着我国社会老龄化进程的加快,以及快速升级换代的现代信息技术及互联网科技、现代金融等对社会认知与认同的不断冲击和改变,[②]公民的遗嘱观念发生了变化,在网络环境下,非国家机关信息处理者应当为逝者的事先安排提供更多便利,以实现对逝者信息数据权益的全方位保护。

根据 2022 年 3 月末发布的《中华遗嘱库白皮书(2021 年度)》,我国青少年公民立遗嘱的趋势显著,自 2017 年后 5 年间,在中华遗嘱库登记的中青年遗嘱总数增长了十余倍,甚至到了 2020 年,"00 后"也加入了立遗嘱的行列。数据显示,2020 年至 2021 年的立遗嘱人群中,"00 后"共有 223 人,可见,遗嘱已不再与老年人或重病人划等号。值得一提的是,在立遗嘱的过程中,"90 后""00 后"纷纷关注到自身的网络信息安全问题,并有意识地将包括支付宝、微信、QQ、游戏账号纳入遗嘱范围。统计发现,青年群体

---

① 包括更正错误信息、补充遗漏信息和更新过时信息。《个人信息保护法》第 46 条第 1 款规定:"个人发现其个人信息不准确或者不完整的,有权请求个人信息处理者更正、补充。"

② 参见李友梅:《当代中国社会治理转型的经验逻辑》,载《中国社会科学》2018 年第 11 期。

通过遗嘱对支付宝、微信、游戏账号等虚拟财产做出处置的现象已屡见不鲜。①

事实上，对于网络空间留存的信息，除了可以利用传统渠道或类似上述中华遗嘱库的第三方机构来进行事先处置外，借助平台技术化手段进行形式创新以实现对个人信息的安排也至关重要。

哔哩哔哩网站虽允许设置“纪念账号”，但只是在为逝者近亲属提供一种选择，快看点 App 虽赋予逝者在悼念账户的设置中可选择“维持账户不变”“去世后删除”“由委托人处理”等选项的权利，但依旧不够全面和完善，无法满足自然人对逝后个人信息自主安排的需求。

第二，也需要为保障逝者近亲属的权利实现提供程序遵照。个人信息处理者中的非国家机关在现实中多表现为社交性互联网平台，即以促进人与人之间的交流互通为目的创设的网上平台，如电子邮箱或各种聊天、交友平台等。在我国立法已明确近亲属有权对逝者个人信息行使部分权利的背景下，这些网络服务提供者应当如何保障上述权利实现呢？

为了协助逝者近亲属行使查阅复制权与更正删除权，网络服务提供者应当建立响应机制或为近亲属行使权利提供程序遵照，例如审查自然人的死亡证明、亲属关系证明，提供简易获取个人信息的操作方式等。目前，国内各网络服务提供者即使在隐私政策中规定了逝者个人信息保护的相关内容，但多数并没有规定具体操作流程，也未列明需要提供的证明资料，而是笼统地表述为可以“进入用户反馈界面与我们联系”，并且很多平台也未明确审核与回复的时间。

笔者认为，应为死亡用户的直系亲属或遗嘱执行者提供专门的反馈联系渠道，相关权利主体可以在“对医学上无行为能力或已故用户账户的特殊请求”页面下选择账户处理方式，包括“设为纪念账号”“移除这个账号”等，并且每个选项下应标明申请所需的文件类型甚至在线证明的截图方式。在此方面需确立统一标准或示范性标准，以为近亲属行使相关权利提供程序性遵照与保障。

（五）逝者个人信息权益保护期限的确定基准

采用“肯定式”立法模式的国家多倾向于明确逝者个人信息保护的期限，这是平衡数据保护与利用的有力之举，也是敦促法律主体行权的不二选择。为兼顾多元主体权益的维护并确保裁判的一致性，需要在立法中明确逝者个人信息保护的行权期限。

确定逝者个人信息权益保护期限具有现实意义。有关自然人离开人世后的人格利益保护期限问题的讨论经久不息，始终未有定论，然而立足于智慧社会的时代背景，确定逝者个人信息权益保护期限之意义显著。一方面，有关权利人可以在逝者去世后多

---

① 参见《中华遗嘱库白皮书(2021 年度)》，载中华遗嘱库，https://www.will.org.cn/portal.php?mod=view&aid=2213，2022 年 3 月 22 日访问。

长时间内对其个人信息主张权利,总结起来就是一个“权利限制”的问题。若未规定保护期限,则权利人可在任意时间节点主张权利,这也意味着逝者的数据信息需要长期保存于信息处理者的存储器中,这不仅会给存储者带来过重的义务负担,而且若逝者个人信息中含有涉他性信息,则还可能给其他法律主体招致信息泄露的风险。而若确立逝者个人信息的保护期限,则既可以避免对逝者人格利益的过度保护,又可以促进信息的流通和利用。另一方面,确立逝者个人信息的保护期限也有利于统一规范指引,有利于实现裁判一致性,减少或避免纷争。

学界对于传统逝者人格利益保护的期限问题主要有以下几种观点:第一,永久性保护。此观点遭到批评,因为其不仅可能会使人陷入动辄得咎的危机之中,而且从成本—效益的角度来看,对逝者肖像、名誉等人格利益进行永久性保护也可能不利于社会整体利益的维护。第二,以逝者近亲属的生存期限为限,如杨巍认为,对于逝者人格精神利益保护的根本价值目标是保护生者的精神利益,故应以生者在世为期限确定的前提。① 第三,分情况处理。王叶刚认为,在不涉及社会公共利益时,应在逝者近亲属等主体的生存期限内进行保护,而在涉及社会公共利益时,则不再以近亲属的生存期限为限。② 第四,规定明确固定的保护年限。如张红认为,由于法律规定的逝者各个近亲属的寿命并非固定,因此可能导致对不同主体适用不同保护期限的情况,故建议类推适用《著作权法》,以 50 年为期保护逝者人格上的财产利益。③ 我国《民法典》和《个人信息保护法》均未对逝者个人信息保护期限进行明确。

就世界范围而言,匈牙利规定获得、删除、纠正、限制处理拒绝权在逝者死亡后 5 年内可由主体生前指定或民法规定的近亲行使;新加坡 2021 年《个人数据保护条例》在第五部分“对已故个人行使该法规定的权利”中规定可以在死亡 10 年内或更短时间对已故个人行使法律规定的权利;④丹麦规定保护时限为 10 年;爱沙尼亚规定除非数据主体另有决定,否则数据主体的同意在数据主体有生之年和死亡后 10 年内有效,数据主体是未成年人的,其同意有效期为数据主体死亡后 20 年。

四、逝者个人信息权益保护的法律规范体系完善

宏观上,逝者个人信息权益保护的制度完善应当兼顾原则提炼与具体体系构建两个方面,即以多主体利益平衡原则、尊重逝者生前意志原则、逝者与近亲属双重保护原

---

① 参见杨巍:《死者人格利益之保护期限》,载《法学》2012 年第 4 期。

② 参见王叶刚:《论侵害死者人格利益的请求权主体——兼评〈民法典〉第 994 条》,载《清华法学》2021 年第 1 期。

③ 参见张红:《死者生前人格上财产利益之保护》,载《法学研究》2011 年第 2 期。

④ 新加坡《个人数据保护条例》,载新加坡政府机构网 2021 年 9 月 30 日,https://sso. agc. gov. sg/SL/PDPA2012 – S63 – 2021? DocDate = 20210930&WholeDoc = 1#Sc1 – ,2022 年 1 月 10 日访问。

则为依托,进一步完善逝者个人信息权益保护的权义体系,构建以逝者近亲属为核心且无顺位规则的行权主体体系,细化逝者个人信息权益行使的条件,实现平台、逝者与其他利害关系人权益保护的协调;搭建以平台在线工具使用为依托,以保障逝者对其信息的事先安排为要旨的义务负担体系;明确对逝者个人信息的保护宜以逝者近亲属的生存期为限,但出于利益平衡的要求,允许网络服务平台仅在规定的信息存储期限内负担相应义务。

(一)重塑逝者个人信息权益保护的基本原则

逝者个人信息权益保护的基本原则主要包括多主体利益平衡保护、尊重逝者生前意志、逝者与近亲属双重保护等原则。其一,多主体利益平衡保护是各项原则的基础与前提,唯有处理好网络平台、逝者、近亲属或其他利害关系人的强弱之比,才能实现逝者人格利益维护与数据信息利用之间的动态平衡。其二,尊重逝者生前意志原则是保护逝者个人信息权益的目的与归宿,维护个体从生到死的尊严与自主是个人信息保护的本质追求。其三,逝者与近亲属双重保护原则是逝者个人信息权益保护的应有之义,我国目前法律规范中侧重保护近亲属之利益,但从实践角度来看,逝者权益不应当被忽略,对二者实行双重保护才是最佳路径。

多主体利益平衡是现代法治的一项基本原则,个人信息保护领域同样也不例外。德国目的法学派认为,法律之目的即达致个人原则与社会原则之间的平衡。[①] 随着数智化时代的到来,信息主体与信息处理者之间的冲突凸显。技术的使用受到资本无序扩张的侵蚀而具有了权力属性,平台力量在异化的技术与算法应用中膨胀,对平台使用者的权利形成了严重挤压。[②] 平台在专业技术和产业规模上的优势,使其在"用户—服务商"关系中成为强势一方。[③] 平台与信息主体间"持续性信息不平等的关系"[④]在自然人离世后变得更加显著和突出,因此,个人信息权益保护需要把握好利益平衡原则,既要防止强势方(信息处理者)对弱势方(信息主体)权利的侵犯,又要防止权利的过度保护阻碍信息社会发展。一方面,利益平衡原则在个人信息保护语境下可以具体化。《民法典》第 1035 条第 1 款规定的合法、正当、必要原则就是其鲜明体现。除此之外,《个人信息保护法》第 6 条在沿袭《民法典》的基础上,又明确了目的限制与最小化处理

---

① 参见[美]E. 博登海默:《法理学:法律哲学与法律方法》,邓正来译,中国政法大学出版社 1999 年版,第 109 页。

② 参见范如国:《平台技术赋能、公共博弈与复杂适应性治理》,载《中国社会科学》2021 年第 12 期。

③ 参见齐延平、何晓斌:《算法社会言论自由保护中的国家角色》,载《华东政法大学学报》2019 年第 6 期。

④ 参见丁晓东:《个人信息权利的反思与重塑 论个人信息保护的适用前提与法益基础》,载《中外法学》2020 年第 2 期。

的规则[①],这些原则均有力地保护了弱势一方的利益。自然人离世后,信息处理者依然要秉承上述各项原则而不能任意处置逝者信息。另一方面,对逝者个人信息权益的保护也要注意限度。信息主体虽因技术发展而处于弱势地位,但这种地位并非静止不变,其具有向反面转化之可能。立法保护弱势群体从来不是为保护而保护甚至无限保护,相反,合理、公平才是立法的追求。[②] 近亲属虽获得处理逝者个人信息的权能,但却不能为所欲为。是否其能任意删除逝者的个人信息,此问题应结合信息所承载的内容来具体分析,若涉及国家或公共利益、公众言论自由、第三者个人隐私等问题,则信息处理者将可能获得拒绝信息主体请求的权利。我国《民法典》第1035条、第1036条和《个人信息保护法》第13条明确了信息处理的违法阻却事由。[③] 对于符合法律规定的豁免事由,近亲属对逝者个人信息权益的各种主张均要为占据更优势地位的利益让步。

个人信息作为一项资源性权益,需要在"个人—企业—国家"三元模式中均衡分配,[④]网络服务提供者作为提供数据信息生产、使用、存储、交换平台的法律主体,承担着保障网络服务合格、稳定、安全的义务,有规避法律风险和实现经营效益的需求。与此同时,近亲属也存在访问逝者通信记录等信息的现实需要。规则是原则的逻辑体现,立法者要秉承价值中立的态度,在逝者个人信息保护规则设计的各个方面都注重多元主体之间的利益平衡。

尊重逝者生前意志既是现代法理的一般原则又与传统法律体系相衔接。《个人信息保护法》第49条中的"死者生前另有安排的除外"体现了尊重逝者生前意志的思想,其实质是意思自治与"遗嘱自由"原则的体现。自由的意志是现代法治的思维起点。[⑤] 继承法意义上的"遗嘱"是指对生前个人合法财产做出的安排,而逝者个人信息有时并不关乎财产利益,只涉及单纯的个人隐私等信息,故逝者近亲属对于这些信息并不当然具有获知的权利,因为逝者可能并不希望自己的某些信息尤其是隐私信息被近亲属所

---

① 《个人信息保护法》第6条规定:"处理个人信息应当具有明确、合理的目的,并应当与处理目的直接相关,采取对个人权益影响最小的方式。收集个人信息,应当限于实现处理目的的最小范围,不得过度收集个人信息。"

② 参见于兆波:《立法视域中的弱势群体保护》,载《学习与探索》2018年第12期。

③ 《个人信息保护法》第13条规定:"符合下列情形之一的,个人信息处理者方可处理个人信息:(一)取得个人的同意;(二)为订立、履行个人作为一方当事人的合同所必需,或者按照依法制定的劳动规章制度和依法签订的集体合同实施人力资源管理所必需;(三)为履行法定职责或者法定义务所必需;(四)为应对突发公共卫生事件,或者紧急情况下为保护自然人的生命健康和财产安全所必需;(五)为公共利益实施新闻报道、舆论监督等行为,在合理的范围内处理个人信息;(六)依照本法规定在合理的范围内处理个人自行公开或者其他已经合法公开的个人信息;(七)法律、行政法规规定的其他情形。依照本法其他有关规定,处理个人信息应当取得个人同意,但是有前款第二项至第七项规定情形的,不需取得个人同意。"

④ 参见肖君拥、谭伟民:《个人信息权利的法律属性再思考:从二元到三方》,载《网络空间安全》2019年第5期。

⑤ 参见陈姿含:《人工智能算法中的法律主体性危机》,载《法律科学》2019年第4期。

获知。“死者生前另有安排的除外”的设计是为了实现信息自决领域的“遗嘱自由”，本质上体现的是对逝者自主意志的尊重和对人格尊严与自由更加全面的保护。

然而，自然人是否允许他人在其逝世后访问或披露数字财产的意图通常是未知的，受传统观念影响，当下网民大多不会对逝世后的个人信息处理做出事先规划。逝者意图信息的真空对遗嘱继承和无遗嘱继承的基本原则提出了实质性的挑战：如何尊重逝者的意图？[①] 本章认为，应对“死者生前另有安排”的判定进行宽松把握，可通过逝者生前行为来推知其逝后意愿，如在逝者指定了财产继承人或在 App 隐私权限中设置了“部分人可见”时，可酌情推定为其对死后个人信息处理做出了安排。但若逝者生前将其在社交账号中发布的信息设置为“仅自己可见”或对所有近亲属都进行了屏蔽，则可推定逝者默示不愿将自己的这部分信息公之于众。

另外，为实现尊重逝者生前意志原则，需要明确“死者生前另有安排”应符合的形式条件。从个人信息的财产属性来看，逝者对其个人信息的安排或许可以按照遗嘱的形式进行，即参照《民法典》继承编的要求，以公证、自书、代书、打印、口头或录音录像等遗嘱形式进行安排，也可以通过技术手段引导自然人在对自己死后的线上信息做出明示的安排（下文详述）。此外，逝者可以通过第三方提供的网络服务进行安排，只不过对于这种情形，需要进一步验证此类第三方服务的可靠性，以判断其是否可以全权参与逝者对生前个人信息的临终规划。

若逝者生前采用不同形式就其个人信息做出了相冲突的处理安排，还需要明晰评估不同形式安排的标准以确定其效力顺位。美国 RUFADAA 中设计的“三层优先访问体系”确立的效力层级是：网络用户使用在线工具做出的数字资产处理决策（线上遗嘱）在效力上要优于其通过遗嘱、授权委托书等所做出的指示（线下遗嘱），而线下遗嘱的效力又优先于网络服务提供者的服务协议，即在逝者未做出任何规划安排时，其存储在互联网上的个人信息要按照与网络服务提供者签订的服务协议处理。

逝者与近亲属双重保护原则是基于智慧生活的特殊性而提出的一项原则。从《个人信息保护法（草案二次审议稿）》到最终通过的《个人信息保护法》对近亲属行使逝者个人信息权利表述的转变可以看出，《个人信息保护法》第 49 条最重要的立法目的是维护近亲属的精神与财产利益。但这一规则值得我们进一步思考的是：当《个人信息保护法（草案二次审议稿）》引发对逝者个人信息权利过度保护的担忧时，《个人信息保护法》修订后的条款是否会将问题带向另一极端，即在逝者没有做出事先安排且近亲属无法论证自身利益具有合法、正当性时，逝者的合法权益是否可能游离于法律保护之外？抑或在没有近亲属或近亲属不愿主张权利，甚至近亲属与滥用信息者达成某种协议时，

---

① See Alberto B. Lopez, *Death and the Digital Age: The Disposition of Digital Assets*, Savannah Law Review, Vol. 3:1, p. 77 – 90(2016).

逝者是否会丧失利益保护渠道？

事实上，在逝者人格利益保护中，立法宗旨也曾发生过转变。2001 年我国精神损害赔偿相关司法解释对逝者利益保护的规定为，逝者近亲属因逝者的姓名、隐私、遗体等权利受到侵害并遭受精神痛苦的可以享有诉权。① 由此可看出，此时的逝者权益仅为保护生者权益的一种媒介。但《民法典》第 994 条则表述为，逝者近亲属可因逝者姓名、遗体等受到侵害而获得诉讼主体资格。该条的表达方式与前述司法解释相比发生了变化，从文义上理解，该条立足于保护逝者的“人格”权益，近亲属则因特定的身份关联而成为了行权主体。

由上文可知，将逝者“人格”纳入民法保护存在制度理论上的冲突，那是否能通过公法保护呢？我国《宪法》规定人格尊严不受侵犯，②人的尊严首先体现为个人的自我决定权，《宪法》对这种自我决定权的保护不应因自然人死亡而终结。遗嘱或遗愿是逝者生前为自己价值实现做出的安排，应受到尊重与保护。正是出于对传统“事死如事生”价值观念的尊重和对个人尊严的全面维护，才有了不得盗窃、侮辱尸体③和非法摘取尸体器官④等公法规范。目前，《个人信息保护法》第 49 条的立法旨意尚不明朗，规定近亲属行使查阅复制等权利，似欲采用间接保护模式，以实现生者利益的保护为首要目的，而“死者另有安排的除外”的规定也为直接保护逝者信息留下了可解释的空间。

基于上述分析，笔者认为，在逝者个人信息保护中应确立双重保护原则，不能仅将保护近亲属的精神或财产利益作为立法的最终目的和归宿，还应重视逝者人格权益保护的独立性，明确对逝者个人信息进行直接保护，为逝者实现生前安排提供各种保障，探索单纯为保护逝者的个人信息权益也可以行使请求权的路径。如近亲属仅为保障逝者个人信息的准确性与完整性，也可以更改或删除逝者的个人信息。

（二）完善逝者个人信息权益保护的权义体系

逝者个人信息权益保护的权义体系包括权益主体体系、内容体系、义务体系与权益行使期限制度四项基本范畴。其一，主体体系主要回答权益由谁行使以及行使顺位的问题，论证以逝者近亲属为核心且无顺位限制的行权主体体系的合理性；其二，内容体系旨在细化逝者个人信息权益行使的条件，实现平台、逝者与其他利害关系人的利益平

---

① 最高人民法院《关于确定民事侵权精神损害赔偿责任若干问题的解释》第 3 条规定，死者的姓名、肖像、名誉、荣誉、隐私、遗体、遗骨等受到侵害，其近亲属向人民法院提起诉讼请求精神损害赔偿的，人民法院应当依法予以支持。

② 《宪法》第 38 条规定：“中华人民共和国公民的人格尊严不受侵犯。禁止用任何方法对公民进行侮辱、诽谤和诬告陷害。”

③ 《刑法》第 302 条规定：“盗窃、侮辱、故意毁坏尸体、尸骨、骨灰的，处三年以下有期徒刑、拘役或者管制。”

④ 《刑法修正案（八）》第 37 条第 3 款规定：“违背本人生前意愿摘取其尸体器官，或者本人生前未表示同意，违反国家规定，违背其近亲属意愿摘取其尸体器官的，依照本法第三百零二条的规定定罪处罚。”

衡;其三,义务体系构建着重于明晰近亲属行权程序以保障逝者权益、保护各项规则的落地实施;其四,永久保护已故用户的数据信息具有造成网络拥堵或资源浪费等弊端,逝者个人信息权益应适用合理的期限制度,出于利益平衡的要求,网络服务平台可以仅在规定的信息存储期限内负担相应义务。

就逝者个人信息权益保护请求权的主体而言,意大利规定可由逝者的代理人行使访问和控制权,但这些代理人必须对数据享有合法利益或具有与家庭相关的值得保护的原因;匈牙利规定由主体生前指定或法律规定的近亲属行使相应权利;保加利亚规定可由逝者的近亲属和其他有合法权益的人行使相应权利;瑞士规定任何有合法权益的人均可以行使访问权,除非被逝者或近亲属的权益所推翻;斯洛伐克规定可由法律上关系密切的人行使同意权;西班牙 2018 年《个人数据保护和数字权利保障组织法》第 3 条第 1 款规定"因家庭原因或事实原因与逝者有联系的人及其继承人可向数据控制者或处理者提出申请,要求查阅逝者的个人资料,并在必要时予以更正或删除",第 2 款规定逝者明确指定的个人或机构也可以行使相关权利,第 3 款规定在未成年人死亡的情况下,可由其法律代表行使,或由检察机关在其职权范围内行使,检察机关可依职权或应任何有关自然人或法人的请求行使。① 新加坡规定根据逝者遗嘱获委任的人或逝者的遗产代理人可以行使相关权利,除非该人或遗产代理人以书面形式明确已放弃这种权利。如果上述代理人无法行使该权利或权力,则由法律规定逝者的最近亲属行使。值得指出的是,新加坡《个人数据保护条例》在附则中明确了"最近亲属关系"的顺位,即已故个人的配偶、子女、父母、兄弟或姐妹、逝者其他亲属,其中所述的同类亲属中若有两名或更多,则以长者或最年长者优先。② 可以看出,各国规定中可以对逝者个人信息主张权利的主体主要包括以下几类:逝者的近亲属或继承人、逝者指定的代理人、其他与逝者有密切关系或享有合法权益的人。

笔者认为,我国立法中将行使逝者个人信息权益保护请求权的主体局限于逝者近亲属范畴具有合理性,理由可概括为如下三点:第一,避免侵害逝者隐私。由上文可知,逝者也许不愿外人知晓其某些隐私信息,故扩大行权主体范围可能背离逝者的隐私期待。第二,信息具有强流动性、可复制性和非损耗性,一人对信息的使用毫不影响他人对其使用,信息亦不会像其他物质产品一样随着使用而有所损耗,导致价值减少。③ 自然人对个人信息的有效管领并不以排他性的占有为前提,这便意味着若逝者的任一近亲属查阅复制了逝者的个人信息,其他法律未规定的利害关系人便可以向其近亲属请

---

① 参见《西班牙个人数据保护和数字权利保障组织法》,载国家机构官方国家公报,https://www.boe.es/buscar/doc.php? id = BOE - A - 2018 - 16673, 2021 年 12 月 20 日访问。

② 新加坡《个人数据保护条例》,载新加坡法规在线,https://sso.agc.gov.sg/SL/PDPA2012 - S63 - 2021? DocDate = 20210930&WholeDoc = 1#Sc1 - ,2022 年 1 月 10 日访问。

③ 参见张新宝:《论个人信息权益的构造》,载《中外法学》2021 年第 5 期。

求获知相关信息以达到追思怀念之目的。换句话说,法律赋权并不是知晓和获取逝者个人信息的唯一途径。第三,查阅、复制、更正、删除逝者的个人信息关涉个人隐私保护和积极权利的行使,会给信息处理者带来更大的义务负担,相对于《民法典》第994条规定的消极的防御性保护,应采取更为谨慎的态度。

另外,关于近亲属行使逝者个人信息权益的顺位问题,王秀哲认为不对逝者个人信息保护请求权的行使进行位次排序更合理,如若不然,则可能造成其他直接受到伤害的近亲属难以维权。[①] 本章赞同上述观点,认为《个人信息保护法》第49条的规定不应适用《民法典》第994条规定的顺位规则,前者已为近亲属行权设置条件,因此应侧重考查近亲属是否达到行权标准。若多个近亲属主张均符合条件且存在冲突,实践中应当先由当事人进行协商,协商未果的再由法院在尊重逝者生前意志原则的基础上根据主张的权益大小等进行个案裁量,[②]必要时也可规定在同一类型近亲属中以年长者意见为先。

在逝者个人信息权益保护内容体系的细化上,按照利益平衡原则的要求,对“死者生前安排”的尊重要综合考虑各方因素。笔者认为,若逝者意愿与平台的服务协议相抵触,则在没有明确无效事由的情况下,不宜轻易否定网络平台协议的内容,可以否认逝者直接指定账号所有权归其近亲属或他人使用的行为效力,但平台也要做出让步,为符合条件的近亲属获取账户中存载的信息提供便利。同时,对于专属逝者的人格信息利益的安排,应给予充分尊重,平台不得以任何形式处理已故用户的此类个人信息。若逝者意愿与第三人的隐私等利益相冲突,可由逝者近亲属与第三人进行协商,并在获取同意的前提下行使相关权利。而且为满足第三人的合理隐私期待,近亲属负有不进一步公开其所获取信息的义务。若未征得第三方主体的同意,则考虑能否将信息双方分离或将第三人信息进行脱敏处理,若上述均无法实施则应当否认逝者对其个人信息安排的效力。若逝者生前明确由特定人安排处置其个人信息,则应推定逝者不认可其他主体在其逝后对其个人信息主张权利,故除被指定的特定个人外,其他近亲属不再享有查阅复制逝者个人信息的权利。

就近亲属保护请求权的内容而言,我国《个人信息保护法》只明确列举了四项权利,但以“等权利”兜底,原则上逝者近亲属具有行使其他权利的资格,故此法条属于不完全列举。只不过,查阅、复制、更正与删除权已是最基本的权能内容,既能满足近亲属的知情需要,又能提供防御性保护,目前来看足以维护近亲属的正当、合法利益,但是就查阅复制权与删除权的行使条件与内容等仍要做具体厘清。

---

① 参见《个人信息保护法草案二审稿明确死者个人信息权益由近亲属行使》,载民主与法制时报,https://baijiahao.baidu.com/s?id=1699429286536614172&wfr=spider&for=pc,2021年8月10日访问。

② 参见赵晨熙:《死者个人信息保护是否应设保护期》,载《法治与社会》2021年第11期。

一方面,查阅复制权的行使并不需要以受到或可能受到侵害为前提条件。查阅权、复制权作为个人信息权益的具体权能,应属于人格权请求权,其为保障个人信息上承载的人格尊严与自由而生,但并非属于救济性权利(手段性权利),其可以独立行使。就法律规定而言,《个人信息保护法》规定的该项权利的行使要件较为简单,即除有法律法规规定的需要保密、无告知必要或告知有碍于国家机关履行职能的事由,个人均可查阅、复制其个人信息。具体到逝者个人信息权益保护领域,法律为近亲属行使权利设定了前提,即为维护自身合法正当利益之必要,其可以解释成为使自身利益免受不法侵害。但也可做更宽泛的理解,如程啸指出可以是为了解逝者的死因,也可以是基于近亲属对逝者的崇敬等情感,因此,笔者认为,查阅复制权的行使不以被侵害或可能受到侵害为前提。而且,查阅复制权行使是否需要支付费用的问题不可一概而论,虽然一般情况下查阅与复制个人信息并不会给信息控制者造成过重的成本负担,要求支付费用可能会对权利人行使权利制造障碍,但也不排除存在义务主体协助行使查阅复制权的程序烦琐或有人滥用权利,多次且重复查阅复制的情形,针对这些特殊情况,则可以适当收取相应费用。由于信息处理者类型多样,该问题并不适合由《个人信息保护法》作统一的、具体的规定。

另一方面,相较于上述两项权利的行使,更正与删除逝者信息需要满足更多条件,即需遵循《民法典》与《个人信息保护法》对此权利行使的限制。只有在逝者信息存在错误或信息处理者违规、违约处理逝者信息等情况有碍于近亲属合法正当利益时,近亲属才能主张更正权和删除权。而且,近亲属可删除的对象范围也应受到限制,对于具有社会影响力的公众性人物的个人信息删除应当区分情况处理。公众人物包括行政机关领导等政治性公众人物,也包括影视明星、企业家等社会公众人物。本章认为,应当限制近亲属对前者逝后信息的删除行为,因为这类群体的信息往往与公共利益存在密切联系,即使是在其逝世后,公众也仍具有对其生前行为的知情与监督权;相反,对于社会公众人物,其与公共利益联系程度较低,且有时其诸如家庭情况、住址等信息的公开也并非自愿,因此应当适当放宽要求,允许近亲属在符合条件的前提下删除其个人信息。

在逝者个人信息权益保护义务体系搭建上,需要导入"前置规制"思维。在数智化时代,法律对社会的调控应由事后处置前移到行为塑造与义务加载上,[①]面对现代互联网技术发展所催生的逝者个人信息保护问题,需要在法律调控下利用技术手段建立一套行之有效的预备机制。事实上,上文提到的谷歌的"闲置账户管理员"、脸书的"悼念账户"以及苹果公司的"遗产联系人"选项设置均是以技术路径化解法律难题。我国的数据信息市场以阿里巴巴、腾讯等本土企业为主,在制定统一且适合本国国情的逝者个人信息保护制度方面具有优越性,需要更多的龙头互联网公司探索并提供类似的网上

① 参见齐延平:《数智化社会的法律调控》,载《中国法学》2022年第1期。

工具来引导用户对自己死后可能留存在虚拟世界的信息提前规划。

具体来看，一个可行的方案是，网络服务提供者在注册阶段便以弹窗形式设置若干问题让其做出各种选择，如：(1)你是否希望在过世后删除在本平台上的所有记录；(2)你是否愿意在过世后让他人访问你的账户信息；(3)你同意他人访问或管理的个人信息包括哪些；(4)请填写允许在你过世后查阅复制你的个人信息的联系人姓名和电话。由于自然人的价值判断或亲密关系有可能会随着时间的推移而发生改变，故应当定期回访用户是否想要变更最初的选择，而对于那些经过大数据筛查，被判定已经进入自然生理末期的用户而言，则可以适当增加回访的次数。

在程序方面，对于相关权利人在逝者人格权益未遭受损害时提出的查阅复制、更正删除逝者个人信息的请求，网络服务提供者应当做出具体的处理程序安排，包括但不限于以下步骤：第一，确认申请人身份。若逝者利用平台提供的在线工具以"线上遗嘱"的形式指定了申请人，那么由于平台对此情况已知悉，申请人只需提交身份证明；若逝者以书面或公证等"线下遗嘱"的方式做出相应安排，则需要平台在确认申请人身份后进一步审查该申请人与"线下遗嘱"被委托人的关联性，必要时可向特定部门致函核查。第二，进行初审并出具决定书。服务商应当审查申请人是否符合法定的"为了自身合法、正当利益"要求，对请求查阅复制或更正删除的信息范围等进行核实，对于死亡证明、关系证明等材料进行形式审查，若申请人提供材料不足，应通知其补充。完成上述流程后应出具初审决定书，将同意或不同意申请的结果告知当事人，并写明事实和理由。第三，建立复议审查机制。服务商可以设置专门的信息处理申请应对机制，申请人对于服务商的处理结果有不满的，可以在规定期限内向复议审查机制提出异议。若对于复议结果仍不服，可申请仲裁或向法院提起诉讼。[①] 此外，在整个过程中运营商还负有备份数据，并在一定期限内储存逝者数据信息的义务，在整个审查期间负有个人信息保护义务，同时要对处理申请的期限进行明确。在信息提供的形式上，可以采用提供信息目录、刻录光盘等形式。若逝者近亲属没有提出删除申请，在完成上述服务后的一定期限内，服务商可以径直删除逝者的所有信息。目前来看，我国类似的大型服务平台还未有相关制度，但为信息主体行使权利提供申请和受理机制是信息处理者的必行义务，[②]因此在期待我国互联网公司积极主动利用其技术优势为保护公民的个人信息添砖加瓦的同时，也需要在政策方面做出相应的努力，以制定行业规范或提供指导性建议的形式，引导或倒逼企业加快相关技术开发与应用，最终形成"法律—政策—技术"三

---

① 参见郭少飞：《论死者私人电子邮箱数据的处理规则》，载《社会科学》2021 年第 7 期。

② 《个人信息保护法》第 50 条规定："个人信息处理者应当建立便捷的个人行使权利的申请受理和处理机制。拒绝个人行使权利的请求的，应当说明理由。个人信息处理者拒绝个人行使权利的请求的，个人可以依法向人民法院提起诉讼。"

重保障格局,密织逝者个人信息的保护之网。

此外,也要对逝者个人信息保护中的责任承担进行进一步的明确。钱家欢在解析美国 RUFADAA 时认为,当管理人(网络服务提供者)不遵守受托人请求时,只有"申请法院命令"这一种救济手段,即受托人可以申请法院命令并指示管理人遵守。而美国特拉华州法则规定管理人还可能承担损害赔偿责任,包括合理的律师费和诉讼费。[①] 笔者认为,若信息处理者拒绝近亲属的请求并因此造成了财产损失,那么便应当承担赔偿责任,但是对于精神损害赔偿的主张应当从严把握。在网络服务提供者的责任豁免方面,法律应当至少明确,若其未对权利人的申请做出回应系善意不作为,则应免于承担民事责任,如因技术原因未收到当事人申请等情况。

在逝者个人信息权益行权期限确定上,学界可谓是众说纷纭。在消极保护层面,由于我国采取人格权"一元保护主义"模式,因此,一方面,生者应根据《民法典》第 995 条[②]之规定行使人格权请求权,且此种请求权行使不适用诉讼时效的规定。但自然人离世后不再具有法律主体资格,在不涉及公共利益时,依照《民法典》第 994 条的规定,仅近亲属有权就侵害逝者"人格"的行为提出请求,其中便包含对逝者"人格"之保护应限于其近亲属的生存期间。另一方面,生者也能根据《个人信息保护法》第 69 条[③]就侵害个人信息人格或财产权益的行为请求财产损害赔偿,而自然人离世后,该请求权则转由逝者近亲属行使,并应在诉讼时效期间内主张。

本章重在探讨逝者个人信息积极保护层面的期限限度,即近亲属对逝者个人信息积极行使查阅复制、更正删除等请求权是否应受期限限制,《个人信息保护法》对此未做规定。本章认为,虽然从价值层面来看,对逝者个人信息上承载的多重价值的维护不应随时间流逝而削减,但从事实层面来讲,若这种保护期限过长,将不利于社会资源的有效配置,因此原则上宜以逝者近亲属的生存期限作为逝者个人信息权益的保护期限。但是,正如前文所述,逝者个人信息权益保护需要信息处理者的积极配合。例如,就查阅复制等积极权利行使而言,其行使期限与个人信息处理者存储期限密切相关。目前,为避免信息毁损或泄露,我国多数网络平台在其隐私政策中规定对超过存储期限的信息进行删除或匿名化,[④]如果信息存储方已删除信息,则无论是信息主体自身还是其近

---

① 参见钱家欢:《美国数字资产访问立法研究——兼及对我国数字资产继承立法之启示》,西南政法大学 2017 年硕士学位论文。

② 《民法典》第 995 条规定:"人格权受到侵害的,受害人有权依照本法和其他法律的规定请求行为人承担民事责任。受害人的停止侵害、排除妨碍、消除危险、消除影响、恢复名誉、赔礼道歉请求权,不适用诉讼时效的规定。"

③ 《个人信息保护法》第 69 条第 1 款规定:"处理个人信息侵害个人信息权益造成损害,个人信息处理者不能证明自己没有过错的,应当承担损害赔偿等侵权责任。"

④ 参见《"抖音"隐私政策》,载抖音官网,https://www.douyin.com/agreements/? id = 6773901168964798477,2022 年 1 月 2 日访问。

亲属都无法行使请求权。因此,虽然原则上人格利益保护不应受除逝者近亲属生存期限外的任何条件限制,但企业的信息存储压力和逝者的信息泄露风险也不应被忽视。基于权益平衡的要求,应当在时间限度方面适当削减逝者个人信息保护的力度,以督促相关当事人积极行使权利,推动商业化社会的高效运转。

根据处理必要原则的要求,各行业法律法规依照自身的个人信息处理目的确定了信息存储期限。例如,《网络安全法》第21条规定至少保存6个月,①《电子商务法》第31条规定不少于3年,②《医疗机构管理条例实施细则》第53条规定门诊病历保存期不少于15年,住院病历保存期不少于30年。③ 实践中,不少平台对个人信息保存期限的告知较为模糊,如规定承诺"在合理必要期限内在存储您个人信息"④,而并未指出确切期限;部分平台指出会遵从法律法规有关信息留存的要求,如遵照《电子商务法》的规定;少数平台在进行模糊告知的同时提供了其判断个人信息存储期限主要依据的标准,如《钉钉隐私权政策》提供的判断标准包括"保证我们为您提供服务的安全和质量"⑤等。总体而言,当前我国大多数平台只规定了信息存储期限的下限,而并未告知用户其存储信息的明确期限或期限确定的标准。

笔者认为,在协调逝者个人信息权益保护与不同行业、企业的信息存储期限规定时,⑥应尊重平台经营自主权,以网络服务平台的期限规定为基础分情况进行处理。若网络服务平台规定在必要保存期限届满后会对信息做删除或匿名化处理,那么一方面,应当要求平台在其隐私政策中明确信息存储的最长期限,若确实无法明确,则至少应提供期限确定标准,在此时间限度内应当允许近亲属就逝者个人信息行使积极权利;另一方面,在删除信息前,平台应当履行针对逝者近亲属的提醒义务,且为落实此项义务,需提前告知用户添加关联账号或相关联系人。若平台采用"纪念账号"模式(意味着承担永久保护义务)来保护逝者个人信息,那么其应当对近亲属行使权利始终保持开放

---

① 《网络安全法》第21条规定:"国家实行网络安全等级保护制度……(三)采取监测、记录网络运行状态、网络安全事件的技术措施,并按照规定留存相关的网络日志不少于六个月……"

② 《电子商务法》第31条规定:"电子商务平台经营者应当记录、保存平台上发布的商品和服务信息、交易信息,并确保信息的完整性、保密性、可用性。商品和服务信息、交易信息保存时间自交易完成之日起不少于三年;法律、行政法规另有规定的,依照其规定。"

③ 《医疗机构管理条例实施细则》第53条规定:"医疗机构的门诊病历的保存期不得少于十五年;住院病历的保存期不得少于三十年。"

④ 《小红书用户隐私政策》,载小红书官网,https://www.xiaohongshu.com/privacy,2022年1月2日访问。

⑤ 《钉钉隐私权政策》,载阿里钉钉官网,https://terms.alicdn.com/legal-agreement/terms/suit_bu1_dingtalk/suit_bu1_dingtalk202010070946_49604.html?spm=a213l2.13146415.4929779444.158.76397160e6Qzqx&source=1001&lwfrom=2017120202091367000000111,2022年1月2日访问。

⑥ 参见徐磊:《个人信息删除权的实践样态与优化策略——以移动应用程序隐私政策文本为视角》,载《情报理论与实践》2021年第4期。

态度。

小　结

身处在瞬息万变的智慧社会，保护逝者的个人信息不只是一个保存数字信号的技术处理过程，更是一个社会文化遵从过程。在网络世界，生与死之间的界限已然模糊，当呼吸变为空气，身体化为泥土之时，我们应当如何处理遗存在虚拟空间的数据信息？在习惯“数字化生存”之时，我们又应当以何种姿态面对“数字化死亡”呢？

永久保存已故用户的数据信息不但会大量占用和浪费网络服务平台有限的存储空间，还可能会引发网络拥堵等现象，而若采取一律删除的处理方式又可能触及有关主体的利益。目前在全球视野下，逝者权益保障还主要集中在知识产权保护、财产利益继承等传统的经济权益相关领域，对逝者隐私和个人信息保护尚处于探索起步阶段，但世界范围内已有不少国家或地区在立法中明确逝者个人信息或数据保护的内容，信息处理主体也在实践中不断探索可行的技术路径。

我国学界常常将对逝者个人信息保护的探讨嵌置于“虚拟财产继承”或“数字遗产”的理论研究之中，而事实上逝者个人信息保护并不等于简单的“财产继承”问题，依照继承法的规则和思路并不能为逝者个人信息保护提供明确的指引。随着信息立法的发展，我国对逝者个人信息保护的法律规制也有了进一步的发展，形成了人格权益保护法与个人信息保护法保护的双重路径，但仍存在可完善的空间。我国应坚持多主体利益平衡原则、尊重逝者生前意志原则以及逝者与近亲属权益共同保护的原则，结合我国法律规定、文化传统、经济发展等实际情况，探索完善符合我国国情的逝者个人信息保护制度。

因逝者个人信息保护而引发的种种问题难以通过某一规则的制定得到一劳永逸的解决，相关问题将会成为学界长期讨论和研究的话题。在未来，随着各种网络软件工具的推陈出新，逝者个人信息的保护范围还有可能进一步扩张，而不仅局限于电子邮件或聊天记录。新技术应用带来新的变化与挑战，要不断细化法律规则，综合网络环境进行具体考量，同时从技术、政策与法律制度上寻求应对之道，培养具有较高信息素养的数字公民，从而形成对个人信息权益“从生到死”的全方位保护。

后　记

自2021年度国家社会科学基金重大项目"互联网平台的社会影响及治理路径研究"(项目批准号:21&ZD195)及重点项目"自动化行政中算法决策的法律控制"(项目批准号:21AFX004)获批后,北京理工大学智能科技风险法律防控工信部重点实验室就组建了专题研究课题组,基于个人信息处理领域日益凸显的风险与挑战,以问题为导向,以法理为基础,以实操为目标,以法律规制为聚焦,围绕个人信息处理的一般性原则与规则、典型性场景中以及信息弱势群体的权益保护等基础性和紧迫性问题进行了系统攻关。呈现在读者面前的《智慧社会中个人信息权益的法律保护》,就是过去两年来课题组的阶段性研究成果。

本书撰写分工如下。导言:齐延平;第一章:周学瑶;第二章:侯佳美;第三章:张玉亮;第四章:袁博星;第五章:于蕾;第六章:黄莺;第七章:郭雯琦;第八章:黄燕腾;第九章:吴海波;第十章:李天康;第十一章:赵长瑜。在编辑成书过程中,黄燕腾、赵长瑜协助主编进行了通稿校对。在本项目开展过程中,北京理工大学宪法与行政法研究所的韩君玲教授、罗丽教授、于兆波教授、肖君拥教授、刘国福教授、刘毅副教授、陈姿含副教授、张晏副教授、卢永琦讲师以及王福亮讲师、王磊博士、包晓丽博士、王秀秀博士、张心宇博士、梁栋博士、中国社科院法学研究所的栗燕杰教授等众多同仁对各子课题的选题角度、框架结构、观点凝练乃至研究方法、资料使用、行文逻辑给予了全程多轮指导,特予致谢。本书出版幸得法律出版社陈妮女士的大力支持、鼎力相助,付梓之际,谨致谢意。

智慧社会中个人信息权益的法律保护之命题所涉纷繁复